SCHLÜSSEL ZUM NEUEN TESTAMENT

J. David Pawson, M.A., B.Sc

Copyright © 2019 David Pawson
Schlüssel zum Neuen Testament
Unlocking the Bible: New Testament
Alle Rechte vorbehalten.

David Pawson ist gemäß dem Copyright, Designs and Patents Act 1988 der Urheber dieses Werkes.

Herausgeber der deutschen Ausgabe 2019 in Großbritannien:

Anchor Recordings Ltd, DPTT, Synegis House, 21 Crockhamwell Road, Woodley, Reading RG5 3LE UK

Dieses Werk ist urheberrechtlich geschützt. Ohne vorherige schriftliche Genehmigung des Verlages darf kein Teil dieses Buches in irgendeiner Form vervielfältigt oder weitergegeben werden. Das betrifft auch die elektronische oder mechanische Vervielfältigung und Weitergabe, einschließlich Fotokopien, Aufzeichnungen und Systemen zur Informations- und Datenspeicherung und deren Wiedergewinnung.

Die Bibelzitate wurden folgenden Bibelübersetzungen entnommen:

Elberfelder Bibel 2006, © 2006 by SCM R.Brockhaus in der SCM Verlagsgruppe GmbH, Witten/Holzgerlingen (ELB); Neues Leben. Die Bibel, © der deutschen Ausgabe 2002 und 2006 SCM R.Brockhaus in der SCM Verlagsgruppe GmbH, Witten/Holzgerlingen (NLB); Lutherbibel, revidiert 2017, © 2016 Deutsche Bibelgesellschaft, Stuttgart (LUT); Menge-Bibel, 1939, Public Domain (MB); Gute Nachricht Bibel, revidierte Fassung, durchgesehene Ausgabe, © 2000 Deutsche Bibelgesellschaft, Stuttgart (GNB); Neue evangelistische Übersetzung, © by Karl-Heinz Vanheiden 2018 (NeÜ); Schlachter Übersetzung 2000, ©Genfer Bibelgesellschaft, CH-1204 Genf (SLT); Zürcher Bibel 2007, © TVZ Theologischer Verlag Zürich AG (ZB); Hoffnung für alle®, Copyright © 1983, 1996, 2002, 2015 by Biblica, Inc.®.Verwendet mit freundlicher Genehmigung des Herausgebers Fontis; (HfA).

Übersetzung aus dem Englischen: Lisa Schmid, Ditzingen

Weitere Titel von David Pawson, einschließlich
DVDs und CDs: www.davidpawson.com

KOSTENLOSE DOWNLOADS: www.davidpawson.org

Weitere Informationen: info@davidpawsonministry.com

Anchor Recordings Ltd

ISBN 978-1-911173-95-3

INHALT

Vorwort 7

DER DREH- UND ANGELPUNKT DER GESCHICHTE 25
36. Die Evangelien 27
37. Das Markusevangelium 41
38. Das Matthäusevangelium 61
39. Das Lukasevangelium und
    die Apostelgeschichte 91
40. Das Lukasevangelium 105
41. Die Apostelgeschichte 131
42. Das Johannesevangelium 161

DER DREIZEHNTE APOSTEL 197
43. Paulus: Persönlichkeit und Briefe 199
44. 1. und 2. Thessalonicher 219
45. 1. und 2. Korinther 243
46. Galater 271
47. Römer 321
48. Kolosser 345
49. Epheser 359
50. Philipper 375
51. Philemon 397
52. 1 und 2. Timotheus und Titus 403

DURCH LEIDEN ZUR HERRLICHKEIT   **437**

53. Hebräer   475
54. Jakobus   475
55. 1. und 2. Petrus   501
56. Judas   535
57. 1., 2. und 3. Johannes   557
58. Die Offenbarung   591
59. Das Tausendjährige Reich   707

VORWORT

Alles begann 1957 in Arabien. Damals war ich Militärseelsorger in der britischen Luftwaffe. In dieser Funktion war ich für das geistliche Wohlergehen all derjenigen zuständig, die nicht zur anglikanischen oder römisch-katholischen Kirche gehörten, sondern Mitglieder anderer Denominationen waren: von Methodisten bis zu Anhängern der Heilsarmee, Buddhisten oder Atheisten. Zu meinem Verantwortungsbereich gehörten mehrere Stützpunkte vom Roten Meer bis an den Persischen Golf. Meistens gab es dort nicht einmal eine Gemeinde, die man als „Kirche" hätte bezeichnen können, geschweige denn ein entsprechendes Gebäude.

In meinem zivilen Leben war ich Methodistenpfarrer gewesen und hatte schon fast überall gearbeitet: von den Shetlandinseln bis ins Themse-Tal. In dieser Denomination war es völlig ausreichend, ein paar Predigten pro Quartal vorzubereiten. Mit diesen ging man dann in einem bestimmten Umkreis von Gemeinden „hausieren". Meine Predigten waren bis dahin hauptsächlich textbezogen (es ging nur um einen Vers) oder themenbezogen (es ging um ein einziges Thema, das durch viele Verse aus der ganzen Bibel belegt wurde). Wie jeder andere auch, hatte ich mir aufgrund dieser beiden Predigtansätze Folgendes zuschulden kommen lassen: Ich hatte Bibeltexte aus dem Kontext gerissen, bevor ich begriff, dass die Kapitel- und Verseinteilungen der Bibel weder von Gott inspiriert noch beabsichtigt waren. Dadurch beschädigte ich die Heilige Schrift erheblich, nicht zuletzt, indem ich die Bedeutung des „Textes" von einem ganzen Buch auf einen einzelnen Satz reduzierte. Die Bibel war so zu seiner Ansammlung von „Beweistexten" geworden, die man willkürlich auswählen und nutzen konnte, um fast alles zu belegen, was ein Prediger sagen wollte.

Mit einer Handvoll Predigten, die auf diesem zweifelhaften Ansatz beruhten, fand ich mich nun in Uniform wieder. Vor mir saßen völlig andere „Gemeinden": Statt der üblichen „Rettungsboot-Versammlungen", die ich gewöhnt war, nämlich Frauen und Kinder zuerst, waren nun alle Zuhörer männlichen Geschlechts. Mein magerer Vorrat an Predigten ging mir schnell aus. Einige hatten sich als Schuss in den Ofen erwiesen, insbesondere bei den obligatorischen Parade-Gottesdiensten in England, bevor ich in Übersee stationiert wurde.

Nun befand ich mich also in Aden. Ich musste gewissermaßen aus dem Nichts eine Gemeinde aufbauen, die sich aus den ständigen Mitarbeitern und Zeitsoldaten der jüngsten Teilstreitkraft Ihrer königlichen Majestät rekrutierte. Wie konnte ich das Interesse dieser Männer am christlichen Glauben wecken? Und wie konnte ich sie dann dazu bewegen, sich auch noch für diesen Glauben zu entscheiden?

Etwas (Heute würde ich sagen: Jemand) veranlasste mich dazu, folgende Ankündigung zu machen: In den nächsten paar Monaten würde ich eine Reihe von Predigten halten, die uns durch die ganze Bibel führen sollten („vom Buch Genesis bis zur Offenbarung!").

Es sollte für uns alle eine Entdeckungsreise werden. In der Gesamtschau entwickelte sich die Bibel für uns zu einem neuen Buch. Um es mit den Worten eines abgedroschenen Sprichworts zu sagen: Wir hatten den Wald vor lauter Bäumen nicht gesehen. Jetzt entfalteten sich Gottes Pläne und Absichten in einer ganz neuen Art und Weise. Die Männer bekamen echtes „Schwarzbrot" vorgesetzt, an dem sie ordentlich zu beißen hatten. Der Gedanke, Teil einer kosmischen Rettungsmission zu sein, war höchst motivierend. Die Geschichte der Bibel wurde real und relevant.

VORWORT

Natürlich war mein damaliger „Überblick" ziemlich simpel, um nicht zu sagen naiv. Ich fühlte mich wie der typische amerikanische Tourist, der das Britische Museum in 20 Minuten erkundet. Hätte er seine Joggingschuhe dabei gehabt, wäre er in zehn Minuten durch gewesen! Wir rasten durch die Jahrhunderte. Einige biblische Bücher streiften wir dabei nur mit einem flüchtigen Blick.

Doch die Ergebnisse überstiegen meine Erwartungen. Sie zeichneten den Weg für den Rest meines Lebens und für meinen weiteren Dienst vor. Aus mir war ein „Bibellehrer" geworden, wenn auch erst im Embryonalstadium. Die Begeisterung, die Bibel als Ganzes weiterzugeben, entwickelte sich zu meiner Leidenschaft.

Als ich in den „normalen" Gemeindedienst zurückkehrte, beschloss ich, meine Gemeinde in einem Jahrzehnt durch die gesamte Bibel zu führen (wenn sie es so lange mit mir aushielt). Das bedeutete, in jedem Gottesdienst etwa ein „Kapitel" in Angriff zu nehmen. Sowohl in der Vorbereitung (eine Stunde am Schreibtisch für zehn Minuten auf der Kanzel) als auch in der Umsetzung (45 bis 50 Minuten) war das sehr zeitaufwändig. Das Zeitverhältnis entspricht ungefähr dem Kochen und Einnehmen einer Mahlzeit.

Die Auswirkungen dieser systematischen Darstellung der Bibel bestätigten mir, dass ich auf dem richtigen Weg war. Ein wahrer Hunger nach Gottes Wort wurde offenbar. Die Menschen strömten von nah und fern herbei, „um ihre Batterien aufzuladen", wie einige es nannten. Bald schon kehrte sich diese Stoßrichtung um. Tonbandaufnahmen, die zunächst für die Kranken und ans Haus Gefesselten hergestellt worden waren, verbreiteten sich bis in weite Ferne. Hunderttausende von ihnen erreichten schließlich Menschen in 120 Ländern. Niemanden überraschte das mehr als mich.

Als ich Gold Hill in Buckinghamshire verließ, um eine neue Stelle in Guildford in Surrey anzutreten, beteiligte ich mich an der Planung und dem Bau des Gemeindezentrums „Millmead Center". Es beherbergte einen großen Saal, der sich hervorragend dazu eignete, diesen Lehrdienst fortzusetzen. Als das Zentrum eröffnet wurde, beschlossen wir, von Anfang an einen Bezug zur gesamten Bibel herzustellen. Wir taten dies, indem wir dort die ganze Heilige Schrift ohne Pause einmal laut vorlasen. Wir benötigten 84 Stunden, von Sonntagabend bis Donnerstagmorgen. Jedes Gemeindemitglied las 15 Minuten lang vor, dann wurde das Buch an den Nächsten weitergereicht. Dabei verwendeten wir die englische Bibelübersetzung „The Living Bible". Sie ist am einfachsten zu lesen und zu verstehen, sowohl mit dem Herzen als auch mit dem Verstand.

Wir wussten nicht, was uns erwartete, doch dieser Event schien die Öffentlichkeit zu inspirieren. Sogar der Bürgermeister wollte mitmachen. Durch reinen Zufall (oder Vorsehung) las er die Passage über einen Ehemann vor, der „sehr bekannt ist, denn er sitzt mit den anderen Ratsmitgliedern im Rathaussaal". Er bestand darauf, eine Bibel für seine Frau mit nach Hause zu nehmen. Eine andere Dame schaute auf dem Weg zu ihrem Rechtsanwalt bei uns vorbei. Sie wollte die Scheidung einreichen und las folgenden Satz vor: „Ich hasse Scheidung, spricht der Herr." Den Anwalt sah sie nie wieder.

Insgesamt nahmen 2000 Personen an dieser Aktion teil, die eine halbe Tonne Bibeln kauften. Einige kamen für 30 Minuten und saßen drei Stunden später immer noch da. „Nur noch ein Buch, dann muss ich aber wirklich gehen", murmelten sie vor sich hin.

Viele von ihnen hörten zum ersten Mal, wie ein ganzes biblisches Buch an einem Stück durchgelesen wurde. Das galt auch für unsere treusten Gottesdienstbesucher. In den meisten Gemeinden liest man jede Woche nur ein paar wenige Sätze, und diese nicht immer in der richtigen Reihenfolge. Welches andere Buch würde bei irgendjemandem Interesse oder Begeisterung hervorrufen, wenn man es auf diese Art und Weise handhabe?

So arbeiteten wir uns Sonntag für Sonntag durch die gesamte Bibel, Buch für Buch. Denn die Bibel besteht nicht nur aus einem Buch, sondern aus vielen. Genau genommen beinhaltet sie eine ganze Bücherei. (Das Wort biblia steht im Lateinischen und im Griechischen im Plural und bedeutet „Bücher".) Dabei sind es nicht nur viele Bücher, sondern auch Schriften ganz unterschiedlicher Art: Geschichtsbücher, Gesetzbücher, Briefe, Lieder etc. Wenn wir das Studium eines Buches abgeschlossen hatten und mit dem nächsten begannen, war es notwendig, eine besondere Einleitung voranzustellen. Sie behandelte folgende sehr grundlegende Fragen: Um welche Art von Buch handelt es sich? Wann wurde es geschrieben? Wer hat es geschrieben? Für wen war es bestimmt? Und am allerwichtigsten: Warum wurde es zu Papier gebracht? Die Antwort auf diese letzte Frage gab uns den „Schlüssel", um seine Botschaft zu erschließen. Man kann einen Text nicht vollumfänglich verstehen, wenn man ihn nicht als Teil des ganzen Buches betrachtet. Der Kontext eines „Textes" war jetzt nicht mehr nur der jeweilige Absatz oder Abschnitt, sondern grundsätzlich das Buch in seiner Gesamtheit.

Mittlerweile hatte ich als Bibellehrer einen gewissen Bekanntheitsgrad erreicht. Man lud mich in Colleges, auf Konferenzen und Kongresse ein; zunächst in Großbritannien, doch immer öfter auch nach Übersee, wo die Audiokassetten Türen geöffnet und die nötige Vorarbeit geleistet hatten. Grundsätzlich mache ich gerne neue Bekanntschaften und freue mich darauf, bisher unbekannte Orte zu entdecken; doch der Reiz, in einem Jumbojet zu sitzen, verfliegt nach zehn Minuten!

Wo ich auch hinkam, ich stieß überall auf denselben

brennenden Eifer, Gottes Wort kennenzulernen. Ich dankte Gott für die Erfindung der Audiokassetten, die im Gegensatz zu Videokassetten auf der ganzen Welt dasselbe System nutzten. Mit ihrer Hilfe konnte an vielen Orten einem großen Mangel abgeholfen werden. Es gibt so zahlreiche erfolgreiche Evangelisationen und gleichzeitig so wenig fundierte Lehre, um Neubekehrten zu helfen, stabil zu werden, sich zu entwickeln und zu reifen.

Ich hätte auf diesem Weg bis zum Ende meines aktiven Dienstes weitergemacht, doch der Herr hatte eine weitere Überraschung für mich parat. Sie war das letzte Glied in der Kette, die zur Veröffentlichung dieses Buches führte.

Anfang der 1990er Jahre bat mich mein Freund Bernard Thompson, der Pastor einer Gemeinde in Wallingford bei Oxford war, um Folgendes: Ich sollte auf ein paar wenigen Veranstaltungen der evangelischen Kirche sprechen. Ziel war es, das Interesse der Gläubigen zu wecken und ihre Bibelkenntnis zu verbessern. Natürlich war ich bei diesem Anliegen sofort dabei!

Ich sagte zu, einmal im Monat zu kommen und drei Stunden über ein Buch der Bibel zu sprechen (mit einer Kaffeepause zwischendrin!). Im Gegenzug hatten die Teilnehmer die Aufgabe, das betreffende Buch vor und nach meinem Besuch jeweils einmal ganz durchzulesen. Während der folgenden Wochen sollten Geistliche aus diesem Buch predigen und Hauskreise es zu ihrem Thema machen. All das würde hoffentlich dazu führen, dass die Teilnehmer wenigstens mit diesem einen Buch vertraut würden.

Ich verfolgte ein doppeltes Ziel: Einerseits wollte ich meine Zuhörer so neugierig machen, dass sie es kaum erwarten konnten, dieses Buch zu lesen. Andererseits beabsichtigte ich, ihnen so viel Einsicht und Informationen zu vermitteln, dass sie beim Lesen über ihre eigene Fähigkeit, das Buch zu verstehen, in Begeisterung verfallen würden. Um Beides zu fördern, benutzte ich Bilder, Grafiken, Karten und Modelle.

Dieser Ansatz bewährte sich außerordentlich. Nach nur vier Monaten legte man mir unmissverständlich nahe, Termine für die nächsten fünf Jahre zu machen, um alle 66 Bücher zu behandeln! Lachend lehnte ich ab. Vielleicht wäre ich dann schon längst im Himmel, sagte ich den Veranstaltern. (Tatsächlich habe ich sehr selten etwas länger als sechs Monate im Voraus gebucht, weil ich meine Zukunft weder verplanen noch selbstverständlich davon ausgehen will, dass ich so lange leben werde.) Doch der Herr hatte andere Pläne. Er befähigte mich, diesen Marathon bis zum Ende zu laufen.

Anchor Recordings (http://anchor-recordings.com) hat in den letzten 20 Jahren meine Kassetten vertrieben. Als Direktor Jim Harris diese Aufnahmen hörte, legte er mir nahe, sie im Videoformat zu produzieren. Er ließ ein Kamerateam samt Ausrüstung ins High Leigh Conference Center kommen und verwandelte den großen Saal für jeweils drei Tage am Stück in ein Fernsehstudio. So konnte er 18 Sendungen mit einem Studiopublikum produzieren. Es dauerte weitere fünf Jahre, um dieses Projekt abzuschließen, das unter dem Namen „Unlocking the Bible" (Schlüssel zur Bibel) verbreitet wurde.

Heute gehen diese Videos um die ganze Welt. Man verwendet sie in Hauskreisen, Gemeinden, Colleges, beim Militär, in Zigeunerlagern, in Gefängnissen und im Kabelfernsehen. Während eines längeren Aufenthaltes in Malaysia gingen sie weg wie warme Semmeln, eintausend Stück pro Woche. Sie haben alle sechs Kontinente erreicht, einschließlich der Antarktis!

Nicht Wenige haben diese Videos als „mein Vermächtnis an die Gemeinde" bezeichnet. Ganz sicher ist es die Frucht vieler Jahre Arbeit. Ich befinde mich zwar schon in meinem achten Lebensjahrzehnt auf diesem Planeten, glaube jedoch, dass der Herr noch etwas mit mir vorhat. Allerdings ging ich damals davon aus, dass diese spezielle Aufgabe nun abgeschlossen sei. Doch das war ein Irrtum.

Der Verlag HarperCollins schlug mir vor, dieses Material in mehreren Buchausgaben zu veröffentlichen. In den letzten zehn Jahren hatte ich schon Bücher für andere Verlage geschrieben. Daher war ich bereits davon überzeugt, dass es sich um einen guten Weg handelte, Gottes Wort weiterzuverbreiten. Dessen ungeachtet hegte ich zwei sehr große Vorbehalte gegen diesen Vorschlag. Sie ließen mich sehr zögerlich darauf reagieren. Einer hatte mit der Entstehung des Lehrmaterials zu tun, der andere mit seiner Präsentation. Ich werde meine Bedenken nun in umgekehrter Reihenfolge erläutern.

Zunächst einmal hatte ich noch nie eine meiner Predigten, Vorlesungen oder Vorträge vollständig aufgeschrieben. Wenn ich spreche, verwende ich Notizen, die manchmal mehrere Seiten umfassen. Die Kommunikation mit meinen Zuhörern ist mir genauso wichtig wie der Inhalt, den ich weitergeben möchte. Mir war und ist intuitiv bewusst, dass das Ablesen eines vollständigen Manuskripts die enge Verbindung zwischen dem Referenten und seinem Publikum unterbricht. Dies geschieht allein schon dadurch, dass der Redner seine Augen von seinen Zuhörern abwendet. Ein spontaner Vortrag kann dagegen auf Reaktionen aus dem Publikum eingehen und mehr Emotionen vermitteln.

Das hat zur Folge, dass mein mündlicher Vortrag und meine Schriften im Stil sehr unterschiedlich sind. Jede dieser Ausdrucksweisen habe ich ihrer Funktion angepasst. Es macht mir Freude, meine eigenen Kassetten anzuhören. Manchmal bin ich von mir selbst tief bewegt. „Das ist wirklich gut!", sage ich oft zu meiner Frau, wenn ich enthusiastisch eines meiner neuen Bücher lese. Doch wenn ich eine Mitschrift meiner mündlichen Vorträge sehe, überkommen mich Scham und sogar Entsetzen! Diese ewigen Wiederholungen von Wörtern und Begriffen! Leeres Gerede, ja sogar unvollständige Sätze! Bei den Verben eine wilde Mischung von Zeitformen, insbesondere bei Gegenwart und Vergangenheit! Missbrauche ich tatsächlich die englische Hochsprache so sehr? Die Beweislage ist leider eindeutig.

Ich habe dem Verlag damals klipp und klar gesagt, dass ich mir überhaupt nicht vorstellen könnte, dieses Material ausführlich niederzuschreiben. Es zusammenzustellen hatte mich sowieso schon fast mein gesamtes Leben gekostet und ich hatte kein zweites. Es stimmte zwar, dass Mitschriften meiner Vorträge bereits vorhanden waren, um die Videos in andere Sprachen wie Spanisch und Chinesisch zu übersetzen bzw. zu synchronisieren. Die Vorstellung allerdings, diese Mitschriften in ihrer damaligen Form zu drucken, war fürchterlich. Vielleicht war es auch nur mein Stolz, der am Ende die Überhand gewinnen wollte. Doch der Kontrast zu meinen Büchern, auf die ich so viel Zeit und Sorgfalt verwendet hatte, war so groß, dass ich den Gedanken nicht ertragen konnte.

Man versicherte mir, dass Korrektoren die meisten grammatikalischen Patzer berichtigen würden. Der Vorschlag allerdings, der mich schließlich einlenken ließ, war die Anstellung eines „Ghostwriters" (eines Auftragsschreibers), der mich und meinen Dienst gut kannte. Er sollte das Material für die Buchform entsprechend anpassen. Als man mir dann Andy Peck vorstellte, der diese Aufgabe übernehmen sollte, gewann ich die feste Überzeugung, dass er es schaffen würde; auch wenn das Endergebnis nicht dem entsprechen würde, was ich geschrieben hätte, und auch nicht dem, was er selbst verfasst hätte.

Ich gab ihm alle meine Notizen, Kassetten, Videos und Mitschriften. Die daraus entstandenen Bücher sind genauso sein Werk wie meines. Er hat unglaublich hart daran gearbeitet. Ich bin ihm zutiefst dankbar dafür, dass er mir ermöglicht hat, noch viel mehr Menschen mit der Wahrheit zu erreichen, die freimacht. Man erhält den Lohn eines Propheten, wenn man dem Propheten einfach nur ein Glas Wasser reicht. Daher bin ich dem Herrn für die Belohnung sehr dankbar, die Andy für seinen immensen Liebesdienst bekommen wird.

Zudem habe ich meine Quellen nie sorgfältig aufgezeichnet. Das liegt zum Teil daran, dass der Herr mich mit einem ziemlich guten Gedächtnis für Zitate und Schaubilder gesegnet hat. Vielleicht ist es auch darauf zurückzuführen, dass ich nie die Unterstützung eines Sekretariats in Anspruch genommen habe.

Bücher haben in meiner Arbeit schon immer eine wichtige Rolle gespielt. Drei Tonnen umfasst meine Privatbibliothek, wie mir das letzte Umzugsunternehmen, das wir beauftragt hatten, versicherte. Sie füllen zwei Zimmer und eine Gartenlaube. Es gibt dabei drei Kategorien: die Bücher, die ich schon gelesen habe, die ich noch lesen will und die ich niemals lesen werde! Während sie für mich eine Quelle der Freude darstellen, sind sie meiner Frau eine ziemliche Last.

Der bei weitem größte Teil besteht aus Bibelkommentaren. Wenn ich eine Bibelarbeit vorbereite, recherchiere ich alle relevanten Autoren; allerdings erst, nachdem ich so viel wie möglich selbst vorbereitet habe. Dann ergänze und korrigiere ich meine eigenen Gedanken, indem ich sie mit den Schriften und Andachtstexten der Kommentatoren abgleiche.

Es wäre ein Ding der Unmöglichkeit, alle Autoren zu nennen, denen ich meinen Dank schulde. Wie viele andere Leser auch, habe ich William Barclays Daily Bible Readings (Tägliche Bibellese) geradezu verschlungen, als sie in den 1950er Jahren veröffentlicht wurden. Seine Kenntnis des neutestamentlichen Kontexts und des damaligen Vokabulars waren für mich von unschätzbarem Wert. Gleichzeitig erschien mir sein einfacher und klarer Stil als nachahmenswert, auch wenn ich später begann, Zweifel an seinen „liberalen" Interpretationen zu hegen. John Stott, Merill Tenney, Gordon Fee und William Hendrickson gehören zu den Verfassern, die mir einen Zugang zur Welt des Neuen Testaments verschafften, während Alec Motyer, G. T. Wenham und Derek Kidner mir das Alte Testament „aufschlossen". Es fehlt mir leider die Zeit, ausführlicher über die Autoren Denney, Lightfoot, Nygren, Robinson, Adam Smith, Howard, Ellison, Mullen, Ladd, Atkinson, Green, Beasley–Murray, Snaith, Marshall, Morris, Pink und viele, viele andere zu berichten. Auch darf ich nicht vergessen, zwei bemerkenswerte kleine Bücher zu erwähnen, die von Frauen verfasst wurden: „What the Bible is all about" (Worum es in der Bibel wirklich geht) von Henrietta Mears und „Christ in all the Scriptures" (Christus in der gesamten Schrift) von A. M. Hodgkin. Ich betrachte es als ein unschätzbares Vorrecht, zu ihren Füßen gesessen zu haben. Die Bereitschaft, Neues zu lernen, ist meiner Meinung nach eine Grundvoraussetzung dafür, selbst Lehrer zu werden und zu sein.

Ich saugte alle diese Quellen auf wie ein Schwamm. An so vieles, was ich gelesen hatte, konnte ich mich erinnern. Allerdings fiel es mir oft schwer, mir ins Gedächtnis zu rufen, wo ich es gelesen hatte. Das erschien mir jedoch nicht allzu tragisch, da ich das Material ja nur für meine Predigten zusammensuchte. Die meisten der genannten Autoren wollten gerade Predigern helfen und erwarteten daher nicht, ständig zitiert zu werden. Tatsächlich kann es mühsam sein, einer Predigt zu folgen, in der pausenlos Quellenverweise erwähnt werden. Man könnte den Vortrag sogar falsch interpretieren und meinen, dem Prediger ginge es nur darum, prominente Namen zu erwähnen, um Eindruck zu schinden oder um vorzutäuschen, sehr belesen zu sein. So könnte man übrigens auch diesen Absatz deuten!

Anders als Predigten unterliegen Druckausgaben jedoch dem Urheberrecht, da es auch um Autorenhonorare geht. Die Angst, das Urheberrecht zu verletzten, hielt mich davon ab, irgendeinen Teil meines mündlichen Predigtdienstes in gedruckter Form zu veröffentlichen. Es wäre schlichtweg unmöglich, 40 Jahre des „Schnorrens" durchzuarbeiten und mit den richtigen Quellenangaben zu versehen. Und selbst wenn dies gelänge, könnten die notwendigen Fußnoten und Danksagungen die Größe und den Preis dieses Buches leicht verdoppeln.

Die Alternative bestand darin, denjenigen Lesern den Zugang zu diesem Material zu verwehren, die am meisten davon profitieren würden. Das wäre der falsche Weg, überzeugte mich mein Verleger. Schließlich war ich zumindest für die Zusammenstellung und das Sortieren der Inhalte verantwortlich. Darüber hinaus wage ich zu glauben, dass mein eigener Beitrag groß genug ist, um eine Veröffentlichung zu rechtfertigen.

Es bleibt mir nur noch, mich bei all denjenigen zu entschuldigen und zu bedanken, deren Werke ich über die Jahre „geplündert" habe, sei es in kleinem oder in großem Stil. Ich hoffe, sie können mein Verhalten als Beweis dafür ansehen, dass Nachahmung das größte Kompliment ist. Um ein weiteres Zitat zu gebrauchen, das ich irgendwo gelesen habe: „Bestimmte Autoren, die über ihr eigenes Werk sprechen, sagen ‚mein Buch' ... Sie sollten besser den Begriff ‚unser Buch' verwenden ..., weil normalerweise mehr Aussagen anderer Menschen darin stehen als ihre eigenen" (das Originalzitat stammt von Pascal).

Hier ist es nun also, „unser" Buch! Die Franzosen würden mich wohl ganz unverblümt einen „vulgarisateur" nennen. Damit bezeichnen sie jemanden, der akademische Lehren so herunterbricht, dass auch die „einfachen" Leute sie verstehen können. Ich bin mit dieser Bezeichnung zufrieden. Nachdem ich einmal eine ziemlich tiefgründige Schriftstelle ausgelegt hatte, sagte mir eine alte Dame: „Sie haben es uns in so kleinen Bissen verabreicht, dass wir es schlucken konnten." Es war tatsächlich schon immer mein Ziel, mich so auszudrücken, dass ein Zwölfjähriger meine Botschaft verstehen und sie im Gedächtnis behalten kann.

Manche Leser werden über den Mangel an Textbelegen enttäuscht, ja sogar frustriert sein. Das gilt insbesondere für diejenigen, die kontrollieren wollen, ob ich Recht habe! Das Fehlen dieser Belege verfolgt jedoch einen bestimmten Zweck. Gott hat uns sein Wort in Form von ganzen Büchern gegeben, nicht in Kapiteln oder Versen. Diese Einteilung nahmen erst Jahrhunderte später zwei Bischöfe vor, ein französischer und ein irischer. Dadurch wurde es einfacher, einen „Text" zu finden und dabei gleichzeitig den Kontext zu ignorieren. Wie viele Christen, die Johannes 3,16 zitieren, können auch die Verse 15 und 17 wiedergeben? Viele „forschen" nicht länger „in den Schriften"; sie schlagen einfach bestimmte Bibelstellen nach (wobei sie sich an an den Kapitel- und Versnummern orientieren). Aus diesem Grund bin ich dem Beispiel der Apostel gefolgt und habe an manchen Stellen nur die Autoren erwähnt, „wie Jesaja oder David oder Samuel sagte". Die Bibel erklärt beispielsweise, dass Gott pfeift. Wo, um alles in der Welt, steht das? Im Buch Jesaja. Wo genau? Finden Sie es selbst heraus. Dann werden Sie auch entdecken, wann Gott dies tat und warum. Und Sie werden das Erfolgserlebnis verbuchen können, höchstpersönlich dahintergekommen zu sein.

Noch ein letztes Wort: Ich hoffe, dass diese Einführung in die biblischen Bücher Ihnen helfen wird, diese Werke besser kennen und sie noch mehr lieben zu lernen. Doch meine Sehnsucht geht weit darüber hinaus: Mögen meine Leser die Hauptperson dieser Bücher, den Herrn selbst, immer besser kennen und lieben lernen. Tief bewegt hat mich die Aussage einer Person, die innerhalb weniger Tage alle meine Videos angeschaut hatte: „Ich weiß jetzt so viel mehr über die Bibel. Doch das Wichtigste ist, dass ich das Herz Gottes intensiver gespürt habe als je zuvor."

Was könnte sich ein Bibellehrer sehnlicher wünschen? Mögen Sie beim Lesen dieses Buches dieselben Erfahrungen machen und mit mir in das Lob Gottes einstimmen: Ehre sei dem Vater und dem Sohn und dem Heiligen Geist.

J. David Pawson,
Sherborne St John, 2008

VORWORT

Meine Bibel, dacht' ich, kenn' ich,
las mal das und las mal dies,
einen Teil der Evangelien,
dann ein Stückchen Genesis.

Stellenweise aus Jesaja
und den Psalm „Er ist mein Hirt'...".
Ein paar Sprüche, Römer 12 noch.
Dass daraus nicht Kenntnis wird,

merkt' ich, als ich einen andern
ungewohnten Weg betrat.
Las vom Anfang bis zum Ende,
plötzlich war es nicht mehr fad.

Wenn Du mit der Bibel rumspielst,
was wohl hier und was dort steht,
abends, kurz bevor Du einschläfst,
gähnend schnell sprichst ein Gebet,

gehst Du mit dem Buch der Bücher
um wie sonst mit keinem Buch:
Hier ein Abschnitt ohne Kontext,
da ein plumper Kurzbesuch.

Gib dem Studium mehr Würde,
lies mit weitem, stetem Blick;
voller Ehrfurcht wirst Du hinknien,
liest die Bibel Du am Stück.

Autor unbekannt

II.
NEUES TESTAMENT

DER DREH- UND ANGELPUNKT DER GESCHICHTE

36. Die Evangelien

37. Das Markusevangelium

38. Das Matthäusevangelium

39. Das Lukasevangelium und die Apostelgeschichte

40. Das Lukasevangelium

41. Die Apostelgeschichte

42. Das Johannesevangelium

36.
DIE EVANGELIEN

Einleitung

Die Bibel ist eine Sammlung von Büchern, die 40 verschiedene Autoren über einen Zeitraum von mehr als 1400 Jahren geschrieben haben. Gott hatte weder die Absicht, uns einen Leitfaden in die Hand zu drücken, der aus Texten mit Kapitel- und Verseinteilungen besteht, noch wollte er uns Lehrbücher zur Verfügung stellen, die systematisch angeordnet sind. Stattdessen gab er uns eine Bibliothek, die verschiedene Literaturgattungen umfasst. Diese bunte Palette enthält sowohl Gedichte und Geschichten als auch Briefe und Offenbarungen, die in drei verschiedenen Sprachen verfasst sind: hauptsächlich auf Griechisch und Hebräisch, ein kleiner Teil auch auf Aramäisch.

Vielfalt
Diese Bibliothek spiegelt die **einzigartigen Persönlichkeiten und Sichtweisen** der verschiedenen Autoren wieder; genauso, wie zwei beliebige Bücher in einer öffentlichen Bibliothek aufgrund der Persönlichkeit ihrer Autoren einmalig und verschieden sind. Es ist wichtig, im Hinterkopf zu behalten, dass der Heilige Geist als göttlicher „Herausgeber" der Bibel die Autoren nicht als reine „Textverarbeiter" behandelte. Er gab ihnen nicht einfach seine Inhalte ein, ohne dabei ihr Herz und ihren Verstand zu berücksichtigen. Zwar war der Heilige Geist der eigentliche Autor, doch gleichzeitig hatten die jeweiligen Personen die Möglichkeit, die Inhalte auf ihre eigene Art zu formulieren. Tatsächlich wusste wohl kaum einer der damaligen Verfasser, dass sein Werk eines Tages als Teil der Heiligen Schrift gelten würde.

Insofern lösen sich scheinbare Widersprüche innerhalb der Bibel rasch auf, wenn man die **Absichten des jeweiligen Autors** untersucht. Betrachten wir zum Beispiel folgende Streitfrage: Paulus versichert uns, dass wir durch Glauben gerettet sind und nicht durch Werke. Jakobus hingegen betont in seinem Brief, dass Werke notwendig sind. Als Paulus sich im Römerbrief mit dem Thema Glauben beschäftigte, ging er von einer anderen Fragestellung und Ausgangslage aus als Jakobus. Paulus war es wichtig, dass wir nicht versuchen sollten, durch Werke gerettet zu werden. Jakobus' Fokus lag darauf, dass Werke den Glauben begleiten und zeigen sollten, dass wir es ernst meinen.

Einheit
Trotz dieser Vielfalt beweist die Bibel, dass Gott ihr Verfasser ist. Ein Thema beherrscht alles: das **sich schrittweise entfaltende Drama der Errettung**. Es durchzieht die gesamte Bibel vom Buch Genesis bis zur Offenbarung. Genesis 1–3 und Offenbarung 21–22 zeigen bemerkenswerte Ähnlichkeiten. Obwohl zwischen ihnen ein zeitlicher Abstand von 1400 Jahren liegt, tragen sie dennoch auf wunderbare Weise Gottes Handschrift. Die Einheit der Bibel ist erkennbar, ohne dass man von der Heiligen Schrift eine gewisse Einförmigkeit oder Uniformität verlangen müsste. So, wie Gott einer ist, der in drei Personen existiert, finden wir auch in seinem Wort beides: Einheit und Vielfalt.

Ansätze zum Bibellesen
Immer, wenn wir die Bibel lesen, müssen wir uns folgende Aspekte vergegenwärtigen, die beide gleichermaßen wichtig sind:

Vielfalt: Bei der Analyse eines Buches ist es wichtig, seine **Unterschiede** zu den anderen Büchern der Bibel zu erkennen.

Einheit: Wir müssen auch die Übereinstimmungen mit anderen Büchern wahrnehmen und untersuchen, wie dieses Buch in den Gesamtzusammenhang passt.

Wer eine liberale Einstellung zur Bibel hat, tendiert dazu, sich mehr auf die Vielfalt zu konzentrieren und die Einheit der Schrift zu verneinen. Vertreter einer evangelikalen Sichtweise fokussieren sich hingegen mehr auf die Einheit. Gleichzeitig befürchten sie, dass es zu Widersprüchen führen könnte, wenn man der Vielfalt zu viel Aufmerksamkeit schenkt.

Es ist daher notwendig, eine Balance zu finden: Einerseits gilt es, Gott als Autor der Bibel anzuerkennen und ihre innere Einheit zu bekräftigen. Andererseits ist es notwendig, jedes einzelne Buch auch als das Werk eines Menschen zu betrachten, der es zu einem bestimmten Zweck geschrieben hat. Konzentrieren wir uns nur auf den göttlichen Autor, besteht die Gefahr, dass wir unbeabsichtigt einen wichtigen Themenbereich missverstehen. Denn wir übersehen dabei, wie verschiedene Autoren ein bestimmtes Thema behandelt haben. Wir gehen dann mit jedem themenbezogenen Text fälschlicherweise so um, als ob es sich bei der Bibel nur um ein einziges Buch mit einer Botschaft und einem Schreibstil handeln würde. Dabei lassen wir außer Acht, dass Gott die spezielle Situation des Verfassers und des Buches benutzt hat, um uns seine Wahrheit mitzuteilen. Wenn wir andererseits nur die Individualität eines Buches betrachten, könnten wir vergessen, dass es Teil einer ganzen Bibliothek ist, die Gott zusammengestellt hat. Diese Sammlung bringt das Thema und den Zweck auf wunderbare Weise miteinander in Einklang.

Der Wert dieses Ansatzes wird besonders deutlich, wenn wir die **Evangelien** lesen. Einerseits bilden sie eine thematische Einheit, weil jeder der vier Evangelisten die gute Nachricht von Jesus Christus zum Thema hat. Sie berichten über denselben

Zeitabschnitt, dieselben Personen und dieselben Orte. Gleichzeitig schreibt jeder jedoch aus **einem besonderen Blickwinkel und für eine bestimmte Zielgruppe**. Auf das Johannesevangelium trifft das ganz besonders zu. Es unterscheidet sich deutlich von den drei Evangelien der sogenannten Synoptiker, die sehr viel gemeinsam haben. Wenn wir uns mit diesen Unterschieden genauer beschäftigen, wird die besondere Note bei Johannes deutlich.

Die Evangelien

Die Evangelien kommen einer Biographie Jesu am nächsten. Sie berichten über sein Leben, seinen Tod und seine Auferstehung. Nur Wenigen ist jedoch bewusste, dass sie in einem einzigartigen Stil verfasst wurden, den man im ersten Jahrhundert bis dahin noch nicht kannte. Auch in der modernen Literatur gibt es dazu keine Entsprechung. Aufmerksame Leser wissen, dass man jeden Vers in seinem unmittelbaren Textzusammenhang *und* im Gesamtzusammenhang des Buches sehen muss, um die Evangelien richtig interpretieren zu können. Wer die *Gattung* des Textes, den er liest, nicht kennt, stößt daher bei der Auslegung auf Probleme. Wir müssen also klären, was ein „Evangelium" ist, bevor wir uns mit seinen individuellen Feinheiten auseinandersetzen.

Was ist ein Evangelium?
Ein Evangelium ist mit Sicherheit keine Autobiographie. Jesus hat keine Bücher geschrieben. Es ist aber auch keine Biographie im eigentlichen Sinne. Denn über ein Drittel jedes Evangeliums beschreibt den Tod Jesu. Keine Biographie würde ein Drittel ihres Inhaltes auf den Tod der Hauptperson verwenden, wie spektakulär oder tragisch dieser auch gewesen sein mag. Die vielleicht

treffendste Parallele zu unserer modernen Welt kommt aus dem Medienbereich, nicht aus der Literatur: Ein Evangelium entspricht **einem Nachrichtenblatt oder einer Nachrichtensendung.**

Das englische Wort für Evangelium, „gospel", ist die angelsächsische Variante des griechischen Wortes *evangelion*. Dieses Wort wurde zur Zeit des Neuen Testaments verwendet, um die Verbreitung erschütternder Nachrichten durch einen Boten zu beschreiben, den man in die Städte und Dörfer einer Gegend schickte. Der Sieg über einen Feind oder der Tod eines Machthabers wären typische Beispiele hierfür. In gleicher Weise ist ein Evangelium eine Ankündigung, bei der man sofort weiß, dass es sich hierbei um aufregende Neuigkeiten handelt. Den Hörern ist bewusst, nachdem sie diese Nachricht vernommen haben, dass die Welt nie wieder dieselbe sein wird.

So, wie man Nachrichten seinen Zuhörern in der Regel laut vorliest, sollten auch die Evangelien laut vorgetragen werden (ebenso wie der Rest des Neuen Testaments). Auch wir können heute sehr davon profitieren, wenn wir die Bibel laut lesen (selbst wenn wir dabei die einzigen Zuhörer sind). Das Lesen in der Stille ist natürlich ebenfalls sinnvoll.

Warum wurden sie geschrieben?
Der Grund dafür, dass die Evangelien in dieser Form verfasst wurden, liegt auf der Hand. In den ersten Jahrzehnten nach Christi Himmelfahrt nahm die Gemeinde zahlenmäßig zu. Sie breitete sich in der römischen Welt aus, weil die Apostel die Botschaft des Evangeliums verkündeten. Viele Menschen wollten die „Nachrichten" von denen erfahren, die die Ereignisse im Leben Jesu aus nächster Nähe beobachtet hatten. Daher war es ein „Muss", dass **die Zeugen** der Taten und Worte Jesu **zuverlässige Berichte** über sein Leben und seine Zeit verfassten.

Warum gibt es vier?
Das erste, was vielen auffällt, ist, dass es vier Evangelien gibt. Sie ähneln sich inhaltlich und sprachlich sehr. Manche Menschen halten es für überflüssig, dass vier Evangelien existieren, insbesondere, da sie auf den ersten Blick doch dasselbe aussagen. Wäre es da nicht viel bequemer, wenn wir nur ein Evangelium hätten? Warum gab es niemanden, der sie miteinander verschmolz und nur eine einzige Ausgabe produzierte, zu der jeder Verfasser seinen Teil beitrug?

Dieser Gedankengang erscheint uns logisch und vernünftig. Allerdings geht etwas Wichtiges verloren, wenn Menschen versuchen, die Evangelien in einer Ausgabe zusammenzufassen. Gott hat die Autoren aus gutem Grund zu vier Evangelien inspiriert. Genauso, wie es einen guten Grund dafür gab, andere Teile der Schrift mehrfach in verschiedenen Büchern vorkommen zu lassen. So haben wir beispielsweise zwei Schöpfungsberichte in Genesis 1 und 2: einen aus Gottes Blickwinkel und einen aus der Sicht des Menschen. Auch die Geschichte Israels wird zweimal dargestellt, in den Büchern der Könige und in den Büchern der Chronik. Obwohl sie denselben Zeitabschnitt behandeln, wurden diese beiden Darstellungen aus vollkommen unterschiedlichen Perspektiven verfasst. Genauso gibt es vier Berichte über das Leben und Sterben Jesu. Gott wollte uns **verschiedene Blickwinkel** vermitteln, damit wir das Gesamtbild erkennen und verstehen können.

Wollte man beispielsweise eine Concorde fotografieren, um einer anderen Person die Form dieses schnellsten Passagierflugzeugs der Welt zu zeigen, müsste man mindestens vier oder fünf Aufnahmen machen. Anderenfalls könnte sich niemand das Flugzeug vorstellen, da es von jeder Seite anders aussieht. Mit Jesus ist es ähnlich: Er ist die bemerkenswerteste Person, die jemals gelebt hat. Deshalb inspirierte Gott vier verschiedene Menschen dazu, ihn für uns zu beobachten und das aufzuschreiben, was ihnen auffiel. Die Verfasser der Evangelien berichteten unabhängig voneinander und aus ihrer eigenen Perspektive über Jesus.

Inspiration
Dieser Blick auf die Entstehungsgeschichte der Evangelien zeigt uns etwas Wichtiges über die Inspiration der Schrift. Es wird deutlich, dass die Verfasser der Bibel nicht nur „Textverarbeiter" waren, die aufschrieben, was Gott ihnen wörtlich diktierte[1]. Gott hatte die Absicht, Einzelpersonen zu gebrauchen, die ihr eigenes Verständnis von Jesus einbrachten. Sie besaßen die Fähigkeit, seine Botschaft mit einer bestimmten Zielsetzung zu vermitteln. Dabei blieb jedoch das, was sie zu Papier brachten, Wort Gottes. Jedes Wort war inspiriert. Die Bibel ist daher sowohl Gottes- als auch Menschenwort. Die Inspiration schließt folglich die Einzigartigkeit jedes einzelnen Autors mit ein.

Wie unterscheiden sich die Evangelien?
Stirbt eine berühmte Persönlichkeit, so werden nach ihrem Tod normalerweise verschiedene Arten von Texten veröffentlicht.

1. Die ersten Veröffentlichungen berichten üblicherweise, **was diese Person getan hat**: Eine kurz nach dem Tod verfasste Todesanzeige oder ein Nachruf erfüllt diesen Zweck.

2. Später ist die Öffentlichkeit mehr daran interessiert, **was diese Person gesagt hat**. Man gibt daher Sammlungen von Briefen und Reden heraus.

---
[1] Einige Passagen des Buches Genesis und der Offenbarung bilden hier eine Ausnahme. Sie enthalten deutliche Hinweise, dass sie direkt und mündlich diktiert wurden.

3. Schließlich kommt die dritte Phase. Man wirft einen Blick „hinter die Kulissen" der Worte und Taten, um herauszufinden, **wer diese Person wirklich war**. Dabei werden der Charakter, die Motivation und das Verhalten in unbeobachteten Momenten gründlich unter die Lupe genommen.

Die vier Evangelien folgen diesen drei Phasen ziemlich genau, wie die Tabelle auf Seite 39 zeigt. Markus beschäftigt sich hauptsächlich damit, was Jesus getan hat. Er konzentriert sich auf seine Taten und Wunder sowie auf seinen Tod und seine Auferstehung. Matthäus und Lukas enthalten viel mehr direkte Aussagen Jesu. Ihre Evangelien dokumentieren eine größere Anzahl seiner Predigten als das Markusevangelium. Johannes hingegen ist nicht nur daran interessiert, was Jesus tat. Er konzentriert sich auch nicht vorrangig darauf, was er sagte. Sein Hauptaugenmerk liegt vielmehr auf der Identität Jesu und somit auf der Frage, wer er wirklich war. Während die Evangelien in ihrer literarischen Form unverwechselbar sind, enthalten sie dennoch eine große Bandbreite an Betrachtungen der Person Jesu. Sie bieten dem Leser eine Gesamtschau und ein umfassendes Verständnis seiner Persönlichkeit.

Hilfreiche Ansätze beim Lesen der Evangelien
Nachdem wir die Einzigartigkeit der Evangelien in ihrer literarischen Form festgestellt haben, gibt es nun zwei Ansätze, denen wir bei unserer Betrachtung folgen können. Sie werden uns helfen, die Bedeutung der Evangelien zu entschlüsseln. Der erste Ansatz wurde schon angedeutet: Es geht um die **Einsichten des Verfassers**. Was beobachtete er an Jesus und was verstand er aus seiner spezifischen Perspektive? Der andere Ansatz untersucht die **Absichten des Verfassers** mit seinem Evangelium. Wie sollten

seine Leser darauf reagieren? Obwohl beide Ansätze sich teilweise überschneiden, werden sie uns doch ungemein helfen, wenn wir später jedes Buch einzeln untersuchen.

Die Einsichten des Verfassers

Jeder Verfasser der Evangelien wollte ein bestimmtes Verständnis von Jesus vermitteln. Er ordnete daher sein Material entsprechend an (siehe die Tabelle auf Seite 39). Er wollte mehr als nur die Worte und Taten Jesu vermitteln, an die er sich erinnerte. Es ging ihm auch darum, einen Kontext zu veranschaulichen, in dem das Leben Jesu verständlicher wurde. Seine Sichtweise war nicht zwingend einzigartig: Es gibt Überschneidungen mit den Verfassern der anderen Evangelien. Gleichzeitig wird deutlich, dass jeder Autor über eine Haupteinsicht oder ein Hauptverständnis verfügte.

- Markus schrieb das erste und kürzeste Evangelium. Er sah Jesus als den „Menschensohn".
- Lukas schrieb das zweite Evangelium. Er betrachtete Jesus als den „Retter der Welt".
- Matthäus schrieb das dritte Evangelium. Er zeigte Jesus als den „König der Juden".
- Johannes schrieb das vierte Evangelium. Er charakterisierte Jesus als den „Sohn Gottes".

Die Verfasser wählten und strukturierten ihre Inhalte natürlich so, dass ihre besondere Perspektive hervorgehoben wurde.

Die Absichten des Verfassers

Allerdings müssen wir jedes Evangelium auch vom Standpunkt des Lesers aus betrachten. Denn jeder Verfasser hatte eine bestimmte Zielgruppe vor Augen und war bemüht, ihr seine Botschaft von Jesus zu vermitteln.

Eine aufmerksame Prüfung macht deutlich, dass sich die Evangelien von Matthäus und Johannes an gläubige Menschen richten:
- Matthäus sorgt sich um die Neubekehrten. Sein Buch verfolgt den Zweck, uns mitzuteilen, wie wir als Jünger leben sollten.
- Johannes schreibt für reifere Gläubige, um sie zu ermutigen, an ihrem Glauben an Jesus festzuhalten und um Irrlehren über Johannes den Täufer und Jesus entgegenzuwirken.

Andererseits wenden sich Markus und Lukas hauptsächlich an Ungläubige:
- Markus zielt darauf ab, seine Leser so von der Botschaft von Jesus zu begeistern, dass sie an ihn glauben.
- Lukas ist als einziger nichtjüdischer Autor der Bibel darum bemüht, dass Menschen außerhalb der jüdischen Gemeinschaft Jesus kennenlernen.

Die verschiedenen Zielgruppen bestimmen, was die Verfasser in ihren Evangelien behandeln und wie sie ihre Inhalte anordnen.

Ähnlichkeiten
Wir haben schon festgestellt, dass es bei Inhalt und Wortlaut der vier Evangelien Überschneidungen gibt. Dabei sind sich die ersten drei besonders ähnlich. Tatsächlich sind 95 Prozent des Markusevangeliums bei Matthäus und Lukas zu finden, in manchen Fällen mit sehr ähnlichem oder identischem Wortlaut. Die ersten drei werden **„synoptische Evangelien"** genannt. Das Wort „synoptisch" stammt von den beiden griechischen Wörtern *syn*, was „zusammen" bedeutet, und *optisch*, was so viel wie „sehen" oder „betrachten" heißt. Die

ersten drei Evangelien haben eine gemeinsame Sicht auf Jesus. Im Gegensatz dazu ist Johannes in seinem Stil und seinem Inhalt viel unabhängiger. Man bemerkt einen gravierenden Unterschied, wenn man nach der Lektüre von Matthäus, Markus und Lukas zum Johannesevangelium übergeht.

Ein Großteil der Inhalte stimmt in den ersten drei Evangelien überein. Manches findet sich nur bei Markus, aber sowohl Matthäus als auch Lukas haben das Gros seines Materials verwendet, wenn auch auf andere Art und Weise. Matthäus unterteilte das Markusevangelium in kleine Abschnitte und kombinierte sie dann mit seinen eigenen Einsichten. Lukas hingegen übernahm ganze Textblöcke von Markus, die er am Stück verwendete.

Über folgende Fragen ist natürlich diskutiert worden: Haben Matthäus und Markus das Lukasevangelium genutzt oder haben Matthäus und Lukas ihrerseits das Markusevangelium verwendet und ausgebaut? Oder hat Markus das Matthäus- und das Lukasevangelium einfach gekürzt? Am wahrscheinlichsten ist, dass Matthäus und Lukas das Markusevangelium als Grundlage nutzten und es noch weiter ergänzten. Bei Matthäus gibt es Inhalte, die nur bei ihm zu finden sind und die er nicht von jemand anderem übernommen hat. Auch Lukas hat eigene Inhalte.

MARKUS ALS GRUNDLAGE
Es ist daher nicht überraschend, dass die drei Synoptiker eine klare literarische Verbindung aufweisen, die auf dem Markusevangelium gründet. Obwohl letzteres in unserem Neuen Testament an zweiter Stelle zu finden ist, wurde es mit an Sicherheit grenzender Wahrscheinlichkeit zuerst geschrieben. Markus unterteilt sein Evangelium sehr sorgfältig in zwei Teile mit einem Einschnitt in der Mitte.

Der erste Teil deckt den Dienst Jesu im Norden Israels, in Galiläa, ab. Der zweite Teil berichtet von Jesu Weiterreise in Richtung Süden nach Judäa. Abgesehen von dem einen Ereignis in Nazareth, als die Dorfbewohner versuchten, ihn von der Klippe zu stürzen, war Jesus im Norden sehr beliebt. Tausende folgten ihm. Im Süden hingegen war er sehr unbeliebt. Dort stieß er immer wieder auf Probleme. Die jüdische Obrigkeit war ihm feindlich gesinnt und nur wenige folgten ihm nach. Mit dieser Unterteilung arbeitet Markus auf einen Höhepunkt hin, als Jesus den ihm freundlich gesinnten Norden verlässt, um im Süden angefeindet zu werden und schließlich den Tod zu finden.

Sowohl Lukas als auch Matthäus nehmen diese zweigeteilte Rahmenhandlung als Grundlage. Lukas verfasst als Nächster sein Evangelium. Er schreibt das Markusevangelium um. Dabei ergänzt er eigenes Material und weitere Inhalte, die sich auch bei Matthäus finden. Wahrscheinlich stammen sie aus einer weiteren schriftlichen oder mündlichen Quelle, zu der sowohl Matthäus als auch Lukas beide Zugang hatten. Experten für das Neue Testament bezeichnen sie als „Q", abgeleitet vom deutschen Wort „Quelle". Schließlich bringt Matthäus sein Evangelium zu Papier, wobei er Ergebnisse seiner eigenen Nachforschungen hinzufügt. Dazu gehören auch Inhalte aus der Quelle „Q"; allerdings in einer anderen Anordnung, die seiner speziellen Zielsetzung besser dient.

Fazit
Wollen wir die Botschaft eines Evangeliums vollständig erfassen, müssen wir wissen, was ein Evangelium ist und für wen es geschrieben wurde. Die folgende Tabelle bringt unsere bisherigen Erkenntnisse über die Evangelien nochmals auf den Punkt:

DER DREH- UND ANGELPUNKT DER GESCHICHTE

VIER EVANGELIEN
Markus – Menschensohn
Matthäus – König der Juden
Lukas – Retter der Welt
Johannes – Sohn Gottes

DREI PHASEN
Was Jesus getan hat – Markus
Was Jesus gesagt hat – Matthäus / Lukas
Wer Jesus war – Johannes

ZWEI BLICKWINKEL
Verfasser – Einsichten
Was? Wie?
Leser – Absichten
Wer? Warum?

Mit den Evangelien liegen uns vier Nachrichtenblätter oder Nachrichtensendungen vor, die uns die Person und die Taten Jesu Christi vor Augen halten. Dies geschieht durch einzigartige Augenzeugenberichte über sein Leben und seine Zeit. Sie wurden mit dem Ziel verfasst, Gläubige zu ermutigen und Ungläubige dazu zu bringen, ihr Vertrauen auf den zu setzen, den Gott gesandt hatte. Am besten liest man sie an einem Stück durch, und zwar laut. Denn so wurden sie auch gepredigt, bevor man sie schließlich niederschrieb.

Die Evangelien sind einzigartige Bücher, weil sie den „Dreh- und Angelpunkt der Geschichte" beschreiben. Seit damals hat sich diese Welt grundlegend verändert. Christus ist auf diese Erde gekommen, um sie zu erretten, als wahrer Mensch und wahrer Gott. Aus diesem Grund hat man unsere Zeitrechnung in zwei Epochen unterteilt: v. Chr. (vor Christus) und n. Chr. (nach Christus) oder auch AD (*anno domini*, lateinisch für „im Jahr unseres Herrn").

37.
DAS MARKUSEVANGELIUM

Einleitung

Wir haben in der allgemeinen Einführung zu den Evangelien (Seiten 27-39) festgestellt, dass das Markusevangelium als erstes der vier Evangelien geschrieben wurde, obwohl es in unserem Neuen Testament an zweiter Stelle steht. Es richtet sich in erster Linie an **ungläubige Menschen**. Sein lebendiger, dramatischer und gefühlsbetonter Stil fällt sofort ins Auge. Es ist ein fesselndes Buch, das man kaum zur Seite legen mag.

Wer war Markus?
Der Verfasser des Markusevangeliums nennt seinen Namen nicht, genau wie die Autoren der anderen drei Evangelien. Er weigert sich, die Aufmerksamkeit auf sich zu lenken, auch wenn es klare Hinweise auf seine Identität gibt. Es scheint fast so, als wollt er uns Folgendes sagen: „Jesus soll die ganze Aufmerksamkeit bekommen, nicht ich." Dieser Mann hat drei Namen, von denen uns jeder einen Hinweis auf seine Herkunft gibt.

1. „Markus" kommt vom lateinischen Namen **Marcus**. Daraus können wir schließen, dass er gewisse offizielle Verbindungen zur römischen Besatzungsmacht hatte, auch wenn er Jude war. Wie diese Beziehungen ausgesehen haben, wissen wir nicht genau. Zumindest besaß seine Familie ein ziemlich großes Haus in Jerusalem und muss daher recht angesehen gewesen sein. Zu ihrem Haushalt gehörte mindestens ein Dienstmädchen.
2. Sein hebräischer Name war **Jochanan** oder Johannes. Das bedeutet so viel wie *„Jahweh (Gott) ist gnädig"*. Er wird häufig als Johannes Markus bezeichnet.

3. Sein dritter Name ist ungewöhnlich: **Colobodactulus**, ein griechischer Name, der „Wurstfinger" bedeutet. Das erste Evangelium, das je geschrieben wurde, brachte also eine Person mit Wurstfingern zu Papier!

Markus hatte demnach drei Namen: einen lateinischen, einen hebräischen und einen griechischen Spitznamen.

DAS HAUS SEINER FAMILIE
Die Mutter von Markus war Maria, auf Hebräisch Miriam. Man geht mit großer Wahrscheinlichkeit davon aus, dass das letzte Abendmahl im Haus seiner Familie stattfand. Ein ungewöhnlicher Zwischenfall, der sich unmittelbar nach der Gefangennahme Jesu im Garten Gethsemane ereignete, weist darauf hin. Er geschah direkt im Anschluss an das letzte Abendmahl, das in einem „Obersaal" in Jerusalem abgehalten wurde.

Während der Verhaftung Jesu ergriffen die Soldaten einen jungen Mann, der nur mit einem Überwurf aus Leinen bekleidet war. Er riss sich los und floh nackt in die Nacht. Das Leintuch ließ er in der Hand eines Soldaten zurück. Das ist ein ungewöhnliches Detail. Seine Erwähnung würde allerdings Sinn machen, wenn es Markus selbst war, der sein Haus in großer Eile verlassen hatte, um den Jüngern in den Garten zu folgen. Dort versteckte er sich wahrscheinlich hinter einem der großen Olivenbäume, hörte Jesus beten und beobachtete dessen Verhaftung. Das würde auch erklären, woher wir die Einzelheiten des Gebets Jesu kennen, das er außerhalb der Hörweite jener Jünger sprach, die er mitgenommen hatte.

Zwar gehört dies in den Bereich der Spekulation. Dennoch spricht sehr viel dafür, dass das letzte Abendmahl in Johannes Markus' Haus stattfand. Dieser Vorfall stützt auch die Annahme, dass er der Autor des Markusevangeliums ist.

DER DREH- UND ANGELPUNKT DER GESCHICHTE

Woher bekam er seine Informationen?

Johannes Markus gehörte nicht zur Gruppe der Apostel. Als Jugendlicher hat er Jesus wahrscheinlich gesehen. Doch bei den Hauptereignissen der Evangelien spielte er keine wichtige Rolle. Auch wenn er in anderen Büchern des Neuen Testaments erwähnt wird, steht er dort immer in der zweiten Reihe, als persönlicher Assistent einer anderen Person. Insofern ist es überraschend, dass gerade Johannes Markus das erste Evangelium geschrieben haben soll.

Er war der persönliche Assistent von drei sehr wichtigen Führungspersönlichkeiten der Urgemeinde. Das gibt uns einen Hinweis auf seine Informationsquellen. Als Erstes assistierte er seinem älteren Cousin Barnabas, einem Leviten aus Zypern. Offensichtlich war es **Barnabas**, der ihn im Gemeindedienst ausbildete.

Als Nächstes wurde er der Assistent des Apostels **Paulus**. Er begleitete ihn und Barnabas auf ihrer ersten Missionsreise. Diese Reise war kein Erfolg auf ganzer Linie, denn Johannes Markus stieg aus dem Projekt aus, als sie die Küste von Kleinasien erreichten. Lukas nennt in der Apostelgeschichte keine genauen Gründe für diesen Ausstieg. Vielleicht hatte er Heimweh. Manche glauben, dass es für ihn schwierig war, Paulus als Leiter anzuerkennen. Möglicherweise dachte er, dass sein Cousin Barnabas die Führung übernehmen sollte. Andere meinen, dass die Gefahren eines Überfalls durch Banditen ihn zur Abreise bewegten. Wir wissen es nicht genau. Was wir jedoch wissen, ist, dass Johannes Markus zum Streitthema wurde, als Paulus und Barnabas ihre zweite Missionsreise antraten. Paulus bestand darauf, Johannes Markus nicht mehr mitzunehmen, weil er sie auf der letzten Reise vorzeitig verlassen hatte. Barnabas hingegen setzte sich dafür ein, dass sein Cousin wieder mit dabei sein sollte. Am Ende trennten sich die Wege von Paulus und Barnabas wegen dieses Streitpunkts.

Schließlich wurde Markus der persönliche Assistent des Apostels **Petrus**, der nach Paulus Rom erreichte. Aus dieser Beziehung erhielt Markus seine Informationen für die Niederschrift seines Evangeliums. Seine ursprüngliche Aufgabe bestand darin, die Predigten des Petrus ins Lateinische zu übersetzen, als dieser die Gemeinden in Rom besuchte. Aus einem Dokument der frühen Kirchengeschichte wissen wir, dass einige Mitglieder der Gemeinde in Rom den Wunsch äußerten, die Predigten des Petrus in Schriftform zu erhalten. Sie befürchteten, dass die Kühnheit des Petrus früher oder später zu seiner Verhaftung führen würde, insbesondere da der gefürchtete Kaiser Nero zu dieser Zeit an der Macht war. Diese Menschen wollten verhindern, dass die Erinnerungen des Petrus an Jesus verlorengingen. Laut der genannten Aufzeichnung war Petrus von dieser Idee nicht besonders begeistert, doch „er hinderte Markus weder daran noch ermutigte er ihn dazu."

Stil

Aufgrund seiner engen Beziehung zu Petrus wird das Markusevangelium auch das **„Petrusevangelium"** genannt. Wenn man die Predigten des Petrus in der Apostelgeschichte genau untersucht, stellt man tatsächlich eine starke Übereinstimmung mit dem Markusevangelium fest. Das Temperament des Petrus kommt bei Markus deutlich zum Vorschein. Man könnte Petrus auch den Spitznamen „Action Man" geben, weil er so impulsiv war und oft sprach, bevor nachdachte. Er war stets bereit zu handeln, während sich die übrigen Jünger viel vorsichtiger verhielten. Die anderen Evangelien berichten uns, dass es Petrus war, der wie Jesus auf dem Wasser gehen wollte. Er war es auch, den das Warten auf das Erscheinen Jesu nach der Auferstehung ermüdete. „Ich gehe fischen", erklärte er. Schließlich sprang er sofort vom Boot ins Wasser, als Johannes sagte, dass Jesus am Strand erschienen sei.

Petrus konnte keinen Moment still sitzen. Seine atemlose Begeisterung durchzieht das Markusevangelium von Anfang bis Ende. Das Wort „sogleich" kommt häufig vor und bringt den Lebenshunger des Petrus auf den Punkt. Daher ist das Markusevangelium das anschaulichste und lebendigste der vier Evangelien. Es laut vorzulesen erzeugt viel Spannung. Dem Schauspieler Alec McCowen gelang es monatelang, mit einem einfachen Vortrag des Markusevangeliums ein ganzes Londoner Schauspielhaus zu füllen.

Der erste Teil des Markusevangeliums berichtet relativ knapp über die ersten zweieinhalb Jahre des Wirkens Jesu. Er ist in einem rasanten und dynamischen Stil verfasst, denn Markus will bei den Lesern Begeisterung über die Geschehnisse hervorrufen. Im zweiten Teil hingegen beschäftigt sich der Autor länger mit den darauffolgenden Monaten, bevor er die letzten Lebenswochen Jesu sogar noch ausführlicher in den Fokus nimmt. Schließlich konzentriert er sich ganz auf die letzte Woche und den allerletzten Tag, wobei er jede einzelne Stunde beschreibt. Es ist, als ob ein Schnellzug immer langsamer wird und endlich zum Stehen kommt – direkt vor dem Kreuz.

In seinem Aufbau lässt Markus alles auf den Tod Jesu zusteuern. Parallel dazu verlangsamt sich die Handlung immer mehr und kommt vor dem Kreuz zum Stillstand. Es ist ein Meisterwerk des Journalismus. Dieses Evangelium eignet sich am besten für Außenstehende, die noch nichts über Jesus wissen und diese spannende Persönlichkeit kennenlernen wollen, die unser „Retter und Herr" ist.

Der Inhalt des Markusevangeliums

Die Schwächen des Petrus

Das Markusevangelium lässt Petrus meist in einem schlechten Licht erscheinen. Denn es betont seine

Schwächen weit mehr als seine Stärken. Man könnte fast meinen, Petrus wollte sicherstellen, dass die Leser seine **Fehler** kannten. So berichtet Markus auch über folgende Worte, die Jesus an Petrus richtete: „Weiche von mir, Satan!" (Markus 8,33; SLT). Petrus hatte gerade Jesu Ausführungen über sein künftiges Leiden widersprochen. Im Gegensatz dazu lesen wir bei Matthäus: „Du bist Petrus, und auf diesen Felsen will ich meine Gemeinde bauen, und die Pforten der Hölle sollen sie nicht überwältigen" (Matthäus 16,18; LUT). Markus schildert ebenfalls mit bewegenden Worten, wie Petrus den Herrn verleugnet. Seine Wiedereinsetzung lässt er allerdings aus. Sie taucht dafür bei Johannes auf.

Wunder
Petrus war viel mehr von dem beeindruckt, **was Jesus tat**, als von dem, was er sagte. Daher lässt dieses Evangelium eine große Begeisterung für die Wunder Jesu erkennen. Hier zeigt sich das Herz eines Evangelisten. Er ist auf alles erpicht, was Ungläubige dazu bringen könnte, sich für die Botschaft zu interessieren. Das spiegelt sich auch in dem Verhältnis wider, das Markus den Wundern im Vergleich zu den Predigten einräumt. Markus beschreibt 18 Wunder, genau wie Matthäus und Lukas. Er dokumentiert aber nur vier Gleichnisse, während Matthäus 18 und Lukas 19 Parabeln aufzeichnen. Markus schließt zudem nur eine große Predigt Jesu in seine Aufzeichnungen mit ein, und zwar in Kapitel 13.

Auslassungen
Auch **die Ignoranz des Petrus** schlägt sich in diesem Evangelium nieder. Es scheint fast so, als hätte Petrus keine Ahnung, wo und unter welchen Umständen Jesus geboren wurde. Weder in seinen Predigten in der Apostelgeschichte noch in seinen Briefen gibt er uns Hinweise darauf, dass er etwas über Jesu Geburt wusste. Seine Kenntnis der

Ereignisse beginnt am Jordan, wo er und sein Bruder Andreas getauft wurden. Dort stellte Johannes der Täufer den beiden Jesus vor. Daher gibt es bei Markus weder eine Weihnachtsgeschichte noch Erzählungen aus der Kindheit Jesu. Das Evangelium nimmt dort seinen Anfang, wo Petrus' Wissen einsetzt, mit den Predigten und der Taufe des Johannes.

Aufbau

Das Evangelium dokumentiert die drei Jahre des öffentlichen Wirkens Jesu. Sein Aufbau spiegelt sich sowohl in einer räumlichen als auch in einer zeitlichen Komponente wider, in **Chronologie** und **Geographie**. Die Erzählung schwingt sich in den ersten zweieinhalb Jahren zu einem Wendepunkt auf (siehe unten, Seiten xy). Von dort aus gibt es eine Abwärtsbewegung, welche die letzten sechs Monate des irdischen Lebens Jesu umfasst. Markus konzentriert sich vor allem auf den Dienst Jesu in Galiläa. Seine Besuche in Jerusalem während der Anfangszeit lässt er ganz aus (siehe umseitiges Schaubild).

CHRONOLOGISCHE STRUKTUR

Es gab drei Phasen im Dienst Jesu:

- **Die erste Phase**: Jesus war sehr beliebt. Tausende kamen, um geheilt zu werden. Landesweit war er das Gesprächsthema Nummer eins.
- **Die zweite Phase:** Der Widerspruch gegen seine Lehren begann mit einer Meinungsverschiedenheit über den Sabbat. Er weitete sich auf andere Bereiche aus. Bald hatte Jesus mehr Feinde als Freunde.
- **Die dritte Phase:** Tausende kamen zu ihm, um seine Botschaft zu hören. Doch Jesus konzentrierte sich vornehmlich auf seine 12 Jünger.

Das Evangelium umfasst drei klar definierte Zeitabschnitte. Die ersten zweieinhalb Jahre finden wir in den Kapiteln 1–9. Kapitel 10 beschäftigt sich mit den darauffolgenden sechs Monaten. Die Kapitel 11–16 beschreiben die letzte Woche Jesu.

GEOGRAPHISCHE STRUKTUR

Die geographische Struktur des Evangeliums verläuft parallel zur zeitlichen Einteilung. Die Geschichte beginnt am Jordan, am tiefsten Punkt der Erde. Von dort geht es weiter nach Galiläa, wo ein Großteil des Wirkens Jesu stattfindet. Das Schaubild zeigt einen Aufstieg zum höchsten Punkt des Verheißenen Landes, auf den Berg Hermon. An dessen Fuß liegt die Stadt Cäsarea Philippi. Hier erreicht das Evangelium seinen **Wendepunkt**.

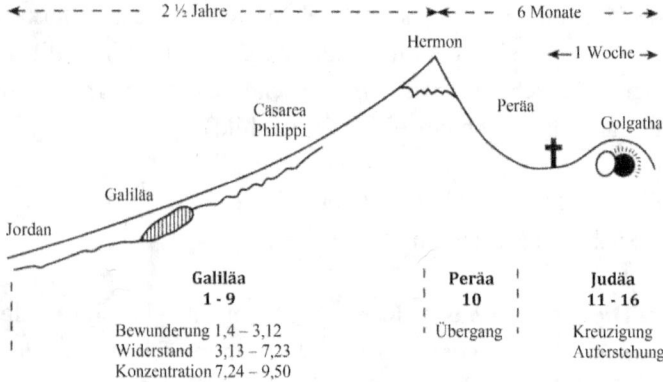

Sobald Jesus diesen Punkt erreicht hat, geht es für ihn nur noch abwärts nach Jerusalem. Er bewegt sich buchstäblich von diesem Höhepunkt hinunter nach Judäa. Dabei zieht er durch Peräa, das auf der Ostseite des Jordan liegt, bis nach Jerusalem. Dort stirbt er am Kreuz und steht nach drei Tagen von den Toten auf.

DER DREH- UND ANGELPUNKT DER GESCHICHTE

Was geschah nun in Cäsarea Philippi? Was hat nach den ersten zweieinhalb Jahren die Zielrichtung des Dienstes Jesu so komplett verändert, dass Markus so erpicht darauf ist, dieses Ereignis für seine Leser besonders zu unterstreichen?

DER WENDEPUNKT
Einige Hintergrundinformationen helfen uns hier weiter. Cäsarea Philippi liegt an der Quelle des Jordan. Er entspringt am Fuße des Berges Hermon und hat eine Breite von etwa 10–12 Metern. Der Fluss wird vom Schmelzwasser des Hermon gespeist. Wenn der Schnee schmilzt, sickert das Wasser durch einen Spalte im Berg abwärts. Durch eine kleine Öffnung unter der Wasseroberfläche des Jordan sprudelt es dann schließlich hervor.

Dieses seltsame Naturphänomen wurde zum Anziehungspunkt für abergläubische Praktiken und religiöse Sekten. Jahrhunderte lang diente es als Zentrum heidnischer Anbetung. In der Felswand über dem Fluss gibt es in den Stein gemeißelte Nischen, in denen man Götterstatuen platzierte. Eine dieser Statuen stellte den griechischen Gott Pan dar. Bis heute heißt dieser Ort daher Paneas oder Banias. Es gab dort auch eine Statue Cäsars. Sie wurde von Philipp, einem der vier Söhne Herodes des Großen, aufgestellt. Er erbte diesen Teil des Landes, als Herodes starb. Philipp benannte den Ort nach dem römischen Kaiser und nach sich selbst: Cäsarea Philippi.

Jesus brachte seine zwölf Jünger also an diesen Ort, an dem ein Statue des griechischen Gottes Pan stand, der angeblich als sterblicher Mensch auf der Erde erschienen war. Eine Bildsäule Cäsars, eines Mannes, der als Gott verehrt wurde, befand sich ebenfalls dort. Hier stellt er ihnen folgende Frage „Für wen halten mich die Leute?"

Als Antwort gaben die Jünger die verschiedenen Ansichten wieder, die in jenen Tagen verbreitet waren:

Man hielt Jesus für die Wiedergeburt eines der großen Männer der jüdischen Geschichte: für Jeremia, Elia oder sogar Johannes den Täufer.

Daraufhin fragte Jesus sie ganz direkt, für wen *sie* ihn denn hielten. Petrus gab die richtige Antwort. Er wusste, dass Jesus schon vorher gelebt hatte, aber nicht hier unten auf der Erde. **„Du bist der Christus"**, sagte er, **„der Sohn des lebendigen Gottes"** (siehe Markus 8,29; Matthäus 16,16; ELB).

Zum ersten Mal hatte ein Mann verstanden, wer Jesus wirklich war (die erste Frau war Martha, deren Zeugnis wir im Johannesevangelium finden). Diese Antwort ist der Dreh- und Angelpunkt des Evangeliums. Jesus hatte zweieinhalb Jahre darauf gewartet, diese Frage zu stellen. Nun konnte er mit Petrus über zwei Dinge sprechen, die er bisher noch nie erwähnt hatte:

1. Er sprach davon, dass er nun **seine Gemeinde bauen** konnte. Dieses Thema hatte er bis dahin noch nie angeschnitten, obwohl er viel predigte, heilte und Wunder tat. Der Grund dafür ist offensichtlich: Jesus war nicht in der Lage, seine Gemeinde zu bauen, solange die Leute nicht wussten, wer er war. Denn die Gemeinde kann nur aus Menschen bestehen, die seine Identität kennen. An dieser Stelle gab Jesus Simon (was „Schilf" bedeutet) einen neuen Namen, nämlich Petrus. Dieser Name ist ein Wortspiel. Im Urtext ist er dem Wort für „Fels" sehr ähnlich. Das zeigt sich auch an dem englischen Wort für „versteinert" (petrified).
2. Ebenfalls zum ersten Mal verkündete er seine **Absicht, nach Jerusalem zu gehen und dort am Kreuz zu sterben**. Seit zweieinhalb Jahren war er nun mit seinen Jüngern unterwegs, doch er hatte ihnen bisher noch keinen einzigen Hinweis gegeben, dass er sterben

würde. Jetzt erklärte er ihnen, dass er ans Kreuz gehen müsste. Nichts werde ihn aufhalten. Alarmiert äußerte Petrus, dass er das keinesfalls tun solle. Dafür wies Jesus ihn scharf zurecht. Von diesem Moment an steht das Kreuz im Zentrum des Evangeliums.

Das ist also der **Wendepunkt** des Markusevangeliums. Wir können sehr leicht die wahre Dynamik und die Entwicklung der Geschichte verkennen, wenn wir uns dieses Einschnitts nicht bewusst sind. Dann stehen wir in der Gefahr, Vermutungen über die Jünger anzustellen, weil wir bereits wissen, was später aus ihnen wurde. Dabei entgeht uns allerdings die schrittweise Offenbarung, die uns das Evangelium zeigt.

Nachdem die Jünger verstanden haben, wer Jesus ist, erscheint das nächste Ereignis als natürliche Folge. Jesus nimmt Petrus, Jakobus und Johannes mit auf den Berggipfel oberhalb der Schneegrenze. Dort wird er vor ihren Augen verklärt. Als Petrus dieses Ereignis beschreibt, erklärt er, dass Jesu Kleider strahlender waren, als sie es je durch irgendein irdisches Bleichmittel hätten werden können. Eigentlich benutzt er das Wort „Waschmittel" (oder „Bleiche", was in der damaligen Zeit gleichbedeutend war). Das Licht schien von innen durch Jesu Kleider und sie „sahen seine Herrlichkeit". Er traf sich mit Mose und Elia, um seinen „Exodus" (Auszug) zu besprechen, durch den er, wie Lukas berichtet, die Erlösung für sein Volk schaffen würde.

Die Schlüsselstelle des Evangeliums besteht also darin, dass die Jünger erkennen, wer Jesus ist: Er ist der Christus, der Messias. Auch für die Leser stellt sie den entscheidenden Punkt dar. Das ist die **gute Nachricht**, die Markus durch den Aufbau seines Buches vermittelt. Matthäus und Lukas greifen diese Struktur auf und bauen sie weiter aus.

DIE BEDEUTUNG DES MARKUSEVANGELIUMS
1. Ein deutliches Porträt der Person Christi

Markus beschäftigt sich hauptsächlich mit den Taten Jesu, gleichzeitig aber auch mit der Person Christi. Tatsächlich stellt Markus klar, dass Jesus sich **seinen Jüngern nur nach und nach zu erkennen gab.** Es erscheint uns mysteriös, dass ein Evangelium, das die Identität Christi offenbart, auch betont, dass Jesus selbst offensichtlich sein wahres Wesen geheim halten wollte.

Mehrere Textstellen machen diesen Punkt sehr deutlich.

- Markus 1,25 und 1,34: Jesus ließ die Dämonen nicht sprechen, weil sie wussten, wer er war.
- Markus 1,43+44: Jesus schickte einen Mann fort, nachdem er ihn von Lepra geheilt hatte, und warnte ihn ausdrücklich: „Hüte dich, mit jemand darüber zu sprechen!" (NGÜ)
- Markus 3,12: Jesus wandte sich erneut an Dämonen. „Und er bedrohte sie sehr, dass sie ihn nicht offenbar machten" (ELB).
- Markus 5,43: Nach der Auferweckung der Tochter des Jairus verbot Jesus „ihnen nachdrücklich, anderen davon zu erzählen" (HfA).
- Andere Vorfälle dieser Art finden wir in Markus 7,24; 7,36; 8,26; 8,30; 9,9 und 9,30. Selbst auf dem Berg Hermon bat Jesus seine Jünger darum, Stillschweigen über seine Identität zu wahren.

Dieses besondere Merkmal des Markusevangeliums wird auch das „messianische Geheimnis" genannt. Es zeigt Jesu Bestreben, seine Mission ungestört zu erfüllen. Er wollte, dass Gott, der Vater, seinen Jüngern zeigte, wer er war. Damit sie auf die richtige Art und Weise zu dieser Schlussfolgerung gelangten, begrenzte er ihre

Einsichtsfähigkeit. Jesus wollte sein wahres Wesen auch deshalb geheim halten, weil ein zu zeitiges Bekanntwerden seiner Identität als Messias dazu geführt hätte, dass die Menschen ihn zu früh angebetet und verehrt hätten. In der Folge wären Forderungen laut geworden, ihn zum politischen Messias zu machen. Das hätte seinen Dienst behindert und möglicherweise seinen Tod unterbunden.

2. Das vollendete Werk Christi

Das zweite große Thema des Markusevangeliums ist das vollendete Werk Christi. Markus betont den **Tod Jesu:** Ein Drittel des Evangeliums dreht sich um das Kreuz. Mit dieser Tatsache können Film- oder Theaterschaffende, die das Leben Jesu in den Fokus nehmen, oft nichts anfangen. Daran wird deutlich, wie außergewöhnlich das Evangelium als eine Form der „Lebensgeschichte" ist. Wir könnten uns kaum vorstellen, dass sich Bücher über bekannte Persönlichkeiten wie Mahatma Gandhi oder John F. Kennedy hauptsächlich mit deren Tod beschäftigen würden, obwohl beide einem Attentat zum Opfer fielen.

Das Kreuz dominiert den Inhalt des gesamten Evangeliums. Markus zeigt uns, dass es von Anfang an Pläne gab, Jesus umzubringen. Durch das, was er lehrte, machte sich Jesus sowohl Feinde als auch Freunde. Dass er den religiösen Status Quo in Frage stellte, stieß bei den religiösen und politischen Führern auf Widerstand und rief erhebliche Feindseligkeit hervor. Besonders die Pharisäer hassten seine Angriffe auf ihre Traditionen.

MENSCHLICHE UND GÖTTLICHE ASPEKTE DES TODES JESU
Bei seiner Betonung des Kreuzes hebt Markus sowohl die menschlichen als auch die göttlichen Aspekte des Todes Jesu hervor.

MENSCHLICH

Auf der menschlichen Ebene **wurde Jesus wegen Blasphemie angeklagt, weil er behauptete Gott zu sein.** Nach jüdischem Gesetz war das ein todeswürdiges Verbrechen. Uns wird allerdings berichtet, dass sich die Ankläger nicht einigen konnten, welche Worte er benutzt hätte. Sie blieben die notwendigen Beweise schuldig, um ihre Anklage zu begründen. Schließlich fragte der Richter Jesus selbst, wer er sei. Natürlich musste Jesus als Jude antworten, wenn er vom Hohen Priester verhört wurde. So gab er zu, der Christus zu sein. Der Richter zerriss seine Kleider und rief: „Ihr habt es gehört. Wie lautet euer Urteil?" Daraufhin stellte der Sanhedrin, der regierende Hohe Rat von 70 Männern fest, dass er den Tod verdient hätte.

Trotz ihres Urteilsspruchs konnten die Juden offiziell niemanden hinrichten lassen, da das Land von den Römern besetzt war. Für die Todesstrafe galt römisches Recht. Sie brauchten daher die Genehmigung der Römer, um jemanden zu exekutieren. Nach römischem Recht war Blasphemie allerdings kein Verbrechen. Die einzige Möglichkeit bestand also darin, die Anklage *zu ändern*. Als Jesus vor Pilatus gebracht wurde, klagte man ihn daher wegen **Hochverrats** an, nicht wegen Gotteslästerung. Das Markusevangelium ist an diesem Punkt am deutlichsten. Am Ende legte man ihm nicht mehr die Aussage „Ich bin Gott" zur Last (Gotteslästerung), sondern den Ausspruch „Ich bin der König der Juden" (Hochverrat).

Aus menschlicher Sicht war das Todesurteil Jesu völlig ungerechtfertigt. Obwohl er sich weder der Gotteslästerung noch des Hochverrates schuldig gemacht hatte, wurde er wegen dieser Verbrechen angeklagt und verurteilt.

Göttlich

Der göttliche Aspekt des Todes Jesu wird bei Markus

ebenfalls klar herausgestellt. Denn **Jesus war von Anfang an bewusst, dass er gekommen war um zu sterben.** Er sagte seinen Tod und seine Auferstehung mehrfach voraus. Wir erfahren auch, dass Jesus den „Kelch" annahm. Diese Metapher spricht immer vom Zorn Gottes auf die Sünde. Es gibt keinen Zweifel daran, dass Markus hörte, wie Jesus diesen Begriff in der Nacht seines Verrats im Garten Gethsemane verwendete.

Ab dem Moment, als Jesus zum ersten Mal von seinen künftigen Leiden spricht, haben wir den Eindruck, dass er verraten werden muss. Gott hatte es so geplant und Jesus war sich dessen bewusst. Es führte kein Weg daran vorbei. Petrus durfte Jesus nicht dazu verführen, vor dem Kreuz davonzulaufen.

Dieses Zusammenspiel der menschlichen und göttlichen Ebene ist höchst faszinierend. Es konfrontiert den Leser mit der krassen Realität der Mission Christi. Daher eignet sich dieses Evangelium besonders für Menschen, die noch nicht an Jesus glauben.

3. Die Reaktion der Menschen auf Jesus

Markus berichtet immer wieder davon, wie die Menschen auf die Aussagen und die Wunder Jesu reagierten. Zwei Schlüsselworte prägen das gesamte Buch: **Furcht** und **Glaube**. Von Anfang bis Ende wird Folgendes deutlich: Wer Jesus begegnet, muss sich offensichtlich für eine dieser beiden Reaktionen entscheiden. Markus scheint uns zu fragen: Was ist eure Antwort auf meine Botschaft, Furcht oder Glaube?

Betrachten wir beispielsweise die Stillung des Sturmes: Jesus ist mit seinen Jüngern im Boot und sie fragen ihn: „Macht es dir denn gar nichts aus, dass wir umkommen?" Jesus antwortet: „Warum seid ihr so ängstlich? Habt ihr immer noch keinen Glauben?" (Markus 4,38+40; NLB).

Einer seiner Lieblingsaussprüche in den Evangelien lautet: „Fürchtet euch nicht!" Furcht und Glaube lassen sich in keiner Situation und unter keinen Umständen unter einen Hut bringen.

Eine Glaubensgrundlage
Das Markusevangelium vermittelt uns ein klares Bild der Person und des Wirkens Jesu. Wir werden ermutigt, mit Glauben statt mit Furcht auf das Übernatürliche zu reagieren. Das ist ein weiterer Grund, warum das Markusevangelium für Ungläubige besonders gut geeignet ist. Es gibt ihnen ein grundlegendes Verständnis der Person und des Dienstes Jesu und ermutigt sie dazu, auf beides richtig zu reagieren.

DAS ENDE

Das Markusevangelium hat ein sehr sonderbares Ende. Es hört nämlich mitten im Satz auf. In den ersten Abschriften des Manuskripts, die uns von diesem Evangelium vorliegen, bricht es mitten im achten Vers des 16. Kapitels ab, mit den merkwürdigen Worten: „denn sie fürchteten sich vor …" Englische und deutsche Übersetzungen haben diese Aussage umformuliert in: „Denn sie fürchteten sich" oder: „Denn sie hatten Angst." Aber nichts kann die Tatsache verbergen, dass dieses Evangelium sehr plötzlich und auf einer angsterfüllten Note endet.

Gründe für das plötzliche Ende
Dass dieses Evangelium so enden sollte, ist unwahrscheinlich. Schließlich war es doch das Hauptanliegen des Markus, dass die Menschen von der Furcht zum Glauben durchdrangen. Es stellen sich daher einige wichtige Fragen: Was passierte mit dem Rest der Geschichte? Warum hat das Markusevangelium keinen runden Schluss? Warum

gibt es keine Berichte über die Erscheinungen Jesu nach seiner Auferstehung? Wir erfahren nur, dass man ein leeres Grab vorfand. Nirgends wird jedoch erwähnt, dass Jesus danach seinen Jünger begegnete. Das ist, verglichen mit den anderen Evangelien, sehr seltsam. Es gibt mindestens drei Möglichkeiten, diese Tatsache zu erklären:

1. Markus **beabsichtigte**, seinen Bericht mit dieser Unsicherheit abzuschließen und das Ende der Geschichte offen zu lassen.
2. Markus wurde davon **abgehalten,** das Evangelium zu beenden, weil ihn beispielsweise etwas oder jemand beim Schreiben unterbrach. Vielleicht wurde er plötzlich verhaftet oder mitgenommen. Oder er fiel tot um, weshalb das Manuskript nie vollendet wurde.
3. Das Ende ging irgendwie **verloren.** Vielleicht wurde das Manuskript von Verfolgern beschädigt. Es wäre sogar denkbar, dass *Petrus selbst* das Ende einfach abriss! Denn schließlich war es ja das „Petrusevangelium", das seine Predigten über Jesus enthalten sollte. Aus dem 1. Korintherbrief wissen wir, dass Jesus nach seiner Auferstehung Petrus allein erschien. Es war eine der wichtigsten Erscheinungen des Auferstandenen überhaupt. Darüber berichten die Evangelien allerdings gar nichts. Vielleicht hatte Markus es ursprünglich erwähnt, doch Petrus war damit nicht einverstanden, weil diese Begegnung so kostbar, innig und persönlich war, dass sie seiner Ansicht nach nicht veröffentlicht werden sollte. Der Umstand, dass uns das eigentliche Ende des Markusevangeliums nicht vorliegt, sollte uns jedoch nicht beunruhigen. Man kann argumentieren, dass das Meiste ohnehin bei Matthäus und Lukas zu finden sei, die sich ganz entscheidend auf den Bericht von Markus stützten.

Wir wissen nicht, was wirklich passiert ist. Aber die erste Möglichkeit ist höchst unwahrscheinlich. Sie würde nämlich bedeuten, dass Markus absichtlich mitten im Satz aufhörte zu schreiben und mit den Worten endete: „Sie sagten niemandem etwas, denn sie fürchteten sich vor ..." (Markus 16,8; ELB). Für ein Evangelium wäre das ein sehr außergewöhnliches Ende. Schließlich sollte es doch die gute Nachricht verbreiten und noch dazu speziell die Ungläubigen erreichen.

Ein anderes, ergänztes Ende
Wir wissen, dass das Ende ergänzt wurde, sowohl durch eine kürzere als auch durch eine längere Version. Jemand anders hat das Markusevangelium vervollständigt, damit wir die ganze Geschichte erfahren.

Die längere Version, die wir gewöhnlich in unseren heutigen Bibeln finden, umfasst die Verse 9 bis 20. Sie gleicht die Furcht durch Glauben aus, auch wenn es dort heißt, dass die Jünger nicht einmal an die Auferstehung glaubten, als sie Jesus selbst sahen. Diese Version enthält einige bemerkenswerte Aussagen Jesu. Allerdings lehnen Gruppierungen innerhalb der Christenheit heute viele dieser Äußerungen ab. Jesus spricht über die Zungenrede (das einzige überlieferte Zitat Jesu, dass seine Nachfolger in neuen Sprachen sprechen werden). Er erklärt auch, dass seine Nachfolger Dämonen austreiben, Kranke heilen und Schlangen aufheben werden, ohne Schaden zu erleiden (was Paulus später auf Malta erlebt). Zudem beschreibt Jesus die Wassertaufe als heilsnotwendig. „Wer glaubt und sich taufen lässt, der wird gerettet werden", verkündet er (Markus 16,16; HfA).

Wir wissen nicht, wer dieses Ende verfasst hat. Aber es zeigt uns, was die Urgemeinde mit Blick auf das Handeln Jesu zwischen seiner Auferstehung und seiner Himmelfahrt glaubte. Es enthält auch Themen, die wir aus den anderen Evangelien kennen. Ein kleiner Abschnitt beschäftigt sich mit den Emmaus-Jüngern, während ein kurzer Absatz dem Missionsbefehl aus dem Matthäusevangelium ähnelt. Offensichtlich hat jemand verschiedene Elemente der anderen Evangelien ausgewählt, zusammengestellt und das Markusevangelium dadurch vervollständigt. Wir müssen uns über die Unverfälschtheit dieses längeren Endes keine Sorgen machen. Es stellt einen gültigen Teil des Wortes Gottes dar, der das Glaubensverständnis der frühen Christenheit dokumentiert – selbst wenn es nicht Markus' eigene Worte enthält.

FAZIT

Das Markusevangelium konzentriert sich auf die Taten Jesu. Petrus bringt darin seine Wertschätzung für seinen Meister zum Ausdruck. Es geht ihm darum, dass Ungläubige zum Glauben an Jesus finden. Glaubensgrundlagen werden klar und anschaulich dargestellt. Auch für Menschen, die Jesus bereits nachfolgen, ist dieses Evangelium sehr wertvoll. Denn es erinnert uns an die Person und das Werk Christi. Glaube und Vertrauen sind die richtigen Reaktionen auf dieses „Nachrichtenblatt". Sein frischer und begeisternder Stil ist ein gutes Gegenmittel für Christen, deren Leben lau geworden ist, weil ihnen das Staunen über die Ankunft Jesu abhandengekommen ist. Weil es das kürzeste der Evangelien ist, können wir es sehr leicht in einem Zug durchlesen. Den durchschlagendsten Effekt erreichen wir, wenn wir es laut vorlesen – entweder uns selbst oder, noch besser, einer anderen Person.

38.
DAS MATTHÄUSEVANGELIUM

Einleitung

Wer war der Verfasser?
Es herrscht Einigkeit darüber, dass Matthäus, auch Levi genannt, der Verfasser dieses Evangeliums ist, auch wenn sein Name im Originaldokument nicht auftaucht. Matthäus bedeutet „Geschenk Gottes". Er war einer der zwölf Apostel und arbeitete zunächst als Steuereintreiber in Kapernaum. Sowohl das Matthäus- als auch das Lukasevangelium berichten, dass er sein altes Leben hinter sich ließ, um Jesus nachzufolgen. Er gab eine Party, damit seine Freunde und Kollegen Jesus persönlich kennenlernen konnten. Obwohl er zu den zwölf Jüngern gehörte, war er nicht sehr bekannt. In den Evangelien wird er nur selten erwähnt.

Wie wurde das Evangelium geschrieben?
Wir haben schon festgestellt, dass Matthäus seinem Evangelium den Inhalt und den Aufbau des Markusevangeliums zugrunde legte. Es gibt bemerkenswerte Ähnlichkeiten, an manchen Stellen sogar identischen Wortlaut. Matthäus übernahm im Großen und Ganzen die Anordnung des Stoffes in zwei deutlich voneinander unterscheidbaren Phasen. Gleichzeitig fügte er eigene charakteristische Strukturelemente hinzu. Sein Evangelium beinhaltet sowohl die „Phase eins", die zweieinhalb Jahre, in denen Jesus in Galiläa auftrat, als auch die „Phase zwei", die letzten sechs Monate im Süden unter den mehr nationalistisch gesinnten Juden in Judäa. Auch bei Matthäus fällt der Wendepunkt im Dienst Jesu zeitlich mit dem Bekenntnis des Petrus in Cäsarea Philippi zusammen. Dort erkannte Petrus, dass Jesus der

Messias ist. In der Folge wandte sich Jesus nach Süden und ging schließlich ans Kreuz.

Wir haben auch schon erwähnt, wie wichtig es ist, die Einsichten des Autors zu erfassen – was er aus seinem spezifischen Blickwinkel von Jesus verstand und sah. Im Falle des Matthäus werden diese Einsichten deutlich, wenn wir uns fragen, warum er das Bedürfnis verspürte, das Markusevangelium umzuschreiben. Untersuchen wir die Unterschiede seines Evangeliums zum Markusevangelium, so offenbart sich seine Zielsetzung.

DIE UNTERSCHIEDE ZWISCHEN MATTHÄUS UND MARKUS

Einsichten
Matthäus war einer der Zwölf. Er nahm sich die Zeit, über die drei Jahre, die er mit seinem Meister verbracht hatte, nachzudenken. Während Markus seine Menschlichkeit (den Menschensohn) hervorhob, sah Matthäus Jesus als den König der Juden, der die Verheißungen der Propheten erfüllte. 600 Jahre lang hatte niemand auf dem Thron Davids gesessen – und Herodes, der zur Zeit Jesu regierte, war kein erbberechtigter Nachkomme Davids. Nun endlich erschien der rechtmäßige König Israels.

Von Anfang an lenkt Matthäus die Aufmerksamkeit seiner Leser auf die Herkunft Jesu als Nachkomme der Königsfamilie Davids. Er beschreibt, wie Christi Geburt uralte Weissagungen erfüllt und die Handschrift Gottes trägt. Erzengel kündigen die Menschwerdung Gottes an, die von Engelschören bejubelt wird. Während Lukas die Hirten mit einschließt, berichtet Matthäus, dass weise Männer aus dem Osten das Kind anbeten. Dieses Motiv, Jesus als der König der Juden, spiegelt sich auch in seinem Leiden wider. Matthäus führt uns die Dornenkrone, das „Zepter" und den Titel, den man Jesus verleiht, vor Augen; und obwohl diese Symbole ausnahmslos Jesu Anspruch zu verhöhnen scheinen, ist Matthäus doch der Auffassung, dass sie einem Mitglied der Königsfamilie angemessen sind.

Absichten
Matthäus wendet sich an eine völlig andere Zielgruppe als Markus. Das Markusevangelium wurde für Ungläubige geschrieben. Matthäus hingegen richtet sich an Neubekehrte. Zur damaligen Zeit gehörten viele Juden dazu, die Jesus als ihren Messias angenommen hatten.

Die Absichten des Verfassers können wir am Ende des Evangeliums klar erkennen. Dort hält er Jesu letzte Worte an seine Jünger fest. Er befiehlt ihnen, „alle Völker zu Jüngern zu machen". Matthäus erfüllte diesen Auftrag, indem er den Neuzugängen im Reich Gottes ein „Handbuch der Jüngerschaft" zur Verfügung stellte. Tatsächlich wurde dieses Evangelium in der Urgemeinde als ein solcher Leitfaden benutzt. Das ist einer der Gründe dafür, dass es in unserem Neuen Testament an erster Stelle steht.

Während sich das Markusevangelium für solche Menschen eignete, die Interesse an Christus zeigten aber noch nicht bekehrt waren, erfüllte das Matthäusevangelium einen vollkommen anderen Zweck. Daher musste Matthäus das Markusevangelium also umschreiben.

Ein früherer Beginn
Matthäus beginnt seine Erzählung viel früher als Markus, nämlich mit der Geburt Jesu. Dabei stellt er die Verbindung zu den Vorfahren Christi her. Markus hingegen lässt seinen Bericht erst mit der Taufe Jesu anfangen. An der Geburt des Messias ist er entweder nicht interessiert oder hat nicht einmal Kenntnis davon.

Matthäus jedoch bereitet für uns quasi die Kulissen vor, noch ehe wir Jesus predigen hören und seine Wunder bestaunen können. Er hat bei seinen Lesern schon Erwartungen geweckt, als der jüdische Messias schließlich die Bühne der Weltgeschichte betritt.

Ein längerer Bericht
Matthäus ist der umfassendste und systematischste Bericht über das Leben Jesu. Dieses Evangelium spiegelt offensichtlich die geordnete Denkstruktur eines Buchhalters wider. Matthäus nutzt als einer der zwölf Jünger zusätzlich zu seinen eigenen Beobachtungen auch seine persönlichen Nachforschungen. Sowohl Lukas als auch Matthäus bedienen sich anscheinend einer gemeinsamen Quelle, die Markus entweder nicht kannte oder bewusst ausließ. Matthäus fügt nicht nur die Geburt Jesu hinzu. Bei ihm finden wir auch mehr Predigten und gesammelte Aussprüche sowie mehr Details über den Tod Jesu. Insgesamt enthält der Bericht über das Sterben Christi 14 zusätzliche Aussagen des Messias.

Abänderungen
Um Aspekte hervorzuheben, die ihm wichtig erschienen, hat Matthäus eine gewisse Anzahl von Abänderungen im Text des Markusevangeliums vorgenommen. Die Berichte bei Matthäus sind häufig kürzer. Er lässt herbe und anschauliche Details weg, um eine geradlinigere Geschichte zu schreiben, die Missverständnisse aufklärt und den Jüngern Peinlichkeiten erspart. Daher hat man bei Matthäus ein eher nüchternes Gefühl. Das Evangelium erscheint weniger enthusiastisch und gefühlsbetont als bei Markus. Hier reflektiert ein alter Mann seine eigenen persönlichen Erfahrungen. Er vermittelt dabei mehr den Eindruck eines Lehrers als eines Predigers.

Gesammelte Aussprüche

Matthäus bündelt die Aussprüche Jesu in fünf „Predigten" (siehe untenstehende Tabelle). So entstehen Zusammenfassungen seiner Lehren über Jüngerschaft. Die Bergpredigt ist die bekannteste, doch es gibt vier weitere Lehreinheiten Jesu zum dazugehörigen Thema **„Königreich"** oder **„Reich Gottes"**. Hier zeigt sich ein deutlicher Gegensatz zu Markus, der sehr wenige Reden aufgeschrieben hat, und zu Lukas, der die Aussagen Jesu über seinen gesamten Erzähltext verteilt.

Angesichts seiner jüdischen Leserschaft ist es höchstwahrscheinlich, dass Matthäus einen besonderen Grund dafür hat, genau *fünf* Predigten aufzuzeichnen. Ihre Anordnung in der Mitte seines Evangeliums stellt eine Parallele zu den fünf Büchern des mosaischen Gesetzes dar. Letztere sind das Herz des Alten Testaments und stehen ganz am Anfang der hebräischen Bibel (Genesis bis Deuteronomium). Matthäus vermittelt seinen Lesern, dass Jesus den Menschen ein **neues Gesetz** gibt: nicht mehr das Gesetz des Mose, sondern das Gesetz Christi. Deshalb formuliert Jesus während der Bergpredigt die gesetzlichen Vorschriften um: „Ihr habt gehört, dass Mose gesagt hat, ich aber sage euch ..." (siehe Matthäus 5,28). Vieles würde sich von nun an grundlegend verändern.

Aufbau

Wie wir schon festgestellt haben, nutzt Matthäus grundsätzlich den Aufbau des Markus, fügt aber auch eigene Strukturelemente hinzu. Zusätzlich zur Unterteilung in zwei Phasen wie bei Markus, ergänzt er zwei Leitmotive, die jeweils mit „von da an (von der Zeit an) ..." eingeleitet werden. So lesen wir: „Von da an begann Jesus zu predigen: ‚Tut Buße, denn das Reich der Himmel ist nahe gekommen'" (Matthäus 4,17; ELB). Und:

„Von der Zeit an begann Jesus seinen Jüngern zu zeigen, dass er nach Jerusalem hingehen ... und von den Ältesten und Hohenpriestern und Schriftgelehrten vieles leiden ... müsse" (Matthäus 16,21; ELB). Das erste Mal markiert dieser Ausdruck den Sinn seines Dienstes im Norden. Das zweite Mal zeigt er die Unvermeidbarkeit seines Todes im Süden an. Matthäus benutzt außerdem die Worte, „als Jesus diese Worte/diese Gleichnisse beendet hatte ...", um seiner Erzählung eine andere Richtung zu geben.

Die markanteste und aufschlussreichste Veränderung betrifft jedoch die Art und Weise, wie er die fünf Blöcke der Lehreinheiten Christi abwechselnd mit den vier Blöcken seiner Taten anordnet. Dies können wir folgendermaßen darstellen:

DIE STRUKTUR DES MATTHÄUSEVANGELIUMS

Einführung: Geburt, Taufe, Versuchung

Wort Kapitel 5–7
Tat Kapitel 8–9
Wort Kapitel 10
Tat Kapitel 11–12
Wort Kapitel 13
Tat Kapitel 14–17
Wort Kapitel 18
Tat Kapitel 19–23
Wort Kapitel 24–25

Abschluss: Tod und Auferstehung

Es gibt also fünf Predigten. Auf vier von ihnen folgen Berichte über die Taten Jesu. Sie dienen dazu, seine Predigten zu veranschaulichen. Die Absicht dahinter werden wir später noch genauer untersuchen. Für den Moment sollten wir festhalten, dass Matthäus darauf bedacht ist, zu zeigen, dass Jesus durch Wort *und* Tat kommunizierte. Dadurch hat er uns ein Beispiel hinterlassen, dem wir folgen sollen. Markus spricht seine Leser folgendermaßen an: „Kommt und seht, was Jesus getan hat!" Die Einladung des Matthäus hingegen lautet: „Kommt und seht, was Jesus getan hat *und* hört, was er gesagt hat!"

Der Bericht über die Kreuzigung
Matthäus hat ein weitaus ausführlicheres Ende als Markus. Angesichts des abrupten Endes bei Markus gibt es Spekulationen, dass der letzte Teil von Matthäus eigentlich das Originalende des Markusevangeliums gewesen sein könnte. Wir haben keine Möglichkeit, das herauszufinden. Aber wir können die Besonderheiten der letzten beiden Kapitel des Matthäusevangeliums hier auflisten.

1. **Details der Verhaftung:** Matthäus beschäftigt sich mit der Unschuld Jesu. Deshalb hebt er hervor, dass diese Dinge geschehen sind, damit sich die Schrift erfüllte.
2. **Das Ende des Judas:** Matthäus berichtet, dass Jesus die Jünger warnte. Und er schildert die Reue des Judas, der das Geld zurückbrachte, auch wenn es bereits zu spät war.
3. **Ereignisse direkt nach dem Tod Jesu:** Matthäus erzählt von den geöffneten Gräbern und von den Erscheinungen der bereits verstorbenen Menschen in Jerusalem.
4. **Das Grab:** Matthäus beschreibt das bewachte Grab und erwähnt den Bericht der Soldaten, dass der Leichnam (angeblich) gestohlen wurde.
5. **Nach der Auferstehung:** Matthäus führt die Ereignisse nach der Auferstehung viel weiter aus

als Markus. Er berichtet von Jesu Rückkehr nach Galiläa und von der Begegnung mit den elf Jüngern (und ungefähr 500 anderen, von denen einige „zweifelten"). Der Ort, an dem dies geschah, hat große Bedeutung. Galiläa mit dem Berg Megiddo lag an der „Hauptkreuzung" der damals bekannten Welt. Hier trafen sich die Straßen aus dem Osten, Norden, Süden und Westen. Die Bevölkerung war weltoffen und international im „Galiläa der Nationen". Jesus stand auf einem Berg, ähnliche wie Mose damals auf dem Berg Nebo. Hier verkündete er den Missionsbefehl: Sie sollten alle Völker (wörtlich: alle ethnischen Gruppen) zu Jüngern machen.

DIE BESONDERHEITEN DES MATTHÄUSEVANGELIUMS

A. Sein Interesse an den Juden
Matthäus übernimmt Inhalte von Markus, fügt aber auch eigene Aspekte hinzu. Was dem Leser sofort auffällt, ist die jüdische Note des Matthäusevangeliums. Es zielt offensichtlich auf jüdische Leser ab, allerdings nicht ausschließlich. Matthäus' Sensibilität für jüdische Belange und Interessen durchzieht das gesamte Buch.

1. AHNENFORSCHUNG
Das Evangelium beginnt mit einem Stammbaum. Für nichtjüdische Menschen ist er von geringem Interesse, doch auf Juden, die darauf bedacht sind, **Jesu Abstammung** kennenzulernen, übt er eine gewisse Faszination aus. Denn nach ihrem Verständnis bestimmt der Familienstammbaum die Identität einer Person. Darüber hinaus erregt die Anordnung des Stammbaums die Aufmerksamkeit jüdischer Leser. Die Vorfahren Jesu sind in drei Gruppen zu jeweils 14 Personen angeordnet. Die erste Gruppe reicht

von Abraham bis zu König David, die zweite von David bis zur Zeit des Exils und die dritte vom Exil bis zu Jesus. Diese Abschnitte kennzeichnen die Zeitalter, in denen das Volk Gottes jeweils von einer bestimmten Gruppe von Anführern regiert wurde: von Propheten, Prinzen (Königen) und Priestern.

Die Bedeutung dieser Gruppen bleibt uns solange verborgen, bis wir erkennen, dass jeder jüdische Name einen Zahlenwert hat. Dabei wird jedem Buchstaben eine Zahl zugeordnet. Die Summe dieser Zahlen ergibt den Zahlenwert des Namens. Im Hebräischen (das keine Vokale kennt) wird David „DVD" buchstabiert und ergibt den Zahlenwert 14. Wir sehen sofort das Bestreben von Matthäus, eine Struktur zu vermitteln: Christus stammt von David ab und er ist genau zur richtigen Zeit gekommen.

Matthäus hat sich für den Stammbaum der Vorfahren Josefs entschieden. Uns mag das nicht außergewöhnlich erscheinen, bis uns bewusst wird, dass Jesus kein *Blutsverwandter* Josefs war. Warum folgte Matthäus nicht Lukas' Beispiel und zeichnete Marias Stammbaum auf? Weil nach jüdischem Verständnis die *rechtliche Zugehörigkeit* zum jüdischen Volk zählte. Sie wurde damals über den Vater weitervererbt, während heute die Mutter entscheidend ist.

Interessanterweise würde zudem ein Jude, der sich in seinem Alten Testament gut auskennt, sofort bemerken, dass Jesu Anspruch auf den Thron Davids als *leiblicher* Nachkomme Josefs infrage gestellt werden könnte. Denn Jojachin wird als ein Vorfahre Josefs genannt. Gott hatte einst durch Jeremia angekündigt, dass kein Nachfahre Jojachins jemals auf Davids Thron sitzen würde. Matthäus ging es also darum, den *rechtlichen* Anspruch Jesu als *„Sohn Davids"* zu begründen.

2. BEGRIFFLICHKEITEN

Matthäus' Sensibilität gegenüber den Juden kann man auch an seiner Sprache erkennen. Am deutlichsten tritt sie hervor, wenn er über das „Königreich" bzw. das „Reich Gottes" schreibt, ein Hauptthema der Botschaft Jesu. Matthäus verwendet den Begriff **„Reich der Himmel"**, nicht „Reich Gottes". So wird es in den anderen Evangelien genannt. Juden vermeiden es, den Namen Gottes auszusprechen, aus Angst, sie könnten ihn respektlos verwenden. Deshalb benutzt Matthäus den Ausdruck „Reich der Himmel" oder „Himmelreich", obwohl er in seiner Bedeutung dem Begriff „Reich Gottes" gleichkommt, den die anderen Verfasser gebrauchen.

3. BEZÜGE ZUM ALTEN TESTAMENT

Matthäus bezieht sich öfter auf das Alte Testament als irgendein anderer Evangelist. Einer seiner Lieblingssätze lautet: „... damit erfüllt würde, was durch den Propheten geredet ist" (Matthäus 21,4; ELB). Das ist auch ein Grund dafür, dass das Matthäusevangelium am Anfang des Neuen Testaments steht, obwohl es nicht als erstes geschrieben wurde. Es stellt die **Kontinuität** mit dem Alten Testament besser her als alle anderen Berichte. Insgesamt gibt es 29 direkte Zitate aus dem Alten Testament. Hinzu kommen noch 121 indirekte Bezüge oder Anspielungen.

Besonders deutlich wird dies an der Wiedergabe der Geburtsgeschichte Jesu durch Matthäus. Nichtjüdischen Lesern erscheinen die Ausführungen, warum Jesus ausgerechnet in Bethlehem geboren wurde, recht lang. Als Grund gibt er an, dass die Propheten vorhergesagt hätten, dass Bethlehem in Judäa der Geburtsort des Königs sein würde. Doch für Juden, die sich fragten, ob Jesus der Messias war, den Gott vor langer Zeit versprochen hatte, war dieser Punkt von entscheidender Bedeutung. Matthäus kam es darauf an, dass seine Leser verstanden, dass die Propheten sowohl die Jungfrauengeburt als auch den Kindermord, die Flucht nach Ägypten und die Rückkehr nach Galiläa bereits vorhergesagt hatten. Der Satz, „damit erfüllt würde, was durch die Propheten geredet ist", kommt in der Geburtsgeschichte Jesu viermal vor. Dabei zitiert Matthäus Micha, Hosea, Jeremia und Jesaja.

4. DER MESSIAS

Hinzu kommt, dass es jüdischen Lesern aufgrund der **Kreuzigung** Jesu schwerfallen würde zu glauben, dass er tatsächlich der Messias war. Wie war es möglich, dass der Gesalbte Gottes als Verbrecher zum Tode verurteilt wurde? Matthäus betont daher, dass Jesus in allen Punkten der Anklage unschuldig war. Vielmehr hatten sich die Juden schuldig gemacht: Schließlich war ihre Anklage unbegründet, sie hatten ein gesetzwidriges Gerichtsverfahren durchgeführt und die Anklage abgewandelt, damit die Römer Jesus verurteilen und hinrichten konnten. Matthäus macht also sehr deutlich, warum die Juden ihren Messias nicht annahmen. Sein Evangelium umfasst auch eine Liste von „Weherufen" gegen die Pharisäer, die religiösesten aller Juden.

5. DAS GESETZ

Im Zusammenhang mit der Betonung jüdischer Inhalte ist es Matthäus sehr wichtig, dass seine Leser das Gesetz im Lichte der Lehren Jesu richtig verstehen. Wie kein anderer Evangelist hebt Matthäus hervor, dass Jesus nicht gekommen ist, um das Gesetz abzuschaffen, sondern um es **„zu erfüllen"**. Er überliefert die Worte Jesu, dass „nicht ein Jota oder ein Strichlein von dem Gesetz vergehen" solle (Matthäus 5,18; ELB). Viele Juden glaubten, Jesus sei gekommen, um das Gesetz aufzulösen. Doch Matthäus macht deutlich, dass dies nicht seine Absicht war. Er kam, um es zu erfüllen, d.h. um es umzusetzen und nicht um es für ungültig zu erklären.

WARUM WENDET SICH MATTHÄUS SO EINDRINGLICH AN DIE JUDEN?

Um ihnen den Zugang zur Gemeinde offen zu halten
Um 85 n. Chr., also kurz nachdem Matthäus sein Evangelium fertiggestellt hatte, schloss man jüdische Gläubige nach wie vor aus den Synagogen aus. Die (christliche) Gemeinde als Ganzes wurde gleichzeitig immer nichtjüdischer. In der Folge tat sich eine tiefe Kluft zwischen den Juden und der Gemeinde auf. Matthäus wollte den Juden den Zugang zur Gemeinde offen halten. Folgendes lag ihm am Herzen: Sie sollten verstehen, dass die Nachfolger Jesu weder das Alte Testament aufgaben noch ihre jüdischen Wurzeln vergessen hatten. Matthäus selbst war Jude und gehörte zu diesem Volk. Wie der Apostel Paulus sehnte er sich danach, dass die Juden anfingen, an ihren eigenen Messias zu glauben.

Um die Nichtjuden an ihre Wurzeln zu erinnern
Der zweite Grund für dieses jüdische Evangelium war folgender: Matthäus war es wichtig, dass die nichtjüdischen Christen niemals ihre jüdischen Wurzeln vergaßen. Mehr als alle anderen Evangelien zeigt das Matthäusevangelium, dass Jesus tief im Judentum verwurzelt ist. Es ordnet ihn in den Kontext der Pläne Gottes für Israel ein und führt seinen Stammbaum bis auf David und Abraham zurück.

Einerseits sagte Matthäus den Juden: „Lauft nicht vor den Christen davon." Andererseits rief er den Christen zu: „Trennt euch nicht von den Juden." Dieses Evangelium beabsichtigte, Juden und Christen zusammenzubringen.

B. Sein Interesse an den Nichtjuden
Die Absichten, die Matthäus verfolgt, sind nicht

ausschließlich auf die Juden ausgerichtet. Er behandelt auch das **Interesse Jesu an den Nichtjuden**.
- Im Stammbaum des ersten Kapitels werden Ruth und Rahab erwähnt, beide sind Nichtjuden.
- Wir erfahren, dass Jesus im „Galiläa der Nationen" gedient hat.
- Matthäus berichtet vom Glauben des römischen Zenturios, den Jesus als außergewöhnlich lobte.
- Wir lesen von Menschen aus Ost und West, die kommen werden, um im Königreich zu Tisch zu sitzen.
- Das Evangelium ist eine „gute Nachricht" für die Nichtjuden, die seinem Namen vertrauen.
- Wir lesen vom Glauben der kanaanitischen Frau.
- Matthäus hält fest, dass Jesus der Eckstein ist, den die Bauleute verworfen haben. Das Königreich wird den Juden genommen und den Heiden gegeben werden.
- Am Ende des Evangeliums befiehlt Jesus seinen Jüngern, hinzugehen und alle „Völker" zu Jüngern zu machen. Das Wort, das er hier benutzt, bedeutet, alle ethnischen Gruppen, d. h. die Nichtjuden.

Darüber hinaus zögert Matthäus nicht, auch das **Negative zu dokumentieren, das Jesus über die Juden** äußert. Ein ganzes Kapitel ist den „Weherufen" gewidmet, zusätzlich streut er weitere negative Kommentare ein. Ein „Weheruf" war ein Fluch. Kapitel 23 enthält eine ganze Sammlung dieser Aussagen Jesu über die Pharisäer und die religiösen Führer. Das ist starker Tobak.

Wir tendieren dazu, uns lieber mit den Segnungen zu beschäftigen. Dabei vergessen wir, dass Jesus auch Flüche ausgesprochen hat. Zur Zeit Jesu lebten 250.000 Menschen in vier Großstädten am Ufer des Sees Genezareth. Heute existiert dort nur noch eine einzige Stadt. Warum? Jesus erklärte Folgendes: „Wehe dir, Chorazin, …, wehe dir,

Bethsaida, ... und du, Kapernaum, ..." (Matthäus 11,21+23; ELB). Alle diese Städte gibt es nicht mehr. Die einzige Stadt, die Jesus nie verflucht hat, ist Tiberias. Sie steht heute noch.

C. Sein Interesse an den Gläubigen – jüdischen wie nichtjüdischen

EIN HANDBUCH DER JÜNGERSCHAFT
Wir haben bereits festgestellt, dass Matthäus beim Schreiben seines Evangeliums die Neubekehrten im Kopf hatte. Seine Absichten können wir aus dem Befehl Jesu ganz am Ende des Evangeliums herauslesen. Jesus erteilte seinen Jüngern einen Auftrag, den sie ausführen sollten, bevor er zurückkehren würde. „Geht und macht alle ethnischen Gruppen zu Jüngern", sagte er sinngemäß. „Tauft sie und lehrt sie dann, alles zu halten, was ich euch befohlen habe." Diese Aussage hilft uns zu erfassen, welches Ziel Matthäus verfolgte: Er wollte **Jünger unterstützen**, indem er sie lehrte, was Jesus geboten hatte. Wir könnten dieses Evangelium auch als „Handbuch der Jüngerschaft" bezeichnen.

Von allen Büchern des Neuen Testament ist es für Neubekehrte am besten geeignet. Es wurde sorgfältig konzipiert, um ihnen zu erklären wie sie als Jünger Jesu leben sollten. Das Leben als Christ mag mit einer *Entscheidung* für Jesus beginnen. Aber es dauert Jahre, bis jemand ein *Jünger* wird. Ein Schlüsselelement der Jüngerschaft besteht darin, zu lernen, **wie man auf der Erde „im Reich der Himmel" lebt.** Matthäus hat sein Evangelium genau zu diesem Zweck verfasst; dass wir befähigt werden, Menschen zu Jüngern zu machen.

DIE GEMEINDE
Diese Zielsetzung beantwortet auch die Frage, warum Matthäus als einziger Evangelist die Aussagen Jesu über

die Gemeinde festhält. Der Begriff „Gemeinde" wird für zwei sehr unterschiedliche Dinge verwendet, für die **weltweite Gemeinde** und für die **Ortsgemeinde**.

Zum ersten Mal wird dieser Begriff erwähnt, nachdem Petrus bekannt hat, dass Jesus der „Christus ist, der Sohn des lebendigen Gottes". Das ist ein entscheidender Wendepunkt dieses Evangeliums. Hatten die Jünger erst einmal verstanden, wer er war, konnte Jesus die Gemeinde bauen. Und nach der Gründung seiner Gemeinde konnte er am Kreuz sterben. Hier bezieht sich das Wort „Gemeinde" auf die weltweite Gemeinde, die gesamte Gemeinde Jesu. Es gibt nur eine Gemeinde Jesu Christi. Und er ist dabei, sie zu errichten.

Die zweite Bedeutung des Wortes finden wir in Kapitel 18: „Wenn aber dein Bruder an dir gesündigt hat, so geh hin und weise ihn zurecht unter vier Augen. Hört er auf dich, so hast du deinen Bruder gewonnen. Hört er aber nicht, so nimm noch einen oder zwei mit dir, damit jede Sache auf der Aussage von zwei oder drei Zeugen beruht. Hört er aber auf diese nicht, so sage es der Gemeinde" (Matthäus 18, 15–17; ELB). Damit kann nicht die weltweite Gemeinde gemeint sein, sondern die örtliche Gemeinschaft, zu der die betroffene Person gehört.

Mit diesen Aussagen verdeutlicht Matthäus die zwei Bedeutungen des Wortes „Gemeinde" im Neuen Testament: Es geht einerseits um die Gemeinde Jesu, die er baut, und andererseits um die Ortsgemeinde, die Teil dieser weltweiten Gemeinde ist. Dorthin kann man sich gegebenenfalls mit seinen Beschwerden wenden.

Matthäus ist nicht nur der einzige Evangelist, der die Gemeinde erwähnt. Manche der Aussagen seines Evangeliums sind für eine spätere Zeit bestimmt, und zwar für die Gemeinde nach dem Pfingstereignis. Matthäus hält also auch Inhalte fest, die für seine Zuhörer keine unmittelbare Bedeutung haben. So sind beispielsweise von den 37 Versen in Kapitel 10, die sich mit den Anweisungen Jesu an sein Jünger beschäftigten, nur 12 unmittelbar relevant. Das Kapitel handelt von der Verfolgung durch die Nichtjuden. Allerdings waren zu diesem Zeitpunkt Menschen außerhalb der jüdischen Gemeinschaft gar nicht an irgendeiner Form der Verfolgung beteiligt. Matthäus fügt also Worte aus dem Mund Jesu hinzu, die *zukünftig* von besonderer Bedeutung sein werden. In ähnlicher Weise ist der Abschnitt über „Gemeindezucht" in Kapitel 18 offensichtlich für eine spätere Zeit bestimmt. Denn die Jünger hätten ihn damals unmöglich verstehen können.

DAS REICH GOTTES
Während das Thema der Gemeinde ausschließlich bei Matthäus zu finden ist, umfassen seine Ausführungen zum „Reich der Himmel" (dem „Reich Gottes") auch Inhalte, die in den anderen Evangelien vorkommen. Allerdings interessiert das „Reich Gottes" Matthäus *ganz besonders*. Keiner der anderen Evangelisten misst ihm dieselbe Bedeutung bei. Wir haben bereits festgestellt, dass Matthäus die Predigten Jesu in fünf Blöcken angeordnet hat. Sie behandeln alle Themen dieses Königreichs. Darüber hinaus beginnen seine Gleichnisse häufig mit den Worten: „Das Reich der Himmel gleicht...". Es ist das beherrschende Thema der Predigten Jesu und durchzieht die gesamte biblische Geschichte. Gott hat begonnen, das Reich der Himmel auf der Erde wieder aufzubauen. Dieses Thema vereint natürlich Christen und Juden, denn beide halten nach dem Reich Gottes Ausschau. Das passt zu Matthäus' Absicht, die Einheit zwischen Juden und Nichtjuden zu fördern.

Es gibt jedoch einen entscheidenden Unterschied: Die *Juden erwarten* das Reich Gottes noch, die *Christen*

DER DREH- UND ANGELPUNKT DER GESCHICHTE

erfahren es bereits. Das erklärt auch, warum so viele Juden nicht begriffen, dass Jesus tatsächlich ihr Messias war. Wir müssen uns diesen Unterschied vergegenwärtigen, um die Ausführungen Jesu zu diesem Thema richtig zu verstehen (siehe nachfolgendes Schaubild).

A. Jüdisch (Israel)	**B. Christlich** (Gemeinde)
Zitate	Nicht-Juden
Anspielungen	Jünger
Erklärungen	
Zusammenstellung	
(5x „Gesetz" Christi)	**Handbuch der Jüngerschaft**

KÖNIGREICH DER HIMMEL (= Gott)

A. JÜDISCH

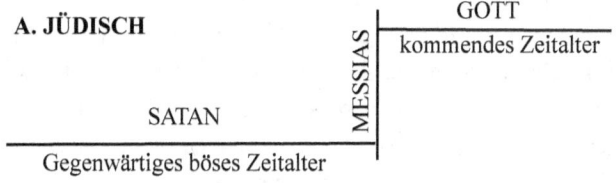

B. CHRISTLICH

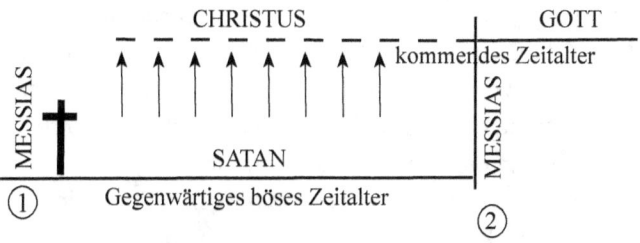

Für die Juden liegt das Königreich ausschließlich in der Zukunft. Es ist noch nicht angebrochen. Daher nennen sie es auch *„das zukünftige Zeitalter"* oder die *„künftige Welt"*. Wenn das jüdische Volk in unserer heutigen Zeit jedes Jahr im September oder Oktober das Laubhüttenfest feiert, dann hält es erwartungsvoll nach dem kommenden Messias Ausschau, der das Reich der Himmel auf die Erde bringen wird. Das ist das Zentrum ihrer Hoffnung. Sie betrachten die Gegenwart als die „gegenwärtige böse Welt", weil sie von Satan regiert wird. Der Teufel ist der Fürst dieser Welt, der Gott dieser Welt. Sowohl Jesus als auch Petrus haben ihn so genannt. Den Juden waren diese Begriffe allerdings schon längst bekannt.

Der Unterschied zwischen der christlichen und der jüdischen Zukunftshoffnung ist folgender: **Christen glauben, dass der Messias bereits gekommen ist und dass er eines Tages wiederkommen wird.** Im Matthäusevangelium bezeichnet Jesus dies als das Geheimnis des Reiches: Der Messias erscheint zweimal und nicht nur einmal. Daher hat das „zukünftige Zeitalter", auf das die Juden warten, schon begonnen: Es ist mit Jesus angebrochen. Das Reich der Himmel ist im wahrsten Sinne des Wortes gekommen und es ist bereits gegenwärtig. Allerdings überschneidet es sich mit „dieser gegenwärtigen bösen Welt" und ersetzt sie nicht vollständig, wie die Juden es erwarten. Zwischen den beiden(!) Besuchen des Messias bestehen diese beiden Zeitalter **gleichzeitig.** Das ist auch der Grund dafür, dass Christen in einer gewissen Spannung leben, weil sie sich in der „Überschneidung der Zeitalter" befinden. Das Reich Gottes existiert bereits, jedoch noch nicht vollständig. Es ist angebrochen aber noch nicht komplett umgesetzt. Da es noch nicht abschließend errichtet ist, kann man immer noch hineinkommen.

Mit diesem Konzept des *künftigen* Königreichs im Hinterkopf, können wir besser nachvollziehen, warum die Botschaft des Evangeliums für jüdische Menschen so anstößig war. Sie gingen nämlich davon aus, sie seien alle gut genug, um in das zukünftige Zeitalter einzutreten. Johannes der Täufer erklärte ihnen jedoch, dass sie gereinigt und im Jordan getauft werden müssten, um von ihren Sünden reingewaschen zu werden. Erst dann wären sie bereit für das kommende Reich Gottes. Vielen war dieses Erfordernis überhaupt nicht bewusst. Haben wir diese völlig unterschiedliche Vorstellung vom „Reich der Himmel" einmal verinnerlicht, verstehen wir die Lehren Jesu und die Konflikte, denen er sich gegenüber sah, viel besser.

Matthäus ist sehr darauf bedacht, dass die Thematik des Reiches Gottes in einem ausgewogenen Verhältnis zu seinen anderen Inhalten steht. Wenn man nämlich den Fokus zu sehr auf das Reich der Himmel legt und die Tatsache, dass die Gläubigen Untertanen des Königs sind, kann das zu einem begrenzten Verständnis unserer Gottesbeziehung führen. Die Häufigkeit, mit der ein Autor ein Wort benutzt, ist oft ein Hinweis darauf, wie wichtig ihm ein bestimmtes Thema ist. Matthäus verwendet das Wort „Vater" insgesamt 44 Mal, verglichen mit nur viermal bei Markus und 17 Mal bei Lukas. Er hebt hervor, dass wir Gott auch „Abba, Vater" nennen dürfen, wenn wir als seine Untertanen in seinem himmlischen Reich leben. Wir sind Kinder und Untertanen Gottes. Wären wir ausschließlich Untertanen, die versuchten, einem König zu gehorchen, könnten wir glauben, dass unser Gehorsam uns retten würde. Dabei ließen wir dann die Vater-Kind-Beziehung, in die Gott uns ruft, völlig außer Acht. Der Fokus auf den Vater ist ein starkes Gegenmittel gegen Gesetzlichkeit und einen Lebensstil, der auf Regeln und Gesetze gegründet ist.

Verstehen wir das Reich Gottes so, wie eben dargestellt, können wir das Hauptthema des Matthäusevangeliums folgendermaßen beschreiben: **Wie leben wir heute im Reich**

Gottes? Als Nächstes wollen wir einen kurzen Blick auf die fünf „Predigten" werfen, in denen Matthäus die Aussagen Jesu über dieses Königreich zusammengefasst hat.

1. Der Lebensstil des Königreiches (Kapitel 5–7)

Diese Zusammenstellung ist besser als „die Bergpredigt" bekannt und wird häufig völlig missverstanden. Jesus gibt hier nicht Ungläubigen Ratschläge, wie sie leben sollten. Schon für Gläubige ist es schwer genug, diesen Anweisungen zu folgen, ganz zu schweigen von Ungläubigen. Nein, diese Predigt lehrt uns, **wie Gläubige leben sollten, nachdem sie in das Königreich eingetreten sind.**

Sie beginnt mit einer bemerkenswerten Reihe von Aussagen: „Selig sind, die da geistlich arm sind; denn ihrer ist das Himmelreich ... Selig sind die Sanftmütigen; denn sie werden das Erdreich besitzen ... Selig sind, die reinen Herzens sind; denn sie werden Gott schauen ..." (Matthäus 5, 3–8; LUT). Jesus beschreibt hier einen neuen Menschen, einen veränderten Charakter.

Auf diese „Seligpreisungen" am Anfang der Predigt folgen Gebote, die eine breite Palette abdecken und höchst praxistauglich sind. Hier nur ein paar Beispiele:

- Wenn du jemanden als Idiot bezeichnet hast, bist du ein Mörder.
- Das Gesetz des Mose sagt sinngemäß: „Du sollst nicht mit einer Frau ins Bett steigen, mit der du nicht verheiratet bist". Jesus hingegen erklärt: „Schau nicht einmal ein Mädchen an und wünsche dir, du könntest es tun."
- Jesus sagt auch: „Lasst euch nicht scheiden und heiratet danach wieder."
- Wir werden aufgefordert, uns keine Sorgen zu machen. Denn wenn wir uns sorgen, verleumden wir dadurch den König des Himmels, der sich um seine eigene Schöpfung kümmert und daher auch für uns sorgen wird.

Das ist der Lebensstil des Königreiches. Diese Kapitel geben Menschen, die sich erst kürzlich bekehrt haben, eine hervorragende Orientierungshilfe. Der wichtigste Punkt dabei ist, dass wir nicht *durch* sondern *für* einen derartigen Lebensstil gerettet worden sind.

2. Die Mission des Königreiches (9,35–10,42)
Diese zweite „Predigt" ist die logische Fortsetzung der ersten. Matthäus vermittelt uns Folgendes: Eine Person, die Teil des Königreichs geworden ist, hat den Auftrag, loszugehen und andere ebenfalls hineinzubringen. Daher finden wir einen Großteil der Lehren Jesu über **Evangelisation** in den Kapiteln 9 und 10.

Jesus unterweist seine Jünger, die Realität des Königreiches dadurch zu demonstrieren, dass sie Tote auferwecken, Dämonen austreiben und Kranke heilen. Denen, die zuschauen, sollen sie sagen, dass das Reich Gottes gerade anbricht. *Taten* sollen also den *Worten* über das Königreich vorausgehen. Dieser Abschnitt enthält auch detaillierte Anweisungen zu der Art und Weise ihres Reisens, zu ihrem Gepäck und zum Umgang mit Widerstand.

3. Das Wachstum des Königreiches (13,1–52)
Nach der Mission des Königreiches wenden wir uns nun seinem Wachstum zu. Wie wird die **Ausbreitung des Königreiches** aussehen? Diese Frage beantwortet Jesus durch eine Reihe von Gleichnissen:
- Der Sämann: Wir sollten uns keine Sorgen machen, wenn drei Viertel der Aussaat keine Frucht bringen. Das eine Samenkorn in gutem Boden kann einen dreißig-, sechzig- oder hundertfachen Ertrag bringen. Das lohnt sich dann wirklich.
- Weizen und Unkraut werden gemeinsam groß: Das Reich Satans wächst neben dem Reich Gottes, bis sie in der letzten Ernte getrennt werden.

- Das Senfkorn: Jesus beschreibt ein Samenkorn, das zu einem großen Baum wird. Darin zeigt er bildhaft das Wachstum des Königreiches, das ganz klein anfängt. Die Parallele dazu ist das Wachstum der Gemeinde: Jesus begann mit elf guten Männern und hat mittlerweile über 1,5 Milliarden Nachfolger!
- Die kostbare Perle: Wir werden beauftragt, das Reich Gottes wertzuschätzen. Denn es ist mit einer kostbaren Perle vergleichbar. Wir sollten bereit sein, alles, was uns gehört, aufzugeben, um es zu besitzen.
- Das Fischernetz: Jesus erklärt uns, dass wir uns um „ungenießbare Bekehrte" nicht den Kopf zerbrechen sollten. Das Reich der Himmel gleicht einem Netz, das alle Arten von Fischen enthält, gute ebenso wie schlechte. Seine Botschaft lautet: Wir müssen warten, bis die „Fische" am letzten Tag schließlich an den Strand gebracht werden. Wir sollten nicht versuchen, sie gleich selbst alle zu sortieren, sobald wir sie gefangen haben.

4. Die Gemeinschaft des Königreiches (18, 1–35)

Matthäus fügt hier ein paar Aussagen Jesu über die **Beziehungen der Menschen innerhalb der Ortsgemeinde** hinzu. Er lehrt uns, wie wir mit denen umgehen sollen, die sich vom Glauben entfernen. Wir erfahren auch, wie das richtige Verhalten gegenüber Menschen aussieht, die sich innerhalb der Gemeinschaft der Gläubigen an anderen versündigen.

5. Die Zukunft des Königreiches (Kapitel 24–25)

Als Matthäus sein Evangelium schrieb, fragten sich viele Christen, wann Jesus zurückkehren würde. Deshalb schließt Matthäus (wie auch Markus und Lukas) einen Abschnitt ein, der seinen Lesern vermittelt, nach welchen **Zeichen seiner Ankunft** sie Ausschau halten sollten.

DER DREH- UND ANGELPUNKT DER GESCHICHTE

Der Ort dieser „Predigt" ist bedeutsam: Jesus und seine Jünger sitzen auf dem Ölberg und blicken auf den Tempel. Die Jünger stellen Jesus Fragen zum Ende der Welt. Matthäus kombiniert die Fragen der Jünger mit der Weissagung Jesu, dass der Tempel eines Tages zerstört werden wird.

Jesus nennt ihnen vier Zeichen, die seine Wiederkunft ankündigen werden:

1. Katastrophen auf der ganzen Welt: Kriege, Hungersnöte, Erdbeben, falsche Christusse
2. Entwicklungen in der Gemeinde: weltweite Verfolgung, abnehmende Zahlen, falsche Propheten, erfüllte Mission
3. Gefahr im Nahen Osten: gottloser Diktator, beispiellose (aber zeitlich begrenzte) Not, falsche Christusse und falsche Propheten
4. Finsternis am Himmel: Sonne, Mond und Sterne verschwinden, weithin sichtbare Blitze, die Ankunft des wahren Christus und die Sammlung der Christen aus allen Himmelsrichtungen

Das erste dieser vier Zeichen ist schon deutlich erkennbar; das zweite ist in vollem Gange. Das dritte Zeichen muss noch in Erscheinung treten. Wenn es kommt, wird das Vierte ihm schnell folgen.

Matthäus setzt diesen Abschnitt mit einer Reihe von Gleichnissen fort. Sie befassen sich mit der Vorbereitung auf die Rückkehr des Königs. In jedem Gleichnis geht es letztlich darum, dass der König auf sich warten lässt. Damit unterstreicht Matthäus, dass wir treu bleiben müssen, auch wenn sich die Wiederkunft Christi deutlich verzögert.

HAUPTTHEMEN

Wir haben schon mehrere Themen besprochen, die für Matthäus besonders wichtig sind. Es gibt noch drei weitere, die wir ebenfalls betrachten sollten. Sie sind für die Jüngerschaft im Reich Gottes von grundlegender Bedeutung.

1. Glaube

Das erste Thema, das immer wieder vorkommt, ist der Glaube. Auch wenn dieser Fokus nicht nur bei Matthäus vorhanden ist, stellt er doch zweifellos ein besonderes Interesse dieses Evangelisten dar. Ein Bürger des Königreichs, der gleichzeitig ein Kind des Vaters ist, lebt aus Glauben. Das ist die Botschaft des Matthäus. Dabei geht es nicht um eine einmalige Entscheidung für den Glauben. Vielmehr soll jemand, der angefangen hat zu glauben, auch damit fortfahren. Im Matthäusevangelium fragt Jesus die Menschen häufig: „Glaubst du das, was ich dir gesagt habe? Glaubst du, dass ich es tun kann?" Jesus hält nach einem **beständigen Vertrauen** Ausschau, das sich auf ihn und sein Wort gründet. Sein größtes Lob gilt dem Zenturio, der ihn um Heilung bittet. Diesen großen Glauben eines Einzelnen stellt er dem Mangel an Glauben in einigen Regionen Israels gegenüber.

2. Gerechtigkeit

Ein Thema, das wir in den anderen Evangelien nicht finden, ist Gerechtigkeit: die Notwendigkeit, **nicht allein zu glauben, sondern auch zu handeln.** Dabei ist die Reihenfolge wichtig: Wir beginnen zu glauben, um dann zu handeln. Betrachten wir zum Beispiel eines der kürzesten Gleichnisse in diesem Evangelium: Darin geht es um einen Vater, der zwei Söhne hatte. Er forderte sie auf, in seinem Weinberg zu arbeiten. Einer der beiden sagte, „ja", tat es aber nicht. Der andere sagte „nein", machte sich dann aber doch an die Arbeit. Jesus fragte daraufhin, wer von den beiden den Willen des Vaters getan hätte. Dabei unterstrich er, dass wir beteuern können, gehorsam zu sein, doch letztlich lügen, wenn wir nicht wirklich das tun, was er uns aufgetragen hat. Sein Jünger zu sein, bedeutet nicht, nur an ihn zu glauben, sondern aktiv „Gerechtigkeit zu üben".

Dies wird an vielen Stellen im Matthäusevangelium deutlich. Hierin liegt auch der tiefere Grund für die Taufe Jesu, deren Bedeutung oft missverstanden wird. Warum wurde Jesus getauft? Er hatte keine Sünden begangen, die abgewaschen werden mussten, nichts, das der Reinigung bedurft hätte. Trotzdem kam er zu Johannes, um sich taufen zu lassen. Als Johannes ihm widersprach und erklärte, dass eigentlich Jesus *ihn* taufen sollte, bestand Jesus dennoch darauf. „Denn so ist es für uns richtig, alle Gerechtigkeit zu erfüllen", sagte er (Fußnote zu Matthäus 3,15; HfA). Für ihn war es kein Akt der Buße, wie für alle anderen, sondern ein Akt der Gerechtigkeit. Sein Vater hatte es ihm aufgetragen und genau deshalb tat er es. Ganz zu Anfang des Evangeliums demonstriert uns Jesus, wie wichtig das Tun ist, indem er genau das vorlebt, was er von seinen Nachfolgern erwartet.

Es ist also nicht überraschend, dass dieses Thema in seinen Predigten sehr häufig vorkommt. „Wenn nicht eure Gerechtigkeit die der Schriftgelehrten und Pharisäer weit übertrifft, so werdet ihr keinesfalls in das Reich der Himmel hineinkommen", erklärt er (Matthäus 5,20; ELB). Die Pharisäer waren eine Gruppe, die extrem religiös war. Sie fasteten zweimal die Woche und gaben den Zehnten von allem, was sie besaßen. Um Menschen zum Judentum zu bekehren, war ihnen kein Weg zu weit. Sie waren großartige Missionare, die die Bibel lasen und beteten. Und dennoch sagte Jesus, dass die Gerechtigkeit seiner Jünger all das noch übersteigen müsste.

Es ist wichtig, dass wir genau verstehen, was mit Glauben gemeint ist. Doch mindestens genauso entscheidend ist, dass wir das Konzept der Gerechtigkeit so erfassen, wie Matthäus es beschreibt. Jesus erklärt nicht, dass wir *aufgrund* unserer Gerechtigkeit gerettet werden, sondern *für* Werke der Gerechtigkeit. Das ist ein wichtiger Unterschied. Wenn wir das Matthäusevangelium einem noch nicht Gläubigen geben, könnte er den Eindruck gewinnen, das Christsein bestünde darin, gute Taten zu tun. Eigentlich ist es jedoch anders herum: *Nachdem* man Christ geworden ist, d.h. erst nachdem man Errettung und Vergebung empfangen hat, ist man dazu berufen, die im Evangelium beschriebene Gerechtigkeit aktiv zu demonstrieren.

3. Gericht

Dieses dritte Thema mag uns zunächst überraschen: Es scheint der These, dass Matthäus ein Evangelium für Gläubige geschrieben hat, zu widersprechen. Denn es gibt bei Matthäus eine große Anzahl von Lehrinhalten über das Gericht, und zwar direkt aus dem Munde Jesu. Hinzu kommt noch, dass bei genauerer Betrachtung des Zusammenhangs deutlich wird, dass sich alle diese Warnungen vor der Hölle, mit Ausnahme von zweien, an wiedergeborene Gläubige richten.

Matthäus warnt die Gläubigen vor Selbstzufriedenheit. Anzufangen Jesus nachzufolgen ist noch keine Eintrittskarte in den Himmel. Auch Jünger Jesu müssen die Hölle fürchten, um auf „dem richtigen Weg" zu bleiben. Während zwei dieser Warnungen an die Adresse der Pharisäer gingen, waren alle anderen an jene gerichtet, die alles verlassen hatten, um Jesus nachzufolgen. Dass er Sünder nie so ernstlich gewarnt hat, ist höchst verblüffend.

Diese Tatsache wird besonders deutlich, wenn wir den Kontext betrachten, in dem Jesus seine bekannteste Aussage über die Hölle trifft: „Und fürchtet euch nicht vor denen, die den Leib töten, die Seele aber nicht zu töten vermögen; fürchtet vielmehr den, der Seele und Leib verderben kann in der Hölle" (Matthäus 10,28; SLT). Für wen waren diese

Worte bestimmt? Er adressierte sie tatsächlich an christliche Missionare (die Zwölf), kurz bevor er sie aussandte, um das Königreich zu verkünden und zu demonstrieren. Er meinte damit keinesfalls, dass die Furcht vor der Hölle ein Teil ihrer Botschaft an die Sünder sein sollte. Vielmehr sollten sie selbst die Hölle fürchten. Denn wenn sie die Hölle fürchteten, würden sie vor nichts und niemand anderem Angst haben, nicht einmal vor dem Märtyrertod.

Wäre das Matthäusevangelium das einzige Buch des Neuen Testaments, besäßen wir genug Informationen darüber, dass sich Christen davor fürchten sollten, auf der Müllkippe Gottes zu enden. Jesus nannte diese Müllkippe „Gehenna". Es handelt sich um das Tal Ge-Hinnom vor den Toren Jerusalems. Dorthin warf man alles Unbrauchbare, um es zu verbrennen. Für Jünger Jesu ist Matthäus ein ernüchterndes Evangelium. Denn es lehrt sie, ernsthaft zu sein, weiterzumachen, im Glauben nicht nachzulassen und den ganzen Weg mit Jesus bis ans Ende zu gehen.

DIE LEHRMETHODE DES MATTHÄUS

Wenn wir davon ausgehen, dass Matthäus das Ziel hatte, ein Handbuch der Jüngerschaft zu erstellen, könnten wir uns fragen, warum er all seine Lehren in das Grundgerüst von Markus einfügte. Warum hat er es nicht einfach „Handbuch der Jüngerschaft" genannt und die Inhalte, die ein Jünger benötigte, darin festgehalten? Die Antwort auf diese Frage gibt einen tiefen Einblick in die Art und Weise, wie die Zielgruppe dieses Evangeliums nach Auffassung von Jesus und Matthäus lernen sollte.

Zusammenhang

Matthäus bleibt dem ursprünglichen Unterrichtsstil Jesu treu. Jesus lehrte im Kontext seines Handelns und vollbrachte seine Wunder in unmittelbarem Zusammenhang mit seinen Lehreinheiten. Lehrtätigkeit braucht zwingend diesen praktischen Kontext. Die **Balance zwischen Wort und Tat** ist für uns unverzichtbar.

Ein wechselseitiger Prozess
Uns müssen die vielen *Indikative (Wirklichkeitsformen)*, d.h. die Fakten des Evangeliums erklärt werden: **Was Christus für uns getan hat.** Dann haben wir uns mit den *Imperativen (Befehlsformen)* auseinanderzusetzen: **Was sollen wir für Christus tun?** Wir gehen in die Irre, wenn wir uns nur auf das eine konzentrieren und das andere außer Acht lassen. Richten wir unsere Aufmerksamkeit nur auf das Handeln Gottes, könnten wir glauben, dass wir nichts tun müssten. Das kann zu einer falsch verstandenen Freiheit führen (i.S.v. „Es spielt keine Rolle, wie ich lebe."). Wenn wir uns nur auf das versteifen, was wir für den Herrn tun, dann könnten wir denken, dass alles von uns abhängt. Gesetzlichkeit wäre eine mögliche Folge (i.S.v. „Durch meine Taten verdiene ich mir den Weg in den Himmel."). Unser Verhalten sollte stattdessen eine Folge unseres Glaubens sein: Wir führen das aus, was er in uns wirkt. Die Kraft des Königreiches befreit uns von der Sünde, sodass wir nun in der Reinheit des Königreiches leben können. Das Königreich ist sowohl ein Angebot als auch eine Anforderung. Das, was Gott für uns tut, und das, was wir für ihn tun – beides gehört zum Evangelium, der guten Nachricht seines Reiches, dazu.

An einem bestimmten Ort ist ein Ausgleich zwischen Indikativ und Imperativ besonders notwendig: vor dem Kreuz Christi. Es ist nämlich äußerst gefährlich, die Lehren Jesu von dem loszulösen, was er am Kreuz für uns erworben hat. Wir dürfen Menschen nicht vermitteln, wie man ein christliches Leben führt, *ohne* ihnen dies im Gesamtzusammenhang dessen zu erklären, was Jesus für sie am Kreuz getan hat. Die Struktur des Matthäusevangeliums hilft uns dabei, Jesus beständig für all das zu danken, was er für uns errungen hat. Die Entscheidung des Matthäus, das „Handbuch der Jüngerschaft" im Kontext des Evangeliums zu präsentieren, war sehr weise: So konnte er uns zeigen, dass der Jesus, der vieles von seinen Nachfolgern verlangt, auch derselbe ist, der die Kranken heilte, Tote auferweckte, für uns ans Kreuz ging und wiederauferstand.

FAZIT

Das Matthäusevangelium war ein Dauerbrenner in der Urgemeinde. Die Gläubigen beschäftigten sich mit dem Missionsbefehl, nämlich damit, in die Welt hinauszugehen, alle Nationen zu Jüngern zu machen und sie alles zu lehren, was Jesus ihnen befohlen hatte. Das Matthäusevangelium befähigte sie, genau das zu tun. Als Handbuch der Jüngerschaft, nicht nur für jüdische Gläubige, sondern auch für nichtjüdische, verband es das Alte Testament mit dem Neuen. Es zeigte und zeigt der Welt, dass Christus gekommen ist, der König der Juden. Dieser erfüllte die Verheißung, die Abraham gegeben wurde: Durch ihn und seinen Nachkommen würden alle Nationen der Erde gesegnet werden. Der Sohn Davids ist also endlich gekommen – und das Matthäusevangelium verdeutlicht uns, wie wir als Untertanen dieses Königs heute leben sollen.

39.
DAS LUKASEVANGELIUM UND DIE APOSTELGESCHICHTE

Einleitung

Die Bibel besteht aus den Worten von Menschen und aus dem Wort Gottes. Sie hat viele menschliche Autoren doch nur einen göttlichen Herausgeber. Die meisten Verfasser reagierten auf eine aktuelle Not. Sie hatten keine Ahnung, dass ihr Schriften eines Tages Teil der Bibel sein würden. Daher können wir die Bücher der Bibel unter zwei Blickwinkeln betrachten, unter dem existenziellen und dem historischen. Auf der historischen Ebene fragen wir: Warum wurde das Buch geschrieben? Was war der menschliche Grund dafür? Auf der existenziellen Ebene lautet die Frage: Warum ist dieses Buch Teil unserer Bibel? Warum wollte Gott, dass wir es kennen? Nach dieser Methode werden wir vorgehen, wenn wir später sowohl das Lukasevangelium als auch die Apostelgeschichte untersuchen. Diese beiden Bücher haben denselben Autor. Gemeinsam betrachtet, sind sie etwas ganz Besonderes. Wer war nun dieser Lukas und warum schrieb er diese beiden Bücher?

Wer war Lukas?
1. EIN NICHTJUDE
Lukas ist unter den Autoren der Bibel einzigartig, weil er der einzige Nichtjude ist. Sein Name wird vom altgriechischen „Loukas" abgeleitet. Er stammte aus dem syrischen Antiochia, dem Paris der antiken Welt. Es lag am östlichen Ende des Mittelmeers, in einiger Entfernung nördlich des Verheißenen Landes.

In Antiochia wurde die erste nichtjüdische Gemeinde gegründet. Dort bezeichnete man die Nachfolger Jesu zum ersten Mal als „Christen". Es handelte sich um einen ziemlich abwertenden Spitznamen, den die Einheimischen allen verliehen, die „Christus" nachfolgen wollten. Während diese Bezeichnung heutzutage recht beliebt ist und ein breites Spektrum an Bedeutungen umfasst, bevorzugte Lukas meist die Begriffe „Gläubige" oder „Jünger".

Als Nichtjude konnte Lukas durch seine Schriften sehr gut veranschaulichen, wie sich das Evangelium von Jerusalem nach Rom ausbreitete. Wir vergessen schnell, wie einzigartig es ist, dass eine Religion ethnische Grenzen überwindet; insbesondere dann, wenn sie sich von einer grundlegend jüdischen zu einer überwiegend nichtjüdischen Religion wandelt. Die meisten Menschen werden in die Religion ihres Volkes hineingeboren und bleiben ihr treu. Doch hier sehen wir einen Glauben, der von einem Volk auf das nächste „überspringt". Dieser Fokus des Lukas auf nichtjüdische Leser zeigt sich in vielerlei Weise. So vermeidet er beispielsweise hebräische oder aramäische Ausdrücke, wie „Rabbi" und „Abba", die sowohl Markus als auch Matthäus verwenden. Er zieht es vor, diese Ausdrücke für seine Leser ins Griechische zu übersetzen, um sicherzugehen, dass jeder sie versteht.

2. EIN ARZT
Lukas war von Beruf Arzt. Der Apostel Paulus bezeichnet ihn als „den geliebten Arzt", als er an die Gemeinde der Kolosser schreibt. Die Medizin hatte sich seit 400 Jahren entwickelt und Ärzte wurden gründlich ausgebildet. Lukas musste beim Verfassen seiner Arztberichte gut beobachten sowie analytisch und sorgfältig vorgehen. Diese Fähigkeiten nutzte er auch beim Schreiben seines Evangeliums und der Apostelgeschichte.

Es gibt viele Ereignisse, die den medizinischen Hintergrund des Lukas verraten. Die Geburt Jesu wird zum Beispiel aus der Sicht Marias geschildert. Er erwähnt die Beschneidung Jesu und die Windeln, in die das Kind gewickelt wurde – alles Dinge, die einen Arzt interessieren würden. (Nebenbei bemerkt liefert uns Lukas den Familienstammbaum Marias, um die physische Abstammung Jesu nachzuzeichnen. Matthäus hingegen dokumentiert die Ahnentafel Josefs.) Markus bezeichnet die Krankheit der Schwiegermutter des Petrus einfach als Fieber. Lukas berichtet von einem „hohen Fieber". Fünf der sechs Wunder, die Markus beschreibt, sind Heilungswunder.

Gott benutzt ausgerechnet einen Arzt, um von übernatürlichen Dingen zu berichten! Die Jungfrauengeburt, die Wunder Jesu und die Zeichen und Wunder in der Apostelgeschichte stammen alle aus der Feder des Lukas. Einige Ärzte stehen allem, was sich außerhalb des Natürlichen und Greifbaren ereignet, skeptisch gegenüber. Lukas kann jedoch seine bemerkenswerten Fähigkeiten als Schreiber und Arzt einbringen, um festzuhalten, was wirklich geschah, auch wenn dies über sein medizinisches Wissen und seine eigenen Fähigkeiten hinausgeht.

3. EIN HISTORIKER

Lukas war bei der Darstellung, der Formulierung und dem Erfassen kultureller Unterschiede äußerst genau. Da er selbst nicht zu den Aposteln gehörte, war er in seiner Erkenntnis Jesu von denen abhängig, die dem Messias nahegestanden hatten. Einige moderne Historiker haben die Schriften des Lukas kritisiert und behauptet, dass er sich in vielem geirrt hätte. Seine Berichte wurden jedoch ausnahmslos durch spätere archäologische Funde bestätigt, was dazu geführt hat, dass er heute als einer der besten Historiker seiner Zeit gilt. Betrachten wir das „Evangelium" als eine Textgattung, die sich von der klassischen „Geschichtsschreibung" unterscheidet (siehe Seite 30), dann ist Lukas der einzige Verfasser *historischer* Literatur im gesamten Neuen Testament. Denn sein Hauptziel war es nicht, die gute Nachricht der Errettung zu verkünden. Vielmehr wollte er eine genaue und verlässliche Aufzeichnung der Aussagen und Taten Jesu liefern. Allerdings waren dabei Überschneidungen zwischen den beiden genannten Textgattungen unvermeidbar.

4. EIN REISENDER

Lukas war zudem ein sehr erfahrener Reisender. Er bezeichnet den See Genezareth tatsächlich als „See" (Im Englischen heißt er „Galiläisches Meer".), denn er ist nur 13 Kilometer lang und 8 Kilometer breit. Für einen erfahrenen Reisenden ist das natürlich wirklich kein Meer! Er reiste gemeinsam mit dem Apostel Paulus. Das erkennen wir an dem so genannten „Wir"-Passagen in der Apostelgeschichte. Lukas bleibt, ähnlich wie andere Autoren des Neuen Testaments, anonym. Dadurch will er von seiner Person ablenken, wobei allerdings die Verwendung des Wörtchens „wir" verrät, dass er mit dabei war. Lukas kam besonders dann als Reisebegleiter des Paulus zum Einsatz, wenn dieser mit dem Schiff unterwegs war: auf der Reise von Troas nach Philippi, von Philippi nach Jerusalem und von Cäsarea nach Rom. Hielt Paulus es vielleicht für nötig, einen Arzt um sich zu haben, wenn er zur See fuhr? Einige der besten Texte, die Lukas verfasst hat, schildern gegen Ende der Apostelgeschichte diese Reisen und letztendlich den Schiffbruch an den Ufern Maltas.

Lukas' Bereitschaft, auf Reisen zu gehen, hilft uns zu verstehen, wie sein Evangelium und die Apostelgeschichte entstanden sind. Wir wissen, dass Paulus in Cäsarea und in Rom jeweils zwei Jahre lang unter Hausarrest stand.

Wie wir später noch sehen werden, hat Lukas seine beiden Werke wahrscheinlich während dieser Zeit verfasst: das Evangelium in Cäsarea und die Apostelgeschichte in Rom. Dort konnte er Paulus natürlich nach Belieben befragen.

5. EIN SCHRIFTSTELLER

Lukas schreibt in einem akademischen und geschliffenen Griechisch, das dem der hellenistischen Griechen ähnelt. Seine schriftstellerischen Fähigkeiten werden wir später unter die Lupe nehmen, wenn wir das Evangelium und die Apostelgeschichte genauer betrachten. Sein Bericht über den Schiffbruch in Malta gilt als literarisches Meisterwerk der Antike. Er verwendet ein kultiviertes Vokabular, verfügt über einen hervorragenden Stil und hat die Fähigkeit, den Leser bei der Stange zu halten. Seine Übergänge von einem Handlungselement zum nächsten sind geschmeidig und flink. Auch seine Qualifikation als Historiker tritt deutlich hervor. Er analysiert gründlich und weiß, was er einfügen muss und was er weglassen kann.

6. EIN EVANGELIST

Lukas war ein Evangelist, allerdings mehr mit der Feder als mit der Stimme. Das Wort „Rettung" oder „Heil" ist ein Schlüsselwort in beiden Büchern. Zusammen mit verwandten Begriffen wird es regelmäßig verwendet. Als Nichtjude geht es Lukas besonders darum, dass die Rettung „alles Fleisch" erreicht. In seinem Evangelium erwähnt er das Zitat Johannes des Täufers aus dem Buch Jesaja: „Und alles Fleisch wird das Heil Gottes sehen" (Lukas 3,6; ELB, siehe Jesaja 40,5). Viele sehen darin das Hauptthema des Lukasevangeliums.

In unserer späteren Betrachtung des Lukasevangeliums wird uns bewusst werden, dass Lukas' Interesse besonders verschiedenen ethnischen Volksgruppen gilt. Sie dürfen und sollen das Heil Gottes erkennen. Dies ist schließlich auch das Thema der Apostelgeschichte: dass der Heilige Geist auf alles Fleisch ausgegossen wird – auf Juden genauso wie auf Samariter und weiter bis an die Enden der Erde. Diese „jüdische" Religion soll jedem Einzelnen auf der ganzen Welt zugutekommen: Lukas beschreibt Jesus als den Retter der Welt.

Aus der Geschichtsschreibung wissen wir, dass Lukas im Alter von 84 in Böotien in Griechenland starb, ohne jemals geheiratet zu haben.

Seine Leserschaft
Nachdem wir den Schreiber betrachtet haben, wenden wir uns jetzt der Leserschaft zu, die Lukas in seinem zweibändigen Werk anspricht. Lukas schrieb diese Bücher für einen Mann namens Theophilus. Wörtlich übersetzt bedeutet sein Name „Herr Gottlieb". Es ist schon seltsam, dass er vier Jahre mit Nachforschungen zubrachte, um etwas für eine einzige Person zu erarbeiten, selbst, wenn er glaubte, dass er damit eines Tages vielleicht einen größeren Kreis von Lesern erreichen würde. Wer also war dieser Theophilus?

Eine Theorie besagt, dass Theophilus nur eine erfundene Person war. So könnte beispielsweise ein Autor ein Buch für einen erfundenen Vertreter einer bestimmten Gruppe schreiben: „Sehr geehrter Herr Max Mustermann ...". Dann wäre Theophilus also ein erfundener Name. „Gottlieb" würde bedeuten, dass diese Person am Glauben interessiert ist und Gott kennenlernen möchte. Obwohl die Theorie in vielen Punkten glaubhaft erscheint, passt sie nicht zu allen bekannten Tatsachen.

Andere glauben, dass es ihn wirklich gegeben hat. Wahrscheinlich war er ein Verleger, der Interesse am Christentum hatte – eine durchaus faszinierende Idee! Tatsächlich ist es besser, Theophilus als eine Person zu betrachten, die wirklich existierte. Er war offensichtlich ein Mann von hohem Ansehen, der ein öffentliches Amt bekleidete. Denn Lukas gibt ihm sowohl einen Namen als auch einen Titel: „Hochverehrter" Herr Gottlieb. Genau derselbe Titel wurde sowohl für Festus als auch für Felix verwendet, als sie in Paulus' Gerichtsverfahren den Vorsitz innehatten. Das legt den Schluss nahe, dass Theophilus Jurist war, und zwar entweder Anwalt oder Richter. Warum nun wollte Lukas einem Juristen einen so vollständigen Bericht übermitteln – zunächst über Jesus und dann über Paulus?

Strafverteidiger des Paulus
Das Bild wird klarer, wenn wir uns vorstellen, das Theophilus der Strafvertcidiger des Paulus oder sogar sein Richter bei der Verhandlung in Rom war. Beide benötigten einen vollständigen Bericht über die genauen Umstände, die zu diesem Gerichtsverfahren geführt hatten.

Wie war diese neue Religion entstanden? Wer war ihr Gründer? Wie kam Paulus dazu, sich an ihrer Verbreitung zu beteiligen? Darüber hinaus wäre ein Strafverteidiger besonders daran interessiert gewesen, wie dieser Glaube von der römischen Obrigkeit gesehen wurde. Als Paulus in Cäsarea im Gefängnis saß, stellte Lukas daher Nachforschungen über das Leben und den Tod Jesu an. Als man Paulus schließlich ins Gefängnis nach Rom brachte, untersuchte und dokumentierte er den Anteil des Paulus an dieser neuen Glaubenslehre.

Sein Werk enthält Hinweise darauf, dass er mehrere Leute befragte, die in der neutestamentlichen Gemeinde ein wichtige Rolle spielten: Jakobus, wahrscheinlich Matthäus und ganz sicher Johannes. (Im Lukasevangelium gibt es Informationen, die wir sonst nur bei Johannes finden: So berichten nur Lukas und Johannes davon, dass Malchus' Ohr während der Verhaftung Jesu abgehauen wurde.)

Die Zusammenstellung der Bücher

Lukas war in gewisser Weise benachteiligt, als es darum ging, den Strafverteidiger mit Informationen zu versorgen. Er gehörte nicht zu den zwölf Jüngern und war Jesus niemals persönlich begegnet. Auch konnte er keine eigenen Augenzeugenberichte über das Leben und den Dienst Jesu beisteuern. Doch er überwand diese Schwierigkeiten, indem er diejenigen besuchte, die tatsächlich *Augenzeugen gewesen waren*. Während er in Cäsarea zwei Jahre lang darauf wartete, dass Paulus nach Rom verlegt wurde, sammelte er die Berichte über Jesus. Als Paulus dann in Rom ankam, konnte Lukas dort während der nächsten zwei Jahre seinen zweiten Band mit der Geschichte des Paulus niederschreiben, die „Apostelgeschichte".

Wenn die Vorstellung der Wahrheit entspricht, dass Lukas dem Strafverteidiger Bericht erstattete, wird vieles klarer. Es würde erklären, warum die Römer in beiden Schriften durchweg als große Sympathisanten dieser neuen Religion dargestellt werden. Sowohl im Prozess gegen Jesus als auch im Verfahren gegen Paulus dokumentiert Lukas jeweils drei Aussagen, dass die Angeklagten völlig unschuldig seien: Pilatus stellt dreimal fest, dass Jesus unschuldig ist, während die römischen Behörden dreimal konstatieren, dass Paulus freigelassen werden könnte, wenn er sich nicht auf den Kaiser berufen hätte. In beiden Büchern werden die Schwierigkeiten der Christen also nicht von Römern verursacht, sondern von Juden, die dem neuen Glauben Steine in den Weg legen wollen.

Augenzeugen

Ein Strafverteidiger braucht Zeugenaussagen, Augenzeugenberichte und **sauber recherchierte Fakten**, die systematisch präsentiert werden. Beide Bücher des Lukas beinhalten genaue Zeitangaben, die sich an den

Regierungszeiten römischer Herrscher orientieren (z. B. Lukas 2,1 und 3,1). In seinem ersten Buch bestätigt Lukas zudem in seinem Anschreiben an Theophilus die Absicht seiner schriftlichen Zusammenstellung: „Schon viele haben sich darangesetzt, einen Bericht über die Ereignisse zu schreiben, die bei uns geschehen sind und die wir von denen erfahren haben, die von Anfang an als Augenzeugen dabei waren und dann den Auftrag erhielten, die Botschaft weiterzusagen. Nun habe auch ich mich dazu entschlossen, allem von Anfang an sorgfältig nachzugehen und es für dich, verehrter Theophilus, der Reihe nach aufzuschreiben. So kannst du dich von der Zuverlässigkeit der Dinge überzeugen, in denen du unterwiesen worden bist" (Lukas 1,1–4; NeÜ). Dieser Wortlaut passt zu der Art von Dokumenten, die ein Rechtsanwalt anfordern würde.

PAULUS IM FOKUS

Diese Theorie liefert auch eine Erklärung für die Besonderheiten des zweiten Buches. Obwohl es den Titel „Die Apostelgeschichte" (Apostel steht im Plural) trägt, konzentriert es sich eigentlich nur auf zwei der Gesandten Gottes *(„Apostel" bedeutet wörtlich übersetzt „Gesandter", Anmerkung der Übersetzerin)*. Andere Apostel werden kaum erwähnt, ganz zu schweigen von der gesamten Gruppe. Darüber hinaus verschwindet Petrus, die Hauptfigur der ersten zwölf Kapitel, mit der Bekehrung des Paulus fast zeitgleich von der Bildfläche. Das Buch konzentriert sich danach fast ausschließlich auf Paulus. Zwei Drittel der Apostelgeschichte berichten nur noch über ihn. Dieses Verhältnis erscheint uns ungewöhnlich, es sei denn, das gesamte Werk wurde mit dem Ziel verfasst, Paulus zu verteidigen und den römischen Behörden zu verdeutlichen, dass diese neue Religion weder rebellisch noch staatsfeindlich war. Lukas stellt Paulus daher als römischen Bürger dar, der nach römischem Recht unschuldig ist und in seinem Gerichtsverfahren freigesprochen werden sollte.

Es gibt zudem einen interessanten Unterschied zum Gerichtsverfahren Jesu in Jerusalem: Jesus war nach römischem Recht unschuldig, wurde aber gekreuzigt, weil die Juden auf die römische Obrigkeit Druck ausübten. Im Gegensatz dazu befand sich Paulus an einem Ort, an dem die Juden den Urteilsspruch nicht beeinflussen konnten. Seine Berufung auf den Kaiser verhinderte ihre Einmischung.

Das erklärt auch, warum Paulus' Bekehrung in der Apostelgeschichte gleich dreimal erwähnt wird. Das erscheint ein wenig übertrieben (kein anderer Apostel gibt Zeugnis von seiner Bekehrung) – es sei denn, diese mehrfache Erwähnung hatte ihren Grund darin, dass Paulus vor Gericht stand. In diesem Fall musste der Strafverteidiger genau wissen, was Paulus in jedem seiner vorhergehenden Gerichtsprozesse gesagt hatte, damit es zu seinen Gunsten und nicht gegen ihn verwendet werden konnte.

Hinzu kommt noch ein weiterer Punkt: Wenn wir die Apostelgeschichte als einen Bericht an den Strafverteidiger betrachten, so scheint ihr plötzliches Ende logisch nachvollziehbar. Sie endet damit, dass Paulus auf seine Verhandlung wartet. Das nimmt anderen Theorien über den Sinn und Zweck dieses Buches sprichwörtlich den Wind aus den Segeln. Handelte es sich lediglich um einen Bericht über das Leben des Paulus, wäre dies ein seltsamer Schluss. Wir wissen, dass Lukas 84 Jahre alt wurde. Daher hätte er den Tod des Paulus dokumentieren können, wenn das seiner Absicht entsprochen hätte. Hatte seine Zielsetzung aber rechtliche Hintergründe, dann endet dieser Bericht genau so, wie wir es erwarten würden, nämlich mit dem Warten des Paulus auf seinen Prozess.

Eine letzte Ungereimtheit könnte diese Streitfrage entscheiden. Warum räumte Dr. Lukas dem ausführlichen

Bericht über den Schiffbruch auf Malta so viel Platz ein, wenn sein eigentliches Ziel darin bestand, die Geschichte der Urgemeinde zu dokumentieren? Und warum erwähnte er nur diese eine Katastrophe auf See, während Paulus doch mindestens drei weitere erlebt hatte? Zweifellos wollte er das vorbildliche Verhalten des Paulus hervorheben: Er nutzte das Chaos des Schiffbruchs gerade *nicht* für einen Fluchtversuch. Stattdessen rettete er das Leben aller Passagiere an Bord, einschließlich seiner römischen Bewacher, die dafür verantwortlich waren, ihn wohlbehalten am römischen Gerichtshof abzuliefern. Ich kann mir sehr gut vorstellen, wie der Strafverteidiger nach seinem Bericht über diese heldenhafte und patriotische Tat des Paulus sein Plädoyer mit folgenden Worten beendete: „Damit schließe ich die Beweisführung ab, Euer Ehren!"

ERREICHTEN LUKAS' BERICHTE IHR ZIEL?

Alles deutet darauf hin, dass Paulus bei seinem ersten Prozess in Rom freigesprochen wurde. Die Briefe, die er an Timotheus und Titus schrieb, beinhalten Details, die nicht zu seinem Leben vor diesen Ereignissen passen. Daher ist anzunehmen, dass er aus der Haft entlassen wurde. Es gibt sogar glaubhafte Überlieferungen, dass er seinen Plan umsetzen konnte, bis nach Spanien zu gelangen. Einige der ersten spanischen Gemeinden behaupten, dass Paulus ihr Gründer gewesen sei.

Wir können es nicht beweisen, aber die Überlieferung spricht dafür, dass Paulus nach seinem ersten Gerichtsverfahren auf freien Fuß gesetzt wurde. Allerdings verhaftete man ihn später erneut – und schließlich wurde er geköpft. Trotz dieses endgültigen Ausgangs scheinen die Bemühungen des Lukas nicht vergeblich gewesen zu ein: Wenn er mit den beiden Büchern beabsichtigte, das Leben des Paulus im ersten Prozess zu retten, um ihn für weitere Dienste freizusetzen, dann war er erfolgreich.

FAZIT

Wir haben uns bisher auf den Einsatz konzentriert, den Lukas für Paulus erbrachte. Klar ist allerdings auch, dass das Verfahren Auswirkungen auf die weltweite Christenheit hatte. Nicht nur Paulus, sondern das *Christentum* an sich stand vor Gericht: Was in Rom geschah, würde sich überall verbreiten, daher handelte es sich um einen wichtigen Musterprozess.

Die beiden Bücher des Lukas hätte man auch *„Die Geschichte des Christentums, Band I und II"* nennen können. Sie enthalten einen hervorragend geschriebenen Bericht, der einen Zeitabschnitt von 33 Jahren abdeckt. Er beginnt mit dem öffentlichen Auftreten Jesu und endet mit der Gefangennahme des Paulus bzw. mit seinem Hausarrest in Rom. Dieser Bericht enthält zahlreiche einzigartige Informationen, die sowohl die damaligen als auch die heutigen Leser genau darüber informieren, was damals geschehen war und wie sie darauf reagieren sollten.

Lukas war sich zweifellos der Tatsache bewusst, dass sein Werk auch eine **breitere Leserschaft** interessieren würde. Denn die römische Bevölkerung bemerkte zunehmend, mit welch atemberaubender Geschwindigkeit sich das Christentum ausbreitete. Bald würde man es nicht mehr als eine Sekte des Judentums ansehen, sondern als einen sich ausbreitenden, weltumspannenden und internationalen Glauben. Die christliche Religion bestimmte in der Stadt Rom immer mehr die Schlagzeilen. Insofern war das Werk des Lukas nicht nur ein Schriftsatz für den Strafverteidiger, sondern es wurde zu einem **Glaubensbekenntnis.** Als solches lieferte es einen unverzichtbaren Beitrag zur Missionierung der Nichtjuden.

Das Lukasevangelium ist daher einzigartig. In seiner Einleitung teilt Lukas Theophilus mit, dass schon viele andere Berichte über die Geschehnisse verfasst hätten. Er kannte mit Sicherheit das Markusevangelium, vielleicht auch die Schriften des Matthäus und möglicherweise noch andere Aufzeichnungen. Sein Evangelium jedoch beruht auf **weitreichenden, eigenständigen Nachforschungen**, einschließlich Interviews und Augenzeugenberichten im Kontext der römischen Lebenswelt. Lukas gibt uns zunächst einen Gesamtüberblick, um sich dann auf Einzelpersonen zu konzentrieren. Trotz der Tatsache, dass Lukas selbst kein Apostel war, gab es niemals irgendwelche Zweifel daran, dass Lukas und die Apostelgeschichte in den „Kanon" (Liste der kirchlich für verbindlich erklärten Schriften) des Neuen Testaments aufgenommen werden sollten. Das zeigt sehr deutlich, wie sehr die Urgemeinde sein herausragendes Werk schätzte: Sowohl sein Inhalt als auch seine Autorität galten als „apostolisch", wenn nicht gar der Autor selbst.

40.
DAS LUKASEVANGELIUM

Einleitung

Das Lukasevangelium ist das beliebteste, aber gleichzeitig auch das unbekannteste der vier Evangelien. Das mag zunächst überraschend erscheinen, denn die meisten Leser kennen die Abschnitte sehr gut, die Lukas so **unverwechselbar** machen: Das Gleichnis vom barmherzigen Samariter ist eine sehr populäre Geschichte, wobei der Begriff „Samaritertum" im Deutschen zu einem Synonym für barmherziges Helfen geworden ist. Auch der Ausdruck „der verlorene Sohn" ist vielen geläufig. Die Begegnungen Jesu mit Zachäus, mit Maria und Martha, dem sterbenden Verbrecher am Kreuz und den Emmaus-Jüngern – diese Begebenheiten sind uns ebenfalls sehr vertraut.

Dort allerdings, wo sich die Inhalte des Lukas mit denen der anderen Evangelien überschneiden, kennen wir die Berichte der übrigen drei oft besser. Was ist beispielsweise mit der Bezeichnung der Jünger als „Salz der Erde" bei Matthäus und Lukas gemeint? Die meisten Leser gehen davon aus, dass sich diese Bezeichnung auf die Taten der Gläubigen bezieht, die in der Gesellschaft wie ein Würz- und Konservierungsmittel wirken sollten. Dabei leiten sie die Bedeutung des Salzes von seinem Gebrauch bei der Speisezubereitung ab. Lukas versorgt uns jedoch mit weiteren Details. Er erklärt Folgendes: Wenn das Salz seine Salzkraft verloren hat, kann man es weder für den Acker noch für den Misthaufen verwenden. Das legt den Schluss nahe, dass es bei dieser Metapher nicht um die Küche, sondern um die Landwirtschaft geht. Salz kam aus dem Toten Meer. Es enthielt viel Pottasche (Kaliumkarbonat) und andere Mineralien. Man nutzte es als Düngemittel in der Landwirtschaft und zur Desinfizierung menschlicher Exkremente. Es bewirkte also, dass Gutes wuchs und Schlechtes sich nicht ausbreiten konnte. Die Jünger, erklärte Jesus, sollten dieselbe Wirkung auf ihr Umfeld haben. Die meisten Leser übersehen diese zusätzlichen Details, die Lukas uns liefert und interpretieren den Begriff „Salz der Erde" bei Matthäus nach ihrer eigenen Vorstellung.

Ein weiteres Beispiel dafür, dass wir Lukas vernachlässigen, finden wir in dem Ausspruch: „Denn wenn man dies mit dem grünen Holz tut, was wird dann mit dem dürren geschehen?" (Lukas 23,31; SLT). Bei meinen Predigtdiensten habe ich meine Zuhörer oft mit der Testfrage überlistet, ob dieser Ausspruch wohl aus dem Alten Testament, dem Neuen Testament oder von William Shakespeare stammen würde? Meistens bekam ich die falsche Antwort. Tatsächlich sprach Jesus diese Worte aus, als er sein Kreuz nach Golgatha trug. Als einziger hielt Lukas diesen Ausspruch fest, den offensichtlich nur wenige gelesen haben.

EINZIGARTIGE ELEMENTE DES LUKASEVANGELIUMS

Der Aufbau des Lukasevangeliums entspricht dem des Markusevangeliums. Der Höhepunkt wird in Cäsarea Philippi erreicht. Danach wendet sich Jesus in Richtung Jerusalem. Man kann das Evangelium aber auch in folgende fünf Abschnitte einteilen:

1,1 – 4,13	Die ersten 30 Jahre des Privatlebens Jesu
4,14 – 9,50	Dienst in Galiläa
9,51 – 19,44	Reise nach Jerusalem mit massiver Ausweitung der Lehrtätigkeit

DER DREH- UND ANGELPUNKT DER GESCHICHTE

19,45 – 23,56 Die letzten Tage Jesu in Jerusalem
(Dieser Teil unterscheidet sich deutlich von der Herangehensweise des Markus.)
24 Auferstehung und Himmelfahrt

Wir wollen nun jene Abschnitte betrachten, die nur bei Lukas vorkommen.

Geburtsgeschichte
Die Geburtsgeschichte wird aus **Marias Blickwinkel** erzählt, im Gegensatz zum Matthäusevangelium, das sich auf Josef konzentriert. Dieser unterschiedliche Fokus verleiht der Erzählung eine völlig andere Atmosphäre. Lukas ist nichts Menschliches fremd, daher erwähnt er vertrauliche Details der Empfängnis und der Geburt. Sogar die Windeln, in die Jesus gewickelt wurde, kommen vor. Genau wie Matthäus dokumentiert Lukas den Familienstammbaum Jesu. Allerdings geht er dabei von Marias Familie aus. Ihre Ahnentafel reicht auch viel weiter zurück, bis zu Adam. Rein rechtlich gesehen stammt Jesus durch Josef von König David ab. Seine Blutsverwandtschaft hingegen gründet sich auf Maria, die ebenfalls eine Nachfahrin König Davids ist. Somit gehört Jesus in doppelter Hinsicht zur Königsfamilie.

Die Geburtsgeschichte des Lukas gibt uns einen indirekten Hinweis auf den **Monat der Geburt Jesu.** Wir erfahren, dass Zacharias zur priesterlichen Sippe Abijas gehörte. Aus 1. Chronik wissen wir, in welchem Monat seine Sippe im Tempel Dienst tat: Im Jahreszyklus war ihre Gruppe die achte von 24. Daher nahm Zacharias im vierten Monat des jüdischen Kalenders dort seine priesterlichen Aufgaben wahr. Wir wissen auch, dass Elisabeth zu dieser Zeit schwanger wurde, sechs Monate vor Maria. Wir können also ausrechnen, dass Jesus 15 Monate später geboren wurde, nämlich im siebten Monat des darauffolgenden Jahres zur Zeit des Laubhüttenfestes (Ende September oder Anfang Oktober nach unserer Zeitrechnung). An diesem Fest erwarten die Juden die Ankunft des Messias – bis heute.

Kindheitsgeschichte
Lukas erzählt die einzige Geschichte aus den ersten 30 Lebensjahren Jesu. Mit 12 Jahren beging Jesus seine Bar Mitzwa, was übersetzt „Sohn der Pflicht" bedeutet, den Eintritt in die Religionsmündigkeit. Hat ein jüdischer Junge dieses Alter erreicht, ist er für sein Verhalten selbst verantwortlich. Bis zum Alter von 12 Jahren werden die Eltern bestraft, wenn der Junge etwas anstellt. Danach ist er eigenverantwortlich, auch für die Einhaltung der Gebote Gottes. In der Synagoge liest er zu diesem Anlass einen Abschnitt aus dem Gesetz des Mose vor. Ab diesem Zeitpunkt gilt er als Mann und wird Teilhaber im Geschäft seines Vaters, in dem jeweiligen Beruf, den sein Vater ausübt.

Das erklärt auch den **Vorfall, der sich ereignete, als Jesus mit Maria und Josef Jerusalem besuchte**. Damals gingen die Frauen voraus, wanderten rund 25 Kilometer pro Tag und bauten die Zelte auf. Sie kochten und bereiteten alles für die Ankunft der Männer vor. Kinder unter 12 Jahren reisten mit den Müttern. Kinder über 12 Jahren waren bei ihren Vätern. Wahrscheinlich begleitete Jesus Maria nach Jerusalem, wie er es schon immer getan hatte. Weil er jedoch schon 12 Jahr alt war, wäre er üblicherweise mit Josef zurückgekehrt. Daher dachte jeder Elternteil, Jesus sei beim jeweils anderen.

Das erklärt auch die Antwort, die Jesus Maria gab, als sie ihn im Tempel fanden: „Wusstet ihr nicht, dass ich im Haus (oder Geschäft) meines Vaters sein muss?" (Lukas 2,49; NeÜ; Ergänzung in Klammern durch den Verfasser). Dies sind die ersten überlieferten Worte Jesu. Das Erstaunlichste daran ist, dass er danach mit ihnen zurück nach Nazareth ging und sich seinen Eltern unterordnete. Diese Geschichte zeigt, dass Jesus schon im Alter von 12 Jahren wusste, wer er wirklich war. Offensichtlich hatte ihm Maria das niemals gesagt. (Sie bezeichnete Josef als „deinen Vater".)

Taufe

Auch bei der Taufe Jesu ergänzt Lukas einzigartige Details. Er beschreibt, wie Jesus nach seiner Taufe **den Heiligen Geist empfing**, und zwar **als Folge seines Gebets**. Matthäus und Markus berichten, dass der Heilige Geist auf ihn kam, als er aus dem Wasser stieg. Doch nur Lukas erwähnt sein Gebet: „Es geschah aber, als ... Jesus getauft wurde und betete, da tat sich der Himmel auf, und der Heilige Geist stieg in leiblicher Gestalt wie eine Taube auf ihn herab" (Lukas 2,21+22; SLT). Genau genommen erzählt uns Lukas mehr über die Geistestaufe als irgendein anderer Autor des Neuen Testaments. Das ist ein Thema, mit dem wir uns später noch ausführlicher beschäftigen werden (siehe Seite 117).

Die Lehren Jesu

EINZIGARTIGE LEHREINHEITEN

Lukas behandelt die Lehreinheiten Jesu ebenfalls anders als die übrigen Evangelisten: Aus der Bergpredigt des Matthäus wird bei ihm eine Flachlandpredigt und jede Seligpreisung kombiniert er mit einem „Weheruf". So heißt es beispielsweise: „Glückselig seid ihr, die ihr jetzt weint." Dem fügt er hinzu: „Wehe euch, die ihr jetzt lacht" (Lukas 6,21+25; ELB). Das bedeutet nicht, dass sich Matthäus und Lukas in irgendeiner Form widersprechen würden. Zweifellos hat Jesus diese Predigt mehr als einmal und in verschiedenen Variationen gehalten. Lukas überliefert uns einfach nur eine stark abgewandelte und kürzere Form.

EINZIGARTIGE GLEICHNISSE
Viele der Geschichten Jesu verdanken wir einzig und allein Lukas:
- Das Gleichnis vom barmherzigen Samariter
- Das Gleichnis vom verlorenen Sohn (oder vielmehr vom verschwenderischen Vater und seinen zwei verlorenen Söhnen, vgl. die Nacherzählung auf Seite 124-126)
- Das Gleichnis vom ungerechten Richter und der beharrlichen Witwe
- Das Gleichnis vom Pharisäer und vom Zöllner
- Das Gleichnis vom Freund, der um Mitternacht an die Tür des Nachbarn hämmert, um Brot für seinen unerwarteten Besuch zu bekommen
- Das Gleichnis vom unfruchtbaren Feigenbaum
- Das Gleichnis vom ungerechten Verwalter
- Das Gleichnis vom armen Lazarus und dem reichen Mann, der in der Hölle endet – das einzige Gleichnis, in dem ein Name genannt wird (Lazarus könnte sogar eine reale Person gewesen sein, vgl. die Nacherzählung auf Seite 129-130.)

EINZIGARTIGE EREIGNISSE
Zu den einzigartigen Ereignissen gehören:

- Der wunderbare Fischzug
- Die Aussendung „der Siebzig" (die manchmal auch als 72 bezeichnet werden)
- Die Himmelfahrt: Das Lukasevangelium ist das einzige, das einen Bericht über die Himmelfahrt enthält, abgesehen von einer kurzen Erwähnung im „längeren" Ende bei Markus. Lukas berichtet nochmals zu Beginn

der Apostelgeschichte über diesen Vorgang. Dadurch verbindet er beide Werke und hebt die Bedeutung dieses Ereignisses hervor.

Lukas schließt auch besondere Vorkommnisse mit **Menschen** ein, die ihn sehr interessierten:
- Die Prostituierte, die Jesu Füße im Haus eines Pharisäers salbte
- Die Frau, die inmitten einer großen Menschenmenge den Saum seines Gewandes berührte
- Das Gastmahl im Haus von Maria und Martha
- Der Zöllner auf dem Baum (Zachäus)
- Die Heilung des wassersüchtigen Mannes
- Die verkrüppelte Frau
- Die zehn Aussätzigen
- Die Gabe der armen Witwe
- Der sterbende Verbrecher am Kreuz
- Die zwei Jünger auf dem Weg nach Emmaus

Diese Geschichten unterstreichen, dass Lukas mehr als jeder andere Evangelist an Menschen interessiert war. Das ist bezeichnend für einen guten Hausarzt.

Interesse an bestimmten Menschengruppen
Es gibt mindestens sechs Menschengruppen, denen das besondere Interesse des Lukas galt:

1. SAMARITER
Die Samariter wurden **von den Juden als Ausgestoßene betrachtet**. Sie waren das Resultat von Mischehen zwischen Juden und Nichtjuden während der Zeit des Exils. Die Abneigung gegen sie war so groß, dass Juden, die zwischen Judäa und Galiläa unterwegs waren, lieber einen Umweg östlich des Jordan in Kauf nahmen, als durch Samaria zu reisen.

Nur Lukas berichtet uns, dass der eine Aussätzige, der zurückkehrte, um sich zu bedanken, ein Samariter war. Die anderen neun waren Juden. Sie nahmen die Segnung der Heilung als selbstverständlich hin.

Weil sich die Samariter Jesus gegenüber unhöflich verhielten, wollten Jakobus und Johannes „Feuer vom Himmel" auf sie herabregnen lassen. Das erfahren wir von Lukas. An diese Begebenheit knüpft er in der Apostelgeschichte an. Dort berichtet er, dass Johannes später mit Petrus nach Samaria zurückkehrte, um zu beten, dass die Samariter das Feuer des Heiligen Geistes empfingen!

Lukas erzählt natürlich auch die Geschichte vom „barmherzigen Samariter". Dabei war „barmherzig" kein Wort, das man normalerweise für angebracht hielt, um einen Samariter zu beschreiben. Er macht sich den Überraschungseffekt, den dieses Gleichnis auf die jüdischen Zuhörer ausübte, zunutze. Dass eine solche Person so fürsorglich sein könnte, versetzte sie in Erstaunen und offenbart gleichzeitig den Wunsch des Lukas, dass dieses Gleichnis Jesu nicht vergessen würde – als eine Ermutigung für die Samariter und zweifelsohne auch als ein Beitrag zur Versöhnung zwischen diesen beiden Völkern.

2. NICHTJUDEN

Da er selbst kein Jude war, spielen Nichtjuden bei Lukas natürlich eine wichtige Rolle. Er wertet sogar die Bezeichnung auf. Dass ihn dieses Thema beschäftigt, zeigt er schon sehr früh. Jesus werde **„ein Licht für die Nationen"** sein, erklärt der greise Simeon im Tempel.

Lukas berichtet davon, dass Jesus die Witwe von Sarepta sowie Naaman, den Syrer, in seiner Predigt in Nazareth erwähnte. Diese Andeutung, dass die Nichtjuden mehr Glauben hätten als das jüdische Volk, führte zum Versuch der Einheimischen, Jesus umzubringen.

Lukas erzählt uns auch von der Aussendung der Siebzig. Diese Zahl steht bei den Juden symbolisch für die Nationen, was man aus Genesis 10 ableiten kann. Von ihm erfahren wir zudem, dass Jesu östlich des Jordan in Peräa diente. Die anderen Evangelisten erwähnen zwar, dass Jesus aus dem Norden des Landes nach Jerusalem reiste. Doch sie unterschlagen die Werke, die er auf der Reise durch nichtjüdisches Gebiet vollbrachte.

3. AUSGESTOSSENE

Lukas hatte ein großes Interesse an allen Ausgestoßenen – eigentlich an **jedem, der von anderen verächtlich behandelt wurde**. Er berichtet über die Heilung der zehn Aussätzigen und über die Berufung des Zachäus, eines Zöllners. Diese Berufsgruppe war aus zwei Gründen verachtet: erstens, weil die Zöllner gemeinsame Sache mit den Römern machten, die ihnen die Zuständigkeit zur Steuereintreibung übertragen hatten; und zweites, weil ihr Lohn aus dem bestand, was sie sich zusätzlich zu den Steuern selbst aneignen konnten. Allerdings erfahren wir nicht nur, dass Jesus sich mit Zachäus, einem Vertreter dieses unbeliebten Berufsstandes, traf, sondern auch, dass seinem Haus an diesem Tag „Heil" widerfuhr.

Lukas berichtet zudem, dass die Hirten als Zeugen der Geburt Jesu diese gute Nachricht verbreiteten. Damals hatten Hirten den Ruf, unzuverlässige Parasiten der Gesellschaft zu sein, die von dem lebten, was sie anderen entwendeten. Deshalb wurde die Aussage eines Hirten vor Gericht grundsätzlich als unzulässig abgewiesen.

Es ist auch bemerkenswert, dass Lukas die Geschichte der Ex-Prostituierten mit aufnimmt, die Jesu Füße salbte. Ihre vorbildliche Reaktion auf seine Vergebung dient allen Selbstgerechten als Anschauungsbeispiel.

4. FRAUEN

Lukas zeigt ein besonderes Interesse an Frauen. Maria und Martha haben wir schon erwähnt. Darüber hinaus berichtet Lukas von der Frau, die den Saum des Gewandes Jesu berührte und dadurch geheilt wurde. Kein anderer Autor schenkt den Frauen Beachtung, die um Jesus weinten, als er das Kreuz trug. Des Weiteren zählt Lukas wohlhabende Frauen auf, die den Dienst Jesu finanziell unterstützten. In diesem Evangelium kommen **zehn Frauen vor, die nirgendwo anders erwähnt werden** und drei weitere in den Gleichnissen.

5. ARME MENSCHEN

Lukas scheint **zugunsten der Armen fast voreingenommen** zu sein. Er verzeichnet zum Beispiel die Worte Jesu: „Glückselig seid ihr Armen", und „Wehe euch, ihr Reichen". Matthäus hingegen dokumentiert nur den Ausspruch: „Glückselig sind die geistlich Armen", ohne die Reichen zu erwähnen. Im Lukasevangelium wird Armut als Segen betrachtet, während das Volk Israel im Gegensatz dazu Armut für ein Zeichen der Missgunst Gottes hielt. Lukas berichtet, dass Maria und Josef als Schlachtopfer für die Geburt Jesu zwei Tauben in den Tempel brachten. Es war das preiswerteste Opfer, das nach dem levitischen Gesetz erlaubt war. Der Evangelist erwähnt noch weitere Aussprüche Jesu, die Aspekte seiner Lehre zum Thema Armut widerspiegeln:

- „Gib aber jedem, der dich bittet; und von dem, der dir das Deine nimmt, fordere es nicht zurück" (Lukas 6,30; SLT).
- Jesus sagte zu seinem Gastgeber: „Wenn du ein Mittag- oder ein Abendessen machst, so lade nicht deine Freunde ein noch deine Brüder noch deine Verwandten noch reiche Nachbarn, damit nicht etwa auch sie dich wieder einladen und dir Vergeltung zuteilwerde. Sondern wenn

du ein Mahl machst, so lade Arme, Krüppel, Lahme, Blinde ein! Und glückselig wirst du sein, weil sie nichts haben, um dir zu vergelten; denn es wird dir vergolten werden bei der Auferstehung der Gerechten" (Lukas 14,12–14; ELB).
- Im Gleichnis vom großen Festmahl: „Geh schnell hinaus auf die Gassen und Plätze der Stadt und führe die Armen und Krüppel und Lahmen und Blinden herein!" (Lukas 14,21; SLT)
- Im Gleichnis von Lazarus und dem reichen Mann: „Es geschah aber, dass der Arme starb und von den Engeln in Abrahams Schoß getragen wurde. Es starb aber auch der Reiche und wurde begraben. Und als er im Totenreich seine Augen erhob, da er Qualen litt, sieht er den Abraham von ferne und Lazarus in seinem Schoß..." (Lukas 16,22+23).

6. SÜNDER

Die letzte Kategorie Menschen, an denen Lukas ein besonderes Interesse zeigt, überrascht uns vielleicht. Aber ist Jesus nicht gerade gekommen, um die Sünder zu retten? „Sünder" war in jenen Tagen eine spezielle Bezeichnung für Juden, die **den Versuch aufgegeben hatten, das Gesetz des Mose zu halten.** Im mosaischen Gesetz gab es 613 Ge- und Verbote. Diese einzuhalten war schon schwer genug. Allerdings hatten die religiösen Anführer sogar noch weitere hinzugefügt. Daraufhin hatte ein Großteil der Bevölkerung einfach aufgegeben. Lukas überliefert Geschichten und Ereignisse, die hervorheben, dass dies genau die Leute waren, die Jesus erreichen wollte. Er unterstreicht, dass die Pharisäer Jesus hassten, weil er Umgang mit Menschen hatte, die das Gesetz nicht einhielten. Wie konnte er Gott nahestehen und gleichzeitig so enge Beziehungen zu „Sündern" pflegen?

Lukas hat ein sehr **menschenfreundliches Evangelium** geschrieben. Was für Jesus galt, galt auch für ihn: Menschen waren ihm sehr wichtig. Er sorgte sich um diejenigen, die sich nicht selbst helfen *konnten* und denen andere nicht helfen *wollten*. Er liebte das griechische Wort *splanchnizomai*, was übersetzt „Barmherzigkeit" bedeutet. Er zeigte Jesus als einen Mann, dem es nicht um seine eigene Macht oder sein eigenes Ansehen ging, sondern darum, dass die Hilflosen von Gott berührt würden. Eine Aussage am Ende der Zachäus-Geschichte bringt es auf den Punkt: „... denn der Sohn des Menschen ist gekommen, zu suchen und zu retten, was verloren ist" (Lukas 19,10; ELB). Ebenfalls bei Lukas lesen wir: „Und die ganze Volksmenge suchte ihn anzurühren, denn Kraft ging von ihm aus und heilte alle" (Lukas 6,19; ELB).

Weitere Schwerpunkte bei Lukas

1. ENGEL
Lukas zeigt eine Vorliebe für Engel, besonders zu Beginn seiner Erzählung. Himmlische Wesen kündigen Elisabeth die Geburt des Johannes an, sagen Zacharias, wie er seinen Sohn nennen soll und informieren Maria über die Geburt Jesu. Später berichtet Lukas, dass ein Engel Jesus im Garten Gethsemane diente: „Da erschien ihm ein Engel vom Himmel und stärkte ihn" (Lukas 22,43; SLT).

Es heißt, dass Menschen in medizinischen Berufen dem Übernatürlichen äußerst skeptisch gegenüberstünden. Allerdings hat Lukas als Arzt und gewissenhafter Historiker keinerlei Probleme damit, Engel in seinem Bericht zu erwähnen. Ganz im Gegenteil: Er ist sogar erpicht darauf, ihre **wichtige Rolle** zu betonen.

2. DER HEILIGE GEIST

Das Lukasevangelium wird auch das **„charismatische Evangelium"** genannt. Wir finden bei Lukas mehr Informationen über den Heiligen Geist als bei Matthäus und Markus zusammengenommen.

- Lukas berichtet, dass der Heilige Geist für die Empfängnis Jesu verantwortlich war: „Der Heilige Geist wird über dich kommen, und die Kraft des Höchsten wird dich überschatten" (Lukas 1,35; ELB).
- Sowohl von Elisabeth als auch von Zacharias wird gesagt, dass sie mit dem Heiligen Geist erfüllt waren. Der Engel prophezeite, dass Johannes der Täufer im Mutterleib mit dem Heiligen Geist erfüllt werden würde.
- Das alttestamentliche Konzept der Salbung des Heiligen Geistes kann man auch an Hanna und Simeon erkennen. Der Heilige Geist inspirierte Simeon dazu, Jesus als kleines Baby im Tempel aufzusuchen. Hanna wird als Prophetin beschrieben.
- Der Heilige Geist kam auf Jesus, als er getauft wurde. Dann heißt es weiter: „Jesus aber, voll Heiligen Geistes, kehrte vom Jordan zurück und wurde durch den Geist in der Wüste ... umhergeführt" (Lukas 4,1; ELB).
- Nach der Zeit der Versuchung in der Wüste kam Jesus „in der Kraft des Geistes nach Galiläa zurück ..." (Lukas 4,14; ELB).
- Lukas überliefert, was Jesus über das Gebet um den Heiligen Geist lehrte: „... wie viel mehr wird der Vater im Himmel den Heiligen Geist denen geben, die ihn bitten!" (Lukas 11,13; SLT)

Das Evangelium endet damit, dass Jesus seinen Jüngern sagt, sie sollten in Jerusalem warten, bis sie „mit Kraft aus der Höhe angetan" würden. Das große Interesse des Lukas am Heiligen Geist setzt sich auch in seinem zweiten Buch fort. Die Apostelgeschichte erwähnt den Heiligen Geist sogar noch häufiger.

3. GEBET
a.) Das Gebetsleben Jesu
Lukas berichtet weit mehr als jeder andere Evangelist über die Gebete Jesu. Wie bereits erwähnt, empfing Jesus bei seiner Taufe den Heiligen Geist, nachdem er gebetet hatte. Es war sein erstes überliefertes Gebet. Sein letztes Gebet sprach er, als er am Kreuz hing: „Vater, in deine Hände befehle ich meinen Geist."

Zwischen diesen beiden Äußerungen dokumentiert Lukas neun weitere Gebete. Sieben von ihnen kommen nur im Lukasevangelium vor. Es scheint, dass Jesus **ständig zu seinem Vater betete,** um Wegweisung zu erhalten.

b.) Das Gebetsleben seiner Nachfolger
Lukas will auch, dass wir verstehen, **wie wichtig das Gebet für jeden Jünger ist.** Besonders Kapitel 11 enthält ausführliche Informationen zu diesem Thema. Zusätzliche Ermutigung gibt uns das Gleichnis von der beharrlichen Witwe: Gott ist willens, unsere Gebete zu erhören. Das darauffolgende Gleichnis, das einen Zöllner mit einem Pharisäer kontrastiert, fordert uns zur Demut im Gebet auf. Für die Nachfolger Jesu ist das Gebet nicht weniger wichtig, als es für Jesus selbst war.

4. FREUDE
Im Lukasevangelium finden wir **mehr Wörter, die von der Wortwurzel für „Freude" abgeleitet sind, als in jedem anderen neutestamentlichen Buch.** Lukas ist zum Beispiel der einzige Autor, der das Wort für Gelächter verwendet. Er überliefert uns auch die Freude im Himmel über jeden Sünder, der sich bekehrt. Und bei einer

Begebenheit „freute sich Jesus im Heiligen Geist" (Lukas 10,21; LUT).

Dieses Thema ist eng mit Lobpreis und Anbetung verbunden. Die Erzählung von der Geburt Jesu beginnt mit dem Lobpreis der Engel, „Ehre sei Gott in der Höhe", und endet im Tempel mit Leuten, die „Gott preisen". Lukas **hebt seine Leser immer wieder in den Himmel hinauf.** Einige der schönsten Loblieder sind bei Lukas zu finden, z. B. das „Magnifikat" (Lobpreis der Maria) und das „Nunc Dimittis" (Lobgesang des Simeon).

5. DAS GLOBALE EVANGELIUM

Lukas ist das globale Evangelium, das Jesus als **den Retter der ganzen Welt zeigt.** Dieses Thema durchzieht das gesamte Buch. Als nichtjüdischer Autor verdeutlicht Lukas seinen überwiegend nichtjüdischen Lesern, dass diese gute Nachricht auch ihnen gilt.

- Dazu nutzt er zunächst den Stammbaum Jesu. Er hebt dabei nicht die jüdischen Wurzeln des Messias hervor, wie Matthäus es tut. Stattdessen geht er bis auf Adam zurück und unterstreicht dadurch die Menschlichkeit Jesu sowie die Tatsache, dass sich das Evangelium an alle richtet: Gott war schon immer an allen Völkern interessiert.
- Bereits ganz am Anfang seines Berichts singen die Engel Folgendes: „Friede auf Erden bei den Menschen seines Wohlgefallens."
- Lukas zitiert Jesaja und lässt uns wissen, dass alles Fleisch das Heil Gottes sehen werde.
- Die Siebzig sind nicht zu den „verlorenen Schafen Israels" ausgesandt, wie die Zwölf bei Matthäus, sondern „in jede Stadt und jeden Ort".
- Wir lesen auch, dass „Menschen von Osten und Westen,

von Norden und Süden" kommen werden, um im Reich Gottes zu Tisch zu sitzen.
- Am Ende des Evangeliums sagt Jesus voraus, dass in seinem Namen unter allen Völkern Buße und Vergebung der Sünden verkündigt werden sollen.

Lukas dokumentiert also sorgfältig, dass es sich um einen Glauben mit starken jüdischen Wurzeln handelt, der in einem jüdischen Kontext entstanden ist und seinen Höhepunkt in Jerusalem erreicht. Nun allerdings ist die Zeit reif für die Apostelgeschichte, die berichtet, dass sich dieser Glaube im gesamten Römischen Reich ausbreitet und sogar bis nach Rom selbst vordringt. Als solches ist der Bericht des Lukas daher das Evangelium mit den wenigsten jüdischen Bezügen. Das ist auch nicht überraschend, wenn man bedenkt, dass Lukas die Nichtjuden von der Wahrhaftigkeit seiner Aufzeichnungen überzeugen wollte.

HILFREICHE PERSPEKTIVEN BEIM LESEN DES DAS LUKASEVANGELIUMS

Ein menschliches Evangelium
Dieses Evangelium richtet sich an **Menschen, die in der Sünde gefangen sind.** Jesus ist der Retter. Nur im Lukasevangelium wird das Wort „Rettung" als Hauptwort gebraucht. Lukas' Absicht ist es, dass seine Leser von der Rettung durch Christus erfahren. Sie zeigt sich in den historischen Ereignissen, über die er berichtet. Das Verb „retten" wird hier öfter verwendet als in jedem anderen Buch des Neuen Testaments.

Lukas vermittelt uns, dass „heute" der Tag der Rettung ist (diese Aussage kommt elfmal vor, verglichen mit achtmal bei Matthäus und einmal bei Markus) und dass diese Rettung „jetzt" gekommen ist (14 Mal, verglichen mit viermal bei Matthäus und dreimal bei Markus). Er betont, dass Gnade, Vergebung und Versöhnung hier und jetzt zu haben sind. Diese Rettung kommt durch das Kreuz Christi, das für Jesus eine Art zweite Taufe darstellte. Genauso, wie die Juden aus der Gefangenschaft in Ägypten befreit wurden, verschaffte das Kreuz seinem Volk einen neuen „Exodus" (Auszug). Daher ist es ein rettendes Evangelium. Lukas will, dass seine Leser das Heil in Jesus finden.

Ein fröhliches Evangelium
Die Themen **Lobpreis und Freude tauchen immer wieder auf.** In diesem Evangelium wird Gelächter erwähnt. Es enthält mehr Worte, die mit Freude zu tun haben, als jedes andere Werk der Evangelisten. Die beliebten Gleichnisse in Kapitel 15 zeigen uns die Freude derer, die etwas Verlorenes wiedergefunden haben. Genauso herrscht Freude im Himmel über jeden Sünder, der umkehrt. Die Jünger reagieren mit Freude auf den auferstandenen Herrn, und das Evangelium endet mit Lobpreis. Insofern ist es attraktiv und „benutzerfreundlich", ein ideales Evangelium für einen Außenstehenden, der mehr über Jesus erfahren möchte.

Ein himmlisches Evangelium
Lukas hält den **Blick auf den Himmel gerichtet.** Er hebt die übernatürliche Geburt Jesu hervor, die Beteiligung des Heiligen Geistes und die Wichtigkeit des Gebets. Wer das Evangelium liest, soll in den Himmel kommen, ungeachtet seiner Herkunft. Die Worte Jesu im Gleichnis vom großen Gastmahl fassen seine Bemühungen zusammen: „Geh hinaus an die Landstraßen und Zäune und nötige sie, herein zu kommen, damit mein Haus voll werde" (Lukas 14,23; SLT). Lukas weiß, dass Gott beabsichtigt, Menschen aus allen Nationen Zugang zum Himmel zu verschaffen, denn Jesus ist tatsächlich der Retter der ganzen Welt.

Ein sehr lesenswertes Evangelium

Lukas besaß die Fähigkeit, die einzelnen Elemente seines Berichts kunstvoll zusammenzusetzen. Oft nennen wir beispielsweise die Geschichte in Lukas 15 das „Gleichnis vom verlorenen Sohn". Das geschieht jedoch nur, weil wir Lukas' **Fähigkeiten als Autor** nicht wahrnehmen und übersehen, dass diese Geschichte innerhalb des Evangeliums in einem besonderen Kontext steht. Eigentlich ist es das Gleichnis vom verlorenen oder verschwenderischen *Vater*, der sein Geld dadurch verschleuderte, dass er es seinen beiden Söhnen gab. Liest man die Kapitel 15 und 16 an einem Stück, erkennt man, wie die Themen ineinandergreifen. Lukas hat sie sorgfältig zusammengefügt und dadurch ein sehr lesenswertes Evangelium geschaffen.

Kapitel 15 beginnt mit Zöllnern und Sündern, die in einem Haus mit Jesus gemeinsam essen, während die Pharisäer und Schriftgelehrten draußen stehen und murren. Der Fortgang des Geschehens in den Kapiteln 15 und 16 ergibt sich aus dieser Situation und erklärt sie: Jesus erzählt die Geschichte vom verlorenen Schaf. Es ist weit von zu Hause weg und weiß das auch. Dann spricht er von einer Münze, die zu Hause verloren geht. Sie hat keinerlei Bewusstsein ihres verlorenen Zustandes. Die eine Geschichte soll Männer ansprechen, die andere Frauen. Beide haben jedoch gemeinsam, dass etwas verloren ging.

Dann geht es weiter mit der Hauptgeschichte der beiden verlorenen Söhne. Dabei liegt das Augenmerk nicht auf dem jüngeren, sondern auf dem älteren Sohn. Er ist „verlorener" als der jüngere, weiß es jedoch nicht. Der jüngere Sohn gleicht dem verlorenen Schaf: Es hat seine Orientierung verloren, ist weit weg von Zuhause und weiß es ganz genau. Der ältere Sohn ist wie die verlorene Münze. Er ist daheim verloren gegangen und merkt es nicht einmal.

Doch es gibt noch weitere Parallelen: In Kapitel 16

werden uns erneut zwei Charaktere vorgestellt, die den beiden Söhnen des vorhergehenden Kapitels entsprechen. Das erste Gleichnis handelt verblüffender Weise von einem Gauner, den Jesus für seine Unehrlichkeit sogar noch lobt. Interessant ist hier, dass Jesus für den jüngeren Sohn und den ungerechten Verwalter genau dasselbe Verb verwendet. Beide *verschwenden* Vermögen: der jüngere Sohn sein eigenes, der ungerechte Verwalter das seines Herrn. Es geht also um dasselbe Wort und dieselbe Charaktereigenschaft. Genauso findet der ältere Sohn seine Entsprechung im reichen Mann in der zweiten Geschichte: Er behauptet, alles richtig gemacht zu haben. „Niemals habe ich ein Gebot von dir übertreten", erklärt er (Lukas 15,29; ELB). Auch dem reichen Mann wird keine Sünde, keine List und kein Verbrechen vorgeworfen; und dennoch endet er in der Hölle: wegen seiner Gleichgültigkeit anderen gegenüber, seiner Zufriedenheit mit sich selbst und seiner Unabhängigkeit von Gott.

Diese Gleichnisse werden also von einem **gemeinsamen Thema** durchzogen, das Lukas sorgfältig darstellt. Leider hat unsere Kapitel- und Verszählung das getrennt, was Lukas so meisterhaft und absichtlich miteinander verbunden hat. Die folgende Nacherzählung dieser Geschichten Jesu soll dazu dienen, das gemeinsame Thema des Lukas wieder hervorzuheben.

NACHERZÄHLTE GLEICHNISSE
Zwei Männer und ihr Geld (Lukas 15–16)
Einige Zeit später versammelten sich die geistlich Ausgestoßenen um Jesus, weil sie hören wollten, was er zu sagen hatte. Einige von ihnen waren einfach nur ungläubig, andere absolut unmoralisch. Doch die Pharisäer und Rechtsgelehrten kritisierten Jesus dafür, dass er sich mit diesen Menschen abgab und zogen über ihn her: „Dieser Typ

scheint den Umgang mit denen, die nicht einmal *versuchen*, Gottes Gebote zu halten, auch noch zu genießen. Er isst sogar mit ihnen!" Daraufhin verteidigte Jesus sein Verhalten dadurch, dass er ihnen eine Geschichte erzählte.

„Wer von euch Männern, der eine Herde von 100 Schafen besitzt und eines davon verliert, würde die 99 nicht auf offenem Feld zurücklassen, um das eine überall zu suchen, bis er es wiedergefunden hat?", fragte er. „Und wenn er es wiedergefunden hat, ist er so glücklich, dass es ihm überhaupt nichts ausmacht, es den ganzen Weg auf seinen Schultern zurückzutragen. Zuhause angekommen lädt er alle seine Freunde und Nachbarn ein: ‚Kommt und feiert mit mir. Ich habe mein Schaf, das ich verloren hatte, wiedergefunden!' Ich sage euch, im Himmel ist es genauso. Dort herrscht mehr Begeisterung über einen einzigen Sünder, der von seinem Irrweg umkehrt, als über 99 angesehene Bürger, die noch nie einen falschen Schritt getan haben!

Oder die Frau, die eine wertvolle Halskette mit 10 Silbermünzen besaß und eine von ihnen verlor. Würde sie nicht eine Lampe und einen Besen holen und jede Spalte und Ritze durchsuchen, bis sie sie wiedergefunden hätte? Und wenn sie die Münze gefunden hat, ist sie so glücklich, dass sie alle ihre Freundinnen und Nachbarinnen einlädt: ‚Kommt und feiert mit mir. Ich habe gerade die Münze, die ich verloren hatte, wiedergefunden!' Ich sage euch, bei den Engeln Gottes ist es genauso. Sie feiern auch jedes Mal, wenn nur ein einziger Sünder Buße tut."

Dann erzählte Jesus folgende Geschichte: „Es war einmal ein Mann, der zwei Söhne hatte. Der jüngere kam zu seinem Vater und forderte: ‚Papa, ich will meinen Geschäftsanteil jetzt haben, bevor du stirbst.' Also teilte der Vater sein Vermögen zwischen den beiden Brüdern auf. Kurz darauf machte der jüngere Sohn seinen Besitz zu Geld und zog ins Ausland. Dort verprasste er sein Vermögen mit einem extravaganten Lebensstil. Gerade als er sein ganzes Geld ausgegeben hatte, wurde das Land von einer schweren Missernte heimgesucht, die zu einer massiven Nahrungsmittelknappheit führte. Die Preise schnellten in die Höhe, und schon bald spürte er die Not am eigenen Leib. Um zu überleben, lungerte er bei einem örtlichen Bauern herum, der ihm erlaubte, die Schweine zu füttern. Oft sehnte er sich danach, seinen Bauch aus deren Trog zu füllen. Aber keiner dachte auch nur im Traum daran, ihm etwas anzubieten.

Als er endlich zur Besinnung kam, sagte er zu sich selbst: ‚Denk doch mal nach. Alle Angestellten auf dem Hof meines Vaters haben mehr als genug zu essen, während ich hier verhungere. Ich gehe besser zu meinem Vater zurück und sage ihm einfach: ‚Mir ist klar, dass ich dir und Gott gegenüber ein schreckliches Unrecht begangen habe. Ich verdiene es nicht mehr, dein Sohn zu sein. Aber wie wäre es, wenn du mich wie die anderen Arbeiter auf deinem Hof anstellst?'

Also machte er sich auf den Heimweg. Als er noch ein gutes Stück von zu Hause entfernt war, entdeckte ihn sein Vater schon von weitem. Zutiefst bewegt rannte er seinem Sohn entgegen, schlang seine Arme um seinen Hals und hörte nicht auf, ihn zu küssen. Der Sohn spulte seine vorbereitete Rede ab: ‚Papa, mir ist klar, dass ich mich Gott und dir gegenüber völlig danebenbenommen habe. Ich verdiene es einfach nicht mehr, dein Sohn zu sein ...'

Aber der Vater unterbrach ihn und wandte sich an seine Diener, die herbeigelaufen waren, um zu sehen, was da gerade passierte. ‚Bringt mir den besten Anzug und zieht ihn ordentlich an', befahl er ihnen. ‚Steckt ihm meinen Siegelring an und holt Schuhe für seine Füße. Und schlachtet das Kalb, das wir gemästet haben. Wir werden diesen Anlass mit einem großen Festmahl feiern. Mein Sohn war für mich wie tot, doch nun ist er wieder in mein Leben gekommen. Ich dachte, ich hätte ihn verloren, aber wir haben einander wiedergefunden!' So begann das große Festmahl.

Den ganzen Tag lang war der ältere Sohn auf den Feldern gewesen und hatte dort gearbeitet. Als er am Abend nach Hause kam, hörte er, dass gefeiert wurde. Die Leute sangen und tanzten zur Musik. Also rief er einen der Diener, die herumstanden, und fragte, was der Grund dafür sei. Aus dem Diener sprudelte es heraus: ‚Dein Bruder ist zurück und dein Vater hat das Kalb geschlachtet, das ihr gemästet habt, weil er gesund und wohlbehalten wieder da ist.'

Der ältere Bruder war wütend und weigerte sich, auch nur in die Nähe des Hauses zu kommen. Zum zweiten Mal rannte der Vater aus dem Haus, diesmal, um den älteren Sohn umzustimmen. Aber der explodierte förmlich vor Wut: ‚All die Jahre habe ich wie ein Sklave für dich gerackert! Nicht ein einziges Mal war ich deinen Befehlen ungehorsam oder habe gegen deine Wünsche verstoßen. Trotzdem hast du mir nie auch nur ein Zicklein zum Schlachten gegeben, sodass ich mich mit meinen Kumpels hätte vergnügen können. Doch sobald dieser dein Sohn hier auftaucht, der dein schwer verdientes Geld in Bordellen durchgebracht hat, schlachtest du das beste Tier auf dem Hof, nur, um ihn zu ehren.'

Der Vater aber antwortete sanft: ‚Mein lieber Junge, du bist die ganze Zeit hier an meiner Seite geblieben ist und du weißt, dass der übrige Besitz schon auf dich übertragen worden ist. Verstehst du denn nicht, dass wir jetzt einfach feiern müssen? Dein Bruder, der für uns so gut wie tot war, ist wieder zu uns zurückgekehrt. Ich dachte, wir hätten ihn für immer verloren. Aber wir haben ihn nun wiederbekommen.'"

Jesus fuhr fort und erzählte seinen Jüngern eine weitere

DER DREH- UND ANGELPUNKT DER GESCHICHTE

Geschichte: „Es war einmal ein reicher Mann, der einen Verwalter einstellte, der sich um seinen Besitz kümmern sollte. Doch man berichtete ihm, dass dieser Mann sein Geld veruntreute. Also rief er den Mann und konfrontierte ihn: ‚Was muss ich da über dich hören? Ich werde deine Buchführung sofort überprüfen lassen. Ich kann dich nicht länger als Manager behalten.'

Da dachte der Verwalter über seine Zukunftsperspektiven nach und sagte sich: ‚Was kann ich denn nur tun, um meinen Lebensunterhalt zu verdienen, nachdem mich der Boss gefeuert hat? Ich werde dafür sorgen, dass mir viele meiner ehemaligen Kunden aus der Patsche helfen, wenn ich arbeitslos bin.'

Er ließ also alle Kunden rufen, gegen die sein Arbeitgeber noch offene Forderungen hatte. Den Ersten fragte er: ‚Wie viel schuldest du meinem Boss?'

‚4000 Liter Öl', antwortete der.

Da sagte der Verwalter: ‚Hier ist der Originalvertrag. Setzt dich schnell hin und ändere die Zahl in 2000 Liter.' Später sagte er zu einem anderen: ‚Du da! Wie viel musst du laut Vertrag noch bezahlen?'

Er antwortete: ‚200 Sack Weizen.'

Also sagte der Verwalter: ‚Hier ist dein Vertrag. Du kannst die Zahl um 20 Prozent reduzieren.'

Als der Hausherr von diesen geänderten Verträgen hörte, konnte er nicht anders, als dem unehrlichen Verwalter zu seiner schnellen Reaktion und seinem schlauen Handeln zu gratulieren.

Leider ist es häufig so, dass Menschen, die für die Dinge *dieser* Welt leben, im Geschäftsleben über mehr Verstand verfügen, als diejenigen, die Einblick in die *jenseitige* Welt erhalten haben."

„Deshalb rate ich euch Folgendes", sagte Jesus: „Nutzt das schmutzige Geld dieser Welt, um dafür zu sorgen, dass ihr genug Freunde habt. Wenn ihr dann all euren Besitz zurücklassen müsst, werden sie euch mit offenen Armen im Himmel willkommen heißen.

Ein Mann, der in geringfügigen Angelegenheiten vertrauenswürdig ist, wird auch bei großen Geschäftsabschlüssen zuverlässig sein. Wer jedoch schon bei kleinen Beträgen schummelt, wird auch bei großen Geschäften genauso unehrlich vorgehen. Wenn man dir also nicht vertrauen kann, wenn es um eine vergängliche Sache wie Geld geht, wer wird dir dann zutrauen, dass du dich um Dinge von ewigem Wert kümmerst? Und wenn du unzuverlässig mit dem Vermögen anderer Menschen umgehst, wer wird dann jemals daran denken, dir Geld zu deiner eigenen Verfügung zu geben?

Kein Angestellter kann mit ungeteiltem Herzen für zwei Vorgesetzte gleichzeitig arbeiten. Er wird unweigerlich Vergleiche anstellen und den einen mehr mögen als den anderen; oder er wird dem einen treu ergeben sein, während er sich um die Angelegenheiten des anderen weniger kümmert. Deshalb kannst du dich nicht dem Geldverdienen verschreiben und gleichzeitig Gott dienen."

Einige Pharisäer hörten, wie Jesus dies seinen Jüngern erklärte. Weil sie gleichzeitig reich und religiös waren, spotteten sie über seine Aussagen. Jesus jedoch kannte ihre Gedanken und sagte zu ihnen: „Eure Kollegen könnt ihr vielleicht überzeugen. Aber Gott durchschaut euch! Menschen mögen beeindruckt sein, aber Gott widert es an.

Das Gesetz des Mose und die Anklagen der Propheten waren bis zur Ankunft Johannes des Täufers in Kraft. Seither ist die Herrschaft Gottes angebrochen und die Menschen ergreifen die Gelegenheit, unter dieser Herrschaft zu leben. Tatsächlich wäre es einfacher, den Planeten Erde und das Weltall verschwinden zu lassen, als ein Strichlein des göttlichen Gesetzes außer Kraft zu setzen.

DER DREH- UND ANGELPUNKT DER GESCHICHTE

Nur um euch ein Beispiel zu geben: Aus Gottes Sicht begeht jeder, der sich von seiner Frau scheiden lässt und eine anderen heiratet, Ehebruch. Und jeder, der eine geschiedene Frau heiratet, bricht ebenfalls die Ehe.

Es war einmal ein reicher Mann, der die teuersten Anzüge trug und an jedem Tag seines Lebens üppige Mahlzeiten genoss. In der Gosse vor der Hofeinfahrt dieses Mannes saß ein armer Bettler. Passenderweise hieß er Gotthilf. Sein elender Körper bestand aus einer Ansammlung von Geschwüren. Er hätte alles dafür gegeben, das essen zu dürfen, was im Herrenhaus im Abfalleimer landete. Streunende Hunde leckten seine nässenden Wunden. Nach einiger Zeit starb der Bettler. Sein Geist wurde von den Engeln in den Himmel begleitet, wo ihn Abraham mit offenen Armen liebevoll empfing. Kurz danach verschied auch der reiche Mann. Seine Beerdigung war sehr beeindruckend, doch er selbst nahm daran nicht teil. Er schmorte bereits in der Hölle.

In seiner Qual blickte er auf und erkannte Abraham in der Ferne, der doch tatsächlich den alten Bettler Gotthilf umarmte! ‚Vater Abraham', rief er, ‚hab doch Mitleid mit mir. Ich würde sogar den Finger des Bettlers ablecken, wenn er ihn vorher ins Wasser tauchen würde! Diese Hitze ist unerträglich.'

Doch Abraham antwortete feierlich: ‚Erinnere dich daran, wie angenehm dein Leben war und wie erbärmlich das Los meines Freundes Gotthilf. Jetzt ist es Zeit, dass er ein wenig Trost erfährt und du erlebst, was Leid bedeutet. Aber zwischen uns ist ohnehin eine riesige Kluft. Niemand kann von hier hinübergelangen oder vor dort hierherkommen.'

Da kam dem armen reichen Mann eine andere Idee: ‚Ich flehe dich an, Vater Abraham: Wenn du schon niemanden hierher schicken kannst, so sende doch jemanden zu meiner Familie auf die Erde. Zumindest meine fünf Brüder könnten vor diesem fürchterlichen Ort gewarnt werden.'

Abraham allerdings schüttelte den Kopf und wies auf Folgendes hin: ‚Sie haben eine Bibel im Haus. Wenn sie nur das lesen, was Mose und die Propheten gesagt haben, dann sind sie ausreichend gewarnt.'

Doch der verurteilte Mann widersprach: ‚Das reicht nicht, um sie zu überzeugen, Vater Abraham. Aber wenn jemand aus dem Grab zurückkehren würde, um ihnen zu sagen, was wirklich geschieht, dann würden sie ihr Leben sicherlich ändern.'

Abraham jedoch antwortete nur: ‚Wenn sie nicht auf die Worte hören, die Gott durch Mose und die anderen Propheten verkündet hat, dann ist es sehr unwahrscheinlich, dass sie jemandem glauben werden, der sagt, er sei von den Toten zurückgekehrt."

41.
DIE APOSTELGESCHICHTE

Einleitung

Jedes biblische Buch, mit dem wir uns beschäftigen, müssen wir unter zwei Blickwinkeln betrachten. Zunächst untersuchen wir die **menschliche Ebene** und prüfen dabei, wer das Buch geschrieben hat und warum. Dabei ist uns bewusst, dass jedes Buch in einer konkreten Situation wurzelt und für eine bestimmte Leserschaft geschrieben wurde. Wir nehmen die historische Lage in den Fokus und bemühen uns, das Wort Gottes in seinem ursprünglichen Zusammenhang *real* werden zu lassen.

Dann beschäftigen wir uns mit der **göttlichen Ebene**. Wir fragen uns, warum der Heilige Geist uns dieses Buch zur Verfügung stellen wollte. Dabei versuchen wir herauszufinden, inwiefern dieses Buch für uns heutzutage *relevant* ist.

Wir können diese beiden Blickwinkel als die **historische** und die **existenzielle** Ebene oder Sicht bezeichnen. Die historische Ebene fragt, warum das Buch geschrieben wurde. Was war der menschliche Beweggrund dafür? Die existenzielle Ebene will herausfinden, warum es in die Bibel aufgenommen wurde. Aus welchem Grund war es Gott so wichtig, dass wir dieses Buch kennen? Dieser doppelte Ansatz wird sich besonders bei der Apostelgeschichte als hilfreich erweisen.

Die Apostelgeschichte aus historischer Sicht

Wer schrieb sie und warum?
DER AUTOR
Der Autor der Apostelgeschichte ist Lukas, ein Arzt aus dem syrischen Antiochia und gleichzeitig der einzige

nichtjüdische Autor der Bibel. Als Weggefährte des Paulus begleitete er diesen oft aus seinen Reisen. Er zeigte großes Interesse daran, das Leben Jesu und das Wachstum der Gemeinde genau zu erforschen. Das Lukasevangelium und die Apostelgeschichte sind wahrscheinlich in Cäsarea bzw. in Rom entstanden (siehe die Seiten 91-96 für weitere Details über Lukas als Autor dieser beiden Bücher).

BERICHT AN DEN STRAFVERTEIDIGER
Wir haben bereits festgestellt, dass die Apostelgeschichte der zweite Teil eines zweibändigen Werkes ist, das Lukas zu Papier brachte, um die Verteidigung des Paulus vorzubereiten, während dieser in Rom auf seine Gerichtsverhandlung wartete (siehe die Seiten 96-97). Die Apostelgeschichte beginnt mit der Anrede desselben Mannes, den Lukas schon zu Anfang seines Evangeliums als „Hochverehrter Theophilus" bezeichnete. Dieser Titel legt nahe, dass der Adressat Anwalt oder Richter war. Dieselbe Bezeichnung wird in der Apostelgeschichte auch für Felix und Festus verwendet. Als römische Statthalter Judäas waren beide für den Gefangenen Paulus zuständig. Lukas war sich zweifellos der Tatsache bewusst, dass sein Bericht weiterverbreitet werden könnte. Denn in Rom gab es Menschen, die mehr über den Glauben wissen wollten, für den Paulus sich vor Gericht verantworten musste.

Würde es sich um die Lebensgeschichte des Paulus handeln, so hätte Lukas vermutlich wenigstens über den Ausgang seines Gerichtsverfahrens berichtet, wenn nicht sogar über die Einzelheiten seines Todes. Ging es ihm um die Kirchengeschichte, so dürfte man weit mehr Details über die Gemeinde in Rom erwarten. Doch es war weder die Absicht des Lukas, eine Gesamtbiografie des Paulus zu verfassen, noch die Kirchengeschichte um ihrer selbst willen zu dokumentieren. Vielmehr wollte er Theophilus mit ausreichend Informationen versorgen, damit dieser nachvollziehen konnte, wie sich der christliche Glaube entwickelt hatte und warum der Apostel Paulus nun zu Unrecht angeklagt wurde. Folglich werden die Leser der Apostelgeschichte am Ende mit derselben Situation konfrontiert, in der sich Paulus befand, nachdem Lukas seinen Bericht an Theophilus beendet hatte.

Aufbau und Gliederung

Nachdem wir verstanden haben, warum dieses Buch geschrieben worden ist, betrifft die nächste Frage seine Gliederung. Denn sie hilft uns dabei, seinen Sinn und Zweck besser zu erfassen. Es gibt drei gängige Theorien dazu, wie und mit welcher Absicht Lukas die Apostelgeschichte gegliedert hat.

1. ZWEI ABSCHNITTE

Die einfachste Theorie besagt, dass Lukas die Apostelgeschichte in ihrem Aufbau an den **beiden Hauptaposteln** ausgerichtet hat. Petrus ist der Apostel der Juden und dominiert die Kapitel 1–12. Als Apostel der Nichtjuden spielt Paulus im Rest des Buches die wichtigere Rolle. Vieles spricht für diese Theorie, denn Lukas' Aussagen über Petrus und Paulus zeigen bemerkenswerte Parallelen. Das mag beabsichtigt gewesen sein, um der Gefahr entgegenzuwirken, dass sich zwei getrennte Gemeinden entwickelten, nämlich eine jüdische und eine nichtjüdische. Beide hätten für sich beansprucht, dass man ihrem Apostel folgen sollte. Der Bericht des Lukas betont, dass die Lebensgeschichten von Petrus und Paulus in vielerlei Hinsicht vergleichbar waren und dass wir keinen von beiden für wichtiger halten sollten als den anderen. Die Ähnlichkeiten zwischen Petrus und Paulus umfassen folgende Aspekte:

- Beide vollbrachten Wunder
- Beide hatten Visionen
- Beide litten für ihren Glauben
- Beide hielten lange Predigten
- Beide waren geisterfüllt
- Beide waren unerschrockene Prediger
- Beide predigten sowohl den Juden als auch den Nichtjuden, wobei Petrus hauptsächlich zu Juden und Paulus hauptsächlich zu Nichtjuden sprach
- Beide wurden gefangen genommen und durch ein Wunder wieder befreit
- Beide heilten Kranke
- Beide heilten einen von Geburt an Verkrüppelten
- Beide trieben Dämonen aus
- Beide wendeten außergewöhnliche Heilungsmethoden an: Petrus heilte mit seinem Schatten und Paulus mit seinem Taschentuch
- Beide weckten Tote auf
- Beide verurteilten Irrlehrer
- Beide lehnten es ab, angebetet zu werden
- Beide starben in Rom (auch wenn Lukas das in seinem Bericht nicht erwähnt)

Diese Analyse legt folgenden Schluss nahe: Lukas wollte unter anderem sicherstellen, dass beide Männer als Apostel von der Gemeinde im selben Maße geehrt und wertgeschätzt würden. Eine Art, sich der Apostelgeschichte zu nähern, besteht folglich darin, sie einfach in zwei Abschnitte zu gliedern.

2. DREI ABSCHNITTE
In Apostelgeschichte 1,8 (ELB) heißt es: „Ihr werdet meine Zeugen sein, sowohl in Jerusalem als auch in ganz Judäa und Samaria und bis an das Ende der Erde." In dieser

Aussage erkennen manche die Struktur, der Lukas beim Verfassen seines Berichtes folgt. Das Zeugnis für Christus **beginnt in Jerusalem**, in den Kapiteln 1 – 7. Die Kapitel 8 bis 10 tragen das Zeugnis weiter **nach Judäa und Samaria** und schließlich von hier aus **nach Europa und in das Zentrum des Römischen Reiches**. Lukas zeigt also, dass die Worte, die Jesus am Anfang des Buches sprach, am Ende der Geschichte erfüllt worden sind: Durch den Apostel Paulus erreicht das Evangelium Rom, wo Paulus vor dem Kaiser selbst Zeugnis ablegt. Allerdings kann man Rom wohl kaum als „das Ende der Erde" bezeichnen!

3. SECHS ABSCHNITTE

Die dreigliedrige Unterteilung mag in mancherlei Hinsicht überzeugend erscheinen. Es gibt jedoch einen besseren und detaillierteren Ansatz, um Lukas' Vorgehensweise zu verstehen. Dabei ist es hilfreich zu erkennen, dass Lukas offensichtlich ein **literarisches Stilmittel** benutzt, um Dinge von Wichtigkeit zu unterstreichen. An verschiedenen Punkten seiner Erzählung streut er **mehrere** ähnliche **Ausdrücke** ein:

- **Apostelgeschichte 6,7:** „Und das *Wort Gottes breitete sich aus*, und die Zahl der Jünger *mehrte sich sehr* in Jerusalem; auch eine große Anzahl von Priestern wurde dem Glauben gehorsam" (SLT).
- **Apostelgeschichte 9,31:** „So hatten nun die *Gemeinden* Frieden in ganz Judäa und Galiläa und Samaria und wurden auferbaut und wandelten in der Furcht des Herrn und *wuchsen* durch den Beistand des Heiligen Geistes" (SLT).
- **Apostelgeschichte 12,24:** „Das *Wort Gottes* aber *breitete sich aus* und mehrte sich" (SLT).
- **Apostelgeschichte 16,5:** „So wurden die *Gemeinden* im Glauben gefestigt und *die Zahl* der Christen *wuchs täglich*" (NeÜ).

- **Apostelgeschichte 19,20:** „So *breitete* sich das *Wort des Herrn* mächtig *aus* und erwies sich als kräftig" (SLT).

Diese fünf Aussagen der Apostelgeschichte handeln vom Wachstum im Wort Gottes oder vom Wachstum der Gemeinde. Sie geben uns eine Zusammenfassung, die jeweils am Ende eines Abschnitts steht. Lukas berichtet uns zunächst, was passierte. Dann hält er fest, dass die Gemeinde aufgrund dieser Ereignisse wuchs und sich ausbreitete.

Angesichts dieser Unterteilung ist die schon erwähnte Annahme, dass Lukas seinen Bericht geographisch angeordnet hat, teilweise richtig. Denn diese „Signalverse" markieren die folgenden sechs Abschnitte:

1 – 6,7	Juden in Jerusalem
6,8 – 9,31	Hellenisten und Samariter
9,32 – 12,24	Nichtjuden und Antiochien
12,25 – 16,5	Kleinasien
16,6 – 19,20	Europa
19,21 – 28,31	Rom

Lukas beschreibt die „unwiderstehliche Kraft" dieser neuen Religion im gesamten Römischen Reich. Der Tod und die Auferstehung Jesu sind mit einem Stein vergleichbar, der in einen Teich geworfen wird. Lukas zeigt, wie er immer weitere Kreise zieht. Mit jeder dieser zusammenfassenden Aussagen unterstreicht er, wie sich die kleinen Wellen weiter ausbreiten, bis sie schließlich Rom selbst erreichen. Dass diese Beschreibung geographisch einseitig ist, wird sehr deutlich: Lukas berichtet nur von der Ausbreitung des Evangeliums in eine Richtung, nach Nordwesten. Den einzigen Hinweis auf eine Ausweitung nach Süden finden wir in der Bekehrung des äthiopischen Kämmerers auf seiner Heimreise nach Afrika.

DER DREH- UND ANGELPUNKT DER GESCHICHTE

Bedeutende Ereignisse
Nun wollen wir einige Ereignisse betrachten, die Lukas bei dieser Glaubensexpansion für bedeutsam hält. Er zeigt uns, wie sich der christliche Glaube von einer ländlichen jüdischen Bewegung zu einer internationalen und kosmopolitischen (weltbürgerlichen) Religion entwickelte.

DER TAG DES PFINGSTFESTES
Lukas beginnt mit dem **ersten großen Ereignis bei der Verbreitung des Evangeliums**: dem Tag des Pfingstfestes (Kapitel 2). Der Heilige Geist fiel auf 120 Jünger, als sie sich gegen 9.00 Uhr in der Halle Salomos im Tempel zum Morgengebet versammelten. Die Gabe des Sprachengebets, welche die Ausgießung begleitete, war die Umkehrung der göttlichen Strafe, die Gott aufgrund des Turmbaus zu Babel verhängt hatte (siehe 1.Mose 11). Diese Gabe befähigte Menschen verschiedener Nationalitäten, die sich zum Fest versammelt hatten, die Predigt des Petrus zu verstehen. Etwa 3.000 Personen taten daraufhin Buße, ließen sich taufen und wurden der Gemeinde hinzugefügt. Viele von ihnen kehrten später in ihre Heimat zurück, um die Botschaft dort weiterzuverbreiten. So erreichte das Evangelium auch Rom.

DIE BESCHWERDE DER WITWEN
Überraschenderweise berichtet Lukas am Anfang von Kapitel 6 Folgendes: Die Beschwerde der nichtjüdischen Witwen, dass sie bei der Essensverteilung übersehen wurden, entwickelte sich zu einem Schlüsselereignis des Gemeindewachstums. Dieser Vorfall steht nämlich direkt vor dem ersten „Signalvers" in Kapitel 6,7. Die Apostel wollten unbedingt sicherstellen, dass man bei Hilfeleistungen **nicht zwischen Juden und Nichtjuden**

unterschied. Eine Spaltung zwischen diesen beiden Gruppen musste damals unter allen Umständen vermieden werden. Als Konsequenz wählten die Apostel sieben Diakone aus, die bei der Essensverteilung helfen sollten. Zwei dieser Männer, Philippus und Stephanus, sollten der Geschichte ihren eigenen Stempel aufdrücken.

DER MÄRTYRERTOD DES STEPHANUS

Während einer seiner Predigten wurde Stephanus gepackt und vor den Hohen Rat gezerrt. Man warf ihm vor, antijüdische Propaganda zu verbreiten. Auch wenn die Apostelgeschichte nur sehr wenig über Stephanus als Person berichtet, gehört seine letzte Predigt zu den längsten Kapiteln des gesamten Buches (siehe Kapitel 7). Stephanus' Worte unterstreichen das, was Lukas mit seinem Buch bezweckte: Er wollte zeigen, wie sich das Christentum von einer nationalen jüdischen Religion zu einem **nichtjüdischen, internationalen Glauben** wandelte.

Zum Entsetzen seiner Ankläger legte Stephanus vor den religiösen Führern dar, wie viele der Aktivitäten Gottes sich außerhalb ihres Landes ereignet hatten, noch bevor es einen Tempel gab. Der Bund mit Abraham, der Auszug aus Ägypten und die Gesetzgebung fanden alle außerhalb des Verheißenen Landes statt. Daher waren ihre Anklagen, dass er gegen den Tempel und das Gesetz predigen würde, unbegründet. Denn Gottes Wort und seine Gegenwart gingen weit über nationale Grenzen hinaus.

Stephanus' Rede lieferte eine theologische Erklärung und Rechtfertigung der Verbreitung des Evangeliums unter den Nichtjuden. Im Rahmen des fortschreitenden Dramas der Apostelgeschichte zeigt diese Begebenheit Folgendes: Der Tod des Stephanus und die anschließende Verfolgung trieb die Gläubigen aus Jerusalem nach Samaria und sogar bis hinauf nach Antiochia, an den Geburtsort des Lukas.

DER DREH- UND ANGELPUNKT DER GESCHICHTE

PHILIPPUS IN SAMARIA

Lukas berichtet, dass Philippus, ein weiterer der sieben Diakone, nach Samaria ging und dort erlebte, wie viele Menschen positiv auf seine Predigten reagierten. Zwischen den Juden und den Samaritern herrschte eine starke Abneigung und selbst die Jünger hatten sich davon nicht wirklich freimachen können. Als Johannes das letzte Mal mit Jesus in Samaria war, bat er gemeinsam mit seinem Bruder Jakobus um Folgendes: Ob sie beten dürften, dass Gott Feuer vom Himmel fallen lassen würde, um alle Samariter zu verbrennen? Nun aber **wurden viele Samariter gläubig**. Später reisten Petrus und Johannes nach Samaria, um zu beten, dass die Samariter im Heiligen Geist getauft würden. Sie baten also erneut um Feuer vom Himmel, diesmal jedoch aus einem ganz anderen Grund!

Philippus erhielt dann den Auftrag, einem äthiopischen Eunuchen zu predigen, der sich auf dem Heimweg von Jerusalem befand. Wüssten wir nicht, dass es Lukas darum ging, die Verbreitung des Evangeliums zu dokumentieren, würde uns diese Begebenheit seltsam erscheinen. Auf diese Weise kam das Evangelium nach Äthiopien, durch einen Eunuchen, **den ersten Bekehrten des afrikanischen Kontinents**.

DIE BEKEHRUNG DES SAULUS

Die Bekehrung des Saulus ist ein weiterer Schlüsselmoment der gesamten Erzählung (siehe Kapitel 9). Tatsächlich wird dreimal darüber berichtet, um Theophilus zu informieren, welche Fakten den anderen am Verfahren beteiligten Juristen bereits bekannt waren. Saulus wurde später als Paulus bekannt. Wir erfahren, wie **Christus ihn in seinen Dienst stellte** und wie er mit den Gläubigen in Jerusalem zusammenkam, um mit ihnen eine gemeinsame Strategie für die künftige Arbeit zu vereinbaren. Nachdem die Gemeinde in Antiochien Barnabas und Paulus ausgesandt hatte, wechselt der Fokus des Buches von Petrus zu Paulus.

PETRUS IN CÄSAREA
Die Verbreitung des Evangeliums musste ein mächtiges Hindernis überwinden: Die **jüdischen Speisegesetze** verboten es den Juden, gemeinsam mit Nichtjuden zu essen. Daher berichtet Lukas, wie Gott Petrus zeigte, dass der Verzehr von nicht koscherer Nahrung erlaubt sei. Dann schickte er ihn in das Haus eines Nichtjuden, um dort das Evangelium zu predigen.

Apostelgeschichte 10 ist ein zentrales Kapitel. Es zeigt, wie erstaunt Petrus darüber war, dass **der Heilige Geist auf Nichtjuden fiel**, und zwar genauso, wie er anderswo auch auf Juden gekommen war. Diese Begebenheit war so wichtig, dass Petrus sie den Aposteln in Jerusalem erklären musste, damit sie über Gottes Wirken auf dem Laufenden waren.

DAS APOSTELKONZIL IN JERUSALEM
Die Gespräche des Petrus mit den Gläubigen in Jerusalem waren Vorboten des Jerusalemer Apostelkonzils, über das Kapitel 15 berichtet. Auf diesem Konzil erklärte Paulus, wie die Gemeinde durch seinen Dienst unter den Nichtjuden gewachsen war. Folgende Gefahr war ihm allerdings sehr bewusst: Es könnte eine Spaltung entstehen zwischen der jüdischen Gemeinde und diesem nichtjüdischen Zustrom von Gläubigen in das Reich Gottes. Letztere hatten natürlich wenig oder gar keinen Einblick in das jüdische Erbe ihres Glaubens. Der Brief, der im Anschluss an das Konzil den nichtjüdischen Gemeinden geschickt wurde, stellte sicher, dass die **nichtjüdischen Gemeinden in aller Freiheit wachsen konnten** – mit dem Segen der „Mutterkirche" in Jerusalem.

DER DREH- UND ANGELPUNKT DER GESCHICHTE

GEMEINSAME ZIELSETZUNG

Deutlich wird, dass Lukas bestimmte Ereignisse auswählte, um Theophilus nicht nur zu verdeutlichen, **dass sich die Gemeinde ausbreitete**, sondern auch, **wie dies geschah.** Es handelt sich nicht einfach nur um eine Ansammlung willkürlicher Geschichten. Sie zeigen vielmehr, wie sich der christliche Glaube in der römischen Welt ausbreiten und trotz des kulturellen Drucks geeint bleiben konnte. Lukas erzählt uns weder von vielen Einzelbekehrungen noch davon, was aus den übrigen Aposteln wurde. Stattdessen wählte er einzelne Begebenheiten aus, die für ihn zweckdienlich waren.

DIE APOSTELGESCHICHTE AUS EXISTENZIELLER SICHT

Nachdem wir die menschlichen oder geschichtlichen Aspekte der Apostelgeschichte betrachtet haben, konzentrieren wir uns nun auf folgende Fragen: Warum wollte der göttliche Autor, dass wir dieses Buch kennenlernen? Wir dürfen unsere Studien nicht nur auf die Vergangenheit beschränken, sondern müssen auch versuchen, seine Botschaft für heute zu erfassen. Wir bewegen uns nun also von der historischen Bedeutung hin zur existenziellen Ebene des Buches. Wir fragen uns, was es uns heute über Gott zu sagen hat.

Bindeglied

Die Apostelgeschichte ist ein **sehr wichtiges Bindeglied zwischen den Evangelien und den Apostelbriefen.** Stellen wir uns einmal das Neue Testament ohne dieses Buch vor. Sehr Vieles wäre nur schwer verständlich. Menschen und Begriffen werden in den apostolischen Briefen erwähnt, ohne sie näher zu erklären. Einige Schlüsselpersonen und Orte könnte man ohne die Apostelgeschichte überhaupt nicht zuordnen.

1. PAULUS

Die meisten Briefe des Neuen Testaments wurden von Paulus verfasst. Wer aber war Paulus? Er gehörte nicht zu den zwölf Aposteln, daher findet er in den Evangelien auch keine Erwähnung. Ohne die Apostelgeschichte wüssten wir nur sehr wenig über ihn oder seinen Dienst. Auch die Frage, wie es dazu kam, dass er an Gemeinden und Einzelpersonen schrieb und warum diese Briefe so wichtig sind, könnten wir kaum beantworten.

2. DIE WASSERTAUFE

Zwischen der Taufe der Gläubigen und der Apostelgeschichte gibt es eine wichtige Verbindung. **Nur in der Apostelgeschichte wird sie als Taufe im Wasser beschrieben.** Paulus bezieht sich in seinen *Briefen* regelmäßig auf die Taufe, beispielsweise in Römer 6,3 (SLT): „Oder wisst ihr nicht, dass wir alle, die wir in Christus Jesus hinein getauft sind, in seinen Tod getauft sind?" Doch er verbindet das Wort „getauft" niemals wirklich mit dem Wort „Wasser". Das hat dazu geführt, dass einige Bibelwissenschaftler behaupten, Paulus hätte die Wassertaufe nicht gelehrt. Sie vertreten auch, dass die „Taufe auf Christus" eine rein geistliche Bedeutung hätte. Doch aus der Apostelgeschichte erfahren wir, dass Paulus selbst getauft wurde und auch diejenigen taufen ließ, die sich durch ihn bekehrten. Daher wissen wir, dass er von der *Wassertaufe* spricht, wenn er in seinen Briefen die „Taufe" erwähnt.

3. DIE TAUFE IM HEILIGEN GEIST

Der Ausdruck, „mit Heiligem Geist taufen", kommt in allen vier Evangelien vor. Allerdings erklärt uns keines der vier, was das genau bedeutet oder was geschieht, wenn jemand auf diese Weise getauft wird. Sucht man in den apostolischen Briefen nach der Bedeutung dieses Vorgangs, wird man ebenfalls enttäuscht. Paulus schreibt zwar: „Denn wir sind ja alle durch einen Geist in einen Leib hinein getauft worden" (1. Korinther 12,13; SLT). Doch er erläutert nicht, wie das ganz praktisch aussieht. Lediglich die Apostelgeschichte erklärt uns, **was es wirklich bedeutet, mit Heiligem Geist getauft zu werden**. Denn nur in diesem Buch wird das Ereignis tatsächlich beschrieben.

4. DAS GESETZ DES MOSE
Die Apostelgeschichte hilft uns auch, unsere Beziehung zum mosaischen Gesetz in der heutigen Zeit richtig einzuordnen. Woher wissen wir, dass wir als Christen nicht mehr daran gebunden sind? Das mosaische Gesetz umfasst 613 verschiedene Ge- und Verbote. Wir brauchen Klarheit darüber, ob sie noch für uns gelten oder nicht. Doch woher wissen wir, ob sie für uns noch Wirksamkeit entfalten? Die Antwort finden wir in der großen Debatte über die Beschneidung. Sie erreicht in Apostelgeschichte 15 ihren Höhepunkt. Dort wird ein für alle Mal geklärt, dass **Christen vom mosaischen Gesetz frei sind**, jedoch immer noch das Gesetz Christi befolgen müssen.

5. DIE GEMEINDE
Überraschenderweise könnten wir sogar das Wort „Gemeinde" missverstehen, wenn wir die von Lukas verfasste Apostelgeschichte nicht hätten. Matthäus ist der einzige Evangelist, der dieses Wort überhaupt verwendet. Er erwähnt es allerdings nur zweimal und beschreibt dabei nicht, wie eine Gemeinde aussehen sollte. Die Apostelbriefe wurden in der Regel an Gemeinden adressiert und lassen Rückschlüsse auf diese zu. Doch nur aus der Apostelgeschichte erfahren wir, **was eine Gemeinde wirklich war**. Lukas berichtet uns über ihre Gründung, die Einsetzung von Ältesten und die Beziehung der Apostel zu den von ihnen etablierten Gemeinden.

6. DIE BEKEHRUNG

Die Apostelgeschichte ist auch deshalb so wichtig, weil sie uns zeigt, **wie Menschen auf die richtige Art und Weise wiedergeboren werden**. Die Evangelien berichten über Ereignisse, die vor der Ausgießung des Heiligen Geistes stattfanden, während sich die Apostelbriefe an Menschen wenden, die bereits fest im Glauben stehen. Keines dieser Bücher liefert uns ein geeignetes Modell, an dem wir ablesen könnten, wie Menschen im Zeitalter der Gemeinde zum Glauben an Jesus kommen. Doch die Apostelgeschichte vermittelt uns, wie die Apostel Menschen in das Reich Gottes hineinbrachten. Das übliche Muster sah und sieht folgendermaßen aus: *Buße, Glaube, Wassertaufe* und *Geistestaufe* (für weitere Erklärungen zu diesem Thema verweise ich auf mein Buch *„Wiedergeburt. Start in ein gesundes Leben als Christ"*, herausgegeben von Projektion J).

Ein Modell für die heutige Zeit

Die Apostelgeschichte ist also eine wichtige Quelle, die uns Informationen und Erklärungen liefert. Allerdings ist sie noch viel mehr als das: Zahlreiche Menschen betrachten sie als ein Modell für das Gemeindeleben an sich, und zwar überall. Sie sehnen sich nach dem Tag, an dem **Gemeinden in der heutigen Zeit dieselben Qualitäten demonstrieren, die Lukas beschreibt**. Das ist eine durchaus nachvollziehbare Erwartung. Schließlich berichtet die Apostelgeschichte als einziges biblisches Buch über die Kirchengeschichte. Es ist anzunehmen, dass der Heilige Geist diese Informationen in die Bibel aufnehmen wollte, um uns zu verdeutlichen, welche Absichten Gott mit seinen Kindern hat.

1. GUTES UND SCHLECHTES

Obwohl dieser „Modellansatz" seine Berechtigung hat, wird es problematisch, wenn wir davon ausgehen, dass dieses Anschauungsbeispiel immer *zufriedenstellend* ist. Lukas' Beschreibungen sind alles andere als idealistisch und enthalten sowohl Probleme als auch segensreiche Ereignisse. **Streitereien, Spaltungen und Fehler** kommen in der Apostelgeschichte genauso vor wie Berichte über **herausragendes Wachstum**.

- Kaum jemand würde die Geschichte vom betrügerischen Verhalten Hananias und Saphiras als vorbildlich darstellen.
- Simons schamloser Wunsch, sich durch das Empfangen des Heiligen Geistes zu bereichern, ist kein gutes Beispiel für einen Neubekehrten, der weiterkommen möchte.
- Sogar der Apostel Paulus hatte „heftige Differenzen" mit Barnabas. Keiner der beiden wird dafür beschuldigt. Doch die Worte, die Lukas hier verwendet, legen den Schluss nahe, dass dies sicherlich keine ideale Ausgangslage für eine Missionsreise war.
- Lukas beschreibt auch die Haltung, die Gamaliel gegenüber der neuen Bewegung einnahm. Er riet seinen Kollegen im Hohen Rat einfach abzuwarten, statt für oder gegen die Christen Partei zu ergreifen. Allerdings bedeutet dies nicht, dass Lukas diese leidenschaftslose Objektivität für eine angebrachte Reaktion hält. Dieser Wendehals wird von da an nie wieder erwähnt.
- Im Gegensatz dazu entschied sich Saulus von Tarsus, Gamaliels ehemaliger Schüler, für eine aggressive Haltung. Statt einfach abzuwarten, versuchte er, den neuen Glauben im Keim zu ersticken und verfolgte die Gemeinde. Seine Feindseligkeit wurde erst auf dem Weg nach Damaskus überwunden, was dazu führte, dass aus ihm ein großer, wenn nicht sogar der größte Apostel wurde.

Der Bericht über die Gemeinschaft der Gläubigen in der Apostelgeschichte ist folglich eine Mischung aus guten und schlechten Episoden. Es gibt Rivalitäten, Streitereien, Heucheleien, Unmoral und Irrlehren. Uns wird beides gezeigt: nachahmenswerte Verhaltensweisen und Beispiele, wie wir bestimmte Dinge gerade *nicht* regeln sollten.

2. UNNORMALES UND NORMALES

Wollen wir Ereignisse in der Apostelgeschichte richtig einordnen, müssen wir zwischen dem Unnormalen und dem Normalen unterscheiden. Bestimmte Vorgänge, über die die Apostelgeschichte berichtet, waren nicht normal. Wir sollten **nicht erwarten, dass sie regelmäßig geschehen**.

Ein Beispiel ist die Bekehrung des Paulus. Er hörte die Stimme Jesu und wurde von einem Licht geblendet. Das war ganz eindeutig eine einmalige Erfahrung. Betrachten wir sie jedoch als ein Paradigma oder Muster für heutige Bekehrungen, werden nur wenige diesen „Test" bestehen. Genau genommen behauptete Paulus sogar selbst, dass es sich um eine einzigartige Beauftragung zum Apostel handelte, die nur ihm galt.

Mit dem Tod von Ananias und Saphira verhält es sich ähnlich. Haben Gläubige in der heutigen Zeit nicht schon Schlimmeres verbrochen, ohne deshalb gleich tot umzufallen? Oder ist die Bestimmung eines Nachfolgers im Losverfahren, wie bei Judas, ein geeignetes Modell für die heutige Zeit? Sicher nicht.

Darüber hinaus stünde man in manchen Fällen vor einer schwierigen Entscheidung: Von welchem Musterbeispiel sollte man denn nun ausgehen, wenn sich die Ereignisse wiederholen? Der Apostel Petrus wurde aus der Gefangenschaft des Herodes gerettet, der Apostel Jakobus hingegen nicht. Welchen Ausgang dürfen wir heute erwarten? Wir müssen uns davor hüten, ein Ereignis oder eine Erfahrung der Urgemeinde zur Gesetzmäßigkeit für die gesamte Christenheit in jeder denkbaren Epoche zu machen.

Diese Diskussion stellt uns vor die folgende Schlüsselfrage: **Wie unterscheiden wir zwischen dem Unnormalen und dem Normalen?** Hat die Christenheit nicht schon häufig angenommen, dass bestimmte Phänomene abnormal und nicht für die heutige Zeit bestimmt seien, nur um dann mit dem Beweis des Gegenteils konfrontiert zu werden? Eine Reihe von Testfragen wird uns bei der Entscheidungsfindung helfen.

a.) Wird das Ereignis nur einmal erwähnt?
Wenn ein Ereignis nur einmal erwähnt wird und sich danach nicht mehr wiederholt, dann ist es wahrscheinlich (wenn auch nicht zu 100 Prozent sicher), dass es sich um eine abnormale Begebenheit handelt. Am Tag des Pfingstfestes geschahen beispielsweise einige Dinge, die einzigartig waren. Wir erwarten nicht jedes Mal, wenn ein Gläubiger den Heiligen Geist empfängt, dass sich Wind und Feuerflammen zeigen. Ein anderes Mal erbebte das Gebäude, nachdem die Gläubigen miteinander gebetet hatten. Dieses Phänomen wäre für uns heute kein sehr hilfreiches Prüfzeichen dafür, ob aufrichtig gebetet wurde. **Einige der frühen Ereignisse in der Urgemeinde waren notwendigerweise einmalig.** Wird etwas daher nur einmal erwähnt, *könnte* es nochmal passieren. Aber es wäre falsch, zu behaupten, dass es sich wiederholen *muss*.

b.) Wiederholt sich das Ereignis?
Bei der Beschreibung der Geistestaufe in der Apostelgeschichte können wir jedoch einige Gemeinsamkeiten mit späteren Ereignissen erkennen. Am Tag des Pfingstfestes sind der Wind und die Flammen

eindeutig ein einmaliges Phänomen. Doch andere Phänomene wiederholen sich. Als die Menschen im Haus des Kornelius (Apostelgeschichte 10,44–46) und die Jünger des Johannes (Apostelgeschichte 19,1–7) den Heiligen Geist empfingen, redeten sie in Sprachen. Das legt nahe, dass es sich um einen wiederholbaren Vorgang handeln könnte, selbst wenn dies auf den Wind und die Flammen nicht zutrifft. Tatsächlich passierte in der Apostelgeschichte immer etwas, wenn jemand mit Heiligem Geist getauft wurde. Dadurch wurde sowohl für die Empfänger als auch für die Beobachter deutlich, dass der Geist gekommen war. **Ein Ereignis, das sich wiederholt, erhöht die Wahrscheinlichkeit, dass es auch für die heutige Gemeinde ein normales Phänomen sein sollte.**

c.) Gibt es in der Bibel eine weitere, unabhängige Bestätigung?

Liefern die Evangelien oder die Briefe einen unabhängigen Nachweis dafür, dass das fragliche Ereignis zum christlichen Glauben der damaligen Zeit ganz normal dazugehörte, dann können wir es mit ziemlicher Sicherheit auch für heute akzeptieren. So geht es beispielsweise nicht nur in Apostelgeschichte 2,33 darum, dass der Geist „ausgegossen" wird. Joel 3,1ff im Alten Testament und Titus 3,5+6 im Neuen Testament bestätigen diesen Vorgang als ein allgemeingültiges Phänomen.

Die Einsetzung von Ältesten in der Apostelgeschichte ist ein weiteres Beispiel. Handelte es sich um ein einmaliges Ereignis? Nein, das Ältestenamt war nicht nur eine vorübergehende Erscheinung. Vielmehr beinhalten sowohl der Titusbrief als auch der erste Brief an Timotheus und der Hebräerbrief Angaben zur allgemeinen Notwendigkeit dieser Form der Gemeindeleitung.

DER DREH- UND ANGELPUNKT DER GESCHICHTE

3. GEGENWART UND VERGANGENHEIT
Nachdem wir die oben erwähnten Fragen einmal gestellt haben, sind wir besser in der Lage, eine Unterscheidung zu treffen: Was waren einmalige Ereignisse, die einfach nur zum historischen Bericht des Lukas dazugehörten? Und welche Vorgänge *sollten* nach Gottes Willen *immer geschehen*, selbst wenn die heutige Durchschnittsgemeinde *in der Praxis* noch *weit davon entfernt ist?*

Es ist wichtig, dass wir diese Fragen stellen und die Apostelgeschichte als gültiges Modell betrachten. Anderenfalls könnten wir irrtümlich davon ausgehen, dass wir einen anderen Zeitabschnitt der Kirchengeschichte nachahmen sollten. Viele Denominationen nehmen sich tatsächlich eine solche Epoche zum Vorbild, ob es sich nun um das Zeitalter der Reformation, der Puritaner, der Methodisten oder der frühen Pfingstbewegung handelt. Sie vergessen dabei, dass **die Bibel uns ein hinreichendes Modell und den letztgültigen Standard zur Verfügung stellt, an dem wir alle anderen Zeitalter messen sollten.**

Die Apostelgeschichte ist unser Leitbild. Sie zeigt uns, was die Mitglieder der Urgemeinde taten und wer sie waren.

Was taten sie?

Die Apostelgeschichte berichtet uns Folgendes: Die Mitglieder der Urgemeinde pflegten untereinander eine herzliche Gemeinschaft, die Lehre der Apostel hatte für sie zentrale Bedeutung und das Gebet war ihnen wichtig. Bevollmächtigt durch den Heiligen Geist evangelisierten sie spontan, wenn der Geist sie aussandte, um anderen von Christus zu erzählen. Wir erfahren auch, dass sie das Evangelium furchtlos verkündeten, wenn sie von Juden oder Nichtjuden angegangen wurden. Die Apostelgeschichte ist ein dynamisches Buch, randvoll mit Gottes Handeln und dem Wachstum des Königreiches.

Wer waren sie?

Diese Menschen waren überglücklich, Gott zu kennen. Sogar als sie im Gefängnis saßen, lobten sie ihn. Ehrfurcht vor Gott zeichnete sie aus, ebenso wie Hoffnung und Mut: Petrus und Johannes waren bereit, die Befehle der jüdischen Obrigkeit zu missachten. Sie weigerten sich, das Predigen einzustellen. Auch Stephanus fürchtete sich nicht davor, ihnen die Stirn zu bieten, auch wenn es ihn letztlich das Leben kostete.

Die Apostelgeschichte als Missionshandbuch

Wenn wir also davon ausgehen, dass die Apostelgeschichte unser Leitbild für die Gegenwart ist, wie sollten wir dann mit ihr umgehen? Einer der hilfreichsten Ansätze stammt von Roland Allen, der im frühen 20. Jahrhundert drei Bücher schrieb. Sie haben das Denken vieler Menschen geprägt, die wissen wollten, wie wir diesen Bericht heute nutzen können. Allens Bücher tragen folgende Titel: „Missionary Methods – St. Paul's or Ours?" („Missionarische Methoden – die des Paulus oder unsere eigenen?"), „The Spontaneous Expansion of the Church" („Das spontane Wachstum der Gemeinde") und „The Ministry of the Spirit" („Der Dienst des Geistes").

Er war seiner Zeit weit voraus. Ich selbst verdanke seinen Einsichten sehr viel. Allen zeigt, dass die Apostelgeschichte nicht nur ein Anschauungsbeispiel für das Verhalten der Gemeinde ist, sondern auch ein Missionshandbuch für Gemeindewachstum. Die Apostelgeschichte lehrt uns, wie wir den Missionsbefehl umsetzen und das Evangelium verbreiten können. In diesem einzigartigen Buch finden wir eine siebenfache Strategie, die uns auch heute weiterhilft.

1. APOSTEL AUSSENDEN

Das Wort „Apostel" bedeutet wörtlich übersetzt „Gesandter". Nach dem Verständnis der Urgemeinde waren bestimmte Personen von Gott beauftragt, das Evangelium

zu verkündigen. Im Neuen Testament gibt es fünf Arten von Aposteln:
1. Jesus, der *Hauptapostel*: Er ist absolut einzigartig.
2. Die 12 Apostel, *Zeugen seiner Auferstehung:* Auch mit ihnen ist heute niemand vergleichbar (Matthias trat an die Stelle des Judas).
3. Paulus, Apostel Nummer 13, der sich zunächst als „Fehl-„ oder „Missgeburt" bezeichnete (siehe 1. Korinther 15,8): Niemand ist heute wie er, der, *vom Heiligen Geist inspiriert, Teile der Bibel verfasste.*
4. Ein *Pionier der Gemeindegründung*: Er gründet mit frisch bekehrten Gläubigen neue Gemeinden. Der Apostel Paulus gehört zu dieser Gruppe, ebenso wie Barnabas und andere Gemeindegründer, die immer als Team ausgesandt wurden.
5. *Jeder Christ, der von A nach B gesandt wird, um etwas zu tun,* ist ein „Apostel". Ein Beispiel ist Epaphroditus: Er wurde losgeschickt, um als Haushalter des Paulus in Rom zu dienen. In diesem Sinne könnte jeder ein „Apostel" sein.

Heute noch aktuell sind die vierte und fünfte Definition. Die Gemeinde Jesus Christi braucht **Gemeindegründer und Menschen, die bereit sind, ausgesandt zu werden, um bestimmte Aufträge im Namen Gottes zu erfüllen.**

Die Initiative und Unterstützung sollte von der Ortsgemeinde ausgehen, das ist das richtige Verfahren. Die Apostelgeschichte zeigt auch, dass es der Heilige Geist war, der Menschen für ein bestimmtes Werk auswählte. Die Sendung erfolgte aufgrund der Wegweisung des Geistes Gottes und nicht aufgrund einer menschlichen Entscheidung. Der Geist erklärte beispielsweise, dass Paulus und Barnabas für die Arbeit, die er für sie vorgesehen hatte, ausgesondert werden sollten; und die Gemeinde war bereit, ihre besten Mitarbeiter auszusenden, um Christus vielen Menschen bekanntzumachen.

Zu beachten ist auch, dass die Apostel in Teams losgeschickt wurden. Sie reisten immer mindestens zu zweit (genau wie Jesus seine Jünger immer zu zweit aussandte). Es gibt in der Apostelgeschichte keine Rechtfertigung für den Missionar als „Einzelkämpfer".

2. STÄDTE ERREICHEN

Die Apostel begannen ihre Arbeit normalerweise in dicht besiedelten Gebieten. So konnten wachsende Gemeinden dann im gesamten Umfeld Kreise ziehen. In Apostelgeschichte 19,10 (ELB) heißt es beispielsweise, dass „alle Juden und Griechen, die in der Provinz Asien lebten, das Wort des Herrn hörten", als Paulus nach Ephesus ging und dort täglich in der Schule des Tyrannus lehrte. Es ist wahrscheinlich, dass ein Mann namens Epaphras durch diese Predigten zum Glauben kam und die Gemeinde in Kolossä gründete. Paulus schrieb an diese Gemeinde, obwohl er sie weder selbst besucht hatte noch an ihrem Wachstum beteiligt war.

Es war daher eine sinnvolle und effektive Strategie, in die großen städtischen Ballungsräume zu gehen, um dort Brückenköpfe für weiteres Gemeindewachstum zu errichten. Diesem Beispiel sollten wir auch heute folgen.

3. DAS EVANGELIUM PREDIGEN

Paulus konzentrierte sich üblicherweise zunächst auf die Synagoge. „Wie es seine Gewohnheit war, ging Paulus als Erstes in ihre Synagoge, wo er an drei aufeinanderfolgenden Sabbaten zu den Versammelten sprach" (Apostelgeschichte 17,2; NGÜ).

Wenn Paulus mit Juden zusammen war, verwendete er das Alte Testament. Bemerkenswert ist allerdings,

DER DREH- UND ANGELPUNKT DER GESCHICHTE

wie **sich seine Vorgehensweise abhängig von seiner Zuhörerschaft** änderte. Predigte Paulus den Juden, so zitierte er die Bibel. Sprach er hingegen zu Nichtjuden, bemühte er sich zunächst, einen gemeinsamen Nenner zu finden, bevor er ihnen biblische Konzepte vorstellte. Apostelgeschichte 17 berichtet beispielsweise, wie er auf dem Areopag zu den Athenern sprach. Diese Predigt war nicht besonders erfolgreich, obwohl ein paar angesehene Bürger zum Glauben fanden. Lukas berichtet über dieses Ereignis, um uns zu zeigen, wie Paulus einem heidnischen Publikum das Evangelium verkündete.

In seiner Rede an die Athener bezieht sich Paulus auf Ereignisse aus ihrer Geschichte und auf Dichter, die sie kannten. Er wusste, dass es vor vielen Jahren in Athen ein Erdbeben gegeben hatte, das die Stadt verwüstete und ihre Gebäude zerstörte. Da die Athener an viele verschiedene Götter glaubten, nahmen sie an, dass sie einen davon verärgert hätten. Sie wollten unbedingt herausfinden, welcher es war. Also beschlossen sie, einige Schafe auf die Hauptstraße zu treiben. Der Götze, in dessen Nähe sich die Schafe niederließen, sollte ihnen anzeigen, welchen Gott die Athener verärgert hätten. Die Schafe weigerten sich jedoch mitzuspielen und lagerten schließlich mitten auf einem Feld. So kam der Stadtrat erneut zusammen und zog folgendes Fazit: Da sie immer noch nicht wussten, welchen Gott sie verärgert hatten, konnte es einen Gott geben, den sie vergessen hatten. Dieser war wahrscheinlich erbost darüber, dass es für ihn keinen Altar gab. Daher errichteten sie einen weiteren Altar mit der Inschrift: „Dem unbekannten Gott".

Paulus sah diesen Altar, als er die Stadt besuchte, und nahm ihn als Ausgangspunkt, um ihnen von dem Gott zu erzählen, den sie noch nicht kannten. Sofort stieß er auf offene Ohren. An diese Gemeinsamkeit konnte er nun anknüpfen und ihnen von einem Gott berichten, den sie kennenlernen sollten und durften. Er stellte ihnen auch Jesus vor, den Gott von den Toten auferweckt und zum Richter über die Menschheit bestimmt hatte.

Dieser Fokus auf der Verkündigung des Evangeliums ist in der Apostelgeschichte allgegenwärtig. Wir erfahren, wie der Heilige Geist den Gläubigen den Mut und die Kraft verlieh, die frohe Botschaft zu predigen.

4. MENSCHEN ZU JÜNGERN MACHEN

Den Aposteln lag es am Herzen, dass Menschen zu „Jüngern" wurden. Sie hatten kein Interesse an unseren modernen Methoden, wie Menschen auf das Evangelium reagieren sollten, beispielsweise durch Handheben, nach vorne kommen oder eine Karte ausfüllen. Ihnen war bewusst, dass **Jüngerschaft (Menschen zu Jüngern zu machen) Zeit brauchte**. Daher blieb Paulus eine beträchtliche Zeit am selben Ort, um sicherzustellen, dass die Gläubigen ein festes Fundament erhielten. In Ephesus lehrte er zwei Jahre lang jeden Nachmittag von 12.00 bis 16.00 Uhr (während der Zeit der Siesta) über das Reich Gottes, damit die Neubekehrten unterrichtet würden und noch mehr Menschen zum Glauben kämen. Zwar berichtet Lukas, dass der Begriff „Christ" ursprünglich in Antiochia eingeführt wurde, doch die Menschen, die zum Glauben kamen, nannte man üblicherweise eher „Jünger" oder Nachfolger „des Weges". Es war ihr **Durchhaltevermögen auf dem Weg,** das zählte, nicht eine einmalige Entscheidung, die kaum Auswirkungen auf den Alltag hatte.

5. GEMEINDEN GRÜNDEN

Die Apostelgeschichte berichtet, wie durch die Verkündigung des Evangeliums Gruppen von Gläubigen gebildet wurden. Später besuchten die Apostel diese

Gruppen erneut. Die Frucht jeder Missionsreise bestand also darin, dass ständig **aktive Gemeinschaften der Gläubigen gegründet wurden**. Diesen Aspekt der Missionsstrategie kann man leicht übersehen, wenn man in einem Land lebt, in dem es bereits viele Gemeinden gibt. Dann entgeht uns möglicherweise, dass manche von ihnen nur einem Teilbereich der Gesellschaft dienen, vielleicht einer relativ kleinen sozialen Gruppe. Oft gibt es keine weiteren Gemeinden, die andere Gruppierungen erreichen könnten. Diese Art der Gemeindegründungen stellt sicher, dass die existierenden Gemeinden nicht das Gefühl bekommen, die neuen Gruppen würden quasi in ihr Territorium eindringen. Denn sie sprechen eine **völlig andere Gesellschaftsgruppe** an, selbst wenn sie geographisch nahe beieinanderliegen.

6. ÄLTESTE EINSETZEN

Wir erfahren, dass Paulus und Barnabas nach Lystra, Ikonion und Antiochia zurückkehrten. „Als sie ihnen aber in jeder Gemeinde Älteste gewählt hatten, beteten sie mit Fasten und befahlen sie dem Herrn, an den sie gläubig geworden waren" (Apostelgeschichte 14,23; ELB).

In den gerade erst frisch gegründeten Gemeinden bedeutete dies, dass die „Ältesten" erst seit 12 Monate gläubig waren, was jedoch kein Problem darstellte. Solange die Kandidaten den übrigen Gemeindegliedern ein paar Schritte voraus waren und weiter wuchsen, konnte man ihnen **die Leitung anvertrauen.** Dieses Leitungsmodell, bei dem Älteste ernannt wurden, um die „Herde" zu leiten, findet sich in der gesamten Apostelgeschichte. Die Apostel suchten stets nach ortsansässigen Führungspersonen, damit die Gemeinde der Gläubigen Eigenverantwortung übernehmen konnte und nicht länger von ihrem Gründer abhängig war. Offensichtlich wurden die Ältesten von der gesamten Gemeinde ernannt, wobei die Gemeindeglieder die Kandidaten der Apostel bestätigten. (Das Wort „ernannt" bedeutet wörtlich „mit erhobener Hand" bestimmt. Die Ältesten wurden folglich per Handzeichen gewählt.)

Die Arbeit eines Apostels war also in vielerlei Hinsicht klar definiert. Er sollte:

- Schlüsselstädte erreichen
- das Evangelium predigen und sich dabei auf die Zuhörer einlassen
- Menschen zu Jüngern machen statt Entscheidungen zu treffen
- bei ihnen bleiben und sie ausbilden
- Gemeinden gründen und dadurch Gemeinschaften ins Leben rufen
- Älteste ernennen, die die Gemeinschaft leiteten

7. ALS APOSTEL WEITERZIEHEN

Diese siebte und letzte Stufe des Missionsmodells ist ebenfalls von großer Bedeutung. Nachdem die Gemeinde einmal gegründet war, zog der Apostel weiter. In Kontakt blieb man durch Briefe, Besuche oder einen Abgesandten des Apostels. **Sobald eine Gemeinde ortsansässige Leiter hatte, konnte der Apostel es ihnen** überlassen, die Arbeit fortzusetzen. Die Gemeinden sorgten selbst für ihr Wachstum, ihre Verwaltung und ihre Finanzierung. Von daher war der wahre apostolische Dienst mobil und nicht ortsgebunden. Normalerweise bestritt der Apostel seinen Unterhalt durch die Ausübung eines Berufes selbst. So stellte er für die Gemeinde in der Gründungsphase keine finanzielle Belastung dar.

LÜCKEN IM MISSIONSPLAN

Analysiert man die „missionarischen" Methoden der Apostelgeschichte, stellt man fest, dass Dinge fehlen, die heutzutage oft als existenziell gelten:

- Es gab keine Gemeindegebäude. Man traf sich in Häusern oder gemieteten Immobilien.
- Investitionen in Grundbesitz wurden nicht für notwendig erachtet.
- Es gab keine Unterscheidung zwischen Berufsgeistlichen und Laien.
- Alle Ämter in der Gemeinde wurden nach Begabung und Zweckmäßigkeit verteilt. Man ging davon aus, dass jeder Gläubige einen Dienst haben sollte.
- Es gab keine Hierarchie.
- Es gab keinen Hauptsitz.
- Es gab keine Kindertaufe.
- Es gab keine Gemeinden, die auf eine Nationalität oder Konfession beschränkt waren.
- Es gab keine Gottesdienstordnung. Während wir Hinweise haben, wie die Gemeinden Gottesdienst feierten, liegt uns kein festes Muster aus dieser Zeit vor, dem wir folgen müssten.
- Die Apostel gründeten keine Krankenhäuser, Schulen, Kliniken oder Hilfsorganisationen.

Vieles von dem, was für uns heute ganz selbstverständlich zur Gemeinde oder zum christlichen Leben dazugehört, war für die erste Gemeinde keineswegs normal oder typisch.

DER THEOLOGISCHE BLICKWINKEL

Unsere Betrachtung der Apostelgeschichte hat viele verschiedene Aspekte beleuchtet: den Sinn des Buches, die Identität des Empfängers, den zweckdienlichen Buchaufbau durch Lukas und die Verwendungsmöglichkeit als „Missionshandbuch". Es gibt einen abschließenden Blickwinkel auf dieses Buch, der sehr gut zu unserer bisherigen Analyse passt. Wir können das Buch aus theologischer Sicht betrachten. Wie ist es auf dieser Ebene einzuordnen?

Wessen Geschichten?
Beginnen wir mit dem Buchtitel. Die Apostelgeschichte wurde ursprünglich einfach nur „Taten" genannt, abgeleitet vom griechischen Wort *práxeis*. Daher kommt im Deutschen die Praxis oder Übung. Die Apostelgeschichte beschreibt also die **Praxis des Christentums**. Doch um wessen Praxis geht es? Wem sind diese „Taten" bzw. diese Geschichten zuzuordnen? Auf diese Frage gibt es vier mögliche Antworten.

1. DIE TATEN DER APOSTEL
Das Buch wird normalerweise die Apostelgeschichte bzw. „Taten der Apostel" genannt. Das ist ziemlich irreführend, wie wir bereits festgestellt haben. Denn **die meisten Apostel kommen in diesem Buch** überhaupt **nicht vor!** Die Anfangskapitel berichten, dass Jakobus enthauptet wurde. Johannes findet gemeinsam mit Petrus Erwähnung, wobei allein Petrus viel Platz eingeräumt wird. Mehr als die Hälfte des Buches beschäftigt sich schließlich mit Paulus, der gar nicht zu den ursprünglichen zwölf Jüngern gehörte. Es geht also nicht ausschließlich um die „Taten der Apostel".

2. DIE TATEN JESU
Das Buch beginnt folgendermaßen: „Den ersten Bericht habe ich verfasst, Theophilus, von allem, was Jesus *angefangen hat* zu tun und zu lehren" (Apostelgeschichte 1,1; ELB). Das lässt eindeutig darauf schließen, dass der vorliegende Band von all dem handelt, **was Jesus weiterhin tat und lehrte.** Deshalb könnten wir es auch „Taten Jesu – die Fortsetzung" nennen. 40 Mal wird der

Name Jesu in den ersten 13 Kapiteln erwähnt. Jesus war das Thema der Predigten der Apostel. In seinem Namen geschahen Heilungen. Vieles spricht daher für den Titel: „Die Taten Jesu".

3. DIE TATEN DES HEILIGEN GEISTES

Eine gründlichere Untersuchung zeigt jedoch, dass **die wichtigste Person in der Apostelgeschichte der Heilige Geist ist**. Er kommt ebenfalls 40 Mal in den ersten 13 Kapiteln vor und 70 Mal insgesamt. Deshalb sollten wir das Buch vielleicht einfach „Die Taten des Heiligen Geistes" nennen. Das würde seiner Rolle mit Sicherheit gerecht. Der Heilige Geist gibt den 120 Jüngern die Kraft, am Pfingsttag Zeugnis abzulegen. Oft wird er als derjenige beschrieben, der die Gläubigen erfüllt.

Einige der wirklich wichtigen Entscheidungen in der Apostelgeschichte werden getroffen, weil der Heilige Geist entsprechend führt. Dadurch, dass er auf die Versammelten im Hause des Kornelius fällt, wird die Predigt des Petrus unterbrochen. Zudem hindert der Geist die Gläubigen daran, nach Asien und Bithynien zu reisen. Stattdessen schickt er sie nach Troas. Er sorgt für die Dynamik bei der Verbreitung des Evangeliums. Es wäre also durchaus gerechtfertigt, das Buch „Die Taten des Heiligen Geistes" zu nennen.

4. DIE TATEN GOTTES

Allerdings könnte man das Buch auch einer noch wichtigeren Person widmen, die ebenfalls sehr häufig vorkommt. Während Lukas den Heiligen Geist in den ersten 13 Kapiteln 40 Mal nennt, wird jemand anderer 100 Mal erwähnt: Gott selbst. Machen wir Jesus oder den Heiligen Geist zu unserem Fokus, so können wir in unserem Theologieverständnis unbeabsichtigt zu „Unitariern" werden (diese lehnen die Lehre von der Dreieinigkeit ab). In diese Falle sind schon einige christliche Gruppen hineingetappt. **Der Heilige Geist konzentriert sich auf Jesus, während Jesus uns zurück zu Gott bringt.**

Die Dreieinigkeit
Die Apostelgeschichte ist daher in ihrem Theologieverständnis wirklich dreieinig. Das Wort „Dreieinigkeit" steht tatsächlich nicht in der Bibel. Doch dieser Begriff ist eine Kurzbeschreibung der drei Personen, die unseren einen Gott ausmachen. Die Apostelgeschichte befasst sich daher mit drei Dingen:
1. mit dem Königreich Gottes, des Vaters,
2. mit dem Namen Jesu, des Sohnes,
3. mit der Kraft des Heiligen Geistes

Der beste Titel, um all diesen Aspekten gerecht zu werden, wäre daher folgender: Die „Taten Gottes durch Jesus Christus, gewirkt durch den Heiligen Geist in den Aposteln".

FAZIT
Die Apostelgeschichte ist der bemerkenswerte Bericht über die Verbreitung des Christentums von Jerusalem bis nach Rom. Lukas sichtet die Beweise und wählt die Ereignisse aus, die diese Ausbreitung veranschaulichen. Dabei stellt er gleichzeitig ein Leitbild für das Gemeindeleben und ein Missionshandbuch zur Verfügung, damit sich diese Weiterverbreitung des Glaubens fortsetzen kann. Dabei erreicht er gleichzeitig sein übergreifendes Ziel, nämlich Theophilus zu informieren, damit sein Freund, der Apostel Paulus, in seinem Gerichtsprozess freigesprochen werden kann. Parallel dazu war es Gottes Absicht, dass wir durch dieses Buch erkennen, wie er wirkt, um sein Reich zu bauen. Wer wir auch sein mögen und wo immer wir uns aufhalten – die Apostelgeschichte zeigt uns ein klares Bild der Ideale, für die wie arbeiten und beten sollten.

42.
DAS JOHANNESEVANGELIUM

Einleitung

In der Einführung zu den Evangelien (Seite 27-39) haben wir festgestellt, dass es nach dem Tod einer bekannten Persönlichkeit drei unterschiedliche Phasen des öffentlichen Interesses gibt: an dem, was dieser Mensch **getan hat**, an dem, was er **gesagt hat,** sowie daran, **wer er wirklich war.** Ganz eindeutig fokussiert sich Johannes hauptsächlich auf diesen dritten Punkt. Er betrachtet *die Innenwelt* Jesu und fragt: Wer war er?

Matthäus, Markus und Lukas konzentrieren sich mehr auf das, was Jesus tat und sagte. Sie beschäftigen sich kaum mit der Frage seiner inneren Beweggründe. Demgegenüber gibt uns Johannes einen Einblick in **das Innenleben Jesu und in sein Selbstverständnis.** Wir werden später sehen, dass Johannes auch noch aus anderen Gründen zur Feder griff. Doch die Identität Jesu ist ein wichtiger Aspekt, der für das Verständnis dieses Evangeliums unverzichtbar ist.

Insgesamt gibt es fünf Hauptunterschiede zwischen Johannes auf der einen Seite und Matthäus, Markus und Lukas auf der anderen.

1. Auslassungen

Der Unterschied zwischen Johannes und den synoptischen Evangelien wird besonders deutlich, wenn wir den **Inhalt seines Evangeliums** betrachten. Johannes offenbart nicht nur eine besondere Sicht auf Jesus, sondern er lässt auch eine ganze Reihe von Themen weg, die die anderen Evangelisten für wichtig hielten:
- die Empfängnis und die Geburt Jesu
- seine Taufe

- seine Versuchung
- das Austreiben von Dämonen
- seine Verklärung
- das letzte Abendmahl
- Jesu Gebetskampf in Gethsemane
- die Himmelfahrt

Diese Auslassungen überraschen, insbesondere wenn wir uns klarmachen, wieviel Bedeutung die anderen Autoren einigen dieser Ereignisse beimessen. In den synoptischen Evangelien wird beispielsweise die Verklärung Jesu als Schlüsselereignis betrachtet. Auch bat Jesus, als er am Kreuz hing, Johannes darum, für seine Mutter zu sorgen. Vielleicht ließ Johannes die Geburtsgeschichte weg, um Maria unnötiges Aufsehen in der Öffentlichkeit zu ersparen. Der Hauptgrund für diese Auslassungen ist jedoch, **dass diese Details nicht dem Zweck dienten, den Johannes verfolgte.** Er hatte sich vorgenommen, uns etwas völlig anderes zu berichten als die übrigen Evangelisten. Daher gab es für ihn keinen Grund, Themen zu behandeln, die er als unnötig ansah.

Johannes ließ nicht nur bestimmte Dinge aus, er **spielte auch einige Themen herunter**, welche die anderen drei Evangelisten für wichtig oder in größerem Umfang für erwähnenswert hielten. So kommen beispielsweise bei Matthäus, Markus und Lukas zahlreiche Wunder vor, bei Johannes jedoch nur sieben. Kaum Erwähnung findet im Johannesevangelium eines der Hauptthemen Jesu: das Reich Gottes. Dieses Wort taucht nur zweimal auf. Es wird erwähnt, als Jesus Nikodemus erklärte, er müsse von neuem geboren werden, um das Reich Gottes zu sehen. Pilatus gegenüber sagte Jesus, dass sein Reich nicht von dieser Welt sei. Das bedeutet allerdings nicht, dass Wunder oder das Reich Gottes nicht wichtig wären. Johannes verfolgte einfach einen anderen Zweck als die anderen Autoren und setzte ihn auf seine eigene Art um.

2. Hinzufügungen
WUNDER
Genauso, wie Lücken vorkommen, gibt es auch einige sehr wichtige Ergänzungen. Fünf der insgesamt sieben **Wunder**, über die Johannes berichtet, sind **gänzlich neu:**
- die Verwandlung von Wasser in Wein bei der Hochzeit zu Kana
- der Mann am Teich Betesda
- die Heilung des Sohnes eines königlichen Beamten
- die Heilung des Blindgeborenen
- die Auferweckung des Lazarus

Nur zwei Wunder sind schon bekannt: das Gehen auf dem Wasser und die Speisung der 5.000.

Darüber hinaus verwendet Johannes **ein anderes Wort für Wunder**. Er spricht von „Zeichen". Ein Zeichen deutet immer auf etwas oder jemanden hin. Folglich reduziert Johannes die Zahl der Wunder nicht deshalb, weil er sie für weniger wichtig hält. Vielmehr möchte er aufzeigen, wie ein bestimmtes Wunder oder Zeichen auf Jesus verweist. Wir werden später noch sehen, wie dieser Ansatz der Absicht des Johannes dient.

EINZELPERSONEN
Johannes erzählt mehr Geschichten über Einzelpersonen als die anderen Evangelisten. Einige dieser Begegnungen sind nur in diesem Evangelium zu finden: Petrus' anfängliche Weigerung, sich die Füße waschen zu lassen, das Gespräch mit der samaritanischen Frau am Brunnen sowie die Unterredung mit Nikodemus. Tatsächlich wird diesen **Einzelgesprächen** ein größerer Stellenwert eingeräumt

als den Begegnungen mit großen Menschenmengen, die in den anderen Evangelien so wichtig zu sein scheinen. Die Aussagen Johannes des Täufers fallen in diesem Evangelium ausnahmslos in persönlichen Gesprächen und nicht im Rahmen öffentlicher Verkündigungen.

Aussagen über Jesus

Es gibt im Johannesevangelium zudem sieben wichtige Aussagen, die Jesus über sich selbst trifft. Sie sind auch als die **„Ich-bin-Worte"** bekannt:

- Ich bin das Brot des Lebens
- Ich bin das Licht der Welt
- Ich bin die Tür
- Ich bin der gute Hirte
- Ich bin die Auferstehung und das Leben
- Ich bin der Weg, die Wahrheit und das Leben
- Ich bin der wahre Weinstock

Diese Aussagen kommen nur im Johannesevangelium vor. Sie dienen der Absicht des Verfassers, uns einen Einblick in das Selbstverständnis Jesu zu geben.

3. Schwerpunkte

Die synoptischen Evangelien sind auf der Struktur des Markusevangeliums aufgebaut. Dabei nutzen sie den von Markus vorgegebenen zeitlichen und geographischen Rahmen: 30 Monate im nördlichen Galiläa, gefolgt von sechs Monaten im weiter südlich gelegenen Judäa, wobei der Schwerpunkt auf Jerusalem liegt. Johannes jedoch baut seinen Bericht ganz anders auf. Fast sein gesamtes Evangelium spielt sich **im Süden** ab, enthält aber gleichzeitig Ereignisse aus der Anfangszeit des Dienstes Jesu. Er hebt bewusst die Anlässe hervor, zu denen Jesus nach Jerusalem ging, nämlich die jüdischen

Feste (wahrscheinlich mindestens dreimal pro Jahr). Der überwiegende Teil des Johannesevangeliums spielt sich folglich im Kontext des Laubhüttenfests, des Passahfests und auch der Tempelweihe ab. Dabei bleibt Vieles, was Jesus im Norden wirkte, unbeachtet.

4. Stil

Die stilistischen Besonderheiten des Johannes zeigen sich insbesondere in zwei Bereichen.

SPRACHE

Johannes drückt sich anders aus als die übrigen drei Evangelisten, die bemerkenswerte Übereinstimmungen zeigen. An manchen Stellen ist ihr Wortlaut sogar identisch. Der Wortschatz des Johannes deutet darauf hin, dass er **völlig unabhängig** gearbeitet hat. So haben die Synoptiker beispielsweise 53 Worte gemeinsam, wenn sie über die Speisung der 5000 berichten. Mit Johannes hingegen sind nur acht Übereinstimmungen feststellbar. Selbst der Begriff für „Fisch" ist ein anderer.

MEINUNGSVERSCHIEDENHEITEN

Die synoptischen Evangelien konzentrieren sich hauptsächlich auf die Gleichnisse Jesu. Längere Lehrabschnitte sind selten. Im Johannesevangelium scheint Jesus jedoch in **endlose Streitgespräche verwickelt zu sein, die sich mehr auf Glaubens- statt auf Verhaltensfragen konzentrieren.** Da sich diese Diskussionen hauptsächlich auf seinen Reisen in den Süden ereigneten, scheint Jesus seinen Lehrstil geändert zu haben, wenn er nach Jerusalem ging; wahrscheinlich, weil er mit den Menschen in Judäa häufiger in Auseinandersetzungen über seine Identität geriet.

Ein Beispiel ist die lange Diskussion in Johannes 8. Jesus hatte gerade über die Beziehung zu Gott, seinem

Vater, gesprochen. Da fragten ihn die Pharisäer: „Wo ist dein Vater?" Sie gingen davon aus dass Jesus nicht selbstbewusst über seine Abstammung sprechen konnte, weil er Gerüchten zufolge unehelich zur Welt gekommen war.

„Ihr kennt weder mich noch meinen Vater", antwortete Jesus. „Wenn ihr mich kennen würdet, würdet ihr auch meinen Vater kennen" (Johannes 8,19; SLT). Jesus verdeutlichte ihnen also, dass er sehr wohl wusste, wer sein Vater war. Er drehte quasi den Spieß um und forderte nun die Pharisäer heraus. Eigentlich hätten sie ihn kennen müssen, waren jedoch weit von ihm entfernt.

Damit schneiden wir ein interessantes, allerdings oft missverstandenes Thema an, das die Gegner Jesu betrifft. Im Johannesevangelium heißt es, dass die „Juden" Jesus hassten, dass Jesus immer mit den „Juden" in Streit geriet und dass die „Juden" ihn kreuzigten. Wir begehen jedoch einen schweren Fehler, wenn wir das Wort „Juden" auf die gesamte Nation beziehen. Tatsächlich hat dieses Missverständnis den Antisemitismus der letzten 2.000 Jahren befeuert. Wenn Johannes die „Juden" erwähnt, dann meint er die Bewohner des Südens, die Menschen in Judäa. Er kontrastiert sie mit den Galiläern im Norden, deren Einstellung Jesus gegenüber (von ein paar Ausnahmen abgesehen) ganz anders und viel positiver war.

5. Perspektive

Johannes hat eine völlig andere Perspektive als die Synoptiker. Er war sich **der Notwendigkeit bewusst, sowohl zu einer griechischen, als auch zu einer hebräischen Welt zu sprechen.** Er verfasste sein Evangelium in Ephesus in Kleinasien (in der heutigen Westtürkei), wo griechisches und hebräisches Denken aufeinander trafen. Den Unterschied zwischen diesen beiden Denkweisen müssen wir kennen, um einige der Ansätze zu verstehen, von denen sich Johannes bei der Anordnung seiner Inhalte leiten ließ.

Einfach ausgedrückt: Die Hebräer gingen von einem *horizontalen Zeitstrahl* aus, der die allgemeingültigen Begriffe von Vergangenheit, Gegenwart und Zukunft umfasste. Sie kannten Gott als den, der war, der ist und der da kommt. Ihr gesamtes Verständnis basierte auf diesem Zeitstrahl, wobei die Zeit sowohl das Ziel als auch den Fortschritt in sich trug. Das griechische Denken orientierte sich im Gegensatz dazu an einer *vertikalen Linie im Raum*. Es beschäftigte sich mit dem Leben oben und unten, im Himmel und auf der Erde.

Denkt man in hebräischen Dimensionen, so hat man eine Vorstellung von Zeit, die sich in eine Richtung fortbewegt. Gott entscheidet, wohin sich die Dinge entwickeln. Die ersten drei Evangelien gehen von dieser Art Zeitstrahl aus und Johannes verwirft diese Vorstellung nicht völlig. Schließlich ist er selbst Jude. So verwendet er beispielsweise fünfmal das Konzept der „Stunde".

Allerdings nutzt er auch den griechischen Ansatz mit seiner vertikalen Linie zwischen Himmel und Erde, oben und unten. Daher sieht er Jesus als den, der **aus dem Himmel** kommt, und zitiert dabei Jesu Worte in Kapitel 3,13 (ELB): „Und niemand ist hinaufgestiegen in den Himmel, als nur der, der aus dem Himmel herabgestiegen ist, der Sohn des Menschen." In Kapitel 6,33 (SLT) heißt es wiederum: „Denn das Brot Gottes ist derjenige, der aus dem Himmel herabkommt und der Welt Leben gibt."

Wir haben schon festgestellt, dass das Reich Gottes im Johannesevangelium kaum erwähnt wird. Die synoptischen Evangelisten hingegen betonen, wie das Reich Gottes in dieses gegenwärtige, böse Zeitalter einbricht. Sie warten auf seine Vollendung. Im Gegensatz dazu konzentriert sich Johannes mehr auf den *vertikalen* Aspekt Gottes, der die Welt liebt und Jesus auf die Erde schickt. Wir könnten es auch so formulieren: Johannes ist eher ein „Auf und Ab"-Evangelium, während die anderen drei eher „Einst und Jetzt"- Berichte sind.

DAS JOHANNESEVANGELIUM AN SICH
Nachdem wir die Unterschiede des Johannesevangeliums zu den synoptischen Evangelien herausgearbeitet haben, wollen wir uns nun Johannes selbst etwas näher ansehen.

Wer war Johannes?
EIN FISCHER
Bevor er berufen wurde, Jesus nachzufolgen, war Johannes Fischer. Er hatte mit beiden Seiten seines Berufsstandes zu tun, mit dem Fischfang und mit der Vermarktung. Wir wissen, dass er Verbindungen nach Jerusalem hatte. Diese beinhalteten wahrscheinlich ein Ladengeschäft, in dem die Fische, die in Galiläa gefangen wurden, an den Endverbraucher verkauft wurden. Er war also ein **Mann, der in zwei Welten zuhause war**, im ländlichen Norden und im städtischen Jerusalem im Süden. Dadurch unterschied sich Johannes von den meisten anderen Aposteln, die ausschließlich aus dem Norden stammten. Der einzige Jünger aus dem Süden war Judas Iskariot.

EIN VERWANDTER JESU
Johannes war ein **Cousin** Jesu und der Bruder des Jakobus, eines anderen Jüngers. Tatsächlich waren mindestens fünf, wahrscheinlich sogar sieben der zwölf Jünger Verwandte Jesu. Die eigenen Brüder des Herrn blieben allerdings skeptisch, bis Jesus von den Toten auferstand. Dann allerdings wurden Jakobus und Judas nicht nur

gläubig, sondern verfassten sogar zwei Bücher des Neuen Testaments. Die enge Verbindung zwischen Jesus und Johannes wurde am Kreuz sichtbar, als Jesus ihn bat, für seine Mutter zu sorgen.

DER BESTE FREUND JESU
Johannes stand Jesus jedoch nicht nur nahe, weil er sein Cousin war. Er gehörte, gemeinsam mit Jakobus und Petrus, zum **inneren Kreis** seiner engsten Vertrauten und bezeichnete sich selbst als „den Jünger, den Jesus liebte". Dadurch, dass er seinen Namen nicht nannte, wollte er die Aufmerksamkeit von sich fernhalten. Diese Bezeichnung vermittelt uns gleichzeitig, dass er Jesus von den Zwölfen am nächsten war. Beim letzten Abendmahl war Johannes' Platz an der Seite Jesu, als sie zu Tisch lagen. Jesus wollte seinen guten Freund bei sich haben, als sie diese bedeutsame Mahlzeit miteinander teilten.

DER LETZTE APOSTEL
Johannes stand Jesus nicht nur am nächsten, er war auch der Apostel, der am längsten lebte. Er schrieb sein Evangelium als **alter Mann** und vermittelte seinen Lesern dabei einzigartige Erkenntnisse über die Person Jesu. Gegen Ende berichtet er, wie Petrus von Jesus erfuhr, dass er selbst auch am Kreuz sterben würde. Daraufhin fragte Petrus Jesus nach dem Tod des Johannes. Jesus antwortete ihm, dass es ihn nichts anginge. Selbst wenn er wollte, dass Johannes bis zu seiner Wiederkunft am Leben bliebe, wäre das allein seine Sache. Von diesem Tag an ging das Gerücht um, dass Jesus vor dem Tod des Johannes wiederkommen würde. Allerdings hatte Jesus das nie gesagt. Johannes stellt dies am Ende seines Evangeliums richtig.

Die Nähe zwischen Johannes und Jesus wird auch in der **Freiheit** sichtbar, mit der Johannes **die tatsächlichen**

Aussagen Jesu weiter ausbaut. Johannes formuliert einige seiner Ausführungen sogar um, damit ihre volle Bedeutung deutlich wird. Denn er glaubt, dass er die Gedanken Jesu gut genug kennt, um erklären zu können, was er wirklich meinte. So heißt es beispielsweise in Johannes 3,16 (SLT): „denn so sehr hat Gott die Welt geliebt, dass er seinen eingeborenen Sohn gab ..." Dabei ist nicht klar, wer diese Aussage trifft. Ist es Jesus in der Unterhaltung mit Nikodemus oder Johannes, der diesen Abschnitt durch seine eigenen Überlegungen erweitert? Anzunehmen, dass Jesus diesen Satz gesagt hätte, wäre sonderbar. Es hört sich eher so an, als würde ein Dritter indirekt über Jesus sprechen. Dieser Effekt ist typisch für Johannes und durchzieht das gesamte Evangelium. Da er wirklich versteht, was Jesus meinte, führt er die Aussagen Jesu weiter aus. **Unter der Leitung des Heiligen Geistes** arbeitet er ihre Bedeutung heraus. Aus diesem Grunde nannte Eusebius, einer der frühen Kirchenväter, dieses Buch des Johannes „das geistliche Evangelium". Der Grund dafür ist unschwer zu erkennen.

Das Ziel des Johannes

Welches Ziel verfolgte Johannes nun mit seinem Evangelium? Die Erörterung dieser Frage wird uns dabei helfen, dieses Buch wirklich zu verstehen. Wir haben bereits festgestellt, dass es Johannes darum ging, das Innenleben Jesu zu beleuchten. Doch das war nur ein Teil seines übergeordneten Ziels, welches er am Ende seines Evangeliums offenbart. Er erklärt uns, dass er diese Inhalte auswählte, **damit die Leser glauben, dass Jesus der Christus, der Sohn des lebendigen Gottes ist.** Durch diesen Glauben sollen sie in seinem Namen Leben haben (siehe Johannes 20,31). Das ist eine sehr klare Aussage. Allerdings ist es wichtig, die *volle* Bedeutung dessen zu erfassen, was Johannes da zum Ausdruck bringt.

Die genaue Bedeutung

Als Erstes müssen wir uns den genauen Wortlaut im griechischen Originaltext verdeutlichen. Im Griechischen gibt es für Verben eine Gegenwartsform, die sich nicht direkt ins Deutsche übersetzen lässt. Für ein richtiges Textverständnis ist sie allerdings sehr oft unverzichtbar. Diese Zeitform wird verwendet, wenn man etwas **andauernd oder fortwährend tut**. Um die Bedeutung ins Deutsche zu übertragen, muss man ein kleines Wörtchen hinzufügen, nämlich „beständig" oder „weiterhin". Jesus hat beispielsweise nicht gesagt, „bittet und ihr werdet empfangen, suchet und ihr werdet finden, klopfet an und es wird euch aufgetan". Das würde bedeuten, dass man jede dieser Aktivitäten nur einmal tun müsste. Tatsächlich hat er gesagt: „Bittet *beständig* und ihr werdet empfangen, *suchet beständig* und ihr werdet finden, *klopft beständig an* und euch wird geöffnet werden". Wenn also jemand den Heiligen Geist nicht empfängt, wenn er das erste Mal darum bittet, dann sollte er nicht in Panik geraten, sondern weiterhin beständig darum bitten.

Diese Zeitform der Gegenwart wird in Johannes 20,31 verwendet. So heißt der Vers genauer übersetzt: „Diese aber sind geschrieben, damit ihr *weiterhin glaubt*, dass Jesus der Sohn Gottes ist, und damit ihr durch diesen beständigen *Glauben weiterhin Leben* habt in seinem Namen." Dieselbe Konstruktion erhellt uns den bekanntesten Vers dieses Evangeliums, nämlich Johannes 3,16. Folgendermaßen wird er besser verständlich: „Denn so sehr hat Gott die Welt geliebt, dass er seinen eingeborenen Sohn gab, damit jeder, der *beständig an ihn glaubt* nicht verloren geht, sondern *weiterhin ewiges Leben hat.*"

FÜR GLÄUBIGE ODER UNGLÄUBIGE?

Das Johannesevangelium wurde nicht verfasst, damit die Leser *anfingen* zu glauben, dass Jesus der Sohn Gottes ist.

Es wurde geschrieben, damit sie es *weiterhin* glaubten. Für Menschen, die keinerlei Vorwissen über Jesus haben, ist der Großteil des Johannesevangeliums ungeeignet. Dieses Buch ist für **reife Gläubige** bestimmt. Es soll ihnen helfen, an ihrem Glauben festzuhalten, damit sie sich nicht von ihrer Erkenntnis des wahren Wesens Jesu abwenden, sondern fortwährend auf Gott vertrauen und dadurch weiterhin ewiges Leben haben.

Dieses Prinzip legte Johannes der Zusammenstellung seiner Inhalte zugrunde. Das Evangelium sollte nicht allumfassend sein, sondern die Leser mit dem versorgen, was sie brauchten, um weiterhin das ewige Leben durch beständigen Glauben festzuhalten. Mit einfachen Worten: das Ziel, für das Johannes sein Buch schrieb, war das (ewige) **Leben** – und das Mittel zur Erreichung dieses Ziels besteht in **beständigem Vertrauen und Gehorsam**.

DAS ZIEL: LEBEN

Johannes beschreibt das Leben, das Jesus anbietet, als ein **Leben, das gegenwärtig ist und fortdauert.** Ewiges Leben beinhaltet sowohl Quantität, es ist unaufhörlich, als auch Qualität, es ist überfließend. Es besteht nicht nur in einer Absicherung gegen den Tod, sondern in einem Leben, dass wir im „Hier und Jetzt" genießen dürfen und sollen. Die Absichtserklärung des Johannes (Kapitel 20, 31) verdeutlicht, dass wir dieses Leben zwar haben, es jedoch auch wieder verlieren können, wenn wir nicht beständig fortfahren zu glauben. Die Themen Leben und Glauben sind also zentrale Elemente im Gesamtplan des Johannes. Leben ist sein erklärtes Ziel. Seine Leser sollen weiterhin Leben haben, dafür schreibt er dieses Buch. Der Glaube ist dabei das Mittel, um dieses Ziel zu erreichen. Wenn wir beständig glauben, werden wir weiterhin ewiges Leben haben.

DER DREH- UND ANGELPUNKT DER GESCHICHTE

Das Mittel zum Ziel: Glaube

Dass es Johannes um den Glauben geht, bestätigt die Häufigkeit, mit der er das Wort verwendet, nämlich 98 Mal. Das ist weit mehr als die drei anderen Evangelisten zusammengenommen. Wir müssen allerdings genauer hinschauen, denn er meint nicht jedes Mal dasselbe. Für Johannes gibt es **drei Abschnitte oder Phasen des Glaubens.**

a.) Glaube

Einer Sache Glauben zu schenken bedeutet, **zu glauben, dass etwas wahr ist.** Das entscheidende Wort ist „dass". Wir glauben, *dass* Jesus starb und *dass* er auferstand. Glauben heißt, bestimmte geschichtliche Tatsachen für wahr zu halten sowie die Glaubwürdigkeit des Evangeliums, d.h. seine Wahrheit zu akzeptieren. Wirklicher Glaube gründet sich auf die Worten und Taten, die Jesu Aussagen über sich selbst untermauern.

Das allein ist noch kein rettender Glaube. Denn an diesem Punkt kann jeder behaupten, dass er glaube, dass etwas wahr sei. Dieses Akzeptieren der Wahrheit ist nur der *Anfang* des rettenden Glaubens. (Dämonen glauben den Fakten und „zittern"; das macht aus ihnen allerdings noch keine Gläubige; Jakobus 2,19.)

b.) Vertrauen

Vertrauen ist die zweite Phase des Glaubens: Wenn wir die Wahrheit akzeptiert haben, setzen wir unser Vertrauen *auf* Jesus. Wir **vertrauen und gehorchen ihm.** Das heißt, dass wir die Wahrheit annehmen und auf der Grundlage dessen handeln, was wir als wahr erkannt haben. Jesus sagte gegen Ende des Evangeliums zu Petrus: „Folge mir". Jesus nachzufolgen ist ein Glaubensakt, der auf Vertrauen und Gehorsam beruht. Wir können zwar behaupten, an jemanden zu glauben. Doch wenn wir dieser Person nicht vertrauen, ist unser „Glaube" oberflächlich.

c.) Beständigkeit

Diese dritte Dimension des Glaubens betrifft den fortlaufenden Aspekt, den wir vorher schon erörtert haben, als wir uns mit der Hauptzielsetzung des Johannes beschäftigten. Wir müssen **beständig glauben**. Sowohl im Griechischen als auch im Hebräischen sind „Glaube" und „Treue" ein und dasselbe Wort. Manchmal wissen wir nicht, welches von beiden gemeint ist. Wenn wir jemandem wirklich vertrauen, werden wir ihm immer vertrauen. Haben wir wirklich Glauben, dann werden wir auch treu sein. Wir werden weiterhin an den anderen glauben, was auch immer geschieht und was auch immer es uns kosten mag. Deshalb ist Glaube kein einmaliger *Schritt* (für einen Augenblick), sondern ein *Zustand* (fortlaufend).

Jesus verdeutlicht dies in Johannes 15, als er zu seinen Jüngern spricht. Er verwendet das Bild des Weinstocks, um sich selbst zu beschreiben und erklärt ihnen, dass sie die Reben am Weinstock sind. Er ermahnt sie, am Weinstock zu bleiben, d.h., sich beständig an ihn zu halten. Täten sie dies nicht, würden sie unfruchtbar, abgeschnitten und verbrannt. Während Johannes lehrt, dass niemand von sich aus zu Jesus kommen kann, es sei denn, der Vater zieht ihn, vermittelt er noch einen weiteren Aspekt: Nur, wer *in Christus bleibt*, wird in den Genuss des ewigen Lebens kommen. Das Leben ist im Weinstock, nicht in den Reben (vgl. 1. Joh. 5,11).

Die Absicht des Johannes können wir folgendermaßen zusammenfassen: Ihm geht es darum, dass seine Leser weiterhin an Jesus glauben, sodass sie dauerhaft ewiges Leben haben. Dieser Glaube beinhaltet drei Stufen: die Wahrheit annehmen, diese Wahrheit aktiv umsetzen und an der Wahrheit festhalten. Jesus selbst ist die Wahrheit.

DER DREH- UND ANGELPUNKT DER GESCHICHTE

Die Wahrheit über Jesus

Es gibt einen weiteren Aspekt, der das Ziel des Johannes betrifft. Er wird uns helfen, einige der Details im Text besser zu verstehen. Als Johannes um 90 nach Christus sein Evangelium schrieb, gab es **beträchtliche Spekulationen über Jesus**, die sogar vor seinen ersten Lebensjahren nicht haltmachten. Mehrere Evangelien wurden verfasst, die aber später kirchenrechtlich nicht anerkannt wurden. Ihre Verfasser gaben vor, Jesu Kindheit darzustellen. Eines davon beschreibt, wie Jesus als kleiner Junge in Nazareth auf der Straße spielte. Als ihn jemand in den Dreck stieß, verfluchte Jesus diese Person, die daraufhin Lepra bekam. In einer weiteren Erzählung formte der kleine Jesus Vogelbabys aus Ton. Nachdem er sie gesegnet hatte, beobachtete er, wie sie davonflogen.

Tatsächlich vollbrachte Jesus, bis er 30 war, kein einziges Wunder, weil er ohne die Kraft des Heiligen Geistes keine Wunder wirken konnte. Diese übernatürlichen Zeichen setzte er nicht als Sohn Gottes, sondern als Menschensohn, der mit dem Heiligen Geist erfüllt war. Da sich diese Irrlehren jedoch verbreiteten, wollte Johannes die Spekulationen über die Identität Jesu ein für alle Mal zum Schweigen bringen. **Doch wer war Jesus wirklich?** Johannes hatte das Bedürfnis, insbesondere zwei falsche Annahmen richtigzustellen, die in Ephesus kursierten.

1. EINE ZU HOHE MEINUNG VON JOHANNES DEM TÄUFER

Wir wissen aus Apostelgeschichte 19, dass es in Ephesus eine Gruppe von Jüngern gab, die Anhänger von Johannes dem Täufer waren. Sie glaubten noch nicht an Jesus, bis Paulus sie eines Besseren belehrte. In den Tagen des Johannes gab es offensichtlich immer noch Menschen, die Johannes den Täufer so sehr verehrten, dass sie Gefahr liefen, zu einer Sekte des Christentums zu werden. **Sie konzentrierten sich auf Buße und Moral, wie Johannes es getan hatte, allerdings ohne die Betonung des Heiligen Geistes, die erst mit Jesus kam.**

Durch sein Evangelium wollte der Apostel Johannes diese überhöhte Sicht von Johannes dem Täufer korrigieren. Jedes Mal, wenn er Johannes den Täufer erwähnte, setzte er ihn quasi herab. Er erklärte, dass Johannes nicht das Licht der Welt war. Er wies nur auf das Licht hin. Er berichtete, dass Johannes keine Wundervollbrachte. Er zitierte die eigenen Worte des Johannes, dass er abnehmen und Jesus zunehmen müsse und dass Jesus der Bräutigam und er nur der Trauzeuge sei.

Johannes der Täufer traf zwei entscheidende Aussagen über Jesus:

- Er wird als **Lamm Gottes** die Sünden der Welt wegnehmen
- Er wird **mit Heiligem Geist** taufen

Beides musste gelehrt werden, damit die Gläubigen kein verzerrtes Bild von Jesus erhielten. Johannes der Täufer hatte klar und deutlich erklärt, dass *allein* Jesus Sünde wegnehmen und mit Heiligen Geist taufen könnte. Seine Jünger hatten diese Aussagen jedoch nicht ausreichend verinnerlicht. Daher räumten sie Jesus nicht die herausragende Stellung ein, die ihm zustand.

2. *EINE ZU GERINGE MEINUNG VON JESUS*

Viel bedenklicher war allerdings, dass die Menschen in Ephesus schon jetzt eine zu geringe Meinung von Jesus hatten. Das ist teilweise nachvollziehbar, wenn wir den starken Einfluss der griechischen Philosophie berücksichtigen. Wie bereits erwähnt, unterteilten die griechischen Philosophen das Leben in zwei Sphären. Es gibt verschiedene austauschbare Begriffe dafür: oben und unten, das Physische und das Geistliche, das Zeitliche und das Ewige, das Heilige und das Weltliche. Sie unterschieden nicht nur diese beiden Aspekte, sondern erhoben auch einen über den anderen. Plato vertrat, dass das Geistliche realer sei, während Aristoteles das Physische für richtiger (und damit wichtiger) hielt.

Aus diesem Grund hatten die Griechen ein echtes Problem damit, dass Jesus gleichzeitig physisch und geistlich, irdisch und himmlisch sowie menschlich und göttlich war. In ihrer Vorstellungswelt konnte sich **das Physische nicht mit dem Geistlichen verbinden**. Daher entwickelten sie mehrere vom Evangelium abweichende Lehrmeinungen, um zu ergründen, auf welcher Seite der Realität Jesus stand.

1. **Eher göttlich als menschlich?** Manche behaupteten, Jesus sei eher göttlich als menschlich und niemals wirklich ein Mensch gewesen. Er habe nur den *Anschein* eines Menschen erweckt. Diese Irrlehre wird „Doketismus" genannt, abgeleitet von einem Wort, das „Phantom" bedeutet. Das heißt, Jesus hatte einen „Scheinleib". Nach dieser Auffassung erlebte Jesus das Menschsein nie wirklich, weil seine Göttlichkeit seine menschliche Seite überlagerte.

2. **Eher menschlich als göttlich?** Andere vertraten die Ansicht, Jesus sei eher menschlich als göttlich gewesen. Er war ein Mann, der perfekt auf Gott reagierte und die Kapazität des Göttlichen, die in jedem von uns steckt, voll entwickelte. Diesen Ansatz nennt man „Adoptionismus", abgeleitet vom Begriff *Adoption*. Das heißt, Gott nahm Jesus an Kindes statt an und machte ihn so zu seinem Sohn. Man geht davon

aus, dass dies bei seiner Taufe geschah, als er mit dem Heiligen Geist erfüllt wurde. Bedauerlicherweise wird diese Irrlehre bis heute vertreten.

3. **Teils menschlich, teils göttlich?** Wieder andere behaupteten, dass er teils menschlicher und teils göttlicher Natur war, ohne dass sie einer dieser beiden Eigenschaften den Vorzug gaben. Diese Sicht ist auch heute noch verbreitet. Die Zeugen Jehovas vertreten die Ansicht, dass wir Jesus als Halbgott ansehen müssten, der halb menschlich war, das erste *erschaffene* Wesen. Da der erste Vers des Johannesevangeliums ausdrücklich klarstellt, dass Jesus Gott war, der am Anfang bei Gott war, übersetzen die Zeugen Jehovas diesen Vers folgendermaßen: Sie fügen einen unbestimmten Artikel ein, so dass es heißt, dass Jesus *ein* Gott war. Diese Übersetzung entspricht jedoch nicht dem griechischen Urtext.

4. **Vollkommen menschlich und vollkommen göttlich?** Das Johannesevangelium ist in seiner Aussage eindeutig: Jesus war und ist vollkommen göttlich *und* vollkommen menschlich. Für Johannes war es von entscheidender Wichtigkeit, dies zu betonen, wollte er sein Ziel erreichen. Nur jemand, der sowohl wahrer Gott als auch wahrer Mensch war, konnte die Menschheit von ihren Sünden erretten. Jesu *Menschlichkeit* befähigte ihn, für uns zu sterben. Seine *Göttlichkeit* garantierte, dass er den Tod besiegen und denen Leben bringen würde, die an ihn glaubten. Sollten die Leser des Johannes tatsächlich das ewige Leben im Namen Jesu ergreifen und festhalten, so mussten sie *denselben* Jesus kennenlernen, den auch die Apostel kannten.

Johannes wollte also, dass die Menschen die Wahrheit über Jesus erfuhren. Daher konzentrierte er sich bewusst auf diese zwei Aspekte, auf die Menschlichkeit und die Göttlichkeit Jesu.

1. SEINE WAHRE MENSCHLICHKEIT

Jesus erscheint im vierten Evangelium tatsächlich „menschlicher" als in den anderen drei. Ein Beispiel hierfür ist der kürzeste Vers der Bibel: „Jesus weinte." Er zeigt Jesus ganz menschlich. Er steht am Grab eines seiner besten Freunde und weiß, dass er diesen in Kürze wieder herausrufen wird. Dennoch vergießt er Tränen über diese traurige Situation. Johannes berichtet auch, dass Jesus hungrig, durstig, müde oder überrascht war. All das sind durch und durch menschliche Regungen. Mit seinem Ausruf: „Sehet, welch ein Mensch!" (Johannes 19,5; ELB), fasste Pilatus unbeabsichtigt das zusammen, was Johannes seinen Lesern vor Augen malt. Johannes zeigt uns an Jesus, **was Menschsein wirklich bedeutet** oder wie es tatsächlich aussehen sollte.

Diese Menschlichkeit kann man auch an dem Stellenwert erkennen, den Johannes dem **Gebetsleben** Jesu gibt. Er offenbart uns mehr Details als die anderen Evangelisten. Johannes zeigt uns einen völlig menschlichen Jesus, der beten muss und von seinem Vater abhängig ist, damit dieser ihm mitteilen kann, was er zu tun und zu sagen hat. Einige der schönsten Gebete Jesu sind in diesem Evangelium zu finden.

Das Johannesevangelium legt zudem einen starken Fokus auf den **Tod Jesu** und betont wie kein zweites, dass er tatsächlich starb. Johannes berichtet uns, wie einer der Soldaten die Seite Jesu mit einem Speer durchbohrte. Sofort strömten Blut und Wasser heraus. Dann fügt Johannes folgenden Satz über sich selbst hinzu: „Er selbst weiß genau, dass er die Wahrheit sagt, und hat dies alles geschildert, damit auch ihr glaubt" (Johannes 19,35; HfA). Johannes legt Wert darauf, dass seine Leser erfahren, dass Jesus wirklich tot war. Übrigens zeigt dieses außergewöhnliche Symptom einen gerissenen Herzmuskel an, ein „gebrochenes Herz".

Gleichzeitig liefert uns Johannes auch einen Augenzeugenbericht der **Auferstehung**. Er berichtet, dass er im leeren Grab die Leinentücher und das Schweißtuch sah, das den Kopf des Herrn bedeckte. Jesus war nicht nur wirklich gestorben, sondern er wurde auch tatsächlich von den Toten auferweckt.

2. SEINE GÖTTLICHKEIT

Nichtsdestotrotz richtet sich das Hauptaugenmerk des Johannes auf die **umfassende Göttlichkeit Jesu**. Das bringt uns zu dem Ziel zurück, das Johannes mit seinem Evangelium erreichen will. Wir erhalten die Möglichkeit, die faszinierende Art und Weise zu verfolgen, mit der er es umsetzt und entfaltet. Wir haben bereits festgestellt, dass laut Johannes der Glaube damit beginnt, dass wir etwas für wahr halten. Er plädiert für die vollkommene Göttlichkeit Jesu, indem er sein Beweismaterial in Siebenergruppen anordnet, wobei die Sieben nach hebräischem Verständnis die perfekte Zahl darstellt. Johannes dokumentiert in seinem Evangelium **drei vollständige Beweissammlungen für die Göttlichkeit Jesu**: sieben Zeugen, sieben Wunder und sieben Worte.

a.) Sieben Zeugen

Das Wort „Zeuge" bzw. „Zeugnis" sowie seine Verbform „zeugen" kommen im vierten Evangelium (je nach Übersetzung) bis zu 37 Mal vor. Johannes betont, dass es **persönliche Zeugenaussagen** gibt, die die Wahrheit

über Jesus belegen. In diesem Evangelium treten sieben Personen auf, die Jesus' Göttlichkeit bestätigen:
- Johannes der Täufer
- Nathanael
- Petrus
- Martha (die erste Zeugin)
- Thomas
- Johannes (der geliebte Apostel)
- Jesus selbst

Im jüdischen Recht reichten zwei oder drei Zeugen aus, um die Wahrheit zu beweisen. Johannes allerdings führt die perfekte Anzahl von Menschen an, um zu bezeugen, dass Jesus wirklich der Sohn des lebendigen Gottes ist.

b.) Sieben Wunder

Wir haben bereits erwähnt, dass Johannes insgesamt nur sieben Wunder dokumentiert. Er nennt sie „Zeichen", weil sie darauf hinweisen, wer Jesus wirklich ist. Tatsächlich wählt er von allen Wundern (Zeichen), die Jesus vollbrachte, die übernatürlichsten und aufsehenerregendsten aus. Dämonenaustreibungen erwähnt er nicht, weil es in der Antike zahlreiche Menschen gab, die genau das taten, einschließlich der Pharisäer. Stattdessen hebt er **Zeichen hervor, die sonst keiner tun konnte**:
- die Verwandlung von Wasser in Wein – ein eindeutiges Wunder
- die Heilung des Sohnes eines königlichen Beamten, während Jesus kilometerweit von dem Kranken entfernt ist, ohne ihn zu sehen oder ihm die Hände aufzulegen
- die Heilung des Mannes am Teich Betesda, der dort seit 38 Jahren liegt und ganz offensichtlich an einer chronischen Krankheit leidet
- die Speisung der 5.000; ein Wunder, das in allen vier Evangelien zu finden ist – ein Schöpfungswunder, bei

dem aus wenig viel wurde
- das Gehen auf dem Wasser
- die Heilung des Blindgeborenen
- die Auferweckung des Lazarus – nicht die Wiederbelebung einer Leiche kurz nach dem Tod, wie bei der Tochter des Jairus oder dem Sohn der Witwe von Nain, sondern die Auferweckung eines Mannes, dessen Körper schon begonnen hatte zu verwesen

Johannes vermittelt uns, dass diese „Zeichen" auf die Göttlichkeit Jesu hindeuten. Nikodemus drückte es sinngemäß so aus: Kein Mensch könnte diese Dinge tun, die Jesus tat, es sei denn, Gott war mit ihm.

c.) Sieben Worte
Johannes berichtet uns als Einziger über sieben „Worte" oder Aussagen, die Jesus über sich selbst traf. Wir haben sie bereits erwähnt. Für jüdische Ohren waren diese Behauptungen unmissverständlich. Denn jedes Mal begann er mit dem hebräischen Eigennamen Gottes, JHWH, der „Ich bin" bedeutet. Johannes war sehr darauf bedacht, diese Worte **in Zusammenhänge einzubetten, die bewiesen, dass Jesu Behauptungen begründet waren**.

- „Ich bin das Brot, das aus dem Himmel herabgekommen ist", erklärte er nach der Speisung der 5.000 mit fünf Broten und zwei Fischen.
- „Ich bin das Licht der Welt", sprach er, nachdem er dem Blindgeborenen das Augenlicht zurückgegeben hatte.
- „Ich bin die Auferstehung und das Leben", äußerte er, nachdem er Lazarus aus dem Grab herausgerufen hatte.

Er sagte auch: „Ich bin die Tür", „Ich bin der gute Hirte", „Ich bin der Weg, die Wahrheit und das Leben" und „Ich bin der wahre Weinstock". Dieser Mann wusste, dass er Gott in menschlicher Gestalt war. Johannes platziert diese sieben Aussprüche sehr bewusst in seinem Evangelium. Sie sind von entscheidender Wichtigkeit für sein Plädoyer, dass Jesus das Vertrauen seiner Leser wirklich verdient hat.

Einblick in die Beziehung zum Vater
Das Johannesevangelium gibt uns einen viel umfassenderen Einblick in die Beziehung Jesu zum himmlischen Vater als die drei Synoptiker. Johannes berichtet uns, dass Jesus vom Vater **gesandt** war, dass er mit ihm **eins** war und dass er dem Vater in Wort und Tat **gehorsam** war.

Sehr viele Auseinandersetzungen, die Jesus mit den Juden hatte, betrafen seine Identität. Dieser Streitpunkt rief die größten Feindseligkeiten hervor, insbesondere als Jesus behauptete, Gott selbst zu sein: „Ich versichere euch: Ich bin – bevor Abraham überhaupt geboren wurde" (Johannes 8,58; GNB). Daraufhin hoben sie Steine auf, um ihn zu töten. Doch Jesus versteckte sich und entkam vom Tempelgelände.

Johannes ist tatsächlich der einzige Evangelist, der Jesus direkt als Gott bezeichnet, obwohl diese Tatsache auch bei den anderen drei angedeutet wird. Er beginnt sein Buch mit der Aussage „und das Wort war Gott" (Johannes 1,1; ELB). Am Ende steht das Bekenntnis des Thomas: „Mein Herr und mein Gott!" (Johannes 20,28; ELB).

THEMEN
Betrachten wir schließlich die Themen, die dem übergeordneten Ziel des Johannes dienen, nämlich, dass die Leser an ihrem Glauben an Christus festhalten.

1. Herrlichkeit
„Herrlichkeit" ist ein Schlüsselwort dieses Evangeliums. Denn dieser Begriff war im Alten Testament allein Gott

vorbehalten. Als Johannes im allerersten Kapitel über das „Wort, das unter uns wohnte" schreibt, verwendet er für dessen Pracht denselben Ausdruck wie für die Herrlichkeit Gottes, die sich am Ende des Buches Exodus in der Stiftshütte offenbarte: „Schechina". Diesen Glanz Gottes erkannte Johannes in Jesus, und zwar in seinem Leben und Sterben genauso wie bei seiner Auferstehung und seiner Himmelfahrt. Selbst am Kreuz wurde Jesus verherrlicht. Von Anfang an wird uns also ein Mann vorgestellt, der **vollkommen anders** ist als seine Zeitgenossen und sich von allen anderen Männern Gottes abhebt.

2. Logos

Johannes beginnt sein Evangelium auf einzigartige Art und Weise. Als Markus seinen Bericht verfasste, stellte er uns Jesus im Alter von 30 Jahren vor. Denn das war die Zeit seines ersten öffentlichen Auftretens. Matthäus schrieb wahrscheinlich das nächste Evangelium und beschloss, noch weiter in die Vergangenheit zurückzugehen. Er hielt es für notwendig, auch über Jesu Empfängnis und Geburt zu berichten. Da Jesus zudem Jude war, musste man seine Abstammung bis zu Abraham zurückverfolgen können. Lukas hingegen war es wichtig, Jesus als menschliches Wesen darzustellen, das der gesamten Menschheit gehörte, denn schließlich war er der Menschensohn. Daher ließ er Jesu Stammbaum bei Adam beginnen.

Im Gegensatz zu den anderen drei setzt Johannes noch früher an und unterstreicht damit, dass Jesus schon vor der Schöpfung existierte. Er nimmt die Worte aus 1. Mose 1,1 als Grundlage für seine Einleitung zum Evangelium (Johannes 1,1; ELB): „Im Anfang war das Wort, und das Wort war bei Gott, und das Wort war Gott" (siehe meine Umschreibung der Einleitung des Johannes auf Seite 193-194).

DER DREH- UND ANGELPUNKT DER GESCHICHTE

DER NAME JESU

Der Name Jesu wirft eine interessante Frage auf, deren Beantwortung uns helfen wird, das Johannesevangelium zu verstehen. **Wie nennen wir Jesus, bevor er geboren wurde?** Wir sind so sehr daran gewöhnt, von „Jesus" zu sprechen, dass wir vergessen, dass er diesen ganz neuen Namen erst erhielt, als er auf die Erde kam. Wer aber war er vorher? Wenn Johannes den Auftrag bekommt, über jemanden zu schreiben, der bereits von Anfang an existierte, wie soll er ihn dann nennen?

Johannes wählte einen einzigartigen Namen: „der Logos". In den meisten Bibelausgaben wird er als „das Wort" übersetzt. Er nahm diesen Begriff, weil er auf so gute und für die Leser nachvollziehbare Weise ausdrückte, wer Jesus war. Wir verstehen unter „einem Wort" in der Regel einen Gedanken, den man mit dem Mund ausspricht und der so das Ohr erreicht. Eine Person spricht ein Wort, das dann eine andere Person beeinflusst. In diesem Sinne ist Jesus eine **Mitteilung:** ein Wort Gottes an uns.

HINTERGRUNDINFORMATIONEN ZUM LOGOS

Ein paar historische Hintergrundinformationen zum „Logos" werden uns verdeutlichen, warum Johannes für Jesus diesen Namen wählte. Das „Logos-Konzept" hatte in Ephesus, wo Johannes sein Evangelium niederschrieb, eine besondere Bedeutung. Sechshundert Jahre zuvor lebte in Ephesus ein Mann namens Heraklit. Er gilt als Begründer der Wissenschaft und glaubte an die Notwendigkeit der wissenschaftlichen Forschung. Dabei untersuchte er die natürliche Welt und stellte folgende Fragen: Wie sind die Dinge beschaffen und warum sind sie genau so, wie sie sind? Ist alles nur Zufall? Leben wir in einem chaotischen Universum oder gibt es eine bestimmte Ordnung?

Er forschte nach Mustern oder „Gesetzen", um eine

gewisse Logik in der Funktionsweise der natürlichen Welt entdecken zu können. Heraklit verwendete das Wort *Logos* bedeutungsgleich mit dem Ausdruck „aus diesem Grund" (als Antwort auf die Frage nach dem „Warum"). Man könnte es auch als „Urgrund" bezeichnen. Es ging um **den Sinn, der einem Geschehen zugrunde lag.** Betrachtete er das Leben (*Bios*), suchte er nach dem *Logos*. Untersuchte er das Wetter (*Meteor*), suchte er nach dem *Logos*. Heute ist dieses Konzept bereits in unseren Wortschatz integriert, wenn wir bestimmte Fachgebiete der Wissenschaft beschreiben: Biologie, Meteorologie, Geologie, Psychologie, Soziologie usw.

Heraklit erklärte also, dass der *Logos* „der Grund dafür" sei, dass die Dinge so sind, wie sie sind. Johannes erkannte, dass **Jesus der ultimative Grund dafür war, dass alles geschah**. Er übernahm diese Idee und bezeichnete Jesus als den *Logos*, „das Wort". Das gesamte Universum wurde für ihn geschaffen. Er war der Logos, bevor es irgendjemand anderen gab, mit dem man hätte kommunizieren können. Seinetwegen existieren wir und alles wird in ihm vollendet werden. Er ist der ultimative Grund.

In der Geschichte dieses Begriffes gibt es noch eine weitere Phase, die sich auf der gegenüberliegenden Seite des Mittelmeers, in Alexandria in Ägypten, abspielte. Diese Stadt hatte eine Hochschule, die das griechische und hebräische Denken miteinander kombinierte, u.a. deshalb, weil dort eine große Gruppe ausgewanderter Juden lebte. An dieser Universität übersetzten 70 Gelehrte das Alte Testament ins Griechische. Die Übersetzung wurde die „Septuaginta" (was auf Lateinisch siebzig bedeutet) oder „LXX" genannt. Einer der beteiligten Juden war ein Professor namens Philo. Bei dem Versuch, das hebräische Denken ins Griechische zu übersetzen, griff er das Wort *Logos* auf und erklärte, dass es nicht als „es", sondern als

„er" bezeichnet werden müsste. Er „personifizierte" den Logos in ähnlicher Weise, wie das Buch der Sprüche die Weisheit als eine Frau verkörpert.

DAS LEBENDIGE WORT
Johannes kombiniert die Ansätze von Heraklit und Philo. Es gibt ein Ordnungsprinzip, ein „Warum", einen „Urgrund", der allem anderen zugrunde liegt. Diesen Logos muss man nicht nur personifizieren, sondern er ist eine Person. Sein Name lautet Jesus. Er ist *das Wort*, das einzig wahre und lebendige!

Auf der ersten Seite seines Evangeliums trifft Johannes vier sehr wichtige Aussagen über diesen Logos. Er spricht über:

1. **Seine Ewigkeit:** Am Anfang war der Logos *schon* da. Wir können in unserer Vorstellung nicht weiter zurückgehen als bis zum Beginn des Universums. Er wurde nicht erschaffen, vielmehr steht er gleichberechtigt neben Gott als Schöpfer der Welt.

2. **Seine Persönlichkeit:** „Der Logos war *Auge in Auge mit Gott.*" Das ist die wörtliche Übersetzung. Dieser Begriff „Auge in Auge" beschreibt zwei Menschen, die sich gegenseitig in die Augen sehen und einander lieben. Christen sind die einzigen Menschen auf der Welt, die berechtigterweise sagen können, dass Gott Liebe ist, weil sie als einzige daran glauben, dass er drei Personen in einem Wesen vereint. Juden und Moslems können nicht behaupten, dass Gott *Liebe ist,* weil sie glauben, dass er nur aus einer Person besteht. Eine einzige Person ohne Gegenüber kann nicht lieben. Gott ist mehr als nur eine Person. Wenn er u.a. aus Vater und Sohn besteht, die einander lieben, können wir mit Fug und Recht sagen, dass er schon immer Liebe war und ist.

3. **Seine Göttlichkeit:** Am Anfang war der Logos schon da, und zwar Auge in Auge, in einer persönlichen Beziehung mit Gott. Er *„war Gott"*. Der Logos wurde weder erschaffen, noch stand er unter Gott: Er war Gott völlig gleichgestellt. Als Thomas ausrief, „Mein Herr und mein Gott!", sagte er die Wahrheit über Jesus. Der Messias war von Anfang an mit dabei und beteiligte sich an der Schöpfung. Wissenschaftler sprechen heute davon, dass die Erdkruste aus „tektonischen Platten" besteht. Dieses Wort ist mit dem griechischen Wort *tekton* verwandt, was „Zimmermann" oder „Baumeister" bedeutet. Jesus, der Zimmermann aus Nazareth, erschuf unseren Planeten. Er ist die Quelle des Lichts und des Lebens. Alles existiert, weil er es so wollte.

4. **Seine Menschlichkeit:** Etwas weiter unten im ersten Kapitel lesen wir die erstaunlichen Worte: „Und das Wort wurde Fleisch und *zeltete* unter uns, und wir haben seine Herrlichkeit angeschaut, eine Herrlichkeit als eines Eingeborenen vom Vater" (Johannes 1,14; ELB). Es ist möglich, Gott persönlich kennenzulernen. In Jesus bekommt Gott ein Gesicht – und Gott ist Jesus in all seinen Facetten.

Durch dieses erstaunliche erste Kapitel verkündet uns Johannes gleich am Anfang, dass es gute Gründe gibt, an Jesus zu glauben.

- Da Jesus ewig ist, kann er uns ewiges Leben geben
- Da er eine Person ist, können wir mit ihm eine persönliche Beziehung pflegen
- Da er göttlich ist, kann er, und nur er allein, Sünden vergeben
- Da er menschlich ist, kann er für uns Sühne erwirken

3. Leben

Während der Logos das Eingangsthema des Evangeliums darstellt, ist das „Leben" ein wichtiges Gesamtthema, das sich wie ein roter Faden durch das ganze Buch zieht. Es wird 34 Mal erwähnt. Wie wir bereits festgestellt haben, wurde das Evangelium geschrieben, damit Christen beständig glauben und weiterhin (ewiges) Leben in Jesus haben. Wir haben auch gelernt, dass sein Leben sowohl überfließend und *gegenwärtig* als auch *ewig* ist. Johannes erläutert anhand einiger Gegensätze, was dieses Leben für die Gläubigen bedeutet.

LEBEN / TOD

Er erklärt uns, dass dieses Leben für die **Gläubigen bedeutet, dass sie den Tod nicht sehen werden.** Das Leben wird einfach über den Tod hinaus weitergehen. Der Tod kann ihm nichts anhaben. So stellt er also die, die sicherlich sterben werden, denen, die niemals sterben werden, gegenüber. „Denn dies ist der Wille meines Vaters, dass jeder, der den Sohn sieht und an ihn glaubt, ewiges Leben habe; und ich werde ihn auferwecken am letzten Tag" (Johannes 6,40; ELB).

LICHT / FINSTERNIS

Johannes verwendet auch den Kontrast von Licht und Finsternis. Als Jesus davon spricht, nicht „in der Finsternis zu wandeln", meint er damit **moralische Finsternis**. Wenn wir mit Jesus gehen, haben wir nichts zu verstecken, denn wir bewegen uns im Licht. Alles geht mit rechten Dingen zu, ohne Geheimnisse. Die Finsternis jedoch steht für den Tod und die Abwesenheit Gottes. „Ich bin das Licht der Welt", sagt Jesus. „Wer mir nachfolgt, der wird nicht wandeln in der Finsternis, sondern wird das Licht des Lebens haben" (Johannes 8,12; LUT).

WAHRHEIT / LÜGE

Wie schon gesagt, betont Johannes die drei Stufen wahren Glaubens: das Akzeptieren der Wahrheit, das Tun der Wahrheit und das Festhalten an der Wahrheit. Er stellt der Wahrheit allerdings auch die Lüge gegenüber. Ein ganzer Abschnitt von Kapitel 8 dreht sich um dieses Thema, das Jesus mit seinen Gegnern diskutiert. Sowohl im Hebräischen als auch im Griechischen sind die Worte für „Wahrheit" und „Wirklichkeit" identisch. **Wenn wir in der Wahrheit leben, leben wir auch in der Realität.** „Wenn ihr in meinem Wort bleibt, so seid ihr wahrhaft meine Jünger", erklärt Jesus. „Und ihr werdet die Wahrheit erkennen und die Wahrheit wird euch frei machen" (Johannes 8, 31+32; ELB).

FREIHEIT / SKLAVEREI

Das war ein Streitpunkt zwischen Jesus und den Pharisäern: Sie behaupteten, niemals Sklaven gewesen zu sein, wobei sie offensichtlich die Sklaverei in Ägypten vergessen hatten! Jesus erklärte, dass jeder, der sündigt, ein Sklave der Sünde ist. Denn durch jede Sünde tragen wir dazu bei, dass die Ketten der Gewohnheit, die uns beherrschen wollen, fester werden. Er war gekommen, um uns zu befreien. Wahres Leben bedeutet folglich **Freiheit von geistlicher Sklaverei**: „Wenn euch nun der Sohn freimacht, so seid ihr wirklich frei" (Johannes 8,36; LUT).

LIEBE / ZORN

Johannes vermittelt uns ein klares Verständnis zweier gegensätzlicher Aspekte von Gottes Verhalten. Eine Person lebt entweder in der Liebe Gottes oder sie ist seinem Zorn unterworfen. Es gibt keinen Mittelweg. Die gegensätzlichen **Folgen für die Ewigkeit** dieser Person malt uns Johannes sehr deutlich vor Augen: „Wer an den Sohn glaubt, hat ewiges Leben", erklärt Jesus. „Wer aber dem Sohn nicht gehorcht, wird das Leben nicht sehen, sondern der Zorn Gottes bleibt auf ihm" (Johannes 3,36; ELB).

WAHRES LEBEN
Wahres Leben besteht daher aus einer **persönlichen Beziehung zu Jesus und seinem Vater.** Es ist ein Leben im Licht und in der Wahrheit, in Freiheit und in Liebe. Als Jesus zu seinem Vater betete, sagte er: „Dies aber ist das ewige Leben, dass sie dich, den allein wahren Gott, und den du gesandt hast, Jesus Christus, erkennen" (Johannes 17,3, ELB).

4. Der Heilige Geist

Kein Evangelium berichtet uns so viel über den Heiligen Geist wie das Johannesevangelium. Insofern ist sein Platz vor der Apostelgeschichte gut gewählt, auch wenn diese eng mit dem Lukasevangelium verbunden ist. Nur durch den Heiligen Geist können wir das Leben, das Johannes beschreibt, auch ganz praktisch erfahren. Daher spielt der Heilige Geist in den Schriften des Johannes eine wichtige Rolle:

- Kapitel 1: Johannes der Täufer bezeugt, dass Jesus den Heiligen Geist empfangen hat und dass er andere mit Heiligem Geist **taufen** wird.
- Kapitel 3: Jesus spricht von der Notwendigkeit, aus **Wasser und Geist geboren zu werden**, bevor wir ins Reich Gottes eingehen können.
- Kapitel 4: Jesus bezeichnet den Geist als **lebendiges Wasser** und erklärt, dass wir Gott **im Geist und in der Wahrheit** anbeten müssen.
- Kapitel 7: Jesus zieht zum Laubhüttenfest nach Jerusalem hinauf. Dieses Fest findet im September oder Oktober statt, am Ende der Trockenzeit. Am letzten Tag des Laubhüttenfests führten die Juden eine Zeremonie durch, bei der die Priester am Teich Siloah einen großen

Krug mit Wasser füllten, ihn zum Tempel trugen und das Wasser auf dem Altar ausgossen. Dabei beteten sie für den herbstlichen Frühregen. Zu diesem Anlass stand Jesus auf und rief: „Wen da dürstet, der komme zu mir und trinke! Wer an mich glaubt, von dessen Leib werden, wie die Schrift sagt, **Ströme lebendigen Wassers** fließen" (Johannes 7,37+38; LUT). Hier sprach er bereits vom Heiligen Geist, den jene, die schon an ihn glaubten, später empfangen sollten.

- Kapitel 14 bis 16: Hier geht es sehr oft um den neuen **„Tröster"**, der kommen wird, um den Geist der Wahrheit. Der griechische Name für den Heiligen Geist ist *paráklētos (para* bedeutet „bei" oder „neben", *kletos* bedeutet „gerufen"). Er ist der Beistand oder derjenige, der zur Hilfe gerufen wird, um bei uns zu sein. Der Heilige Geist wird auch als jemand beschrieben, der mit Jesus wesensgleich ist. Nachdem Jesus die Erde verlassen hat, wird er das Werk Jesu fortsetzen. Er wird die Welt von Sünde, Gerechtigkeit und Gericht überführen, die Gläubigen stärken und bevollmächtigen und sie an alles erinnern, was Jesus gesagt hat.

- Kapitel 20: Jesus bereitet seine Nachfolger auf den **Tag des Pfingstfestes** vor, indem er ihnen ein Zeichen und einen Befehl gibt. Das Zeichen besteht darin, dass er jeden einzelnen anhaucht. Der Befehl lautet: „Empfangt den Heiligen Geist". In diesem Moment empfangen sie noch nichts, doch es ist quasi die Generalprobe für Pfingsten ein paar Wochen später. Zu Pfingsten hören sie dann das Geräusch des Windes, als sie im Tempel versammelt sind. Es erinnert sie an das, was Jesus getan hat. Daraufhin gehorchen sie seinem Befehl und nehmen den von ihm versprochenen Heiligen Geist in Empfang.

DER DREH- UND ANGELPUNKT DER GESCHICHTE

NACHERZÄHLUNG DER EINLEITUNG DES JOHANNESEVANGELIUMS

Die einleitenden Worte des Johannes sind für das Ziel, das er mit seinem Evangelium verfolgt, von großer Wichtigkeit. Allerdings sind sie so komplex, dass selbst Gläubige ihren Tiefgang verkennen können. Die folgende Nacherzählung soll diesen Abschnitt etwas „benutzerfreundlicher" machen. „Logos" wird hier, wie bereits erwähnt, mit „Urgrund" übersetzt.

Als das Universum entstand, war der Urgrund seiner Existenz bereits da. Dieser tiefste Grund war schon immer da gewesen. Sowohl das Ziel als auch das Wesen des Universums hatten ihren Ursprung in einer Person, in ihm, der Gott in die Augen schauen konnte, weil er ebenfalls vollkommen göttlich war. Vom Anbeginn dessen, was wir „Zeit" nennen, arbeitete er mit dem Schöpfer zusammen. Und durch diese Partnerschaft wurde alles andere erschaffen. Tatsächlich entstand gar nichts ohne seine persönliche Beteiligung. Sogar das Leben selbst nahm in ihm seinen Anfang – und sein eigenes Leben offenbart den Sinn des Lebens für jeden einzelnen Menschen. Sein Licht erhellt auch weiterhin das Dunkel der gesamten Menschheitsgeschichte, weil keine Finsternis es jemals auslöschen kann.

Eines Tages erschien ein Mann, der von Gott selbst einen besonderen Auftrag erhalten hatte. Sein Name war Johannes. Er kam, um die bevorstehende Ankunft dieses lebensspendenden Lichtes anzukündigen. Dadurch, dass sie diese Person kennenlernten, konnten alle Menschen an Gott glauben. Johannes selbst war nicht in der Lage irgendjemanden zu erleuchten. Doch Gott beauftragte ihn, auf den hinzuweisen, der es konnte. Der wahre Glanz kam zu dieser Zeit bereits in die Welt. Dadurch, dass er unter den Menschen leuchtete, würde er offenbaren, wie sie wirklich waren. Er kam geradewegs in diese Welt, die Welt, die er selbst erschaffen hatte. Doch sie erkannte ihn nicht! Er kam in seine Heimat. Aber sein eigenes Volk hieß ihn nicht willkommen. Einige nahmen ihn allerdings an und erklärten mit großer Zuversicht, zu ihm zu gehören. Diesen gab er das Recht, sich als Gottes neue Familie zu betrachten. Das waren sie nun tatsächlich von Geburt an, seine Familie, allerdings nicht durch die Umstände ihrer Zeugung (ob sie nun aufgrund impulsiven Verlangens oder einer geplanten Entscheidung das Licht der Welt erblickten), sondern durch ein direktes Handeln Gottes.

Diese göttliche Person, die der Urgrund unseres gesamten Universums ist, wurde zu einem menschlichen Wesen und schlug unter uns sein Zelt auf. Wir konnten seine überwältigende Strahlkraft wahrnehmen, die nur von Gottes eigenem Sohn ausgehen konnte, durchsetzt mit Großzügigkeit und Rechtschaffenheit.

Johannes war ein zuverlässiger Zeuge. Er rief der Menge Folgendes zu: „Das ist die Person, von der ich euch erzählt habe. Ich habe euch gesagt, dass der, der nach mir kommt, wichtiger sein wird als ich, weil er schon da war, noch bevor ich geboren wurde."

Und wir haben auch unendlich von all dem profitiert, was ihn in so hohem Maße ausmachte. Ein unverdientes Geschenk nach dem anderen haben wir von ihm empfangen. Mose gab uns nur strenge Regeln, die wir einhalten mussten. Die Hilfe und die Aufrichtigkeit jedoch, die wir brauchten, um ein rechtschaffenes Leben zu führen, kamen durch Jesus, den wahren Messias. Niemand hatte zuvor die Möglichkeit, Gott so zu sehen, wie er wirklich ist; nun hat uns Gottes eigener Sohn, der dem Vater näher ist als irgendjemand, alles gezeigt, was wir über Gott wissen müssen.

DER DREH- UND ANGELPUNKT DER GESCHICHTE

FAZIT

Das Johannesevangelium ist ein bemerkenswertes Buch, das sich von den anderen drei Evangelien völlig unterscheidet. Es vermittelt uns die einzigartigen Einblicke des Mannes, der Jesus während seiner Erdenzeit am nächsten stand. Johannes ist es ein Herzensanliegen, dass wir nicht nur erfahren, was Jesus getan hat, sondern auch erkennen, wer er wirklich war. Dieses Buch zeigt seine Sorge, dass Menschen, die an Jesus glauben, durch Irrlehren über die Identität oder die Wahrhaftigkeit der Aussagen Jesu auf falsche Wege geraten könnten. Die Gläubigen sollen sich absolut sicher sein, dass sowohl Augenzeugenberichte als auch die Worte und die erstaunlichen Taten Jesu alle auf den einzig wahren Gott hinweisen, der im Fleisch gekommen ist: das lebendige Wort, die Herrlichkeit Gottes unter den Menschen. Die Beweissammlungen des Johannes bestätigen auf höchst überzeugender Art und Weise, dass Jesus zu Recht unser dauerhaftes Vertrauen und unseren beständigen Gehorsam verlangen kann.

DER DREIZEHNTE APOSTEL

43. Paulus: Persönlichkeit und Briefe

44. 1. und 2. Thessalonicher

45. 1. und 2. Korinther

46. Galater

47. Römer

48. Kolosser

49. Epheser

50. Philipper

51. Philemon

52. 1 und 2. Timotheus und Titus

43.
PAULUS: PERSÖNLICHKEIT UND BRIEFE

Wir wissen mehr über Paulus als über jeden anderen Apostel. Ein Drittel des Neuen Testaments stammt entweder von ihm oder berichtet über ihn. Dazu gehören die zweite Hälfte der Apostelgeschichte und 13 Briefe, die er an Gemeinden und Einzelpersonen schrieb. Abgesehen von Jesus selbst übte er einen größeren Einfluss auf die zweitausendjährige Kirchengeschichte aus als jede andere Person. Tatsächlich haben nur wenige historische Persönlichkeiten die Geschichte Europas mehr geprägt als er. Um seine Briefe zu verstehen, müssen wir seinen persönlichen Hintergrund kennenlernen und die Umstände, die dazu führten, dass er zu einer solchen Schlüsselfigur wurde.

DIE FRÜHEN JAHRE
Der Geburtsname des Paulus lautete Saulus. Er wurde nach dem ersten König Israels benannt. Paulus war sein lateinischer Name, den man nach seiner Bekehrung verwendete. Wir werden ihn nur als Paulus bezeichnen. Er wurde in Tarsus, einer Stadt am nordöstlichen Ende des Mittelmeeres geboren. Dieser Küstenort liegt im Südosten der heutigen Türkei. Die Universität von Tarsus war nach Athen und Alexandria die drittwichtigste im gesamten Mittelmeerraum.

Drei Haupteinflüsse prägten die Erziehung des Paulus: Zunächst einmal waren seine Eltern Juden. Daher machten sie ihn von Kindesbeinen an durch die Schriften des Alten Testaments mit Gott vertraut. Er kam aus dem Stamm Benjamin. Dieser Stamm war bekannt dafür, Saul, den ersten König Israels, hervorgebracht zu haben. Nach einem furchtbaren Ereignis, das im Buch der Richter beschrieben wird, wurde diese Menschengruppe beinahe ausgelöscht. Während der Kindheit des Paulus scheint seine Familie irgendwann nach Galiläa gezogen zu sein. Seine Eltern schickten ihn nach Jerusalem, wo er unter dem sehr bekannten liberalen Rabbiner Gamaliel studierte.

Dieser jüdische Gelehrte wird in Apostelgeschichte 5 erwähnt. Dort bezog er Stellung zur wachsenden christlichen Bewegung in Jerusalem, und zwar so: Diese Strömung würde aussterben, wenn sie menschlichen Ursprungs sei, erklärte er. Handle es sich allerdings um eine göttliche Sache, wäre es sehr unweise vom Hohen Rat, sie zu bekämpfen. Mit anderen Worten: Er war entschieden unentschieden! Paulus jedoch teilte diese unparteiische Haltung seines Professors nicht. Für ihn waren die Christen die größte Bedrohung, die es jemals für das Judentum gegeben hatte. Er war fest entschlossen, für den jüdischen Glauben zu kämpfen und diese neue Sekte, wenn irgend möglich, zu beseitigen.

Nach seiner Rede vor dem Hohen Rat wurde Stephanus für seine „gotteslästerlichen" Ansichten zu Tode gesteinigt (siehe Apostelgeschichte 7). Paulus stimmte dieser Hinrichtung zu. Er bewachte sogar die Mäntel der Männer, die die Steinigung durchführten. Stephanus war der Erste, der seinen Glauben an Jesus mit dem Tod bezahlte.

Der Tod des Stephanus hinterließ bei Paulus vermutlich einen bleibenden Eindruck. Denn Apostelgeschichte 7 berichtet uns, dass das Gesicht des Stephanus vor Herrlichkeit leuchtete und er ausrief, Jesus zur Rechten Gottes zu sehen. Doch zu diesem Zeitpunkt bestärkte sein Märtyrertod Paulus nur noch mehr darin, zum ersten antichristlichen Missionar zu werden. Er war sogar bereit, sein eigenes Land zu verlassen, um die Christen auch im Ausland zu verfolgen.

Der zweite Einfluss im Leben des Paulus war die griechische Sprache. Da er in Tarsus lebte, sprach er Griechisch, die *Verkehrssprache* der antiken Welt, vergleichbar mit Suaheli, das heute überall an der Ostküste Afrikas verstanden und gesprochen wird. Als Paulus daher nach seiner Bekehrung in den Missionsdienst berufen wurde, konnte er in dem Bewusstsein predigen, überall verstanden zu werden.

Als Drittes wurde Paulus durch das römische Gesetz beeinflusst. Sein Vater hatte die römische Staatsbürgerschaft erhalten, was auch Paulus durch seine Abstammung zu einem römischen Bürger machte. Diese Staatsangehörigkeit verlieh ihm Sonderrechte, die er gelegentlich bei seiner missionarischen Arbeit geltend machte. Einmal nutzte er seinen römischen Pass, um einer Geißelung vor seinem Prozess zu entgehen. Als man ihn beschuldigte, die jüdischen Tempelgesetze gebrochen zu haben, berief er sich auf den Kaiser, was das Recht aller römischen Bürger war. Bei seiner Hinrichtung wurde er nicht wie Petrus gekreuzigt, sondern stattdessen geköpft. Diese schnelle Hinrichtungsart war allein römischen Bürgern vorbehalten. Seine römische Staatsangehörigkeit bewahrte Paulus jedoch nicht vor Leiden, ganz im Gegenteil. Doch in einigen der wichtigsten Momente seines Dienstes spielte sie eine entscheidende Rolle.

Diese einzigartige Kombination jüdischer, griechischer und römischer Einflüsse bot Paulus ideale Startbedingungen, um für Jesus als Missionar in der nichtjüdischen Welt zu arbeiten. Daran wird deutlich, dass Gott oftmals Menschen schon für ihren Dienst vorbereitet, noch bevor sie zum Glauben an Jesus finden.

DIE BEKEHRUNG DES PAULUS

Interessanterweise fand die Bekehrung des Paulus in der Nähe einer kleinen Stadt namens Kuneitra auf den

Golanhöhen statt, nur wenige Kilometer vor Damaskus. Paulus war stolz auf seine jüdischen Wurzeln und kämpfte für die Reinheit des jüdischen Glaubens. Sobald er allerdings die Grenzen Israels überschritten hatte, begegnete er dem auferstandenen Jesus von Nazareth, der ihm verkündete, dass er ihn zu den Nichtjuden senden würde. Dies geschah übrigens unterhalb des Berges, auf dem Jesus vor Petrus, Jakobus und Johannes verklärt worden war. Doch dieses Mal war die Erscheinung Jesu noch viel strahlender, weil Jesus bereits in den Himmel aufgefahren war und seine ursprüngliche Herrlichkeit wiedererlangt hatte.

Das Bekehrungserlebnis war dramatisch. Paulus erkannte, dass Jesus wirklich der Messias war und dass er nur mit Buße und Glauben darauf reagieren konnte. Sein Prozess der Wiedergeburt dauerte drei Tage und war erst vollendet, nachdem ein ortsansässiger Gläubiger mit ihm gebetet hatte. Ananias war sich des Rufes, den Paulus als Verfolger der Christen hatte, sehr wohl bewusst. Als Gott ihn jedoch beauftragte, zu ihm zu gehen, gehorchte er. Nachdem Ananias für Paulus gebetet hatte, wurde dieser mit dem Heiligen Geist erfüllt und getauft. In meinem Buch „*Wiedergeburt. Start in ein gesundes Leben als Christ*" (Projektion J) erkläre ich, warum die vier Elemente Buße, Glaube, Taufe und das Empfangen des Heiligen Geistes meiner Ansicht nach grundlegende Bestandteile der Wiedergeburt sind, die den Gläubigen das Reich Gottes betreten lassen. Diese Elemente sind am Anfang von Paulus' Glaubensweg deutlich zu erkennen.

DIE ZEIT NACH SEINER BEKEHRUNG
Faszinierender Weise begann Paulus nicht sofort damit, als Missionar zu arbeiten. Allerdings fing er sofort vor Ort mit dem Predigen an, was bei den Juden sehr schnell Feindseligkeit hervorrief. Einmal musste man ihn in einem

Korb aus einem Fenster in der Stadtmauer herablassen, damit er lebend entkommen konnte.

Es sollten noch mindestens 13 Jahre vergehen, bis Paulus den Dienst antrat, zu dem ihn Gott bei seiner Bekehrung berufen hatte. Er zog zunächst nach Arabien und verbrachte dort drei Jahre allein mit Gott, um seine Theologie im Lichte seiner Begegnung mit Jesus zu überdenken. Paulus war die letzte Person, die von unserem auferstandenen Herrn persönlich ausgesandt wurde. So wurde er der 13. und letzte Apostel seiner Art. Manche plädieren dafür, Paulus als zwölften Apostel zu betrachten, der den Platz von Judas Iskariot eingenommen habe. Paulus selbst jedoch erkannte die Sonderrolle der Zwölf ausnahmslos an und zählte sich nie dazu. Gleichwohl bezeichnete er sich mit Nachdruck als einen außergewöhnlichen Apostel; und diese spezielle Berufung verlieh ihm die Autorität, große Teile des Neuen Testaments zu verfassen.

Wir können nur darüber spekulieren, wie er während der drei Jahre in Arabien zu einer so tiefgründigen Theologie gelangte. Ganz eindeutig muss die Erkenntnis, dass Jesus doch der den Juden versprochene Messias war, sein Verständnis des Alten Testaments nachhaltig beeinflusst haben. Zudem hatte Jesus Paulus gefragt, warum er ihn verfolgen würde, während Paulus doch eigentlich den Christen nachstellte und nicht dem Messias selbst. So gelangte Paulus wohl zu folgender Erkenntnis: Was immer man den Christen antut, fügt man auch Christus selbst zu. Zweifelsohne war dies grundlegend für sein Verständnis der Gemeinde als Leib Christi auf Erden.

Als Paulus nach Jerusalem kam, um die anderen Apostel zu treffen, löste er damit großes Entsetzen aus. Schließlich hatte er die Gefangennahme von Familienmitgliedern derjenigen zu verantworten, die er nun besuchen wollte. Barnabas jedoch war bereit, das Risiko einzugehen, mit Paulus Freundschaft zu schließen und dessen Glaubwürdigkeit zu überprüfen. Schließlich konnte er der christlichen Gemeinde in Jerusalem vorgestellt werden. Die Juden in Jerusalem betrachteten Paulus als Verräter: Er war einer ihrer besten Rabbiner in Ausbildung gewesen, doch nun hatte er sich den verhassten Christen angeschlossen. Daher wurde er für zehn Jahre nach Tarsus geschickt. Dieser Zeitabschnitt wird oft übersehen. Wir stellen uns oft vor, dass Paulus seine Missionsreisen unmittelbar nach seiner Bekehrung antrat. Tatsächlich jedoch verbrachte er drei Jahre in Arabien, in denen er alles nochmal durchdachte. Dann wartete er zehn Jahre in seiner Heimatstadt darauf, dass seine Berufung bestätigt würde. Erst als Barnabas ihn einlud, in der Gemeinde in Antiochia mitzuhelfen, erkannte man seine Berufung zum Missionar und Paulus konnte seine Arbeit beginnen. Diese Wartezeit ist mit den 18 Jahren vergleichbar, die Jesus als Zimmermann tätig war.

DER BEGINN DER MISSIONSARBEIT

Die Stadt Antiochia spielt im Neuen Testament eine wichtige Rolle. Es ist wahrscheinlich der Ort, den Jesus vor Augen hatte, als er von der Reise des verlorenen Sohnes in ein „fernes Land" sprach. Es war das „ferne Land" für die Juden, das Paris der Antike. Trotz ihres Rufes wurde in dieser Stadt die erste nichtjüdische Gemeinde gegründet. Die Bürger Antiochias führten erstmals die Bezeichnung „Christen" als Spitzname für die Mitglieder dieser Gemeinde ein.

Während eines Gebetstreffens in Antiochia wurde die Berufung des Paulus für den Missionsdienst bestätigt. Eine Prophetie mit folgendem Inhalt erging: Die Zeit sei gekommen, Paulus und Barnabas vom Rest der Gemeinde abzusondern, damit sie den Dienst beginnen könnten, zu dem Gott sie berufen hätte (siehe Apostelgeschichte 13). Paulus erhielt also bei seiner Bekehrung eine Dienstberufung von Jesus, die durch eine Prophetie in der Gemeinde bestätigt wurde. Dieses Muster ist beachtenswert. Zu viele Menschen glauben, einen Ruf von Gott erhalten zu haben, ohne abzuwarten, ob er von der Gemeinde bekräftigt wird.

Barnabas und Paulus hatten schon vorher eine Aufgabe wahrgenommen, die wir heutzutage vielleicht als eines Missionars nicht würdig ansehen würden. Da in Judäa eine schwere Hungersnot herrschte, sammelte die Gemeinde in Antiochia Geld für die Betroffenen. Sie baten Paulus und Barnabas, das Geld an sich zu nehmen und sicherzustellen, dass es auch ankam. Es war allerdings nicht das letzte Mal, dass Paulus sich an der Weitergabe von Spendengeldern beteiligen sollte.

Die Karte auf der nächsten Seite zeigt, dass zunächst Jerusalem und später Antiochia als Ausgangspunkte missionarischer Tätigkeiten dienten. Antiochia wurde nun zum Epizentrum, dessen Wellen sogar Rom erreichten. Die erste Priorität des Paulus bestand darin, den gesamten Nordosten des Mittelmeerraumes zu evangelisieren, bis hin zur Hauptstadt des Römischen Reiches. Daher reiste er mit seinen Begleitern zunächst nach Zypern, um von dort wieder aufs Festland zu gelangen. Sie gründeten Gemeinden in Antiochia in Pisidien, sowie in Lystra und Derbe. Dann kehrten sie ins syrische Antiochia zurück, um ihrer aussendenden Gemeinde Bericht zu erstatten. Die Namen der weiter entfernten Evangelisationsgebiete sind uns heute besser bekannt, weil Paulus die meisten seiner Briefe an die Gemeinden im Umfeld des Ägäischen Meers schrieb. Bei seiner dritten und letzten Reise legte er von Kreta ab, erlitt in Malta Schiffbruch und kam schließlich als Gefangener nach Rom.

SCHLÜSSEL ZUM NEUEN TESTAMENT

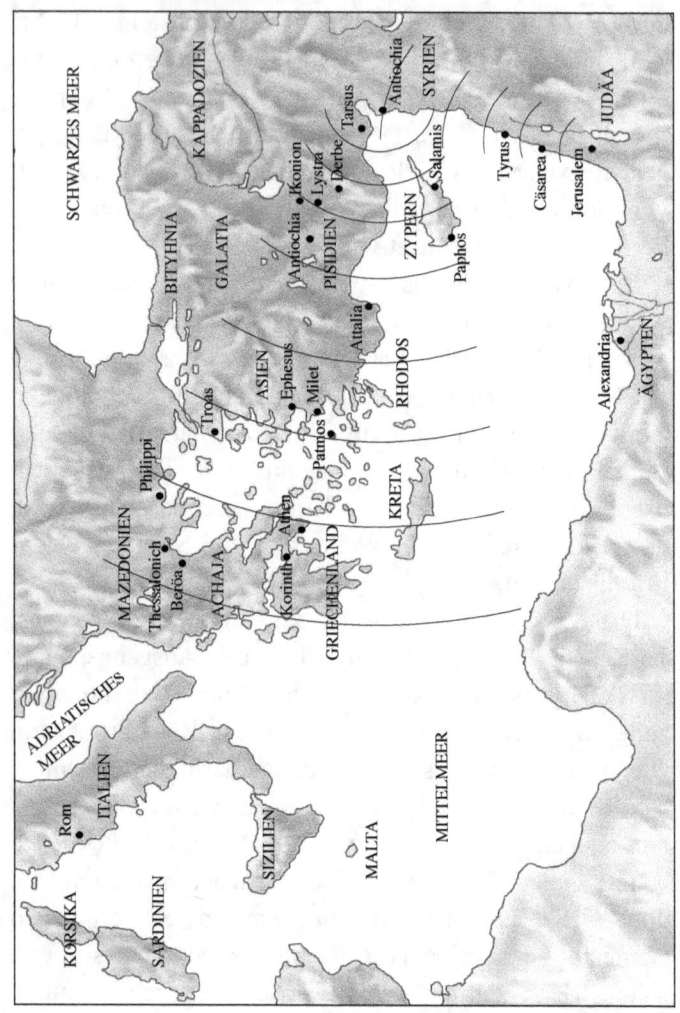

DIE MISSIONSSTRATEGIE DES PAULUS
Die Strategie des Paulus sah vor, in jeder Schlüsselstadt eine Gemeinschaft der Gläubigen zu gründen und dann schnellstmöglich weiterzuziehen. Manchmal war er nur drei Wochen in einer Stadt. In anderen Fällen blieb er viel länger. In Korinth beispielsweise verbrachte er 18 Monate.

Hin und wieder verließ er einen Ort nicht freiwillig, manchmal entschied er sich bewusst dazu. Doch jedes Mal hinterließ er eine Gemeinde, die das gesamte Umland evangelisierte. Paulus versuchte nicht, jede Stadt und jedes Dorf einzeln zu erreichen. Er konzentrierte sich vielmehr auf die jeweils wichtigste Stadt einer Region. Als wahrer Apostel war er daher ständig unterwegs, erforschte neue Gebiete und pflügte praktisch Neuland.

Diese Strategie hatte allerdings ihren Preis. Paulus sah sich vielen schwerwiegenden Gefahren gegenüber. Dreimal erlitt er Schiffbruch. Mehrfach war er dem Tode nahe. Einmal steinigten sie ihn und ließen ihn in dem Glauben zurück, er sei bereits gestorben. Oft war er hungrig und müde. Darüber hinaus bestand seine größte Last darin, für das Wohlergehen der Gemeinden Sorge zu tragen, wie er in seinen Briefen schreibt.

Seine Methode sah also vor, ständig weiterzuziehen, was jedoch nicht bedeutete, dass er die Gemeinden vergaß, die er bereits gegründet und denen er gedient hatte. Seine „Nacharbeit" sorgte dafür, dass die Gemeinden sowohl qualitativ als auch quantitativ wuchsen. Es gab zwei Arten, wie er die Gemeindeentwicklung nachverfolgte: Zum einen machte er Folgebesuche, zum anderen schrieb er Briefe.

Wenn er eine Gemeinde nochmals besuchte, setzte er häufig Älteste ein, die dann die Leitung übernahmen. Ein weiterer Besuch war jedoch nicht immer ausreichend, zumal er keine Zeit hatte, sich persönlich um alle Angelegenheiten zu kümmern. Letztendlich war es sein Ziel, ebenfalls noch die nördliche Mittelmeerküste bis nach Spanien zu evangelisieren.

Briefe waren somit seine bevorzugte Methode der kontinuierlichen Nacharbeit, während er seine Evangelisationen fortsetzte. Diese Schriften enthielten keine theologischen Abhandlungen, wie sie ein Gelehrter in einer Bibliothek verfasst hätte. Eher spiegelten sie die Sorgen eines Apostels wider, der sich wünschte, dass seine Neubekehrten im Glauben wuchsen.

Am Ende erreichte er Rom, allerdings nicht so, wie er es sich vorgestellt hatte. Paulus kam als Gefangener, dessen missionarische Arbeit sich darauf beschränkte, den römischen Soldaten, die ihn bewachten, das Evangelium zu verkündigen. In seiner Gerichtsverhandlung ging es um Leben und Tod. Sein Freund, Dr. Lukas, verfasste den Schriftsatz zu seiner Verteidigung, den er dem Richter oder Strafverteidiger Theophilus zukommen ließ. Wir kennen beide Dokumente als das Lukasevangelium und die Apostelgeschichte. Paulus wurde freigesprochen und daraufhin freigelassen. Es gibt überzeugende Beweise dafür, dass er seine missionarische Tätigkeit fortsetzte und wahrscheinlich sogar bis nach Spanien reiste. Paulus besuchte Kreta sowie die Gegend von Neapolis ein zweites Mal und zog an viele Orte, die er bisher noch nicht gesehen hatte. Während der Herrschaft Neros wurde er erneut verhaftet, nachdem ihn ein Schmied namens Alexander verraten hatte. Paulus wurde so schnell abgeführt, dass er noch nicht einmal seine Notizbücher oder seinen Mantel mitnehmen konnte.

DIE EIGENSCHAFTEN DES PAULUS
Zur äußeren Erscheinung des Paulus gibt es nur eine einzige überlieferte Beschreibung, und die ist wenig schmeichelhaft: Er war klein (Paulus bedeutet „klein"), hatte O-Beine sowie eine Hakennase und eine Tendenz zur Glatze. Seine Augenbrauen trafen sich in der Mitte, seine Augen wirkten seltsam und er hatte sehr raue Hände. Stellen wir uns einmal vor, eine Gemeinde würde Paulus als ihren Pastor in Betracht ziehen. Wir würde sie wohl auf diese Beschreibung reagieren? Hinzu kommt noch,

dass er nie sehr lange an einem Ort blieb, Menschen oft vor den Kopf stieß, schon Probleme mit der Polizei gehabt hatte und bereits im Gefängnis gewesen war. Zudem war er ein sehr dogmatischer Prediger, nicht verheiratet und im Nebenberuf Zeltmacher. Er hatte die Tendenz, in seinen Gemeinden Spaltungen hervorzurufen und praktizierte das Sprachengebet. Daran wird deutlich, dass Gott offensichtlich die Angewohnheit hat, Menschen zu erwählen, die wir für höchst unpassend halten würden!

Paulus hatte auch viele positive Eigenschaften, wie beispielsweise Hingabe, Enthusiasmus, Aufrichtigkeit und eine hohe Konzentrationsfähigkeit. Er glaubte, dass sein Junggesellendasein es ihm ermöglichte, sich voll und ganz auf seine Berufung zu konzentrieren. Gefahren begegnete er mit großem Mut und seinen Feinden trat er mit der angemessenen Dosis heiligen Zorns entgegen. Einige seiner Briefe sind wirklich hitzig! Er konnte schonungslos und heftig reagieren, gleichzeitig aber auch ein hohes Maß an Anteilnahme, Fürsorge und Barmherzigkeit zeigen.

DIE HAUPTTHEMEN DES PAULUS
Paulus' Erfolgsgeheimnis ist jedoch nicht in seinen menschlichen Qualitäten zu finden, so bewundernswert sie auch sein mögen. Es zeigt sich vielmehr an drei Hauptthemen, die seine Briefe durchziehen.

In Christus
Zweifellos hatte dieser Mann sein Leben ganz und gar Christus verschrieben. So erklärt er in seinem Brief an die Philipper: „Denn Christus ist mein Leben" (Philipper 1,21; LUT). Von dem Tag an, als er dem Herrn auf der Straße nach Damaskus begegnete, war er völlig von Jesus eingenommen. Daher konnte ihm seiner Ansicht nach nichts Besseres passieren, als zu sterben, um bei ihm zu

sein. Er formulierte es folgendermaßen: „Ich habe Lust, aus der Welt zu scheiden und bei Christus zu sein, was auch viel besser wäre" (Philipper 1,23; LUT).

Paulus bezeichnete sich selbst als „Sklave Christi". In der Antike waren Sklaven das Eigentum anderer Menschen, sie wurden verachtet und verfügten weder über freie Zeit noch über eigenes Geld. Im 2. Korintherbrief hingegen wählt Paulus eine anderen Bezeichnung: Er nennt sich einen „Botschafter Christi", was ein eindrucksvolleres Bild abgibt. Ob Botschafter oder Sklave, beides war er aus Überzeugung.

Der Ausdruck „in Christus", widerspricht dem Verständnis, das viele Christen heutzutage von ihrer Beziehung zu Jesus haben. Paulus verwendet den Begriff „Christus in mir", den die meisten modernen Gläubigen bemühen, nur äußerst selten. Wenn wir von „Jesus in mir" sprechen, laufen wir Gefahr, Jesus größenmäßig auf einen kleinen Jesus in unseren Herzen zu reduzieren. Doch der Geringere wird hierbei im Prinzip vom Größeren umfasst. Paulus schreibt zwar vom „Heiligen Geist in mir". Geht es allerdings um Christus, sagt er: „Ich bin in Christus." In Christus sind wir mit jedem Segen gesegnet. In ihm gehört uns alles. Ganz gleich also, wo sich Paulus im Römischen Reich befand, seine wahre Heimat war „in Christus".

Für das Evangelium
Paulus lebte für das Evangelium. Er tat alles, um diese frohe Botschaft zu verkünden. Sogar im Gefängnis erfreute er sich daran. Obwohl er jeweils acht Stunden lang an einen römischen Soldaten gekettet war, jubelte er darüber, dass er auf diese Weise pro Tag drei wahrhaft gefesselte Zuhörer hatte! Laut dem Philipperbrief wurden einige dieser Männer gläubig. Als Paulus erfuhr, dass manche die frohe Botschaft von Jesus predigten, weil sie neidisch

auf ihn waren und ihn als Rivalen betrachteten, freute er sich auch darüber. Hauptsache, das Evangelium wurde verkündet, aus welchen Motiven auch immer! Er würde überall hingehen, um allen zu erzählen, was Gott durch Christus getan hatte, erklärte er.

Es gibt zwei Worte, die seine Verkündigung des Evangeliums charakterisierten: Erstens war es ein *eschatologisches* Evangelium. Das Wort „Eschatologie" kommt von dem griechischen Wort *eschaton*, was „die letzten Dinge" bedeutet. Paulus glaubte, dass die Zukunft in die Gegenwart eingedrungen war. Wenn wir diese zukünftige Dimension des Evangeliums vergessen, gehen wir am wahren Evangelium vorbei. Das Evangelium ist nicht nur die frohe Botschaft für das Leben im Hier und Jetzt. Es ist auch die gute Nachricht über eine neue, noch kommende Welt. Wenn diese angebrochen ist, werden wir beim Anblick Christi auch einen neuen Körper erhalten

Zweitens war es ein *ethisches* Evangelium. Paulus war nicht daran interessiert, „Seelen zu retten", deren Leben unverändert blieb. Das Evangelium musste sich auch ethisch auf jeden Lebensbereich auswirken. Er war sehr darum bemüht, dies seinen Neubekehrten einzuschärfen.

Durch Gnade

Die Tatsache, dass Jesus ihn ergriffen hatte, als er gerade dabei war, Christen ins Gefängnis zu werfen, erstaunte Paulus immer wieder. Er konnte es kaum fassen, wie unverdient seine Rettung gewesen war. Hätte Jesus ihm das gegeben, was er wirklich *verdiente*, dann wäre er in der Hölle gelandet. Das Wort „Gnade" fasst das Empfinden des Paulus am besten zusammen. Es bedeutet, dass man etwas empfängt, was man *nicht verdient* hat. Im Römerbrief schreibt er, dass Christus für uns starb, als wir noch Sünder waren (siehe Römer 5,8). Diese Gnade machte Paulus dankbar, und Dankbarkeit war eine der Hauptmotivationen seiner Arbeit.

DIE BRIEFE DES PAULUS

Paulus ist der berühmteste Briefeschreiber der Geschichte. Allerdings war es unter den Juden sehr unüblich, Briefe zu Papier zu bringen. In der Antike gab es für sie kaum einen Grund, solche Schriftstücke zu verfassen, da sie in einem kleinen Land lebten und es ziemlich unkompliziert war, Freunde und Verwandte zu besuchen.

Briefe zu schreiben und zu verschicken war eine teure Art der Kommunikation und man griff nur darauf zurück, wenn es nötig war. Im Römischen Reich wurden ziemlich viele Briefe verfasst, allerdings nur von Amtsträgern oder reichen Bürgern. Sie konnten es sich leisten, einen Boten zu bezahlen, der das Dokument ans Ziel brachte. Da es keine staatliche Post gab, musste es schon einen triftigen Grund geben, eine solche Mitteilung zu schreiben, wie zum Beispiel eine Krise oder ein schwerwiegendes Problem.

In der Antike waren Briefe häufig sehr kurz, meistens umfassten sie nur einen Bogen Papyrus und nicht mehr als zirka 20 Worte. Für längere Briefe musste man mehrere Bögen zusammenheften. Die Briefe des Paulus gehören zu den umfangreichsten des Altertums. Ihre durchschnittliche Länge beträgt zirka 1.300 Worte, der Römerbrief zählt sogar 7.114 Worte. Er ist wahrscheinlich der längste Brief, der uns aus dieser Zeit vorliegt!

Paulus hielt sich bei jedem Brief an dasselbe Format. Sein Name stand immer am Anfang, so dass der Empfänger gleich erkennen konnte, wer den Brief verschickt hatte, wenn er den ersten Teil der Schriftrolle entrollte. Dann kam die Adresse, damit der Bote wusste, wohin er den Brief bringen sollte. Als nächstes grüßte Paulus die Empfänger. Dies war ein typisches Element der Briefe der damaligen Zeit. Paulus nutze es jedoch, um die Gemeinde oder Einzelperson, an die er schrieb, ausdrücklich zu ermutigen. (Die sieben Sendschreiben an die Gemeinden in Kleinasien im Buch der Offenbarung folgen genau demselben Muster. Dabei lobt der auferstandene Jesus jede Gemeinde, bevor er sie kritisiert.)

Der nächste Punkt war das Thema, das Paulus im Sinn hatte, und das normalerweise den Großteil des Briefes ausmachte. Am Ende gab es eine kurze Zusammenfassung der Hauptpunkte. Dann folgten weitere Grüße und die Unterschrift.

Damals verfassten die meisten Leute ihre Briefe mit Hilfe eines Sekretärs, dem sie ihre Nachricht diktierten. Paulus war da keine Ausnahme. Sein Reisegefährte Silas, der ihn auf seinen späteren Missionsreisen begleitete, war einer derjenigen, die ihn auf diese Weise unterstützten. Paulus schrieb seine Epistel also nicht, während er am Schreibtisch saß, sondern diktierte sie wahrscheinlich, während er im Raum auf und ab ging oder an einen römischen Soldaten gefesselt war. Der Stil der Briefe ist umgangssprachlich. Wie die Evangelien wurden sie gesprochen, bevor man sie aufschrieb. Aus Höflichkeit fügte Paulus am Ende seine eigene Unterschrift hinzu. Er tat dies auch, weil einige Briefe im Umlauf waren, von denen fälschlicherweise behauptet wurde, sie seien von ihm. Am Ende des zweiten Briefes an die Thessalonicher ist Paulus darauf bedacht, seine Autorenschaft zu bestätigen.

Es ist möglich, dass das Briefeschreiben für Paulus körperlich anstrengend war. Am Ende des Galaterbriefes erklärt er, dass die großen Buchstaben seiner Unterschrift auf seine schlechten Augen zurückzuführen seien.

DREI ARTEN VON BRIEFEN

Paulus schrieb drei Arten von Briefen. Zunächst liegen uns vier *persönliche* Briefe an Einzelpersonen vor. Er schickte sie an Philemon, an Timotheus (zweimal) und an Titus.

Dann gibt es die acht „Gelegenheitsschreiben", die er an Gemeinden versandte. Sie werden so genannt, weil sie zu einer bestimmten Gelegenheit, das heißt aus einem bestimmten Anlass verfasst wurden, aufgrund eines bestimmten Vorfalls in der betreffenden Gemeinde (also nicht nur „gelegentlich" i.S.v. „hin und wieder").

Als einzigen *allgemeinen* Brief des Paulus haben wir den Epheserbrief. Er hat weder einen konkreten Bezug zu einer Einzelperson oder zu einer Gemeinde, noch wurde er wegen eines speziellen Bedürfnisses oder einer Krise des Empfängers geschrieben. Manche Bibelforscher halten auch den Römerbrief fälschlicherweise für einen allgemeinen Brief. Sorgfältige Studien haben jedoch ergeben, dass ein Vorfall in der Gemeinde in Rom Paulus dazu veranlasst hatte, diesen Brief aufzusetzen.

Den Epheserbrief können wir relativ leicht auf unser Leben anwenden, während die persönlichen Epistel und die „Gelegenheitsbriefe" in dieser Hinsicht herausfordernder sind. Sie erwecken den Eindruck, als würde man ein Telefongespräch belauschen. Dabei müssen wir jeweils versuchen, das Thema aus einzelnen Fragmenten zu rekonstruieren, während wir nur die Worte einer Person hören können. So könnte beispielsweise jemand einen Telefonanruf entgegennehmen und Folgendes sagen: „Hallo? ... Ist er angekommen? Herzlichen Glückwunsch! ... Wieviel wiegt er? Welche Farbe hat er? ... Lass nicht zu, dass deine Frau ihn in die Hände bekommt! ... Du wirst sehen, dass er sehr durstig ist. ... Für eine Raupe ist er ziemlich schnell. ... Immerhin ist es bei dir ziemlich sandig, nicht wahr? ... Vielleicht kaufe ich mir auch einen. ... Tschüss!"

Kaum jemand würde auf Anhieb erraten, dass es in diesem Gespräch um die Anlieferung eines neuen Traktors ging!

Manchmal müssen wir wie ein Detektiv ermitteln und dabei versuchen, den anderen Teil des „Gespräches" zu rekonstruieren. Paulus schrieb zum Beispiel zwei Briefe an die Christen in Thessalonich. Der erste war im Ton sehr herzlich, während der zweite sehr kühl ausfiel. Irgendetwas musste passiert sein, dass sich der Ton derart veränderte. Daher liegt es an uns, die beiden Briefe sehr gründlich zu untersuchen, um herauszufinden, was diese Änderung herbeigeführt hatte.

Zusätzlich dazu, dass wir nur die Aussagen eines Gesprächspartners kennen, müssen wir noch folgendes Problem bewältigen: Zwischen uns und Paulus gibt es einen großen Kulturunterschied, denn wir sind 2000 Jahre und über 3000 Kilometer vom Kontext dieser Briefe entfernt. Wir müssen die Ursache für diese Erörterungen ermitteln und sie dann auf unser heutiges Leben übertragen. Bedeuten die Anweisungen des Paulus über die Kopfbedeckung im Korintherbrief beispielsweise, dass Frauen heutzutage tatsächlich im Gottesdienst Hüte tragen sollten?

Gott sei Dank waren die Gemeinden zur Zeit des Neuen Testaments nicht perfekt! Es ist ermutigend zu wissen, dass sie ebenfalls Probleme hatten. Wir sollten auch zur Kenntnis nehmen, dass wir ohne diese Probleme womöglich nur einen einzigen Brief des Paulus hätten. Das Hohelied der Liebe in 1. Korinther 13 liegt uns beispielsweise nur vor, weil die Gemeinde in Korinth gleichzeitig sehr charismatisch und sehr fleischlich gesinnt war. Allein aufgrund der Tatsache, dass sich einige Leute in Korinth während des Gottesdienstes betranken, sind uns die Einsetzungsworte des Abendmahls überliefert. Weil sich Paulus in seinen Briefen mit einer Vielzahl von Problemen auseinandersetzte, können wir umfassender verstehen, was es wirklich bedeutet, Jesus nachzufolgen.

SCHLÜSSEL ZUM NEUEN TESTAMENT

BRIEFE, KEINE LEHRBÜCHER

Interessanterweise erkennt keine andere Religion Briefe als Werkzeuge göttlicher Offenbarung an. Briefe waren im Altertum nicht nur selten, sondern auch als Kommunikationsmittel Gottes gänzlich unbekannt. Obwohl Paulus wusste, dass er mit der Autorität eines Apostels schrieb, hatte er keine Ahnung, dass seine Briefe einmal als Heilige Schrift betrachtet würden. Allerdings fanden sie unter den Gemeinden des Römischen Reiches schon sehr bald weite Verbreitung. Schließlich sammelte man sie und sortierte sie der Länge nach, ähnlich wie die prophetischen Bücher am Ende des Alten Testaments. Die neun Briefe an die Gemeinden positionierte man vor den vier Briefen an Einzelpersonen. Noch bevor der Kanon des Neuen Testaments vollständig war, bezeichnete Petrus die Briefe des Paulus als (heilige) „Schriften" (siehe 2. Petrus 3,16). Paulus galt als ein besonderer Apostel, dessen Werk schnell als Teil der göttlichen Offenbarung anerkannt wurde.

Ihrem Wesen nach sind Briefe keine systematischen Abhandlungen über Glaubensgrundsätze oder bestimmte Verhaltensweisen. Sie beinhalten nur das, was für die konkrete Situation wichtig ist. So erwähnt der Kolosserbrief beispielsweise den Begriff „Rechtfertigung" kein einziges Mal, obwohl er in vielen anderen paulinischen Briefen vorkommt.

Wir können zwei Gründe dafür ausmachen, dass Gott Briefe als Kommunikationsmittel wählte. Erstens wird Gottes Wort dadurch *persönlich*. Diese Briefe richten sich an ganz gewöhnliche Menschen. Sie enthalten persönliche und emotionale Elemente, wie wir sie in einer solchen Mitteilungsform erwarten würden. Trotz der Kulturunterschiede macht es uns der menschliche Charakter dieser Briefe leicht, uns mit ihrem Inhalt zu identifizieren.

Zweitens wird Gottes Wort durch Briefe *praktisch*.

Sie haben mit dem Alltag zu tun und beziehen sich auf reale Fragen und Bedürfnisse, auf die Ehe, die Sklaverei, den Haushalt, die Kinder und auf die tägliche Arbeit. Gott wollte, dass uns sein Wort in einer praktischen und persönlichen Form vorliegt, damit wir in unserem Denken niemals philosophisch oder esoterisch werden. Aus diesen Gründen wählte Gott Briefe und keine Lehrbücher, um uns sein Wort zu vermitteln.

FAZIT
Dieser Überblick verfolgte den Zweck, uns einige Hintergrundinformationen zu Paulus und seinen Briefen zu liefern. Er ist jedoch kein Ersatz dafür, die Briefe selbst zu lesen. Jede Epistel am Stück durchzulesen ist eine gute Idee. Wenn wir den Brief eines Freundes empfangen, picken wir uns ja auch nicht nur einzelne Absätze heraus, sondern führen uns das gesamte Schreiben zu Gemüte, um es wirklich zu verstehen. In ähnlicher Weise müssen wir auch bei den paulinischen Briefen das Ganze erfassen, um die Details zu begreifen. Genau hierbei sollen uns die nachfolgenden Kapitel helfen, die uns einen Überblick über jeden einzelnen Brief bieten.

44.
1. UND 2. THESSALONICHER

Einleitung

Die beiden Briefe des Paulus an die Thessalonicher wurden innerhalb weniger Monate kurz nacheinander geschrieben. Sie sind einfacher zu verstehen als einige der anderen paulinischen Schriften. Sie wurden von Paulus, Silas und Timotheus verschickt, dem Team, das Thessalonich besucht hatte. Der Verfasser war ganz eindeutig Paulus. Obwohl beide Briefe innerhalb kurzer Zeit für dieselben Menschen am selben Ort verfasst wurden, unterscheiden sie sich grundlegend. Ihre Stimmung, ihre Herzlichkeit und ihr Ton sind sehr verschieden. Sie behandeln dieselben Themen, jedoch auf gegensätzliche Art und Weise. Der erste Brief ist sehr herzlich und persönlich und spiegelt Paulus' Fürsorge gegenüber der Gemeinde in Thessalonich wieder. Im zweiten Brief ist sein Ton jedoch kühl, scharf, unnahbar und distanziert.

Der spezielle Kontext jedes Briefes wird uns helfen, die Schriften des Paulus besser zu verstehen. Insbesondere der Zeitpunkt der Niederschrift und der Standort seiner Empfänger sind dabei von entscheidender Bedeutung.

Die Karte auf der nächsten Seite zeigt die Lage Thessalonichs am nördlichen Ende des Ägäischen Meeres. Damals war der Ort eine wichtige Hafenstadt, heute ist der Hafen jedoch versandet. Daher liegt die Stadt selbst nicht mehr so nah am Meer.

Thessalonich war einst ein Knotenpunk der Region und lag am Ingatiusweg, der wichtigsten römischen Straße von Rom nach Asien. Ihr Hafen war der Endpunkt einiger Haupthandelsrouten zwischen Nord und Süd. Da die Stadt mehr Münzen prägte als jede andere am Ägäischen Meer,

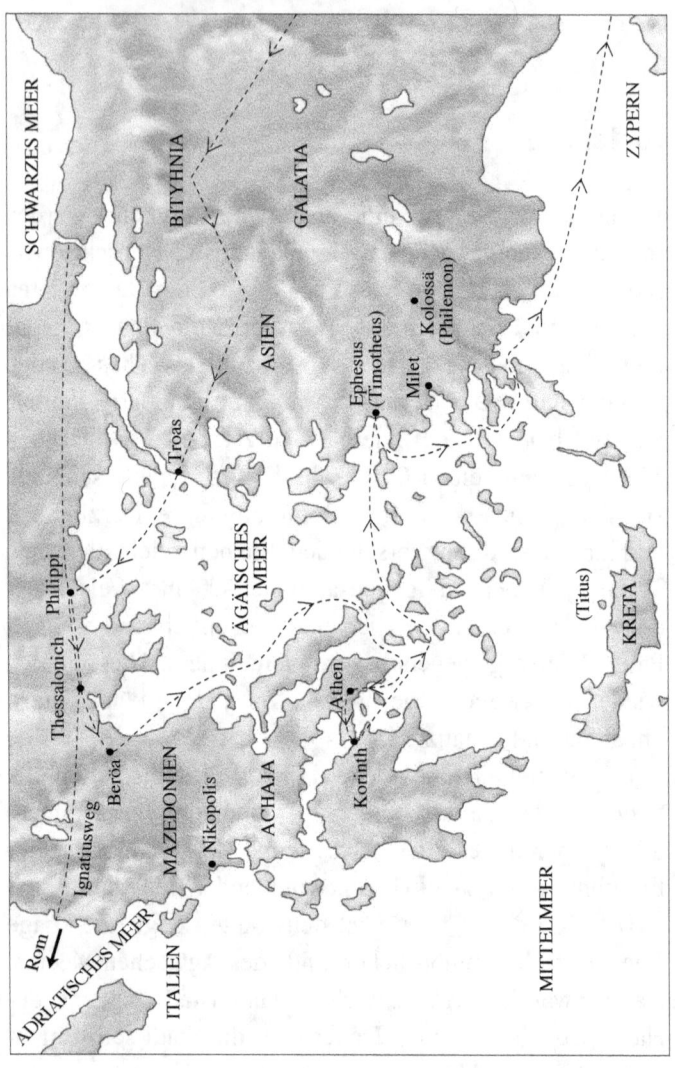

war sie ein bedeutendes Finanzzentrum und damit ein idealer Wirtschaftsstandort. Paulus war dementsprechend bewusst, dass Thessalonich für die Verbreitung des Evangeliums strategisches Potenzial hatte.

In der Stadt gab es eine große gemischte Bevölkerung,

einschließlich vieler jüdischer Kaufleute. Die Archäologie hat bemerkenswerte Erkenntnisse über das Thessalonich zu Lebzeiten des Paulus zu Tage gefördert. Bei Ausgrabungen fand man ein römisches Forum, eine Pferde- und Wagenrennbahn, einen hellenistischen Markt sowie eine samaritanische Synagoge. Tatsächlich bestätigen aktuelle Funde, dass die Obersten der Stadt als „Politarchen" bezeichnet wurden, wie Lukas sie beschreibt. Früher ging man davon aus, dass Lukas sich geirrt hätte, da dieser Titel in anderen Städten unbekannt war. Doch Archäologen entdeckten im Thessalonich der damaligen Zeit und seinem Umland insgesamt 41 Inschriften, die genau diesen Titel beinhalten.

PAULUS IN THESSALONICH UND BERÖA
Paulus kam zirka 49 n. Chr. auf seiner zweiten Missionsreise nach Thessalonich. Er hatte zuerst geplant, in Asien und dann in Bithynien zu evangelisieren, doch jedes Mal spürte er, wie der Heilige Geist ihn davon abhielt, diese Regionen zu besuchen. Während Paulus und seine Begleiter in Troas (dem antiken Troja) Station machten, sah Paulus im Traum einen Mann, der sie bat, hinüber nach Mazedonien zu kommen und dort den Menschen zu helfen. Also überquerten sie das Ägäische Meer und erreichten einen Hafen namens Neapolis. Paulus predigte in Philippi, wurde aber aus der Stadt vertrieben und kam schließlich nach Thessalonich.

Wie es seine Gewohnheit war, predigte Paulus zunächst in der jüdischen Synagoge. Obwohl er als Apostel zu den Nichtjuden gesandt war, empfand er den Juden gegenüber eine besondere Verantwortung. Paulus war überzeugt: Hätten sie sich einmal bekehrt, würden sie eine Gemeinde gründen, deren Bemühen darauf ausgerichtet war, auch die Nichtjuden in der Umgebung zu erreichen.

Es zeigte sich jedoch, dass die Gruppe innerhalb der Synagoge, die für das Evangelium am empfänglichsten war, gar nicht aus Juden bestand. Es war eine Randgruppe, die man die „Gottesfürchtigen" nannte. Sie waren nicht zum Judentum übergetreten und hatten sich auch nicht beschneiden lassen. Doch sie interessierten sich für das Judentum, weil sie spürten, dass der Gott der Juden der einzig wahre Gott war.

Diese Taktik, zuerst die Synagoge aufzusuchen, führte jedoch zu einer heftigen Meinungsverschiedenheit in Thessalonich. Dabei machten es einige Juden Paulus unmöglich, seine dortige Arbeit fortzusetzen. Besonders erboste sie, dass Paulus behauptete, Gottesfürchtige könnten zu Gott gehören, ohne zum Judentum überzutreten. Diese Juden zettelten einen hässlichen Aufstand an, so dass Paulus nach rund drei Wochen freiwillige abreiste und unbeirrt nach Beröa weiterzog. Obwohl er nur eine sehr kurze Zeit in Thessalonich verbrachte, hinterließ er dennoch eine stabile Gemeinde. Zu ihren Mitgliedern gehörte eine Anzahl von Frauen aus der gesellschaftlichen Oberschicht.

PAULUS IN ATHEN UND KORINTH

Auch Beröa musste Paulus gezwungenermaßen wieder verlassen. Von dort reiste er südwärts nach Athen. Dabei ließ er Silas und Timotheus zurück, um die Arbeit in Beröa fortzusetzen. In Athen kam der Widerstand gegen Paulus' Botschaft aus einer anderen Richtung. Die griechischen Philosophen lehrten, dass der menschliche Geist im Moment des Todes eine herrliche Befreiung von seinem Körper erfahren würde. Aus diesem Grunde machten sie sich über den Glauben des Paulus an die physische Auferstehung lustig. Ein paar Wenige bekehrten sich zwar, doch nicht genug, um eine Gemeinde zu gründen.

Von Athen aus reiste Paulus weiter nach Korinth. Ganz offensichtlich war er zu diesem Zeitpunkt bereits völlig entmutigt.

Man hatte ihn aus Philippi, Thessalonich und Beröa vertrieben. In Athen wurde er ausgelacht und sah nur eine Handvoll Neubekehrte. Als er in Korinth eintraf, war er in einem depressiven Zustand. Tatsächlich lesen wir in seinem ersten Brief an die Korinther: „Und ich war bei euch in Schwachheit und in Furcht und mit großem Zittern" (1. Korinther 2,3; LUT). Es scheint fast so, als ob er den Mut verloren hätte; und der Grund dafür ist leicht nachzuvollziehen. Für uns ist Paulus der erfolgreichste Missionar aller Zeiten. Doch gleichzeitig gibt es auch nur wenige Menschen, die eine solche Anhäufung schwieriger Erfahrungen ertragen könnten.

Stellen wir uns einmal vor, wie Paulus sich gefühlt haben muss, als er in Korinth erneut mit Timotheus und Silas zusammentraf, die ihm berichteten, dass sich die Gemeinde in Thessalonich im Großen und Ganzen gut entwickelte. Diese Nachricht munterte ihn auf. Da es ihm nicht möglich war, seine Arbeit in Korinth zu verlassen, beschloss er, den Thessalonichern einen Brief zu schreiben.

Darüber hinaus hatten Timotheus und Silas auch etwas Geld aus Philippi mitgebracht. Paulus war ohne einen Cent in Korinth angekommen und war daher gezwungen, zu seinem früheren Handwerk als Zeltmacher zurückzukehren. Allerdings hatte er sich mit einem jüdischen Ehepaar namens Priszilla und Aquila angefreundet, die ebenfalls Zeltmacher waren und Rom kurz zuvor fluchtartig verlassen hatten. Diese beiden Umstände ermutigten Paulus, als er seinen Brief an die Gläubigen in Thessalonich diktierte.

IHRE AUFNAHMEBEREITSCHAFT
(1. THESSALONICHER 1)

Die positive Stimmung des Paulus spiegelt sich im Einleitungskapitel des ersten Briefes an die Thessalonicher wieder. Dort erklärt er, dass er sich darüber freue, dass die Gläubigen in Thessalonich fest im Glauben stünden. Er verwendet das Wort „aufnehmen" oder „Aufnahme" (in manchen Übersetzungen „Eingang") viele Male. Es begeistert ihn offensichtlich, dass sie das Wort Gottes nicht nur ge*hört*, sondern es auch *aufgenommen haben*. Wir wollen uns nun einen Überblick über den Inhalt des ersten Thessalonicherbriefes verschaffen. Dazu werden wir vier Wortgruppen mit je drei Wörtern betrachten.

Wort, Tat und Zeichen
Paulus schreibt, dass er ihnen das Evangelium auf drei Arten weitergab: durch Wort, Tat und durch Zeichen. Viele Christen scheinen zu glauben, dass man den Menschen das Evangelium verkündigen könnte, indem man ihnen die Worte des Evangeliums predige. Die Zuhörer haben jedoch bisher noch keine Beweise dafür gesehen, dass diese Worte auch tatsächlich wahr sind. Sie müssen das Evangelium sowohl *sehen* als auch *hören*. Von den Begriffen „Wort, Tat und Zeichen" beziehen sich zwei auf das Auge und nur eines auf das Ohr. Wenn dieses Verhältnis zur Zeit des Paulus der Garant für eine effektive Kommunikation war, dann muss dasselbe auch für unser heutiges Fernseh- und Internetzeitalter gelten.

Paulus ging nicht davon aus, dass die Menschen darauf warteten, das Evangelium zu hören. Er nahm vielmehr an, dass sie darauf warteten, es zu sehen. Auf menschlicher Ebene bewiesen deshalb Taten, dass die gesprochenen Worte der Wahrheit entsprachen. Auf göttlicher Ebene zeugten Zeichen davon, dass das Wort lebendig war.

Viel zu oft konzentrieren wir uns ausnahmslos auf wortgegründete Evangelisation. Es ist absolut notwendig, das Wort Gottes zu predigen. Doch es muss durch unseren Lebensstil und durch Zeichen und Wunder von Gott bestätigt werden.

Als Jesus seine Jünger zu zweit aussandte, sagte er sinngemäß zu ihnen: „Es ist wirklich ganz einfach. Alles, was ihr machen müsst, ist Folgendes: Geht in eine Stadt, weckt die Toten auf, heilt die Kranken, treibt Dämonen aus und sagte ihnen, dass das Reich Gottes zu ihnen gekommen ist." Mit anderen Worten: *Demonstriert* das Evangelium, bevor ihr es *verkündigt.*

Glaube, Liebe, Hoffnung

Die nächste Dreiergruppe wird von Paulus häufig verwendet. Sie ist uns aus den Schlussversen von 1. Korinther 13 sehr vertraut, wird jedoch auch im ersten Brief an die Thessalonicher erwähnt. Offensichtlich waren bei den Thessalonichern Glaube und Liebe stärker ausgeprägt als Hoffnung. Der Glaube verdeutlichte ihnen, was Gott in der Vergangenheit vollbracht hatte, während ihnen die Liebe zeigte, was er jetzt gerade tat. Den Thessalonichern war jedoch weniger bewusst, was Gott in der Zukunft noch für sie tun würde.

Glaube, Liebe und Hoffnung sollten sich nicht nur auf unsere inneren Einstellungen beschränken, sondern auch eine aktive Dimension zeigen: Der Glaube handelt, die Liebe arbeitet hart und die Hoffnung hält an etwas fest.

Gott, Jesus und der Heilige Geist

Laut Paulus war die Gotteserfahrung der Thessalonicher durch und durch dreifaltig. Sie konzentrierten sich nicht nur auf einen Aspekt der Dreieinigkeit und schlossen die anderen beiden aus. Sie kehrten vielmehr zu Gott um, glaubten an Jesus und empfingen den Heiligen Geist.

Umkehren, dienen und erwarten

Die letzte Dreiergruppe zeigt uns, wie Paulus einen guten Christen definiert. Er verwendet drei Verben, um den

Glauben der Thessalonicher zu beschreiben: Sie *kehrten um* von den Götzen, um dem lebendigen Gott zu *dienen* und um seinen Sohn aus den Himmeln zu *erwarten* (siehe 1. Thessalonicher 1,9+10). Die christliche Lebenspraxis umfasst die Buße für die Vergangenheit, den fortdauernden Dienst in der Gegenwart und das Warten auf Christi Wiederkunft in der Zukunft.

SEINE RECHTSCHAFFENHEIT (1. THESSALONICHER 2–3)
Das erste Problem, das im 1. Thessalonicherbrief angesprochen wird, finden wir in Kapitel 2. Paulus traf überall, wo er hinging, auf zweierlei Widerstand: Einmal menschlicher Widerstand, meist jüdischen Ursprungs, und dann auf satanischen Widerstand, der sich hinter dem menschlichen Element versteckte. Eifersucht war die Ursache für beide. Sowohl die Juden als auch Satan waren eifersüchtig und hatten Angst davor, Anhänger zu verlieren. Der Teufel ist der Vater der Lüge. Um ein neues Werk Gottes zu verhindern, wird er entweder den Botschafter in Verruf bringen oder die Botschaft untergraben. Als erstes wird er der Person, die die Arbeit begonnen hat, niedere Beweggründe unterstellen und Lügen über sie verbreiten.

Das hatte in Thessalonich bereits begonnen. Wir erhalten einen ersten Eindruck von der Natur dieser Verleumdungen, wenn wir untersuchen, wie sich Paulus in den Kapiteln 2 und 3 zur Wehr setzt. Neunmal verteidigt er seine Rechtschaffenheit gegenüber lügnerischen Behauptungen. Dabei geht es ihm nicht um seine eigene Person. Vielmehr ist ihm bewusst, dass die Christen in Thessalonich dem Evangelium nicht mehr vertrauen werden, das er ihnen verkündigt hat, wenn sein eigener Ruf zerstört ist Die neun Beschuldigungen, die gegen Paulus vorgebracht wurden, besagten Folgendes:

1) *Paulus sei ein Pfuscher.* Er habe in Thessalonich ein Chaos hinterlassen, ohne die Dinge zufriedenstellend regeln zu können.
2) *Paulus sei ein Feigling.* Er habe Thessalonich verlassen, weil er als Krimineller auf der Flucht sei. (Tatsächlich wissen wir, dass er fortging, damit die Gläubigen in Thessalonich für ihn keine Kaution aufbringen mussten.)
3) *Paulus sei ein Fanatiker.* Er sei so sehr auf sein Ziel fixiert, dass er psychisch labil geworden sei.
4) *Paulus sei hinter den Frauen her.* Es gab viele wohlhabende Frauen in der Gemeinde. Das Gerücht ging um, dass Paulus ihnen mehr Aufmerksamkeit geschenkt habe, als sich gehörte.
5) *Paulus sei ein Gauner.* Man beschuldigte ihn, ein Betrüger zu sein. Er würde mit den Christen in Thessalonich nur Umgang pflegen, um sie für seine eigenen Zwecke auszunutzen.
6) *Paulus sei ein Schmeichler.* Sie behaupteten, er würde nur eine Show abziehen, hätte aber eigentlich kaum etwas Hörenswertes zu sagen. Tatsächlich sei ihm die Gemeinde in Thessalonich egal.
7) *Paulus sei ein Opportunist.* Sie unterstellten ihm, er würde nur predigen, um an das Geld der Gemeinde zu kommen.
8) *Paulus sei ein Faulenzer.* Sie legten ihm zu Last, dass er keiner richtigen Arbeit nachginge und ein leichtes Leben hätte.
9) *Paulus sei ein Diktator.* Sie sagten ihm nach, er würde sich schroff verhalten und seine Neubekehrten herumkommandieren.

Keine dieser Anschuldigungen entsprach der Wahrheit. Ist eine Falschbehauptung jedoch erst einmal in der Welt, so wird man sie nur schwer wieder los. Sie bleibt in

Erinnerung, ganz egal, wie überzeugend der Gegenbeweis auch sein mag.

Der Teufel steckte hinter diesen Anklagen, die eigentlich alle auf den Teufel selbst zutrafen. Dabei unterstellte der Feind Paulus seine eigenen satanischen Motive.

Paulus verteidigte sich mit elf Gegenargumenten. Er führte sowohl die Thessalonicher als auch Gott selbst als unabhängige Zeugen dafür an, dass keine dieser Anschuldigungen zutraf.

1. *Er verwies auf die Effektivität seines Dienstes.* „Ihr seid eine stabile Gemeinde", schreibt er sinngemäß, „voller Glauben und Liebe; und ihr seid dabei, anderen das Evangelium zu verkündigen. Ist das das Werk eines Pfuschers?"
2. *Er unterstrich seinen Mut.* In Philippi war Paulus ins Gefängnis geworfen worden. Doch sobald er die nächste Stadt, Thessalonich, erreichte, fing er von neuem an zu predigen. Sah so feiges Verhalten aus? Ein Feigling hätte sich davongemacht und wäre in ein anderes Land geflohen.
3. *Er erklärte, keine Hintergedanken zu haben.* Er meine, was er sage, und sage, was er meine. Er wolle niemanden täuschen.
4. *Er berief sich auf seine Gottesfurcht.* Gott habe ihn akzeptiert, selbst wenn dies sonst niemand tun würde.
5. *Er verwies auf seine Demut.* Er habe sich dafür entschieden, nicht auf seinen Rechten oder auf der Wahrung seiner Würde zu beharren.
6. *Er berief sich auf seine Sanftmut.* Er schreibt, er habe die Thessalonicher so behandelt, wie sich eine Kinderkrankenschwester um ein Baby kümmern würde. Niemand sei fürsorglicher mit ihnen umgegangen.

7. *Er machte seine Selbstlosigkeit geltend.* Er erinnerte sie daran, dass er Zeit, Geld und sein ganzes Sein in sie investiert hatte.
8. *Er führte seinen Fleiß ins Feld.* Paulus war alles andere als faul. Er arbeitete jeden Tag von Sonnenaufgang bis Sonnenuntergang.
9. *Er machte seine Heiligkeit geltend.* „Ihr seid Zeugen und Gott, wie heilig und gerecht und untadelig wir gegen euch, die Glaubenden, waren" (1. Thessalonicher 2,10; ELB). Damit wiederholte er fast die Worte, mit denen sich Jesus verteidigte, denn eigentlich fragte er: „Wer unter euch kann mich einer Sünde überführen?" (Johannes 8,46; LUT).
10. *Er beteuerte seine Ernsthaftigkeit.* Er sei für die Thessalonicher nicht nur wie eine Mutter gewesen, sondern auch wie ein Vater. Er war mütterlich, als sie Trost brauchten, und väterlich, als sie Disziplin benötigten.
11. *Schließlich berief er sich auf seine Geradlinigkeit.* Er sei ihnen gegenüber bei seinen Werten und Maßstäben nie Kompromisse eingegangen und habe niemals versucht, sie zu etwas zu überreden, was sie nicht wollten.

Die Situation, mit der Paulus im Fall der Gemeinde der Thessalonicher konfrontiert wurde, gibt uns einen heilsamen Einblick, wie der Teufel Kritik benutzt, um die Arbeit von Christen zu untergraben. Mit Vorliebe macht er Christen gegenüber ihren Leitern misstrauisch und versucht, ihren Anführern falsche Motive zu unterstellen.

Aber Paulus wurde von diesem Widerstand nicht überrascht. Sie sollten dasselbe Misstrauen erwarten, schreibt er den Thessalonichern. Leidet ein Christ für Jesus, so ist dies ein Beweis seiner Erwählung, ein Ehrenzeichen und ein Siegel seines Glaubens. Wirkliche Sorgen machen sollten sich diejenigen, die nie für das Evangelium leiden, die es niemals schwer haben, die sich unter keinen Umständen Feinde machen und die nie einen Preis für die Nachfolge Jesu bezahlen müssen. Für Paulus war Leiden normal. Er war bereit, Gefangennahme, Geißelung und Steinigung hinzunehmen. Gleichzeitig kämpfte er gegen jeden, der ihm in seinem Dienst unlautere Motive unterstellte, um ihn dadurch zu zerstören.

IHRE REIFE (1. THESSALONICHER 4–5)
In 1. Thessalonicher 4 und 5 versucht Paulus, den Thessalonichern zu helfen, geistlich reifer zu werden. Es gibt zwei Themen, die ihm besonders am Herzen liegen: *Heiligkeit* und *Hoffnung*.

Heiligkeit
Ein heiliger Lebensstil ist für das Christsein zentral, weil es Gottes Wille entspricht, dass jeder Gläubige heilig lebt. Paulus waren zwei Bereiche aufgefallen, die für die Thessalonicher in diesem Zusammenhang schwierig waren.

FRAUEN
Der erste dieser beiden Bereiche war ihr Umgang mit *Frauen*:

Die Griechen pflegten einen toleranten und sexuell freizügigen Lebensstil, der den Göttern, die sie verehrten, ähnlich war. Ehefrauen konnten regelmäßig ausgetauscht werden und Geliebte waren ein weit verbreitete Erscheinung. Ein Mann namens Demosthenes beschrieb den griechischen Lebensstil folgendermaßen: „Wir haben Hetären für unser geistiges Vergnügen, Huren für unsere sinnliche Befriedigung und eine Gemahlin, die uns Kinder gebiert und in ergebener Treue das Haus bewacht."

Seneca sagte: „Frauen sind verheiratet, um geschieden zu werden und sie werden geschieden, um zu heiraten." Enthaltsamkeit war fast völlig unbekannt.

Aus diesem Grund nötigte Paulus die Männer der Gemeinde in Thessalonich, ihre Prostituierten und Geliebten aufzugeben und sich von dem üblichen freizügigen Lebensstil abzuwenden.

Sie sollten ihre Ehen dadurch ehren, dass sie das Ehebett reinhielten. Eine Ehefrau durfte nicht wie eine Prostituierte oder Geliebte behandelt werden.

ARBEIT
Ein anderes Konfliktfeld für die Thessalonicher war die *Arbeit*.

Sie gilt in christlichen Kreisen oft als Tabuthema. Tendenziell hören wir sehr selten Predigten über die Arbeit. Vielleicht liegt es daran, dass die meisten Leute, die in Gemeinden predigen, keiner geregelten Arbeit nachgehen. Sie mögen 16 Stunden am Tag für die Gemeinde tätig sein, doch sie haben keinen Job im eigentlichen Sinne. Sehr wenige Jüngerschaftskurse erwähnen die Arbeit überhaupt. Sie erklären, wie man in seiner Freizeit als Christ leben sollte: Wie man betet, wie man die Bibel liest, wie man Zeugnis gibt und wie man der Gemeinde dient. Das vermittelt vielen Menschen den falschen Eindruck, dass sie dazu bestimmt sind, dem Herrn nur außerhalb ihrer Arbeitszeit zu dienen. Es kann dazu führen, dass Christen meinen, es an ihrem Arbeitsplatz nicht mehr aushalten zu können und ihren regulären Job verlassen wollen, um in den vollzeitlichen Dienst zu wechseln.

Sie vergessen dabei, dass sich jeder Christ bereits im vollzeitlichen Dienst für den Herrn befindet. Die Art und Weise, wie wir unserer Arbeit nachgehen, gehört zu unserem heiligen Lebensstil dazu. Unsere

Arbeitseinstellung sollte unsere Liebe für den Herrn und für unseren Nächsten zum Ausdruck bringen. Gott zu ehren, sollte die Motivation für unsere Arbeit sein. Unser Arbeitsleben ist so lange für den Herrn verloren, bis es als Teil unserer Heiligkeit angesehen wird.

Einige Thessalonicher hatten ihre geregelte Arbeit aufgegeben und warteten untätig auf die Wiederkunft des Herrn. Diese Sichtweise war nicht untypisch für das kulturelle Umfeld. Die griechische Gesellschaft lebte für die Freizeit. Man hielt die Arbeit und insbesondere eine körperliche Tätigkeit für abscheulich und entwürdigend. Daher griffen die Griechen, wo immer es ihnen möglich war, auf Sklaven zurück, die diese Dinge für sie erledigten. Im Gegensatz dazu betrachtete das hebräische Denken, das sich auf das Alte Testament gründete, die Arbeit als einen Teil der Anbetung Gottes. Zwischen handwerklichen Tätigkeiten und anderen Arbeitsformen wurde nicht unterschieden. Jeder Beruf hatte vor Gott den gleichen Wert und sollte dazu dienen, ihm zu gefallen.

Daher musste Paulus die Thessalonicher dazu auffordern, ihren Lebensunterhalt selbst zu verdienen und es sich zum Ziel zu setzen, von niemandem abhängig zu sein. Körperlich leistungsfähige Christen sollten nicht von der Wohltätigkeit anderer leben, sondern Geld verdienen, um ihre Familien zu versorgen und denen zu helfen, die tatsächlich in Not sind. Paulus spricht dabei nicht von Menschen, die *nicht arbeiten können*, sondern von denen, die *nicht arbeiten wollen*.

Hoffnung

Paulus hielt es auch für notwendig, den Thessalonichern Nachhilfe zum Thema Hoffnung zu geben. Sie ist ein Schlüsselmotiv des Neuen Testaments, wird doch die Wiederkunft Christi über 300 Mal erwähnt. Daher sah

Paulus „Hoffnung" als ein wichtiges Unterrichtsfach für die Neubekehrten an. Denn obwohl die Thessalonicher im Glauben und in der Liebe stark waren, war ihre Hoffnung nur schwach ausgeprägt. Dies lag zum Teil an der Vorstellung der Griechen vom Tod.

Iscillus erklärte beispielsweise: „Wenn ein Mensch stirbt, gibt es keine Auferstehung." Theokrit schrieb: „Hoffnung geht mit dem Leben, im Tod erst endet die Hoffnung." Ein anderer Philosoph formulierte es so: „Wenn unser kurzes Leben einst zu Ende geht, gibt es eine anhaltende Nacht, in der wir schlafen." Ein Grabstein im antiken Griechenland trug folgende Inschrift: „Bin nicht gewesen, bin gewesen, bin nicht mehr, keine Sorge."

Insofern gingen die Christen in Thessalonich davon aus, dass Mitglieder ihrer Gemeinde, die starben, die Wiederkunft des Herrn verpassen würden. Wir wissen nicht, ob es daran lag, dass sie überhaupt nicht an die Auferstehung der Toten glaubten oder dass sie annahmen, dass die Toten erst später wieder zum Leben erweckt würden. In jedem Fall musste Paulus den Thessalonichern versichern, dass sie es nicht nötig haben, wie andere Menschen zu trauern; denn die Toten werden als allererste Jesus begegnen, wenn er wiederkommt. Sie sind es, die zuerst auferstehen werden, gefolgt von denen, die dann noch am Leben sind.

Das bedeutet natürlich, dass Christen nach ihrem Tod auf die Erde zurückkehren werden. Nachdem sie Jesus in der Luft begegnet sind, kommen sie, mit einem neuen Körper ausgestattet, auf die Erde zurück. Von Anfang an war und ist der Himmel nur ein Wartezimmer, eine vorübergehende Bleibe für diejenigen, die gestorben sind und die Wiederkunft Christi auf die Erde erwarten. Dort werden sie für immer mit ihm zusammen sein.

Offensichtlich hatte die Gemeinde in Thessalonich auch

die Ausführungen darüber missverstanden, wann Jesus zurückkommen wird. Paulus zitiert den Satz, den Jesus ursprünglich geprägt hat, dass er „wie ein Dieb in der Nacht" kommen würde. Das bedeutet, dass er vollkommen überraschend und ohne Vorwarnung erscheinen wird. Viele nahmen an, dass Jesus jeden Augenblick kommen könnte. Paulus korrigierte diese Annahme jedoch und erklärte, dass er nur für diejenigen unerwartet kommen werde, die nicht nach ihm Ausschau halten. Die Worte, „wie ein Dieb in der Nacht", seien nicht an Christen gerichtet, sondern an diejenigen, die nicht darauf vorbereitet seien. Im Gegensatz dazu lebten die Thessalonicher nicht in der Finsternis, sondern im Licht. Hielten sie weiterhin nach Jesus Ausschau, würde sie sein Kommen nicht überraschen. Genau genommen lässt sich anderen Aussagen des Paulus und weiteren Abschnitten des Neuen Testaments klar entnehmen, dass der Wiederkunft Christi bestimmte Zeichen vorausgehen werden. Auf dieses Thema kommt Paulus im 2. Thessalonicherbrief zurück.

ABSCHLIESSENDE ERMAHNUNGEN (1. THESSALONICHER 5, 12–28)
Am Ende des Briefes sind die Themen so verdichtet, als würde Paulus ihnen ein Dutzend Predigten halten wollen. Eine Fülle nicht zusammenhängender Themen charakterisiert das fünfte Kapitel.

Leiter und Mitglieder
Die Stadt Thessalonich wurde demokratisch geführt. Eine positive Folge war, dass die dortigen Frauen ein Ausmaß an Gleichberechtigung erlebten, welches Frauen anderswo in Griechenland verwehrt blieb. Eine negative Konsequenz dieses demokratischen Systems zeigte sich jedoch darin, dass die Mitglieder der Gemeinde nur wenig oder gar keinen

Respekt vor ihrer Gemeindeleitung hatten. Paulus fordert die Thessalonicher daher auf, ihre Leiter zu respektieren, da diese ohne den nötigen Respekt ihre Führungsaufgaben nicht wahrnehmen könnten. Eine Gemeinde ist keine Demokratie, sondern eine Theokratie, weil sie vom Heiligen Geist regiert wird. Diese Herrschaft zeigt sich durch geisterfüllte Leiter und geisterfüllte Mitglieder. Die Leiter sind weder Diktatoren, noch haben die Mitglieder demokratische Mitbestimmungsrechte.

Paulus fordert die Gemeindeglieder dazu auf, drei Eigenschaften nicht zu zeigen und fünf Attribute unbedingt an den Tag zu legen: *Seid nicht* untätig, ängstlich oder schwach. *Seid aber* geduldig, vergebend, freudig, anhaltend im Gebet und dankbar.

Die Dreieinigkeit
Paulus beendet den Brief mit einigen Ausführungen zu jeder einzelnen Person der Dreieinigkeit:

Der Heilige Geist: Er ermahnt die Gemeinde, den Heiligen Geist nicht zu dämpfen und Weissagung nicht zu verachten, sondern alles zu prüfen. Die Mitglieder sollen am Guten festhalten und das Böse meiden.

Gott: Paulus bittet Gott, sie zu heiligen, und zwar in dem kulturellen Kontext, der sie umgibt und der ein starkes antigöttliches Element aufweist.

Jesus: Paulus betet, dass Jesus sie bewahren möge, so dass sie bis zu seiner Wiederkunft ein vorbildliches Leben führen können. Die Wiederkunft Christi soll die Gläubigen zu einem gottgefälligen Leben motivieren.

IHRE BEHARRLICHKEIT (2. THESSALONICHER 1)
Der zweite Brief des Paulus an die Thessalonicher, der nur ein paar Monate nach dem ersten geschrieben wurde, hat einen völlig anderen Grundton. Sein Stil macht einen kühlen

und distanzierten sowie erschrockenen und verärgerten Eindruck. Es scheint, dass Paulus schlechte Nachrichten über die Gemeinde gehört hat, weshalb er es für notwendig erachtet, den Thessalonichern ein weiteres Mal zu schreiben. Dabei muss er einige der Punkte erneut ansprechen, die er bereits in seinem ersten Brief erwähnt hat.

Er lobt sie zunächst dafür, dass ihr Glaube trotz heftiger Verfolgung stark geblieben ist. Der Hass, der sich zuvor gegen ihn gerichtet hat, richtet sich nun gegen sie. Ihr Leiden sollten sie als Teil ihres Glaubenslebens betrachten.

Auch wenn sie momentan gerade große Ungerechtigkeit ertragen müssten, werde Gott, der Gerechte, künftig diejenigen bestrafen, die ihnen jetzt diese Probleme bereiteten. Das versichert er ihnen. Mit sechs Begriffen beschreibt er, was Gott denen antun wird, die Christen verfolgen: „Bedrängnis", „Vergeltung", „Strafe", „ewig", „Verderben", „ausgeschlossen".

Wenn wir also von Menschen hören, die Christen verfolgen, sollten wir uns um die Verfolger Sorgen machen. Wir müssen uns daran erinnern, dass es für jeden von uns nur zwei Optionen gibt: Entweder werden wir die Ewigkeit mit Gott verbringen oder für immer in der Hölle schmoren.

IHRE STABILITÄT (2. THESSALONICHER 2–3)
Im 2. Thessalonicherbrief beschäftigt sich Paulus immer noch mit den zwei Hauptthemen, die er schon im ersten Brief angesprochen hat, mit Heiligkeit und Hoffnung. Diesmal behandelt er sie allerdings in umgekehrter Reihenfolge.

Hoffnung
Trotz der gründlichen Ausführungen des Paulus über die Wiederkunft Jesu herrscht in der Gemeinde immer noch Verwirrung über dieses Thema. Während ihre Hoffnung

zunächst zu schwach war, ist sie nun zu stark geworden. Einige von ihnen glauben, dass die Wiederkunft des Herrn bereits stattgefunden habe oder unmittelbar bevorstehe. Daher macht es für sie keinen Sinn, irgendetwas anderes zu tun, als auf ihn zu warten. Infolgedessen haben manche bereits ihre Arbeitsstellen aufgegeben.

Diese irrige Annahme scheint durch einen gefälschten Brief ausgelöst worden zu sein, den die Thessalonicher erhalten haben. In diesem Brief, der angeblich von Paulus stammt, wird behauptet, dass die Wiederkunft Christi in Kürze stattfinden werde. Der 1. Thessalonicherbrief verdeutlicht, wie der Teufel Paulus, den Gesandten Gottes attackierte. Jetzt greift der Feind die Botschaft des Evangeliums selbst an. Er weiß, wie einfach es ist, Christen entweder durch Unwissen oder Fanatismus aus einem gesunden Gleichgewicht zu bringen.

Auf diese Verzerrung des Evangeliums gibt Paulus ihnen eine außergewöhnliche Antwort. Er erklärt ihnen, dass die Rückkehr Jesu gar nicht unmittelbar bevorstehen kann, da mindestens noch ein bedeutendes Ereignis stattfinden muss, bevor er wiederkommt: Das Auftreten des „Menschen der Gesetzlosigkeit". Er wird kein Gesetz anerkennen und sich selbst als Gott ausgeben. Die Bibel bezeichnet ihn an anderen Stellen als „Tier" oder als „Antichrist". Da dieser Mann noch nicht erschienen ist, muss die Vorstellung, dass die Rückkehr Christi in Kürze stattfinden würde, falsch sein.

Paulus' Sicht der Dinge hilft uns zu erkennen, wie sich das Neue Testament in seinem Geschichtsverständnis von anderen philosophischen Ansätzen unterscheidet.

Die griechische Philosophie ging davon aus, dass sich die Geschichte in Zyklen bewegen würde: Königreiche kommen und gehen, ohne ein bestimmtes Ziel. Eine noch heute verbreitete Spielart besagt, dass die Geschichte sich zwar fortentwickelt, jedoch in Zyklen mit Höhen und

Tiefen. Es gibt gute Zeiten, danach wieder schlechte; erst Krieg, dann Frieden; zunächst Inflation, dann Deflation. Ein positiver Fortschritt ist hingegen nicht erkennbar.

Eine fortschrittliche Sicht der Geschichte war zu Beginn des 20. Jahrhunderts weit verbreitet. Man glaubte, dass sich das Leben stetig verbessern und die Zukunft positiver sein würde als die Gegenwart. Zu Beginn des 21. Jahrhunderts scheint sich allerdings eine gegenläufige Auffassung durchgesetzt zu haben. Viele Menschen sind der Meinung, dass alles immer schlechter wird. Das Schlüsselwort unserer Zeit lautet nun Überleben und nicht mehr länger Fortschritt.

Im Gegensatz dazu vertreten Juden, Christen und Kommunisten eine *apokalyptische* Sicht der Geschichte. Das bedeutet, dass die Dinge noch viel schlechter werden, bis sie am absoluten Tiefpunkt angekommen sind. Dann plötzlich wird alles besser werden und auch so bleiben. In der Bibel finden wir diese Sicht besonders bei den jüdischen Propheten, beispielsweise bei Daniel.

Diese jüdisch-christlich-kommunistische Form der Geschichtsbetrachtung geht allerdings in der Erwartung, *wer diesen Wendepunkt herbeiführen wird*, weit auseinander.

Die Kommunisten glauben, dass die Menschen für die entscheidende Veränderung sorgen werden, auch wenn diese Wunschvorstellung immer mehr verblasst. Die Juden gehen davon aus, dass Gott den Wandel herbeiführen wird, während die Christen überzeugt sind, dass Jesus am Ende die Wende bringt, und zwar bei seinem zweiten Kommen. Dieses Geschichtsverständnis des Neuen Testaments liegt also den Aussagen des Paulus in seinen Briefen an die Thessalonicher zugrunde. Noch detaillierter können wir es im Buch der Offenbarung erkennen.

Obwohl die Wiederkunft des Herrn nicht unmittelbar bevorstehe, sei der Einfluss des „Menschen der

Gesetzlosigkeit" schon jetzt spürbar, schreibt Paulus. Es gebe zwar schon Gesetzlosigkeit, doch werde sie noch gehemmt, bis Gott eines Tages das Hemmnis entfernen werde. Jesus selbst hatte erklärt, dass dieser Zustand nur eine sehr kurze Zeit andauern werde. (Aus dem Buch der Offenbarung ergibt sich eine Zeitspanne von dreieinhalb Jahren.) Danach werde Jesus zurückkehren. In der Zwischenzeit sollten die Thessalonicher geduldig sein und weiterhin ihren Aufgaben nachgehen.

Heiligkeit
Die Aussagen des Paulus zur Arbeit erscheinen uns sehr hart: „Wenn jemand nicht arbeiten will, soll er auch nicht essen", erklärt er (2. Thessalonicher 3,10; ELB). Seiner Meinung nach sollten Christen einen Gläubigen nicht durchfüttern, wenn er seinen Job hinschmeißt, weil sie damit seine Faulheit belohnen würden. Paulus spricht hier nicht über Arbeitslosigkeit. Sie ist ein gesellschaftliches Übel, das wir bekämpfen müssen. Er bezieht sich auch nicht auf Menschen, die *nicht arbeiten können*, sondern auf diejenigen, die *nicht arbeiten wollen*.

Wenn der Herr kommt, möchte er sehen, dass wir unsere Arbeit treu erledigen und für ihn arbeiten. Die Gleichnisse über das zweite Kommen haben alle diesen Schwerpunkt. Jesus erzählte Gleichnisse über Herren, deren Rückkehr sich verzögerte. Die Verspätung stellt die Hingabe der Diener Jesu auf die Probe. Gott ist nicht so sehr daran interessiert, *welcher* Arbeit wir nachgehen, sondern vielmehr daran, *wie gut* wir unsere Arbeit tun. Er würde einen gewissenhaften Taxifahrer immer einem unmotivierten Missionar vorziehen, weil ihn der Charakter mehr interessiert als die erbrachte Leistung. Viel zu oft stellen wir eine Rangordnung von ehrbaren Tätigkeiten auf, bei der Missionare, Evangelisten und Pastoren ganz weit oben stehen, gefolgt von Ärzten, Krankenschwestern und Lehrern etc. Die Wahrheit sieht allerdings ganz anders aus, denn in der Bibel steht das Handwerk ganz an der Spitze! Jesus war Zimmermann, Paulus war Zeltmacher und Petrus und Johannes waren Fischer. Diese Tätigkeiten gehörten zu ihrem göttlichen Auftrag dazu.

Menschen, die 40 Jahre lang in demselben Büro gearbeitet haben und sich dabei im Rückblick wünschen, sie hätten dem Herrn dienen können, haben diesen Punkt völlig missverstanden. Wenn Jesus wiederkommt, wird er die Welt mit uns gemeinsam regieren. Er wird nach Menschen Ausschau halten, denen er die Gerichtshöfe, die Banken und alle anderen Institutionen anvertrauen kann. Paulus rügt die Christen in Thessalonich dafür, dass sie einander vor Gericht zerren. Er erklärt ihnen, dass sie eines Tages die Völker richten werden. Heute schon sollten Christen so leben und arbeiten, dass es sie auf die berufliche Aufgabe vorbereitet, die sie erhalten werden, wenn Jesus wiederkommt.

GEBET

Das Thema Gebet spielt in beiden Briefen des Paulus an die Thessalonicher eine wichtige Rolle. Er schreibt ihnen, dass er für sie bete und bittet sie gleichzeitig, dasselbe auch für ihn zu tun. Er erklärt ihnen sogar, dass seine Fürbitte für sie genauso hilfreich sein könnte wie seine Predigten. Daher dankt er Gott bereitwillig für die Thessalonicher und bittet ihn, sie in Gnade und Güte vollkommen zu machen, sie vor Satan zu beschützen und sie in Liebe und Treue anzuleiten.

Auch ihre Gebete für ihn sind Paulus wichtig. Obwohl er der größte Missionar aller Zeiten und der dreizehnte Apostel ist, weiß er sehr wohl, dass er ihre Gebetsunterstützung benötigt. Er bittet sie dafür zu beten, dass sich die Botschaft des Evangeliums schnell ausbreiten möge, da ihm bewusst ist, dass jeder Moment kostbar ist. Er bittet sie auch darum, für seine Sicherheit Fürbitte zu tun, weil ihm klar ist, dass er als Botschafter des Evangeliums in einem Kampf auf feindlichem Territorium verwickelt ist.

FAZIT
Die beiden Briefe des Paulus an die Thessalonicher erinnern uns an zwei Schlüsselaspekte des christlichen Lebens:

1. *Vorangehen:* Wenn wir zu Christus kommen, stellt das den Beginn einer gemeinsamen Reise dar. Wir müssen dafür sorgen, dass wir beständig mit ihm vorwärtsgehen und dabei ein heiliges Leben führen. Erlösung ist ein Prozess: Wir werden *vor* der Hölle und *für* den Himmel gerettet. Das Streben nach Heiligkeit ist ein unverzichtbarer Teil unseres Glaubenslebens.
2. *Warten*: In beiden Briefen geht es am Ende jedes Kapitels um die Wiederkunft Jesu. Wir täten gut daran, dieses Thema auch heute in unseren Predigten und in unserer Anbetung nicht zu vernachlässigen. Genauso, wie Jesus wieder auf diese Welt zurückkehren wird, werden auch wir es tun. Er hält nach Menschen Ausschau, die dann gemeinsam mit ihm die Herrschaft übernehmen.

Ein Leben im Lichte der Wiederkunft Christi war für Paulus ein grundlegender Teil der christlichen Jüngerschaft. Beide Briefe betonen, wie gefährlich es sein kann, bei diesem wichtigen Thema einer falschen Lehre anzuhängen.

45.
1. UND 2. KORINTHER

Einleitung

Viele Christen glauben, dass das Leben als Christ viel glatter laufen würde, wenn wir in der Lage wären, die Umstände einer vergangenen Zeit wiederherzustellen. Manchen ist die Erweckung von Wales im Jahre 1904 besonders lieb. Andere gehen sogar noch weiter zurück, bis zur methodistischen Erweckung im 18. Jahrhundert. Sogar das Zeitalter der Puritaner hat sich in den letzten Jahren zu einem Favoriten entwickelt. Die beliebtestes Epoche wäre wahrscheinlich jedoch die Zeit des Neuen Testaments. Alles wäre in Ordnung, wenn wir nur in diese Zeit zurückkehren könnten, denken viele. Dabei vergessen wir natürlich, dass auch die Gemeinde zur damaligen Zeit Probleme hatte. Es gab sowohl Druck von außen, der von Juden und Nichtjuden kam, die feindselig auf die Botschaft des Evangeliums reagierten, als auch Streit innerhalb der Gemeinde.

Wenden wir uns den Briefen des Paulus an die Korinther zu, so begegnet uns eine Gemeinde, deren Probleme so groß waren, dass sie ihre Existenz und ihren Dienst zu ruinieren drohten. Keine Gemeinde, die von Paulus gegründet worden war, hatte mehr Probleme als sie. Gleichzeitig sollten wir Gott dankbar sein, dass uns als Folge dieser Schwierigkeiten diese beiden wunderbaren Briefe geschenkt wurden. Sie beinhalten die unnachahmliche Beschreibung der Liebe in 1. Korinther 13 und, nur zwei Kapitel weiter, den ersten Bericht über die Erscheinungen des auferstandenen Herrn im Neuen Testament.

Die Herausforderungen waren mit Sicherheit schwerwiegend. Die Gemeinde war tief gespalten, wobei es Cliquen gab, die verschiedenen Leitern folgten. Sittenverfall der schlimmsten Art hatte sich breitgemacht: Ein Mann lebte mit seiner Mutter (oder möglicherweise seiner Stiefmutter) in Sünde, eine Praxis, die sogar Ungläubige verdammt hätten. Einige von ihnen waren am Tisch des Herrn betrunken. Andere lebten eine aggressive Form des Feminismus. Darüber hinaus hatten sie grundlegende christliche Lehren missverstanden. Es muss eine große Versuchung gewesen sein, eine solche Gemeinde einfach abzuschreiben, doch Paulus gab dieser Versuchung nicht nach. Er schrieb den Gemeindegliedern Briefe und besuchte sie, in der Hoffnung, dass sie ihre Fehler einsahen und zu einem besseren Lebenswandel zurückfinden würden.

DIE STADT
Ein Blick auf den Ort, an dem sich die Gemeinde befand, hilft uns, zu verstehen, warum sie so große Schwierigkeiten hatte.

Die Stadt Korinth lag an einer schmalen Landbrücke, die das griechische Festland mit dem Peloponnes verband. Diese Landbrücke wurde zu einem beliebten Ziel für Kaufleute, die die gefährliche südliche Route zwischen der Südküste Achajas und der Insel Kreta vermeiden wollten.

Man trug die Fracht großer Schiffe über die Landbrücke und verlud sie zur Weiterfahrt auf andere Boote. Kleinere Schiffe wurden auf Rollen über Land gezogen und dann zur Weiterreise wieder zu Wasser gelassen.

Korinth selbst lag drei Kilometer vom Meer entfernt, hatte jedoch seinen eigenen Hafen, Lechaion. Eine doppelte Stadtmauer erstreckte sich von der Stadt bis hinunter zum Hafen. Etwas außerhalb von Korinth lag der Berg Akrokorinth. Von einer Höhe von ca. 630 Metern aus konnte man von dort aus das 65 Kilometer entfernte Athen sehen. Korinth und Athen waren damals wie Edinburgh und Glasgow heute. Athen war die Universitätsstadt, in der die Philosophen wohnten und in der man Kulturfestivals abhielt. Korinth hingegen war die geschäftige Hafenstadt. Die Rivalität zwischen beiden Städten war enorm.

Die erste Stadt
Archäologen haben in Korinth viel entdeckt, insbesondere seit dem Erdbeben von 1858, das mehrere Ruinen freilegte. Sie fanden die Gerichtstribüne, vor der Paulus bei seinem Prozess erscheinen musste, sowie eine jüdische Synagoge. Alle Ausgrabungen bestätigen den Bericht des Lukas in der Apostelgeschichte. In der Moderne wurde mit dem Kanal von Korinth eine tiefe Fahrrinne durch die Landbrücke gegraben, so dass ein hochseetaugliches Linienschiff sie gerade eben passieren kann. Zu Lebzeiten des Paulus hatte Kaiser Nero versucht, einen Kanal zu graben, jedoch ohne Erfolg. Die erste Stadt wurde 146 v. Chr. von den Römern zerstört. Julius Cäsar sorgte 44 v. Chr. für ihren Wiederaufbau und ihre Neubesiedlung als römische Kolonie.

Seit 29 v. Chr. war Korinth die Hauptstadt der senatorischen Provinz Achaja. Ihre Bevölkerung war kosmopolitisch und bestand unter anderem aus Juden, die dort ihre Synagoge errichteten, und Griechen, welche die Architektur und die philosophische Ausrichtung prägten. Die Gründung der Stadt erfolgte nach römischem Recht und die vorherrschende Religion war ebenfalls römisch. Es gab keinen Adel, der über Grundbesitz verfügte, daher beruhten die Klassenunterschiede allein auf dem Reichtum, den der Markt und der Hafen hervorbrachten. Sehr schnell kehrte die Sittenlosigkeit des alten Korinth zurück und mit ihr der Snobismus, der auf Reichtum und intellektueller Arroganz beruhte.

Die zweite Stadt

Die Stadt Korinth, die Paulus damals besuchte, war sehr reich und extrem heidnisch. Die Bewohner beteten die Götter der Griechen und der Römer an, darunter Poseidon, den Gott des Meeres und Aphrodite, die Göttin der Liebe. Der riesige Tempel der Aphrodite beherbergte 2.000 Priesterinnen, die im Grunde Prostituierte waren, weil der dortige „Gottesdienst" Geschlechtsverkehr mit einer Priesterin beinhaltete. Tatsächlich wurde „korinthisieren" in der griechischen Sprache zu einem Verb, das so viele bedeutete wie „Sex mit häufig wechselnden Partnern haben". Dieser Kontext macht deutlich, warum sich Paulus in seinen Briefen an die Korinther auch mit der Beziehung zwischen Mann und Frau beschäftigen musste.

DIE GEMEINDE
Der soziale Hintergrund

Die Stadt wurde überwiegend von freigelassenen, ehemaligen Sklaven bewohnt, die sich ihre Freiheit entweder erkauft oder auf andere Art verdient hatten. Deshalb schreibt Paulus in seinem ersten Brief, dass nicht viele der Gemeindeglieder adliger Herkunft seien. Es waren sehr einfache Leute, die gleichzeitig recht wohlhabend waren, weil sie sich in der gesellschaftlichen Hierarchie hochgearbeitet hatten. Das erklärt möglicherweise die Tendenz, einen Gemeindeleiter dem anderen vorzuziehen: Menschen, die hart für ihren Reichtum arbeiten, sind es gewohnt, wählen zu können. In der Gemeindepolitik haben sie ihren eigenen Kopf.

Der moralische Hintergrund

In 1. Korinther 6, 9–10 listet Paulus jene Sünden auf, die zum früheren Leben der Gläubigen in Korinth gehörten. Sie waren: „Unzüchtige … Götzendiener … Ehebrecher

... männliche Prostituierte ... Homosexuelle ... Diebe ... Geizhälse ... Trunkenbolde ... Verleumder ... Schwindler". Offensichtlich war derartiges Verhalten für die Korinther typisch; und unter den Gemeindegliedern waren einige dieser Praktiken immer noch anzutreffen.

Der geistliche Hintergrund
Götzendienst war Teil der korinthischen Kultur. Gleichzeitig gab es jedoch sichtbare Zeichen dafür, dass der Heilige Geist in der Gemeinde wirkte. Die Mitglieder waren im Heiligen Geist getauft und praktizierten in ihrer Anbetung viele Geistesgaben.

KULTURELLE EINFLÜSSE
Die zwei größten Herausforderungen, der sich jede Gemeinde gegenübersieht, sind folgende: Wie kann die Gemeinde in der Welt bleiben (das heißt, evangelisieren) und gleichzeitig die Welt aus der Gemeinde heraushalten (das heißt, sich heiligen)? Die meisten pastoralen Probleme lassen sich in eine dieser beiden Kategorien einordnen. Das galt ganz besonders für die Gemeinde in Korinth. Es waren dort hauptsächlich Probleme kultureller Art, die sich auf die Gläubigen auswirkten.

Die heidnische Moral
Korinth war ein typischer Seehafen, es herrschte große sexuelle Freizügigkeit. Fast alles war dort erlaubt. Offensichtlich war die Gemeinde gegenüber diesen Einflüssen nicht vollkommen immun.

Das römische Recht
Obwohl die Stadt in Griechenland lag, stand sie unter starkem römischen Einfluss. Insbesondere galten dort römisches Recht und römische Ordnung. Das war an und für

sich nichts Schlechtes. Paulus selbst nutzte während seines Dienstes seine Privilegien als römischer Bürger. Doch die Gemeinde war zu weit gegangen. Ihre Mitglieder zerrten einander vor Gericht, statt Streitfragen außergerichtlich zu regeln. Paulus fühlte sich daher genötigt, dieses Problem anzusprechen.

Die griechische Philosophie
Die griechische Philosophie lag der Weltanschauung der Korinther zugrunde. Diese Tatsache erklärt viele ihrer Probleme. Da die westliche Zivilisation auf dem griechischen Denken beruht, prägt es tatsächlich auch heute noch einen Großteil unseres Gemeindelebens und der gemeindlichen Praxis. Deshalb tun wir gut daran, es etwas genauer zu betrachten.

Das Wort „Demokratie" beispielsweise kommt aus dem Griechischen. Die Demokratie war eine politische Erfindung der Griechen. Obwohl die Bibel keine Demokratie kennt, meinen viele Christen, dass sie das Gemeindeleben bestimmen sollte. Um ein anderes Beispiel zu nehmen: Sport war zwar den Griechen wichtig, abgesehen von ein paar Anschauungsbeispielen in den paulinischen Briefen behandelt die Bibel dieses Thema jedoch nicht. Nichtsdestotrotz ist der Sport die Religion der Männer unserer westlichen Gesellschaft und dominiert häufig das Leben der Christen.

KÖRPER UND SEELE
Der schlimmste Aspekt im griechischen Denken ist jedoch die Trennung der physischen von der geistlichen Welt. Für die Griechen waren Körper und Seele zwei voneinander getrennte Einheiten. Dieser Ansatz ist auch im christlichen Denken weit verbreitet. Die Hebräer hingegen stellten sich die „Seele" als einen atmenden „Körper" vor. Das Signal

„SOS" („Save our Souls": Rettet unsere Seelen!) kommt ursprünglich aus dem hebräischen Denken. Es bedeutet eigentlich, „Rettet unseren (atmenden) Körper!", obwohl stattdessen das Wort „Seele" verwendet wird.

Die Griechen glaubten nicht an eine untrennbare Verbindung des Körpers mit der Seele. Sie gingen davon aus, dass die Seele freigesetzt würde, sobald der Körper mit dem Tod anfing, sich zu zersetzen. Sie sprachen von einer unsterblichen Seele in einem sterblichen Körper. Nur das, was mit der Seele passierte, empfanden sie als wirklich wichtig.

An diesem Punkt ist das hebräische Denken dem griechischen diametral entgegengesetzt. Nach der hebräischen Sicht der Dinge haben wir eine sterbliche Seele und benötigen einen unsterblichen Körper. Der Körper ist sehr wichtig. Ein Christ sollte sich daher an das hebräische Denken halten, wie es im Alten Testament dargestellt wird und sich den griechischen Glauben an die Unsterblichkeit der Seele nicht zu eigen machen. Gemeinsam mit den Juden sollten wir vielmehr an die Auferstehung des Körpers glauben.

Diese unterschiedliche Weltsicht erklärt, warum es für die Korinther schwierig war, zu begreifen, wie man sich als Christ angemessen verhält. Es gab drei verschiedene Arten, wie die Griechen mit ihrem Körper umgingen: Entweder sie verwöhnten ihn, weil sie davon ausgingen, dass der Umgang mit ihrem Körper ihre Seele nicht beeinflusste; oder sie ignorierten ihn und versuchten, ein asketisches Leben zu führen, ohne auf ihre körperlichen Bedürfnisse einzugehen. Die dritte Variante bestand darin, ihn zu vergöttern und Statuen des perfekten Körpers herzustellen. Genau aus diesem Grund trieben sie unbekleidet Sport.

Paulus musste die Korinther folglich daran erinnern, dass unser Körper ein Tempel des Heiligen Geistes ist.

Was wir unserem Körper antun, *beeinflusst* die Seele *sehr wohl*. Er erklärte ihnen, dass es sich auf das geistliche Leben auswirken würde, wenn man sich beim Abendmahl betrinke. Und wer zu einer Prostituierten gehe, vereinige eigentlich Christus mit dieser Prostituierten, weil der Körper (eines Gläubigen) Teil des Leibes Christi sei.

Diese falsche Haltung zum eigenen Körper verursacht auch heute noch Probleme, weil viele Evangelikale im Grunde genommen griechisch denken. Sie sind nicht bereit, körperliche Ausdrucksformen der Anbetung zu akzeptieren, weil sie glauben, dass Anbetung nur innerlich ablaufen sollte. Deshalb halten sie beispielsweise das Heben der Hände für unangemessen, obwohl es in der Bibel ausdrücklich empfohlen wird. Der einzige Teil des Körpers, den man ihrer Meinung nach gebrauchen darf, ist der Mund; trotz der Tatsache, dass uns Paulus im Römerbrief dazu auffordert, unseren (ganzen) Körper Gott als ein lebendiges Opfer darzubringen.

DER BRIEFWECHSEL

Eigentlich schrieb Paulus vier Briefe an die Gemeinde in Korinth, auch wenn nur zwei davon erhalten sind. Der 1. Korintherbrief ist eigentlich sein zweiter Brief an diese Gemeinde, der 2. Korintherbrief ist tatsächlich Nummer 4. Die anderen beiden sind vermutlich verlorengegangen. Einige Verfasser von Bibelkommentaren gehen jedoch davon aus, dass diese Schriften im zweiten Brief enthalten sind. Eine dieser Episteln war ein sehr überstürzt geschriebener Brief, den Paulus später womöglich bereute. Das andere Dokument war sehr scharf im Ton und, wie Paulus selbst zugibt, sehr streng.

Ein kurzer Überblick über die Reiserouten des Paulus, die wir in der Apostelgeschichte und in den Korintherbriefen finden, zeigt uns, wie diese Briefe entstanden sind.

Paulus kam das erste Mal allein nach Korinth, nachdem er in Thessalonich, Beröa und Athen viel Widerstand erlebt hatte. Er kehrte zu seinem früheren Handwerk als Zeltmacher zurück und arbeitete dabei eine Zeit lang mit einem jüdischen Ehepaar namens Priszilla und Aquila zusammen. Gemeinsam mit vielen anderen Juden waren sie vom römischen Herrscher Claudius aus Rom vertrieben worden. Paulus predigte in der Synagoge und sein Dienst wurde später durch Silas und Timotheus unterstützt, die mit einem Geldgeschenk aus Philippi dazu stießen. Diese Gabe ermöglichte es ihm, mehr Zeit in seinen Predigtdienst zu investieren. Schließlich wurde Paulus aus der Synagoge ausgeschlossen und verlegte daraufhin seinen Dienst in das Nachbarhaus, das Titius Justus gehörte. Gott versicherte ihm im Traum, dass viele Menschen in dieser Stadt zum Glauben kommen würden, was ihn ermutigte weiterzumachen. Unter anderen bekehrte sich auch der Synagogenvorsteher Krispus mit seiner ganzen Familie. Als Paulus Korinth 18 Monate später wieder verließ, gab es dort eine etablierte Gemeinde.

Von Korinth aus reiste Paulus nach Ephesus, dann nach Jerusalem und von dort aus wieder zurück zu seiner Heimatgemeinde nach Antiochia. Bei seiner Rückkehr nach Ephesus erhielt er beunruhigende Nachrichten: In der Gemeinde in Korinth gab es sexuelle Sittenlosigkeit unter Familienmitgliedern.

Aus diesem Grund schrieb er seinen ersten Brief, ein übereiltes Schriftstück, das die Gemeindeglieder aufforderte, die Dinge wieder in Ordnung zu bringen. Dann erreichte ihn allerdings ein mündlicher Bericht aus dem Haus der Chloe, vermutlich überbracht von Stephanas, Fortunatus und Achiakus, die Paulus in Ephesus besuchten. Sie erzählten ihm, dass sein erster Brief negativ aufgenommen worden war. Manche Bibelforscher behaupten, dass das genannte Schreiben aus den Kapiteln 6 und 7 des 2. Korintherbriefes bestand, weil diese Verse zu dem Ansatz passen würden, den Paulus gewählt hätte. Chloes Verwandte hatten ebenfalls einen Brief dabei, der eine Reihe von Fragen zu den Themen Geistesgaben sowie Ehe und Scheidung enthielt. Die Probleme, die Paulus Sorgen machten, ignorierte er jedoch. Wenn wir den 1. Korintherbrief lesen, müssen wir daher bei jedem Abschnitt folgende Frage beantworten: Bezieht sich dieser Abschnitt auf den mündlichen Bericht aus dem Haus der Chloe oder auf die Fragen in ihrem Brief?

Paulus schickte Timotheus mit seinem Brief nach Korinth. Weil der Dienst des Paulus in Ephesus sehr fruchtbar war, wollte er dort zunächst noch länger bleiben, bevor er beabsichtigte, selbst nach Mazedonien zu reisen. Sein Plan sah vor, von dort aus weiter südwärts zu ziehen, um den Winter in Korinth zu verbringen. Doch Paulus änderte seine Pläne, als er einen Bericht von Timotheus erhielt, der besagte, dass sich die Korinther schlimmer verhielten als je zuvor, und zwar trotz seines Briefes. Daher reiste Paulus sofort nach Korinth.

Der zweite Besuch des Paulus war eine Katastrophe und er sah sich gezwungen, schnell wieder abzureisen. Später beschreibt er diese Begegnung als eine erschütternde Konfrontation. Paulus war den selbsternannten Gemeindeleitern, die sich sogar „Apostel" nannten, in Korinth nicht willkommen und sie beleidigten ihn.

Also schickte er einen strengen und tränenreichen dritten Brief. Er verlangte, dass die Gemeinde die Rädelsführer bestrafte. Man geht davon aus, dass dieser Brief verloren gegangen ist. Sein Inhalt könnte allerdings auch aus 2. Korinther 10–13 bestehen, da der Ton dieses Abschnittes mit Sicherheit zu den damaligen Umständen passen würde.

Da Titus gerade Hilfsgelder in den Gemeinden sammelte, die in Mazedonien und Achaja gegründet worden waren, nahm er den Brief mit. Er war ein kompetenter Problemlöser und es gelang ihm offensichtlich, der Forderung des Paulus nach konsequentem Vorgehen mündlich Nachdruck zu verleihen

Unterdessen erlebte Paulus in Ephesus eine harte Zeit, vermutlich den in Apostelgeschichte 20 erwähnten Aufstand. Er reiste in der Hoffnung nach Troas, dort von Titus positive Nachrichten über die Korinther zu erhalten. Doch zu seiner Bestürzung war Titus nicht da. Schließlich traf er ihn in Mazedonien und erfuhr hocherfreut, dass die Krise vorbei war. Paulus war so glücklich darüber, dass er Titus einen vierten Brief (den 2. Korintherbrief) mitgab. Der dritte und letzte Besuch des Paulus bei den Korinthern verlief sehr herzlich.

Die Inhalte der beiden Briefe sind sehr unterschiedlich, wie die folgende Auflistung zeigt:

1. Korinther	**2. Korinther**
praktische Probleme	persönliche Unterstellungen
Was seiner Meinung nach bei ihnen nicht stimmte	*Was ihrer Meinung nach bei ihm nicht stimmte*
Gemeindeglieder	Gemeindeleiter

1. KORINTHER – DER „BELAG"
Der erste Korintherbrief ist wie ein Sandwich aufgebaut, mit einem reichhaltigen „Belag" in der Mitte. Die zwei Scheiben „Brot" sind die Probleme der Korinther, die ihren Glauben an das Kreuz und die Auferstehung betreffen. Der „Belag" sind ihre problematischen Verhaltensweisen.

Wenden wir uns zunächst dem „Belag" zu. Paulus befasst sich zunächst mit dem Bericht aus dem Haus der Chloe über die Dinge, die falsch laufen. Als zweites kümmert er sich um die Fragen, die sich aus dem Brief ergeben, der durch Chloes Familie überbracht worden ist. Dieser große Abschnitt des 1. Korintherbriefes ist also eine Mischung aus beidem. Die Gemeinde in Korinth hatte mit folgenden Problemen zu kämpfen:

1. *Spaltung:* Es hatten sich Cliquen gebildet, die sich um einzelne Leiter herum scharten. Einige dieser Leute folgten Paulus nach, andere Petrus und wieder andere Apollos. Ähnliches passiert heute, wenn Christen sich in ihrer Loyalität an ehemalige oder gegenwärtige Gemeindeleiter binden.

2. *Unmoral:* Innerhalb der Gemeinde gab es Inzest und Prostitution, ohne dass etwas dagegen unternommen wurde.

3. *Rechtsstreitigkeiten:* Gemeindeglieder zerrten einander vor Gericht, statt die Angelegenheiten untereinander zu klären.

4. *Götzendienst:* Manche Christen in Korinth vermischten die Anbetung Gottes mit heidnischen Praktiken.

5. *Männer und Frauen:* „Feministische" Ansätze hatten einige Leute zu dem Versuch verleitet, die Unterscheidung der Geschlechter abzuschaffen.

6. *Götzenopfer:* Die Korinther fragten sich, ob sie auf dem Markt Fleisch kaufen durften, das Götzen geopfert worden war.

7. *Abendmahl:* Zur damaligen Zeit bestand das Abendmahl aus einem vollständigen feierlichen Abendessen. Brot und Wein wurden im Kontext dieser Mahlzeit eingenommen. Doch in der Gemeinde in Korinth wurde das Abendmahl missbraucht: Manche aßen zu viel, andere betranken sich. Das „Liebesmahl", bei dem man sich an Jesus erinnern sollte, war zu einem Zerrbild geworden.

8. *Geistesgaben:* Die Ausübung der Geistesgaben hatte in den Gottesdiensten zum Chaos geführt. Sollten Ungläubige in ihre Veranstaltungen kommen, würden sie die Gemeindeglieder für verrückt halten, weil sie alle gleichzeitig in Zungen redeten, erklärte ihnen Paulus.

Betrachten wir die Probleme der Gemeinde in Korinth, so ist es hilfreich, folgende Unterscheidung zu treffen: Geht es um Fragen, die in dem Brief an Paulus gestellt wurden oder um Themen, die Paulus mündlich zugetragen wurden? In manchen Fällen zeigt sich anhand der seiner Wortwahl, worum es geht: „Was aber ... betrifft." In anderen Fällen ist es jedoch nicht eindeutig, ob Paulus die Korinther zitiert oder ob er selbst spricht. Schreibt Paulus in 1. Korinther 7,1 beispielsweise tatsächlich, dass es für einen Mann gut sei, nicht zu heiraten? Oder zitiert er hier lediglich die Meinung der Korinther zu diesem Thema? In 1. Korinther 14,34 heißt es, dass Frauen schweigen sollten. Doch ist das seine Sicht oder ihre? Aus diesem Grund ist es notwendig, den Kontext und nicht nur den betreffenden Textabschnitt an sich zu untersuchen.

Einige Fragen sind leicht nachzuvollziehen. Sie erkundigten sich nach dem Götzenopferfleisch, weil der Großteil des Fleisches, das sie kaufen konnten, bereits einer heidnisch-religiösen Zeremonie unterzogen worden war. Das Schlachthaus war damals ein religiöser Ort. Bevor man das Fleisch auf dem Markt zum Verkauf anbot, wurde es den Götzen geweiht, was für die Christen zu einem Gewissenskonflikt führte. Sie stellten ihm auch Fragen zu den Themen Ehe, Scheidung und zu den Geistesgaben. Paulus dankte Gott dafür, dass sie eine so charismatische Gemeinde waren, erklärte ihnen jedoch gleichzeitig, dass sie sich fleischlich verhielten. Sie verfügten zwar über alle Geistesgaben, doch fehlte es ihnen an der Charakterstärke, sie richtig zu handhaben.

Die Übertragung des 1. und 2. Korintherbriefes auf unser heutiges Leben bringt viele Probleme mit sich. Manche Christen erheben die Briefe zum Gesetz und versuchen, sie wörtlich anzuwenden, so, wie sie es auch mit anderen Teilen der Bibel tun. Erstaunlicherweise glauben viele Christen beispielsweise, dass es Jesu Willen entspräche, in der Gemeinde eine Zeremonie der Fußwaschung durchzuführen, nur weil Jesus den Jüngern einmal die Füße wusch. Das ist ein klarer Fall von Gesetzlichkeit. Jesus wusch den Jüngern die Füße, weil sie schmutzig waren, so einfach ist das! Da sie in offenen Sandalen auf staubigen Straßen unterwegs waren, bekamen sie Schweißfüße, die stanken und dreckig waren.

HÜTE IN DER GEMEINDE?

Wenden wir uns nun einem Thema zu, das in 1. Korinther 11, 2–15 behandelt wird. Sollten Frauen in der Gemeinde Hüte tragen? Auf Grundlage dieser Verse haben schon viele Christen behauptet, dass Frauen dazu verpflichtet seien.

Allerdings geht es in diesem Abschnitt überhaupt nicht um Hüte, dieses Wort kommt dort nicht einmal vor. Das Wort für Kopfbedeckung, das Paulus verwendet, ist „Schleier". Es wird im gesamten Kapitel nur einmal erwähnt, und zwar in folgendem Kontext: Paulus erklärt den Korinthern, dass den Frauen anstelle eines Schleiers lange Haare gegeben wurden. Es gibt also keinen einzigen Satz, der besagt, dass Frauen einen Schleier, geschweige denn einen Hut tragen sollten!

Dieser Abschnitt dreht sich eigentlich darum, dass das Haar der Männer kürzer sein sollte als das Haar der Frauen. Mit einfachen Worten: Die Person, die in der Gemeinde hinter uns sitzt, sollte wissen, ob sie einen Mann oder eine Frau vor sich hat. Der tiefere Grund dafür liegt darin, dass Männer und Frauen unterschiedlich sind, denn eigentlich geht es nicht um Hüte oder Haare, sondern um den Kopf, biblisch gesprochen das „Haupt". Wenn wir daher einen Mann anschauen, sollte uns sein Kopf auffallen. Betrachten wir hingegen eine Frau, sollten uns ihre Haare in den Sinn kommen. Beide, der Kopf und die Haare, machen uns nämlich den Unterschied zwischen Mann und Frau bewusst und erinnern uns daran, dass Gott das Haupt Christi ist, Christus das Haupt jedes Mannes und der Mann das Haupt der Frau. Dieser Abschnitt plädiert also dafür, dass Männer ihre Haare kurz tragen sollten, damit ihr Kopf sichtbar ist, während Frauen längere Haare haben sollten, damit ihr Kopf verborgen bleiben kann.

Das Prinzip, das dieser Verhaltensregel zugrunde liegt, besagt, dass wir in Christus immer noch Männer und Frauen sind. Wir werden nicht geschlechtslos, sondern bleiben so, wie Gott uns erschaffen hat. Wenn wir daher Gott anbeten, tun wir dies nicht einfach als Personen, sondern als Männer und Frauen. Dabei sind wir bereit, uns so anzunehmen, wie Gott uns gemacht hat. Transvestismus wird in der Bibel aus folgendem Grund verurteilt: Wenn Männer wie Frauen und Frauen wie Männer sein wollen, rebellieren sie gegen die Schöpfungsordnung Gottes. Beten wir Gott als unseren Schöpfer an, kommen wir als seine Geschöpfe zu ihm und müssen daher diesen Unterschied auch sichtbar machen.

Die westliche Kultur propagiert gewöhnlich das genaue Gegenteil. Sie kämpft dafür, dass viele Unterschiede zwischen Männern und Frauen beseitigt werden und diese Denkweise schleicht sich auch in die Gemeinde ein. Männer und Frauen *sind* jedoch verschieden. Wir ergänzen uns und haben in Gottes Augen den gleichen Wert, die gleiche Würde und den gleichen Status. Allerdings sind unsere Rollen, Funktionen und Verantwortungen vor Gott unterschiedlich.

Es gibt zwei falsche Wege, die Grundsätze aus 1. Korinther 11, 2–15 auf unser Leben zu übertragen:

1) *Anwendung auf den Körper, nicht auf den Geist:* Die Frau trägt in der Gemeinde einen Hut, aber zuhause hat sie „die Hosen an". Ich habe Frauen gesehen, die in der Gemeinde in offensichtlichem Gehorsam gegenüber ihrer Auslegung dieses Abschnitts treu einen Hut aufsetzen. Dadurch, dass sie ihre Ehemänner dominieren, beweisen sie allerdings, dass sie den wahren Sinn dieser Bibelstelle überhaupt nicht verstanden haben! Sie wenden den Text allein auf ihren Körper an, jedoch nicht auf ihren Geist.

2) *Anwendung auf den Geist, nicht auf den Körper:* Einige behaupten, dass es keine Rolle spielen würde, ob sie ihre Anerkennung der Leitungsfunktion des Mannes durch ihre äußere Erscheinung zeigen würden, solange sie es nur innerlich tun. Weil aber unser Körper zu uns gehört und wir Gott mit unserem Körper anbeten, geht dieser Ansatz ebenfalls am Kern der Botschaft vorbei. Es ist daher richtig, dass Frauen sich durch die Art, wie sie ihr Haar tragen und wie sie sich kleiden, als Frauen zu erkennen geben.

LIEBE IM BIBLISCHEN SINNE (1. KORINTHER 13)
Nicht nur die geschlechtsspezifischen Unterschiede stellten für die Korinther ein Problem dar. Sie verstanden auch das biblische Konzept der Liebe nicht. Das deutsche Wort „Liebe" hilft uns dabei nicht wirklich weiter, weil es eine Vielzahl von Vorstellungen umfasst. Insofern haben wir heutzutage oft das gleiche Problem mit unserem Liebesverständnis.

Das berühmte Kapitel über die Liebe gehört eigentlich zu einem längeren Abschnitt, der sich mit den Geistesgaben befasst (Kapitel 12–14). In Kapitel 12 geht es um die Geistesgaben an sich. Kapitel 13 hat Geistesgaben zum Thema, die ohne Liebe praktiziert werden, während Kapitel 14 sich um die einzig wahre und richtige Praxis dreht, nämlich um den Gebrauch der Geistesgaben in einer liebevollen Haltung. Tatsächlich ist Kapitel 13 also gar kein Liebesgedicht für Hochzeitspredigten, so passend es uns auch erscheinen mag!

Im Neuen Testament gibt es drei griechische Worte, die im Deutschen mit „Liebe" übersetzt werden:

Eros	**Philadelphia**	**Agape**
Lust	*Freundschaft*	*Liebe*
Anziehung	*Zuneigung*	*Aufmerksamkeit*
Körper	*Seele*	*Geist*
emotional	*intellektuell*	*aus freiem Willen*
reagierend	*beidseitig*	*trotzdem*
abhängig	*gegenseitig*	*unabhängig*

Eros war das Wort, das für die sexuelle Anziehung verwendet wurde. Eng verwandt mit *eros*, aber weniger gebräuchlich war *epithumia*, ein schmutziges Wort für die schlimmste Art der Lust. Eros ist nicht unbedingt ein negatives Wort, *epithumia* hingegen schon. Es bedeutet: wahllose und hemmungslose Anziehung zwischen den Geschlechtern oder in gleichgeschlechtlichen Beziehungen. Eros ist im Grunde eine fleischliche Regung, d.h. eine emotionale und abhängige Liebe. Sie ist davon abhängig, dass das Objekt unserer Begierde ununterbrochen seinen Reiz auf uns ausübt. Sobald dieser aufhört, gerät die Beziehung ins Wanken.

Das Wort *philadelphia* kommt von *philo,* „lieben", und von *adelphia,* „Bruder". Es bedeutet, jemanden zu mögen und beschreibt eher Zuneigung als körperliche Anziehung Im Grunde genommen ist es ein Wort, das ausdrückt, dass man „eines Sinnes" ist. Freunde haben normalerweise einen ähnlichen Geschmack und ähnliche Einstellungen; sie sind einander in Sympathie und Anteilnahme verbunden, wodurch ihre Zuneigung zueinander wächst. Diese Freundschaft, die auf Gegenseitigkeit beruht, ist eher eine intellektuelle Regung als eine emotionale Bindung

Die Griechen benutzten das Wort *agape* sehr selten, um Liebe zu beschreiben, wahrscheinlich weil sie diese Form sehr selten in Aktion sahen. Diese Liebe schenkt Menschen Aufmerksamkeit. Sie beruht weder auf körperlicher Anziehung, noch auf gegenseitiger Zuneigung, sondern hauptsächlich auf einer Willensentscheidung Wenn eine Person auf diese Art liebt, dann vornehmlich, weil sie erkennt, dass ihr Gegenüber diese Liebe nötig hat. Da es sich um einen Willensakt handelt, ist es die einzige Art der Liebe, die befohlen werden kann. Es ist unmöglich, von jemandem zu verlangen, sich zu verlieben oder Zuneigung für jemanden zu empfinden. Doch man kann den Befehl erteilen, eine andere Person mit dieser *Agape*-Liebe zu lieben.

Agape ist die Liebe Gottes. Gott liebt uns nicht, weil wir attraktiv oder liebenswert sind, sondern er weil er uns eben liebt. Das können wir in der Bibel nachlesen. Im Alten Testament entdecken wir, dass Gott die Juden nicht liebte, weil sie ein großes und beeindruckendes Volk waren. Vielmehr liebte er sie, weil er selbst Liebe ist und beschlossen hatte, sich um einen Haufen von Sklaven zu kümmern, der sonst niemanden interessierte. Das ist die Liebe, die Gott für uns empfindet: Selbst als wir noch Sünder waren, hat Gott uns bereits geliebt.

Dass sich so viele Gemeinden wegen charismatischer Themen gespalten haben, liegt an einem Mangel an dieser *Agape*-Liebe. Sie bringt nämlich Menschen zusammen, die zu bestimmten Themen sehr unterschiedlicher Ansicht sein können. Doch trotz ihrer Meinungsverschiedenheiten haben sie die Möglichkeit, sich bewusst für die Liebe zum anderen zu entscheiden.

DAS „BROT" DES SANDWICHES
Am Anfang und am Ende des 1. Korintherbriefes beschäftigt sich Paulus mit zwei grundlegenden Themen des Glaubens.

Die Kreuzigung
Das Wort vom Kreuz ist für die Griechen eine Beleidigung, was zum Teil daran liegt, dass der Körper ihrer Vorstellung nach wertlos ist. Daher machen sie sich über die Idee lustig, dass ein Körper am Kreuz geistliche Errettung bewirken könnte. Weil sie die Bedeutung des Kreuzes größtenteils verkannt haben, ist es bei ihnen zu Cliquenbildung über unwichtigere Streitfragen gekommen. Paulus muss sie daher daran erinnern, dass keiner ihrer Gemeindeleiter für sie ans Kreuz gegangen ist; nur Jesus hat dies getan. Warum hängen sie sich dann trotzdem an menschliche Leiter?

Die Auferstehung
Am Ende des 1. Korintherbriefes beschäftigt sich Paulus mit ihren Zweifeln an der Auferstehung. Als Griechen glauben sie an die Unsterblichkeit der Seele, daher

erachteten sie die Auferstehung des Körpers als sinn- und wertlos. Paulus musste ihr Denken korrigieren und ihnen dabei helfen, die körperliche Dimension der Zukunft zu verstehen. Genau wie Jesus nach der Auferstehung einen neuen Körper bekam, mit dem er Fisch essen und Frühstück zubereiten konnte, so werden auch Christen in der Zukunft körperlich existieren. Die Ausführungen des Paulus in 1. Korinther 15, die vermutlich um 56 n. Chr. verfasst wurden, enthalten den ersten schriftlichen Bericht über die Zeugen der leiblichen Auferstehung Jesu.

2. KORINTHER – EIN PERSÖNLICHER BRIEF

Diese Epistel des Paulus ist sein unsystematischster und gleichzeitig persönlichster Brief. Da Paulus fast ausschließlich über sich selbst und seinen Dienst schreibt, ist dieses Dokument nahezu durchweg autobiographisch. Richtete sich der 1. Korintherbrief an die Gemeindeglieder, so ist der 2. Korintherbrief für die Gemeindeleiter und ihre Mitarbeiter bestimmt. Während der erste Brief die Gedanken des Paulus über die Korinther enthielt, fokussiert sich der zweite Brief auf ihre Gedanken über ihn; und zum damaligen Zeitpunkt war es um ihre wechselseitigen Beziehungen gerade ziemlich schlecht bestellt.

Ihr Verhalten lässt zwei unterschiedliche Phasen erkennen:

In der ersten Phase ging es um andere Führungspersönlichkeiten, die sich tadellos verhielten: Sowohl Apollos als auch Petrus standen in hohem Ansehen. Doch Mitglieder der Gemeinde begannen, beide miteinander zu vergleichen, was zu Spaltungen führte, wie wir bereits bei der Analyse des ersten Briefes festgestellt haben.

In der zweiten Phase traten fragwürdige Leiter auf, die nach Korinth gekommen waren und von sich behaupteten, ganz besondere Apostel zu sein. Sie kritisierten ihre Vorgänger, machten sich wichtig und setzten Paulus herab.

Wir sollten uns vor Führungspersonen, die ein solches Verhalten an den Tag legen, in Acht nehmen. Viele der Dinge, die sie über Paulus sagten, stimmten nicht.

Mit dem 2. Korintherbrief antwortet Paulus denen, die sowohl seine Botschaft als auch seinen Dienst kritisierten. Ihre zahlreichen Kritikpunkte kamen praktisch einem Rufmord gleich:

- Sie beschuldigten ihn, unbeständig zu sein und stets seine Pläne zu ändern.
- Sie warfen ihm Feigheit vor, da er es vorziehe, ihnen Briefe zu schreiben statt sie persönlich zu besuchen.
- Sie behaupteten, er sei in der persönlichen Begegnung scheu und zaghaft.
- Sie kritisierten, dass er keine Empfehlungsschreiben vorweisen könnte. Die falschen Apostel waren mit Beglaubigungen erschienen, die sie wie Trophäen vor sich hertrugen. Aus diesem Grund erklärt Paulus im 2. Korintherbrief, dass er solche Beurteilungen nicht bräuchte: Die Korinther selbst seien sein Empfehlungsschreiben. Will man den Dienst eines Mannes beurteilen, kommt es nicht auf seine akademischen Qualifikationen oder seine Ausbildung an, sondern darauf, welche Art von Menschen er hervorbringt.
- Sie beschuldigten ihn, verschlossen und unaufrichtig zu sein.
- Sie behaupteten, er sei distanziert, zurückhaltend, gefühllos und gleichgültig.
- Sie warfen ihm vor, kein gewandter Redner zu sein.
- Sie kritisierten ihn dafür, dass er für seinen Dienst kein Geld nahm. In Griechenland sorgten reisende Philosophen für die Unterhaltung des Volkes. Je mehr Honorar ein Redner verlangte, desto besser war sein Ruf.

Das waren ihre Kritikpunkte. Wie aber sah Paulus' Verteidigungsstrategie aus?

PAULUS VERTEIDIGT SICH (2. KORINTHER 1–9)

Der erste Teil des Briefes enthält die aufrichtigen Antworten des Paulus auf ihre Anschuldigungen. Er verlangte kein Geld, weil die Korinther das Evangelium kostenlos empfangen sollten. Er erklärt ihnen, dass das Werk eines jeden Menschen am Ende geprüft würde. Daher müssten seine Nachfolger sorgfältig darauf achten, wie sie ihren Dienst gestalteten. Die Behauptung, er sei scheu und zaghaft, weist er von sich und erinnert sie an seinen zweiten Besuch, bei dem er alles andere als zurückhaltend auftrat.

Diese „Selbstverteidigung" musste Paulus einfach einmal loswerden. Einige seiner großartigsten Aussagen finden wir in diesem zweiten Brief:

> *Wir werden überall bedrängt, aber nicht erdrückt; wir kommen in Verlegenheit, aber nicht in Verzweiflung; wir werden verfolgt, sind aber nicht verlassen; wir werden niedergeworfen, aber wir kommen nicht um; ...*
>
> *Wir geben niemand irgendeinen Anstoß, damit der Dienst nicht verlästert wird; sondern in allem empfehlen wir uns als Diener Gottes: in viel standhaftem Ausharren, in Bedrängnissen, in Nöten, in Ängsten, unter Schlägen, in Gefängnissen, in Unruhen, in Mühen, im Wachen, im Fasten; in Keuschheit, in Erkenntnis, in Langmut, in Freundlichkeit, im Heiligen Geist, in ungeheuchelter Liebe; im Wort der Wahrheit, in der Kraft Gottes, durch die Waffen der Gerechtigkeit in der Rechten und der Linken; unter Ehre und Schande, bei böser und guter Nachrede; als „Verführer" und doch wahrhaftig, als Unbekannte und doch wohl bekannt, als Sterbende – und siehe, wir leben; als Gezüchtigte, und doch nicht getötet; als Betrübte, aber immer fröhlich, als Arme, die doch viele reich machen; als solche, die nichts haben und doch alles besitzen.*
>
> 2. Korinther 4,8–9; 6,3–10 (SLT)

DER DREIZEHNTE APOSTEL

PAULUS GEHT ZUM ANGRIFF ÜBER
(2. KORINTHER 10–13)

Die Kapitel 10–13 unterscheiden sich sehr vom ersten Teil des Briefes. Anstatt sich zu verteidigen, geht Paulus nun zum Angriff auf seine Gegner über. Als er über die falschen Apostel schreibt, die in der Gemeinde die Führung übernommen haben, setzt er auf Ironie und Sarkasmus.

Diesen Abschnitt muss man eigentlich laut lesen, um seine Leidenschaft wirklich vermitteln zu können. Betrachten wir nun eine besonders aussagekräftige Passage:

Ihr gestattet mir sicher, dass ich mich jetzt auch einmal töricht verhalte. Denn ihr müsst verstehen: Ich werbe geradezu eifersüchtig um euch, so wie Gott um euch wirbt. Wie ein Vater seine Tochter einem einzigen Mann anvertraut, so habe ich euch mit Christus verlobt, um euch ihm als unberührte Braut zuzuführen. Zurzeit aber fürchte ich, dass mir dies nicht gelingt. Denn wie schon am Anfang die Schlange Eva mit ihrer List verführte, so könnte es auch euch gehen: Auch ihr könntet in eurem Denken verwirrt und davon abgebracht werden, einzig und allein Christus zu lieben und an ihn zu glauben. Ihr lasst euch nämlich leicht verführen. Wenn jemand daherkommt und etwas ganz anderes über Jesus sagt, als wir euch gelehrt haben, dann schenkt ihr ihm bereitwillig Glauben. Ihr empfangt bedenkenlos einen anderen Geist als den Geist Gottes und nehmt eine andere Botschaft an als die, die wir euch gebracht haben. Ich stehe diesen ach so großartigen Aposteln, vor denen ihr solchen Respekt habt, in nichts nach. Das weiß ich. Vielleicht bin ich kein besonders geschickter Redner, aber was meine Erkenntnis der rettenden Botschaft betrifft, nehme ich es gern mit ihnen auf. Das habe ich euch gegenüber in jeder Hinsicht klar bewiesen.

Habe ich etwa ein Unrecht begangen, als ich euch Gottes rettende Botschaft verkündet habe, ohne etwas für meinen Lebensunterhalt zu erwarten? Zu euren Gunsten habe ich auf alles verzichtet und mich selbst erniedrigt, um euch zu ehren. Weil ich euch dienen wollte, habe ich andere Gemeinden geradezu beraubt und Geld von ihnen genommen. Auch als ich während meines Aufenthaltes bei euch in Not geriet, musstet ihr nichts für mich zahlen. Zu Hilfe kamen mir die Gemeinden aus Mazedonien. Sie ließen mir durch einige Brüder etwas zukommen, so dass ich euch niemals zur Last gefallen bin. Und dabei wird es auch in Zukunft bleiben. So wahr Christus in mir lebt und er die Wahrheit ist: Niemand in der ganzen Provinz Achaja wird mir diesen Ruhm nehmen können! Verzichte ich etwa auf eure Unterstützung, weil ich euch nicht liebe? Gott weiß, wie sehr ich euch liebe! Trotzdem will ich auch in Zukunft kein Geld von euch annehmen. Denn gewisse Leute sollen keine Gelegenheit bekommen, sich mit uns als Apostel auf eine Stufe zu stellen und zu behaupten, sie würden sich ebenso verhalten wie wir. In Wirklichkeit unterscheiden wir uns in vielem!

Denn sie sind falsche Apostel, Betrüger, die lediglich behaupten, sie seien Apostel von Christus. Aber das ist nicht weiter verwunderlich! Gibt sich nicht sogar der Satan als Engel des Lichts aus? Kein Wunder, wenn auch seine Helfer im Namen der Gerechtigkeit auftreten! Doch sie werden ihr verdientes Ende finden.

Ich sage es noch einmal: Niemand soll mich für einen Narren halten. Wenn ihr es aber doch tut, dann lasst mich auch den Narren spielen, damit ich ein wenig prahlen kann wie ihr. Was ich jetzt sage, ist allerdings nicht im Sinn unseres Herrn. Ich bin mir bewusst, dass ich damit wie ein Narr rede. Aber ich sage es trotzdem, wenn wir schon einmal beim Prahlen sind. Wie die anderen dauernd ihre Vorzüge herausstellen, will ich es auch einmal tun. Ihr seid ja so klug, dass ihr bereitwillig hinter den Narren herlauft. Und ihr habt nichts dagegen, wenn man euch schindet und ausnutzt, wenn man euch hereinlegt, euch von oben herab behandelt oder gar ins Gesicht schlägt. Zu meiner Schande muss ich gestehen: Im Vergleich zu diesen großartigen Aposteln waren wir geradezu Schwächlinge!

Aber da ich mich nun einmal entschlossen habe, wie ein Narr zu reden: Womit diese Leute sich brüsten, damit kann ich schon lange dienen. Sie sind Hebräer? Das bin ich auch! Sie sind Israeliten? Das bin ich auch! Sie sind Nachkommen von Abraham? Ich etwa nicht? Sie sind Diener von Christus? Was ich jetzt entgegne, kann wirklich nur noch ein Narr sagen: Ich habe Christus weit mehr gedient und viel mehr auf mich genommen als sie. Ich bin öfter im Gefängnis gewesen und häufiger ausgepeitscht worden. Viele Male hatte ich den Tod vor Augen. Fünfmal habe ich von den Juden die neununddreißig Schläge erhalten. Dreimal wurde ich von den Römern mit Stöcken geschlagen, und einmal hat man mich gesteinigt. Dreimal habe ich Schiffbruch erlitten; einmal trieb ich sogar einen Tag und eine ganze Nacht hilflos auf dem Meer. Auf meinen vielen Reisen bin ich immer wieder in Gefahr geraten durch reißende Flüsse und durch Räuber. Ich wurde von meinem eigenen Volk bedroht ebenso wie von den Nichtjuden. In den Städten wurde ich verfolgt, in der Wüste und auf dem Meer bangte ich um mein Leben. Und wie oft wollten mich Leute verraten, die sich als Christen ausgaben! Mein Leben war voller Mühe und Plage, oftmals habe ich Nächte durchwacht. Ich kenne Hunger und Durst. Ich musste häufig ohne Essen auskommen und war schutzlos der Kälte ausgesetzt. Aber das ist noch längst nicht alles. Tag für Tag lässt mich die Sorge um alle Gemeinden nicht los. Wenn einer schwach ist, dann trage ich ihn mit; wird jemand zum Bösen verführt, quält mich brennender Schmerz.

Wenn ich mich also schon selbst loben muss, dann will ich mit den Dingen prahlen, an denen man meine Schwachheit erkennen kann. Gott weiß, dass dies alles wahr ist. Ihm, dem Vater unseres Herrn Jesus Christus, gebühren Lob und Ehre in alle Ewigkeit. Einmal, es war in Damaskus, ließ der Statthalter von König Aretas die Stadttore bewachen, um mich festzunehmen. Dort hat man mich in einem Korb durch eine Öffnung in der Stadtmauer hinuntergelassen, und nur so konnte ich entkommen.

2. Korinther 11, 1–31 (HfA)

Paulus hält eine solche Verteidigung für notwendig; nicht, weil er um seinen eigenen Ruf besorgt ist, sondern, weil es ihm um den Ruf des Evangeliums geht. Eifersüchtig ist er um die Korinther bemüht, damit sie nicht vom wahren Weg abkommen. Er befürchtet Folgendes: Wenn sie den falschen Lehrern glauben, könnten sie leicht verführt werden und sich von Jesus, der die Wahrheit in Person ist, entfernen.

Da es heute keine Apostel von der Sorte des Paulus mehr gibt, könnten wir meinen, dass diese Passagen für uns kaum noch relevant sind. Doch sie sind auch in unserer Zeit noch von Bedeutung, weil Diener Gottes nach wie vor auf dieselbe Art und Weise angegriffen werden wie Paulus, ob es sich nun um Pastoren, Evangelisten oder Propheten handelt. Ihnen muss bewusst sein, wie wichtig es ist, fest auf dem Evangelium gegründet zu sein. Genau wie Paulus sollten sie sich selbst prüfen und sicherstellen, dass sie aus den richtigen Motiven heraus handeln.

HUMANITÄRE HILFE (2. KORINTHER 8 – 9)

Schließlich ist bemerkenswert, dass sich die Kapitel in der Mitte des 2. Korintherbriefes mit einem völlig anderen Problem befassen. Paulus hatte wirklich ein Herz für die Lebensmittelhilfe zugunsten Notleidender. Vielleicht hoffte er auch, dass die Fürsorge für andere dazu beitragen würde, die verzerrte Perspektive der Korinther wieder gerade zu rücken. In den Kapiteln 8 und 9 vermittelt er ihnen einige wunderbare Grundsätze christlicher Spendenbereitschaft. Er fordert sie eindringlich dazu auf, den Segen Gottes, der großzügiges Geben nach sich zieht, selbst zu erfahren. Es sind meisterhaft verfasste Kapitel, die das pastorale Herz des Apostels offenbaren. Sie zeigen auch, wie sehr Paulus davon überzeugt war, dass der richtige Umgang mit Geld von entscheidender Wichtigkeit ist.

FAZIT

Trotz der Tatsache, dass die Gläubigen in Korinth Paulus' schwierigste Gemeinde waren, enthalten diese beiden Briefe zahlreiche Grundsätze, die auch für unsere heutigen Gemeinden relevant sind. Sie vermitteln uns praxistaugliche Hilfestellungen, wie wir in einem feindlichen Umfeld unseren Glauben leben können. Darüber hinaus zeigen sie uns, wie eine Gemeinde ihre Mitglieder disziplinieren und ihre Aktivitäten organisieren sollte. Sie geben uns auch einen seltenen Einblick in die Art und Weise, wie Paulus mit Widerstand umging. Damit liefern sie uns ein hervorragendes Beispiel, dem Menschen im Dienste Gottes folgen sollten, unabhängig davon, wo sie tätig sind und wer ihre Gegner auch sein mögen.

46.
GALATER

Einleitung

Der Brief des Paulus an die Galater pflegt seine Leser gewöhnlich in zwei Lager zu spalten: Die einen schätzen ihn sehr, die anderen mögen ihn überhaupt nicht.

Einige namenhafte Christen vergangener Zeiten sahen diesen Brief sehr positiv. Luther erklärte, er sei das beste Buch der Bibel. Er nannte es zärtlich „Epistelchen" und verglich es mit seiner Ehefrau Katharina von Bora: „Epistola ad Galatas (der Galaterbrief) ist mein epistelcha, der ich mich vertraut habe; ist mein Keth von Bor" (Tischrede, Weimarer Ausgabe 1, Nr. 146). John Bunyan, Autor des Buches *„Die Pilgerreise"* formulierte es so: „Ich ziehe Luthers Kommentar zum Galaterbrief allen anderen Büchern, die ich jemals gelesen habe, mit Ausnahme der Heiligen Schrift, vor, weil dieses Buch für ein wundes Gewissen am besten geeignet ist." Offensichtlich übte der Galaterbrief eine nachhaltige Wirkung auf Bunyan aus. Diese Epistel hat die Geschichte des Christentums zutiefst geprägt und gehört zur Lieblingslektüre vieler Christen.

Es gibt allerdings auch Bibelleser, die ihn überhaupt nicht mögen. Man hat ihn schon als „Kreuzigungsepistel" und als einen „Dschungel voller Dornen" bezeichnet. Manche behaupten, jeder Satz enthalte geistlichen Zündstoff. Aus folgenden fünf Gründen ist dieser Brief so unbeliebt:

„Zu emotional"
Der Brief ist äußerst hitzig. Er muss auf feuerfestem Papyrus geschrieben worden sein, sonst hätte ihn die Zornesglut des Paulus womöglich noch verbrannt! Seine hohe Emotionalität ist manchen Lesern unangenehm.

Besonders in Großbritannien haben schon viele versucht, Gefühle aus der Religion herauszuhalten. Liest man allerdings den Galaterbrief, begegnet man einem Mann, der vor Wut kocht. Das wirkt verstörend.

„Zu persönlich"
Manchen Lesern ist der Galaterbrief zu persönlich. Zweifellos schreibt Paulus mehr über seine eigene Person als in jedem anderen Brief. Er berichtet an einer Stelle über seine körperlichen Einschränkungen und bittet seine Leser, ihn aufgrund dieser Schwäche nicht noch mehr zu belasten. Er erwähnt seine öffentliche Auseinandersetzung mit dem Apostel Petrus. Dabei musste er Petrus vor versammelter Gemeinde die Stirn bieten und ihn auf sein Fehlverhalten hinweisen. Dieser Vorfall erinnert uns daran, dass es sogar in der Urgemeinde Meinungsverschiedenheiten zwischen den Aposteln gab, die öffentlich ausgetragen wurden. Wir sind manchmal zu harmoniebedürftig und zu sehr darauf bedacht, jegliche Konfrontation zu vermeiden, statt uns wirklich konstruktiv auseinanderzusetzen. Stand jedoch damals die Wahrheit auf dem Spiel, so wichen Petrus und Paulus einer Konfrontation nicht aus, sondern rangen um die richtige Lösung.

„Zu intellektuell"
Im Galaterbrief nutzt Paulus seine rabbinische Ausbildung und sein gesamtes theologisches Fachwissen, um seinen Standpunkt zu begründen und zu verteidigen. Seine Argumentation ist sehr anspruchsvoll und intellektuell. Keine mir bekannte Übersetzung lässt den roten Faden seiner Gedankengänge wirklich befriedigend erkennen. Daher muss ich zugeben, dass ich seine Erörterungen selbst übersetzt habe (diese Übersetzung ist am Kapitelende zu finden). Es handelt sich um eine äußerst spitzfindige

Debatte mit einigen sehr komplizierten Aspekten, die scharfes Nachdenken erfordern. Das sollte uns jedoch nicht abschrecken. Die Bibel fordert uns auf, Gott mit unserem ganzen Verstand zu lieben. Nach meinen Predigten bekomme ich sehr häufig folgende Rückmeldung, die in leicht vorwurfsvollem Ton vorgebracht wird: „Nun, Sie haben uns heute wirklich etwas zum Nachdenken gegeben." Das klingt oft so, als wollten mir meine Zuhörer vermitteln, dass sie nicht in die Kirche gekommen seien, um nachzudenken. Gleichzeitig habe ich nicht vor, mich dafür zu entschuldigen, dass ich den Horizont meiner Mitmenschen erweitere, denn genau das tat Paulus auch. Wir müssen den Galaterbrief sehr sorgfältig untersuchen und ihn immer wieder lesen, um zu verstehen, was Paulus uns damit sagen möchte.

„Zu geistlich"
Der Galaterbrief reißt uns jede geistliche Maske herunter und legt den Finger auf den wunden Punkt, unseren Stolz. Wer noch Stolz in sich trägt, sollte diesen Brief lieber nicht lesen, denn nach der Lektüre wird davon nichts mehr übrig sein. Er geht wirklich an die Wurzel des Problems, vom Kopf ins Herz und dann direkt ins Mark. Er ist das scharfe, zweischneidige Wort Gottes, das bis in die Tiefe dringt.

„Zu kontrovers"
Vor allen Dingen empfinden viele Bibelleser den Galaterbrief als zu kontrovers. In der heutigen Zeit will man sich über Religion einfach nicht streiten. Statt uns auseinanderzusetzen genießen wir lieber unser Miteinander. Doch der Galaterbrief stört diese Harmonie. Paulus debattiert hier nicht mit Ungläubigen, sondern mit anderen Christen; und seine Aussagen in diesem Brief haben schon zu vielen weiteren Auseinandersetzungen geführt.

Streit kann etwas Gutes sein. Wäre Luther nicht bereit gewesen, sich auf einen Konflikt einzulassen, hätte die Reformation nie stattgefunden. Wir haben daher aus Meinungsverschiedenheiten schon erheblichen Nutzen gezogen. Dass Streit heute so unbeliebt ist, liegt daran, dass wir fürchten, unterschiedliche Meinungen könnten zu Spaltungen führen. Denn Toleranz und Taktgefühl sind die wichtigsten Werte unserer heutigen Zeit, obwohl weder das eine noch das andere in der Bibel als Tugend gilt. Jesus war weder tolerant noch taktvoll.

Ist diese mangelnde Bereitschaft, unseren Unterschieden ins Auge zu sehen, nun gut oder schlecht? Es hängt meiner Ansicht nach davon ab, ob es sich um wichtige oder unwichtige Dinge handelt. Das Problem ist, dass wir uns über zweitrangige Fragen so sehr ereifern, dass wir bei den wirklich wichtigen Problemen auf eine Konfrontation verzichten. Ist es denn beispielsweise wirklich wichtig, ob wir beim Abendmahl echten oder alkoholfreien Wein ausschenken? Und doch ist dieses Thema für viele ein großer Aufreger.

Oder betrachten wir die Sabbat-Frage. Meiner Meinung nach sollten sich Christen mit dieser Thematik nicht allzu lange aufhalten. Paulus schreibt dazu, dass jeder in seinem Denken völlig überzeugt sein sollte. Wenn jemand dem Sonntag eine besondere Bedeutung zumessen will, ist das sein gutes Recht. Zieht es ein anderer vor, jeden Tag als den Tag des Herrn anzusehen, ist das ebenfalls in Ordnung. Als Gläubige haben wir kein Recht, uns den Sonntag gegenseitig aufzuzwingen, von den Ungläubigen ganz zu schweigen.

Der Galaterbrief beschäftigt sich im Gegensatz dazu mit den wichtigsten Fragen überhaupt. Es geht um grundlegende Aspekte, ohne deren Beachtung das Evangelium seine Bedeutung verliert. Daher fürchte ich, dass wir um einige

Auseinandersetzungen nicht herumkommen werden. Viele der größten Konflikte, denen sich Christen stellen müssen, finden innerhalb der Gemeinde statt, nicht außerhalb. Das schmerzt uns. Wer mag schon einer Familie angehören, die sich streitet? Immer, wenn der Teufel die Gemeinde von außen angreift, wird die Gemeinde dadurch größer und stärker. Seine Angriffe sind daher wesentlich erfolgreicher, wenn sie von innen kommen. Am effektivsten ist es, das Evangelium zu verdrehen, zu verwässern oder zu untergraben. Ist er damit erfolgreich, hat er die Gemeinde von innen zerstört, das ist ihm sehr bewusst.

Der Galaterbrief zeigt uns zwei Männer in Führungspositionen, Petrus und Paulus, die an einer öffentlichen Auseinandersetzung über ein grundlegendes Thema beteiligt sind. Ich glaube, dass Gott christlichen Männern die Verantwortung übertragen hat, für die christliche Glaubenslehre zu kämpfen und sie zu verteidigen. Es ist eine Tragödie, dass es nicht mehr starke und überzeugte Männer gibt, die entschlossen sind, für das Evangelium zu streiten. Viele Frauen sind dazu bereit und versuchen es auch, doch meiner Meinung nach fehlt es an Männern, die etwas riskieren und Fehlentwicklungen kritisieren, wenn sie diese wahrnehmen.

Petrus und Paulus trugen ihren Konflikt miteinander aus, wobei Petrus falsch lag und Paulus Recht hatte. Die Bibel ist ehrlich genug, uns über diesen Streit zu informieren. Zweifellos wollte Gott, dass wir von dieser Auseinandersetzung erfahren.

HILFREICHE METHODEN BEIM STUDIUM
NEUTESTAMENTARISCHER BRIEFE
Es ist wichtig, einen Brief des Neuen Testaments am Stück durchzulesen. Das gilt insbesondere, wenn er nur ein einziges Thema behandelt, wie beispielsweise der

Brief an die Hebräer oder an Philemon. Nur dann können wir die Bedeutung seines Inhalts wirklich erfassen. Wir dürfen dabei nicht vergessen, dass wir nur eine Seite der Korrespondenz mitbekommen. Man kann sich das folgendermaßen vorstellen: Wir befinden uns in einem Raum, in dem gerade das Telefon geklingelt hat. Eine andere Person hat das Gespräch entgegengenommen. Wir hören jetzt nur, was diese Person sagt. Nun kann es leicht passieren, dass man sich falsche Vorstellungen darüber macht, was der Anrufer am anderen Ende der Leitung von sich gibt, weil man die Gesprächssituation persönlich interpretiert. Lesen wir einen neutestamentlichen Brief, müssen wir die Situation, in der diese Epistel verfasst wurde, irgendwie rekonstruieren und zwischen den Zeilen lesen. Daher sollten wir uns fragen: „Was hat Paulus dazu motiviert, diesen Brief zu schreiben?" Ein solcher Ansatz ist beim Studium der Briefe sehr hilfreich.

Nach dieser Methode werden wir nun auch beim Galaterbrief vorgehen und folgende Schlüsselfragen stellen:

Warum wurde er geschrieben?
Welche Fragen beantwortet er?
Welche Probleme löst er?

Es mag nur ein einziges Thema geben, das der Verfasser behandelt, wie beispielsweise im Brief an Philemon, oder viele Themen, wie im 1. Korintherbrief. Unabhängig davon ist es wichtig, dass wir diese Fragen stellen, damit sich uns die Bedeutung des Briefes erschließen kann.

PAULUS, DER ENTHUSIASTISCHE JUDE
Es besteht kein Zweifel daran, dass Paulus den Galaterbrief verfasst hat. Vielleicht war es sogar der erste Brief, den er einer Gemeinde schrieb. Wie man es auch

dreht und wendet: Paulus war einer der bedeutendsten Männer, die je gelebt haben. Er wurde in Tarsus, im Süden der heutigen Türkei geboren. Nach Athen und Alexandria beherbergte Tarsus die drittwichtigste Universität im Römischen Reich. Paulus war Jude, gleichzeitig aber auch römischer Staatsbürger und er sprach Griechisch. Das waren ideale Ausgangsbedingungen für die Aufgabe, die Gott für ihn vorgesehen hatte. Gott bereitet uns sogar schon vor unserer Geburt auf unseren Dienst vor. Und auch unsere Erfahrungen, die wir machen, lange bevor wir ihn kennenlernen, dienen der Vorbereitung unseres Auftrags. Dabei legt er bestimmte Dinge in uns hinein, die er dann später nutzen will.

Wie jeder anständige jüdische Junge erlernte Paulus ein Handwerk, die Zeltmacherei. Wer in der griechischen Gesellschaft mit seinen Händen arbeitete, war allerdings weniger angesehen als die „Bürohengste", die nur ihren Kopf einsetzten. Leider haben wir diese Einstellung übernommen. In der Bibel waren jedoch Berufe wie Zeltmacher oder Fischer hoch angesehen. Paulus schreibt in einem seiner Briefe an die Thessalonicher, dass die Gläubigen alle mit ihren Händen arbeiten sollten. Das hatte er ihnen vorgelebt. Die Bibel verleiht der körperlichen Arbeit demnach eine gewisse Würde. Schließlich war Jesus selbst Zimmermann.

Paulus arbeitete also als Zeltmacher, wahrscheinlich für die römische Armee. Später studierte er an der Universität von Jerusalem unter Professor Gamaliel. Er wurde ein ultra-orthodoxer, fanatischer Jude: ein „Hebräer der Hebräer" und ein „Pharisäer der Pharisäer", wie er sich selbst bezeichnete. Seine Einstellung sah folgendermaßen aus: Wollte man das Gesetz befolgen, musste man es ganz halten. Nur den Zehn Geboten zu gehorchen, reichte nicht aus. Allerdings gab er später zu, dass er Schwierigkeiten mit dem zehnten Gebot, „Du sollst nicht begehren", hatte. (Interessanterweise ist es das einzige Gebot, das sich mit den inneren Beweggründen beschäftigt. Alle anderen betreffen nur das nach außen sichtbare Verhalten.) Paulus glaubte jedoch, dass er es geschafft hätte, das ganze Gesetz zu halten. Er war untadelig. Es gab nicht viele Juden, die das von sich behaupten konnten.

Er hatte sich ein hohes Maß an Selbstgerechtigkeit angeeignete und attackierte jeden, der das Judentum angriff, insbesondere die Christen, die behaupteten, Jesus sei Gott selbst. Für Paulus stellte das die schlimmste Form der Gotteslästerung dar. Daher zog er los, um diesen neuen Glauben zu zerstören und beobachtete, wie Stephanus zu Tode gesteinigt wurde. Doch von da an litt er unter Gewissensbissen. Als er starb, rief Stephanus sinngemäß aus: „Ich kann Jesus zur Rechten Gottes stehen sehen. In deine Hände befehle ich meinen Geist." Dieses Ereignis stachelte Paulus dazu an, die neue Glaubensgemeinschaft noch gnadenloser zu verfolgen, weil er nun auch gegen sein eigenes Gewissen kämpfen musste. Doch schließlich verlor er den Kampf, als er Jesus auf dem Weg nach Damaskus begegnete.

PAULUS, DER LEIDENSCHAFTLICHE MISSIONAR
Der Verfasser des Galaterbriefes wurde zu einem der feurigsten Nachfolger Jesu, die es je gegeben hat, ein leidenschaftlicher Verkündiger genau des Glaubens, den er einst zerstören wollte. Er war ein profunder Kenner sowohl des Judentums als auch das Christentums, nachdem er von einem Glauben zum anderen übergetreten war. Auf seinen Missionsreisen gründete er in der gesamten damals bekannten Welt christliche Gemeinden. Dabei leistete er ständig Pionierarbeit und erschloss neue Gebiete. Er nannte es „Kolonien für Christus errichten".

DER DREIZEHNTE APOSTEL

DIE LESER

Es gab zur damaligen Zeit zwei Gebiete, die Galatien hießen. Darüber, welche dieser beiden Regionen das Galatien des Paulus war, streiten sich die Gelehrten schon seit langem. Im Norden der heutigen Türkei gab es mehrere Städte, die man Nordgalatien nannte, während eine Gruppe von Städten im Süden als Südgalatien bezeichnet wurde. Nordgalatien ist vor allem für uns Briten interessant, weil es ursprünglich von Leuten aus Gaul (Frankreich) kolonialisiert wurde, die mit den Kelten der Britischen Inseln verwandt waren. Nichtsdestotrotz bin ich davon überzeugt, dass der Brief des Paulus an die Christen in Südgalatien geschrieben wurde, statt an die Gläubigen im Norden.

Südgalatien bestand aus einer Gruppe von Städten, nämlich Lystra, Derbe, Antiochia und Ikonion, die Paulus bereits besucht hatte. Daher war es nachvollziehbar, dass er ihnen einen solchen Brief schrieb, nachdem er die dortigen Gemeinden selbst gegründet und sie der Fürsorge der Ältesten sowie Christus selbst anvertraut hatte.

FREMDE LEHRE

Leider stößt das, was damals passierte, auch heute vielen neuen Gemeinden zu. Fremde Männer traten auf und übernahmen das Kommando. Wir sollten uns vor Personen in Acht nehmen, die versuchen, die Leitung der Gemeinde zu übernehmen. Oft sind sie gefährlich und darauf bedacht, ihr eigenes „Königreich" zu errichten, indem sie in Gemeinden, die andere gegründet haben, die Macht ergreifen. Nicht selten führen diese Leiter neugegründete Gemeinden auf Irrwege, und genau das erlebte Paulus mit den Galatern. Diese „falschen Hirten" waren jüdische Gläubige, die Paulus auf Schritt und Tritt folgten. Sie waren sein größtes Problem. „Hört nicht auf Paulus", sagten sie zu den Nichtjuden. „Er hat euch nur die halbe Wahrheit erzählt. Er hat euch zwar zum Glauben geführt, aber nicht vollständig, weil ihr nicht nur Jesus braucht, sondern auch das mosaische Gesetz."

Diesen Fokus auf das Gesetz gibt es auch heute noch. Ich bin immer wieder erstaunt, in wie vielen Gemeinden unseres Landes der Dekalog an der Wand hängt. In meiner ersten Gemeinde in England, deren Pastor ich 1954 wurde, prangten die Zehn Gebote in schokoladenbraunen, gotischen Buchstaben in Höhe meines Kopfes an der Wand hinter der Kanzel! Ich beschloss, sie als erste Amtshandlung zu überstreichen. Also besorgte ich mir einen Eimer Farbe und übermalte sie, was zu einem lauten Aufschrei der Empörung führte. Jemand beschwerte sich, dass man nun während der Predigt nichts mehr zu lesen hätte! Irgendetwas müsste diesen Platz ausfüllen, sagten mir die Gemeindeglieder, daher hängte ich stattdessen ein Kreuz auf.

Wo immer Paulus das vollständige Evangelium Christi predigte, erschienen nach ihm diese jüdischen Gläubigen und erklärten: „Natürlich hat er euch nicht alles gesagt. Wir sind nun gekommen, um euch die ganze Wahrheit zu verkündigen." Genauso reden auch manche geistlichen Leiter heutzutage, die versuchen, die Gemeinden anderer Diener Gottes zu übernehmen. Sie behaupten, die Lehre des Pastors sei zwar gut, doch besäßen sie noch mehr Weisheit als er.

SCHLECHTE NACHRICHTEN
Paulus erfuhr sehr schlechte Nachrichten über seine jungen Gemeinden, für deren Entstehung er sich so abgemüht hatte. Seine Arbeit wurde zunichtegemacht, und zwar durch zwei Vorgehensweisen.

Die Botschaft des Paulus wird ergänzt

Wie in vielen modernen Sekten üblich, fügten die neuen Leiter dem Evangelium etwas hinzu. Wir könnten es das „Evangelium Plus" nennen. Sie erweiterten die gute Nachricht. Auch heutzutage ergänzen religiöse Splittergruppen die Bibel normalerweise um ein weiteres Buch, wie beispielsweise die Anhänger der „Christian Science"- Bewegung (Christliche Wissenschaft). Sie geben Mary Baker Eddys *„Wissenschaft und Gesundheit mit Schlüssel zur Heiligen Schrift"* denselben Stellenwert wie der Bibel. Ähnlich verfahren auch die Mormonen mit dem *„Buch Mormon"* von Joseph Smith. Wir sollten uns vor jedem in Acht nehmen, der darauf beharrt, dass wir zusätzlich zur Bibel noch ein weiteres Buch bräuchten. Darin begegnet uns erneut das alte „Evangelium Plus"-Syndrom. Etwas wird hinzugefügt, doch damit überlädt man, bildlich gesprochen, die gute Nachricht. Zu viel Gepäck lässt jedes Kanu kentern. Oder, um ein anderes Sprichwort zu bemühen: Der Fisch stinkt vom Kopf. Es ist lebensnotwendig, vor Irrlehrern auf der Hut zu sein.

Der Botschafter selbst wird angegriffen

Doch diese Irrlehrer fügten nicht nur der Botschaft des Paulus etwas hinzu, sie griffen auch den Botschafter selbst an. So behaupteten sie, dass Paulus nicht das ganze Evangelium verkündigen würde, dass seine Version des Evangeliums zweitklassig wäre und dass er nicht die Anerkennung der Urgemeinde hätte. Dadurch, dass sie die Autorität des Paulus untergruben, versuchten sie, selbst an Einfluss zu gewinnen.

WORUM GEHT ES EIGENTLICH?
Liest man den Brief zum ersten Mal, könnte man meinen, dass es um die Frage der Beschneidung geht, denn auf

dieses Thema scheint Paulus sich zu konzentrieren. Die Frage stellt sich: Macht er aus einer Mücke einen Elefanten? Warum regt ihn diese Kleinigkeit so sehr auf? Es ist doch nichts Verwerfliches daran, wenn Menschen sich beschneiden lassen wollen. War es gerechtfertigt, wegen der jüdischen Tradition der Beschneidung einen solchen Aufstand zu machen?

Die Beschneidung ist ein kleiner Eingriff – ein unbedeutender Teil des männlichen Geschlechtsorgans wird entfernt. Im Judentum werden Frauen nicht beschnitten, bei einigen Stämmen in Afrika allerdings schon. Die Beschneidung ist immer noch ein weit verbreiteter Brauch in der semitischen Welt. Im dortigen Klima nimmt man sie hauptsächlich aus hygienischen Gründen vor. Für die Juden hatte und hat sie allerdings religiöse Bedeutung. Sie ist das Erkennungszeichen eines Juden. Natürlich werden nur die Männer beschnitten, weil im Judentum die männlichen Nachkommen erben und Verheißungen vom Vater auf den Sohn übergehen. Die Beschneidung zeigt an, dass der Beschnittene berechtigt ist, den Segen zu erben, der Abraham versprochen worden war. Gott sagte sogar zu Abraham, dass ein männlicher Jude, der nicht beschnitten war, aus dem Volk Gottes ausgeschlossen werden müsste, weil er den Bund gebrochen hätte. Es gehörte zum Bund mit Abraham dazu, dass jeder männliche Nachkomme dieses Zeichen an seinem Körper trug.

Daher ist die Beschneidung für die Juden von grundlegender Bedeutung. Folgende Bräuche sind für die überwiegende Mehrheit des jüdischen Volkes unverzichtbar: das Passahfest, koscheres Essen, der Sabbat und die Beschneidung. Auch wenn sie viele andere Traditionen nicht befolgen mögen, so halten sich die meisten Juden doch an diese vier Praktiken, ob sie nun ihre Religion ausüben oder eher liberal eingestellt sind.

Es ist wichtig, dass wir die Erörterungen des Paulus zum Thema „Gottes Verheißungen an Abraham" richtig verstehen. In Galater 3 erläutert er, dass die Verheißung, die Gott Abraham gab, nur einem männlichen Nachkommen Abrahams galt. Das Wort, das Gott für „Nachkomme" (wörtlich „Same") benutzte, stand in der Einzahl. Als Gott also zu Abraham sagte, „in deinem Samen werden sich segnen alle Nationen" (siehe 1. Mose 22,18; ELB), meinte er nicht alle seine männlichen Nachkommen, sondern nur einen einzigen. Paulus argumentiert, dass die Beschneidung überflüssig wurde, als dieser eine männliche Nachkomme kam, nämlich Jesus, da durch ihn die Verheißung nun eingetroffen war. Jesus, dem dieses Erbe versprochen worden war, hatte sein Erbteil empfangen, daher gab es keinen Grund mehr, irgendjemanden zu beschneiden. Die Beschneidung war daher ein Zeichen der Erbberechtigung, und Jesus trug dieses Zeichen. Er war beschnitten und trat das Erbe an.

Nun war Paulus natürlich als männlicher Jude beschnitten worden. Im Lichte seiner Argumentation erscheint es uns seltsam, dass er Timotheus, der aus Galatien kam, ebenfalls beschnitt. War das kein Widerspruch? Er nahm diese Beschneidung jedoch nur vor, weil Timotheus Paulus in seiner missionarischen Arbeit unterstützen sollte; und Paulus ging immer zuerst in die Synagoge, um den Juden dort das Evangelium zu verkündigen. Timotheus hätte Paulus in unbeschnittenem Zustand keinesfalls in eine Synagoge begleiten können. Paulus tat dies also einzig und allein, um die Verbreitung des Evangeliums zu ermöglichen. In ähnlicher Weise ließen sich C. T. Studd und andere Missionare in China Zöpfe wachsen, um den Chinesen näherzukommen. Paulus jedoch, der Timotheus aus genau demselben Grund beschnitten hatte, fragte nun die Galater: „Wie könnt ihr es wagen, auch nur daran zu denken?" Zweifellos war die Beschneidung ein sehr wichtiges Thema, doch dahinter stand noch etwas anderes.

Die heftige Ausdruckweise, die Paulus hier verwendet, erinnert mich wieder einmal daran, dass die Bibel kein Kinderbuch ist. Sie ist ein Buch für Erwachsene. (Die Tragödie ist jedoch, dass die meisten aufhören, darin zu lesen, wenn sie erwachsen werden.) Paulus sagt sinngemäß: „Ich wünschte, diejenigen, die euch die Vorhäute abschneiden, würden ganze Sache machen und sich selbst kastrieren." Diese Ausdrucksweise ist wirklich nichts für Zartbesaitete!

WARUM WENDET ER SICH GEGEN DIE BESCHNEIDUNG?

Die Antwort lautet, dass hinter der Beschneidung das Judentum steht, das leicht zu einer Religion der Werke werden kann. Dabei „rettet" man sich selbst dadurch, indem man die Gebote befolgt. Es ist zwar ein unmögliches Unterfangen, doch sehr viele Menschen versuchen es trotzdem. Deshalb ist es auch so bedenklich, die Zehn Gebote an die Wand zu hängen. Dadurch vermittelt man den Menschen, dass man diese Regeln befolgen müsste, um mit Gott ins Reine zu kommen. Ein Außenstehender, der eine solche Gemeinde betritt, wird sofort mit einer Liste von „Du sollst nicht..." konfrontiert. Er erhält den Eindruck, dass wir Christen gegen alles sind, eine negative Einstellung haben und dass Gott uns jeden Spaß verbietet, sobald wir in seine Nähe kommen.

DAS JUDENTUM

Das Christentum hat seine Wurzeln im Judentum, das seinerseits im Alten Testament verankert ist. Wie viel vom Alten Testament sollte nun in den Neuen Bund übernommen werden? Und wie viele dieser 613 Ge- und

Verbote haben noch heute für uns Gültigkeit? Wenn wir sowohl das Alte als auch das Neue Testament studieren, gehören diese Fragen zu den wichtigsten, denen wir uns stellen müssen.

Betrachten wir folgendes Beispiel: Ich habe Christen noch nie dazu aufgefordert, ihren Zehnten zu geben, da dieses Gebot zum mosaischen Gesetz gehört und nirgendwo im Neuen Testament gegenüber nichtjüdischen Gläubigen erwähnt wird. Die Juden haben diese Regel befolgt, doch kein nichtjüdischer Gläubiger wird an irgendeiner Stelle dazu aufgefordert. Gleichzeitig sind wir sehr wohl dazu berufen *zu geben*.

Ich habe einmal der Predigt eines jungen Mannes über den Zehnten zugehört. Ganz offensichtlich hatte er per Suchmaschine das Wort „Zehnter" in seinen Computer eingegeben und daher alle relevanten Bibelstellen zu diesem Thema parat. Er erläuterte, dass mit dem Geben des Zehnten Segnungen verbunden seien und nannte sie alle. Im Buch des Propheten Maleachi erklärt Gott: „Und prüft mich doch dadurch, spricht der HERR der Heerscharen, ob ich euch nicht die Fenster des Himmels öffnen und euch Segen in überreicher Fülle herabschütten werde!" (Maleachi 3,10; SLT). Dann erzählte er uns, dass es im Zusammenhang mit dem Zehnten auch Flüche gäbe. Wenn wir unseren Zehnten nicht in die Gemeinde brächten, würden unsere Enkel und Urenkel darunter leiden müssen. Diesen Fluch fänden wir im Alten Testament. Ein Blick in die Gesichter der Gemeindeglieder offenbarte mir, dass sie Angst davor hatten, ihren Urenkeln Leid zuzufügen. Kein Wunder also, dass die Kollekte am darauffolgenden Sonntag ziemlich groß ausfiel! Ich war allerdings ziemlich schockiert. Im Neuen Testament beruhen Gaben und Opfer auf einem völlig anderen Prinzip. Einen fröhlichen Geber hat Gott lieb. Das bedeutet gerade nicht, gute Miene zum bösen Spiel zu machen. Wir sollten geben, weil wir es wirklich *wollen*, und nicht aus Angst davor, dass sonst unsere Urenkel leiden könnten. Das gehört zum Alten Bund.

Ein weiteres Beispiel ist das Sabbatgebot. Wir müssen uns zunächst bewusst machen, was es für Folgen hätte, wenn wir Gesetze des Alten Bundes auf uns Christen anwenden, bevor wir dies tun. Denn wenn wir einige von ihnen für gültig erklären, dann müssten wir eigentlich alle befolgen. Nehmen wir also die Segnungen in Anspruch, so müssen auch die Flüche für uns gelten. Wollen wir das wirklich? Ich jedenfalls nicht. Daher sagt Paulus sinngemäß: „Wenn ihr euch beschneiden lasst, dann zieht das einen ganzen Rattenschwanz nach sich. Lasst ihr euch also aus dem Grund, den diese Lehrer angeben, beschneiden, dann müsst ihr auch alle anderen 613 Gesetze halten."

Aus diesem Grund ist Paulus so besorgt. Das Problem ist nicht die Beschneidung an sich, sondern die Art und Weise, wie sie dem Judentum die Tür öffnet. Er hatte das Judentum ausprobiert. Mit Blick auf die Gebote, die er gehalten hatte (nicht nur die, die ihm gerade gelegen kamen), erklärt er, er sei Gott so dankbar, dass er von alledem befreit worden sei. Eigentlich schicken wir Menschen in die Hölle, wenn wir ihnen sagen, dass sie das Gesetz Moses halten müssten, weil sie es einfach nicht schaffen würden.

Viel wichtiger ist es, Menschen unter Gottes Gnade zu bringen, statt sie auf das Gesetz zu verpflichten. Es gibt tatsächlich ein Gesetz, dem wir unterworfen sind, doch es ist das das Gesetz Christi und nicht das Gesetz des Mose. Das mosaische Gesetz ist überholt und wurde abgeschafft. Eines der größten Probleme in unseren heutigen Gemeinden besteht allerdings darin, dass wir den Mitgliedern eine Mischung aus dem Gesetz Christi und dem Gesetz des Mose präsentieren. Warum gibt es in unseren Kirchen und Gemeinden Messgewänder, Altäre, Weihrauch und Priester? Wir brauchen nichts dergleichen. Sie gehören zum mosaischen Gesetz, haben sich jedoch wieder in unsere Praxis eingeschlichen.

Im Verlauf der gesamten Apostelgeschichte sehen wir, wie die Verbindungen zwischen dem Juden- und dem Christentum immer lockerer werden. Stephanus, der erste Märtyrer der Gemeinde, wurde aufgrund dieser „Entfremdung" gesteinigt. Philippus ging noch einen Schritt weiter, als er den äthiopischen Eunuchen taufte, und schließlich sandte Gott Petrus zu Kornelius, dem Nichtjuden, nach Cäsarea. Es dauerte nicht lange, bis die jüdischen Gläubigen in Jerusalem immer skeptischer wurden, weil dieser neue Glaube den Nichtjuden nahegebracht wurde. Dieser Ansatz war ihnen nicht jüdisch genug, und schließlich reiste Paulus nach Jerusalem, um sich mit den Verantwortlichen der Gemeinde auseinanderzusetzen. Sie waren es nämlich, die diese „Gegenmissionare" losschickten, die behaupteten, es reiche nicht aus, einfach nur an Jesus zu glauben, sondern man müsste sich auch noch beschneiden lassen. Der Kern des Problems war nicht die Beschneidung, sondern die Frage, ob Nichtjuden zuerst Juden werden mussten, um zu Christus gehören zu können.

DIE ERRETTUNG

Das Kernthema war die Errettung selbst. Es ging um die Frage, wie man errettet werden kann. Menschen geben auf diese Frage die unterschiedlichsten Antworten, doch erstaunlicherweise geht man davon aus, dass sie alle der christlichen Lehre entsprächen.

Allein durch Werke
Bei den meisten Religionen dieser Erde steht die Errettung durch Werke im Vordergrund. Die Gläubigen müssen

beten, sie müssen fasten und Almosen geben usw., bis sie dadurch am Ende ihre Beziehung zu Gott in Ordnung gebracht haben. Sie retten sich selbst durch ihre eigenen Anstrengungen. Dieser Glaube, der nach dem Motto „Do-it-yourself" (Tu es selbst) funktioniert, spricht viele an, weil er ihnen ihren Stolz lässt. Sie glauben nämlich, dass sie sich ihre Errettung erarbeiten könnten. Doch das ist Selbstgerechtigkeit, die Gott verhasst ist. Er befasst sich lieber mit Sünde als mit Selbstgerechtigkeit. Jesus fand mit selbstgerechten Menschen einfach keinen gemeinsamen Nenner. Er war ein Freund der Sünder, mit den Selbstgerechten allerdings, wie beispielsweise mit den Pharisäern, verstand er sich überhaupt nicht.

Werke plus Glauben
Der Glaube an die Notwendigkeit von Werken ist weit verbreitet. Früher war ich Militärseelsorger bei der Britischen Luftwaffe. Dabei war ich für die Anhänger „anderer Denominationen" verantwortlich. Immer, wenn eine Gruppe neuer Soldaten bei uns ankam, nahm mein anglikanischer Kollege 70 Prozent der Männer mit. Alle mit irischem Akzent scharten sich um meinen römisch-katholischen Amtsbruder, während Baptisten, Methodisten, Angehörige der Heilsarmee, Buddhisten, Hindus, Moslems, Agnostiker und Atheisten bei mir blieben. Als Geistlicher für die Atheisten zuständig zu sein, war eine faszinierende Aufgabe.

Wenn die Männer dann vor mir saßen, fragte ich sie, wer zu den Methodisten, den Baptisten usw. gehören würde und jede Gruppe meldete sich per Handzeichen. Im selben Tonfall fragte ich sie dann, wie viele von ihnen Christen seien. Totenstille! Gelegentlich hob einer der Jungs grinsend die Hand. Doch gewöhnlich schauten sie nur in die Runde, um zu sehen, ob sich sonst noch jemand gemeldet hätte.

„Kommt schon", sagte ich dann, „ihr habt mir gesagt, wie viele von euch Methodisten und Baptisten usw. sind. Los jetzt, wie viele von euch sind Christen?"

„Aber was meinen Sie mit ‚Christen', Pater?", antworteten sie.

„Was glaubt ihr denn, was ich meine?", fragte ich dann.

„Jemand, der die Zehn Gebote hält", bekam ich gewöhnlich zur Antwort.

„Okay, ich akzeptiere, dass ein Christ jemand ist, der die Zehn Gebote hält. Wie viele Christen haben wir dann hier?"

Man konnte die Unsicherheit fast mit Händen greifen, bis jemand bemerkte: „Aber Pater, man kann sie doch nicht alle halten!"

„Nun, wie viele muss man denn halten, um Christ zu sein?"

„Sechs von zehn."

„Okay, ich akzeptiere, dass ein Christ jemand ist, der sechs der Zehn Gebote hält. Wie viele Christen haben wir also hier?"

Diese Frage führte zu einer gewaltigen Diskussion darüber, was einen Christen ausmacht. Der Ansatz „Werke plus Glaube" legt nun einmal den Schluss nahe, dass man so viele der Gebote hält, wie man eben kann; und dann bitten wir Gott um Vergebung dafür, dass wir die anderen Gebote nicht halten konnten. So sieht das Verständnis des Christentums aus, das in Großbritannien am weitesten verbreitet ist. Wir könnten es auch das „Gutmenschen-Christentum" nennen.

Glaube plus Werke

Manche sind der Ansicht, dass man mit dem Glauben beginne und dann zu den Werken übergehe. Nachdem man Jesus angenommen hat, muss man also das Gesetz befolgen. Diesen Standpunkt vertraten die Männer, die zu Paulus' Zeiten versuchten, die Gläubigen unter jüdischen Einfluss zu bringen.

Glaube allein

Paulus sagte sinngemäß zu den Galatern: „Nachdem ihr im Geist begonnen habt, wollt ihr wirklich im Fleisch weitermachen? Das Gesetz gehört zum Herrschaftsbereich des Fleisches. Seine Einhaltung beruht auf euren eigenen Anstrengungen. Es ist nicht der Geist, der es in euch wirkt." Paulus kämpfte für den Grundsatz „aus Glauben allein", aus Glauben zu Glauben, wie er es oft nennt, für den Glauben von Anfang bis zum Ende. Er schreibt: „Denn ich schäme mich des Evangeliums nicht; denn es ist eine Kraft Gottes, die selig macht alle, die (beständig) glauben, die Juden zuerst und ebenso die Griechen" (Römer 1,16; LUT; Zusatz in Klammern durch den Autor); Glaube von Anfang bis Ende, darum ging es ihm.

Mit anderen Worten: Beim Thema Glauben können wir keine Kompromisse eingehen, wir müssen beständig glauben. Das ist der Kern des Ganzen. Wir glauben nicht nur am Anfang und erarbeiten uns dann unsere Errettung. Es ist ein riesiger Unterschied, ob man die Menschen dazu auffordert, beständig und weiterhin zu glauben oder das Gesetz zu halten. Paulus kämpfte für die christliche Freiheit. An irgendeinem Punkt das Gesetz einzuführen, bedeutet, die Menschen unter einen Fluch zu bringen. Denn der einzige Maßstab, den Jesus gelten lässt, sind 100 Prozent. Entweder wir halten das ganze Gesetz oder wir haben es mit einer einzigen Regelverletzung bereits gebrochen.

Das Gleiche gilt auch für menschliche Gesetze. Überfahre ich beispielsweise eine rote Ampel und die Polizei stoppt mich, wird mir folgende Aussage wenig bringen: „Aber Herr Wachtmeister, ich habe auf dem Weg hierher alle anderen roten Ampeln beachtet." Der Beamte wird mir antworten: „Es ist mir völlig egal, ob Sie an jeder anderen Ampel angehalten haben. Sie haben das Gesetz gebrochen!" Genauso sieht es auch Gott. Das Gesetz ist bildlich gesprochen nicht nur eine Schnur, auf die einzelne Perlen aufgezogen sind. Es ist eine Perlenkette, ein zusammenhängendes Ganzes. Reißt sie an einer Stelle, so fallen alle Perlen zu Boden. Wenn wir nur ein Gebot übertreten, haben wir das ganze Gesetz gebrochen. Daher macht es keinen Unterschied, ob unser Verstoß nur ein Gebot betrifft oder alle.

Stellen wir uns Folgendes vor: Drei Männer sind auf einem Felsen gestrandet und die Flut kommt. Eine Wasserrinne, die drei Meter breit ist, trennt den Felsen vom Strand. Selbst wenn es dem ersten Mann gelingt, ein Drittel des Abstands zu überspringen, wird er trotzdem ertrinken. Vielleicht ist der zweite Mann ein besserer Springer und schafft sogar zwei Drittel, dennoch wird auch er untergehen. Der dritte Mann verfehlt das Land nur um 20 Zentimeter, doch auch für ihn gibt es keine Rettung.

Gottes Wort formuliert es so: „Verflucht sei jeder, der nicht bleibt bei alledem, was geschrieben steht in dem Buch des Gesetzes, dass er's tue!" (Galater 3,10 LUT; siehe 5. Mose 26,27). Dies ist der Fluch unter dem wir stehen, wenn wir versuchen, die Gebote aus eigener Kraft zu halten, um in den Himmel zu kommen. Doch das Evangelium präsentiert uns eine völlig andere Art der Gerechtigkeit.

Die offensichtliche Frage, die sich dabei stellt, ist: Warum hat Gott die Zehn Gebote gegeben? Warum hat er das Gesetz des Mose überhaupt erlassen? Die Antwort finden wir im Galaterbrief.

Zunächst hat Gott das Gesetz gegeben, um *die Sünde einzudämmen*. Das Gesetz trägt dazu bei, das Leben erträglich zu machen. Man hält wenigstens ein paar Gesetze und bemüht sich zumindest, auch die anderen zu befolgen.

Zweitens hat Gott das Gesetz erlassen, um die *Sünde aufzudecken*. Durch die Geradlinigkeit des Gesetzes wird uns bewusst, wie schief und krumm wir moralisch gesehen sind. Mit anderen Worten: Nur das Gesetz zeigt uns, dass wir Sünder sind. Bis wir das Gesetz Gottes studiert haben, wissen wir nämlich gar nicht, wie falsch unsere bisherige Lebensführung war. Das Gesetz wurde eingeführt, um uns auf Christus vorzubereiten, und zwar dadurch, dass es uns bewusst macht, dass wir es nicht halten können. Insofern kann das Predigen der Zehn Gebote Menschen sehr wohl von Sünde überführen, weil sie erkennen, dass sie überhaupt nicht in der Lage sind, sie zu halten. Das gilt insbesondere für die Art und Weise, wie Jesus den Dekalog neu interpretierte.

EIN SCHLÜSSELTHEMA
Freiheit ist ein Schlüsselthema des Galaterbriefes. Die Sehnsucht nach Freiheit ist ein universales Gefühl. Es stellt sich allerdings die Frage: Freiheit wovon? Die Botschaft der Bibel besagt, dass Jesus gekommen ist, um uns zu befreien, um aus Sklaven Königskinder und Erben zu machen. Genauso, wie die Juden aus Ägypten befreit wurden, hat uns Christus von der Knechtschaft der Sünde befreit. Doch man kann die Freiheit so leicht wieder verlieren. Edmund Burke formulierte es so: „Ewige Wachsamkeit ist der Preis, den man für die Freiheit bezahlen muss." Das Problem ist nicht nur, frei zu werden, sondern frei zu *bleiben*. Freiheit kann uns auch wieder abhandenkommen.

Das untenstehende Schaubild zeigt uns den gesamten Galaterbrief. Es ist ein sehr einfaches Bild. Trotzdem muss ich es erklären. Es verdeutlicht uns drei Schlüsselkonzepte: Gesetzlichkeit, Freiheit und Zügellosigkeit. Ganz offensichtlich ist die Gesetzlichkeit ein Feind der Freiheit. Dass dies auf die Zügellosigkeit genauso zutrifft, ist uns jedoch nicht immer bewusst. In den ersten beiden Kapiteln des Galaterbriefes geht es um unsere Freiheit in Christus, die die Gunst und die Liebe des Vaters wie die Sonne bescheint. Wir genießen die Freiheit des Geistes, während der Glaube an den Sohn unsere Grundlage ist. So verleihen uns der Vater, der Sohn und der Heilige Geist die Freiheit, oben auf der Spitze des Berges zu stehen.

Das Bild zeigt uns, dass es zwei Wege gibt, diese Freiheit wieder zu verlieren. Der eine Weg besteht darin, erneut dem Gesetz zu verfallen, das als Käfig dargestellt wird. Es sperrt uns ein und wir versuchen vergeblich, wieder herauszuklettern. Geraten wir unter den Herrschaftsbereich des Gesetzes, so stehen wir von Neuem unter dem Zorn Gottes, weil wir es einfach nicht halten können. Doch es gibt noch einen zweiten Weg, die Freiheit zu verlieren. Er besteht darin, in den Sumpf des Fleisches abzurutschen. Auch das ist Gebundenheit, allerdings halten uns nun unsere eigenen Wünsche gefangen. Wieder stehen wir unter dem Zorn Gottes und haben unsere Freiheit verloren.

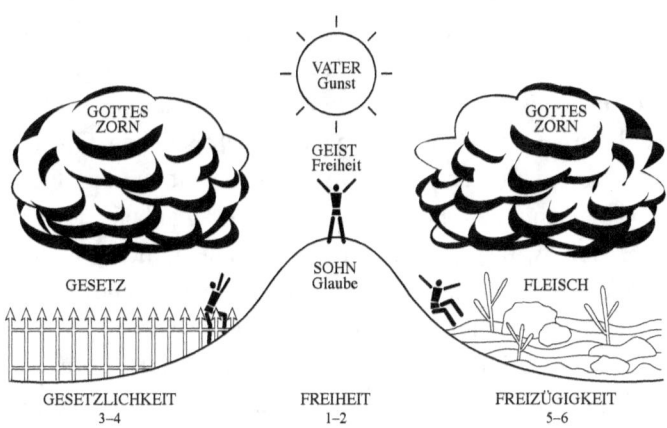

Der Gratwanderweg „Striding Edge on Helvellyn" im Lake District in Großbritannien ist eine perfekte Illustration dieser Prinzipien. Der schmale Pfad direkt auf dem Grat des Helvellyn wird auf beiden Seiten von zwei riesigen

Bodensenken gesäumt, die man auch Bergkessel nennt. In der letzten Eiszeit wurden diese Täler durch zwei große, sich drehende Eisstrudel ausgehöhlt und geschliffen, wodurch dieser sehr scharfkantige Grat entstand. Das Matterhorn in der Schweiz ist das Ergebnis von drei sich drehenden Eismassen, die eine dreizackige Bergspitze hinterlassen haben.

Wir laufen einen schmalen Grat entlang, wenn wir in uns in der Freiheit des Geistes bewegen. Es ist so leicht, auf der einen oder auf der anderen Seite abzurutschen. Meiner Ansicht nach ist Gesetzlichkeit die größte Gefahr für die christliche Freiheit. Das mag zunächst überraschend klingen. Zügellosigkeit ist ziemlich offensichtlich. Doch wenn Gemeinden anfangen, zusätzliche Regeln und Vorschriften aufzustellen, verfällt man nur allzu leicht der Gesetzlichkeit. Für die Freiheit ist sie ein tödliches Gift. Eine gesetzliche Gemeinde ist leicht zu erkennen: Ihre Mitglieder zeigen oft einen verkniffenen Mund und haben einen sehr entschlossenen Gesichtsausdruck. Durch den Versuch, das Gesetz zu halten, werden die Gläubigen streng und hart. Gesetzlichkeit macht den christlichen Glauben eher zu einem Gegenstand von Regeln statt zu einer Frage von Beziehungen. Die Gemeindeglieder glauben, sie seien Christen, weil sie sich an die Regeln halten: nicht rauchen, nicht spielen, nicht trinken, dies nicht tun und jenes lassen. Doch die Beziehung zu Gott geht dabei verloren.

Die Freiheit des Geistes bedeutet nicht, das zu tun, was man *selbst will*. Sie besteht auch nicht darin, das zu tun, was andere *uns sagen*. Sie bedeutet vielmehr, *sich vom Heiligen Geist leiten zu lassen*. Wie Paulus im Galaterbrief schreibt, geht es nicht um die Freiheit zu sündigen, sondern um die Freiheit, *nicht* zu sündigen. Das ist die wahre Freiheit, die kein Ungläubiger besitzt. Es ist die Freiheit, die Gott uns schenkt. Dabei ist es so einfach zu versuchen,

Menschen dadurch vom Sündigen abzuhalten, indem man sie dem Gesetz unterstellt, und auf diese Art und Weise funktionieren auch einige Gemeinden. Sie versuchen, ihre Mitglieder davor zu bewahren, dies oder jenes zu tun und erkennen dabei nicht, dass Gesetzlichkeit genauso ein Feind der Freiheit ist wie Zügellosigkeit.

Um dieses Spannungsfeld dreht sich der gesamte Streit im Galaterbrief. Die Kapitel 1 und 2 handeln von dieser Freiheit. Die Kapitel 3 und 4 haben die Gesetzlichkeit zum Thema, die die Freiheit einschränken kann. Die Kapitel 5 und 6 thematisieren schließlich die entgegengesetzte Gefahr, die Zügellosigkeit. Daher kämpft Paulus eigentlich an zwei Fronten, und das ist das eigentliche Problem: Es geht darum, sich die Freiheit zu bewahren und gleichzeitig Gesetzlichkeit und Zügellosigkeit zu vermeiden. Das ist keine leichte Aufgabe.

Nun wollen wir Gesetzlichkeit, Zügellosigkeit und Freiheit etwas genauer betrachten.

GESETZLICHKEIT

Die Beschneidung ist für die Galater nur das erste Glied einer Kette, denn sie wäre der Anfang der Gesetzlichkeit. Sie ist kein Bestandteil des Evangeliums. Befolgten die Galater diese Regel, müssten sie sich auch an alle anderen Vorschriften des Gesetzes halten.

Manche erheben folgenden Einwand: „Werden die Gläubigen es nicht ausnutzen, wenn man ihnen sagt, dass sie nicht an das Gesetz gebunden sind? Werden sie dann nicht gesetzlos? Wenn man ihnen keine Regeln gibt, werden sie sich dann nicht ihren Leidenschaften einfach hingeben?"

Als ich Methodistenpastor war, gab es ein umfangreiches Regelwerk mit dem Titel: *„The Constitutional Practice and Discipline of the Methodist Church", (Was im deutschen Sprachraum wohl der „Verfassung, Lehre und Ordnung* *der Evangelisch-methodistischen Kirche" entspricht; Anmerkung der Übersetzerin*). Heute ist dieses Werk bereits viermal so dick. Zahlreiche lose Blätter werden jedes Jahr hinzugefügt Wenn also Regeln und Vorschriften Erweckung hervorbringen könnten, dann wären uns die Methodisten weit voraus! Aber so funktioniert es nicht. Zwar ist es sehr leicht, für alle möglichen Lebensbereiche Regelungen zu treffen, in der Hoffnung, dass unsere so geschaffene Ordnung Leben hervorbringen wird. Doch sie ist nicht lebensspendend. Nur die Freiheit macht lebendig. Zur Freiheit hat uns Gott befreit. Wir müssen extrem wachsam sein, damit sich die Gesetzlichkeit nicht bei uns einschleicht. Öffnen wir ihr die Tür, führt das unweigerlich zu Verhärtung und Heuchelei. Denn wir haben nicht mehr den Mut, uns anderen Menschen anzuvertrauen, wenn wir selbst einmal gegen das Gesetz verstoßen haben.

ZÜGELLOSIGKEIT

Es gibt eine echte Gefahr, die Paulus „die Werke des Fleisches nennt". Wir müssen uns vor ihnen in Acht nehmen, denn sie sind eine Form der Sklaverei; wie ein Sumpf, in den man ganz leicht hineingerät und aus dem man nur sehr schwer wieder herauskommt. Paulus listet die Werke des Fleisches im Galaterbrief auf. Manche sind offensichtlich, z. B. sexuelle Freizügigkeit und Okkultismus. Es gibt jedoch auch raffiniertere Formen, wie beispielsweise Streit, Machtkämpfe, Neid, Eifersucht und Vorurteile.

„Wie sollen wir nun reagieren", fragt Paulus sinngemäß, „wenn jemand dort hineingerät?" Auf dem Weg eines Christen gibt es schließlich viele „Bananenschalen", auf denen wir ausrutschen können. Ist jemand in Sünde gefallen, sollen wir ihm schnell wieder aufhelfen, ihn zurück in die Gemeinschaft bringen und für Heilung sorgen, erklärt Paulus. Wälzt sich allerdings jemand bewusst und aus freiem Willen weiterhin im Dreck der Sünde, dann wird er das Reich Gottes nicht erben, bekräftigt der Apostel. Manche mögen sagen: „Bei mir ist alles ok. Ich habe meine Fahrkarte in den Himmel." Doch Paulus argumentiert sinngemäß: „Bei dir ist eben nicht alles in Ordnung. Du wirst das Königreich nicht erben." Das ist eine sehr ernsthafte Warnung.

Man kann sowohl der Gesetzlichkeit als auch der Zügellosigkeit verfallen, und aus beiden müssen wir so schnell wie möglich wieder herausgezogen werden. Entscheiden wir uns jedoch wissentlich und willentlich dafür, entweder im Käfig oder im Sumpf zu leben, dann werden wir das Reich Gottes tatsächlich nicht erben.

FREIHEIT

Freiheit bedeutet, frei zu sein nicht zu sündigen. Ist das nicht eine wunderschöne Freiheit? In Christus sind wir frei, nicht den Weg der Sünde zu wählen, d.h. wir müssen zur Sünde nicht mehr ja sagen. Paulus schreibt in seinem Brief an Titus, dass uns die Gnade zuteilwurde, nein zu sagen. Das ist wirklich wunderbar. Wir wollen nun betrachten, was bei der Ausübung dieser Freiheit genau passiert. Dazu nehmen wir nochmals das obige Bild zur Hilfe. Stellen wir uns einen Weg auf dem Grat eines Berggipfels vor, den wir als Wanderer betreten. Wir müssen im Geist auf diesem Grat wandern und dabei die Stolperfallen der Zügellosigkeit und der Gesetzlichkeit vermeiden. Wenn wir uns im Geist vorwärtsbewegen, geschieht etwas Wunderbares. Es wächst eine Frucht in uns heran, die Frucht des Geistes. Es gibt nur eine Frucht des Geistes, allerdings mit neun Geschmacksrichtungen, während es viele Werke des Fleisches gibt.

An den Küsten des Mittelmeeres wächst eine Frucht, die *Mysterio Deliciosus* heißt. Beim ersten Bissen schmeckt sie wie eine Orange, beim nächsten wie eine Zitrone. Sie trägt viele verschiedene Geschmacksrichtungen in sich. In einem Christen findet man alle Geschmacksrichtungen der Frucht des Geistes. Einige dieser Aromen nimmt man auch an Ungläubigen wahr. Manche von ihnen strahlen Freude aus, andere Frieden, alle neun Geschmacksstoffe vereinen sich jedoch nie in einer Person. Das geschieht nur in Christus und bei denen, die geisterfüllt sind und im Geist wandeln. Diese neun Aromen fördern unsere Beziehung zu Gott, zu anderen Menschen und zu uns selbst. Drei dieser Geschmacksrichtungen, nämlich Liebe, Freude und Friede, bringen uns in vollkommene Harmonie mit Gott. Die nächsten drei, Geduld, Freundlichkeit und Güte, führen zu harmonischen Beziehungen mit unseren Mitmenschen. Schließlich sorgen Treue, Sanftmut und Selbstbeherrschung für ein gutes Verhältnis zu uns selbst. Diese Frucht ist wirklich herrlich!

Die Frucht des Geistes ist ohne die Geistesgaben natürlich beschränkt. Genauso, wie die Gaben ohne die Frucht unzureichend sind. Wenn ich beispielsweise ins Krankenhaus gehe, um eine kranke Person zu besuchen, kann ich ihr die ganze Frucht des Geistes bieten: Ich kann ihr durch meinen Besuch Liebe zeigen. Durch meine Aufmunterung wird sie Freude erfahren und durch meine beruhigenden Worte Frieden. Meine Geduld wird daran sichtbar, dass ich mir alle Einzelheiten ihrer Operation anhöre, meine Freundlichkeit zeige ich ihr durch mein Mitbringsel, ein paar Trauben. Güte wird dadurch offenbar, dass ich ihr anbiete, mich um ihre Kinder zu kümmern und Treue durch meine täglichen Besuche. Meine Sanftmut demonstriere ich, indem ich wieder gehe, wenn die Krankenschwester mich dazu auffordert. Schließlich zeigt sich meine Selbstbeherrschung darin, dass ich die Trauben nicht selbst aufesse! Bei diesem Besuch habe ich also die ganze Frucht des Geistes gezeigt, doch ich habe den Kranken nicht geheilt. Das geschieht durch eine Geistesgabe. Wir brauchen also beide, sowohl die Frucht als auch die Gaben des Geistes. Wir dürfen sie niemals gegeneinander ausspielen.

Paulus schreibt, dass die Frucht wächst, wenn wir uns im Geist bewegen. Er verwendet das Wort „wandeln" hier auf zweierlei Weise, wobei er zwei unterschiedliche griechische Worte benutzt. Am Ende von Kapitel 5 sagt er, „wandelt im Geist". In Galater 6,16 heißt es: „und alle, die nach dieser Richtschnur wandeln werden" (MB). Im Griechischen entspricht das „Wandeln" in Kapitel 5 eher einem „Umherstreifen", die Australier würden es als „Buschwanderung" bezeichnen. Es bedeutet so viel wie „allein spazieren zu gehen". In Kapitel 6 jedoch hat das Wort „wandeln" folgende Bedeutung: „im Geist marschieren, im Gleichschritt mit anderen" im Sinne eines gemeinschaftlichen Lebensstils. Es gibt also zwei Arten im Geist zu wandeln. Es gibt ein „Wandeln im Geist", wenn wir allein sind und es gibt ein Wandeln im Gleichschritt gemeinsam mit unseren christlichen Brüdern und Schwestern. Wir brauchen beides. Wahre Freiheit bedeutet daher, auf diesem Höhenweg unterwegs zu sein, sowohl allein als auch im Gleichschritt mit unseren Brüdern und Schwestern. Im letzteren Fall wandeln wir gemeinsam im Geist.

Das ist also die Botschaft des Paulus an die Galater. Es handelt sich um einen der wichtigsten Briefe, auch wenn er nicht der bequemste ist. Ich stimme der Einschätzung zu, dass er die „Magna Charta", also quasi das Grundgesetz der christlichen Freiheit darstellt. Meiner Ansicht nach ist das ein sehr passender Titel für diesen Brief. Viele Menschen setzen sich für andere Arten von Freiheit ein, sowohl gute als auch schlechte. Doch die Freiheit, die wir propagieren, ist die Freiheit nicht sündigen zu müssen. Wir sind frei, uns sowohl vom Käfig der Gesetzlichkeit als auch vom Sumpf der Zügellosigkeit fernzuhalten. Wir haben tatsächlich die Freiheit, dort oben auf dem Höhenweg zu wandern und die Segnungen der göttlichen Gunst zu genießen.

IMMER NOCH WEIT VERBREITET: GESETZLICHKEIT
Die Gesetzlichkeit ist allgegenwärtig. Menschen versuchen, durch eigene Anstrengungen in den Himmel zu kommen. Oder sie kehren zu ihren Werken zurück, nachdem sie im Glauben begonnen haben, was wirklich tragisch ist.

Der bereits verstorbene Dr. W. E. Sangster besuchte einmal eine sterbende Frau im Krankenhaus. Er fragte sie: „Sind Sie bereit, Gott zu begegnen? Was werden Sie ihm sagen, wenn Sie vor ihm stehen?"

Sie hielt ihre abgearbeiteten Hände hoch und antwortete: „Ich bin Witwe. Ich habe fünf Kinder großgezogen. Daher hatte ich keine Zeit für Kirche, Bibel oder irgendetwas Religiöses. Doch ich habe für meine Kinder mein Bestes gegeben. Wenn ich vor Gott stehe, dann werde ich ihm einfach diese Hände entgegenstrecken. Er wird sie anschauen und verstehen."

Was hätten wir darauf geantwortet?

Dr. Sangster entgegnete ihr: „Sie sind zu spät, meine Liebe, Sie sind zu spät."

Sie fragte: „Was meinen Sie damit?"

Er antwortete ihr: „Nun, es gibt jemanden, der vor Ihnen da war. Er hält Gott gerade seine Hände entgegen und Gott hat keinen Blick mehr für die Hände von irgendjemand anderem."

Sie fragte erneut: „Was meinen Sie damit?"

Er erwiderte: „Setzen Sie Ihr Vertrauen nicht auf Ihre Hände. Legen Sie es in Jesu Hände."

Die Gesetzlichkeit ist immer noch unter uns und sie ist weit verbreitet. Der Durchschnittsdeutsche glaubt, Christsein bedeute, zu seiner Großmutter und zu seiner

Katze nett zu sein. Er denkt sich: „Ich bin ein genauso guter Christ wie jeder andere, der in die Kirche geht." Und damit ist er der Gesetzlichkeit schon auf den Leim gegangen. Wir müssen ihm erklären, dass für den Himmel nur 100% gut genug ist. Wenn er so, wie er jetzt ist, in den Himmel käme, würde er diesen Ort für alle anderen ruinieren.

Gesetzlichkeit finden wir auch in christlichen Gemeinden. Wir tendieren einfach dazu, der Gemeindezugehörigkeit unsere eigenen Regeln hinzuzufügen. Dabei gibt es, bildlich gesprochen, nur vier Stufen, die zur Eingangstür einer Gemeinde führen sollten: Buße, Glaube, Wassertaufe und Geistestaufe. Zusätzliche Stufen am Eingang widersprechen der Bibel. Allerdings gibt es drinnen im Gebäude sehr wohl ein Treppenhaus. Im Inneren kann man viele Stufen hinaufsteigen. Diese finden wir im 1. und 2. Petrusbrief. Aber vor dem Eingang gibt es nur diese vier. Leider neigen Gemeinden jedoch dazu, Zusatzanforderungen aufzustellen, wie beispielsweise das Erfordernis, von einem Bischof konfirmiert zu werden, einen gewissen Einsatz zu zeigen oder die Gemeindeleitung anzuerkennen. Alle diese Stufen gehören ins Innere der Gemeinde und nicht draußen vor die Tür.

IMMER NOCH UNTER UNS: ZÜGELLOSIGKEIT

Es gibt immer noch Menschen, die glauben, dass ein Ungläubiger wegen Ehebruchs in die Hölle kommt, ein Gläubiger jedoch im selben Fall nichts zu befürchten hat. Sie gehen davon aus, dass bestimmte Arten von Sünden bei Christen entschuldbar sind. Eventuell büße der Betreffende einen kleinen Teil des Segens oder seiner Belohnung ein, doch die Eintrittskarte in den Himmel könne er nicht verlieren. Der Galaterbrief bezieht dazu sehr deutlich Stellung und erklärt, dass man das Reich der Himmel nicht erben werde, wenn man sich absichtlich der Sünde hingibt.

IMMER NOCH ZU HABEN: FREIHEIT
Wir müssen mit den anderen zusammenbleiben und gemeinsam diesem schmalen Pfad folgen. Der Wind des Geistes bläst uns ins Gesicht und der Segen der Gnade Gottes scheint auf uns herab. Wenn wir nur im Geist wandeln, haben wir die Freiheit, nicht zu sündigen und unerschrocken voranzugehen.

Der Galaterbrief ist einer der eindringlichsten Briefe überhaupt. Wir sollten diesen Brief lesen und uns seine Botschaft zu Herzen nehmen. Ich habe ihn mit meinen eigenen Worten so formuliert:

Absender: Paulus, der Sondergesandte des Herrn (der weder von menschlichen Würdenträgern ernannt wurde noch durch einen menschlichen Repräsentanten unter göttlicher Führung, sondern der von Jesus, dem Messias, selbst geschickt wurde und von Gott, dem Vater, der Jesus von Toten auferweckt hat). Alle christlichen Brüder, die bei mir sind, haben diesen meinen Brief gelesen und ihm zugestimmt.

Der Gemeinde des Volkes Gottes in der Provinz Galatien

Möget Ihr alle die unverdiente Großzügigkeit und die vollkommene Einmütigkeit Gottes, unseres Vaters und seines Sohnes, Jesus, unseres Herrn und Messias, genießen. Unsere bösen Taten haben ihn das Leben gekostet. Doch er gab es willig hin, um uns aus der Sittenlosigkeit unseres gegenwärtigen Umfelds zu retten. Dieser Rettungsplan wurde von unserem Gott-Vater beschlossen, dem wir dafür Dank schulden bis in alle Ewigkeit. So sei es.

DER DREIZEHNTE APOSTEL

Ich bin am Boden zerstört, weil ich festgestellt habe, dass ihr bereits alle diesen Gott verlasst, der euch für dieses besondere Angebot der Gnade Christi auserwählt hat. Und ihr wendet euch einem anderen Evangelium zu, das man nicht einmal als „gute Nachricht" bezeichnen könnte. Gewisse Leute verwirren euch, die es darauf anlegen, das Evangelium auf den Kopf zu stellen. Doch hört mir zu: Sollten wir selbst oder sogar ein übernatürlicher Bote aus der jenseitigen Welt euch eine Botschaft überbringen, die der widerspricht, die ich euch verkündigt habe, so sollen wir alle verdammt sein! Wir haben es euch bereits gesagt, doch ich muss es nochmals wiederholen: Wenn irgendjemand euch ein anderes Evangelium verkündigt, als die Botschaft, die ihr ursprünglich angenommen habt, soll er zur Hölle fahren!

Klingt das nun wie jemand, der versucht, sich mit den Menschen gut zu stellen oder mit Gott? Kann man mich beschuldigen, dass ich versuchen würde, mich beliebt zu machen? Wenn ich immer noch Menschen gefallen wollte, dann wäre das letzte, wonach ich streben würde, ein Knecht Christi zu sein.

Meine lieben Brüder, ich muss euch allen sehr deutlich sagen, dass die gute Nachricht, die ich verbreite, keine menschliche Angelegenheit ist. Ich habe weder andere davon erzählen hören, noch hat sie mir jemand weitergegeben. Ich habe sie direkt von Jesus, dem Messias, empfangen, was meine Lebensgeschichte beweist.

Ihr müsst von meiner früheren Karriere im Judentum gehört haben. In meinem extremen Fanatismus habe ich auf die Familie Gottes, die christlichen Gläubigen, Jagd gemacht und unter ihnen großen Schaden angerichtet. Als ein glühender

Verehrer der jüdischen Religion überholte ich viele meiner gleichaltrigen Landsleute, weil ich von den althergebrachten Bräuchen meiner Vorfahren so leidenschaftlich ergriffen war.

Doch dann griff Gott ein. Er hatte mich von Mutterleibe an auserwählt und gerade mich in seiner Großmütigkeit dazu bestimmt, anderen Menschen zu zeigen, wie sein Sohn wirklich ist. Meine Zielgruppe sollten insbesondere solche Personen sein, die ich immer als Fremde bezeichnet hatte. Sofort beschloss ich, niemanden um Rat zu bitten. Daher ging ich auch nicht nach Jerusalem hinauf, um mich mit denen zu beraten, die bereits als Gesandte des Herrn arbeiteten. Stattdessen zog ich allein in die arabische Wüste, um alles zu durchdenken. Von dort kehrte ich direkt nach Damaskus zurück.

Erst drei Jahre später lernte ich endlich Petrus in Jerusalem kennen. Selbst dann blieb ich nicht länger als zwei Wochen und begegnete keinem anderen der Apostel. Allerdings traf ich Jakobus, den Bruder unseres göttlichen Hirten. (Gott wacht darüber, was ich schreibe. Nichts davon ist erfunden.) Danach besuchte ich verschiedene Orte in Syrien und Zilizien. Daher hätten die christlichen Gemeinden in Judäa mich als Person immer noch nicht erkannt. Alles, was sie von mir wussten, erfuhren sie nur durch Hörensagen: dass ihr erbitterter Feind nun genau den Glauben verbreitete, den er so sehr zu zerstören versucht hatte. Und sie dankten Gott für diese Verwandlung.

Es vergingen weitere 14 Jahre, bevor ich Jerusalem einen weiteren Besuch abstattete. Dieses Mal kamen Titus und Barnabas mit. Es war Gott, der mich dazu bewegt hatte, dies zu tun, um eine private Unterhaltung mit den bekannten Führungspersönlichkeiten der Judenchristen zu führen. Ich wollte mit ihnen gemeinsam das Evangelium überprüfen, das ich unter den anderen Nationen verbreitet hatte, um herauszufinden, ob alle meine Bemühungen umsonst gewesen waren. Titus nahm ich als eine Art Testperson mit, weil er ein griechischer Christ war. Meine Gesprächspartner bestanden jedoch nicht einen Moment lang darauf, dass er sich dem Initiationsritus der Beschneidung unterzog. Eigentlich wäre diese Frage gar nicht zur Sprache gekommen, wenn dort nicht ein paar Eindringlinge gewesen wären, die gar kein Recht hatten, bei diesem Treffen dabei zu sein. Sie schlichen sich ein, um die Freiheit, die wir in unserer Beziehung zu Christus genießen, auszuspionieren und suchten nach Wegen, um uns wieder der Kontrolle ihres Glaubenssystems zu unterwerfen. Doch wir haben ihren Forderungen nicht einen Moment lang nachgegeben. Anderenfalls hättet ihr die wahre gute Nachricht verloren. Was die offensichtlichen Leiter anging (Ihre genaue Stellung ist mir egal, weil Gott der Status einer Person nicht wichtig ist; ich meine jedenfalls diejenigen, zu denen die anderen offensichtlich aufsahen.), sie fügten der Lehre, die ich ihnen vorgestellt hatte, überhaupt nichts hinzu. Im Gegenteil, sie konnten sehen, dass ich genauso befähigt war, den Unbeschnittenen die gute Nachricht zu bringen, wie Petrus den Beschnittenen. Denn derselbe Gott, der durch Petrus' Einsatz unter den Juden so effektiv wirkte, tat durch mich unter den Nichtjuden offensichtlich dasselbe. Jakobus, Johannes und Kephas (Petrus verwendete seinen hebräischen Namen.) schienen die drei Hauptstützen zu sein. Als sie erkannten, wie sehr Gott meinen Dienst segnete, schüttelten sie Barnabas und mir die Hände. Dies war ein Zeichen der völligen Partnerschaft, mit dem Einverständnis, dass sie sich auf die Juden konzentrieren würden und wir uns auf die Nichtjuden. Die einzige Bitte, die sie hatten, war, dass wir nicht vergessen sollten, den armen Judenchristen finanzielle Unterstützung zu schicken. Ich war mehr als bereit, dies auch weiterhin zu tun.

Als Petrus jedoch unseren Besuch erwiderte und nach Antiochia kam, gab es eine ernsthafte Krise. Ich musste mich ihm direkt widersetzen, weil er sich eindeutig im Unrecht befand. Zunächst war er gerne bereit, mit den nichtjüdischen Bekehrten zu essen. Dann erschienen einige Kollegen von Jakobus, und Petrus sorgte sich darum, was sie über ihn denken könnten. Daher begann er, allein zu essen. Die anderen jüdischen Gläubigen taten so, als würden sie ihm zustimmen und sogar mein Freund Barnabas wurde von ihrer Heuchelei mitgerissen. Weil ich sah, dass ein solches Verhalten nicht mit der Wahrheit des Evangeliums übereinstimmte, sagte ich vor allen anderen zu Petrus: „Du gehörst zum jüdischen Volk, doch hast du deine Vorbehalte aufgegeben und dir den Lebensstil nichtjüdischer Ausländer zu eigen gemacht. Warum versuchst du nun auf einmal, sie dazu zu bringen, jüdische Bräuche anzunehmen?"

Wir wurden als Angehörige des auserwählten Volkes Gottes geboren und nicht als gesetzlose Außenseiter anderer Völker. Wir wissen jedoch nur zu gut, dass kein Mensch dadurch, dass er versucht, die Gebote Gottes zu halten, in Gottes Augen als unschuldig gelten kann. Das gelingt nur, wenn wir Jesus Christus vertrauen, dass er unsere Sünden wegnimmt. Denn sogar wir Juden mussten dadurch mit Gott ins Reine kommen, dass wir uns auf das Werk Jesu, des Messias, verließen, anstatt auf unsere eigenen Versuche, nach Gottes Vorgaben zu leben. Unsere heiligen Schriften formulieren es folgendermaßen: „Gehe nicht in Gericht mit deinem Knecht, denn vor dir ist kein Mensch gerecht" (Psalm 143,3; NLB). Aber selbst wenn unsere Versuche, durch Christus mit Gott im Reinen zu sein, uns erlauben, außerhalb des jüdischen Gesetzes zu leben, macht das Christus dann zu einem Anarchisten, der uns bewusst zur Gesetzlosigkeit ermutigt? Niemals!

Was mich wirklich zu einem Gesetzesbrecher machen würde, wäre, das ganze gesetzliche System, das ich abgerissen habe, wieder aufzurichten. Ich habe vor langer Zeit entdeckt, dass der Versuch, Gottes Gesetz zu halten, ein tödliches Unterfangen ist. Das Versagen hat mein Ego getötet. Doch genau dieses Zerbrechen brauchte ich, um so zu leben, wie Gott es von mir wollte. Denn als mir klar wurde, dass Jesus am Kreuz für mich gestorben war, starb auch die Person, die ich selbst einmal war. Ich weiß, es gibt mich immer noch. Allerdings bin das nicht mehr wirklich ich, sondern es ist Christus, der sein Leben durch mich lebt. Deshalb kommt das wirkliche Leben, das ich nun in diesem sterblichen Körper lebe, aus dem anhaltenden Vertrauen auf den Sohn Gottes, der mich so geliebt hat, dass er sein Leben für mich opferte. Ganz egal, was die anderen tun, ich werde nicht derjenige sein, der Gottes großzügige Gnade überflüssig macht. Denn wenn ich durch das Halten der Gebote in den Himmel kommen könnte, dann wäre Christi Tod völlig bedeutungslos.

Ihr dummen Galater! Wer hat euch hereingelegt, sodass ihr nicht mehr nach der Wahrheit handelt? Durch unsere anschauliche Beschreibung des Kreuzestodes Jesu Christi waren eure Augen fest auf ihn gerichtet. Beantwortet mir diese eine einfache Frage: Als ihr Gottes Geist zum ersten Mal erlebt habt, geschah es, weil ihr das getan hattet, was das Gesetz verlangt, oder weil ihr das glaubtet, was ihr gehört hattet?

Na also! Warum habt ihr denn nun den Verstand verloren? Nachdem ihr durch die übernatürliche Kraft Gottes begonnen habt, denkt ihr, ihr könntet das Ziel jetzt durch eigene Kraft erreichen?

Habt ihr durch das, was ihr durchgemacht habt, denn überhaupt nichts gelernt? Ihr werdet das alles doch jetzt nicht über Bord werfen. Sagt es mir: Als Gott euch fortlaufend aus der Fülle seines Geistes beschenkt hat, sodass wahre Wunder unter euch geschahen, lag es daran, dass ihr versucht hättet, seinen Gesetzen zu gehorchen oder daran, dass ihr seinen Aussprüchen vollkommenes Vertrauen schenktet?

Ihr habt dieselbe Erfahrung gemacht wie Abraham. Denn er „glaubte, dass Gott das tun konnte, was er versprochen hatte. Und auf Grund dieses Vertrauens wurde er in Gottes Büchern als ein guter Mann verzeichnet" (siehe Genesis 15,6). Daran erkennt ihr, dass diejenigen die wahren Nachkommen Abrahams sind, die Gott auf die gleiche Art und Weise vertrauen. Zudem beinhaltet die Bibel, die einen Ausblick auf die Tage gibt, in denen Gott auch andere Völker auf der Grundlage genau dieses Glaubens annehmen würde, die Verkündigung dieser frohen Botschaft an Abraham selbst: „Durch dich werden alle Völker der Erde gemeinsam mit dem Mann Abraham, der voller Glauben war, in den Genuss des göttlichen Segens kommen."

Diejenigen allerdings, die ihr Vertrauen in die Einhaltung der Gebote setzen, stehen wirklich unter

Gottes Fluch und nicht unter seinem Segen. Denn das Gesetz des Mose macht sehr deutlich, dass „jeder, der es nicht schafft, alle Regeln dieses Buches zu jeder Zeit zu halten, verflucht sein wird" (siehe 5.Mose 27,26). Es ist völlig offensichtlich, dass niemand diesen Anforderungen gerecht werden kann, sollte das tatsächlich die Art und Weise sein, wie Gott uns sieht. Daher verweist uns sogar das Alte Testament auf einen anderen Weg, wie wir mit Gott ins Reine kommen können: „Der gute Mensch wird dadurch leben, dass er vertraut" (siehe Habakuk 2,4). Das Gesetz erwähnt niemals dieses Glaubensthema. Sein Schwerpunkt liegt allein auf der Leistung: „Der Mensch, der diese Regeln befolgt, wird ein gutes Leben haben" (siehe 3. Mose 18,5).

Christus hat uns von diesem Fluch des Gesetzes, der uns bindet, freigekauft. Der Preis bestand darin, dass er an unserer Stelle verflucht wurde. Genau genommen bezahlte er die Höchststrafe des Gesetzes: „Der Körper eines Menschen, der unter Gottes Fluch ist, soll ans Holz gehängt werden" (siehe 5. Mose 21,23). Dadurch, dass er den Fluch auf diese Art beseitigte, setzte Jesus, der Messias, den Segen Abrahams für die Nichtjuden frei. Daher können wir nun die versprochene Kraft des Geistes einfach dadurch empfangen, dass wir glauben.

Brüder, dies ist nichts Ungewöhnliches: Ich kann das, was geschehen ist, anhand eines Beispiels aus unserem Alltag verdeutlichen. Nachdem das Testament eines Mannes versiegelt ist, kann man es weder aufheben noch weitere Bestimmungen hinzufügen. Nun hat Gott sein Testament zugunsten Abrahams „und seines Abkömmlings" gemacht (siehe 1.Mose 22,18). Beachtet, dass das Wort in der Einzahl und nicht in der Mehrzahl steht. Das deutet auf einen und nicht auf viele überlebende Nachkommen hin: Tatsächlich bezog es sich auf Christus. Aber mein Hauptargument ist folgendes: Eine Vereinbarung, die schon von Gott unterzeichnet wurde, kann nicht durch einen Gesetzestext, der 430 Jahre später erlassen wird, ungültig gemacht werden, sonst wäre das Versprechen wertlos. Die beiden sind nicht miteinander vereinbar. Wenn man den Segen nun dadurch erbt, dass man die Gebote hält, dann kann man ihn nicht mehr unter den ursprünglich vereinbarten Bedingungen erhalten. Doch Gott hat Abraham in seiner Großzügigkeit dieses erste Versprechen gegeben und wird immer daran festhalten.

Was war dann aber der Sinn und Zweck des Gesetzes? Es war ein zeitlich begrenzter Zusatz, um mit der menschlichen Gesetzlosigkeit fertig zu werden. Bis Abrahams Nachkomme eintreffen würde, um den versprochenen Segen zu erben, musste Fehlverhalten als solches kenntlich gemacht und unter Kontrolle gehalten werden.

Im Gegensatz zu der erwähnten Verheißung wurde das Gesetz den Menschen nicht direkt gegeben. Gott kommunizierte es durch Himmelsboten und ein irdischer Mittelsmann hat es dann weitergegeben. Normalerweise kommt ein Mittler dann zum Einsatz, wenn zwei Parteien miteinander verhandeln und in gewisser Weise war das Gesetz ja ein gegenseitiger Vertrag, weil die Menschen die Vertragsbedingungen annehmen mussten. Allerdings glauben wir, dass Gott einzigartig und autark ist. Er steht nicht mit den Menschen auf derselben Stufe, so dass sie mit ihm handeln könnten, sondern er kann uneingeschränkt nach seinen eigenen Wünschen und Vorstellungen aktiv werden. Das tat er auch, indem er die Verheißung ganz direkt gab.

Bedeuten diese Unterschiede, dass Gott zwei religiöse System eingeführt hat, die miteinander konkurrieren, und zwar das Gesetz als Alternative zur Verheißung? Niemals! Wenn der Erlass eines Gesetzes dazu führen könnte, dass die Menschen ein rechtschaffenes Leben führen, dann wäre die Gesetzgebung die Lösung des Problems. Doch die Gesetze der Bibel schließen diese Möglichkeit schlicht und einfach aus, weil sie beweisen, dass jeder Unrecht tut. Somit bleibt uns nur ein Ausweg, nämlich, dass wir Gottes Verheißung glauben, indem wir Jesus, dem Messias, vertrauen.

Bis es die Möglichkeit des Glaubens gab, mussten wir quasi in Untersuchungshaft gehalten werden, unter der starken Bewachung des Gesetzes, und auf den Tag warten, an dem uns gezeigt werden würde, wie man glaubt. Mit anderen Worten: Wir waren wie Kinder und das Gesetz war ein strenger Vormund, der uns fest im Griff hatte, bis Christus die Kontrolle übernehmen und uns durch unser Vertrauen auf ihn zurechtbringen konnte. Der Glaube an Jesus Christus hat uns alle Rechte und Freiheiten gegeben, die erwachsenen Söhnen Gottes zustehen.

Ihr alle, die ihr durch Untertauchen im Wasser in den christlichen Glauben eingeführt wurdet, geht nun in Christus auf. Daher seid ihr jetzt keine voneinander getrennten Einzelpersonen mehr: der eine ein Jude, der andere ein Grieche, einer ein Sklave der andere frei, einer männlich und die andere weiblich. Ihr bildet nun alle zusammen nur noch eine Person in Jesus. Als Bestandteile Christi gehört ihr zu ihm. Das macht euch zu diesem einzigen Nachkommen Abrahams, der das Recht hat, den Segen zu beanspruchen, der seinem „Abkömmling" versprochen wurde.

Seht es doch einmal so: Ein Kind kann ein Unternehmen erben, doch solange es noch nicht volljährig ist, wird es nicht besser behandelt als einer der Angestellten, obwohl ihm das Ganze gehört. Es steht unter der Aufsicht von Vormündern und seine geschäftlichen Angelegenheiten werden von Treuhändern geregelt; bis zu dem Zeitpunkt, den sein Vater bestimmt hat. Genauso wurde unser Verhalten, als wir noch geistlich gesehen Kleinkinder waren, durch den kindischen Aberglauben dieser Welt beherrscht

Doch Gott hatte einen Zeitpunkt festgesetzt, an dem wir erwachsen werden sollten. Als die Zeit dafür reif war, sandte er seinen Sohn in unsere Welt. Er kam auf die gleiche Weise, wie wir alle auch, nämlich aus dem Schoß einer Frau. Sie war Jüdin, weshalb er unter dem Gesetz geboren wurde. Dies versetzte ihn in die Lage, denen die Freiheit zu erkaufen, die unter der Tyrannei des Gesetzes lebten und ihnen alle Rechte zu geben, die erwachsenen Söhnen zustehen.

Weil auch ihr als Söhne Gottes anerkannt worden seid, sandte er den Geist seines Sohnes in unser innerstes Wesen, sodass wir instinktiv „Abba! Papa!!" rufen. (Genauso sprach Jesus seinen himmlischen Vater an.) Das beweist, dass jeder von euch ein Sohn Gottes und nicht mehr sein Diener ist. Und wenn ihr seine Söhne seid, dann seid ihr auch seine Erben. Er wird dafür sorgen, dass ihr das Erbe auch bekommt.

Es gab eine Zeit, in der ihr keine persönliche Beziehung zu Gott hattet. Gleichzeitig zwang euch eure Religion dazu, so viel für „Götter" zu tun, die noch nicht einmal existierten. Doch jetzt, da ihr

Gott kennengelernt habt, wie er wirklich ist (oder vielmehr nun, da er sich euch vorgestellt hat), wie könnt ihr jemals zu diesem schwachen und dürftigen Aberglauben zurückkehren? Wollt ihr wirklich, dass er euch wieder im Griff hat? Ihr folgt bereits einem Kalender mit sogenannten „Feiertagen" und Monaten, Jahreszeiten und Jahren. Eine furchtbare Ahnung beschleicht mich, dass alle meine Bemühungen, euch zu helfen, vergeblich waren.

Meine Brüder, ich flehe euch an, haltet zu mir. Schließlich war ich bereit, mich mit euch zu identifizieren. Ihr habt mich bisher noch nie verletzt. Ihr wisst, dass ich wegen einer körperlichen Krankheit das erste Mal zu euch kam, um euch die gute Nachricht zu erzählen. Mein Zustand muss für euch eine wirkliche Herausforderung gewesen sein. Ihr habt euch jedoch nie darüber lustig gemacht und euch auch nicht vor mir geekelt. Vielmehr habt ihr mich so willkommen geheißen, wie es für einen Himmelsboten oder für Jesus, den Messias, selbst angemessen gewesen wäre. Ihr wart so froh und stolz, mich bei euch zu haben. Was ist mit all diesen Gefühlen passiert? Ich kann mich noch lebhaft daran erinnern, dass ihr euch um meinetwillen beide Augen ausgerissen und sie mir gegeben hättet. Doch nun scheint ihr mich für euren Feind zu halten. Liegt es daran, dass ich so ehrlich zu euch bin?

Ich weiß, dass die anderen euch sehr viel Aufmerksamkeit schenken, doch ihre Motive sind nicht gut. Sie wollen euch ganz für sich allein haben, sodass ihr euch nur noch auf sie fixiert.

Versteht mich nicht falsch: Besondere Zuwendung ist immer gut, vorausgesetzt, die dahinterstehenden Absichten sind aufrichtig. Ihr seid von besonderer

Bedeutung für mich, auch wenn ich im Augenblick nicht bei euch bin. Meine eigenen Kinder, ich fühle mich wie eine Mutter, die mit Geburtswehen kämpft, bis Christus in eurem Leben die richtige Gestalt angenommen hat. Ich wünschte nur, ich wäre jetzt bei Euch, damit ihr die Veränderung im Klang meiner Stimme hören könntet. Ich bin mit meiner Weisheit am Ende. Was soll ich nur mit euch machen?

Sagt mir Folgendes: Ihr scheint einen so starken Wunsch zu verspüren, vom Gesetz des Mose beherrscht zu werden. Aber ist euch wirklich alles bewusst, was es sagt? Betrachten wir dieses überlieferte Ereignis:

Abraham war der Vater zweier Söhne von zwei unterschiedlichen Frauen. Die eine war eine Sklavin, die andere war frei. Der Sohn der Sklavin war das natürliche Resultat einer körperlichen Vereinigung. Doch das Kind der freien Frau kam erst als das übernatürliche Resultat einer göttlichen Verheißung zur Welt. Dieser Gegensatz soll uns gewisse geistliche Prinzipien verdeutlichen, da beide Söhne zwei sehr unterschiedliche Arten der Beziehung zu Gott darstellen.

Eine dieser Beziehungen ist auf den Berg Sinai zurückzuführen. Ihre Kinder werden in die Sklaverei hineingeboren. Ihre Mutter ist symbolisch gesehen die Sklavin Hagar, die Verbindungen nach Arabien hatte, wo der Berg Sinai steht. Hagar entspricht der gegenwärtigen jüdischen Hauptstadt Jerusalem, deren Stadtobere und Untertanen unter Besatzung leben müssen. Es gibt jedoch ein anderes „Jerusalem", das himmlischen Ursprungs ist. Es wird von der freien Frau dargestellt, und sie ist unser aller Mutter, die wir an Jesus glauben. Die Bibel sagt über sie: „Freue dich, du Unfruchtbare, die noch nie geboren hat; du, die nie in Wehen lag, brich in Jubel aus! Denn die Verlassene wird viel mehr Söhne haben als die Frau, die verheiratet war" (Jesaja 54,1; NeÜ).

Meine Brüder, wir sind wie Isaak. Denn unser Leben ist aufgrund einer göttlichen Verheißung entstanden. So wie damals, als das Kind, das durch den natürlichen Lauf der Dinge geboren wurde, das andere unterdrückte, das durch die Kraft des Geistes zur Welt kam, so ist es auch heute. Jetzt macht euch einmal bewusst, wie die biblische Lösung dieses Problems aussah: „Wirf die Sklavin und ihren Sohn hinaus, denn er wird niemals den Besitz des Vaters mit dem Sohn der Freien teilen" (siehe 1. Mose 21,10). Daher, Brüder, seid euch darüber im Klaren: Wir sind nicht die Kinder einer Sklavin, sondern die Kinder einer freien Frau.

Als Christus uns freimachte, war das die wahre Freiheit. Deshalb haltet daran fest und lasst euch nicht wieder durch die Ketten der Sklaverei gefangen nehmen. Hört mir zu! Ich Paulus, ein Judenchrist, treffe diese gewichtige Aussage: Wenn ihr euch beschneiden lasst, wird Christus für euch wertlos. Ich sage es noch einmal: Ich versichere euch feierlich, dass jeder, der sich dem Initiationsritus der Beschneidung unterzieht, sich dadurch verpflichtet, jede einzelne Vorschrift des jüdischen Gesetzes zu befolgen. Diese Operation wird nicht nur einen Teil eures Körpers abtrennen, sondern euch von Christus selbst abschneiden! Jeder unter euch, der versucht, durch das Halten der Gebote mit Gott ins Reine zu kommen, wird merken, dass er aus dem Wirkungskreis der unverdienten Gnade Gottes herausgefallen ist.

Wir Christen haben einen völlig anderen Grund unserer Hoffnung. Mit Hilfe des Geistes Gottes warten wir gespannt auf diese richtige Stellung und den gerechten Zustand, die beide aus dem Vertrauen auf Jesus, den Messias, kommen. Sind wir ein Teil von ihm geworden, dann zählt es nicht mehr, ob wir beschnitten oder unbeschnitten sind. Das einzige, was dann zählt, ist die Ausdrucksform des Glaubens, die sich in der Liebe zeigt.

Ihr seid im christlichen Glauben vorangeprescht. Wer hat euch ein Hindernis in den Weg gestellt und euch davon abgehalten, die Wahrheit umzusetzen? Diese Art geschickter Verführung kommt niemals von Gott, der euch immer dazu auffordert, vorwärts zu gehen. Wie man so schön sagt: „Man braucht nicht viel Hefe, um einen großen Klumpen Teig zu durchsäuern." Dennoch gibt mir der Herr irgendwie die Zuversicht, dass ihr eure Perspektive nicht dauerhaft ändern werdet. Was aber die Person angeht, die euch in Aufruhr versetzt, sie wird eines Tages ihre Strafe empfangen, welches Amt sie jetzt auch innehaben mag.

Was mich selbst betrifft, Brüder, so behaupten immer noch einige, dass ich die Notwendigkeit der Beschneidung predigen würde, selbst nach so langer Zeit. Wenn das wirklich wahr wäre, wie kann man sich dann den gewaltigen Widerstand erklären, den ich seitens anderer Juden erlebe? Würde ich ihre Gesetze propagieren, dann wären sie nicht so empört, wenn ich über das Kreuz spreche. Ich wünschte nur, dass diejenigen, die sich so dafür einsetzen, eure Vorhäute abzuschneiden, endlich ganze Sache machten und sich selbst kastrierten!

Folglich wollte Gott, meine Brüder, dass ihr frei seid. Nutzt allerdings diese Freiheit nicht als Vorwand, den sündigen Leidenschaften eures alten Selbst nachzugeben. Gebraucht sie vielmehr, um eure Nächstenliebe dadurch zu zeigen, dass ihr anderen dient. Denn das ganze Gesetz kann in einem einzigen Prinzip zusammengefasst werden, nämlich, „Du sollst dich so sehr um deinen Nächsten kümmern, wie du dich um dich selbst kümmerst" (siehe 3. Mose 19,18).

Wenn ihr euch jedoch anschnauzt und kein gutes Haar aneinander lasst, passt auf, dass ihr euch am Ende nicht gegenseitig völlig zerstört!

Der Ansatz, den ich vertrete, besteht darin, Gottes Geist über jeden Schritt, den ihr tut, entscheiden zu lassen. Dann werdet ihr einfach nicht mehr versuchen, die Wünsche eures alten Selbst zu befriedigen, dessen Verlangen dem, was Gottes Geist will, diametral entgegensteht und umgekehrt. Die beiden sind nicht miteinander vereinbar. Das ist auch der Grund dafür, dass ihr nicht immer tun könnt, was ihr eigentlich wollt, wie ihr schon bemerkt habt. Wenn jedoch der Geist euer Leben bestimmt, dann habt ihr vom Gesetz nichts zu befürchten.

Ist das alte Selbst am Werk, sind die Resultate ziemlich offensichtlich. Es bringt sexuelle Zügellosigkeit, schmutzige Gedanken und Unanständigkeit hervor. Es steht hinter Okkultismus und Drogensucht und zeigt sich in Hass, Streitereien, Eifersucht, Launen, Rivalitäten, Vorurteilen und Neid. Es führt zu Gelagen, Orgien und ähnlichen Dingen. Ich habe euch schon früher gewarnt: Menschen, die diese Dinge weiterhin tun, werden keinen Anteil an Gottes kommender Herrschaft haben.

Wenn Gottes Geist am Werk ist, entsteht im Charakter eine Frucht. Sie trägt liebevolle Fürsorge, tiefe Freude und ruhige Gelassenheit, endlose Geduld, praktische Freundlichkeit und uneingeschränkte Freigiebigkeit, beständige Zuverlässigkeit, sanfte Demut sowie starke Selbstdisziplin in sich. Es wurde noch nie ein Gesetz erlassen, das solche Tugenden verbietet! Sie haben Raum zu wachsen, weil diejenigen, die zu Christus gehören, ihr altes Selbst zusammen mit all seinen Leidenschaften und Lüsten ans Kreuz genagelt haben.

Wenn Gottes Geist unser Leben bestimmt, lasst diesen selben Geist dafür sorgen, dass wir miteinander Schritt halten. Wir brechen aus dem Gleichschritt aus, wenn unser sinnloser Stolz den Ruf anstrebt, dass wir den anderen voraus sind. Er betrachtet unsere Mitchristen als Rivalen und beneidet sie um ihren Fortschritt.

Brüder, wenn jemandem ein Ausrutscher unterläuft und er dabei erwischt wird, sollen die geistlich Reifen unter euch ihm wieder auf die Füße helfen. Begegnet ihm dabei in Sanftmut und Demut und habt Acht auf euch selbst. Denn eine plötzliche Versuchung könnte euch genauso leicht ergreifen.

Wenn der Druck zu groß ist, so sollt ihr euch gegenseitig helfen, eure Lasten zu tragen; das entspricht schlicht und einfach den Anweisungen Christi. Denkt jemand, er sei zu wichtig, um sich dazu herabzulassen, so ist er wirklich nichts wert und betrügt sich nur selbst.

Lasst jeden das, was er zum Wohl aller beisteuert, selbst bestimmen und selbst abschätzen, ob er genügend tut. Dann kann er auf sein eigenes Werk stolz sein, ohne abstoßende Vergleiche mit dem anzustellen, was andere machen. Denn jeder muss seine eigene Verantwortung tragen.

Wer von einem anderen im Wort Gottes unterrichtet wird, sollte seinem Lehrer Anteil an den materiellen Dingen des Lebens geben.

Gebt euch keiner Illusion hin: Niemand kann Gott verachten und damit durchkommen. Es ist ein allgemeingültiges Gesetz, dass ein Mensch genau das erntet, was er gesät hat. Wenn er sein altes Selbst nährt, wird er einen verfaulten Charakter ernten. Kultiviert er jedoch Gottes Geist, dann wird dieser Geist ein Leben von bleibender Qualität hervorbringen.

Deshalb lasst uns niemals genug davon bekommen, Gutes zu tun. Wenn wir nicht aufgeben, wird es eines Tages eine großartige Ernte geben. Daher lasst uns allen Menschen so viel wie möglich helfen, wann immer wir die Gelegenheit dazu bekommen, besonders unseren Glaubensgeschwistern. Seht, mit was für großen Buchstaben ich euch schreibe!

Diejenigen, die um den äußeren Anschein besorgt sind und die gerne angeben, üben Druck auf euch aus, dass ihr euch beschneiden lasst. Ihr eigentliches Ziel ist es, der Unbeliebtheit, die mit dem Kreuz des Messias verbunden ist, zu entgehen. Obwohl sie sich an die Beschneidung halten, scheinen sie sich für den Rest des jüdischen Gesetzes nicht zu interessieren. Sie wollen nur, dass ihr euch beschneiden lasst, damit sie mit der Anzahl der Leute, die sich zu ihrem Ritual bekehrt haben, angeben können.

Lasst mich niemals mit irgendetwas oder irgendjemandem angeben, außer mit dem Kreuz Jesu, des Messias, unseres Herrn. Durch diese Hinrichtung bin ich der Gesellschaft gestorben und die Gesellschaft mir. Unser Ansehen bei Christus wird weder durch die Beschneidung gefördert noch durch das Unbeschnittensein geschmälert. Was wirklich zählt, ist, dass wir innerlich zu einem neuen Menschen gemacht werden. Alle, die nach diesem einfachen Prinzip leben, werden die ungestörte Gemeinschaft und die unverdiente Hilfe Gottes empfangen, ob sie nun Nichtjuden oder Juden sind.

Von nun an soll sich niemand mehr in meine Arbeit einmischen. Mein Körper ist so gezeichnet, wie ich es wollte: Er trägt die Narben, die ich im Dienst für Jesus erworben habe.

Möge die freigiebige Liebe Jesu, unseres göttlichen Meisters und gesalbten Retters, euch, meine Brüder, im Innersten erfüllen. So sei es.

47. RÖMER

EINLEITUNG

Die beste Art, die Bibel zu studieren, besteht darin, sie Buch für Buch zu lesen. Die Bibel enthält eine ganze Bibliothek. Daher müssen wir jedes darin enthaltene Buch als eine eigenständige Einheit betrachten. Es hat seinen spezifischen Autor, gehört in eine bestimmte Zeit und zu einer besonderen Literaturgattung. Zudem richtet es sich an einen klar definierten Kreis von Lesern. Die Berücksichtigung dieser Fakten würde vielen Bibellesern helfen, die sich an den Römerbrief heranwagen und dabei vergessen, dass es sich um einen Brief handelt. Daher stellen sie nicht die richtigen Fragen, die ihnen seine Bedeutung und seinen Zweck entschlüsseln würden.

Obwohl es zur damaligen Zeit sehr teuer und schwierig war, Briefe zu verschicken, haben Archäologen zirka 14.000 Briefe aus dieser Periode entdeckt. Ein Brief enthielt gewöhnlich zwischen 20 und 200 Worte. Die Länge wurde teilweise von der Tatsache bestimmt, dass diese Dokumente von ein und derselben Person transportiert und überbracht wurden. Daher spielte das Gewicht eine wesentliche Rolle. Längere Briefe waren selten. Ciceros längster Brief umfasste 2.500 Worte und Seneca war mit 4.000 Worten rekordverdächtig. Die Epistel des Paulus enthielten im Schnitt 1.300 Worte. Sein Brief an die Römer mit über 7.000 Worten ist auch sein längster. Es ist der umfangreichste Brief der Antike überhaupt.

EIN UNGEWÖHNLICHER BRIEF

Der Römerbrief ist auch noch aus anderen Gründen ungewöhnlich. Die einführenden und abschließenden

Grüße sind außerordentlich lang. Eigentlich besteht das ganze letzte Kapitel aus einer Liste von Personen, die andere grüßen lassen. Es ist höchst ungewöhnlich, in einem Brief allein der Weitergabe von Grußbotschaften von Freund zu Freund so viel Platz einzuräumen. Darüber hinaus erweckt der Römerbrief eher den Eindruck einer Vorlesung als eines Briefes. In dieser Epistel erzählt der Verfasser seinen Lesern nicht im Plauderton etwas aus seinem Leben. Das Schreiben wirkt vielmehr wie ein Referat, das von einem gelegentlichen Dialog unterbrochen wird, als ob der Schreiber auf Zwischenrufe reagieren würde.

Er unterscheidet sich auch von den anderen paulinischen Briefen, weil Paulus an eine Gemeinde schreibt, mit der er vorher noch keinen Kontakt hatte. Paulus legte eigentlich großen Wert darauf, sich sehr treu um seine eigenen Gemeinden zu kümmern und sich nicht in die Arbeit anderer einzumischen. Daher scheint es merkwürdig, dass er seinen längsten Brief an eine Gemeinde schrieb, die er weder gegründet noch besucht hatte. Sein Tonfall zeigt allerdings, dass er sie gerne kennengelernt hätte, obwohl bisher keine persönliche Beziehung zu ihm bestand. Außerdem war es sein Wunsch, dass sie ihn ebenfalls kennenlernte.

Zudem ist dieser Brief intellektueller als seine anderen Schriften. Er erwähnt darin weder eine Krise noch eine Meinungsverschiedenheit, in die er hätte korrigierend eingreifen müssen (obwohl es, wie wir später noch sehen werden, Probleme gab, die er ansprechen musste). Die meisten seiner Briefe haben einen kämpferischen Beigeschmack, doch davon ist hier nichts zu spüren.

Aufgrund dieses einzigartigen Stils geben Bibelkommentatoren die unterschiedlichsten Erklärungen zum Sinn und Zweck des Römerbriefes ab. Wir können sie in drei Hauptgruppen unterteilen.

Manche setzen bei Paulus an. Der Grund für diesen

Brief könne nur bei ihm selbst liegen, erklären sie. Andere verorten ihn sowohl beim Verfasser als auch bei seinen Lesern und der Beziehung, die zwischen beiden besteht. Die dritte Gruppe schließlich sieht die Ursache für diese Epistel allein bei ihren Lesern.

DER VERFASSER

Die erste Erklärung lautet folgendermaßen: Wir befinden uns ungefähr im Jahr 55 n. Chr. und Paulus predigt seit 20 Jahren. Seine Strategie sieht vor, in jedem Ballungsraum eine autarke und für ihr eigenes Wachstum sorgende Kolonie zu gründen, die sich selbst verwaltet. Das hat er nun in vielen größeren Städten des östlichen Mittelmeerraums erreicht.

Sein letztes Vorhaben im Osten ist es nun, eine große Spendensammlung für die Armen in Jerusalem durchzuführen. Die Gemeinde in Jerusalem ist von einer Hungersnot bedroht und bitterarm. Daher unterweist Paulus die von ihm gegründeten Gemeinden, ihr Vermögen mit den Bedürftigen zu teilen. Er erhebt eine Kollekte für die armen Gläubigen in Jerusalem. Drei Monate lang wartet er in Griechenland auf gutes Wetter, um in See zu stechen, damit er das Geld nach Jerusalem bringen kann. Weil er Zeit hat, verfasst er während des Winters diesen langen Brief, um der Nachwelt eine Aufzeichnung des Evangeliums zu hinterlassen, das er verkündigt hat. Es gibt zwei Versionen dieser Theorie.

Eine Darstellung

Manche behaupten, der Römerbrief sei eine Darstellung des Evangeliums, das er verkündigte, quasi sein letzter Wille und sein Testament. Paulus wusste nicht, wie lange er noch reisen und predigen könnte, weil man ihn gewarnt hatte, dass Verfolgung und Inhaftierung auf ihn warteten. Insofern sei der Römerbrief ein Rundbrief, der die Theologie des Paulus zusammenfasse. Vertreter dieser Theorie berufen sich auf Paulus' Aussage, dass er sich des Evangeliums nicht schäme.

Eine inhaltliche Auseinandersetzung
Andere wandeln diese Theorie ab und behaupten, dass Paulus die Einwände gegen das Evangelium schriftlich abhandelte, auf die er immer wieder stieß. In ähnlicher Weise hat Josh McDowell Bücher veröffentlicht, die erklären, wie man Einwänden begegnet, die Menschen vorbringen, die man heute mit der guten Nachricht konfrontiert. Paulus war es gewohnt, sich auseinanderzusetzen und das Evangelium zu erörtern. Diese Fähigkeit hatte er sehr wirkungsvoll eingesetzt, insbesondere, als er den Hörsaal in der Schule des Tyrannus in Ephesus nutzte. Er kannte also die entscheidenden Fragen und Gegenargumente. Daher war es sein Anliegen, ein Handbuch über die Einwände gegen das Evangelium herauszugeben.

Probleme
Beide Ansätze sind jedoch aus folgenden Gründen recht problematisch:

Erstens: Wenn es sich um eine Zusammenfassung seines Evangeliums handelt, warum wird sie dann nur an eine einzige Gemeinde geschickt? Warum verbreitet man sie nicht unter vielen Gemeinden? Wäre es nicht angemessener, den Brief an die Gemeinde in Jerusalem oder an eine andere von Paulus selbst gegründete Gemeinschaft zu senden?

Zweitens: Der Römerbrief enthält nicht alle Elemente des paulinischen Evangeliums. Wir finden dort beispielsweise kein einziges Wort zum Reich Gottes, obwohl wir wissen, dass Paulus über dieses Thema gepredigt hat. Es gibt noch weitere eklatante Lücken: Wir erfahren kaum etwas über die Auferstehung Jesu oder über seine Himmelfahrt. Die Gemeinde wird fast nie erwähnt, ebenso wenig wie das Abendmahl. Und es gibt keine klare Erörterung des Himmels und der Hölle. Das Thema Buße fehlt fast ganz. Das Konzept der Wiedergeburt glänzt völlig durch Abwesenheit, ebenso wie die Bezeichnung Gottes als Vater.

Diese Auslassungen zeigen uns, dass der Römerbrief keine Zusammenfassung der Predigten des Paulus ist. Denn er spiegelt nicht sein ganzes Evangelium wider, wie wir es in den anderen Briefen und in den Predigten der Apostelgeschichte nachlesen können. Wer seinen eigenen Predigten allein den Römerbrief zugrunde legt, wird in vielen Bereichen nicht das vollständige Evangelium verkündigen. Auch scheinen einige Themen im Römerbrief eine größere Rolle zu spielen, als es notwendig wäre. Warum beispielsweise räumt Paulus der Rechtfertigung und den Taten Abrahams so viel Platz ein?

Der dritte Grund, warum wir nicht glauben können, dass Paulus hier eine verbindliche Darstellung des Evangeliums zu Papier gebracht hat, ist folgender: Die Kapitel 9–11 passen einfach nicht dazu. In diesen Kapiteln offenbart Paulus sein Herz für das jüdische Volk. Er würde in die Hölle gehen, wenn dadurch die Juden in den Himmel kämen, erklärt er. Handelte es sich tatsächlich um eine zusammenfassende Darstellung, so wäre es ungewöhnlich, dieses Thema miteinzubeziehen. Nach Ansicht von Bibelwissenschaftlern sind die Kapitel 9–11 ein Einschub und nicht wirklich Teil der allgemeinen Erörterung. Ich habe den Römerbrief in Cambridge unter einem brillanten Bibellehrer studiert, John A. T. Robinson, Bischof von Woolwich, dem ich sehr viel verdanke. (Auch wenn er sich später für eine Weile von seiner evangelikalen Haltung distanziert hat.) Trotz seines exzellenten Verständnisses dieses Buches lehrte er nur Römer 1–8 und behauptete, die Kapitel 9–11 hätten mit der wahren Absicht des Paulus kaum etwas zu tun.

Eine Theorie jedoch, welche die Kapitel 9–11 auslässt, kann aus einem einfachen Grund nicht richtig sein: Paulus unterteilte seine Briefe nicht in Kapitel und Verse, so wie wir es heute tun. Seine Gedanken entwickelten sich ununterbrochen weiter, von Kapitel 8 hinein in das Kapitel 9 sowie von Kapitel 11 in das Kapitel 12. Diese Kapitel sind kein Einschub. Er erklärt am Ende von Kapitel 8, dass uns nichts von der Liebe Gottes in Jesus Christus trennen könne und listet in der Folge die Dinge auf, die einen Gläubigen nicht trennen werden. Dann führt er seinen Gedanken in Kapitel 9 fort, indem er auf einen möglichen Einwand gegen seine Äußerung antwortet. Er lautet: Wenn das tatsächlich so ist, was ist dann mit den Juden? Hat Gott sie denn nicht verworfen? Es gibt auch einen ununterbrochenen Argumentationsfluss vom Ende des Kapitels 11 zum Anfang des Kapitels 12. Das 11. Kapitel schließt mit einer herrlichen Beschreibung der Barmherzigkeit Gottes, die Paulus jubeln lässt. Unmittelbar danach, in Kapitel 12, geht es mit folgenden Worten weiter: „Ich ermahne euch nun, Brüder und Schwestern, durch die Barmherzigkeit Gottes …" (Römer 12,1; LUT).

DER VERFASSER UND SEINE LESER
Die zweite Theorie geht auf die Beziehung zwischen Paulus und den Römern ein und forscht nach Paulus' Motiven für diesen Brief.

Die Hauptstadt des Reiches
Diese Theorie geht davon aus, dass Rom als die Hauptstadt des Reiches natürlich ein Ort war, an dem Paulus gern gedient hätte. Weil damals tatsächlich alle Wege nach Rom führten, konnte sich diese Metropole als strategisch wichtiger Stützpunkt für das Evangelium erweisen.

Darin liegt ein Körnchen Wahrheit. Es würde bedeuten, dass er sich den Römern schriftlich vorstellte, statt jemanden zu bitten, für ihn ein Empfehlungsschreiben aufzusetzen. So beabsichtigte er, ihnen zu zeigen, dass er kein umstrittener Prediger war, sondern das Evangelium verkündete, das sie bereits gehört hatten.

Das Tor zum Westen
Die nächste Theorie ist eine Abwandlung der oben genannten und bei weitem überzeugender. Sie geht davon aus, dass Rom für Paulus das Tor ins westlich gelegene Spanien darstellte. Nachdem er die östliche Hälfte des Mittelmeerraumes evangelisiert hatte, wollte er nun westwärts weitermachen. Dazu brauchte er einen neuen Stützpunkt, der näher an seinem beabsichtigten Missionsfeld lag. Jerusalem war sein erster Standort und Antiochia sein zweiter. Doch Antiochia lag weit von Spanien entfernt, daher sollte Rom zu seinem dritten Stützpunkt für die Missionsarbeit werden.

Diese beiden Theorien mögen der Wahrheit schon ziemlich nahe kommen, doch sie beinhalten noch nicht die ganze Wahrheit.

1. Beide Theorien gehen davon aus, dass Paulus versucht, von den Lesern etwas zu bekommen. Doch der Wortlaut des Briefes lässt auf das genaue Gegenteil schließen. Er schreibt, dass er ihnen etwas geben wolle, statt irgendetwas von ihnen zu bekommen. Paulus wünscht sich, ihnen dienen zu können.

2. Auch erklärt keine dieser Theorien die Kapitel 9–11. Warum sollte er Israel überhaupt erwähnen, wenn er lediglich Unterstützung für seine Mission im Westen

benötigte? Tatsächlich sind diese rätselhaften Kapitel, die für viele der genannten Theorien ein Problem darstellen, der wichtigste Teil dieses Briefes.

3. Darüber hinaus versagen alle diese Theorien dabei, die Kapitel 12–16 inhaltlich zu erklären. Sie beziehen sich auf bestimmte Bereiche, in denen die Römer ihren Glauben ausleben sollen. Warum äußert sich Paulus nicht eher allgemein zu christlicher Ethik und zu christlichem Verhalten? Warum beleuchtet er nur ein paar praktische Probleme?

DIE LESER
Wenden wir uns nun den Theorien zu, die sich dem Römerbrief aus dem Blickwinkel Roms nähern. Die Frage lautet: Warum brauchte Rom diesen Brief?

Von außen betrachtet – die Stadt
POLITISCH
Paulus legt Wert darauf, die Bedeutung der Staatsmacht zu betonen, die Gott über die Gemeinde gestellt habe. In Kapitel 13 fordert er die Gläubigen in Rom dazu auf, die politische Führung zu respektieren und ihre Steuern zu bezahlen. Tatsächlich trage die Obrigkeit das Schwert als eine von Gott gesetzte Dienerin. Werden die Christen als Gemeinde verfolgt, so müssen sie sicherstellen, dass es nicht geschieht, weil sie etwas falsch gemacht hätten und Strafe verdienten.

SOZIAL
Rom war eine riesige Metropole. Wie es um das Verhalten der Menschen in der Stadt stand, lässt sich aus dem Brief erahnen. Kapitel 1 liest sich wie eine Sonntagszeitung, die in Rom veröffentlicht wurde. Rom

war insbesondere eine Brutstätte der Homosexualität. Von den ersten 15 römischen Kaisern waren 14 praktizierende Homosexuelle. Wenn sich die Kaiser schon so verhielten, können wir uns vorstellen, was sich am Hof abspielte? Er erwähnt verschiedene sündhafte Praktiken, die für die damalige Stadt typisch waren: ein Überhandnehmen asozialen Verhaltens; Kinder, die ihren Eltern ungehorsam waren; Menschen, die Recht und Ordnung über Bord warfen sowie unkontrollierbare Gewalt und Verbrechen. Paulus zeichnet ein bemerkenswertes Bild der antiken Hauptstadt des Reiches, das nicht wenige Parallelen zu unserer heutigen Zeit aufweist. Die Behörden hatten große Probleme, Steuern einzutreiben, da Schwarzarbeit und Steuerhinterziehung weit verbreitet waren. Daher bestand eine große Sorge des Paulus darin, dass die Gemeinde von ihrer Umgebung angesteckt werden könnte. Ein Rettungsboot funktioniert am besten, wenn es auf dem Wasser schwimmt; dringt jedoch Wasser ins Boot, wird es mit der Rettung schwierig!

Von innen betrachtet – die Gemeinde
Manche behaupten, der Brief selbst sei bereits der Dienst des Paulus an der Gemeinde in Rom, da er sich nicht sicher war, ob er dort ankommen würde. Der Heilige Geist hatte ihm im Vorfeld offenbart, dass er jederzeit verhaftet und vor Gericht gestellt werden könnte. Er wusste also nicht, ob ihm sein Vorhaben, in Rom zu predigen, überhaupt gelingen würde. Daher war er entschlossen, durch diesen Brief zu predigen und keinen Zweifel daran zu lassen, dass das Evangelium die Antwort auf ihre Probleme darstellte. Es gibt also einen roten Faden, der sich durch den gesamten Brief zieht: Der Dienst an Christen, die in dieser Stadt leben mussten, die durch Laster, Gewalt und Verbrechen gekennzeichnet war.

Wir wissen sehr wenig über die Gemeinde in Rom. Sicher ist, dass Petrus und Paulus die Stadt besuchten, doch diese Besuche fanden nach der Gründung der Gemeinde statt. Fest steht auch, dass Bürger Roms am Tag des Pfingstfestes in Jerusalem waren. Zweifellos bekehrten sich damals einige von ihnen. Sie müssen das Evangelium zurück nach Rom gebracht haben, weil es zu dieser Zeit eine Bevölkerungsgruppe von 40.000 Juden in der Stadt gab.

Daher bestand die erste römische Gemeinde aus Juden. Sie nahm in einem Ghetto ihren Anfang, in dem hebräische Gläubige an Jesus lebten, die mit dem Heiligen Geist erfüllt waren. Diese Gemeinde wuchs, und zwar hauptsächlich durch Evangelisation unter jüdischen Kaufleuten und Händlern, die in der Stadt ein- und ausgingen.

Der römische Kaiser Claudius war antijüdisch eingestellt und vertrieb alle 40.000 Juden aus der Stadt. In Apostelgeschichte 18 können wir nachlesen, dass ein Ehepaar mit den Namen Priszilla und Aquila Paulus begegnete, nachdem es ausgewiesen worden war. Infolgedessen wurde die Gemeinde in Rom eine ausschließlich nichtjüdische Gemeinschaft.

Claudius starb im Jahr 54 n. Chr. und die Juden kehrten zurück, weil der nächste Kaiser, Nero, erkannt hatte, dass sie der Wirtschaft guttaten. Daher bat er sie, sich wieder anzusiedeln. Als sie jedoch zurückkehrten, stellten sie natürlich fest, dass Nichtjuden die Gemeinde leiteten. Da die Juden nicht besonders herzlich empfangen wurden, kam es zu Spannungen.

Dieses Hintergrundwissen hilft uns, den Römerbrief zu entschlüsseln. Beim Lesen stellen wir fest, dass sich fast jeder Teil des Briefes mit dieser Situation befasst. Als Jude, der eine Berufung für die Nichtjuden hatte, war Paulus auf einzigartige Art und Weise dazu geeignet, beide Gruppen miteinander zu versöhnen.

KAPITEL 1–8
Sünde
Paulus beginnt seinen Brief mit einem Blick auf die Sünden der Stadt Rom und erinnert beide Gruppen daran, dass sie Sünder sind. Juden sind nicht besser als Nichtjuden; und umgekehrt gilt genau dasselbe. Da der Tod Jesu sowohl für Juden als auch für Nichtjuden Gültigkeit habe, müssten beide vom Heiligen Geist neues Leben empfangen.

Rechtfertigung
Er beschreibt den Weg, auf dem schuldbeladene Sünder vor Gott zu unschuldigen Heiligen erklärt werden. Dann führt er aus, wie Juden und Nichtjuden mit Gott ins Reine kommen können und erläutert, dass beide auf die gleiche Art und Weise gerechtfertigt werden, nämlich durch Glauben. Dasselbe Blut rettet sie beide. Daher gibt es keinen Grund, darüber zu streiten, wer wichtiger ist.

Zügellosigkeit und Gesetzlichkeit
In den Kapiteln 6 und 7 beschäftigt sich Paulus mit zwei spezifischen Problemen, die Juden und Nichtjuden mit dem Evangelium haben. Nichtjuden neigen eher zur Zügellosigkeit, Juden hingegen zur Gesetzlichkeit. Zur Zügellosigkeit kommt es, wenn Nachfolger Jesu fälschlicherweise glauben, dass ihnen ihre Freiheit in Christus gestatten würde, göttliche Gesetze zu ignorieren. Gesetzlichkeit bringt andererseits die Gläubigen dazu, anzunehmen, dass sie sich durch die Befolgung des Gesetzes Vorteile bei Gott erarbeiten könnten. Folglich nimmt sich Paulus in Kapitel 6 die Zügellosigkeit vor. Er erinnert seine Leser daran, dass sie bei ihrer Taufe die Tatsache anerkannt haben, dass die Sünde keine Macht mehr über sie hat. In Kapitel 7 wendet sich Paulus dann der Gesetzlichkeit zu. Er beschreibt seine eigenen Schwierigkeiten, das Gesetz zu

halten, insbesondere das Gebot, nicht zu begehren.

In Kapitel 8 erörtert Paulus schließlich die Freiheit des Geistes und erklärt ihnen, wie sie Juden und Nichtjuden miteinander verbindet.

KAPITEL 9–11
Die Diskussion über die Rolle der Juden in den Kapiteln 9–11 ist für den ganzen Brief von entscheidender Bedeutung. Die Nichtjuden waren versucht anzunehmen, dass sie das neue Israel darstellten und das jüdische Volk ersetzt hätten. Letzteres hätte keinen Platz mehr in den Plänen Gottes mit dieser Welt. Die Kapitel 9–11 behandeln daher die Spannungen zwischen diesen beiden Gruppen.

Viele britische (und deutsche) Gemeinden glauben an die sogenannte Ersatztheologie. Allerdings wurde der Name Israel nirgendwo im Neuen Testament der christlichen Gemeinde verliehen. Paulus musste seine Leser daran erinnern, dass Gott mit den Juden nicht fertig war, nur, weil sie ihn abgelehnt hatten. Er warnte die Nichtjuden davor, stolz zu werden, weil die Juden abgeschnitten und sie eingepfropft worden waren. Gott würde sie ebenfalls abschneiden, wenn sie nicht an der Barmherzigkeit Gottes festhielten. Darüber hinaus kündigte er an, dass eines Tages ganz Israel gerettet würde. Tatsächlich hat es in den letzten 2.000 Jahren immer ein paar Juden gegen, die an Jesus glaubten.

Die Kluft zwischen Juden und Nichtjuden kam auch daher, dass es im Tempel in Jerusalem eine große Absperrung gab, die den Vorhof der Heiden von den anderen Höfen trennte. Auf den Schildern an der Absperrung stand: „Für Nichtjuden kein Zutritt". Paulus wurde einmal verhaftet, weil man ihn fälschlicherweise beschuldigte, einen Nichtjuden mit hinter diese Absperrung genommen zu haben. Obwohl also sowohl Juden als auch Nichtjuden an

Jesus glaubten, gab es ein gewisses Maß an Spannungen.

Paulus geht die gesamte Problematik dadurch an, dass er ihnen begreiflich macht, dass sie alle Sünder sind und allein durch Glauben gerechtfertigt werden, ob sie nun jüdischen Ursprungs sind oder nicht. Er bezeichnet die Nichtjuden dabei sogar als Söhne Abrahams durch Glauben. Dies ist ein Ausdruck, der damals ausschließlich für das jüdische Volk reserviert war.

KAPITEL 12–16

Dieses Thema der Spannungen zwischen Juden und Nichtjuden setzt sich auch in den Kapiteln 12–16 fort. Obwohl Paulus hier vornehmlich praktische Verhaltensregeln anspricht, konzentriert er sich dennoch auf die Punkte, die Spannungen zwischen den beiden Gruppen von Gläubigen verursachen. Nahrungsmittel waren das offensichtlichste Problem, weil es für Nichtjuden ganz normal war, unkosheres Essen oder Lebensmittel zu sich zu nehmen, die Götzen geopfert worden waren. Dann äußert er sich zum wöchentlichen Feiertag, weil Nichtjuden sich nicht an den Sabbat hielten. Paulus erklärt ihnen, dass es jedem Gläubigen selbst überlassen sei, ob er einen Tag als Feiertag ansehe oder nicht.

Tatsächlich ist der Sonntag natürlich nicht der Sabbat. Wir sollten Gott am Sonntag anbeten, weil er der achte Tag der Schöpfung ist und nicht, weil er den jüdischen Sabbat ersetzen würde. Der Sonntag ist der erste Tag der zweiten Schöpfungswoche und der erste Werktag in Gottes Arbeitswoche. Wollten wir den Umstand begehen, dass Gott ruhte, so würden wir am Samstag unsere Gottesdienste abhalten. Doch wir feiern den Umstand, dass er sich wieder an die Arbeit gemacht hat, was am Ostersonntag geschah, als er begann, das gesamte Universum wiederherzustellen. Allerdings schuf Gott während der ersten sechs Tage der

Schöpfung zunächst Himmel und Erde und danach erst den Menschen. Jetzt aber erschafft er als erstes neue Menschen und später dann einen neuen Himmel und eine neue Erde.

Der Sonntag ist für Gott der arbeitsreichste Tag. Sonntags werden mehr Leute zu einer neuen Schöpfung als an jedem anderen Wochentag. Der Geist wurde an einem Sonntag ausgegossen, daher begehen Christen ihn als Feiertag. In der Urgemeinde jedoch war er niemals ein Ruhetag. 300 Jahre lang konnten die Christen nicht um 11.00 Uhr morgens oder um 18.30 Uhr abends zum Gottesdienst gehen, sondern mussten sehr früh am Morgen oder spät am Abend ihre Gottesdienste abhalten. Denn einen wöchentlichen Feiertag gab es nur für jüdische Gläubige, und zwar am Samstag. Die nichtjüdischen Gläubigen begingen den römischen Feiertag an jedem zehnten Tag, und Sklaven hatten überhaupt keine freien Tage. Da die meisten der ersten Christen Sklaven waren, konnten sie den Sonntag 300 Jahre lang nicht halten.

Doch in einer Gemeinde, die aus jüdischen und nichtjüdischen Gläubigen bestand, gab es bei diesem Thema große Spannungen. Die Juden hielten den Sabbat (Samstag) besonders, während die Nichtjuden überhaupt keinen Tag als Feiertag ansahen. Paulus verdeutlicht ihnen, dass jeder diese Frage für sich selbst entscheiden dürfe.

Wenn wir uns heute ähnlichen Problemen gegenübersehen, sollten wir genauso flexibel sein. Der Herr mag uns in eine bestimmte Richtung führen, was jedoch nicht bedeutet, dass wir allen anderen verordnen müssten, sich ebenso zu verhalten.

Aus der nachstehenden Übersicht (s. S. 288) ist klar erkennbar, dass der Römerbrief keine dogmatische Abhandlung ist. Vielmehr nutzt Paulus die Glaubenslehre, um praktische Fragen zu klären.

Da wir nun den Grund für diesen Brief ermittelt haben, wollen wir jetzt seine Hauptthemen in Augenschein nehmen. Es ist nicht mein Ziel, einen Kommentar zu diesem Brief zu verfassen. Ich kann jedoch einige hilfreiche Tipps zu seinem Studium geben.

SCHLÜSSELWORTE DES RÖMERBRIEFES
Eine Analyse der Schlüsselworte zeigt uns, welches die Hauptthemen sind.

Gott
„Gott" wird 153 Mal erwähnt, mehr als jedes andere Wort. Paulus unterstreicht, dass alle Gläubigen in Rom Gottes Volk sind (ob Juden oder Nichtjuden). Gott ist es, der im Mittelpunkt ihrer Gemeinde steht. Die Titel „Christus" und „Herr" erscheinen 65 beziehungsweise 43 Mal.

Gesetz
Das Wort „Gesetz" taucht 72 Mal im Römerbrief auf. Wir haben schon bemerkt, dass Paulus sich mit den gesetzlichen Tendenzen der Juden auseinandersetzen musste.

Sünde
„Sünde" ist auch ein Wort, das regelmäßig vorkommt. Es wird insgesamt 48 Mal erwähnt. Paulus spricht die Problematik der Sünde in Rom an, und zwar auch unter den Gläubigen. Dabei mache es keinen Unterschied, wo sie zu finden sei, erklärt er. Gott sei gegen die Sünde, ob nun bei Gläubigen oder Ungläubigen. Christen würden durch den Glauben gerechtfertigt, aber aufgrund ihrer Werke beurteilt, weil die Werke die Frucht des Glaubens darstellten. Daher spiele Sünde im Leben von Christen sehr wohl eine Rolle.

Glaube
„Glaube" wird 40 Mal erwähnt. Der Glaube eint Juden und Nichtjuden. Zuvor war die Sünde das Element, das sie

miteinander verband, doch nun sind sie im Glauben vereint. Denn durch den Glauben sind sie alle Söhne Abrahams.

Gerechtigkeit

Das Schlüsselkonzept, das sich aus dieser Betonung des Glaubens bei Paulus ergibt, ist Gerechtigkeit, und zwar insbesondere die Gerechtigkeit Gottes. Martin Luther, einem der Hauptverantwortlichen der Reformation, wurde durch diesen Brief bewusst, dass die Gerechtigkeit aus Glauben von entscheidender Wichtigkeit ist. Der Begriff „die Gerechtigkeit Gottes" versetzte ihn in Angst und Schrecken, bis er herausfand, dass Gott uns diese Gerechtigkeit durch den Glauben verleihen wollte. Wir dürfen niemals vergessen, dass das Kreuz einen Tausch in doppelter Hinsicht darstellt: Jesus hat nicht nur unsere Sünden auf sich genommen, sondern er verleiht uns auch seine Gerechtigkeit. Daher handelt es sich nicht nur um einen Vorgang, durch den wir der Hölle entkommen.

Es ist nicht immer leicht, die Gerechtigkeit Gottes wirklich zu erfassen. Wenn die meisten Menschen das Wort „Buße" hören, denken sie an all die schlechten Taten, über die sie Reue empfinden sollen. Allerdings ist es am schwierigsten, von seinen guten Taten umzukehren. Paulus erklärt sinngemäß Folgendes: Als er seine eigene Gerechtigkeit betrachtete, erschien sie ihm wie Menschenkot. Der Prophet Jesaja war ähnlich direkt. Er verglich die Gerechtigkeit Israels mit einer benutzten Damenbinde, also mit etwas, das man nicht gerne in der Öffentlichkeit zeigen würde. Paulus schreibt hier eigentlich, dass *unsere* (Selbst-) Gerechtigkeit zum größten Hindernis für unsere Beziehung zu Gott werden kann. Wenn wir über diesen Grundsatz predigen, haben die „guten" Menschen damit am meisten zu kämpfen. Wer allerdings weiß, dass er innerlich verdorben ist, reagiert normalerweise als erster positiv darauf.

Selten fordert ein Prediger die Gemeinde dazu auf, von ihren guten Taten umzukehren. Dabei sind es ihre guten Werke, die Menschen mehr als alles andere davon abhalten, in den Himmel zu kommen. Auch hört man in Gebetstreffen sehr selten, dass jemand Gott um Gnade bitten würde. Das ist tragisch, weil Gott so voller Gnade ist, dass er jedem, der darum bittet, gerne davon abgibt.

Das paulinische Konzept der Gerechtigkeit beinhaltet sehr viel mehr, als nur die Sorge darum, dass seine Zuhörer auf der sicheren Seite stehen werden, wenn sie sterben. Das englische Wort, das dem Begriff „Errettung" (salvation) am nächsten kommt, ist „Wiederverwertung" (salvage) und nicht „sicher" (safe) oder Sicherheit (safety). Sehr viele Menschen wollen einfach nur auf der sicheren Seite sein, im Sinne von „eine Eintrittskarte in den Himmel" erhalten. Doch der Prozess des „Recyclings" oder der Regenerierung kostet Zeit. Das Wort „gerettet" (saved) kommt im Neuen Testament in drei Zeitformen vor: Wir wurden gerettet (Vergangenheit), wir sind dabei, gerettet zu werden (Gegenwart) und wir werden gerettet werden (Zukunft). Paulus verwendet theologische Begriffe, um das Prozesshafte zu beschreiben, das mit diesen Zeitformen korrespondiert: Rechtfertigung, Heiligung und Verherrlichung. Wir wollen nun ihre Bedeutung näher betrachten.

Rechtfertigung

Es gibt eine Bibelübersetzung aus Neuguinea im sogenannten Pidginenglish. Statt „Rechtfertigung" steht dort: „Gott: er sagt, ich bin ok." Das ist eine wunderbare Übersetzung. Rechtfertigung bedeutet, bei Gott einen Stein im Brett zu haben. Das ist sehr segensreich, doch nur der Anfang der Errettung. Im Rahmen der Rechtfertigung befreit uns Gott von der Strafe für die Sünde, die eine Folge der zerstörten Beziehung zwischen uns und Gott ist.

Gott erklärt, dass wir nun auf der Seite des Rechts stehen. Die meisten anderen Religionen fordern, dass wir uns erst selbst in Ordnung bringen müssten, bevor wir mit Gott im Reinen sein könnten. Im Christentum hingegen erklärt Gott von vornherein, dass wir in Ordnung sind.

Viele Menschen glauben jedoch, dies sei schon alles. Sie meinen, mit ihrer Rechtfertigung schon das Ziel erreicht zu haben. Dabei sind sie, bildlich gesprochen, gerade erst vom richtigen Bahnsteig abgefahren.

Heiligung
Die Heiligung ist der zweite Schritt in unserem Prozess der Errettung. Nachdem wir von der Strafe für unsere Sünde freigesetzt worden sind und die zerbrochene Beziehung wiederhergestellt worden ist, werden wir nun von der Macht der Sünde befreit. Die Herrschaft der Sünde wird zerbrochen. Diese Heiligung kommt genauso durch Glauben wie die Rechtfertigung. Durch Glauben werden wir gerechtfertigt, und durch Glauben geschieht auch unsere Heiligung. Wir müssen sie nicht selbst produzieren, doch kommen wir nicht umhin, weiterhin beständig auf Gott zu vertrauen.

Verherrlichung
„Verherrlichung" beschreibt das Ende des gesamten Prozesses, wenn wir vollständig von der Gegenwart der Sünde befreit worden sind. Eines Tages werden wir in einer Welt leben, in der wir alles genießen dürfen und in der es keine Versuchung mehr gibt. Dann können wir endlich mit voller Überzeugung sagen, dass wir (im Sinne eines unumkehrbaren Prozesses) ein für alle Mal gerettet sind.

ZUGERECHNET UND VERMITTELT
Diese Erörterungen zur Gerechtigkeit stehen im Zusammenhang mit der von Theologen getroffenen

Unterscheidung zwischen zugerechneter und verinnerlichter bzw. vermittelter Gerechtigkeit. Durch den Glauben an Christus sind wir gerechtfertigt, so dass seine Gerechtigkeit unsere Ungerechtigkeit überdeckt. Dabei wird folgendes Bild herangezogen: Wenn wir auf Christus getauft werden, ziehen wir Christus wie eine neue Garnitur von Kleidungsstücken an. Wir sind mit ihm bekleidet, sodass Gott nur Jesus sehen kann, wenn er uns anschaut. Wir sind in Christus verborgen. Seine Gerechtigkeit wird uns zugerechnet. Doch Gott will uns seine Gerechtigkeit auch vermitteln, so dass wir sie verinnerlichen, statt sie uns nur zuzurechnen. Dies geschieht im Prozess der Heiligung.

In dem Moment, in dem wir glauben, sind wir also gerechtfertigt. Allerdings ist es Gottes Wille, dass wir die Gerechtigkeit auch verinnerlichen, d.h. selbst gerecht werden (im Sinne von Heiligung). Dieser Prozess wird endgültig abgeschlossen sein, wenn wir vollständig von der Sünde befreit sind und ihn so sehen, wie er ist (im Sinne von Verherrlichung).

Interessanterweise beginnt Paulus zwar seinen Brief mit der Erörterung seines Evangeliums, doch am Ende behandelt er dieses Thema nicht mehr, sondern konzentriert sich stattdessen auf seine Evangelisationsmethode. Er schreibt sinngemäß: „Ihr habt meine Botschaft gehört, ihr habt gesehen, wie ich gelebt habe und ihr seid Zeugen von Zeichen und Wundern geworden, die alle durch den Heiligen Geist geschehen sind. Daher habe ich euch das Evangelium vollumfänglich weitergegeben." Die Lektion für uns ist eindeutig: Wir müssen das Evangelium sowohl demonstrieren als auch mit Worten verkündigen.

DER AUFBAU DES BRIEFES

Was die Analyse des Briefes selbst betrifft, lautet mein Rat, ihn immer wieder zu lesen. Es gibt verschiedene Möglichkeiten, das Schreiben zu gliedern. Die Einfachste besteht darin, ihn fein säuberlich in „Glaube", „Hoffnung" und „Liebe" aufzuteilen. Die Kapitel 1–4 handeln überwiegend vom Glauben. In Kapitel 5 fängt Paulus an, die Hoffnung zu thematisieren. Der Glaube blickt auf die Vergangenheit zurück, auf das, was Gott in Christus getan hat. Die Hoffnung schaut in die Zukunft, darauf, was Gott noch tun wird, und zwar nicht nur mit den Nichtjuden, sondern auch mit Israel.

In den Kapiteln 12–16 taucht schließlich der dritte Begriff auf: die Liebe. Paulus befasst sich mit der Gegenwart und damit, wie die Gläubigen ihren Glauben innerhalb der Gesellschaft und in der Gemeinde ausleben sollten.

Nachdem wir nun diesen groben Überblick gewonnen haben, können wir den Brief im Detail betrachten.

Vorwort – Paulus' Botschaft – über Juden und Nichtjuden

Auf die gleiche Art und Weise gerettet
1. Die Gerechtigkeit Gottes
(a) Gericht über den Sünder unter Gottes Zorn
(b) Rechtfertigung für den Heiligen durch Glauben

2. Die Versöhnung durch Christus
(a) Tod als Strafe für die Sünde: Er starb für Sünder
(b) Herrschaft über die Macht der Sünde: Wir sind der Sünde gestorben

3. Die Erneuerung im Heiligen Geist
(a) Gebundenheit des Gesetzes im Fleisch: Niederlage und Verzweiflung
(b) Freiheit des Lebens im Geist: Sieg und Zuversicht

Zugehörigkeit zum gleichen Gott
1. In der Vergangenheit wurde Israel erwählt
2. In der Gegenwart ist Israel verstockt
.3 In der Zukunft wird Israel gerettet

Leben in derselben Welt
1. Ihre persönliche Haltung: im Dienen und Leiden
2. Ihr öffentliches Verhalten: in Staat und Gesellschaft
3. Ihre gelebte Bruderschaft: mit Rücksichtnahme und Lobgesang

Nachwort
Paulus' Missionsmethode: Wort, Zeichen, Tat

Persönliche Grüße

ISRAEL
Auch wenn es nicht meine Absicht ist, einen Kommentar über den Römerbrief zu verfassen, werden wir Paulus' Theologie zum Thema Israel etwas näher betrachten, weil die Kapitel 9–11 bei Bibellesern immer wieder erhebliche Verwirrung hervorrufen.

Israels Erwählung in der Vergangenheit (Römer 9)
Paulus bringt seine tiefe Trauer über sein Volk zum Ausdruck. Er schreibt sogar, dass er bereit wäre, für die Juden in die Hölle zu gehen, wenn das bedeuten würde, dass sie in den Himmel kämen. Obwohl Gott alles zu ihren Gunsten vorbereitet hatte, lehnten sie den Messias ab, den Gott ihnen schickte. Allerdings warf diese Tatsache kein schlechtes Licht auf Gott. Er erwartete gar nicht, dass alle Jesus vertrauen würden, weil er nicht alle erwählt hatte. Paulus macht das anhand einiger Beispiele aus der Geschichte Israels deutlich.

1. *Ismael und Isaak*: Isaak wurde dem älteren Ismael vorgezogen. Abraham hatte versucht, seine Zukunft durch die Vereinigung mit Hagar selbst zu gestalten. Doch Gott nahm sein Versprechen, dass Abraham einen Sohn bekommen würde, nicht zurück.
2. *Jakob und Esau:* Wieder einmal erbte der Jüngere den Segen, der eigentlich dem Älteren zustand. Dies geschah, obwohl Jakob von den beiden der Gauner war.
3. *Mose und Pharao:* Paulus erläutert, wie Gott daran mitwirkte, dass der Pharao sein Herz verhärtete. Dabei deutet er an, dass Gott dies tat, weil der Pharao sich weigerte, den Wegen Gottes zu folgen.
4. *Nichtjuden und Juden*: Genauso, wie Gott in diesen Beispielen aus dem Alten Testament den einen erwählte und den anderen verwarf, so hat er sich auch die Nichtjuden auserkoren und die Juden eine Zeit lang „abgelehnt". Daher empfindet er keine „Enttäuschung" über den Stand der Dinge. Schließlich hatte er es ja so geplant.

Die Theologie des Paulus zum Thema Vorherbestimmung ist in diesen Erörterungen enthalten und kann wie folgt zusammengefasst werden:

1. Gott ist nicht verpflichtet, irgendjemandem gnädig zu sein.
2. Gott erwählt zu einem bestimmten Zweck: um seinen Zorn und seine Gerechtigkeit zu zeigen.
3. Wer zum Gericht bestimmt ist, hat es auch verdient. (So wurde dem Pharao wiederholt Gelegenheit gegeben, seine Haltung zu ändern.) Wer zur Gnade auserwählt ist, hat sie nicht verdient.

Israels gegenwärtige Verstockung (Römer 10)

Paulus lehrt, dass wir als Menschen selbst dafür verantwortlich sind, in einer bereinigten Beziehung mit Gott zu leben. Dabei haben wir allerdings zwei Wahlmöglichkeiten:

1. Werke (des Gesetzes): Vertrauen auf die Einhaltung des Gesetzes. Auf diese Weise versuchen wir, unsere eigene Gerechtigkeit zu produzieren. Dieser Ansatz ist natürlich zum Scheitern verurteilt, doch er entsprach ganz allgemein der Vorgehensweise des jüdischen Volkes.
2. Worte (des Evangeliums): Vertrauen auf den Herrn. Durch diese „Methode" steht uns Gottes Gerechtigkeit zur Verfügung. Wir akzeptieren unsere Unfähigkeit, das Gesetz zu halten und schauen auf den Einen, der das Gesetz in seiner Gesamtheit erfüllt hat.

Israels zukünftige Rettung (Römer 11)

Paulus beantwortet die Frage, ob Gott Israel verworfen habe, mit dem Hinweis, dass Gott immer einen gläubigen Überrest bestehen ließ. Es stimme zwar, dass manche Juden verstockt wurden. Dies bedeute jedoch nicht, dass sie als ganzes Volk nicht wiederhergestellt werden könnten. Daher sollten sich die Nichtjuden nichts auf ihre Aufnahme in das Bundesvolk Gottes einbilden. Denn genauso, wie die Juden „herausgebrochen" wurden, könnte ihnen dasselbe passieren. Und genauso, wie sie eingepfropft wurden, könnten auch die Juden wieder eingepfropft werden. Eines Tages wird dies geschehen. Paulus bezeichnet es als „Mysterium", was nach biblischem Verständnis „ein Geheimnis" ist, „das nun offenbart werden kann."

FAZIT

Während viele den Römerbrief als theologischen Wälzer betrachten, der mit der Missionstätigkeit des Paulus nichts zu tun hatte, zeigt unsere Analyse, dass der Brief sehr praxisrelevant ist. In der Beschäftigung mit den vieldiskutierten Fragen der Einheit innerhalb der Gemeinde verdeutlicht er, wie sich die Gemeinde auf Grundlage ihrer jüdischen Wurzeln weiterentwickeln sollte. Gleichzeitig sorgt er in zentralen Glaubensthemen, die das Volk Gottes in jeder Generation betreffen, für Klarheit. Die Epistel als solche ist ein Meisterwerk klaren, logischen Denkens. Nicht wenige halten den Römerbrief für das beste Schriftstück, das Paulus je verfasst hat. Viele Christen haben ihn sogar auswendig gelernt, weil sie ihn so sehr schätzen. Er ist ein grundlegendes biblisches Buch, dessen Verständnis für jeden Gläubigen unerlässlich ist. Wir sollten ihn immer wieder lesen, bis wir seine Botschaft verinnerlicht haben.

48.
KOLOSSER

Einleitung

Wenn es dem Apostel Paulus nicht möglich war, eine Gemeinde zu besuchen, schrieb er ihr normalerweise einen Brief. Hin und wieder erfuhr er von einer Krise, konnte jedoch seine Arbeit nicht verlassen, um sich der Situation persönlich anzunehmen. Gegen Ende seines Dienstes wurde das Schreiben zu seinem einzigen Kommunikationsmittel, weil er viel Zeit im Gefängnis verbrachte: zwei Jahre in Cäsarea, wo er auf seine Verhandlung wartete, und zwei weitere Jahre in Rom. In Rom stand er unter Hausarrest und war an einen Soldaten gekettet. Allerdings erlaubte man ihm, Besucher zu empfangen. Weil ihn ein Mann namens Epaphras aufsuchte, wurde der Kolosserbrief geschrieben.

Paulus verfasste drei Arten von Briefen: Briefe an Einzelpersonen, die man in der Bibel am Namen der entsprechenden Person erkennt; Briefe zu einem bestimmten Anlass, die eine konkrete Situation in einer Gemeinde ansprechen sowie Rundschreiben für die Allgemeinheit, die sich nicht explizit mit einem Problem befassen. Als Paulus den Kolossern zu einem bestimmten Anlass schrieb, brachte er gleichzeitig auch einen persönlichen Brief an Philemon zu Papier sowie eine allgemeine Epistel, bekannt als der Epheserbrief, obwohl er als Rundbrief für mehrere Gemeinden bestimmt war. Sie wurden alle zur selben Zeit verschickt und durch denselben Boten, nämlich Tychikus, in derselben Gegend ausgeliefert.

Wie schon gesagt, entsprechen die Briefe des Paulus alle dem Muster, das im antiken Griechenland damals üblich war. Sie beginnen mit dem Namen des Absenders, gefolgt von der Adresse des Empfängers. Es schließen sich

Grüße und ein Lob an. Als nächstes kommt der eigentliche Inhalt des Schreibens samt einer Zusammenfassung der wichtigsten Punkte. Darauf folgen abschließende Grüße und schließlich die Unterschrift des Verfassers. Trotz der Zusammenfassung ist der Anlass für den Brief nicht immer sofort ersichtlich. Es ist so, als würde man nur eine Seite eines Telefongesprächs verfolgen. Daher müssen wir zwischen den Zeilen lesen, um zu verstehen, warum der Brief geschrieben wurde.

KOLOSSÄ

Das geographische Umfeld gibt uns den ersten Hinweis zum Verständnis des Briefes. Kolossä liegt im westlichen Teil der Türkei, in einem Tal in der Nähe der Städte Hierapolis und Laodizea. Zu Paulus' Zeiten hatte die Stadt im Vergleich zu ihren beiden Nachbarstädten stark an Bedeutung verloren, doch das Tal, in dem sie lag, erfreute sich großer Beliebtheit. In den umliegenden Bergen gab es zwei Thermalquellen, die durch Mineralablagerungen weiß gefärbt waren. Heute heißen sie die Thermalquellen von Pamukkale (türkisch für Baumwollburg/Watteburg). Touristen strömen zu diesen Kalkterrassen, um in dem heißen, salzigen Wasser zu baden und sich auf den weißen Klippen zu sonnen. Die Stadt Kolossä selbst existiert jedoch nicht mehr.

Kolossä lag am Südufer des Flusses Lykos, einem Nebenarm des Flusses Mäander. Dessen Name beschreibt ein geographisches Phänomen, nämlich den typischen, sich schlängelnden Verlauf eines Flusses in seinem mittleren Teil. Die Stadt befand sich an einer Haupthandelsroute, die von Ephesus zum Euphrat führte. Daher war ihre Bevölkerung sehr gemischt. Reisende aus ganz Europa hatten sie zu ihrem Heimatort gemacht. Die Einheimischen in Kolossä wurden Phrygier genannt. Zu ihnen gesellten sich Griechen, die sich zur Zeit Alexanders des Großen dort niederließen. Juden waren gekommen, um die guten Handelsmöglichkeiten zu nutzen und natürlich hatte auch der römische Einfluss zugenommen, da sich das Römische Reich immer weiter ausdehnte. Im siebten Jahrhundert nach Christus machten die Sarazenen sie zu einer arabisch-muslimischen Stadt. Allerdings behielt sie unabhängig von ihren Herrschern immer ihr internationales Flair.

Aufgrund der gemischten Bevölkerung gab es viele verschiedene Religionen in der Stadt. Heute würde man Kolossä als pluralistisch bezeichnen. Kein Glaube dominierte. Dieses religiöse Umfeld hilft uns, den Ansatz des Paulus zu verstehen. Wir können sechs Hauptströmungen religiösen Denkens identifizieren.

Animismus und Aberglaube
Die angestammten Phrygier glaubten an die Kraft sogenannter primitiver (elementarer) Geister, die ihre Macht in und durch die Natur ausübten. So konnte ein Geist beispielsweise einen Fluss oder einen Baum beherrschen oder in einem Berg wohnen. Die weißen Kalkberge förderten diesen Glauben. Dieser Ansatz führte zu Aberglauben und Furcht. Seine Anhänger versuchten, die Geister zu besänftigen und dadurch sicherzustellen, dass ihr Leben reibungslos verlief. Stämme von Eingeborenen, die noch heute im Dschungel leben, teilen dieses Glaubenssystem. Auch manche Teile der modernen Umweltbewegung vertreten ähnliche Ansätze.

Astrologie
Es existierte auch der Glaube, dass Sterne und Planeten das Leben der Menschen beeinflussten. Diese Weltanschauung wurde wahrscheinlich durch Reisende aus dem Osten mitgebracht. Sie trafen bei den Einheimischen auf Menschen, die ihrer bisherigen Weltsicht nur allzu willig einen weiteren

Glaubensaspekt hinzufügten. Auch hier gibt es moderne Parallelen. 60 Prozent der Männer und 70 Prozent der Frauen in Großbritannien lesen jeden Tag ihr Horoskop. Manche treffen sogar geschäftliche Entscheidungen auf Grundlage dessen, was die Sterne ihnen angeblich sagen.

Griechische und römische Götter
Alle Götter und Göttinnen der Griechen und Römer kamen in Kolossä vor, zusammen mit den dazugehörigen heidnischen Praktiken. Manche glaubten, dass die Götter es begrüßten, wenn sie auf körperliche Bedürfnisse wie Nahrung oder Sex verzichteten. Andere meinten, die Götter würden über das freizügige Sexualverhalten nur schmunzeln, das für das römische Leben charakteristisch war.

Mystische Religionen
Diese stammten aus dem Osten und wurden häufig als gnostische Religionen bezeichnet, abgeleitet vom griechischen Wort *gnosis*. Es bedeutet „wissen" und ist das Gegenteil von „agnostisch". Ein Agnostiker ist jemand, der keine Erkenntnis hat, während ein Gnostiker sich für „wissend" hält, meist, weil er besondere Geheimnisse durch geistliche Erfahrungen zu verstehen meint. Manchmal gab es Initiationsriten, denen sich die Gläubigen unterziehen mussten. Zudem glaubte man, dass man durch spezielle Rituale zur geistlichen Perfektion gelangen könnte. Der Gnostizismus verwirrte die Gemeinde der ersten Jahrhunderte erheblich. Auch wenn sich seine Bezeichnung verändert hat, existiert er heute immer noch.

Das Judentum
Die Ausprägung des Judentums in Kolossä unterschied sich sehr von der im Heiligen Land. Es war philosophischer, weniger moralisch und gleichzeitig mystischer als das

Judentum Israels, was zum Teil am gnostischen Einfluss lag. Dieser Judaismus zeichnete sich durch eine Fülle von Mutmaßungen aus und war als solcher für die Menschen sehr anziehend und interessant. Er räumte Engeln einen hohen Stellenwert ein, als Vermittler sowohl in der Schöpfung als auch in der Gesetzgebung. Man ging davon aus, dass Engel die Kommunikation zwischen Gott und den Menschen kontrollierten. Doch es gab auch die traditionellere Variante, die dem jüdischen Kalender und den Speisegesetzen eine wichtige Bedeutung zukommen ließ.

Das Christentum
Der christliche Glaube war nicht durch den Apostel Paulus nach Kolossä gekommen. Es gibt keinerlei Hinweise darauf, dass er jemals dort Station machte. Epaphras, der Paulus im Gefängnis besuchte, hatte die Gemeinde gegründet. Die Apostelgeschichte berichtet uns, dass Paulus zwei Jahre in Ephesus verbrachte. Dort predigte und diskutierte er täglich im Hörsaal des Tyrannus. Lukas teilt uns mit, dass sich das Wort Gottes auf diese Weise in ganz Kleinasien verbreitet hatte. Epaphras bekehrte sich durch den Predigtdienst des Paulus und brachte das Evangelium in seine Heimatstadt Kolossä. Paulus schrieb den Brief also auf Grundlage des Berichts, den er von Epaphras erhalten hatte. Deshalb enthält er so viele Grüße. Er erwähnt Aristarchus, Markus, Demas, Lukas und Epaphras selbst, den er als einen hart arbeitenden Mann beschreibt, der auch weiterhin für die Kolosser bete. Da er die Adressaten allerdings nicht persönlich kennt, hat er keine Autorität über sie. Daher ist sein Tonfall von Anfang bis Ende recht nüchtern und freundlich.

Falsche Lehre
Bibellehrer und -schüler haben endlose Diskussionen darüber geführt, was damals in Kolossä vor sich ging.

Zweifellos wurde die Gemeinde von falschen Lehren beeinflusst, doch die Gelehrten können sich nicht auf das spezifische Problem einigen. Betrachtet man nämlich die Gegenargumente des Paulus, so lassen sie auf keine bestimmte Religion oder Sekte schließen.

Klar ist, dass er nicht der strengen jüdischen Doktrin begegnete, die er in anderen Gemeinden erlebte. Zudem prangert er nicht explizit die mystischen Religionen oder die Astrologie an. Seine Argumente richten sich wohl eher gegen eine Mischung von Vorstellungen und Philosophien. Daher scheint die einzig richtige Schlussfolgerung zu sein, dass Paulus gegen alle Ideologien, die es im Umfeld von Kolossä gab, argumentierte. Wir können viele Parallelen zur heutigen Bewegung des „New Age" erkennen, einer Vermischung von Ideen und Philosophien ohne einen bestimmten schriftlich fixierten Lehrkodex. Wie im New Age war es mehr eine Stimmung als ein klar definierter Glaube. Diese Vermischung des Christentums mit anderen Religionen nennt man Synkretismus. Paulus wusste genau, dass er den Glauben der Gemeinde zerstören konnte. Wenn nämlich der christliche Glaube mit anderen Denkweisen vermengt wird, verliert die Botschaft von Christus ihre zentrale Bedeutung.

Paulus ging also gegen inhaltslose und verführerische Philosophien vor, die von sich behaupteten, Erfüllung und Freiheit zu bringen. Diese Strömungen versuchten, böse Mächte zu überwinden und legten großen Wert auf das Fasten. Er schreibt, dass die Gemeinde zu der irrigen Annahme verleitet wurde, dass der Glaube an Christus nicht genug sei. In dieser Hinsicht enthält der Brief eine sehr wichtige Botschaft für die heutige Gemeinde. Paulus weist auf die Gefahr hin, dass bestimmte religiöse Praktiken bei uns Einzug halten, ob sie nun offensichtlich christliche oder heidnische Wurzeln haben. Für viele Christen im Vereinigten Königreich ist das Christentum nur eine Religion. Ich nenne es „Kirchentum". Denn es ist nur ein Ritual, das Jesus und der Bibel kaum Beachtung schenkt. Andererseits schleichen sich unbemerkt Methoden in die Gemeinde ein, die heidnischen Religionen entstammen. Manche Christen befürworten beispielsweise Reflexzonenmassage oder Yoga.

DIE AUSWIRKUNGEN DES SYNKRETISMUS
Da sich Paulus in dem Brief schwerpunktmäßig zum Synkretismus äußert, müssen wir die beiden Hauptauswirkungen betrachten, die dieser auf die Gemeinde in Kolossä hatte.

Das Innewohnen Gottes
Die Gläubigen hatten ihren Blick für das Innewohnen Gottes verloren. Christen glauben, dass Gott sowohl jenseitig als auch immanent ist. Das beutet, dass er weit über uns steht und uns gleichzeitig ganz nah ist. Diese Realität ist folglich ein Paradoxon, d.h. sie scheint sich zu widersprechen. Vergisst man eine Seite dieses Paradoxons, verliert man den christlichen Glauben an Gott. Gott ist sowohl größer als das Universum und uns gleichzeitig näher als unser eigener Atem. Die Kolosser sahen Gott als ein distanziertes, nahezu unerreichbares Wesen. Die Kluft zwischen ihnen und Gott füllten sie mit dem Glauben an Engel und Geister. Sie glaubten, dass es nötig sei, einen Vermittler zu bemühen, um mit Gott zu sprechen. Dadurch betonten sie den Glauben an die Transzendenz, d.h. an die Jenseitigkeit Gottes, zu stark. In der Folge liefen sie Gefahr, seine gnädige Gegenwart in ihrem Inneren weder wahrzunehmen noch wertzuschätzen.

Die Vormachtstellung Christi
Ihr Glaube an die Notwendigkeit von Vermittlern kam zum Teil daher, dass sie Jesus geringschätzten, während sie

Gott einen hohen Stellenwert einräumten. Obwohl Paulus die Gemeinde für die sichtbaren Zeichen ihres Glaubens loben konnte, war er von dem, was Epaphras ihm über ihre Glaubenslehre berichtete, wenig beeindruckt. Sie hatten ihren Glauben an die Vormachtstellung Christi verloren. In ihrer Vorstellung war er anderen Wesen gleichgestellt. Sie verkannten die Position Jesu als Herr der Schöpfung und als Haupt der Gemeinde. Ähnlich wird Jesus heutzutage von den Zeugen Jehovas gesehen: als geschaffenes Wesen statt als Gott selbst.

REGLEMENTIERTES VERHALTEN
Paulus erwähnt zwei grundlegende unchristliche Praktiken, die Teil ihres Lebens geworden waren.

Befolgung eines Festkalenders
Trotz der Tatsache, dass es im Neuen Bund für Christen keine Anweisung zur Befolgung eines Kalenders gibt, hatten die Kolosser angefangen, Jahres- und Monatsfeste zu begehen und wöchentliche Feiertage einzuhalten. Tatsächlich ist der Kalender, nach dem sich die Kirche richtet, größtenteils ein heidnischer, der mit dem Christentum vermischt wurde.

Ein herausragendes Beispiel für Synkretismus im Zusammenhang mit der Befolgung eines Kalenders ist, für viele wahrscheinlich überraschend, das Weihnachtsfest. Die meisten Christen stehen der Vorstellung, dass Christen Weihnachten nicht feiern sollten, feindlich gegenüber. Allerdings gebietet kein einziger Vers des Neuen Testaments den Gläubigen, an Weihnachten irgendetwas Besonderes zu tun. Tatsächlich beruht die Weihnachtszeit auf der heidnischen Wintersonnenwende, bei der man am 25. Dezember die „Wiedergeburt der Sonne" beging. Dieses Ritual wurde christianisiert, nachdem Papst Gregor im Jahr 597 Augustinus von Canterbury von Rom ausgesandt hatte, um Britannien zu evangelisieren. Augustinus stellte fest, dass die Einheimischen ihre Feierlichkeiten zur Wintersonnenwende nicht aufgeben wollten. An diesen Feiertagen gab es Weihnachtsbäume, Lieder und Orgien. Jedes Dorf wählte für 12 Tage einen „Narrenprinzen", dem es erlaubt war, während der „12 Weihnachtstage" mit jedem jungen Mädchen zu schlafen, das ihm gefiel. Nun schlug der Papst vor, dieses Fest zu „christianisieren". Das Vermächtnis dieser Entscheidung ist, dass Christus bis heute auf ein Baby in der Krippe reduziert und oft auch als solches abgetan wird.

Darüber hinaus gibt es auch keine gesonderte Anweisung, Ostern zu feiern. Christus ist „jeden Tag" auferstanden, daher sollten wir uns über sein Leben in uns freuen und es jeden Tag feiern. Selbst die Sonntagsruhe wird im Neuen Testament nirgends angeordnet. Wir haben die Freiheit, den Sonntag besonders zu halten, wenn wir das möchten. Doch wir sind genauso frei, jeden Tag als den Tag des Herrn anzusehen. Wir sind keinem Gesetz unterworfen, was Sonntage, Weihnachten oder Ostern betrifft. Gleichzeitig scheinen so viele Christen vom Gegenteil überzeugt zu sein.

Enthaltsamkeit
Die griechische Tradition, sich erlaubter körperlicher Annehmlichkeiten zu enthalten, war auch in Kolossä verbreitet. Manche verboten die Ehe mit der Begründung, dass Ehelosigkeit vorteilhafter sei. Andere hatten eine Liste von Dingen, die sie nicht anfassen oder essen durften. Paulus musste sie daran erinnern, dass Gott uns alle Dinge gegeben hat, um sie nach Belieben zu genießen. Ein Christ hat die Freiheit, sowohl zu feiern als auch zu fasten, je nach eigenem Wunsch und Gewissen.

Aus den Ausführungen des Paulus im Kolosserbrief und aus seinen anderen Episteln, insbesondere aus dem

Galater- und dem Römerbrief, ergibt sich Folgendes: Im Christentum geht es nicht darum, in der (nach dem Kalender der Anglikanischen Kirche festgelegten) Fastenzeit auf Süßigkeiten zu verzichten. Vielmehr sollten wir Haltungen und Gewohnheiten, die Gott nicht gefallen, aufgeben, wie beispielsweise Stolz, Lust und Neid. Der Glaube dreht sich darum, jeden Tag unseres Lebens in Christus zu leben. In diesem Sinn ist jeder Tag etwas Besonderes.

Das Thema der körperlichen Enthaltsamkeit zeigt sich besonders am Leben Martin Luthers. Als er noch Mönch war, versuchte er, sich selbst durch gewisse Praktiken zu erlösen, die er für angemessen hielt. Er betete täglich zu drei Heiligen und geißelte sich selbst, bis er ohnmächtig auf dem Boden seiner Zelle zusammenbrach. Er unternahm eine Pilgerreise, bei der er die heiligen Stufen in Rom auf den Knien erklomm. Trotzdem fand er keinen Frieden. Sein geistlicher Vater fragte ihn: „Wenn du die Reliquien, Wallfahrten und Gebete zu den Heiligen und alle diese geistlichen Übungen wegnimmst, wodurch würdest du sie ersetzen?" Martin Luther antwortete: „Durch Christus. Der Mensch braucht nur Jesus Christus." So begann die protestantische Reformation. Sie entledigte sich der unnötigen Praktiken und gab Christus wieder den Stellenwert, der ihm gebührt.

DIE GANZE FÜLLE DER GOTTHEIT IN CHRISTUS
Paulus schlägt die falschen Lehrer mit ihren eigenen Waffen. Sie konzentrierten sich darauf, wie man die „Fülle" (im Sinne von Erfüllung) durch ihre Übungen erlangen könnte. Daher benutzt er dieselben Worte, um Christus zu beschreiben. In Jesus „wohnt die ganze Fülle der Gottheit leibhaftig", schreibt er (Kolosser 2,9; LUT). Charles Wesley formuliert es in seinem Kirchenlied („Let Earth and Heaven Combine") folgendermaßen: „*Unser Gott, verkürzt auf eine Spanne, wird, nicht zu fassen, nun*

zu einem Manne." Paulus veranschaulicht uns, dass wir mit Jesus „Gott in seiner Gesamtheit" empfangen haben.

Er ist für uns:

Der Schöpfer des Universums
Paulus erklärt, dass die Kräfte der Natur, die so sehr verehrt wurden, unter Jesu Herrschaft stehen. Sie wurden ihm am Kreuz unterworfen, als er unsere Schulden beglich und unsere Gläubiger entwaffnete. Somit war das Werk Christi am Kreuz viel mehr als nur ein Beispiel aufopfernder Selbsthingabe. Sein Sterben hat den wahren und bleibenden Sieg errungen.

Der Bezwinger der Mächte
Jesus ist der Bezwinger der Mächte. Denn alle Gewalten und Mächte des Universums unterstehen ihm. Tatsächlich sind alle Schätze der Weisheit und der Erkenntnis in ihm zu finden. Er ist alles in allem.

Das Haupt der Gemeinde
Als Bezwinger der Mächte ist Jesus folglich auch das Haupt der Gemeinde. Die Gemeinde hat nur ein Haupt, nicht viele. Sie hat kein menschliches Haupt, sondern nur ein göttliches. Das Haupt der Gemeinde ist Christus. Diese Herrschaft wird auf niemand anderen übertragen. Hat eine Ortsgemeinde nicht die richtige Beziehung zum Haupt, zeigt sie krampfartige Lähmungserscheinungen, weil die Kommunikationswege zwischen dem Haupt im Himmel und dem Leib auf der Erde zusammenbrechen.

DER ERHÖHTE CHRISTUS IM ZENTRUM
MENSCHLICHER AUFMERKSAMKEIT
Da Christus die höchste Position innehat, sollte auch unsere Aufmerksamkeit ganz auf ihn gerichtet sein.

Paulus beschreibt, wie Gläubige mit Christus identifiziert werden und wie sie eine innere Erneuerung durchlaufen. Äußerliche Praktiken, die diesen inneren Prozess außer Acht lassen, sind nutzlos.

Reinheit in den Neigungen
Das Leben der Gläubigen in Christus muss in vielen praktischen Bereichen umgestaltet werden. Paulus erläutert, dass wird die natürliche Neigung zum Bösen „ablegen" und Christus durch eine Willensentscheidung „anziehen" sollen. Lust, Gier, Wut und Bosheit dürfen im Leben eines Christen keine Rolle mehr spielen. Paulus spricht davon, solches Verhalten abzutöten.

Fürsorge in der Gemeinde
Darüber hinaus verändert der Fokus auf Christus auch unsere Beziehungen. In unserem gegenseitigen Verhalten sollen wir uns an Gott orientieren, d.h. demütig, barmherzig, freundlich, vergebungsbereit und liebevoll sein. Der Lebensstil eines Christen soll zeigen, dass er sich auf himmlische Dinge konzentriert. Auch dafür bietet uns der Charakter Gottes das perfekte Beispiel.

Friede in den Familien
Paulus macht deutlich, dass sich ein christlicher Lebensstil auch auf die Familie auswirken muss. Daher gibt er uns einen Überblick über die grundlegenden Familienbeziehungen: Ehemänner und Ehefrauen, Eltern und Kinder sowie Herren und Sklaven. (Auch sie gehörten zur Familie.) Diese Verbindungen sollen sich durch Gegenseitigkeit auszeichnen, wobei jeder die ihm angemessene Rolle einzunehmen hat. Paulus verwendet das Wort „Unterordnung", um die Art und Weise zu beschreiben, wie die Familienmitglieder einander begegnen sollten:

Unterordnung der Ehefrau gegenüber ihrem Ehemann, der Kinder gegenüber ihren Eltern und der Sklaven gegenüber ihren Herren. Gleichzeitig tragen jedoch die Ehemänner, die Eltern und die Herren die Verantwortung dafür, diejenigen aufopferungsvoll zu lieben, die sich ihnen unterordnen.

FAZIT

Wir können aus dem Kolosserbrief zwei Schlussfolgerungen ziehen:

Negativ

Zunächst stellt Paulus im Kolosserbrief fest, dass es möglich ist, das Ziel niemals zu erreichen, selbst wenn man auf dem Weg der Errettung einmal losgelaufen ist. Diese Schlussfolgerung finden wir nicht nur in diesem Brief und auch nicht ausschließlich bei Paulus. Andere Schriften des Neuen Testaments, insbesondere das Matthäusevangelium und der Hebräerbrief, kommen zu demselben Schluss. Was ihre Hoffnung auf den Himmel betrifft, erklärt Paulus, dass sie sich bewahrheiten werde, „sofern ihr im Glauben gegründet und fest bleibt" (Kolosser 1,23; ELB). Sollten sie unchristlichen Leidenschaften Raum geben, würden sie ihr Recht verlieren, dem Zorn Gottes am Tag des Jüngsten Gerichts zu entkommen, warnt er sie. Da Paulus befürchtet, dass die Kolosser von den unzähligen Vorstellungen, die sie umschwirren, in die Irre geführt werden könnten, spürt man die Dringlichkeit in seinen Ausführungen. Einmal verwendet er sogar den Begriff „entführt werden", um zu beschreiben, was mit ihnen geschehen könnte. Der Eindruck drängt sich auf, dass sie sich dem Verlust ihrer Freiheit bereitwillig hingeben würden. Sollten sie jedoch in ein religiöses System zurückfallen, würden sie alles verlieren.

Positiv

Der positive Aspekt des Briefes besteht darin, dass wir Christus auch weiterhin vertrauen müssen, nachdem wir zum Glauben gekommen sind. Das Schreiben enthält eine Vielzahl von Ermahnungen, beständig an ihm festzuhalten. Da Jesus versprochen hat, dass wir viel Frucht bringen werden, wenn wir am Weinstock bleiben, drängt Paulus die Kolosser dazu, sich nur auf Christus zu fokussieren, wenn sie Gott gefallen wollen. In Kapitel 2 bittet er sie besonders eindringlich, auch weiterhin mit Christus zu leben, nachdem sie ihn angenommen haben.

Einmal zu Jesus zu kommen, genügt nicht. Wir müssen in ihm verwurzelt, gegründet und im Glauben an ihn gefestigt sein. Es ist unverzichtbar, die ganze Zeit in Christus zu bleiben. Die Aussagen des Paulus ähneln denen, die Jesus selbst zu diesem Thema traf: „Ich bin der wahre Weinstock. Bleibt in mir. Zweige, die in mir bleiben, werden Frucht bringen. Zweige, die nicht in mir bleiben, werden abgeschnitten und verbrannt" (siehe Johannes 15). Auch wenn Paulus die Gemeindemitglieder nicht persönlich kannte, machte er sich Sorgen, dass sie das verlieren könnten, was sie ursprünglich in Christus erkannt und ergriffen hatten.

49.
EPHESER

Einleitung

Höchstwahrscheinlich hat Paulus seinen Brief an die Epheser zeitgleich mit dem Kolosserbrief verfasst. Eine ganze Reihe von Gründen spricht dafür.

Erstens sind die Themen des Epheserbriefes denen des Kolosserbriefes so ähnlich, dass man davon ausgeht, dass der Kolosserbrief dem Epheserbrief als Vorlage diente. Der Kolosserbrief wurde als Verteidigungsschrift gegen den Synkretismus verfasst. Er enthält eine klare Darstellung des christlichen Glaubens und des dazugehörigen Verhaltens. Der Epheserbrief dreht sich um dieselben Inhalte. In beiden Briefen wird die Gemeinde als Körper dargestellt, für die Beziehungen innerhalb der Familie werden ähnliche Ausdrücke verwendet und das Thema Sklaverei wird abgehandelt. (Dieses Thema kommt auch in Paulus' Brief an Philemon vor, der vermutlich zur selben Zeit entstanden ist.)

Zweitens schreibt Paulus, dass der Kolosserbrief nicht nur in Kolossä gelesen werden sollte, sondern auch in Laodizea und Hierapolis, zwei Gemeinden im Lykostal. Das legt nahe, dass die angesprochenen Probleme dort ebenfalls auftraten. Da Ephesus nur 200 km entfernt war, kann man davon ausgehen, dass die Gemeinde dort mit ähnlichen Herausforderungen zu kämpfen hatte, zumal der Epheserbrief als allgemeiner Brief geschrieben wurde und nicht ausschließlich an die Epheser gerichtet war. Die Adressierung an die Gläubigen „in Ephesus" fehlt in einigen frühen Manuskripten.

Will man allerdings annehmen, dass sich der Brief ausschließlich an die Gemeinde in Ephesus richtete, so überrascht der Mangel an persönlichen Grüßen. Schließlich verbrachte Paulus zwei Jahre dort und hätte sicherlich

Einzelpersonen erwähnt, so wie er es in seinen anderen Briefen zu tun pflegte.

Nachdem wir nun die Ähnlichkeiten mit dem Kolosserbrief herausgearbeitet haben, müssen wir uns allerdings bewusst machen, dass sich der Epheserbrief von den anderen Episteln des Paulus unterscheidet. Er wird weit weniger von den Belangen der Leser dominiert. In einem allgemeinen Brief wie diesem befasst sich Paulus weder mit irgendwelchen Irrlehren wie in seinen übrigen Briefen, noch geht er auf Probleme oder Fragen jeglicher Art ein.

DIE STADT

Ephesus lag an einem Verkehrsknotenpunkt großer Handelsstraßen, die von Nord nach Süd und von Ost nach West verliefen. Die Stadt befand sich an der Schwelle zu Kleinasien. In ihren Mauern trafen Reisende aus Persien, Ägypten, Griechenland und Rom aufeinander. Zu Lebzeiten des Paulus war Ephesus eine große Hafenstadt. Heute ist der Hafen allerdings verlandet. Der Standort der Stadt liegt etwas weiter im Landesinneren, an einem Ort namens Ayasoluk. Die Altstadt besteht nur noch aus Ruinen. Als eine der zwölf Städte im Ionischen Bund war Ephesus ein Finanz- und Handelszentrum mit einem Theater, das 24.000 Menschen fasste, und einem riesigen heidnischen Tempel, der 115 Meter mal 55 Meter groß war. Den Tempel hatte man einem schwarzen Meteoriten geweiht, der einst auf Ephesus niedergegangen war. Es handelte sich um einen großen schwarzen Block, der glänzte und mit Rundungen übersät war, die weiblichen Brüsten ähnelten. Man betrachteten ihn als ein Zeichen der Göttin Diana (griechisch „Artemis"). So entwickelte sich in Ephesus ein Kult um den weibliche Busen. Dieser Meteorit mit seinen vielen „Brüsten" stand auf dem Altar, während man kleine silberne Nachbildungen an die Touristen verkauften, die sie dann zuhause auf ihren „Kaminsims" stellten.

DER DREIZEHNTE APOSTEL

DIE GEMEINDE
Wir wissen mehr über die Gemeinde in Ephesus als über jede andere des Neuen Testaments. Das erste Mal lesen wir in Apostelgeschichte 18–20 etwas über sie. Diese Kapitel berichten, dass Paulus die Gläubigen in Ephesus besuchte. Zu dieser speziellen Gemeinde gibt es viel Schriftverkehr: Zusätzlich zum Epheserbrief liegen uns der 1. und 2. Timotheusbrief vor. Beide waren an Timotheus adressiert, der in Ephesus lebte. Inhaltlich geht es um die dortige Gemeinde. In der Offenbarung ist eines der Sendschreiben an die Gemeinde der Epheser gerichtet. Sowohl die drei Johannesbriefe als auch das Johannesevangelium wurden in Ephesus verfasst. Dort ließ sich der Apostel Johannes mit Maria, der Mutter Jesu, nieder.

Auch außerbiblische Quellen beweisen, dass die Gemeinde sich dort gut etablierte. Ephesus war eine wichtige Stadt der frühen Kirchengeschichte. Dort fand 431 n. Chr. das Konzil von Ephesus statt. Als Tourist kann man noch heute die Ruinen der St. Johannes Gemeinde besuchen, ebenso wie das Grab des gleichnamigen Apostels. Es gilt als ziemlich sicher, dass der hochbetagte Johannes an diesem Ort starb.

Paulus besuchte die Stadt zwei Mal und blieb dort insgesamt zwei Jahre. Während dieser Zeit wuchs die Gemeinde. Der Glaube war sehr beliebt und die Menschen reagierten so schnell auf die Botschaft von Jesus, dass der Handel mit den Souvenirs der Diana Schaden nahm. Es bekehrten sich so viele Verehrer der Diana zu dem einzig wahren Gott, dass Paulus mit den Silberschmieden Probleme bekam. Das Geschäft mit den silbernen Meteoritenstatuen kam fast zum Erliegen.

DER AUFBAU DES BRIEFES
Zweifellos hielt Paulus es für die beste Strategie, einen Brief zu verschicken, der die Grundzüge des christlichen Glaubens und des dazugehörigen Verhaltens zusammenfasste. Auf diese Weise wollte er verhindern, dass die asiatischen

Irrlehren die Gemeinde ruinierten. Somit kommt der Epheserbrief einer systematischen Darstellung seines Evangeliums am nächsten, während der Römerbrief diese Eigenschaften gerade nicht erkennen lässt, obwohl viele Leser irrigerweise davon ausgehen. Der Epheserbrief ist systematischer als jeder andere Brief. Viele halten ihn für den besten Brief, den Paulus je geschrieben hat. Sie nennen ihn die „Königin unter den Episteln".

Der Brief zeichnet sich durch einen sehr klaren Aufbau aus. Um es einfach auszudrücken, handelt die erste Hälfte von unserer Beziehung zu Gott in Christus, während die zweite Hälfte unsere Beziehungen zu unseren Geschwistern im Herrn betrifft. Wenn Paulus unsere Beziehung zu Gott thematisiert, verwendet er das Wort „Christus". Behandelt er allerdings unsere Beziehungen untereinander, benutzt er den Titel „Herr". Christus schenkt uns also eine Beziehung zu Gott, und als Herr lenkt er unsere Beziehungen untereinander.

In der ersten Hälfte des Briefes skizziert Paulus, wie man errettet wird, während er in der zweiten Hälfte aufzeigt, wie sich Nachfolger Jesu verhalten sollten, nachdem sie gläubig geworden sind. Dabei ist wichtig zu beachten, dass wir nicht *durch* gute Werke gerettet werden, sondern *für* gute Werke.

Teil 1	Teil 2
Gottes Plan (Vorsatz) und seine Kraft	Unser Leben (Wandel) und unser Kampf
Beziehung zu Gott (in Christus)	Beziehung zu anderen (im Herrn)
Wirkung der Rettung nach innen	Wirkung der Rettung nach außen
Glaubenslehre	Pflichterfüllung
Wodurch wir gerettet werden	Wozu wir gerettet werden
Verehrung	Anwendung
Vergebung	Heiligkeit
Rechtfertigung	Heiligung
Unsere Befreiung	Unsere Reaktion
Göttliche Souveränität	Menschliche Verantwortung
Innerhalb der Gemeinde	Außerhalb der Gemeinde

Die Welt glaubt, dass uns unsere guten Werke erretten würden. Das Evangelium hingegen postuliert, dass wir gerettet werden, um gut zu sein. Diese beiden Vorstellungen sind grundverschieden!

Die beiden Schlüsselwörter der ersten Hälfte sind *Plan (Vorsatz)* und *Kraft*. Uns wird bewusst, was Gott geplant hat und wir erkennen die Kraft, die in ihm ist, um diesen Vorsatz auch umzusetzen. Die Schlüsselworte in der zweiten Hälfte sind unser *Leben (Wandel)* und unser *Kampf*. Wir sollen im Licht und in der Liebe wandeln und als Kinder des Lichts leben. Zusätzlich dazu werden wir aufgefordert, am geistlichen Kampf teilzunehmen.

Die erste Hälfte konzentriert sich also darauf, was innerhalb der Gemeinde geschieht, während sich die zweite Hälfte mit den Ereignissen außerhalb der Gemeinde beschäftigt. Die erste Hälfte dreht sich um die vertikale Dimension des Evangeliums, die zweite hat seine horizontale Dimension zum Thema.

Es ist sehr wichtig, dass wir diese beiden Elemente nicht voneinander trennen. Wer glaubt, gerettet zu sein und unabhängig von seinem Lebensstil garantiert in den Himmel zu kommen, hat das Evangelium nicht verstanden.

Der Aufbau dieser Epistel zeigt uns einen wichtigen Aspekt der Errettung, der sich in der höchst aussagekräftigen Reihenfolge widerspiegelt. Manche glauben, dass es beim Christentum nur darum ginge „gut zu sein", bzw. „gute Werke zu tun." Allerdings ist eine Sicht, die behauptet, es ginge einzig und allein darum „gerettet zu werden", genauso verzerrt. Wir brauchen beides, doch wir müssen beide Elemente in die richtige Reihenfolge bringen. Die meisten Religionen dieser Welt stellen die Heiligung vor die Rechtfertigung: Sie verlangen von den Menschen, gut zu sein (wie immer man das definieren mag), damit Gott sie annehmen kann. Das Christentum ist in dieser Hinsicht einzigartig: Wir werden zunächst von Gott so angenommen, wie wir sind, damit er uns dann zu den Menschen machen kann, die wir seiner Vorstellung nach sein sollten. Die Rechtfertigung muss vor der Heiligung kommen, weil wir kein christliches Leben führen können, ohne mit Gott im Reinen zu sein. Der christliche Glaube ist die Grundlage für christliches Verhalten. Die christliche Pflichterfüllung entspringt der christlichen Glaubenslehre.

Eine Analyse der Kapitel 1–3 zeigt, dass Paulus seine Theologie der Errettung im Kontext eines Anbetungsgottesdienstes erklärt. Die „Reihenfolge" ist Lobpreis, Gebet, Predigt, Gebet, Lobpreis. Das Thema des gesamten Gottesdienstes lautet: „Die Kraft und der Plan Gottes".

Lobpreis:	Plan (Vorsatz): alles in Christus zusammenzufassen
Gebet:	den Plan und die Kraft kennenzulernen
Predigt:	Kraft und Plan
1. Christus:	auferweckt, um zu regieren
2. Nichtjuden	mitauferweckt, um (mit den Juden) vereint zu werden
3. Paulus	mitauferweckt, um zu offenbaren
Gebet:	den Plan und die Kraft kennenzulernen
Lobpreis:	Kraft: um über die Maßen mehr zu tun, als man sich vorstellen kann

Der Apostel legt großen Wert auf die Einheit zwischen Juden und Nichtjuden. Paulus ist es sehr wichtig zu betonen, dass Gott die Wand zwischen Juden und Nichtjuden eingerissen hat. Sie wurde sehr eindrücklich durch die Mauer im Tempel demonstriert, die Nichtjuden unter Androhung der Todesstrafe von den inneren Höfen ausschloss. Die Altlast dieser scharfen Trennung plagte die erste Gemeinde, und Paulus war sich ihrer Konsequenzen ganz besonders bewusst. Er schrieb aus dem Gefängnis, weil man ihn zu Unrecht beschuldigt hatte, einen Nichtjuden namens Trophimus (aus keinem geringeren Ort als Ephesus) in den Bereich des Tempels gebracht zu haben, der nur den Juden vorbehalten war.

Dass Paulus die Gemeinde als den „neuen Bau" bezeichnet, der den Tempel ersetze, sollte uns nicht zu der Annahme verleiten, dass Gott mit dem alten Israel abgeschlossen hätte. Die sogenannte „Ersatztheologie", in der die Gemeinde den Platz Israels einnimmt, ist eine Fehlinterpretation dieser Verse. Denn schließlich bekräftigt Paulus in Römer 9–11, dass Gott mit seinem Volk nach wie vor Pläne hat.

WANDELN IM GEIST

Die Kapitel 4–6 beschäftigen sich mit unserer Reaktion auf das, was Gott für uns getan hat. Einige Bibelübersetzungen verwenden in diesen Kapiteln das Verb „wandeln" (im Sinne von „Lebenswandel"), was man im modernen Deutsch auch mit „vorangehen" wiedergeben könnte. Diese Ausdrucksweise verdeutlicht sehr gut, wie wir auf Gott reagieren sollten. Wir können zwar auch im Geist springen oder hüpfen, doch Gott wünscht sich, dass wir im Geist vorwärtsgehen. Diese Art der Fortbewegung ist zwar nicht so spektakulär wie das Hüpfen oder Springen, doch sie bedeutet, dass wir einen Schritt nach dem anderen in die richtige Richtung tun.

Paulus führt acht Bereiche auf, in denen wir uns so fortbewegen sollten.

Demut

Wir gehen demütig voran, weil Demut das Geheimnis der Einheit ist. Ohne Demut kann Einheit nicht gelingen, weil jeglicher Stolz die Einheit zerstört. Wir sollten uns daher nicht zu sehr aufregen, wenn andere Falsches über uns verbreiten. Schließlich wäre es noch schlimmer, wenn sie die ganze Wahrheit über uns wüssten!

Eines meiner Lieblingsgedichte illustriert dieses Thema sehr schön:

Dereinst in heil'ger Leidenschaft, rief ich voll tiefer Traurigkeit: „Oh Herr, mein Herz ist rabenschwarz, der Schlimmste bin ich weit und breit!"

Da hört' ich meinen Schutzengel, ganz sanft und doch sehr klar: „Sei nicht so eitel, kleiner Freund, das ist doch gar nicht wahr."

Falsche Bescheidenheit ist keine Demut. Wahrer Demut ist bewusst, dass wir Gottes Gnade wirklich alles verdanken. Ohne sie hätten wir es zu gar nichts gebracht.

Einheit

Als nächstes werden wir ermutigt, unser Leben in Einheit zu führen. Paulus ruft uns ins Gedächtnis, dass es nur *einen* Leib gibt, *einen* Geist, *einen* Glauben und *eine* Taufe. Es gibt nur *einen* Gott, der unser aller Vater ist. Wir wandeln also in Einheit, weil wir alle durch das Blut Jesu gerettet worden sind, ganz unabhängig von unseren Meinungsverschiedenheiten. Doch die Einheit des Geistes zu wahren ist ein aktiver Prozess. Wir dürfen nicht annehmen, dass alles zwangsläufig in Ordnung ist, nur weil wir dieselbe Gemeinde besuchen. An unserer Einheit müssen wir arbeiten.

Reife

Paulus ermutigt die Gemeinde, Schritte auf dem Weg der Reife zu tun. Auf der Grundlage unserer Einheit entwickelten wir uns weiter zur vollen Mannesreife Jesu Christi, so Paulus. Daher habe uns Gott Apostel, Propheten, Evangelisten, Hirten und Lehrer gegeben: Damit sie uns aufbauten, so dass wir reif und erwachsen würden. Die christliche Gemeinschaft beginnt mit der Einheit im Geist und führt zur Einheit im *wahren* Glauben. Die Einheit im Geist wird gepflegt, bis die Einheit im Glauben erreicht ist. Zu viele Evangelikale haben eine weitreichende Übereinstimmung in der Glaubenslehre zur Bedingung der Einheit gemacht. Daher kritisieren sie einige von uns, die beispielsweise Gemeinschaft mit katholischen Charismatikern pflegen. Doch die Grundlage der Einheit ist der eine Geist. Begegnen wir jemandem, der im selben Geist getauft ist wie wir, dann haben wir Gemeinschaft mit dieser Person. Es mag sein, dass wir noch nicht zur vollkommenen Einheit im Glauben durchgedrungen sind. Sie wird sich mit der Reife einstellen. Das Ziel besteht zwar darin, dasselbe zu glauben, doch der Prozess beginnt mit der Einheit im Geist. Wenn wir daher Menschen begegnen, in denen der Heilige Geist wohnt, so sind sie ein Teil des Leibes Christi. Möglicherweise sind auch unsere Glaubensüberzeugungen nicht alle einwandfrei!

Anständigkeit
In Kapitel 5 tritt ein anständiger Lebenswandel in den Vordergrund. Wir werden aufgefordert dafür zu sorgen, dass unser Lebensstil mit unseren Worten übereinstimmt. Unsere Aussagen müssen zu einem Kind Gottes passen. Wir werden ermahnt, keine schmutzigen Witze zu reißen. So praktisch ist das Ganze.

Barmherzigkeit
Wir sollen barmherzig miteinander sein und einander vergeben, so, wie Christus uns vergeben hat. Christen

begegnen einander mit Toleranz, während sie gleichzeitig Irrtum und Sünde nicht tolerieren. Das ist ein schwieriger Balanceakt, aber eine fundamental wichtige Unterscheidung.

Reinheit
Wir sollen uns kontinuierlich mit dem Heiligen Geist erfüllen lassen. Das Verb deutet auf eine beständige Erfüllung hin. Unsere Herzenshaltung und unsere Motive müssen rein sein, damit wir dem Gott gefallen können, der uns berufen hat.

Sanftmut
Viele Ausdrücke, die Paulus verwendet, haben in unserer zeitgemäßen Sprache einen negativen Beigeschmack. Doch Sanftmut oder der Prozess, sich in Christus einander unterzuordnen, sind ein wunderbares Zeichen von Reife.

Paulus erwähnt hier drei Bereiche:

Frauen sollen sich ihren Ehemännern unterordnen.
Kinder sollen sich ihren Eltern unterordnen.
Sklaven sollen sich ihren Herren oder Arbeitgebern unterordnen.

In jedem dieser Beispiele soll sich der Erstgenannte dem Letztgenannten aus Ehrfurcht vor Christus „unterstellen". Dieser Gehorsam dient als Abbild ihrer Unterordnung unter Christus.

Verantwortung
Die Personen, denen man sich unterordnet, stehen in der Pflicht, sich ihrer Rolle als würdig zu erweisen. Dies ist eine ziemliche Herausforderung. Ehemänner sollen ihre Ehefrauen so lieben, wie Jesus die Gemeinde liebt, nicht

weniger. Meine Frau hat mir mehrfach zu verstehen gegeben, dass sie sich mir gerne unterordnet, wenn ich mich Christus unterordne. Daher tragen Ehemänner, Eltern und Arbeitgeber Verantwortung gegenüber denen, die ihr Leben in ihre Hände legen. Das Prinzip der Unterordnung entschuldigt herrisches oder dominierendes Verhalten in keinerlei Weise.

GEISTLICHER KAMPF

Der Abschnitt, der sich mit der geistlichen Kampfführung beschäftigt, ist ein sehr beliebter Teil dieses Briefes. Wir werden aufgefordert, die ganze Waffenrüstung Gottes anzulegen, weil wir nicht mit menschlichen Wesen kämpfen. Es ist viel leichter, gegen Menschen vorzugehen; und so mancher Christ scheint dies zu bevorzugen. Doch Paulus stellt klar, dass wir nicht gegen Fleisch und Blut kämpfen, sondern gegen Mächte und Gewalten in der Himmelswelt. Tatsächlich findet unser Kampf genau an dem Ort statt, an den wir in Christus befördert wurden. In den beiden ersten Kapiteln erfahren wir, dass wir mit ihm in die Himmelswelt versetzt worden sind.

Offensichtlich ist, dass wir niemals den Rückzug antreten sollten, weil Paulus in seiner Beschreibung der Waffenrüstung keinerlei Rückendeckung erwähnt. Es mag zu manchen Zeiten nicht möglich sein, vorwärtszugehen. Dann müssen wir unseren Stand einnehmen und keinen einzigen Schritt zurückweichen. Höchstwahrscheinlich hatte Paulus den Schild eines römischen Soldaten vor Augen, als er über den Schild des Glaubens schrieb, der die feurigen Pfeile des Bösen auslöschen kann. Seine Oberfläche war mit sehr weichem Holz verkleidet. Feurige Pfeile, die sich in dieses Holz fraßen, erloschen dabei. Folglich können wir alle feurigen Pfeile, die Satan auf uns abschießt, durch unseren Glauben neutralisieren.

VORHERBESTIMMUNG

Eine Untersuchung des Epheserbriefes wäre nicht vollständig, ohne auf die Frage der göttlichen Vorherbestimmung einzugehen. Dieses Thema der sog. Prädestination beherrscht vor allem das erste Kapitel und wird oft missverstanden. Manche stellen es so dar, als wären wir nur Roboter oder Marionetten, die dem, was Gott beschließt, nichts entgegenzusetzen hätten.

Dieses Verständnis resultiert teilweise aus einer Fehlinterpretation einer Passage im Propheten Jeremia, Kapitel 18. Dort werden Menschen mit Ton in den Händen eines Töpfers verglichen. Viele behaupten, dass Gott der Töpfer sei, der aus dem Ton forme, was er wolle. Der Ton habe keine Wahl. Doch Jeremia 18 könnte auch das Gegenteil aussagen. Tatsächlich hatte der Töpfer in dem Gleichnis die Absicht, aus dem Ton eine wunderschöne Vase herzustellen. Der Ton ließ sich jedoch nicht von seinen Händen formen. Daher verknetete er ihn wieder zu einem Klumpen, legte ihn erneut auf die Töpferscheibe und modellierte daraus einen primitiven dickwandigen Kochtopf. Eigentlich vermittelte Gott Jeremia dadurch Folgendes: Wir müssen uns entscheiden, ob wir mit dem Töpfer kooperieren und ihm erlauben wollen, etwas Schönes aus uns zu machen. Zur Zeit Jeremias bedeutete es, dass Gott aus Israel ein wunderschönes Gefäß töpfern wollte, um es mit seiner Gnade zu füllen. Stattdessen musste er es zu einem hässlichen Behältnis formen, in das er sprichwörtlich sein Gericht hineingoss.

Dieses Gleichnis hilft uns, den Standpunkt zu entkräften, dass wir uns Gott nicht widersetzen könnten. Es zeigt uns, dass wir in der Lage sind, Gottes Plan für unser Leben, den er seit Grundlegung der Welt für uns vorbereitet hat, auch umzusetzen – wenn wir uns auf Gott einlassen. Gleichzeitig lässt nichts darauf schließen, dass wir uns der Vorherbestimmung Gottes nicht entziehen könnten.

Ich möchte das anhand eines persönlichen Beispiels verdeutlichen: Mein Vater wusste, dass ich Landwirt werden wollte. Ich verbrachte meine ganzen Ferien auf dem Bauernhof und fing an, dort zu arbeiten, nachdem ich mit 16 Jahren die Schule verlassen hatte. Jeden Morgen um 4.00 Uhr molk ich 90 Kühe. Ich liebte die Landwirtschaft. Ich wusste nichts von den Plänen meines Vaters, dass ich mit 21 einen Hof in Schottland übernehmen sollte. Die Farm gehörte unseren Verwandten und mein Vater hatte alles arrangiert. Als er mir sagte, dass dieser Bauernhof auf mich wartete, musste ich ihm mitteilen, dass Gott mich in eine andere Richtung führte. Wäre ich auf sein Angebot eingegangen, hätte ich immer sagen können, dass mein Vater es so vorherbestimmt hatte. Er hatte es geplant, bevor ich irgendetwas davon wusste.

Wörtlich bedeutet „vorherbestimmen", ein Schicksal im Voraus festzulegen. Die Vorstellung jedoch, dass Gott uns wie Marionetten behandelt und uns zwingt, das zu tun, was er sich für uns ausgedacht hat, ist falsch. Genauso wenig hat mein irdischer Vater mich gezwungen, das zu tun, was er für mich geplant hatte. Wir wurden von Gott geschaffen, um seine Herrlichkeit widerzuspiegeln. Wir können uns diesem Weg widersetzen und ihn ablehnen oder ihn akzeptieren. Entscheiden wir uns dafür, so entspricht unsere Aussage, dass Gott schon alles vor Grundlegung der Welt für uns geplant hatte, der absoluten Wahrheit.

ZWEI SICHTWEISEN DER VORHERBESTIMMUNG
Das allgemein übliche Verständnis der Vorherbestimmung besagt, dass Einzelne zur Rettung auserwählt sind, andere jedoch nicht. Nach dieser Sichtweise entscheidet Gott bereits vor unserer Geburt, ob wir gerettet werden. Gottes Gnade ist sozusagen unabwendbar. Hat sich Gott einmal für unsere Rettung entschieden, kann nichts und niemand

diesen Vorgang aufhalten. Es ist also einzig und allein Gottes Entscheidung, ob jemand schließlich im Himmel oder in der Hölle endet. Denn ohne das Wirken seiner Gnade in unserem Leben ist es uns unmöglich, mit Buße und Glauben auf Gott zu reagieren. Wurden wir folglich einmal erwählt, können wir uns unseres Platzes im Himmel sicher sein. Dieser Ansatz der Vorherbestimmung wird häufig dem französischen Theologen Johannes Calvin zugeschrieben. Auch wenn Calvin die erwählende Gnade predigte, vertrat er in seinem theologischen Hauptwerk *„Unterricht in der christlichen Religion"* sehr wohl, dass die Gläubigen ihre Rettung wieder verlieren könnten.

Diese absolute Sicht der Vorherbestimmung ist angreifbar. Überprüfen wir die Bibelstellen zu diesem Thema, finden wir zunächst heraus, dass die Gläubigen nicht vorrangig zur Errettung, sondern zum Dienst vorherbestimmt werden. Zweitens liegt der Fokus nicht auf bestimmten erwählten Einzelpersonen, sondern auf Völkern bzw. auf einem auserwählten Volk. Drittens heißt es nirgendwo in der Bibel, dass man der Gnade Gottes nicht widerstehen könnte. Man kann es sehr wohl. In seiner Predigt kritisiert Stephanus die Mitglieder des Hohen Rates dafür, dass sie allezeit dem Heiligen Geist widerstehen würden (Apostelgeschichte 7). Die Gnade ist vom Glauben abhängig. Nur, wenn wir nicht aufhören zu glauben, gehen wir im Glauben auch voran.

Darüber hinaus ist unser Schicksal nicht von Gottes Wahl abhängig, sondern von unserer. Es geht darum, ob wir uns dafür entscheiden, auf seine Gnade einzugehen oder ihr zu widerstehen. Wir sind eindeutig erst dann wiedergeboren, wenn wir Buße getan und geglaubt haben, nicht vorher. Gerade weil wir geglaubt haben und umgekehrt sind, kann Gott uns in Christus neues Leben schenken.

Zu guter Letzt verlangt Gott von uns, dass wir durchhalten, statt es uns zu garantieren. Die Bibel bezeichnet dieses Durchhaltevermögen mit folgenden Begriffen: ausharren, am Weinstock bleiben, überwinden, in Christus bleiben, weiterhin glauben. Diese Worte spiegeln beständigen Glauben wider, der in unserer Verantwortung liegt. Es geht also nicht um Errettung durch Werke, sondern um Errettung durch anhaltenden Glauben, das ist ein entscheidender Unterschied. Dieser Einwand gegen Calvins Theorie der Vorherbestimmung wird als Arminianismus bezeichnet, benannt nach dem holländischen Theologen Arminius.

Ich persönlich glaube an die Vorherbestimmung. Ich glaube, dass Gott mich vorherbestimmt hat, das zu sein, was ich bin. Ich glaube, dass er wollte, dass ich in den Himmel komme, noch bevor ich überhaupt wusste, dass er existiert. Er hat mich schon geliebt, bevor ich anfing, ihn zu lieben. Nicht ich habe ihn erwählt, sondern er hat mich erwählt. Allerdings glaube ich auch, dass ich am Ende in die himmlische Stadt einziehen werde, weil ich seiner Gnade nicht widerstanden, sondern sie empfangen habe und im Glauben beständig geblieben bin.

Die folgende Tabelle zeigt die verschiedenen Sichtweisen der Vorherbestimmung:

Calvin	**Arminius**
zur Rettung	zum Dienst
einzeln	gemeinschaftlich
Personen	ein Volk
unwiderstehlich	an Bedingungen geknüpft
Gnade	Glaube
Schicksal durch Gottes Wahl bestimmt	Schicksal durch unsere Wahl bestimmt
verloren, daher nicht auserwählt	verloren aufgrund falscher Entscheidung
wiedergeboren vor Buße und Glaube	wiedergeboren nach Buße und Glaube
Ausharren garantiert	Ausharren verlangt

EINMAL GERETTET, IMMER GERETTET?

Unsere Erörterungen zur Vorherbestimmung sind auch für eine christliche Floskel relevant, die weit verbreitet ist. Sie lautet: „Einmal gerettet, immer gerettet". Das größte Problem besteht darin, dass das Wort „gerettet" zweideutig ist. Was bedeutet es denn, „einmal gerettet" zu sein? Es bedeutet, dass ich mich im Prozess befinde, gerettet zu werden. Denn es gibt noch eine ganze Menge Dinge, von denen ich erlöst werden muss. Die Errettung ist ein Prozess und kein augenblickliches Wunder. Daher warte ich, wie viele andere auch, auf die Wiederkunft Jesu, bei der er denen Errettung bringen wird, die seiner harren. Und erst dann werde ich „ein für alle Mal gerettet" sein, einschließlich meines Körpers.

Gleichwohl ist es mein fester Glaube, dass die Diskussionen über die Vorherbestimmung die Einheit unter Christen nicht vergiften sollten. Unabhängig von unserem Standpunkt ist es Christus, der uns miteinander vereint.

FAZIT

Unter allen Schriften des Paulus gilt der Epheserbrief als die systematischste Darstellung der christlichen Glaubenslehre und des christlichen Dienstes. Er bildet am deutlichsten ab, was Glauben und Verhalten sowie Theologie und Ethik im christlichen Sinne bedeuten. Daher verwundert es nicht, dass diese Epistel der Lieblingsbrief vieler Christen und vieler Denominationen ist. Seine Betonung der Einheit in dieser ökumenischen Zeit ist wohl ein entscheidender Faktor für seine Beliebtheit. Gleichzeitig gilt es, die Sorge um Wahrheit und Integrität, die gleichermaßen in diesem Schreiben mitschwingt, nicht außer Acht zu lassen.

50.
PHILIPPER

Paulus schrieb seinen Brief an die Philipper während seines ersten Freiheitsentzugs in Rom. Er stand damals unter Hausarrest. Philippi war die erste Stadt, die er auf dem europäischen Festland besucht hatte, und der Ort seiner ersten Gemeindegründung. Für Paulus war es ein ganz besonderer Ort. Diese Gemeinde stand seinem Herzen außerordentlich nahe, wie wir später noch sehen werden.

Zu Paulus' Lebzeiten war Philippi eine große und wohlhabende Stadt. Grund dafür war ihre Lage an einer Haupthandelsroute, dem Ignatiusweg, der von West nach Ost verlief. Die Stadt lag in einer großen Senke zwischen den Gebirgszügen, die sich vom Schwarzen Meer bis zur Adria erstrecken. Gold- und Silbervorkommen aus den nahegelegenen Bergen trugen zu ihrem Reichtum bei. In den frühen 1990er Jahren entdeckte ein Archäologe in Philippi ein Grab voller Goldschätze. Dieser Fund wurde nur von Tutanchamuns Grab in Ägypten übertroffen. Es handelte sich um das Grab Philipps, des Königs von Mazedonien (dem nördlichen Teil Griechenlands). Nach ihm wurde die Stadt benannt. Noch berühmter war sein Sohn, Alexander der Große. Bevor dieser mit 31 Jahren verstarb, hatte er ein riesiges Reich aufgebaut.

Das Gebiet war in der Antike ein Schauplatz wichtiger Schlachten. Im Jahr 168 v. Chr. eroberten die Römer Land und Leute. 42 v. Chr. fügte Antonius in Philippi Brutus und Cassius eine Niederlage zu. 31 v. Chr. wurden Antonius und Kleopatra dort bezwungen und getötet. Dieses zentrale Schlachtfeld machten die Römer zu einer ihrer Kolonien. Kaiser Augustus gab ihr den pompösen Namen „Colonia Augusta Iulia Philippensis", kurz „Philippi". Dieser Minimetropole wurden dieselben Rechte verliehen wie jeder Stadt auf römischem Boden. Daher ließen sich dort viele Römer nieder.

EINE KOLONIE DES HIMMELS

Die Lage Philippis war als Ausgangspunkt für das Evangelium von strategischer Bedeutung. Die Stadt war ein Tor nach Europa. Lukas' Bericht über die Verbreitung des Christentums in der Apostelgeschichte macht deutlich, dass es Gottes Absicht war, dort eine „Kolonie des Himmels" zu errichten. Kapitel 16 der Apostelgeschichte beschreibt, wie der Heiligen Geist Paulus von seiner Reise nach Bithynien in Asien abhielt. Daher brachen Paulus und seine Begleiter Richtung Westen auf. Sie wussten nicht, welches Ziel sie ansteuern sollten, bis Paulus von einem Mann träumte, der wie ein Mazedonier gekleidet war und sie bat, sein Land zu besuchen. So segelten sie in die Hafenstadt Neapolis hinüber und zogen weiter nach Philippi. Die Apostelgeschichte berichtet, dass Paulus dort predigte. Es ist die erste Aufzeichnung über die Ankunft des Evangeliums auf dem europäischen Festland. Es ist auch möglich, dass Europäer, die sich zu Pfingsten in Jerusalem bekehrt hatten, die gute Nachricht nach Europa brachten. Für diese Annahme gibt es allerdings keine historischen Beweise.

DIE GEMEINDE IN PHILIPPI

Die Gemeinde begann um zirka 52 n. Chr. mit einer Handvoll Menschen. Paulus' Evangelisationsstrategie bestand darin, immer zuerst in der jüdischen Synagoge einer Stadt zu predigen. Doch in Philippi gab es keine Synagoge, weil dort weniger als zehn jüdische Männer ansässig waren, die zur Gründung nötig gewesen wären. Daher traf sich Paulus stattdessen mit einer jüdischen Frauengebetsgruppe. Unter ihnen war eine Geschäftsfrau namens Lydia, die in der Gemeinde in Philippi später eine tragende Rolle spielen sollte. Sie stammte ursprünglich aus Asien und handelte mit Purpurstoffen. Die Apostelgeschichte berichtet, dass sie Sklaven hatte und einen großen Haushalt, in dem später alle getauft wurden. Befürworter der Kindertaufe werden enttäuscht feststellen, dass der Begriff „Haushalt" nicht mit „Familie" gleichzusetzen ist, sondern Sklaven und alle möglichen Verwandten mit einschließt. Dafür, dass Kleinkinder dazugehörten, gibt es keine Anhaltspunkte.

Allerdings waren nicht alle glücklich über die Ankunft des Paulus. Schon bald regte sich Widerstand gegen sein Predigten, der sich auf ungewöhnliche Art und Weise äußerte: Ein junges Mädchen verfolgte Paulus und sein Team und rief dabei dem Publikum zu: „Ihr müsst auf diese Männer hören! Sie sind vom höchsten Gott gesandt! Sie sagen euch die Wahrheit!" (siehe Apostelgeschichte 16). Was zunächst wie eine gute Werbestrategie aussah, entpuppte sich jedoch als das genaue Gegenteil. Das Mädchen hatte hellseherische Fähigkeiten und gehörte als Leibeigene Geschäftsleuten, die sich ihre „Gabe" zunutze machten, um gutes Geld zu verdienen. Als Paulus dem Mädchen den Dämon austrieb, war zwar die Störung seiner Evangelisationsveranstaltungen vorbei. Doch ihre Herren waren empört und zettelten einen Aufstand gegen Paulus an Es dauerte nicht lange, bis er sich im Gefängnis wiederfand. Man beschuldigte ihn, Sitten einführen zu wollen, die dem römischen Recht widersprächen. Das war etwas ganz Neues, denn gewöhnlich waren es die Juden, die Paulus anklagten.

Die Apostelgeschichte berichtet, wie Paulus und seine Begleiter die Gefängniszelle in einen Raum der Anbetung verwandelten. Obwohl sie um Mitternacht in totaler Finsternis im Gefängnis saßen, fingen sie an, Gott zu preisen! Als Antwort auf ihren Lobpreis schickte Gott ein Erdbeben, das die Gefängniswände einstürzen ließ und alle

Zellen öffnete. Der Gefängnisaufseher, der wusste, dass ihn als Strafe für den Verlust der Gefangenen die Kreuzigung erwartete, rief aus: „Was muss ich tun, um gerettet zu werden?" Paulus' Antwort kam sofort: „Glaube an Jesus!" Wir müssen davon ausgehen, dass Paulus in der Nacht Stunden damit verbrachte, ihm und seinem Haushalt das Evangelium zu verkündigen. Denn am Morgen waren alle bereit, sich taufen zu lassen. So entstand also die Gemeinde in Philippi: mit Lydia und dem Gefängnisaufseher samt seinem Haushalt. Wahrscheinlich stießen noch weitere jüdische Frauen aus der Gebetsgruppe dazu.

Doch Paulus hatte immer noch den Status eines Gefangenen und kannte seine Rechte, die ihm in Philippi, einer römischen Kolonie, zustanden. Er machte vor den Behörden geltend, dass sie ihn ungerecht behandelt hätten. Die Verantwortlichen wussten, dass ihnen selbst eine Gefängnisstrafe drohte, sollte ihr Umgang mit Paulus als gesetzwidrig eingestuft werden. Daher flehten sie ihn an, die Stadt zu verlassen. „Wenn ihr mich persönlich aus dem Gefängnis holt und mich aus der Stadt geleitet, werde ich gehen", antwortete ihnen Paulus. Und so geschah es, dass ihn die städtischen Verantwortlichen hinauseskortierten. Aus diesem Grund verbrachte er nur eine kurze Zeit in Philippi, wahrscheinlich nur ein paar Tage oder Wochen. Allerdings hinterließ er die erste „Kolonie des Himmels" in Europa.

Den Philipperbrief schrieb Paulus erst sehr viel später. Er setzte seine Missionsarbeit noch viele Jahre fort, bevor er in Jerusalem verhaftet wurde. Die gegen ihn gerichteten Vorwürfe waren unbegründet. Man beschuldigte ihn fälschlicherweise, einen Nichtjuden in einen Bereich des Tempels mitgenommen zu haben, der für diesen verboten war. Paulus berief sich auf den Kaiser, wurde schließlich in Ketten nach Rom geschickt und wartete dort zwei Jahre lang auf seinen Prozess. Während dieser zwei Jahre verfasste Dr. Lukas das nach ihm benannte Evangelium und die Apostelgeschichte. Beide Dokumente waren die Grundlage für das Plädoyer seines Strafverteidigers und führten schließlich dazu, dass Paulus freigesprochen wurde.

GRÜNDE FÜR DEN BRIEF
Paulus reagierte mit seinem Brief auf zwei Hilfsleistungen, die er aus Philippi erhielt:

Finanzielle Unterstützung
Die erste Gabe war ein Geldgeschenk. Die Philipper waren Paulus so dankbar, dass er ihnen das Evangelium gebracht hatte, dass sie beschlossen, ihn finanziell zu unterstützen. Sie taten dies, obwohl er sie niemals um irgendetwas gebeten hatte. Es war die einzige Gemeinde, die Paulus auf diese Art versorgte und so seinen Dienst förderte.

Unterstützung in menschlicher Gestalt
Das zweite „Geschenk" war ihm sogar noch willkommener. Ein Mann reiste an, der nicht nur Geld mitbrachte, sondern auch seine Fähigkeit, Paulus während der Zeit des Arrests im Haushalt zu unterstützen. Offensichtlich hatte sich die Gemeinde gefragt: „Wie können wir ihm nur helfen?", und dabei erkannt, dass praktische Hilfe am nützlichsten wäre. Der Mann, den sie schickten, hieß Epaphroditus. Er wird als „Apostel" bezeichnet. Das Wort bedeutet wörtlich „Gesandter" (vom griechischen Verb *apostolos,* „ich sende"). Ein Apostel ist jemand, der von A nach B gesandt wird, um eine bestimmte Aufgabe wahrzunehmen.

FÜNF ARTEN VON „APOSTELN"
Die Amtsbezeichnung „Apostel" sorgt immer wieder für Verwirrung. Tatsächlich gibt es im Neuen Testament fünf Arten von „Aposteln":

1. Jesus wird als Apostel bezeichnet, weil Gott ihn vom Himmel auf die Erde sandte, um uns zu erretten. Er ist der Hauptapostel.

2. Die zweite Art Apostel sind „die Zwölf" (Jünger), die seine Auferstehung miterlebten und von Jesus in die Welt hinausgeschickt wurden. Ihre besondere Qualifikation bestand darin, dass sie dem Herrn vor und nach seiner Auferstehung begegnet waren.

3. Paulus selbst ist ebenfalls ein besonderer Apostel. Er gehörte nicht zu den Zwölfen, weil er Jesus nicht kennengelernt hatte, bevor er starb. Nichtsdestotrotz wurde Paulus von Jesus auf dem Weg nach Damaskus berufen, nachdem der Messias auferstanden und in den Himmel aufgefahren war. Aufgrund dieser Erfahrung ist Paulus ein Apostel der „dritten Art".

4. Die vierte Kategorie besteht aus den Pionieren der Mission, die ausgesandt werden, um in bisher unerreichten Gebieten Gemeinden zu gründen. Paulus gehört auch zu dieser Gruppe. Das Wort „Missionar" leitet sich von dem lateinischen Wort *mitto* für „gesandt" ab, genauso wie das englische Wort „Missile" (Rakete). Ein Missionar ist bildlich gesprochen eine Interkontinentalrakete, die mit dem Dynamit des Evangeliums beladen ist. Diese Pioniere der Gemeindegründung gibt es heute immer noch.

5. Epaphroditus gehört zur fünften Kategorie. In ihr befinden sich Personen, die von A nach B geschickt werden, um irgendeine Aufgabe zu übernehmen. Diese fünfte Gruppe ist sehr breit gefächert und entspricht nicht unbedingt dem hohen Status, den wir mit dem Titel Apostel assoziieren.

DER DREIZEHNTE APOSTEL

EPAPHRODITUS WIRD KRANK

Obwohl Paulus den Besuch von Epaphroditus sehr schätzte, erfahren wir durch den Brief, dass Epaphroditus auch für Betrübnis sorgte, weil er kurz nach seiner Ankunft krank wurde. Interessanterweise führten die Gebete des Paulus nicht zu seiner Heilung. Das sollte uns nicht überraschen. Heilungen geschehen im Neuen Testament normalerweise im Kontext der Verkündigung des Evangeliums. Es geht dabei nicht um die Heilung von Christen. Mehrere Gefährten des Paulus hatten körperliche Probleme, die nicht geheilt wurden. Timotheus sollte aufgrund seines Magens ein wenig Wein trinken. Von Trophimus wissen wir, dass er „krank" zurückgelassen wurde. Der Heilungsdienst war im Neuen Testament nicht dazu gedacht, Christen körperlich fit zu halten, sondern bei der Evangelisation die frohe Botschaft zu veranschaulichen.

Doch das Gerücht verbreitete sich bis nach Philippi, dass der Mann, den sie ausgesandt hatten, schwer krank sei und kurz vor dem Tode stünde. Daher beschloss Paulus, dass es das Beste sei, Epaphroditus mit einem Brief zurück nach Philippi zu schicken und der Gemeinde für das Geld zu danken.

DER INHALT DES BRIEFES

Der Philipperbrief unterscheidet sich stark von den anderen Episteln des Paulus. Er befasst sich weder mit Problemen noch mit Krisen, sondern mit der Beziehung zwischen Paulus und den Philippern. Wir erhaschen einen Blick in Paulus' Gefühlswelt und erfahren, wie er zu einer der Gemeinden stand, die er selbst gegründet hatte. Hier lernen wir den Apostel als Mensch und Freund kennen und nicht so sehr als Prediger oder Missionar. Wir erhalten einen Eindruck von der Tiefe der Beziehung, die zwischen ihm und den Menschen bestand, die er zum Glauben geführt hatte.

Faszinierend ist, dass er offensichtlich Schwierigkeiten hat, zum Schluss zu kommen. Im letzten Kapitel setzt er immer wieder zu einem Abschiedsgruß an, um dann doch noch etwas hinzuzufügen. Das ist nicht wirklich überraschend, sondern gehört eigentlich zu einer normalen Korrespondenz dazu. Paulus kommen immer neue Gedanken, genauso, wie wir einem Freund schreiben würden: „Da fällt mir noch ein..." oder „Was ich dir noch sagen wollte...". Der Brief vermittelt uns etwas von der Spontaneität des Paulus und von der Dynamik seines Gedankenflusses, als er dieses Schreiben diktierte.

KOINONIA

Bevor wir genauer untersuchen, wie Paulus seine Inhalte gegliedert hat, wenden wir uns zwei Hauptthemen dieser Epistel zu.

Ein Wort, das recht oft vorkommt, ist *koinonia*. Die meisten Bibelausgaben übersetzen es mit „Gemeinschaft". Allerdings hat es eine viel tiefere Bedeutung, als diese Übersetzung vermuten lässt. Wir sprechen von „ein bisschen Gemeinschaft beim Kirchenkaffee nach dem Gottesdienst". Als ob eine Tasse Kaffee für Gemeinschaft sorgen würde! Sie kann etwas zur Entwicklung freundschaftlicher Beziehungen beitragen, doch wahre Gemeinschaft geht weit über den Kirchenkaffee hinaus.

Eigentlich wurde der Begriff *koinonia* für die Mitinhaber einer Firma benutzt. Die Kraft, die in diesem Wort steckt, wird wahrscheinlich am deutlichsten, wenn man sich bewusst macht, wie es zur Zeit des Neuen Testaments verwendet wurde. In der Antike sagte man von siamesischen Zwillingen, dass sie *koinonia* im Blut hätten. Denn wenn einer der beiden starb, ging auch das Leben des anderen zu Ende. Von so herausragender Qualität sollte auch unsere Gemeinschaft sein: Was dem einen zustößt, betrifft im selben Maße auch den anderen. Das ist *koinonia*.

Die Gemeinde in Philippi hatte nicht dieselben schweren Probleme wie die anderen Gemeinden, mit denen Paulus korrespondierte. Ein paar Sorgen machte er sich dennoch. Die *koinonia* in Philippi wurde von zwei Frauen namens Evodia („Wohlgeruch") und Syntyche („Mit-Glück") gestört. Offensichtlich war ihr Umgang miteinander weder wohlriechend noch glücklich. Sie hatten mit Paulus zusammengearbeitet, doch ihre persönlichen Differenzen führten zu Schwierigkeiten. Ihr Verhalten deutet auf ein Problem gestörter Einheit hin, auf das Paulus an anderer Stelle in demselben Brief eingeht. Es war nicht die Art von Streit, die in Korinth zu Spaltungen führte, wo die Gemeindeglieder unterschiedlichen Mitarbeitern oder Leitern folgten. Die Einheit wurde dadurch beeinträchtigt, dass einzelne sich stolz über andere erhoben. Sie sorgten sich mehr um sich selbst als um ihre Glaubensgeschwister. Paulus musste ihnen sinngemäß Folgendes schreiben: „Wenn sich jeder von euch mehr um die Interessen der anderen kümmert, als um eure eigenen, dann wird es mit der Einheit funktionieren."

FREUDE

Ein weiteres Wort, das diesen Brief charakterisiert, ist *Freude*. Trotz der Umstände, in denen sich Paulus befand, strahlt der Brief große Freude aus. Der Apostel war mit Einsamkeit und einem Gerichtsprozess konfrontiert, der zu seinem Tod führen konnte. Während seine Gegner ungehindert predigen durften, verschmachtete er im Gefängnis. Dessen ungeachtet sind „Freude", „Freut euch!" und „Danksagung" seine Lieblingsbegriffe. „Die Hauptaussage des Briefes lautet: ‚Ich freue mich und ihr sollt euch auch freuen'", erklärte der württembergische Theologe Johann Albrecht Bengel. Der katholische Autor Friedrich von Hügel bezeichnete die Epistel als „Glanz inmitten der Stürme und Lasten des Lebens".

Paulus zählt in seinem Brief die Quellen seiner Freude auf: Gebet, die Verkündigung Christi, Glaube, Leiden, Nachrichten von geliebten Menschen, Gastfreundschaft, Geben und Nehmen. Aber tief in seinem Inneren gab es zwei Hauptgründe für seine Freude:

Sein Lebensziel
Diese freudvolle Einstellung war ihm möglich, weil er für die Verbreitung des Evangeliums lebte. Und dieses Lebensziel wurde gerade in doppelter Hinsicht umgesetzt. Die gesamte Palastwache hatte die frohe Botschaft gehört, und zwar nicht nur, weil Paulus' Predigten so „fesselnd" waren, sondern weil er wahrscheinlich tatsächlich an seine Bewacher gekettet war. Darüber hinaus war Paulus hocherfreut, dass Christus außerhalb der Gefängnismauern verkündet wurde, auch wenn manche Prediger dies nur aus Rivalität taten, während der Apostel in seiner Zelle saß.

Diese Fähigkeit, sich in Gott zu freuen, zeigte sich während des Zweiten Weltkriegs am Leben und Sterben von Paul Schneider. Als Pastor einer Gemeinde in Berlin wurde er von Hitler wegen seiner Predigten gegen den Faschismus interniert. Seine Frau und seinen zweijährigen Sohn sah er nie wieder. Dennoch waren seine Briefe, die er seiner Frau bis zu seiner Hinrichtung im Konzentrationslager Dachau schrieb, voller Freude, obwohl man ihn schlug und folterte. „Ich bin so froh", und „Ich bin dem Herrn so dankbar", diese Sätze wiederholen sich immer wieder. Weil Paul Schneider für Christus lebte, hatte er nichts zu verlieren.

Wenn wir für Christus leben, dann ist Sterben ein Gewinn! Paulus ist erpicht darauf heimzugehen und gleichzeitig bereit zu bleiben. Sinngemäß schreibt er den Philippern: „Ihr sorgt euch um mich, aber eigentlich ist es umgekehrt: Ich mache mir Sorgen um euch. Um mich selbst ist mir überhaupt nicht bange." Er schreibt: „Ich bin bereit, freigelassen zu werden und meinen Dienst wieder anzutreten, aber ich möchte auch gerne zum Herrn gehen."

Als David Watson herausfand, dass er schwer an Krebs erkrankt war, schrieb ich ihm einen Brief, den er in seinem Buch *„Fear No Evil"* (Fürchte kein Unheil) zitiert. Ich erklärte ihm, dass es einen Unterschied machen würde, ob man „bereit sei zum Herrn zu gehen und gleichzeitig erpicht darauf zu bleiben" oder „erpicht sei zum Herrn zu gehen und bereit sei zu bleiben." Meine Worte sprachen ihn an und er betete über dieser Frage, bis er „erpicht war zu gehen und bereit zu bleiben." Das ist die ideale Ausgangsposition für einen Gläubigen, die Paulus uns hier vorlebt. Er konnte mit voller Überzeugung sagen, dass er noch etwas länger bleiben würde, wenn man ihn brauchte. Gleichzeitig sehnte er sich danach, heimzugehen.

Dieser Fokus auf das Evangelium wird noch deutlicher, wenn wir uns bewusst machen, wie oft Paulus Jesus in diesem kurzen Brief erwähnt, nämlich 38 Mal. Anders als wir, die wir die Angewohnheit, haben, von Christus in uns zu reden, spricht Paulus in seinem Brief davon, in Christus zu sein. Christus ist der größere und Paulus ist „in ihm".

Sein Lebensunterhalt
Die Philipper waren die einzige Gemeinde, die Paulus finanziell unterstützte. Selbst die Gemeinde in Antiochia, die Paulus als Missionar aussandte, war nicht bekannt dafür, ihn durch Geldspenden zu fördern. Daher bedankt sich Paulus am Ende des Briefes bei den Philippern für ihre Gabe, allerdings auf eine interessante Art und Weise. Er schreibt sinngemäß: „Ich hatte es nicht nötig, aber ihr hattet es nötig zu geben, daher freue ich mich sehr über eure Gabe; nicht um meinetwillen, sondern um euretwillen, denn es macht euch reich." Er beglückwünscht sie zu ihrer Freigiebigkeit, statt darüber begeistert zu sein, das Geschenk empfangen zu haben.

Wenn ich Predigtunterricht erteile, teste ich die angehenden Prediger, indem ich Verse außerhalb ihres ursprünglichen Kontexts zitiere. Dabei benutze ich oft die Aussage: „Ich vermag alles durch den, der mich mächtig macht" (Philipper 4,13; LUT). Dann frage ich sie: „Was bedeutet das konkret? Was glaubt ihr? Welche Dinge könnt ihr durch Christus tun, der euch stark macht?" Ich bekomme alle möglichen Antworten, doch keine hat mit Geld zu tun. Genau darum geht es aber in diesem Kontext. Paulus erklärt hier sinngemäß: „Ich komme auf jeden Fall zurecht, ob ich nun ein großes oder ein kleines Einkommen habe. Auch wenn mir viel Geld zu Verfügung steht, kann ich durch Christus, der mich stärkt, gut damit umgehen."

Wenn es um Geld geht, zeigt uns die Schrift zwei Gegensätze: „Begehren" ist das eine Extrem und „Genügsamkeit" ist das andere. Paulus schreibt an anderer Stelle: „Wahrer Glaube und die Fähigkeit, mit wenigem zufrieden zu sein, sind tatsächlich ein großer Reichtum" (1. Timotheus 6,6; NLB) und: „Ich habe gelernt, mit dem zufrieden zu sein, was ich habe" (Philipper 4,11; NeÜ). Diese Aussagen sind bemerkenswert, wenn man sich Paulus' Zeugnis in Römer 7 in Erinnerung ruft. Denn das eine der Zehn Gebote, das er offensichtlich nicht halten konnte, war das zehnte: „Du sollst nicht begehren." Paulus war ein typischer Pharisäer. Die Schwäche der Pharisäer bestand darin, dass sie das Geld liebten. Sie waren gleichzeitig reich und religiös. Jesus erklärte ihnen sinngemäß: „Ihr könnt nicht beides haben. Es ist nicht möglich, für das Geld und für Gott zu leben. Ihr könnt nicht Gott und den Mammon gleichzeitig anbeten." Die Pharisäer verspotteten ihn. „Das sagst du nur, weil du arm bist", erklärten sie. Doch Jesus wusste, wovon er sprach. Daher ist es erstaunlich, dass dieser einst gierige Mann Paulus, ein Pharisäer, der das Geld und den Gewinn liebte, sagen konnte: „Ich habe gelernt, zufrieden zu sein".

EIN UMSTRITTENER ABSCHNITT

Jede Analyse des Philipperbriefes muss auf einen seiner bekannteren Abschnitte näher eingehen: Philipper 2, 5–11.

Obwohl diese Verse wunderschön sind, geben sie immer wieder Anlass zu heftigen Kontroversen. Die große Frage lautet: Warum enthält der Philipperbrief diesen Teil, der sich so gravierend vom Rest des Briefes unterscheidet?

Im Zentrum steht zweifellos ein Gegensatzpaar, das man als Selbstaufgabe/Erhöhung oder unten/oben bezeichnen könnte. Ein wunderbares Gleichgewicht wird hergestellt: Jesus begibt sich ganz nach unten, er geht ans Kreuz, um dann zum höchsten Punkt hinaufzusteigen. Er macht sich selbst zu nichts, woraufhin Gott ihn erhöht.

Liturgisch

Manche Gelehrte vertreten, dass Paulus hier ein Kirchenlied der Urgemeinde zitiert, welches seine Argumentation untermauert. Allerdings gibt es dafür keinerlei Beweise. Es könnte sogar sein, dass er dieses Lied selbst komponierte. Schließlich verfiel der Apostel immer wieder in poetische Ausdrucksformen, wenn sein Herz tief berührt war. Die Autoren der Bibel verwendeten Prosa, um Gottes Gedanken auszudrücken, doch wenn es um ihre Gefühle ging, griffen sie auf die Poesie zurück.

Theologisch

Es ist natürlich möglich, dass Paulus hier ein Kirchenlied zitiert oder vielleicht sogar selbst eines komponiert. Zu den größten Kontroversen um diesen Abschnitt kommt es jedoch, wenn man ihn theologisch interpretiert und davon ausgeht, dass er Aussagen zum Wesen Christi trifft.

Manche verwenden diese Passage, um die sogenannte kenotische Theorie Christi zu untermauern. Das Wort „kenotisch" kommt von dem griechischen Wort *kenosis*, was „entleert" bedeutet. Man debattiert darüber, wieviel von seiner Göttlichkeit Christus abgelegt habe, als er Mensch wurde. Worauf verzichtete er?

Aus diesem Ansatz hat sich eine sehr gefährliche theologische Vermutung entwickelt: Dass Jesus nicht zu 100 Prozent göttlich war, als er auf der Erde lebte, sondern einen Teil seiner Göttlichkeit ablegte, um Mensch zu werden.

Ohne jeden Zweifel hat er seine Herrlichkeit zurückgelassen. Zu Weihnachten singen wir in England:

Seine Pracht legt sanft er ab,
setzt uns frei von Tod und Grab.

Auch auf seine Allgegenwart hat Jesus verzichtet, er konnte nun nicht mehr überall sein, d.h. nicht mehr an mehreren Orten gleichzeitig. Das war sicherlich eine Einschränkung.

Klar ist auch, dass er nicht mehr allwissend war. Er gab zu, dass es Dinge gab, die er nicht wusste. So kannte er beispielsweise das Datum seiner Wiederkunft nicht, es war nur dem Vater bekannt. Manchmal war Jesus überrascht, was bedeutet, dass er über bestimmte Dinge nicht im Voraus informiert war. Eine weitere Eigenschaft, die er zurückließ, war seine Allmacht. Denn er konnte erst Wunder wirken, nachdem die Kraft des Heiligen Geistes auf ihn gekommen war. Er vollbrachte die Wunder nicht als Sohn Gottes, sondern als der Menschensohn, der im Heiligen Geist getauft war.

Es gibt also keinen Zweifel daran, dass er auf viele seiner Privilegien und Kräfte verzichtete. Doch es bleibt dabei, dass er niemals aufhörte, Gott zu sein: Er blieb zu 100 Prozent göttlich und zu 100 Prozent menschlich – wahrer Mensch und wahrer Gott.

Die Erkenntnis, dass er zwar seine Privilegien jedoch

nicht sein Wesen als solches aufgab, ist von entscheidender Bedeutung. In ihm wohnte immer noch „die ganze Fülle der Gottheit leibhaftig" (siehe Kolosser 2,9), obwohl er auf manches verzichtete. Wenn ich unser Haus und mein Auto und weitere Privilegien aufgeben würde, hieße das nicht, dass ich nicht mehr ich selbst wäre. Ich mag beschlossen haben, mich von meinen Privilegien zu trennen, doch ich bleibe immer noch zu 100 Prozent David Pawson. Gleichermaßen blieb Jesus seinem Wesen nach Gott, obwohl er seine Ebenbürtigkeit mit Gott abgelegt hatte.

Ethisch
Tatsächlich ist dieser ganze Abschnitt weder liturgisch noch theologisch gemeint. Aus dem Kontext des Briefes ergibt sich, dass es sich um eine *ethische* Passage handelt. Es geht um die Haltung und die Entscheidungen Christi. Aus den Entscheidungen eines Menschen kann man Rückschlüsse auf seinen Charakter ziehen. Uns werden hier die außerordentlichen Entschlüsse Jesu vorgestellt.

JESU ENTSCHEIDUNGEN
Seine Menschwerdung
Seine erste Entscheidung bestand darin, Mensch zu werden. Ein Vergleich, den ich bei Kindern verwende, kann an dieser Stelle hilfreich sein. Ich sage ihnen Folgendes: „Schau dir mal diese tropischen Fische im Aquarium an. Nehmen wir mal an, du würdest sehen, wie sie miteinander kämpfen und sich gegenseitig umbringen. Wenn du selbst zu einem Fisch würdest, der in diesem Aquarium lebte, könntest du sie retten. Allerdings wüsstest du, dass die anderen dich wahrscheinlich umbringen werden. Würdest du es tun?"

An diesem Punkt sind sich die Kinder nicht sicher. Ich fahre dann fort: „Keine Angst! Wir würden dich aus dem Aquarium holen, dich Mund zu Mund beatmen und dich ins Leben zurückholen. Aber es gibt einen Haken an der Sache: Wir könnten dich nicht mehr zu dem machen, was du einmal warst. Du müsstest für den Rest deines Lebens ein Fisch bleiben!"

Gottes Sohn war Gott gleich, bekleidet mit aller Herrlichkeit des Himmels. Er entschied sich, Mensch zu werden und wusste dabei, dass man ihn unten auf der Erde töten würde. Außerdem war ihm klar, dass er auf ewig Mensch bleiben müsste, nachdem Gott ihn von den Toten auferweckt hätte. Daher ist er noch immer „einer von uns" und wird es auch immer bleiben: Eine Person der Dreieinigkeit wird in alle Ewigkeit Mensch sein wie wir.

Seine soziale Stellung
Die zweite Entscheidung betraf seine Geburt. Wenn wir die Wahl hätten, uns für einen bestimmten Lebensstandard zu entscheiden, welchen würden wir wählen? Stellen wir uns einmal vor, wir könnten uns unsere Eltern aussuchen, das dazugehörige Elternhaus und die entsprechende Gesellschaftsschicht. Worauf würde unsere Wahl fallen? Jesus entschied sich für die unterste Stufe der Gesellschaft, er war ein Kind armer Eltern. Er zog die Rolle eines Dieners allen anderen Optionen vor.

Sein früher Tod
Aber die weitreichendste Entscheidung traf er im Alter von 33 Jahren, als er sich entschied, einen furchtbaren, demütigenden und schmerzhaften Tod zu sterben: den schlimmsten, den man sich jemals für Menschen ausgedacht hatte, den Kreuzestod. Paulus beschreibt die Gesinnung Christi und fordert uns auf, dieselbe Haltung an den Tag zu legen. Diese „Gesinnung" hat nichts mit dem Intellekt zu tun, sondern bezieht sich auf unseren Charakter. Paulus erklärt hier, dass Jesu Entscheidungen erkennen ließen,

dass er vollkommen geeignet war, Macht und Autorität zu empfangen. Denn Gott sucht nach Menschen, denen er vertrauen kann. Er kann sich nur auf die verlassen, die kein Interesse an eigener Macht, eigenem Status oder eigenem Reichtum haben. Daher heißt es in Philipper 2,9 (ELB): „Darum hat Gott ihn auch hoch erhoben und ihm den Namen verliehen, der über jeden Namen ist". Gott konnte Jesus die Kontrolle des Universums anvertrauen, weil er wusste, dass Jesus niemals aus Eigeninteresse handeln würde.

Es ist wichtig, dass wir uns darüber im Klaren sind, was Paulus mit der Aussage: „Habt diese Gesinnung in euch", meint. Er schreibt nicht: „Ahmt Christus nach", sondern: „Habt diese Gesinnung in euch, die bereits in Christus in euch ist". Seine Aussage lautet nicht: „Dies war die Gesinnung Christi und deshalb seid wie er". Vielmehr schreibt er: „Ihr habt die Gesinnung Christi bereits, wenn ihr in Christus seid. Daher demonstriert diese Gesinnung Christi in euren Beziehungen untereinander". Das geht viel tiefer, als nur zu sagen: „Imitiert die Gesinnung Christi".

Wie immer ergibt sich auch hier die Bedeutung des Abschnitts aus seinem Kontext. Paulus fordert seine Leser auf, sich nicht um ihr eigenes Wohl zu kümmern, sondern dieselbe Haltung an den Tag zu legen wie Jesus. Sie sollten sich dazu entscheiden, den unteren Weg zu wählen, statt zu versuchen, sich hochzuarbeiten. Nur dann könnte Gott ihnen eine einflussreiche Stellung anvertrauen.

In diesem Abschnitt geht es daher nicht um Theologie, Liturgie oder Kirchenlieder, sondern um Ethik und Einheit. Paulus schreibt sinngemäß: „Wenn wir die Gesinnung Christi haben, wird es auch mit der Einheit in der Gemeinde klappen." Er erklärt seinen Lesern, dass sie innerhalb der Gemeinde eins sein müssten, um Außenstehenden das Evangelium vorleben zu können. Er formuliert es sinngemäß so: „Ich sehne mich danach, zu hören, dass ihr um des

Evangeliums willen an der Einheit festhaltet." Uneinigkeit ist der schnellste Weg, um den Einfluss einer Gemeinde auf die Gesellschaft zu unterbinden. Einheit innerhalb einer Gemeinde ist hingegen die stärkste Demonstration des einzig wahren Gottes und seines Christus.

DEN GLAUBEN PRAKTISCH UMSETZEN
Die Hauptbotschaft des Briefes orientiert sich an diesem Gedicht (oder Kirchenlied) über Jesus. Paulus vermittelt den Philippern, wie sie ihren Glauben praktisch umsetzen sollten.

Erlösung: eine Erfahrung, die es umzusetzen gilt

a   Gott bewirkt sie im Inneren.
b   Du demonstrierst sie nach außen.

Paulus erklärt den Philippern Folgendes: Genauso, wie sie die Erlösung in Christus erfahren haben, müssen sie nun auch sichtbar zeigen, woran sie glauben. Unsere Errettung ist niemals etwas, was wir nur passiv erleben: Die Wahrheit muss sich nun auch praktisch zeigen, in allem, was wir tun.

Gerechtigkeit: ein Ziel, das wir verfolgen sollen

a   Nicht unsere,
b   sondern seine.

Wir leben unsere Rettung dadurch aus, dass wir nach Gerechtigkeit streben. Doch es gibt zwei Arten von Gerechtigkeit: unsere eigene und die Gerechtigkeit Christi. Obwohl Paulus ein strenggläubiger Jude war, der das Gesetz rigoros befolgte, wusste er genau, dass ihn seine guten Taten nicht retten konnten. Für die meisten Menschen ist es schwer zu verstehen, dass wir sowohl für unsere guten als auch für unsere bösen Taten Buße tun müssen. Daher ist es viel leichter, ausgemachte Sünder zu bekehren als religiöse und angesehene Menschen, die glauben, nicht so schlecht zu sein, dass sie es nötig hätten, errettet zu werden.

Paulus schreibt sinngemäß: „Wenn ich meine eigene Gerechtigkeit betrachte, so geht es mir wie einem Kleinkind, das gerade sein Geschäft gemacht hat, Gott sein Töpfchen entgegenstreckt und sagt: ‚Schau mal, was ich gemacht habe.'" Dieses Bild mag uns derb erscheinen, doch das Wort, das hier im Griechischen verwendet wird, ist das Wort für menschliche Exkremente. Paulus sagt damit also: „Ich will die Gerechtigkeit Christi und nicht meine eigene."

Auferstehung: ein Ereignis, das wir begehren sollen

a Heraus aus dem Tod,
b mit einem neuem Körper.

Paulus formuliert es sinngemäß so: „Ich stürme vorwärts, ich teile seine Leiden und seine Auferstehung, damit ich zu der Auferstehung aus den Toten heraus gelange." Tatsächlich benutzt er das Wort „heraus" gleich zweimal. Im Griechischen heißt es: „Damit ich die Heraus-Auferstehung heraus aus den Toten erlange". Das klingt zunächst unsinnig, doch aus dem Buch der Offenbarung wissen wir, dass es am Ende der Zeit zwei Auferstehungen geben wird: Die erste ist die Auferstehung der Gerechten. Die zweite ist die Auferstehung aller anderen zum Gericht, wobei zwischen diesen beiden eine große Zeitspanne liegen wird.

Die erste ist eine „Heraus-Auferstehung" aus den Toten, während die zweite die übrigen Toten betrifft. Paulus erklärt, Teil dieser ersten Auferstehung sein zu wollen. „Mein Ziel ist es, von den Toten auferweckt zu werden, wenn Jesus wiederkommt", schreibt er. Eine Auferstehung heraus aus der Masse der übrigen Toten.

Verantwortung: eine Anstrengung, die wir unternehmen sollen

a   Die Vergangenheit vergessen,
b   sich nach der Zukunft ausstrecken.

Das christliche Leben erfordert Anstrengung. Das ist für einige neu. Es bedeutet eben nicht nur, an der Bushaltestelle Lieder zu singen, bis der Bus kommt und uns mit in den Himmel nimmt. Es bedeutet vielmehr, mit aller Kraft nach Heiligkeit zu streben. Paulus fordert die Gemeinde dazu auf, Vergangenes hinter sich zu lassen und dem Ziel nachzujagen, zu dem sie berufen worden ist.

Dabei beteuert Paulus, dass er nicht glaube, schon angekommen zu sein. Doch er stürme vorwärts, um all das zu empfangen, was Gott für ihn vorbereitet hat.

Heiligkeit: ein Beispiel, dem es zu folgen gilt

a   Schlecht: irdisch gesinnt
b   Gut: himmlisch gesinnt

In meinem Regal steht eine ganze Reihe von Büchern zum Thema Heiligkeit. Allerdings habe ich in der Begegnung mit Menschen, die dem Herrn nachfolgen, mehr darüber gelernt, als durch die Lektüre dieser Bücher. Es gibt Personen, die uns Christus einfach nur durch ihr Sein vermitteln. Sie wecken in uns den Wunsch, besser zu werden. Auch Paulus war es wichtig, dass die Philipper den richtigen Menschen nachfolgten. Laut seiner Aussage gibt es in der Gemeinde beide Arten: Solche, „deren Gott ihr Bauch ist" und die sich mit Messer und Gabel ihr eigenes Grab schaufeln und andere, die ihre Gedanken auf himmlische Dinge fokussieren. Wir müssen sicherstellen, dass wir dem richtigen Beispiel folgen.

Das ist also das Ziel, auf das er hinarbeitet. Er behauptet nicht, dass er unweigerlich in den Himmel kommen wird, sondern dass er bei der ersten Auferstehung dabei sein möchte.

DER FRIEDE CHRISTI
Am Ende des Briefes gibt Paulus der Gemeinde eine Verheißung, die ihre Sorgen betrifft. Er erklärt den Philippern, dass der Friede Christi ihre Herzen und ihren Geist bewahren werde (siehe Philipper 4,7). Allerdings steht dieser Friede unter einer Bedingung: Sie müssen ihre Gedanken kontrollieren und nur über Dinge nachdenken, die ehrlich, gut, rein und wahr sind. Die Verheißung und die Bedingung gehen also Hand in Hand.

FAZIT
Die Hauptaussage des Briefes dreht sich offensichtlich nicht darum, was der Herr in den Gläubigen bewirkt, sondern wie die Gläubigen sich als Reaktion auf dieses Wirken verhalten sollten. Viele der Verheißungen dieses Briefes sind an Bedingungen geknüpft. Zweifellos müssen wir unseren Teil beitragen.

Weil es nicht um einen Konflikt geht und die gegenseitigen Beziehungen sehr herzlich sind, ist der Philipperbrief sehr angenehm zu lesen. Mit Ausnahme weniger Abschnitte ist er zudem sehr leicht zu verstehen. Von allen Briefen des Paulus gibt er uns den deutlichsten

Einblick in die partnerschaftlichen Beziehungen, die der Dienst des Apostels generierte. Diese Partnerschaft mit einer Gemeinde war nicht nur ein sehr attraktives Zeugnis für die Welt, sondern sie sollte Paulus auch in der Stunde seiner Not stärken. Gleichzeitig sehen wir einen Apostel, der trotz widriger Umstände äußerst zufrieden ist. Mit allem scheint er seinen Frieden gemacht zu haben, außer mit sich selbst! Doch er weiß, dass er von Gott die erforderliche Kraft empfangen kann. Daher fordert er seine Leser auf, dasselbe zu tun. Er ist erpicht darauf, dass sie sich mit ihm freuen können.

51.
PHILEMON

Die Briefe des Paulus wurden nach demselben Prinzip angeordnet wie die Propheten des Alten Testaments. Je länger das Buch war, desto weiter vorn wurde es in der Bibel angeführt. Die Briefe des Paulus liegen uns in zwei Blöcken vor: Briefe an Gemeinden und Briefe an Einzelpersonen. In diesen beiden Blöcken stehen die längeren Briefe vorn und die kürzeren weiter hinten. Sie sind also nicht chronologisch angeordnet. Der Brief an Philemon steht einfach nur deshalb am Schluss, weil er kurz ist. Es ist der einzige Brief, in dem es ausschließlich um eine Einzelperson geht, einen entlaufenen Sklaven. Von allen Briefwechseln im Neuen Testament ist dieser am deutlichsten privater Natur.

Betrachten wir den Brief genauer, so gibt es zwei Fragen, auf die wir eine Antwort finden müssen: „Warum wurde er geschrieben?" und „Warum hat Gott diesen Brief in die Bibel aufgenommen, wenn es doch ein privater Brief ist, der sich um eine Einzelperson dreht?"

Die Antwort auf die erste Frage ist ziemlich offensichtlich, denn hinter diesem Brief steckt eine recht einfache Geschichte. Es handelt sich um das persönliche Drama eines Sklaven namens Onesimus, der unfreundlich, faul, rebellisch und verbittert war. Er floh nach Rom in dem Glauben, dass diese große Weltstadt ein ideales Versteck für ihn darstellen würde. Unklar ist, wie er Paulus traf, insbesondere, weil Paulus unter Hausarrest stand und an einen römischen Soldaten gekettet war.

In jenen Tagen war die gängige Strafe für einen entlaufenen Sklaven die Kreuzigung. War allerdings sein Herr besonders freundlich, dann brannte er ihm lediglich die Buchstaben „FF" für „fugtilis" (oder „Flüchtling") auf die Stirn. Er musste dieses Brandmal zwar für immer tragen, durfte jedoch am Leben bleiben.

Paulus forderte Onesimus auf, zu seinem Herrn, Philemon, zurückzukehren, den Paulus als einen Bruder in Christus aus Kolossä kannte. Er schrieb diesen Brief, um die Wogen zwischen den beiden bei ihrer Wiederbegegnung zu glätten. Der Ton und der Inhalt des Briefes waren besonders wichtig, weil die Strafe für das Weglaufen so hart war. Gleichzeitig war Paulus bewusst, dass es ebenso wichtig war, dass Onesimus nicht vor seiner Vergangenheit davonlief. Für die Buße ist es unverzichtbar, die Vergangenheit in Ordnung zu bringen.

Paulus sagte zu Onesimus: „Dir ist schon klar, dass ich dich zurückschicken muss." Allerdings hatte Gott seine Hand im Spiel, weil Onesimus' Herr ein Christ in Kolossä war, den Paulus auch noch kannte. Daher erklärte ihm Paulus: „Ich schicke dich mit einem Brief an ihn zurück und werde alles erklären."

Den Ton, den Paulus anschlägt, können wir erst voll erfassen, wenn wir sein Wortspiel mit dem Namen „Onesimus" verstehen. Der Name bedeutet „nützlich". Er wurde ihm wahrscheinlich von seinem Herrn gegeben. Paulus schreibt sinngemäß an Philemon: „Du magst ihn in der Vergangenheit als unnütz empfunden haben. Aber ich schicke dir einen ‚nützlichen' Sklaven zurück." Und mehr noch, er sende ihn als Bruder in Christus zurück. Paulus beteuert sogar, er selbst würde jegliches Geld persönlich erstatten, das Onesimus gestohlen hatte.

Wir vergessen leicht, dass Briefe zu jener Zeit sehr rar waren, speziell solche, die über eine so große Distanz versendet wurden wie zwischen Rom und der Westtürkei. Höchstwahrscheinlich schickte Paulus durch den Postboten Tychikus die Briefe an die Kolosser und an die Epheser gleich zusammen mit dem Brief an Philemon.

Wir können die Geschichte unter verschiedenen Blickwinkeln betrachten:

Der persönliche Blickwinkel
Es gibt drei Hauptpersonen:

1. *Paulus*: Obwohl er im Gefängnis sitzt, hat er immer noch Zeit für Einzelpersonen wie Onesimus. An seinem Ton merken wir, dass er diesen Sklaven mag. Trotzdem trägt Paulus bei seinem Anliegen wohl ein bisschen dick auf. Er sagt: „Ich bin ein alter Mann und ein Gefangener." Das klingt nach einer rührseligen Geschichte, zeigt aber die Menschlichkeit dieses Schriftstücks.

2. *Philemon:* Er beherbergt eine Hauskirche und hat eine Frau sowie einen Sohn. Paulus erklärt, dass es für alle drei schwierig sei: hart für Paulus, Onesimus gehen zu lassen, weil er begonnen habe, ihn zu schätzen; hart für Onesimus, zurückzukehren, weil er geflohen sei; und hart für Philemon, ihn wieder anzunehmen und ihm zu vergeben. „Nichtsdestotrotz", schreibt Paulus, „lasst uns alle das Schwierige anpacken!".

3. *Onesimus:* Der nützliche Diener, der bald in den Haushalt seines Meisters zurückkehren und seinen Dienst wieder antreten wird.

Der Brief legt nahe, dass Paulus noch andere Leute aus Philemons Hausgemeinde kannte. Neben Philemon werden Apphia und Archippus erwähnt. Epaphras, Markus, Aristarch, Demas und Lukas lassen der Gemeinde ihre Grüße ausrichten.

Die Frage, ob der Brief sein Ziel erreicht hat, können wir mit an Sicherheit grenzender Wahrscheinlichkeit mit ja beantworten. Er würde uns nämlich gar nicht vorliegen, wenn er erfolglos gewesen wäre. Philemon hätte ihn sicherlich zerrissen und er wäre auf keinen Fall in den Kanon des Neuen Testaments aufgenommen worden.

Der soziale Blickwinkel
Wir können den Brief auch unter sozialen Gesichtspunkten betrachten und die Frage der Sklaverei in den Fokus nehmen. Manche sind schockiert, dass Paulus keinen Versuch unternahm, die Sklaverei abzuschaffen. Auch wenn er sie in seinen Briefen erwähnte, hätte er niemals empfohlen, die Sklaverei zu beenden, erklären sie. Wie könnte die Tatsache, dass man Menschen als persönliches Eigentum betrachtete, mit dem Wert in Einklang gebracht werden, den Gott nach Aussage der Bibel unserem Leben beimisst?

Doch diese Sichtweise geht von falschen Voraussetzungen aus. Tatsächlich verurteilt Paulus den Sklavenhandel (zusammen mit Mord, Ehebruch und Lügen in 1. Timotheus 1,10). Sein Mangel an Bereitschaft, die Sklaverei abzuschaffen, kann mit der Tatsache erklärt werden, dass ungefähr zwei Drittel der Bevölkerung im Römischen Reich Sklaven waren. Sich für ihre Abschaffung einzusetzen, hätte bedeutet, sich für Chaos in der Gesellschaft auszusprechen. Paulus zog es vor, als Prediger des Evangeliums bekannt zu werden, statt als Befürworter von Sozialreformen.

Stattdessen brach er einfach das System der Sklaverei von innen auf, indem er die diesbezüglichen Beziehungen und die Haltungen veränderte. Daher forderte er Philemon auf, Onesimus als Bruder anzusehen und nicht als sein Privateigentum. Er bezeichnete Onesimus als „meinen Sohn" und „mein Herz". In seinen Briefen an die Kolosser und an die Epheser wies Paulus ebenfalls darauf hin, dass Sklaven und Herren ihre Einstellung zueinander ändern müssten. Er wusste, dass ein derartiger Perspektivwechsel der Sklaverei eines Tages die Grundlage entziehen würde.

Der geistliche Blickwinkel
Der Brief hat jedoch auch einen geistlichen Aspekt, den es zu beachten gilt. Ich glaube, diese Epistel ist Bestandteil unserer Bibel, weil sie ein perfektes Bild unserer Errettung abgibt. Wir sind der Sklave, der Gott davongelaufen ist. Wir waren für Gott nicht mehr zu gebrauchen, doch Jesus kam, bezahlte unsere Schulden und präsentierte uns Gott wieder als nützliche Diener. Uns wird ein Bild der Rechtfertigung vor Augen gemalt: Onesimus soll wie ein Sohn angenommen werden. Gleichzeitig sehen wir auch ein Bild der Heiligung: Nun ist er für seinen Herrn wieder brauchbar.

Der ethische Blickwinkel
Paulus tat für den Sklaven Onesimus schlicht und einfach nur das, was Jesus für ihn getan hatte. Er sagte zu Onesimus: „Jesus hat für dich bezahlt. Er hat dich gerettet, wiederhergestellt und zurückgesandt, um dem Vater zu dienen. Geh' und tu' dasselbe nun für andere." Mit anderen Worten: Unsere Beziehung zu anderen wird durch das beeinflusst, was Jesus für uns getan hat. Wir müssen Menschen wiederherstellen und sie zum Vater zurückschicken. Wir müssen bereit sein, den Preis für sie zu bezahlen, so, wie Christus für uns bezahlt hat.

FAZIT
Unser Verhalten anderen gegenüber sollte widerspiegeln, was Gott für uns getan hat!

So, wie wir angenommen worden sind, so sollen wir andere annehmen; ihnen vergeben, wie uns vergeben wurde, ihnen Gnade gewähren, so wie wir Gnade empfangen haben und sie so lieben, wie wir geliebt worden sind. Tun wir das nicht, so bedeutet es, dass wir offensichtlich die Gnade Gottes nicht wirklich verstanden haben (vgl. das Gleichnis vom unbarmherzigen Knecht).

Paulus veranschaulicht uns hier, dass seine persönliche Errettung durch Christus zu seinem Lebensstil geworden war. Alles, was Christus für ihn getan hatte, gab er nun an andere weiter. Dadurch zeigt er uns auf wunderbarer Art und Weise, was es bedeutet, das eigene „Heil zu bewirken" (siehe Philipper 2,12).

52.
1. UND 2. TIMOTHEUS UND TITUS

Einleitung

Die Briefe des Paulus an Timotheus und Titus werden aus zwei sehr unterschiedlichen Gründen oft gemeinsam betrachtet. Einerseits unterscheiden sie sich von den anderen Briefen des Paulus. Andererseits haben diese drei sehr viel Ähnlichkeit miteinander. Daher behandeln Verfasser von Bibelkommentaren alle drei in der Regel gemeinsam. Das ist ein sehr sinnvoller Ansatz, wie wir noch feststellen werden, auch wenn die Thesen der Gelehrten nicht immer korrekt sind.

Anders als die anderen Briefe
Diese Briefe fallen auf, weil Paulus seine Epistel normalerweise an Gemeinden richtete, mit Ausnahme des Schreibens an Philemon. Hinzu kommt, dass diese persönlichen Schriftstücke vorrangig praktischer Natur sind, auch wenn sie einige theologische Bemerkungen enthalten. Die meisten anderen Briefe befassen sich in ihrer ersten Hälfte mit Fragen der Glaubenslehre, während es in der zweiten Hälfte um Praktisches geht. Doch in diesen Briefen gibt Paulus durchweg praktische Ratschläge. Er macht kurze Anmerkungen zu einer Reihe von Problemen, verzichtet jedoch, im Gegensatz zu seinen anderen Briefen, auf detailliertere Ausführungen.

Einander ähnlich
Unter den Gelehrten ist es seit langem unbestritten, dass die drei Briefe eine eigene Gruppe bilden. Derselbe Autor schreibt zur selben Zeit aus denselben Gründen, allerdings an unterschiedliche Adressaten.

URHEBERSCHAFT

Diese Eigenschaften der Epistel haben jedoch zu Zweifeln an der Urheberschaft des Paulus geführt, und zwar aus folgenden Gründen:

Unterschiede im Stil (intern)

In ihrem Inhalt, ihrem Stil und ihrem Vokabular unterscheiden sie sich von den übrigen Schriftstücken des Paulus. Wortvergleiche haben ergeben, dass das Vokabular dieser Briefe wenige Übereinstimmungen mit der Wortwahl seiner früheren Werke zeigt.

Unterschiede im Inhalt (extern)

Einige Theologen behaupten, dass Paulus in diesen Schreiben eine andere Art des Christentums beschreibe als in seinen sonstigen Episteln. Während er in den anderen Briefen über Glauben schrieb, fügt der Autor diesem Begriff nun den bestimmten Artikel hinzu: *der* Glaube. Er scheint seinen Lesern zudem einen viel strukturierteren Dienst vorzustellen als zuvor. Sein Kampf gegen die gnostische Irrlehre scheint ausgereifter und bei der Ausübung des Glaubens scheint er eher heidnische als christliche Ideale zu propagieren, beispielsweise „Besonnenheit in allen Dingen".

Die Reiseroute

Andere Gelehrte behaupten, dass Paulus die Briefe gar nicht geschrieben haben könnte, weil sie nicht zu seinen Reiseaktivitäten gegen Ende seines Lebens passen würden, die in der Apostelgeschichte beschrieben werden.

Erklärungen für die Unterschiede

Tatsächlich sind die Unterschiede zwischen diesen Briefen des Paulus und einigen seiner anderen Epistel leicht zu erklären.

Erstens wurden sie viel später geschrieben. Jeder Autor ändert mit der Zeit seinen Stil, was die festgestellte Andersartigkeit problemlos erklären würde. Daher müssen wir nicht davon ausgehen, dass hier ein anderer Autor am Werk war.

Zweitens ist nicht nur Paulus gealtert, sondern auch die Gemeinden sind älter geworden. Viele ihrer Mitglieder gehören als Christen bereits zur „zweiten Generation". Aus diesem Grunde ist es durchaus möglich, dass sich die Gemeindestruktur gewandelt hat. Die Schriften des Paulus spiegeln diesen Wandel lediglich wieder.

Drittens ist es keine Überraschung, dass die Details über die Reisen des Paulus nicht mit dem Bericht des Lukas in der Apostelgeschichte übereinstimmen. Denn die Apostelgeschichte beinhaltet die letzten Lebensjahre des Paulus ja gar nicht. Sie endet, als Paulus in Rom unter Hausarrest steht. Wie man den Briefen entnehmen kann, geschah aber noch vieles, nachdem er freigelassen worden war. Er wurde freigesprochen und auf freien Fuß gesetzt. Danach konnte er seinen Dienst fortsetzen. Er besuchte Kreta und möglicherweise auch Spanien, bevor er erneut verhaftet wurde, nachdem ihn Alexander, der Schmied, verraten hatte. Der zweite Brief an Timotheus entstand während der zweiten Gefangenschaft des Paulus.

Daher bin ich davon überzeugt, dass Paulus diese drei Briefe geschrieben hat. Er verfasste sie während der letzten Monate seines Lebens. Paulus korrespondierte mit seinen jungen Kollegen und Freunden Timotheus und Titus, um die Gemeinden, zu denen sie gesandt worden waren, vor dem Verderben zu retten.

PASTORALE BRIEFE?
Diese Briefe werden üblicherweise als „pastorale" Briefe bezeichnet, ein Titel der 1703 von D. N. Berdot geprägt

wurde. Trotz seiner Beliebtheit ist dies allerdings ein irreführender Begriff. Erstens sind diese Briefe nicht „pastoraler" als die anderen Briefe des Paulus. Jeder Brief, den er schrieb, war pastoral, weil er sich mit pastoralen Themen befasste. Das gilt auch für den Römerbrief, von dem man fälschlicherweise behauptet, dass er die paulinische Theologie zusammenfassen würde.

Zweitens sind diese Briefe nicht an Pastoren adressiert. Timotheus und Titus waren keine „Pastoren" im eigentlichen Sinne. Die Epistel richteten sich nicht an die etablierte und dauerhafte Gemeindeleitung, wie wir sie heute kennen. Wir müssen aufpassen, dass wir keine Entwicklungen, die sich erst später ergeben haben, ins Neue Testament hineininterpretieren.

Bezeichnen wir diese Briefe als „pastoral", so besteht die Gefahr, dass wir sie wie ein Handbuch für Pastoren behandeln, das beschreiben würde, „wie man eine Ortsgemeinde organisiert". Es stimmt zwar, dass sie auch Anweisungen enthalten, doch sie fokussieren sich auf die Notwendigkeit, Älteste und Diakone einzusetzen und nicht Pastoren. Die Erwartung wird geäußert, dass mehrere Männer als Älteste eingesetzt werden. Sie enthalten keine Aufforderung, einen einzigen Mann zum Leiter zu bestimmen, wie wir später noch feststellen werden.

Als Leitfaden für Pastoren sind sie zudem sehr unzureichend, weil es keine Ratschläge zu Themen gibt, die man in einem derartigen Handbuch erwarten würde. Folgende Fragen werden nicht behandelt: Wie man Älteste auswählt, worin ihre Pflichten bestehen, wie viele es geben und wie lange ihre Amtszeit dauern sollte. Die Briefe erwähnen zwar das Predigen, doch lassen sie die Anleitung zur Anbetung vermissen, von einem kurzen Verweis auf das Gebet einmal abgesehen. Obwohl wir manche Details in Erfahrung bringen können, sind sie offensichtlich nicht dazu bestimmt, Pastoren nützliches Wissen zu vermitteln. Wir müssen vielmehr davon ausgehen, dass Timotheus und Titus schon über alles Notwendige Bescheid wussten.

EVANGELISTISCHE BRIEFE?
Bezeichnet man diese Briefe als „pastoral", so geht man davon aus, dass sie nach innen gerichtet sind. Doch der Fokus des Paulus ist nicht auf die Ortsgemeinde beschränkt. Nach seiner Auffassung ist die Gemeindeleitung wichtig, weil sie auf die Mitglieder einwirkt. Die Mitglieder sind ihrerseits wichtig, weil die Qualität ihres Glaubenslebens die Effektivität ihres Zeugnisses nach außen bestimmt. Im Grund genommen sind die Briefe darauf ausgerichtet, die Gemeindein den richtigen Zustand zu bringen, damit die Welt evangelisiert werden kann. Daher argumentieren manche, „evangelistische Briefe" wäre die passendere Bezeichnung. Schließlich durchzieht das Interesse des Paulus an der Evangelisation alle diese Schriften. Paulus schreibt über die Bedeutung guter Taten, die „das Evangelium schmücken" und es dadurch für Ungläubige attraktiv machen. Der Ruf, den man bei den Ungläubigen hat, ist von entscheidender Bedeutung. An ihm lässt sich ablesen, ob jemand für das Ältestenamt geeignet ist. Insbesondere Timotheus wird ermutigt, „das Werk eines Evangelisten zu tun".

Gleichzeitig fordert Paulus seine Kollegen dazu auf, sich mit dem zu beschäftigen, was das Evangelium abstoßend erscheinen lässt. Falsche Lehrer ruinierten damals den Charakter der Gemeinde und behinderten dadurch die Verbreitung des Evangeliums. Die Beziehungen unter den Gemeindegliedern schmückten das Evangelium nicht, sondern schreckten Außenstehende eher ab, sich mit dem Glauben der Gemeinde zu beschäftigen. Paulus hielt es daher für äußerst wichtig, die Gemeinde wieder auf den richtigen Weg zu bringen, wenn das Evangelium in der Umgebung Verbreitung finden sollte. Er beteuerte gegenüber Timotheus, dass „Gott will, dass alle Menschen gerettet werden". Daher müsste man dafür sorgen, dass die Christen den Glauben an Gott in positiver Art und Weise bezeugten.

APOSTOLISCHE BRIEFE

Die Briefe „evangelistisch" zu nennen, wäre jedoch auch nicht ganz korrekt. „Apostolische Epistel" ist eigentlich die beste Beschreibung, da Timotheus und Titus eine Funktion hatten, die wir als „apostolische Bevollmächtigte" beschreiben würden. Lesen wir zwischen den Zeilen der Briefe, wird uns bewusst, dass ihre Aufgabe nicht darin bestand, Pastoren oder Evangelisten in den Gemeinden zu sein, zu denen sie geschickt wurden. Vielmehr sandte Paulus sie als apostolische Bevollmächtigte aus, denen er seine Autorität verliehen hatte.

Wenn Paulus und sein Team eine Gemeinde gegründet hatten, bestand die Nacharbeit aus einer oder mehreren von insgesamt vier Maßnahmen. Entweder kehrte Paulus selbst in die Gemeinde zurück, um zu überprüfen, wie es den Gläubigen ging. Oder er schickte ihnen Briefe bzw. sandte jemanden aus seinem Team für eine bestimmte Zeit wieder dorthin. Mitunter ließ er auch einen seiner Mitarbeiter gleich vor Ort, um die Gemeinschaft der Gläubigen zu festigen. In diesem Kontext spielten die „apostolischen Bevollmächtigten" eine wichtige Rolle.

Der Titel „Apostel" verlangt eine genauere Erklärung, da er oft missverstanden wird. Wörtlich übersetzt bedeutet er „Gesandter". Im Neuen Testament wird er für verschiedene Gruppen verwendet. „Apostel" ist im Neuen Testament einer von vielen Titeln für Menschen, die einen christlichen Dienst ausüben. Das griechische Wort *episcopos*, von dem wir das Wort episkopal ableiten, wird ebenfalls verwendet. Ein *episcopos* ist jemanden, der die Aufsicht über eine Gemeinde ausübt. Auch das Wort „Ältester" ist gebräuchlich. Es leitet sich von dem griechischen Wort *presbuteros* ab, von dem der Begriff „Presbyterianer" herstammt. *Presbuteros* und *episcopos* sind eigentlich austauschbare Titel. Beide bezeichnen schlicht und einfach ältere, reifere Christen, die die Arbeit beaufsichtigen. Das eine Wort beschreibt ihren Charakter, das andere ihre Funktion.

Schließlich haben wir noch das Wort *diaconos*, welches „Diener" bedeutet. Ein Diakon kümmert sich um die praktischen Belange einer Gemeinde.

Im Neuen Testament gründete also der Apostel die Gemeinde und sorgte dafür, dass sie ein festes Fundament bekam. Dann übertrug er die Verantwortung den Aufsehern/Ältesten und Diakonen.

Der entscheidende Punkt ist, dass alle diese Dienste immer von mehreren Personen wahrgenommen wurden. Es gibt keine „One-Man-Show" eines einzelnen Leiters im Neuen Testament. Die Apostel bildeten ein Team, ebenso wie die Ältesten und die Diakone. Damals gehörten viele Bischöfe zu seiner Gemeinde, und gerade nicht viele Gemeinden zu einem Bischof, wie es heute oft der Fall ist. Letzteres ist das absolute Gegenteil der neutestamentlichen Situation.

Nur ein einziger Mann im Neuen Testament war gleichzeitig Apostel, Aufseher und Diakon. Sein Name lautet Judas Iskariot! Wenn man Apostelgeschichte 1 sorgfältig liest, stellt man fest, dass Petrus sinngemäß erklärte: „Wir werden Judas ersetzen müssen. Wir müssen einen anderen Apostel/Aufseher/Diakon finden, der ihn ersetzt." Meiner Ansicht nach ist diese Ämterhäufung kein nachahmenswertes Beispiel!

Normalerweise sind diese Dienste voneinander abgegrenzt und unterschiedlich. Ein Apostel sollte eine

Gemeinde gründen, Älteste und Diakone einsetzen und sie dann verlassen, weil seine Arbeit damit beendet ist.

Im Titusbrief lesen wir beispielsweise, dass Paulus Titus in Kreta zurückließ, um die Arbeit zu Ende zu bringen. Er sollte in jeder Stadt Älteste einsetzen und sich danach mit Paulus in Rom treffen. Leider wurden seit dem 1. Jahrhundert n. Chr. die Rollen von Aposteln und Ältesten/Bischöfen vertauscht. Das Ergebnis war nun ein Bischof, der sich um viele Gemeinden kümmert, oder eine Person, die eine Gemeinde leitet und sich Apostel nennt. Das ist eine vollkommen andere Situation als im Neuen Testament.

DAS APOSTOLISCHE TEAM

Timotheus und Titus arbeiteten also in einem apostolischen Team. Paulus hatte Gemeinden gegründet und ihre Aufgabe bestand darin, sich um Probleme zu kümmern, die später auftraten. Timotheus wurde nach Ephesus geschickt und Titus auf Kreta zurückgelassen. Beide nahmen die Aufgabe von apostolischen Bevollmächtigten (oder „Troubleshootern", d.h. Problemlösern) wahr, um in einem Kurzzeiteinsatz die Dinge wieder in Ordnung zu bringen. In beiden Fällen drängte Paulus sie, ihren Auftrag so schnell wie möglich zu erfüllen und sich danach mit ihm in Rom zu treffen.

Es war nicht das erste Mal, dass man ihnen diese Aufgabe anvertraute. Beide Männer waren zu unterschiedlichen Zeiten nach Korinth geschickt worden, und zwar mit unterschiedlichen Ergebnissen. Timotheus hatte zu kämpfen, Titus hingegen war erfolgreich.

Die unterschiedlichen Ergebnisse ihrer Einsätze beruhen zum Teil auf ihren verschiedenen Ansätzen der Konfliktbewältigung. Timotheus war ein schüchterner Mann, der viel Ermutigung brauchte. Im Gegensatz dazu war Titus in seiner Herangehensweise robuster. Titus musste also nur gesagt werden, was er zu tun hatte, während Timotheus intensive Ermutigung benötigte, um die Gabe, die in ihm steckte, auch zu nutzten. Paulus musste ihn daran erinnern, dass Gott ihm einen Geist der Kraft, der Liebe und der Besonnenheit gegeben hatte.

Die Art und Weise, wie Paulus mit Timotheus kommuniziert, lässt darauf schließen, dass er ihm besonders ans Herz gewachsen war. Er nennt Timotheus „mein geliebtes Kind". Wahrscheinlich stellte Timotheus für Paulus eine Art Ersatzfamilie dar. Es gab eine ganz besondere Beziehung zwischen den beiden. Paulus sah in Timotheus vermutlich seinen Stellvertreter, unabhängig von ihren Unterschieden in Temperament und Herkunft.

Wir wissen nicht genau, über wieviel Autorität die beiden Männer bei ihrer Arbeit verfügten. Timotheus wird regelmäßig angewiesen, der Gemeinde zu „befehlen". Das entsprach allerdings der apostolischen Lehre des Paulus und nicht seinen eigenen Vorstellungen.

Ganz eindeutig war diese Autorität weder hierarchisch noch vererbbar. Die Aufgabe der apostolischen Bevollmächtigten war erfüllt, wenn sie die Leitung der Gemeinde an Älteste und Diakone übergeben hatten und diese das Amt unter der Führung Christi fortführen konnten. Sie „schufen" keine weiteren Apostel.

Paulus wollte durch diese drei Briefe bewirken, dass seine zwei Freunde an beiden Orten für eine intakte Gemeindeleitung und geistlich gesunde Mitglieder sorgten. Wie immer ging es Paulus dabei nicht um die Quantität, sondern um die Qualität. Sowohl bei der Gemeindeleitung als auch bei den Mitgliedern war ihm die geistliche Beschaffenheit wichtig, weil er wusste, dass sie zu einer großen Zahl von Bekehrungen führen würde.

Interessant ist auch, welches Thema Paulus überhaupt

nicht anschneidet. Die Größe der Gemeinde oder ihrer Leitung wird mit keinem Wort erwähnt. Paulus scheint sich mehr für die Qualität beider Gruppen zu interessieren. Er ließ Titus auf Kreta zurück, um die geistlichen Qualitäten der Gemeindeglieder zu fördern, während es in Ephesus Probleme mit der Gemeindeleitung gab. Der Brief an Titus zeigt uns, welche Art von Mitgliedern ein Apostel hervorbringen sollte, während die Briefe an Timotheus die notwendige Beschaffenheit der Gemeindeleitung erörtern.

Wir können die Briefe aus drei Blickwinkeln betrachten: aus der Perspektive des Autors; aus der Sicht ihrer Leser Titus und Timotheus; und ausgehend von der jeweiligen Situation auf Kreta und in Ephesus, die der Weisung der apostolischen Bevollmächtigten bedurfte.

Da wir das gesamte Leben des Paulus aus diesen Briefen rekonstruieren können, erstaunt es mich umso mehr, dass es Menschen gibt, die die Autorschaft des Paulus in Zweifel ziehen. Diese Epistel enthalten mehr persönliche Informationen über Paulus als jedes andere Schreiben aus seiner Feder. Es ist daher schwer vorstellbar, dass sie nicht von ihm stammen könnten.

DAS LEBENSMUSTER DES PAULUS
Veränderungen in der Vergangenheit
Paulus schreibt über die Veränderungen in seinem Leben. Er berichtet, wie er als Gotteslästerer und gewalttätiger Mensch die Gemeinde Gottes verfolgt und als Gegner Christi auf der falschen Seite gestanden hatte. Er bezeichnet sich selbst als den schlimmsten aller Sünder und ist Gott überaus dankbar, dass er sich seiner angenommen und ihn zum Apostel für die Nichtjuden bestimmt hat. Wenn Gott uns vergibt, dann vergisst er all das, was wir einmal getan haben. Doch uns ist das nicht möglich, wie die Erörterungen des Paulus beweisen.

Zustände in der Gegenwart

Paulus berichtet seinen jüngeren Kollegen von den Schwierigkeiten, denen er sich gegenübersieht und von den aktuellen Entwicklungen. Im 1. Timotheusbrief lesen wir, dass er erstmals Ephesus, Kreta, Nikopolis, Korinth, Milet, Troas und Spanien besucht hat. Im 2. Timotheusbrief schreibt er über seine Haft im Gefängnis in Rom: Er verfügt nicht mehr über dieselben Freiheiten, die er genießen durfte, als er unter Hausarrest stand. Jetzt sitzt er in einer Todeszelle, nachdem Alexander, der Schmied, ihn verraten hat. Er musste seine Sachen mit solcher Hast zusammenraffen, dass er seinen Mantel und seine Notizbücher zurückließ. In seinem Brief bittet er Timotheus, schnell zu ihm zu kommen und ihm diese Sachen noch vor dem Wintereinbruch zu bringen. Ihm ist bewusst, dass die Zeit seiner Haft lange dauern könnte und dass Nero unberechenbar ist. Auf Fairness und Gerechtigkeit wagt er nicht zu hoffen.

Zukunftsaussichten

In dieser bewegenden Situation schreibt Paulus seinem jungen Freund Timotheus also diesen Brief. Wir könnten ihn auch „seinen letzten Willen und sein Testament" nennen. Er ist über 60 und er weiß, dass sich sein Leben dem Ende zuneigt. Während seiner ersten Gefangenschaft verfasste Lukas die Apostelgeschichte, hauptsächlich als Faktensammlung für Paulus' Strafverteidiger, um den römischen Behörden zu beweisen, dass Paulus den Tod nicht verdient hätte. Doch Paulus wird während seiner zweiten Gefangenschaft klar, dass ihm ein solches Dokument nicht helfen wird. Er befürchtet das Schlimmste. In seinem Brief schwingt auch die Traurigkeit darüber mit, dass Demas ihn verlassen hat und andere zu feige sind, ihn zu unterstützen. Die Zeit ist gekommen, den Staffelstab an Timotheus weiterzugeben, der noch jung ist und daher diese Arbeit fortsetzen kann. Paulus schreibt, dass er seine Arbeit getan, seinen Lauf vollendet und den guten Kampf gekämpft habe.

DAS LEBENSZIEL DES PAULUS

Zusätzlich zum Lebensmuster des Paulus können wir auch sein Lebensziel erkennen. Aus seinen Briefen geht klar hervor, dass Paulus für das Evangelium lebte (auch „der Glaube" und „die Wahrheit" genannt). Er fordert seine jungen Kollegen auf, diese Haltung zu übernehmen. Das Evangelium war der Antrieb für alles, was er tat. Daher will er nun seinen jungen Kollegen aufzeigen, was Gott für die Menschen getan hat. Er will ihnen vermitteln, wie sie darauf reagieren sollen, damit sowohl sie als auch letzten Endes die Gemeinden eine „heilsame" Lehre empfangen. Das griechische Wort, das er hier verwendet, bedeutet tatsächlich „gesund". Diese gesunde Lehre war das perfekte Gegenmittel gegen die giftigen Worte, die falsche Lehrer und gottlosen Männer in den Gemeinden verbreiteten.

Objektiv (göttlich)
GOTT

In den verschiedenen Abschnitten jedes Briefes konzentriert sich Paulus darauf, was Gott getan hat. Er beschreibt Gottes Persönlichkeit sowie seine Liebe und Gnade und nennt ihn „den Retter". Gott ist üblicherweise eher als der Richter bekannt, während Jesus als „der Retter" bezeichnet wird. Doch Gott diesen Titel zu verleihen, passt zu seinem Handeln, das wir aus der Bibel kennen: Gott, der Vater, ergreift die Initiative und schickt seinen Sohn auf die Erde. Schließlich überträgt er ihm das Gericht über diese Welt, das am Jüngsten Tag stattfinden wird.

Andere Ehrentitel beschreiben die Majestät des

göttlichen Charakters: Er ist der König der Zeitalter (d. h. ewig), unvergänglich und unsichtbar. Kein Mensch hat ihn je gesehen und niemand kann ihn sehen, da er ein unzugängliches Licht bewohnt. Er ist der allein weise und lebendige Gott, der König der Könige und der Herr aller Herren.

JESUS

Jesus wird sowohl als Richter als auch als Retter bezeichnet. Paulus beschreibt sein Werk am Kreuz auf vielfältige Weise. Wir erfahren, dass Christus Jesus in die Welt gekommen ist, um Sünder zu retten, dass er den Tod zunichte gemacht aber Unsterblichkeit ans Licht gebracht hat und dass sein Tod allen Menschen das Heil bringen kann. Darüber hinaus wird uns eine Kurzfassung des Lebens Jesu vermittelt: „Er hat sich gezeigt in Fleisch und Blut und wurde beglaubigt durch Gottes Geist, und so haben ihn die Engel gesehen. Er wird gepredigt unter den Völkern und findet Glauben in aller Welt und ist im Himmel mit Ehre gekrönt" (1. Timotheus 3,16; NeÜ).

DER HEILIGE GEIST

Paulus erwähnt auch zwei Aspekte des Wirkens des Heiligen Geistes. Zunächst schreibt er über die Erfahrbarkeit des Geistes. Er erinnert Timotheus daran, dass er eine Gabe des Geistes empfing, als Paulus und andere Gläubige ihm die Hände auflegten. Paulus ruft ihm ins Gedächtnis, dass der Heilige Geist ein Geist der Liebe, der Kraft und der Besonnenheit sei.

Zweitens beschreibt er, wie man die Geistesgaben einsetzt. Er fordert Timotheus auf, das zu nutzen, was er empfangen habe, als man ihm die Hände auflegte. Wir wissen nicht, welche Gabe(n) er bei dieser Gelegenheit empfing. Wir erfahren auch nicht, ob sich die beiden Hinweise auf das

„Händeauflegen" im 1. sowie im 2. Timotheusbrief auf seine Bekehrung oder auf seine Einsetzung beziehen. In jedem Fall wird er jedoch ermutigt, das Empfangene einzusetzen.

Subjektiv (menschlich)
Als nächstes werden wir betrachten, wie Menschen auf Gottes Initiative reagieren sollten.

In all seinen Episteln stellt Paulus klar, dass es für den Gläubigen drei Stadien der Errettung gibt, und diese Briefe stellen keine Ausnahme dar. Die Errettung geschieht weder augenblicklich noch automatisch, sondern es werden drei Zeitformen verwendet, um den Prozess der Errettung zu beschreiben.

VERGANGENHEIT (RECHTFERTIGUNG) – ERLEBT
Paulus lehrt, dass unsere Errettung in der Vergangenheit stattgefunden hat, weil wir auf einen Anfangspunkt zurückblicken, an dem wir unser Vertrauen das erste Mal bewusst auf Christus setzten. Die Präpositionen (Verhältniswörter), die er verwendet, sind von entscheidender Bedeutung. Errettung geschieht durch Gnade, nicht durch gute Taten und schon gar nicht durch „Gesetzeswerke". Gläubige werden von ihren schlechten Taten errettet, nicht in erster Linie von der Hölle, wie manche behaupten. Schlussendlich geschieht die Errettung durch den Heiligen Geist.

Im Brief an Titus schreibt Paulus vom „Bad der Wiedergeburt", wobei er sich auf die Wassertaufe und auf die Taufe im Heiligen Geist bezieht. Beide sind für einen guten Start in das göttliche Königreich unerlässlich.

GEGENWART (HEILIGUNG) – ETHISCH
Der gegenwärtige Aspekt der Errettung ist Paulus' größte Sorge, auch wenn er sich nicht ausschließlich

darauf fokussiert. Paulus macht sehr deutlich, dass die Glaubenslehre auch praktisch umgesetzt werden muss. Er hat keine Zeit für akademische Debatten, „intellektuelle Gymnastik" und spekulative Streitereien, die keine Lebensveränderung bewirken.

Das Evangelium hat gute Taten zur Folge. Es führt zur Abkehr vom Bösen und schenkt die Gnade, zur Gottlosigkeit „Nein" sagen zu können. Positiv ausgedrückt werden wir für das Gute abgesondert. Jetzt sind wir Gefäße für ehrenvolle Anlässe, nachdem wir vom Abfall gereinigt worden sind.

Gute Taten weisen auf das Evangelium hin. Die Briefe erinnern uns daran, dass das positive Beispiel von Christen andere dazu anregen kann, selbst Gott zu suchen.

ZUKUNFT (VERHERRLICHUNG) – ENDZEITLICH

Damit ist jedoch die Errettung noch nicht vollendet, denn keiner von uns ist bereits vollkommen gerettet. Wir sind schlicht und einfach auf dem Weg der Errettung unterwegs, auf einer Straße, die explizit „Der Weg" genannt wird. Ich mache mir wirklich Sorgen, wenn mir jemand erklärt: „Sieben Leute wurden am Sonntagabend gerettet". Meine Standardantwort darauf lautet: „Du meinst, dass sieben Leute am Sonntagabend angefangen haben gerettet zu werden." Denn ihre Errettung ist noch nicht vollendet.

Von den drei genannten Aspekten konzentriert sich Paulus hauptsächlich auf die zukünftige Rettung. Wir erben zwar das ewige Leben, doch bis es soweit ist, müssen wir an unserem Glauben festhalten. Paulus erwähnt Menschen, die den Glauben verlassen haben. Er ermahnt Timotheus, sorgfältig auf sein Leben und seine Lehre zu achten, um sich selbst und seine Zuhörer zu retten.

In diesen Briefen trifft Paulus fünf Aussagen zum Thema Glauben und Treue. Eine dieser Aussagen, in 2. Timotheus

2,11–13 (NeÜ), illustriert diesen Punkt sehr schön. Wir wollen sie Zeile für Zeile betrachten:

Positiv:
„Wenn wir mit Christus gestorben sind, werden wir auch mit ihm leben." (Diese Aussage bezieht sich auf Bekehrung und Taufe, nicht auf das Sterben als Märtyrer.)
  „Wenn wir standhaft bleiben, werden wir auch mit ihm herrschen."

Negativ:
  „Wenn wir ihn aber verleugnen, wird er auch uns verleugnen."

Doch die nächste Zeile verändert das Muster: „Wenn wir untreu sind, bleibt er dennoch treu, denn er kann sich selbst nicht verleugnen."

Manche behaupten, es würde bedeuten, dass ein Gläubiger niemals verlorengehen könnte. Allerdings verspricht Gott hier lediglich, dass er sich selbst treu bleibt. Paulus stellt Gottes Stabilität unserer Instabilität gegenüber. Es stimmt zwar, dass kein Gläubiger verlorengehen kann. Doch wer treulos ist, ist kein Gläubiger mehr, weil er den Glauben verlassen hat *(im Englischen bedeutet „faithless", sowohl untreu als auch ungläubig, Anmerkung der Übersetzerin).* In diesen Briefen schreibt Paulus über Menschen, die vom Glauben „abgeirrt" sind. Damit meint er, dass sie früher einmal geglaubt haben, es jetzt jedoch nicht mehr tun.

Zu unserer künftigen Errettung gehört nach Paulus' Verständnis auch, dass wir eine Krone gewinnen werden. Wir müssen daher weiterhin durchhalten, damit wir all das empfangen können, was Gott für uns vorbereitet hat.

Johannes Calvin, dem einflussreichen französischen Theologen, wird oft die Aussage zugeschrieben, dass die künftige Rettung einer Person sicher sei, wenn sie ihr Vertrauen einmal auf Jesus gesetzt habe. Tatsächlich aber schrieb er:

Doc unsere Erlösung wäre unvollkommen, wenn er uns nicht weiter zu unserem endgültigen Ziel, unserer Errettung, hinführen würde. Folglich weicht unsere Errettung, die fest auf ihn gegründet ist, nach und nach von uns, und zwar in dem Moment, in dem wir uns auch nur im Geringsten von ihm abwenden. Dadurch berauben sich diejenigen, die nicht in ihm ruhen, freiwillig jeglicher Gnade.

Das Wort „Errettung" benutze ich heute kaum noch. Stattdessen bevorzuge ich das Wort „Recycling". Wenn ich gefragt werde, was ich beruflich mache, antworte ich, dass ich in der Recycling-Branche tätig bin. Der Blick meiner Gesprächspartner lässt meistens auf wohlwollende Akzeptanz schließen. Erst wenn ich ihnen erkläre, dass ich weder Papier noch Metall wiederverwerte, sondern dass Menschen mein Rohstoff sind, zeigen sie Anzeichen von Beunruhigung. Ich halte dieses Bild jedoch für durch und durch biblisch. Schließlich sind es die Menschen, die recycelt werden müssen. Sie müssen wiederhergestellt werden, damit sie die Aufgabe wahrnehmen können, für die sie geschaffen worden sind. Das griechische Wort „Gehenna" für Hölle wurde im Neuen Testament eigentlich von der Müllhalde Jerusalems abgeleitet, die sich im Tal Ge-Hinnom befand. Ein wichtiger Vers für unser Verständnis der Errettung ist Titus 3,5. Er erklärt, dass Gott uns durch die Wasser- und die Geistestaufe errettet hat. Der Wortlaut ist Johannes 3,5 sehr ähnlich. Dort heißt es, dass wir durch Wasser und Geist wiedergeboren werden. Tatsächlich betrachtete Paulus die Wassertaufe und die Geistestaufe als heilsnotwendig, wie ich in meinem Buch *„Wiedergeburt. Start in ein gesundes Leben als Christ"* *(Projektion J, 1991)* näher ausgeführt habe. Nur weil wir uns die Errettung als das Lösen einer Eintrittskarte in den Himmel vorstellen, gehen wir irrigerweise davon aus, dass diese beiden Taufen nicht mehr heilsnotwendig wären. Beginnen wir jedoch, die Errettung als einen Recyclingprozess zu verstehen, erhalten diese beiden Taufen wieder ihre essentielle Bedeutung. Paulus schreibt, dass Gott uns durch das Bad der Wiedergeburt und durch die Erneuerung im Heiligen Geist gerettet habe, den er freigiebig über uns ausgoss. Die Wiederherstellung beginnt also mit unserer Wassertaufe und setzt sich fort, wenn wir im Heiligen Geist „gebadet" werden.

TIMOTHEUS UND TITUS

Die Gegensätzlichkeit von Timotheus und Titus ist bemerkenswert. Titus war ein unbeschnittener Nichtjude heidnischer Herkunft. Timotheus wurde in Lystra geboren, einer der ersten Städte in Galatien, die Paulus evangelisiert hatte. Er wurde Paulus von der dortigen Gemeinde als ein kompetenter Stellvertreter empfohlen, und so nahm ihre Beziehung ihren Lauf.

Timotheus hatte eine jüdische Mutter und eine jüdische Großmutter, die ihn als Kind in den Heiligen Schriften unterrichteten. Weil sein Vater kein Jude war, wurde er nicht beschnitten. Später allerdings beschnitt ihn Paulus; allerdings nicht, weil er glaubte, dass Timotheus dadurch geistlich irgendeinen Vorteil erlangen würde, sondern weil die Beschneidung hilfreich war, wenn er eine Synagoge besuchte. Paulus war sehr darauf bedacht, dass seine Mitarbeiterteams keinen unnötigen Anstoß erregten.

Das Neue Testament berichtet über drei spezielle Aufträge, die Timotheus ausführte, bevor er nach Ephesus kam. Er wurde als Paulus' Bevollmächtigter nach Thessalonich, Korinth und Philippi geschickt. Auch unterstützte er Paulus beim Verfassen von mindestens sechs

Briefen: er wirkte an den beiden Thessalonicherbriefen, den Korintherbriefen, sowie den Episteln an die Philipper und an Philemon mit.

Allerdings war Timotheus nicht ganz gesund. Er hatte immer wieder Verdauungsbeschwerden, so dass Paulus ihm riet, um seines Magens willen ein wenig Wein zu trinken. Tatsächlich hielt Paulus es für notwendig, Timotheus dazu aufzufordern, wie ein Soldat oder Athlet die christliche Selbstdisziplin einzuüben, die der geistliche Dienst erforderte. Wir wissen nicht, ob Timotheus es schaffte, in Rom einzutreffen, bevor Paulus hingerichtet wurde. Doch der zweite Timotheusbrief zeigt deutlich, wie sehr sich Paulus nach der Ankunft seines Freundes sehnte.

Im Gegensatz zu seinen Briefen an Timotheus enthält Paulus' Brief an Titus wenig Persönliches. Titus ist offensichtlich ein exzellenter Mitarbeiter, der in Korinth großartige Ergebnisse erzielte. Paulus scheint ihm völlig zu vertrauen. Allerdings erfahren wir aus dem Brief relativ wenig über ihn selbst. Paulus erteilt Titus nicht dieselben Ermahnungen wie Timotheus.

In den meisten Briefen, die Paulus geschrieben hat, werden bereits am Anfang die Krisen oder Herausforderungen angesprochen, um die es hauptsächlich ging. Titus macht da keine Ausnahme. Obwohl bereits in jeder Stadt auf Kreta Gemeinden existierten, gab es noch *keine Gemeindeleitung durch Älteste*. Daher war es dringend notwendig, dass jemand örtliche Leiter einsetzte, die das Wachstum der Gemeinden förderten. Titus sollte sicherstellen, dass solche Älteste in ihr Amt eingeführt wurden.

Die Briefe an Timotheus wurden geschrieben, weil die Gemeinde in Ephesus die *falschen Ältesten* hatte. Deshalb bekam Timotheus den Auftrag, diese abzusetzen und sie durch gute Leiter auszutauschen. Eigentlich passte die Aufgabe in Ephesus besser zu Titus als zu Timotheus!

Um die Glaubensqualität der Gemeindemitglieder auf Kreta machte sich Paulus große Sorgen. Seine Kommentare lassen vermuten, dass ihre heidnische Vergangenheit sie und damit auch das Gemeindeleben immer noch beeinflusste. Die Kreter hatten den Ruf, sich schlecht zu benehmen, und dieses Verhalten war auch in den Gemeinden auf der Insel zu spüren. Im Gegensatz dazu stand in Ephesus die Gemeindeleitung im Fokus der Aufmerksamkeit. An beiden Orten wurden falsche Lehren verbreitet. Während sie sich auf Kreta jedoch nur unwesentlich auf das Gemeindeleben auswirkten, wurden diese Irrlehren in Ephesus von den ungeeigneten Ältesten gepredigt. Für das Wohlergehen der Gemeinde war es daher zwingend notwendig, dass man etwas dagegen unternahm.

Die Aufträge, die Paulus Titus und Timotheus erteilte, können wir drei Bereichen zuordnen.

DIE ÜBERGANGSPHASE ZUM ABSCHLUSS BRINGEN
Die erste Aufgabe bestand darin, die Übergangsphase zum Abschluss zu bringen, indem sie die Abhängigkeit der Gemeinden von den Aposteln beendeten und örtliche Leiter einsetzten. Die Gemeinden mussten im wahrsten Sinne des Wortes unabhängig werden, so dass ihr Kontakt mit den Gemeindegründern abnehmen konnte.

Qualifizierte Leiter
ÄLTESTE
Paulus schärft seinen beiden Freunden ein, nach welcher Art von Ältesten sie Ausschau halten sollen. Er betont den Charakter, wobei er sein Augenmerk besonders darauf richtet, wie der Älteste als Haupt seiner Familie vorsteht. Dieser Aspekt ist deshalb so wichtig, weil sich die Gemeinde oft im Haus des Ältesten traf. Er erwähnt auch das Thema Bezahlung und befürwortet ausdrücklich, dass jemand, der predigt und lehrt, ein „doppeltes Honorar" erhält.

Interessanterweise hält es Paulus für notwendig, dass ein Ältester einen guten Ruf bei Menschen außerhalb der Gemeinde hat. Wenn eine Gemeinde ihre Ältesten auswählt, dann kann es sehr hilfreich sein, auch Außenstehende um eine Empfehlung zu bitten. Eine positive Rückmeldung ist dabei ein gutes Zeichen.

Paulus lehrt, dass Älteste männlichen Geschlechts sind. Das ist tatsächlich eine der Voraussetzungen für dieses Amt. Der Nachdruck dieser und anderer Passagen der Bibel hat mich davon überzeugt, dass das Ältestenamt in den Verantwortungsbereich der Männer gehört, genauso, wie der Vater letzten Endes für die Disziplin innerhalb der Familie zuständig ist.

Leiter klagen häufig, dass alle ihre Probleme gelöst wären, wenn ihnen die Gemeindeglieder nur folgen würden. Ich hege allerdings den Verdacht, dass das wirkliche Problem darin besteht, dass ihnen die meisten Mitglieder tatsächlich folgen! Unbewusst ahmen die Menschen unweigerlich ihre Führungspersönlichkeiten nach. Sie mögen zwar ihren Worten nicht gehorchen, doch sie tun in der Regel, was sie ihre Leiter tun sehen. Es gehört zu den faszinierenden und beängstigenden Aspekten der Gemeindeleitung, dass man beobachten kann, wie sich die eigenen Stärken und Schwächen in der Gemeinde zeigen. Natürlich ist diese Gefahr in einer Gemeinde besonders groß, in der es nur einen starken Leiter gibt. Sein Charakter wird zum Charakter der Gemeinde. Bei einer Vielzahl von Ältesten können sich die Stärken und Schwächen der einzelnen Personen viel besser ausgleichen. Das ist ein Grund dafür, dass es bei der Eignung von Gemeindeleitern (d. h. Ältesten und Diakonen) mehr auf den Charakter als auf die Begabung ankommt. Was einen guten Leiter ausmacht, ist nicht so sehr, was er tun kann. Vielmehr ist sein Sein, d.h. seine Identität, entscheidend, und zwar sowohl im privaten

Bereich als auch in der Öffentlichkeit. Die einzige Gabe, die von einem Ältesten erwartet wird, ist die Fähigkeit, andere zu unterrichten, seien es Einzelpersonen oder eine ganze Gemeinde.

DIAKONE

Die Fähigkeiten, die von einem Diakon verlangt werden, sind ähnlich gelagert. Doch es gibt Hinweise darauf, dass auch Frauen Diakone sein können. Paulus erwähnt in diesem Zusammenhang Frauen, wobei es allerdings umstritten ist, ob es sich um Ehefrauen von Diakonen oder um weibliche Diakone (Diakonissen) handelt. Grundsätzlich muss jeder, der einer Gemeinde praktisch dient, einen Lebensstil erkennen lassen, der Gott gefällt, wie begabt er auch sein mag. Das Wichtigste in der Gemeindearbeit sind nämlich Beziehungen, nicht Fähigkeiten.

Es wird auch deutlich, dass es keine Hierarchie gibt. Die Einsetzung als Diakon ist kein erster Schritt auf der Karriereleiter, die zum Ältestenamt führt, auch wenn es manchmal so gesehen wird. Diakone kümmerten sich zur neutestamentlichen Zeit um die weltlichen Bedürfnisse der Gemeinde, während sich die Ältesten auf die geistlichen Bedürfnisse konzentrierten.

Geistlich reife Mitglieder

Die Briefe bekunden auch, wie wichtig es ist, dass die Gemeindeglieder in praktischen Fragen geistliche Qualitäten zeigen. Paulus betont die Wichtigkeit von Sitte und Anstand innerhalb der Gemeinde. In der Gesellschaft sollen die Gläubigen respektvolles Verhalten dadurch zeigen, dass sie für die politische Führung Fürbitte tun. Die ausreichende Versorgung von Familienangehörigen, die in Not sind, ist ihm ebenfalls ein Anliegen.

Paulus betont, dass ältere Frauen den jüngeren helfen

sollen, dass älteren Menschen Respekt entgegenzubringen ist und dass wirklich notleidende Witwen versorgt werden müssen.

Der Brief an Titus konzentriert sich besonders auf die geistliche Reife der Gemeindeglieder. Paulus schreibt, dass ein gottesfürchtiger Charakter innerhalb der Gemeinde, zu Hause und am Arbeitsplatz erkennbar sein muss. Eigentlich ist der Brief ein wunderbarer „Lehrplan" für ein Mitgliedertraining, der zeigt, wie ein Gemeindeglied dem Evangelium alle Ehre machen kann. Dass die Gemeinde der Welt einen positiven Eindruck vermittelt, ist für Paulus ein Daueranliegen. Interessanterweise ist der Wertekatalog, den der Apostel im Titusbrief anführt, keine Auflistung christlicher, sondern griechischer Tugenden. Bei den Griechen gab es eine Liste von Eigenschaften, die sie an Menschen wertschätzten. Paulus zieht tatsächlich diesen heidnischen Wertekatalog heran und stellt die Christen vor die Herausforderung, ihn zu erfüllen.

Das bedeutet jedoch nicht, dass die Gemeinde die moralischen Standards der Welt nachahmen sollte. Vielmehr geht es darum, dass die Christen mindestens das verkörpern müssen, was die Welt als gut bezeichnet. Dabei gehen wir davon aus, dass Nichtchristen über ein gesundes Urteilsvermögen verfügen. Oft messen sie Christen nämlich an ihren eigenen Anforderungen!

Die Rolle der Frauen

Die wahrscheinlich umstrittensten Aussagen in diesen Briefen betreffen die Frauen. Paulus setzt dem Dienst von Frauen offensichtlich enge Grenzen[2]. Feministische Theologinnen betrachten diese Briefe sehr kritisch und stellen folgende Behauptungen auf:

---

[2] Eine ausführliche Betrachtung dieses Themas ist im bisher nur auf Englisch erschienen Buch „Leadership is Male" (Führung ist Männersache) von David Pawson zu finden.

1. *Pseudepigraphisch:* Manche vertreten die Ansicht, dass diese Briefe nicht von Paulus stammen würden, sondern eine Fälschung aus dem 2. Jahrhundert seien, die man unter seinem Namen veröffentlichte. Daher gehörten sie nicht in den biblischen Kanon.

2. *Rabbinisch:* Andere behaupten, dass die Lehre über Frauen ein Rückfall in seine rabbinische Zeit vor seiner Bekehrung darstellen würde, wenn diese Briefe tatsächlich von Paulus stammten. Als alter Mann greife er die alten Vorurteile seiner jüdischen Erziehung wieder auf.

3. *Kulturell:* Manche glauben, dass dieser Ansatz rein kulturell zu verstehen sei. In der heutigen Zeit würde Jesus bestimmt sechs Männer und sechs Frauen zu seinen Aposteln machen. Das Lieblingsargument, das diese Position zusammenfasst, lautet, Paulus sei kulturell „vorbelastet" gewesen. Jesus war demnach also taktvoll, als er sich für 12 männliche Apostel entschied, weil es zu seinen Lebzeiten anstößig gewesen wäre, weibliche Apostel einzusetzen. Dieses Argument lässt allerdings völlig außer Acht, dass Jesus niemals irgendetwas aus „diplomatischen Gründen" tat! Eines der wenigen Komplimente, das ihm die Pharisäer zollten, lautete, dass Jesus es den Menschen gerade nicht recht machen würde. Wenn weibliche Apostel aus der Sicht Jesu richtig gewesen wäre, so hätte er sie auch eingesetzt.

4. *Irrlehre:* Andere behaupten, dass Frauen von der Lehre ausgeschlossen wurden, weil viele von ihnen heidnische Kulte anführten. Die Gemeinde musste sich von diesen Praktiken distanzieren und verwehrte den Frauen deshalb zu lehren. Es gibt jedoch keine Beweise, die diese Theorie stützen würden.

5. *Pädagogisch:* Dieser Ansatz besagt, dass die fehlende Bildung der Frauen zu Paulus' Lebzeiten es ihnen verwehrte, eine Leitungs- oder Lehrtätigkeit zu übernehmen. Dann hätte Paulus allerdings auch nicht erlauben dürfen, dass ungebildete Männer die Gemeinde leiteten. In der Apostelgeschichte lesen wir, dass der Hohe Rat die 12 Apostel als ungebildete Männer bezeichnete, was sie tatsächlich auch waren.

Zweifellos vertritt Paulus die Auffassung, dass der Unterschied zwischen Männern und Frauen in der Gemeinde immer noch Gültigkeit hat. Wir sind in Christus nicht geschlechtslos. Gottes Wille ist es, dass wir männliche Männer und weibliche Frauen sind. Die Lehre des Paulus hebt sich vom modernen Abstieg in die „Geschlechtslosigkeit" deutlich ab, bei dem Unterschiede minimiert oder völlig verwischt werden.

Gott hat uns als Männer und Frauen geschaffen und wir brauchen einander. Wir sind für unterschiedliche Rollen und Verantwortungsbereiche gemacht. Wenn sich Männer wie Frauen benehmen und Frauen wie Männer, dann verzerren wir die Schönheit der Schöpfung Gottes. Die Leitungsverantwortung obliegt demnach den Männern. Auch wenn dieser Ansatz heutzutage keinen Anklang findet, steht er in der Bibel. Wir kommen nicht darum herum.

DIE STÖRENFRIEDE KONFRONTIEREN

Die zweite große Aufgabe war es, Störenfriede zu konfrontieren. Als Paulus die Ältesten in Ephesus verließ, warnte er sie, dass nach seiner Abreise „Wölfe im Schafspelz" in diese Herde eindringen würden, der er gedient hatte. In den Tagen des Timotheus erfüllte sich diese Prophetie. Daher schickte Paulus Timotheus nach Ephesus, um die „Wölfe" zu vertreiben.

Das Problem der Irrlehre zieht sich wie ein roter Faden durch diese Epistel. Während es im Titusbrief keine entscheidende Rolle spielt, steht es in den Briefen an Timotheus im Vordergrund. Irrlehren waren sogar der Hauptgrund dafür, dass Paulus mit Timotheus korrespondierte. Ignoriert man ein Problem, wird es nur schlimmer. Ist man allerdings bereit, sich ihm zu stellen, sobald es auftaucht, kann man relativ zügig eine langfristige Lösung finden.

Die Irrlehren, die sie verbreiteten
Es ist nicht einfach, die Inhalte dieser Lehren zu identifizieren. Manche glauben, dass sie Ähnlichkeiten mit dem Gnostizismus des 2. Jahrhunderts hatten.

1. *Griechische Elemente:* Diese Irrlehrer hielten den Körper für etwas Schlechtes und propagierten daher, dass Sex Sünde sei und sich der Mensch an bestimmte Ernährungsregeln halten müsste, um für Gott annehmbar zu sein. Sie vertraten auch eine dualistische Weltsicht und eine überzogene Endzeitlehre. Letztere besagte, dass die Auferstehung bereits stattgefunden hätte.

2. *Jüdische Elemente:* Ihr Festhalten an Speisegesetzen und ihre Fixierung auf Geschlechtsregister lassen auf jüdisches Gedankengut schließen. Paulus' Ausführungen deuten darauf hin, dass sie das Alte Testament eigenmächtig interpretierten.

Paulus kämpfte vermutlich an zwei Fronten: Er zog gegen ein hellenistisches Judentum ins Feld, das griechische und jüdische Elemente miteinander kombinierte und dadurch ein reale Bedrohung für das Evangelium darstellte.

Das schlechte Vorbild, das sie abgaben

Wie wir bereits festgestellt haben, teilt Paulus Timotheus mit, dass ein guter Ältester „zweifacher Ehre wert" sei. (siehe 1. Timotheus 5,17; ELB). Die meisten Übersetzungen werden der ursprünglichen Bedeutung nicht wirklich gerecht, doch offensichtlich ist Folgendes gemeint: Ein Ältester, der predigt und lehrt, sollte ein doppeltes Honorar erhalten. Das deutet auf einen bezahlten Dienst hin und bezieht sich auf Menschen, die Ungläubigen das Evangelium predigen und Gläubigen entsprechenden Unterricht erteilen. Im Umkehrschluss soll Timotheus schlechten Ältesten überhaupt nichts bezahlen, besonders dann nicht, wenn sie geldgierig sind.

Aus den Eigenschaften, gegen die sich Paulus wendet, können wir auf die charakterlichen Mängel der Ältesten schließen. Er schreibt, dass sie zwar dem äußeren Anschein nach fromm lebten, von der Kraft wahrer Gottesfurcht aber nichts wissen wollten. Von außen betrachtet machten sie zwar einen guten Eindruck, doch ihre Motive waren selbstsüchtig. Obwohl sie gesetzestreu erschienen, waren sie ausschweifend, stolz auf ihre eigenen Errungenschaften und geldgierig. Sie glaubten, dass Geld in gewisser Weise eine Belohnung ihrer Frömmigkeit darstellte.

Der Einfluss, den sie auf die Gemeinde ausübten

Der Einfluss, den diese Leiter auf die Gemeinde ausübten, war katastrophal. Ihre falsche Lehre breitete sich aus wie ein wucherndes Krebsgeschwür im Körper. Sie propagierten eine seltsame Mischung aus Zügellosigkeit und Gesetzlichkeit. Jeder dieser beiden Faktoren tötet die Freiheit des Geistes, und in Kombination sind sie besonders schlimm. Leitungsverantwortung braucht folgende Grundlagen: ein reines Herz, ein gutes Gewissen und einen aufrichtigen Glauben. Diese schlechten Ältesten hatten nichts davon. Sie verbreiteten nicht nur Irrlehren, sondern gaben auch noch ein schlechtes Vorbild ab.

DIE WAHRHEIT VERKÜNDIGEN
Der dritte wichtige Auftrag beim Gemeindebau besteht darin, die Wahrheit zu verkündigen. Gute und beständige Bibellehre hat im Gemeindeleben den höchsten Stellenwert. Gemeinden, die nicht regelmäßig und systematisch aus dem Wort Gottes unterrichtet werden, entwickeln sehr leicht eine Anfälligkeit für alle möglichen Irrlehren. Demgegenüber ermöglicht eine fortwährende Auseinandersetzung mit dem Wort Gottes (d.h. die Vermittlung der Wahrheit des Evangeliums) Wachstum im Leben der Gläubigen.

Timotheus musste sich den Störenfrieden stellen und sie mit ihrem Tun konfrontieren. Er musste schnell handeln, sie absetzen und durch geeignete Älteste ersetzen. Eine Gemeinde kann allen möglichen Angriffen von außen standhalten, doch wenn die Attacken von innen kommen, wird es wirklich gefährlich.

Der Lehrdienst beinhaltete Folgendes: mündliche Unterweisung, Ermahnung und Belehrung. Es ging nicht nur um Bildung oder die Weitergabe von Informationen, sondern darum, die Inhalte mit Vollmacht zu vermitteln. Dazu gehörte auch, selbst mit gutem Beispiel voranzugehen. Timotheus und Titus sollten die Wahrheit des Glaubens nicht nur erläutern, sondern sie den Gemeindegliedern auch vorleben.

Die Botschaft, die sie predigen sollen
Ihre Botschaft sollte auf dem beruhen, was Paulus „den Glauben" und „die Wahrheit" nannte. Es gab drei Quellen, auf die sie zurückgreifen konnten:

1. *Die Schriften:* Das Alte Testament sollte öffentlich gelesen, gepredigt und gelehrt werden.

2. *Die Lehre der Apostel:* Apostelgeschichte 2 berichtet, dass sich die Neubekehrten von den Aposteln unterrichten ließen. Paulus gehörte zu dem Personenkreis, dessen Einsichten in die Wiederkunft Christi für die Gläubigen der neutestamentlichen Gemeinden zur maßgeblichen Autorität werden sollten.

3. *Zuverlässige Aussprüche:* Es gab eine Reihe von Aussagen, die Bekenntnisformeln gleichkamen. Sie spiegelten die Wahrheit der Schrift wider. Fünf von ihnen werden in diesen Briefen erwähnt.

Als glaubwürdige Verkündiger mussten Timotheus und Titus ihre Integrität im Umgang mit der Wahrheit des Evangeliums unter Beweis stellen. Dazu sollten sie zu gelegener und zu ungelegener Zeit bereit sein. Paulus bezeichnete die Glaubenslehre, die sie zu verkündigen hatten, als „heilsam", was von dem griechischen Wort für „gesund" abgeleitet wird. Im Gegensatz dazu waren die Abweichungen von der Theologie der Apostel eine Krankheit, vergleichbar einem sich ausbreitenden Krebsgeschwür.

Diese Lehrtätigkeit sollte sich nicht auf die Gemeindeglieder beschränken, sondern auch Außenstehende erreichen. Timotheus wird aufgefordert „das Werk eines Evangelisten" zu tun.

Das gute Vorbild, das sie abgeben sollen
Paulus ermutigt seine jungen Mitarbeiter dazu, die Wahrheit des Evangeliums in ihrem Leben sichtbar werden zu lassen. Er erinnert Timotheus daran, dass er ihm in vielen Bereichen ein Vorbild war: Er schreibt von „meiner Lehre, meinem Lebenswandel, meinem Vorsatz, meinem Glauben, meiner Langmut, meiner Liebe, meinem Ausharren, meinen Verfolgungen, meinen Leiden" (2.

Timotheus 3,10+11; ELB) sowie von seiner Bereitschaft zu sterben. Er betont, dass der eigene Lebenswandel aussagekräftiger ist als die Worte, die man spricht. Was wir predigen, müssen wir auch leben.

Paulus fordert Timotheus dazu auf, seinen Schülern nun ebenfalls ein gutes Vorbild zu sein. Timotheus' Lebensstil muss in den Augen der Gemeinde und aus der Sicht Außenstehender tadellos sein. Auch wenn dies einschüchternd klingen mag, geht es nicht um Perfektion, sondern um Fortschritt.

Timotheus soll das Böse meiden und nach Gottesfurcht streben. So kann sein Beispiel eines gottgefälligen Lebens Außenstehende anziehen wie ein Magnet.

WAS KÖNNEN WIR AUS DIESEN BRIEFEN LERNEN?

1. *Reinheit ist kein äußerer, sondern ein innerer Zustand.* Jede gesetzliche Auslegung des Glaubens ist ihrem Wesen nach nur äußerlich.

2. *Unterscheidungen nach Geschlecht, Alter und Klasse haben in der christlichen Gemeinde nach wie vor Gültigkeit.* Galater 3,28, der diese Unterscheidungen angeblich aufhebt, gilt nur für unsere vertikale Beziehung zu Gott. Das bedeutet, dass diese Unterschiede aus Gottes Sicht für die Frage unserer Errettung keine Rolle spielen.

3. *Die positiven Eigenschaften einer Gemeinde müssen dem entsprechen, was die Welt als „gut" ansieht und noch darüber hinausgehen.* Dieses Prinzip ist sehr wichtig, weil die Welt sich nicht zum Narren halten lässt. Sie weiß genau, wie sich ein guter Mensch verhält und erwartet, in einer Gemeinde gute Menschen vorzufinden. Wir tragen die Verantwortung, ein vorbildliches Leben zu führen.

4. *Charakter ist wichtiger als Begabung.* In der Gemeindeleitung geht es darum, sowohl ein gutes Vorbild als auch ein guter Verwalter zu sein; beides muss man sehen und hören können.

5. *Die Hirten sind für den Zustand der Herde verantwortlich, nicht die Schafe.* Die Bibel beschuldigt niemals die Schafe für den Zustand der Herde, immer nur die Hirten. Viele Pastoren, mit denen ich in Kontakt komme, machen nur allzu bereitwillig ihre Mitglieder für den Zustand der Gemeinde verantwortlich. Gott sieht jedoch stets die Verantwortung bei den Hirten.

6. *Gesunde, ausgewogene Lehre betrifft sowohl das Verhalten als auch den Glauben.* Gesunde Lehre im biblischen Sinne bedeutet, dass sich der Glaube im Verhalten zeigt.

7. *Die Gemeinde ist eine Familie, doch sie hat auf der Erde keinen Vater.* Allein Gott ist ihr Vater. Alle Menschen in der Gemeinde, sowohl die Mitglieder, als auch die Leiter, sind Geschwister. Dieser Punkt ist sehr wichtig. Wir sollten niemanden „Vater" nennen.

8. *Soziale Hilfeleistungen der Gemeinde unterliegen bestimmten Bedingungen.* Wir dürfen anderen nicht ihre Verantwortung abnehmen. Kann die Familie einer Witwe für diese Frau sorgen, soll die Gemeinde diese Verantwortung nicht schultern. Es gibt eine fehlgeleitete Fürsorge, die zu viele Sozialdienste auf sich nimmt. Die Gemeinde wurde angewiesen, sich nur um jene Witwen zu kümmern, die niemanden hatten, der sie versorgen konnte. Die Gemeinde sollte den Umgang mit Bedürftigen sinnvoll und zweckmäßig gestalten.

9. *Der Charakter einer Gemeinde ist ein Spiegelbild des Charakters ihrer Leiter.* Die Mitglieder imitieren die Leiter ihrer Gemeinde, ob es ihnen bewusst ist oder nicht.

10. *Die schwierigsten Kämpfe, denen wir uns gegenübersehen, finden innerhalb der Gemeinde statt. Das ist die wichtigste Lektion aus den Briefen an Timotheus und Titus.* Wir müssen die Wahrheit des Evangeliums gegen gewisse subtile Verzerrungen verteidigen, von denen heute vier besonders aktuell sind. Das Evangelium sieht sich folgenden Gefahren gegenüber:

- *Politisierung*: Das Reich Gottes ist ein reines Wohlfahrtsprogramm für die diesseitige Welt.
- *Feminisierung:* Gott wird als eine Mutter dargestellt, die ihre Kinder verwöhnt, statt als ein Vater, der seine Kinder erzieht.
- *Relativierung:* Die absoluten Gegensätze von wahr und unwahr, richtig und falsch werden aufgehoben.
- *Synkretismus:* Das Evangelium wird im Namen einer allumfassenden Weltreligion mit anderen Glaubensansätzen vermischt.

Gegen diese Verzerrungen hilft ein doppelter Ansatz: Wir müssen die Wahrheit vermitteln und gleichzeitig die Irrlehren aufdecken.

DURCH LEIDEN ZUR HERRLICHKEIT

53. Hebräer

54. Jakobus

55. 1. und 2. Petrus

56. Judas

57. 1., 2. und 3. Johannes

58. Die Offenbarung

59. Das Tausendjährige Reich

53.
DER HEBRÄERBRIEF

Einleitung

Schwierig oder herrlich?
Die Meinungen moderner Leser über den Hebräerbrief gehen stark auseinander. Manche halten ihn für einen der schwierigsten Briefe des Neuen Testaments. Das liegt zum Teil daran, dass er auf Nichtjuden mit seinen recht detaillierten Beschreibungen von Opfern, Altären und priesterlichen Zeremonien sehr jüdisch wirkt. Um den Hebräerbrief richtig zu verstehen, muss man mit dem Alten Testament und insbesondere mit dem 3. Buch Mose vertraut sein. Ein derartiges Verständnis fehlt den meisten Nichtjuden jedoch. Darüber hinaus sind dem modernen Denken einige Inhalte des Hebräerbriefes fremd. Wer interessiert sich schon für Engel und Geschlechtsregister? Selbst unter Christen gehören sie kaum zu den gängigen Gesprächsthemen.

Obendrein ist das Griechisch des Hebräerbriefes sehr kompliziert, auch wenn viele es für das beste Griechisch des gesamten Neuen Testaments halten. Das Neue Testament wurde nicht in klassischem Griechisch, sondern in *koine* Griechisch verfasst, einer umgangssprachlichen Ausdrucksweise, die einen Gegensatz zum akademischen Griechisch bildet. Doch der Hebräerbrief hat mehr Gemeinsamkeiten mit dem klassischen Griechisch als irgendein anderer Teil des Neuen Testaments. Selbst im Englischen und Deutschen ist die Sprache gewählt und anspruchsvoll, was für einige Leser ein Hindernis darstellt.

Allerdings hat der Hebräerbrief auch seine Befürworter. Manche bezeichnen ihn als das herrlichste Buch der gesamten Bibel. Sie lieben es und haben ihre wahre Freude daran, und zwar üblicherweise aus einem der drei folgenden Gründe:

SCHLÜSSEL ZUM NEUEN TESTAMENT

1. DAS WUNDERBARE KAPITEL ÜBER DEN GLAUBEN
Dieses Kapitel ähnelt einem Spaziergang durch ein Mausoleum, bei dem der Leser zurück in die Vergangenheit auf das Leben der großen Glaubenshelden blickt. Wer die detaillierten Erörterungen der ersten Kapitel etwas heftig findet, erfährt in Kapitel 11 Erleichterung. Endlich gibt es etwas, mit dem man sich identifizieren kann.

2. AUFSCHLUSS ÜBER DAS ALTE TESTAMENT
Der Hebräerbrief beschäftigt sich mit der Frage, in welcher Art von Beziehung das Alte und das Neue Testament zueinander stehen. Er erklärt uns, wie wir mit dem Gesetz des Mose umgehen sollten, indem er uns die Bezüge unseres christlichen Glaubens zu den Ritualen im Tempel aufzeigt. Die Epistel beschreibt, wie das Volk Gottes in eine neue Ära der Gemeinschaft mit Gott eingetreten ist. Christen finden in diesem Brief daher viele Interpretationsmodelle, um das Alte Testament zu verstehen.

3. OFFENBARUNG ÜBER CHRISTUS
Wer Jesus liebt, liebt den Hebräerbrief. Denn er lässt ihn in einem einzigartigen Licht erscheinen, wie kein anderer Teil des Neuen Testaments. Ein Lieblingswort des Autors ist „besser". Jesus wird als „besser" beschrieben, nicht als „der Beste" (obwohl das natürlich auch stimmt), weil er mit geringeren Persönlichkeiten verglichen wird, die der ursprünglichen Leserschaft attraktiv erschienen. Jesus ist besser als die Engel, besser als die Propheten und besser als alle anderen Vermittler.

Stuft man das Buch als schwierig oder charmant ein, so vertritt man zwei Extrempositionen, die am eigentlichen Kern des Briefes vorbeigehen. Der wahre Schlüssel zum Verständnis des Hebräerbriefes steckt in der Frage: „Warum wurde er geschrieben?" Auch wenn es ein wenig kompliziert ist, dahinterzukommen: Hat man die Antwort einmal gefunden, macht die gesamte Epistel plötzlich Sinn.

Wer war der Autor?

Bevor wir uns jedoch der Frage zuwenden, warum der Brief geschrieben wurde, müssen wir prüfen, wer ihn geschrieben hat. Ein Gelehrter nannte ihn einmal „das Rätsel des Neuen Testaments", weil es sich um das einzige neutestamentliche Buch handelt, dessen Verfasser definitiv unbekannt ist. Es existieren alle möglichen Theorien. Manche älteren Ausgaben der englischen King James Bibel nennen ihn den „Brief des Apostel Paulus an die Hebräer". Aber das ist reine Spekulation. Ich persönlich glaube nicht, dass Paulus ihn geschrieben hat. Es ist weder sein Stil, noch seine Sprache. Andere vermuten, dass Barnabas ihn geschrieben haben könnte, was zum Teil an der großen Anzahl von Ermutigungen liegt. Wieder andere ziehen Stephanus in Betracht oder Silas oder Apollos. Eine Vermutung besagt, dass Priszilla die Autorin sei. Es wurde kein Verfasser genannt, um zu verheimlichen, dass eine Frau diese Epistel geschrieben hat. Das halte ich allerdings für sehr unwahrscheinlich. Am Ende muss ich zusammen mit dem großen Kirchenvater Origenes von Alexandria bekennen: „Gott allein weiß, wer ihn geschrieben hat."

An welche Adresse wurde der Brief geschickt?

Es ist ebenfalls unsicher, wohin der Brief geschickt wurde. Die einzige Adresse auf dem Brief lautet, „an die Hebräer", was man kaum als genau genug bezeichnen kann. Erneut gibt es viele Vermutungen. Manche meinen, dass er nach Alexandria geschickt wurde. Andere schlagen Antiochia, Jerusalem oder Ephesus vor. Wir wissen es nicht genau, doch ganz am Ende gibt es einen wichtigen Hinweis. Der Autor schreibt: „Alle *aus* Italien lassen euch grüßen." Daher halte ich es für eine nachvollziehbare Schlussfolgerung, dass er *nach* Italien geschickt wurde. Damit wäre er dann für die Gemeinde in Rom bestimmt gewesen.

Wir können in jedem Fall sicher sein, dass der Hebräerbrief ein bisschen später geschrieben wurde als der Römerbrief. Er erwähnt nämlich Dinge, die noch nicht stattgefunden hatten, als Paulus den Römerbrief verfasste. Daher nehme ich an, dass der Hebräerbrief an die Christen in Rom gerichtet war, und zwar, unter Berücksichtigung seines Titels, speziell an die jüdische Hälfte der Gemeinde. Das wirft eine neue Frage auf: „Warum brauchte man einen Brief speziell für die eine Hälfte der Gemeinde?"

Wann wurde der Brief verschickt?
Offensichtlich lebten die ursprünglichen Leiter der Gemeinde in Rom nicht mehr, weil der Verfasser am Ende des Briefes schreibt: „Gedenkt eurer Leiter". Der Tempel und der Opferdienst existierten noch, da der Autor sie in der Gegenwartsform beschreibt. Folglich muss der Brief vor dem Jahr 70 n. Chr. geschrieben worden sein, denn damals wurde der Tempel zerstört und die Opfer hörten auf. Der Hebräerbrief entstand also in einem Zeitfenster zwischen 55 n. Chr., nachdem Paulus den Römerbrief verfasst hatte, und vor dem Jahr 70 n. Chr.

Nero
Der Grund für den Brief wird deutlich, wenn wir uns bewusst machen, was in diesem Zeitabschnitt passierte. Nach der Niederschrift des Römerbriefes hatte sich die Lage drastisch verändert. Das lag größtenteils an der Thronbesteigung Kaiser Neros. Wir haben in unserer Betrachtung des Römerbriefes (siehe Kapitel 47) festgestellt, dass unter Claudius zirka 40.000 Juden in den frühen 50er Jahren des ersten Jahrhunderts n. Chr. aus Rom verbannt wurden. Dies geschah, bevor Paulus den Römerbrief schrieb (damals flohen Priszilla und Aquila nach Korinth, wie die Apostelgeschichte berichtet). Die Gemeinde in Rom wurde infolgedessen immer

nichtjüdischer. Als die Juden nach dem Tod von Claudius im Jahre 54 n. Chr. nach Rom zurückkehrten, entstanden daher Spannungen zwischen den jüdischen Gläubigen und den Nichtjuden, die nun die Gemeinde leiteten. Unsere Betrachtung des Römerbriefes hat ergeben, dass Paulus intervenierte, um den Juden zu helfen, sich wieder in diese nun überwiegend nichtjüdische Gemeinde zu integrieren.

Neros Herrschaft brachte jedoch großes Leid über die Gemeinde. Ähnlich wie Adolf Hitler bewirkte Nero zunächst einige gute Dinge. Aus Hitlers Biographie wissen wir, dass er Deutschland aus Arbeitslosigkeit und Inflation herausführte, die Autobahnen bauen ließ und die Produktion des „Käfers" als „Volkswagen", d.h. als Auto des Volkes, anordnete. Auch Neros Biographie zeigt zu Beginn positive Entwicklungen für die Stadt Rom. Der Kaiser hörte auf den Rat anderer Menschen und war zunächst ein weiser Regent. Doch zu einem bestimmten Zeitpunkt wurde er unbelehrbar und entwickelte sich zum Diktator. Genau wie Hitler Berlin umgestalten wollte, wollte Nero Rom neu erbauen. Er hatte gigantische Pläne, die vorsahen, alles abzureißen und die monumentalsten Gebäude, die es je gegeben hatte, neu zu errichten. Kurz gesagt, er wurde größenwahnsinnig. Die Menschengruppe, die am meisten darunter zu leiden hatte, waren die Christen. Viele von ihnen ließ Nero umbringen.

Im Römerbrief gibt es noch keinen Hinweis auf eine Christenverfolgung. Die Gemeinde musste der allgemeinen Unmoral Roms widerstehen, doch es gab bis dahin noch keine wirkliche Unterdrückung. Der Hebräerbrief enthält jedoch einen ganzen Abschnitt, der das Wesen der Verfolgung beschreibt, unter der die Gläubigen schon zu leiden hatten. Keiner von ihnen war bisher als Märtyrer gestorben, was bedeutet, dass wir uns in der Mitte der Regierungszeit Neros befinden. Ihre Häuser wurden verwüstet und ihre Besitztümer konfisziert. Manche von ihnen hatten Zeit im Gefängnis verbracht. Daher steht am Ende des Briefes die Aufforderung, jene zu besuchen, „die im Gefängnis sind". Timotheus wird als einer derjenigen erwähnt, die inhaftiert und wieder freigelassen wurden. Für die Christen wurde es daher immer schwieriger. Ihr Glaube kostete sie zwar noch nicht ihr Leben, doch alles andere mussten sie bereits für ihre Überzeugungen opfern.

Jüdische Gläubige
Natürlich wurden alle Gläubigen verfolgt, ob es sich um Juden oder Nichtjuden handelte. Warum aber wurde der Brief nur an die jüdischen Gläubigen adressiert? Die Antwort ist sehr einfach und entschlüsselt den gesamten Brief: Für die Juden gab es einen Weg, dem Leid zu entkommen, der nichtjüdischen Gläubigen versperrt war: Jüdische Gläubige konnten ihren Schwierigkeiten entfliehen, indem sie zurück in die Synagoge gingen. Zur damaligen Zeit war das Christentum verboten, während das Judentum mit seinen Synagogen noch offiziell erlaubt war. Die christlichen Gemeinden hingegen gehörten zur Untergrundkirche, so wie früher im kommunistischen Russland oder in China und noch heute in manchen Teilen der muslimischen Welt.

Die jüdischen Gläubigen konnten also wieder in die Synagoge gehen und dadurch ihre Familien vor der Verfolgung retten. Sie konnten sogar behaupten, zum selben Gott zurückzukehren. Doch der Preis, den sie dafür bezahlen mussten, bestand darin, öffentlich ihren Glauben an Jesus zu verleugnen. Das war tatsächlich der einzige Weg, um wieder in die jüdische Glaubensgemeinschaft aufgenommen zu werden. Es war ein großes Dilemma. Diese Menschen hatten von Jesus gehört und glaubten, dass er der Messias war. Doch nachdem sie der Gemeinde beigetreten waren, mussten sie mitansehen, wie ihre Kinder in der Schule drangsaliert, ihre Fenster eingeworfen und ihre Besitztümer beschlagnahmt wurden. Sie wussten, dass die Rückkehr in die Synagoge ihre Familien retten würde. Allerdings mussten sie dann vor der versammelten Synagogengemeinde Folgendes erklären: „Ich sage mich von dem Bekenntnis, dass Jesus der Messias ist, los."

Angesichts dieser Verfolgungssituation richtet sich der Brief daher hauptsächlich an die jüdischen Gläubigen. Der Verfasser fordert sie auf festzubleiben, und zwar mithilfe von Bildern aus der Welt des Segelns: „Holt euren Anker nicht ein, treibt nicht am Ziel vorbei, lasst eure Segel nicht hängen." Wahrscheinlich war er ein erfahrener Segler.

Ermahnung und Erörterung
Am Ende erklärt der Autor, er habe nur einen „kurzen Brief der Ermahnung" geschrieben. Ermahnungen enthält der Brief sicherlich, sehr kurz ist er allerdings nicht! Ihrem Wesen nach sind Ermahnungen sehr lösungsorientiert. Der Verfasser versucht nicht, seinen Lesern eine bestimmte Theologie nahezubringen, sondern ist bemüht, diesen Sog zurück in die Synagoge zu unterbinden. Alle seine Aussagen beschäftigen sich mit diesem Problem, von Anfang bis Ende. Er versucht es mit allen Mitteln. Er appelliert an sie, er warnt sie und spricht liebevoll aber deutlich mit ihnen. Kein erdenkliches Argument bleibt ungenutzt, weil er befürchtet, dass sie ihre Errettung verlieren werden, wenn sie sich wieder dem Judentum zuwenden.

Wenn wir diesen leidenschaftlichen Appell auch als solchen wahrnehmen, laufen wir nicht Gefahr, den Brief als ein theologisches Lehrbuch einzuordnen. Viele mir bekannte Prediger legen diese Epistel so aus, als würde es sich nur um eine Studie Jesu Christi handeln. Dabei entgeht ihnen das praktische Element. Nach dem *Oxford English Dictionary* bedeutet das Wort „ermahnen": „jemandem etwas dringend raten" bzw. „jemanden zu einem Verhalten, einer Tat drängen". Der gesamte Brief fordert seine Leser eindringlich zu einem bestimmten Verhalten auf. Der Aufruf hat sowohl negative, als auch positive Elemente: „Bitte geht nicht zurück, sondern geht weiter vorwärts."

Es gibt eine wahre Geschichte über einen Menschen, der in den Sümpfen von Yorkshire ums Leben kam. Bei der Leichenbeschau erklärte der Gerichtsmediziner: „Wenn er sich einfach nur weiterbewegt hätte, wäre er heute noch am Leben." Stattdessen setzte er sich hin und verharrte an einem Ort, so dass die Unterkühlung einsetzte. Das ist die Botschaft des Hebräerbriefes: „Geht weiter vorwärts!"

Der Verfasser weist seine Leser jedoch nicht zurecht, sondern identifiziert sich mit ihnen. Er schreibt: „Lasst uns weitergehen", und stellt sich mit ihnen auf dieselbe Stufe. Tatsächlich bezeichnet er sich selbst als Paraklet (mit diesem Titel wird im Johannesevangelium der Heilige Geist bezeichnet; er bedeutet „Beistand" bzw. „Tröster"). Man könnte sich den Autor auch als Bergführer vorstellen, der zum letzten Kletterer am Ende der Seilschaft zurückkehrt, um mit ihm gemeinsam den Gipfel zu erklimmen.

Der Aufbau des Briefes ist für das Neue Testament ungewöhnlich, da der Autor ständig zwischen Erörterung und Ermahnung hin und her springt. (Die meisten neutestamentlichen Bücher enthalten zuerst einen Lehr- und dann einen Praxisteil.) Hier allerdings wird die ganze Zeit argumentiert und appelliert, wobei sich das Größenverhältnis zwischen Erörterung und Appellen im Verlauf des Briefes verändert.

In den Kapiteln 1 und 2 gibt es eine lange Erörterung und einen kurzen Appell. Doch nach und nach werden die Erörterungen kürzer und die Ermahnungen immer länger. Schließlich enthält das Kapitel 11 eine kurze Darstellung der Glaubenshelden, gefolgt von einem langen Appell, der sich über die Kapitel 12 und 13 erstreckt. Der Verfasser präsentiert am Anfang also mehr Argumentation und weniger Appelle.

Am Ende ist es umgekehrt. Das ist ein Grund dafür, dass der vordere Teil etwas schwieriger zu verstehen ist als der hintere.

Die Appelle werden von der Aufforderung „Lasst uns ..." dominiert. Zum Beispiel: „Lasst uns jede Last ablegen ... und mit Ausdauer laufen, ... indem wir hinschauen auf Jesus" (Hebräer 12,1+2; SLT). „Lasst uns zu ihm hinausgehen." „Lasst uns das Bekenntnis der Hoffnung ... festhalten". „Lasst uns aufeinander achthaben." „Lasst uns ...", taucht im ganzen Brief insgesamt zwölf Mal auf, davon sieben Mal im letzten Abschnitt. Diese großartige Hinführung steigert sich zu einem höchst persönlichen Appell, der wirklich jeden berühren sollte – außer Menschen, die völlig verstockt sind.

Die meisten Argumente sind dem Alten Testament entnommen, den einzigen heiligen Schriften (außer dem Römerbrief), die den Gläubigen damals zur Verfügung standen. Daher wurden sie von den jüdischen Gläubigen wahrscheinlich bereitwillig angenommen. Der Verfasser behandelt das Alte Testament auf zweierlei Arten: Negativ, indem er das schlechtere Leben im alten Bund dem besseren Leben im neuen Bund gegenüberstellt; und positiv, indem er die Kontinuität zwischen dem Alten und dem Neuen Testament hervorhebt sowie die vielen Beispiele, die wir uns zu Herzen nehmen sollten. Um es mit den Worten des Kirchenvaters Augustinus zu sagen: „Das Alte wird im Neuen entdeckt, das Neue ist im Alten versteckt."

Sprache und Struktur

Viele finden die Sprache und die Struktur des Hebräerbriefes schwer verständlich. Das unten stehende Diagramm wird uns helfen, sie besser einordnen zu können. Es gibt uns einen Überblick über die Form der Kapitel 1 und 2, indem es uns die Aufteilung zwischen Himmel und Erde zeigt. Gott im Himmel hat den Propheten seine Worte durch Engel „häppchenweise" mitgeteilt. Das ganze Leben Jesu lässt sich aus dem Alten Testament zusammensetzen. Es sieht zunächst aus wie ein Puzzle in Einzelteilen, dessen Schachtel man soeben geöffnet hat. Die Propheten teilten den Menschen zwar das Wort mit, doch es brachte ihnen den Tod, weil das Wort des Gesetzes todbringend ist.

Als nächstes erfahren wir Folgendes: Er hat „zuletzt in diesen Tagen zu uns geredet durch den Sohn" (Hebräer 1,2; LUT), der gestorben ist. Der Sohn hat durch die Apostel zu uns gesprochen. Wir hören also im Alten Testament die Worte der Propheten und im Neuen Bund die Worte der Apostel.

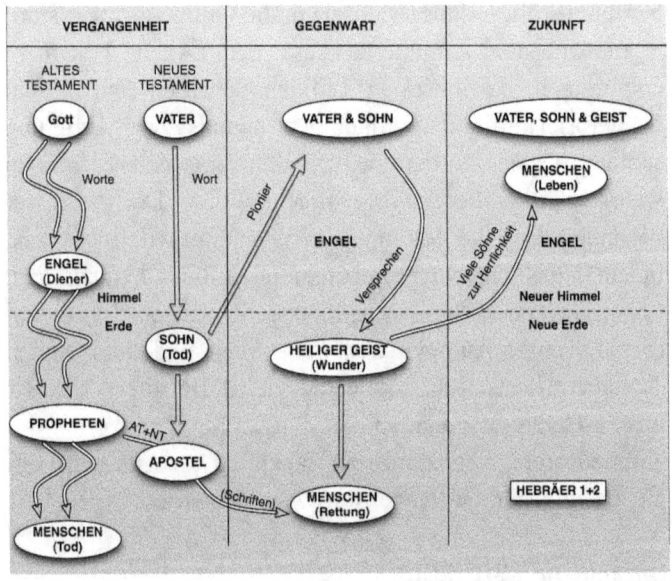

Jesus wurde ein Mensch, starb und kehrte für uns als Pionier in den Himmel zurück. „Pionier" ist im Urtext des Hebräerbriefes ein bevorzugter Titel für Jesus, der „Wegbereiter" bedeutet; der, der uns vorausging, damit wir ihm folgen können. Er hat all das auf sich genommen, damit auch wir in den Himmel gelangen. Wir erfahren zudem, dass er jetzt über den Engeln steht. Kein Mensch hatte jemals diese Position inne, bis Jesus in den Himmel aufstieg. Aus dieser erhöhten Stellung hat er den versprochenen Heiligen Geist auf uns ausgegossen, so dass Wunder möglich wurden. Menschen können diesem Pionier nun folgen und am Ende ebenfalls über den Engeln stehen. Dabei nehmen sie ihren Platz ein unter den vielen Söhnen, die Jesus zur Herrlichkeit geführt hat (siehe Hebräer 2,10). Wir als Gläubige werden also über die Engel erhoben, die uns dienen werden.

Die Struktur der Kapitel 4–10 ist komplizierter. Wir müssen uns vor Augen halten, dass das Denken der Hebräer auf einer horizontalen Zeitleiste Vergangenheit, Gegenwart und Zukunft miteinander verbindet. Das griechische Denken ist hingegen räumlich geprägt, d.h. es orientiert sich an einer vertikalen Linie zwischen Himmel und Erde. Der Hebräerbrief verbindet diese beiden Denkweisen, daher scheint die unten stehende Übersichtsgrafik auf den ersten Blick schwer verständlich.

Wir sehen die Vertikale zwischen dem Himmlischen und dem Irdischen, der unsichtbaren und der sichtbaren Welt; und wir haben einen horizontalen Zeitstrahl zwischen dem Alten und dem Neuen Testament. Diese Linien treffen sich alle am Kreuz. Der Glaube versetzt uns aus dem alten irdischen Zustand in die neue himmlische Realität; er transportiert uns aus der irdischen Vergangenheit in die himmlische Zukunft. Der Abschnitt rechts unten erinnert uns daran, dass wir auch in die entgegengesetzte Richtung zurückfallen können. Es ist möglich, sich aus dem Neuen Testament zurück ins Alte zu bewegen. Man kann aus dem Himmlischen wieder ins Irdische fallen.

Die alten Opfer mussten stets wiederholt werden. Das neue Opfer gilt ein für alle Mal. Die Priester des alten Bundes stehen auf der einen Seite; Jesus, der einzigartige Priester nach der Ordnung Melchisedeks, steht auf der anderen. Das alte Heiligtum besteht aus einer verschlossenen Stiftshütte. Im neuen Heiligtum ist der Thron offen zugänglich. Wir haben jetzt direkten Zugang zum Allerheiligsten.

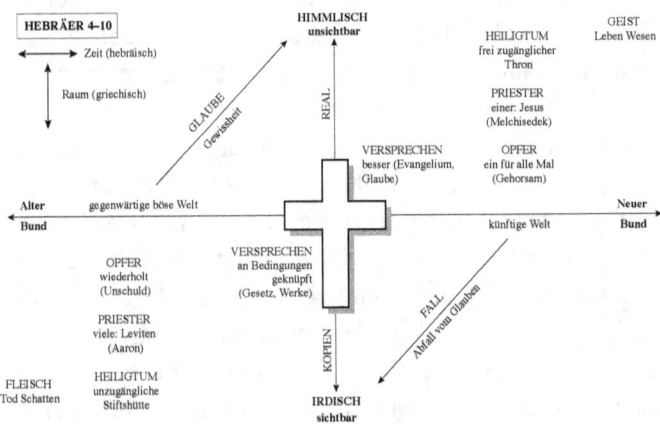

Nun wollen wir das Buch etwas genauer betrachten und uns mit seinen Hauptthemen befassen.

NEGATIVER KONTRAST (KAPITEL 1–10)
Geh nicht zurück in die Vergangenheit

In den Kapiteln 1–10 zeigt der Verfasser den scharfen Kontrast zwischen dem Alten und dem Neuen Testament, zwischen Judentum und Christentum. Seine Argumentation ist sehr einfach: Jetzt sitzt du am Steuer eines Rolls-Royce; willst du wirklich wieder mit einer alten Schrottkarre herumfahren? Willst du dein Badewasser wirklich wieder im Wasserkocher aufheizen und in eine Blechwanne vor dem Ofen schütten? Wer tut so etwas Unsinniges freiwillig, wenn ihm das Beste und Neuste zur Verfügung steht? Eine

Rückkehr ins Judentum bedeute, in eine viel schlechtere Position zurückzukehren, erklärt der Verfasser Deshalb führt er in den Kapiteln 1–6 aus, dass es um ein Vielfaches *besser* sei, den Sohn Gottes sein eigen zu nennen, statt die Diener Gottes.

Lieber den Sohn als die Diener (Kapitel 1–6)
1. PROPHETEN (1, 1–3)
Manche Gelehrte halten den ersten Satz des Hebräerbriefes für das beste Griechisch des Neuen Testaments. Sie sind von seinem Satzbau, seinem Rhythmus und seiner Ästhetik nachhaltig beeindruckt und stellen ihn den bekannteren Worten aus 1. Mose 1,1 sowie Johannes 1,1 gleich. Der Vers beinhaltet sowohl Kontinuität mit dem Alten Testament (Gott hat geredet) als auch einen Kontrast (durch den Sohn).

Zuerst betrachtet der Verfasser die „alten Worte" der Propheten von Mose bis Maleachi. Diese Worte kamen in …

(a) *vielen Einzelteilen.* Sie waren wie Puzzleteile. Amos beschäftigte sich mit der Gerechtigkeit, Hosea mit der Barmherzigkeit und Jesaja mit der Heiligkeit Gottes. Doch jedes dieser Teile wies auf Christus hin.
(b) *vielen Formen.* Auch das Bild auf dem Deckel des „Puzzles" variierte. Es gab Prosa, Dichtung, Weissagung, Geschichtsschreibung, Gleichnisse, Gesetzestexte, Liebeslieder und Visionen. Die Übermittlung der Botschaften erfolgte durch ganz normale Männer und Frauen aus ganz unterschiedlichen sozialen Schichten.

Dann vergleicht der Verfasser diese vorherigen Methoden mit den „neuen Worten". Er schreibt, dass Gott uns „in dieser letzten Zeit"" (d. h. im letzten Abschnitt der Geschichte seit dem Kommen Christi) ein abschließendes Kommunikationsmittel zur Verfügung gestellt habe. Dieses

„Wort" wurde uns Gläubigen gegeben, und zwar diesmal nicht bruchstückhaft, sondern „durch den Sohn". Dann malt er uns ein dreidimensionales Bild Jesu vor Augen.

(a) Schöpfung

(i) *Am Schluss gehört ihm alles.* Gott hat Jesus zum Erben aller Dinge eingesetzt. Der Sohn Gottes wird also eines Tages alles besitzen. Psalm 2,8 bezeichnet die Nationen als sein Erbteil. Der Mann, um dessen Kleider man am Ende seines ersten Erscheinens gewürfelt hat, wird zurückkehren und über alle Königreiche und Völker herrschen.

(ii) *Am Anfang schuf er alles.* Dieser Sohn hat alles in Gang gesetzt. Er war nicht nur ein einfacher Zimmermann, sondern hat als Schöpfer von Anfang an die Initiative ergriffen und im Schöpfungsprozess Entscheidungen getroffen.

(iii) *In der Zwischenzeit erhält er alles.* Als er noch auf der Erde war, bewies er seine Macht dadurch, dass er den Sturm stillte. Nach seiner Auferstehung sitzt er in der Kommandozentrale des Universums und hält alles zusammen.

(b) Schöpfer

(i) Wir sehen *den Abglanz seiner Herrlichkeit*. So wie Sonnenstrahlen zur Sonne gehören, so ist die die Herrlichkeit ein Teil des Sohnes. Herrlichkeit entspricht seiner wahren Natur.

(ii) Er ist der *Abdruck von Gottes Wesen*. Genauso, wie ein Siegel durch einen Abdruck entsteht, so ist Christus das exakte Abbild Gottes. Wenn wir Jesus sehen, sehen wir den Vater.

(c) Geschöpf

(i) *Retter am Kreuz:* Trotz alledem starb dieser herrliche Sohn am Kreuz. Dadurch hat er uns von unseren Sünden gereinigt. Diesmal geschah es nicht durch ein Wort, sondern durch seine Tat. Er gab sich selbst als Opfer hin. Es ist sein eigenes Werk und nicht einmal Gott, sein Vater, konnte daran teilhaben.

(ii) *Gekrönter Herr:* Doch der Tod konnte ihn nicht festhalten. Er wurde auferweckt und verherrlicht. Er ist der Herr, der über allem steht und in der Kommandozentrale des Universums sitzt: als Friedefürst, als Prophet, als Priester und als König zur rechten Gottes. Aus dieser Beschreibung der erhabenen Stellung Jesu ergibt sich ganz natürlich das nächste Thema das Verfassers: Nun vergleicht er den Sohn mit Engelwesen.

2. ENGEL (1,4 – 2,8)

Die Bibel beschreibt Engel als himmlische, geistliche und übernatürliche Wesen, die über dem Menschen aber unter Gott stehen. Sie haben unter den geschaffenen Wesen die höchste Rangordnung. Obwohl sie im Judentum verehrt wurden, weist der Verfasser darauf hin, dass sie nur dienstbare Geister sind. Er fleht seine Leser an: „Wollt Ihr wieder in den Zustand zurückkehren, in dem der einzige Kontakt, den ihr mit dem Himmel hattet, durch Engel stattfand? Ihr habt den Sohn – ihr könnt dem Vater nicht näherkommen, als durch ihn."

Die Juden billigten Engeln eine erhöhte Stellung als Vermittler oder Botschafter zu. Christen haben jedoch die Tendenz, zu gering von ihnen zu denken. Insofern hielt es der Verfasser für notwendig, Christus mit den Engeln zu vergleichen, damit seine Leser beide richtig einordnen konnten.

(a) Gegenwart: Er steht über den Engeln (1,4–14)
Christus ist den Engelwesen übergeordnet. Der Schreiber verdeutlicht dies durch eine Reihe von Fragen und Zitaten aus dem Alten Testament.

(b) Vergangenheit: Er sprach nicht durch Engel (2,1–4)
Die durch Engel übermittelten Worte im alten Bund waren bereits bindend, weil sie göttliche Autorität hatten. Die neue Mitteilungsform „durch den Sohn" ist sogar noch bedeutender.
- (i) Direkte Kommunikation: Sie fand auf horizontaler Ebene statt. Das Wort wurde durch die Apostel verkündet, die Christus persönlich erlebt hatten. Sie sahen und hörten die Botschaft, die sie dann weitergaben.
- (ii) Göttliche Bestätigung: Die Kommunikation war gleichzeitig nicht ausschließlich „menschlich". Zeichen, Wunder und machtvolle Taten bekräftigten das Wort und veranschaulichten die Dringlichkeit, es anzunehmen und darauf zu reagieren. Denn es gibt uns den festen Halt, den wir brauchen, um nicht am Ziel vorbeizugleiten.

(c) Zukunft: Nicht Engeln hat er durch sein Leiden die künftige Welt unterworfen (2,5–18)
- (i) Ganz am Anfang wurde die Welt den Menschen unterstellt (2,5–9). Der Mensch wurde auf der Erde platziert, um das Universum zu regieren. In Genesis 1,28 lesen wir, dass Gott ihm die Herrschaft über alle Geschöpfe übertrug, die auf der Erde, im Himmel und im Wasser lebten. Psalm 8,4–6 bestätigt diese Vormachtstellung. In der Realität sehen wir allerdings noch nicht, dass die Menschen tatsächlich über alles herrschen würden

— mit einer Ausnahme: Jesus selbst wurde Mensch. In ihm erfüllte sich Gottes ursprünglicher Plan für die Menschheit.
(ii) Der Mensch ist dem Tod unterworfen (2,10–18), daran werden wir an dieser Stelle erinnert. Diese Angst vor dem Tod nutzt Satan, um uns gefangen zu halten. Jesus weiß, wie es ist, ein Mensch zu sein, da er als ein Mann aus „Fleisch und Blut" auf der Erde lebte. Sein Menschsein hat er beibehalten, allerdings ist er nun über alle anderen erhöht. Er kann daher mit Männern und Frauen mitfühlen, die sich ähnlichen Kämpfen gegenübersehen wie er damals auch.

3. APOSTEL (3,1–4,13)
Ein Apostel ist jemand, der von Gott „gesandt" ist, um einen Auftrag auszuführen, wie beispielsweise Mose und Josua. Doch Jesus war ein „besserer" Apostel als diese beiden. Gott sandte ihn auf die Erde, um einen größeren Auftrag zu bewältigen.

(a) Mose: aus Ägypten heraus (3,1–18)
Mose wird von den Juden üblicherweise als einer ihrer größten Leiter betrachtet, doch Jesus ist größer. Die Evangelien berichten, dass Jesus bei seiner Verklärung auf Mose und Elia traf, allerdings war er eindeutig der Höhergestellte.
(i) Treuer Hausherr: Im Hebräischen bezeichnet das Wort „Haus" sowohl ein „Gebäude" als auch eine „Familie". So verkörpert beispielsweise das „Haus Windsor" die Generationen, die zur königlichen Familie gehören. Jesus wird als „treuer Erbauer eines Hauses" beschrieben. Wir sind die Steine dieses Gebäudes. Doch der Verfasser hinterfragt, ob wir genauso treu im Glauben sind, wie Jesus und Mose es waren.

(ii) Untreue Nachfolger: Leider scheiterte Israel daran, seinem Gott treu zu bleiben. Nur zwei Menschen von den insgesamt 2,5 Millionen Israeliten erreichten das Verheißene Land. Die Anführer waren gottesfürchtig, das Volk hingegen nicht.

Das Problem war Unglaube, der zu Ungehorsam und schließlich zum Abfall vom Glauben und zum Untergang führte. Es gelang ihnen nicht, in „diese Ruhe einzugehen" (siehe Hebräer 4,11). Die Geschichte Israels stellt eine Warnung für neutestamentliche Gläubige dar. Das Volk rebellierte bei Massa (Exodus 17,1–7) und gab der Versuchung bei Meriba nach (Numeri 20,1–13). Beide Male war Wassermangel das Problem.

Der Verfasser warnt seine Leser, dass ihnen dasselbe passieren könnte. Auch sie könnten sich durch Sünde verhärten. Dann würde sie dasselbe Schicksal treffen wie die Menschen im Alten Testament, weil Gottes Zorn sich gegen diejenigen richtet, die ihm ungehorsam sind (siehe Römer 11,22).

(b) Josua: nach Kanaan hinein (4,1–13)
Das „Land der Ruhe" sollte ein Land frei von Krankheiten, Sklaverei, Überfällen und Armut sein. Obendrein war ein wöchentlicher Tag zum Erholen und zum Feiern geplant: der Sabbat. Auch von geistlichen Auseinandersetzungen sollten sie ruhen können (5. Mose 12,9; Josua 1,13). Doch in diese letzte Ruhe gingen sie niemals ein. Daher steht sie für das Volk Israel noch aus.

(i) Das Werk Gottes (4,1–10): Am siebten Tag arbeitete Gott nicht mehr an der Schöpfung. Die Beschreibung dieses Tages unterscheidet sich von den anderen sechs, denn der Abend und der Morgen werden nicht erwähnt. Manche Bibelwissenschaftler vermuten, dass diese Auslassung eine besondere Bedeutung hat, zusätzlich zu der Tatsache, dass es sich um einen Ruhetag handelt. Der Sabbat, an dem Gott aufhört zu arbeiten, zeigt einen Schöpfer, der dauerhaft mit sich selbst im Frieden und im Reinen ist.

(ii) Das Wort Gottes (4,11–13): Man kann Glauben als die richtige Reaktion auf das Wort Gottes definieren. Das Wort ist so lebendig, wie der Gott, der es ausspricht. Es ist wirksam, da seine Segnungen und Flüche Menschen beeinflussen. Es ist so scharf wie ein zweischneidiges römisches Schwert und so durchdringend, dass es Mark und Bein voneinander trennen kann. Es ist in der Lage, zwischen richtig und falsch zu unterscheiden und bis zum Kern einer Sache vorzudringen.

Da Jesus Menschen aus der Gefangenschaft herausführt, ist er mit Mose vergleichbar. Doch er ist auch Josua ähnlich, weil er diese Menschen in das Verheißene Land hineinbringt. Diese Parallelen erinnern uns daran, dass wir uns nicht nur bewusst machen sollten, wovon wir errettet worden sind, sondern auch, wozu wir befreit wurden.

Lieber die wahre Gestalt als den Vorschatten (Kapitel 7–10)
Nachdem der Verfasser bewiesen hat, dass der Sohn besser ist als die Diener, ändert er nun seinen Ansatz. In den Kapiteln 7–10 vertritt er die bemerkenswerte These, dass die wahre Gestalt besser sei als ihr Vorschatten.

Diese These lässt sich am besten durch die Geschichte von „*Daddy Long Legs*" illustrieren. Dieses Buch von Jean Webster ist mittlerweile verfilmt worden. Es geht um ein kleines Mädchen, das in einem Waisenhaus lebt. Es weiß, dass ein reicher Mann dieses Waisenhaus finanziert. Eines Tages sieht es seinen Schatten an der Wand. Weil es sich aufgrund des Lichteinfalls um einen verzerrten Schatten mit sehr, sehr langen Beinen handelt, nennt sie diesen Schatten

„Daddy Long Legs" („Papa Langbein"). Jahrelang träumt sie von diesem Schatten. Doch eines Tages begegnet sie dem dazugehörigen Mann und verliebt sich in ihn. Er erwidert diese Liebe und ihre Beziehung beginnt.

Im Kern geht es um Folgendes: Nachdem sie mit ihm zusammengekommen ist, verschwendet sie keinen Gedanken mehr an seinen Schatten, weil seine wahre Gestalt besser ist als der Schatten. Würde es uns nicht äußerst merkwürdig vorkommen, wenn sie nun, da sie den wahren Mann kennt, zum Schatten an der Wand zurückkehren würde, um diesen zu küssen?

Im Alten Testament gibt es viele „Vorschatten" Jesu. Manche nennen sie „Typus" bzw. „Typen" Jesu (i.S.v. Urbildern, Anmerkung der Übersetzerin), doch ich ziehe es vor, sie als Schatten zu bezeichnen. Es ist so, als ob Jesus seinen Schatten zurück ins Alte Testament werfen würde. Doch da ein Schatten immer verzerrt ist, gibt er uns niemals das exakte Bild wider, nach dem wir suchen.

Wenn wir das Alte Testament lesen, haben wir den Eindruck, den Vorschatten Jesu zu begegnen. Die folgenden drei Beispiele verdeutlichen, was ich damit meine:

1. PRIESTERTUM (MELCHISEDEK)

Im dritten Buch Mose können wir viele Vorschatten Jesu erkennen. Die Tieropfer sind der Schatten des Opfers, das er am Kreuz für die Sünde erbrachte. Sie sind auch ein Symbol Jesu, der im Neuen Testament als das Passahlamm bezeichnet wird. Das Priestertum Aarons und seiner Familie ist ein Schatten des priesterlichen Wirkens Jesu, der für uns Fürbitte tut.

Im ersten Buch Mose wird Jesus ganz deutlich durch Melchisedek versinnbildlicht. Melchisedek ist der geheimnisvolle Priester-König, der über Jerusalem regiert, Jahrhunderte bevor die Stadt von den Juden eingenommen wurde. Er reichte Abraham Brot und Wein.

2. BUND (NEU)

Doch in Christus erkennen wir auch die wahre Gestalt der Bundesbeziehung Gottes mit seinem Volk. Der Verfasser fragt seine Leser, warum sie in den alten Bund zurückkehren wollten, nachdem sie bereits in den neuen eingetreten seien. Schließlich basiere der neue Bund doch auf dem Grundsatz des Vergebens und Vergessens. Meiner Ansicht nach besteht nämlich das größte Wunder darin, dass Gott auch vergisst, wenn er vergibt.

In meiner Zeit als Pastor am Millmead Center in Guildford geschah Folgendes: Eines Sonntags, als alle anderen Gottesdienstbesucher bereits nach Hause gegangen waren, saß eine kleine alte Dame ganz allein in der Kirche und weinte sich die Seele aus dem Leib. Ich setzte mich zu ihr und fragte sie, was ihr Problem sei. Sie erzählte mir, dass sie vor Jahren etwas Schreckliches getan hätte. Wenn ihre Familie und ihre Freunde davon erführen, würden sie nie wieder mit ihr reden. Seite 30 Jahren würde sie Gott darum bitten, ihr zu vergeben, doch er hätte es nicht getan. Ich erklärte ihr, dass Gott ihr schon beim ersten Mal vergeben und die ganze Sache dann vergessen hätte. Daher wusste er die nächsten 30 Jahre gar nicht, wovon sie überhaupt sprach! Das könne sie nicht glauben, antwortete sie mir. Ich las mit ihr ein paar Bibelstellen die vom neuen Bund handeln und davon, dass Gott sich nicht mehr an unsere Sünden erinnert. Ich brauchte 20 Minuten, um sie davon zu überzeugen, dass Gott die Sache vergessen hatte. Sie erhob sich, und ich wagte meinen Augen kaum zu trauen – denn sie tanzte durch den Saal! Mit ihren 70 Jahren führte sie einen wahren Freudentanz in der Gemeinde auf. Gott hatte es vergessen! Unser Problem besteht darin, dass wir nicht vergessen können; daher fällt es uns oft so schwer, uns selbst zu vergeben.

3. OPFER (KREUZ)

Auch als Abraham seinen Sohn Isaak opfern wollte, können wir einen Vorschatten erkennen. Viele glauben, dass Isaak damals noch ein kleiner Junge war, doch in Wirklichkeit war er bereits Anfang 30. Jede jüdische Darstellung dieses Geschehens zeigt einen erwachsenen Mann, der seinen Vater problemlos hätte überwältigen können, sich ihm jedoch stattdessen unterordnete.

Dass wir sein Alter falsch einschätzen, liegt zum Teil an der Aufteilung der Kapitel. Wir übersehen das nächste Ereignis im folgenden Kapitel, nämlich Sarahs Tod und die Angabe, wie alt sie damals war. Daraus lässt sich schließen, wie alt Isaak gewesen sein muss, nämlich zirka 33 Jahre. Der Berg, auf dem er geopfert werden sollte, der Berg Morija, war genau jene Erhebung, auf der Jesus später am Kreuz starb. Die Parallelen sind unübersehbar. Zum damaligen Zeitpunkt hielt ein Engel Abraham auf und ein Widder, der sich mit seinem Kopf in den Dornen verfangen hatte, wurde an seiner Stelle geopfert. Jahrhunderte später wurde das Lamm Gottes schließlich mit Dornen gekrönt und auf diesem Berg als Opfer dargebracht.

Der Verfasser schärft seinen Lesern also ein, dass eine Rückkehr zum Judentum ein Rückschritt wäre, zu den immer wiederkehrenden Opfern und einem unterlegenen Bund. Wendeten sie sich wieder dem Judentum zu, würden sie das Opfer Jesu, das er ein für alle Mal erbracht hatte, verachten und zurückweisen.

POSITIVE KONTINUITÄT (KAPITEL 11–13)
Geh vorwärts in die Zukunft

Jetzt wenden wir uns dem positiven Aspekt in der zweiten Hälfte des Briefes zu. Hier vergleicht der Autor das Alte mit dem Neuen Testament und betont dabei die Kontinuität zwischen den beiden. Es gibt im Alten Testament auch Gutes, das nicht überholt ist. Manche Elemente setzen sich einfach nahtlos fort.

Der Glaube an Gott

Ein gemeinsames Thema ist der Glaube. Wenn wir die „Hilfsmittel" betrachten, die den Helden des Alten Testaments zur Verfügung standen, so übertrumpfen sie uns mit ihrem Glauben. Sie hatten keine der Offenbarungen, die wir durch Christus empfangen haben. Auch der Heilige Geist wurde nicht auf sie ausgegossen. Und dennoch hielten diese Männer an ihrem Glauben fest, auch wenn sie das, woran sie glaubten, nie zu Gesicht bekamen. Unsere Beziehung zum Alten Testament hat also einen zweifachen Charakter. Manche Dinge müssen wir hinter uns lassen, weil sie nur Vorschatten sind, wir jetzt aber die wahre Gestalt empfangen haben. Es gibt jedoch auch Verhaltensweisen, denen wir nacheifern sollen, besonders in Glaubensfragen. Der Verfasser stellt uns eine Gruppe alttestamentlicher Glaubenshelden nach der anderen vor:

- Abel, Henoch und Noah

- Abraham, Isaak und Jakob (Gott hat seinen Namen untrennbar mit diesen drei menschlichen Namen verbunden. Er ist als der Gott Abrahams, Isaaks und Jakobs in die Geschichte eingegangen)

- Josef und Moses

- Josua und Rahab (Rahab ist die erste Frau auf der Liste. Sie war eine nichtjüdische Prostituierte. Doch sie legte ihre gesamte Zukunft in die Hände des Volkes Israel, als sie die Spione in Jericho versteckte. Sie wird als ein Vorbild des Glaubens hochgehalten, nicht nur im Hebräerbrief, sondern auch im Jakobusbrief. In der Ahnenreihe Jesu taucht sie ebenfalls auf, als Ururgroßmutter Davids)

- Gideon, Barak, Simson und Jeftah

- David

- Samuel und die Propheten

Es gibt zwei Dinge, die wir bei dieser Liste der Gläubigen beachten müssen:

1. Ihr Glaube zeigte sich in ihren Taten. Durch Glauben baute Noah eine Arche. Aufgrund seines Glaubens lebte Abraham für den Rest seines Lebens in Zelten. Aus Glauben gab Mose den Komfort Ägyptens auf und so weiter. Jakobus drückt es in seinem Brief sinngemäß so aus: „Zeige mir deinen Glauben durch deine Werke." Wahrer Glaube zeigt sich im Tun.
2. Der zweite wichtige Aspekt, den wir betonen müssen, ist folgender: Alle diese Personen lebten bis zu ihrem Tod aus Glauben, auch wenn sie das, worauf sie vertrauten, nie zu sehen bekamen. Für sie war der Glaube nicht nur eine einmalige Entscheidung im Rahmen einer Evangelisation, sondern ein beständiges Gottvertrauen, das bis zu ihrem Tod anhielt; auch wenn sie die Erfüllung der Verheißung selbst nicht erlebten.

Am Ende von Kapitel 11 gibt es einen bemerkenswerten Hinweis: Die großen Glaubenshelden warten auf uns, bis wir sie erreicht haben. Dann werden wir gemeinsam mit ihnen das sehen, woran sie (und wir) geglaubt haben. So hat Abraham beispielsweise ein bequemes, zweistöckiges Haus mit Heizung und fließendem Wasser zurückgelassen, um der Stimme Gottes zu gehorchen. Archäologen haben die Häuser in Abrahams Heimat, Ur in Chaldäa, ausgegraben. Es waren die modernsten und behaglichsten Häuser, die man sich vorstellen kann. Abraham war 75 Jahre alt, als Gott ihm sagte, dass er sein Haus verlassen müsse, um für den Rest seines Lebens in einem Zelt zu leben. Stellen wir uns einmal vor, wie wir uns fühlen würden, wenn wir einen netten, gemütlichen Bungalow mit Zentralheizung am Meer besäßen. Und Gott würde uns auftragen, unsere

Verwandten und Freunde zu verlassen, um für den Rest unseres Lebens in einem Zelt in den Bergen zu leben! Doch Abraham glaubte und gehorchte. Und eines Tages werden wir mit ihm gemeinsam all die Dinge genießen, die Gott für sein Volk bereithält.

Jesus als unser Fokus
Unsere Aufmerksamkeit sollte jedoch weder auf Abraham noch auf einen der anderen Glaubenshelden gerichtet sein. Wir müssen unseren Blick auf Jesus fixieren! In den Schlusskapiteln konzentriert sich der Schreiber auf drei Eigenschaften Jesu, auf die wir uns konzentrieren sollen:

1) Jesus als der Anfänger und Vollender unseres Glaubens: Vergessen wir die Zuschauer! Jemand, der auch schon den Startschuss abgegeben hat, wartet an der Ziellinie auf uns. Er hat uns in dieses Rennen geschickt und wird beobachten, wie wir ins Ziel kommen. Die Botschaft lautet: „Verlier' Jesus nicht aus den Augen und lauf!"

2) Jesus als der Mittler eines Neuen Bundes: So wertvoll der Alte Bund auch war, er war dem Neuen Bund, den Gott durch Jesus eingeführt hat, unterlegen.

3) Jesus als der Leidende außerhalb des Lagers: Jesus musste bereit sein, den Tod eines Verbrechers zu sterben, um unsere Errettung zu bewirken. Er musste im wahrsten Sinne des Wortes zu einem Ausgestoßenen seines eigenen Volkes werden.

„PROBLEMSTELLEN"
Nachdem wir uns einen Überblick über das Buch verschafft haben, wollen wir nun die „Problemstellen" des Hebräerbriefes genauer betrachten. Allerdings werden normalerweise die Abschnitte als „problematisch" bezeichnet, die nicht mit der bereits vorgefassten Meinung

der Leser übereinstimmen. So werde ich beispielsweise ständig gefragt: „Was halten Sie von Paulus problematischen Aussagen über Frauen?" Ich bin nicht der Meinung, dass es irgendwelche problematischen Abschnitte über Frauen gibt. Sie stellen nur für jene ein „Problem" dar, die mit ihnen nicht einverstanden sind.

Das sogenannte „Problem" des Hebräerbriefes besteht in der Aussage, dass Gläubige von ihrem Glauben an Jesus abfallen könnten und daher am jüngsten Tag nicht gerettet werden. Die bekannteste dieser Warnungen finden wir in Hebräer 6. Doch der Brief beinhaltet noch weitere ernstliche Warnungen an jene, die abdriften (vgl. 2,1+2; 3,5+6, 12–14; 6,4–8, 11+12; 10,23–30, 35–39; 12,14–17).

Diese Verse ziehen sich wie ein roter Faden durch den gesamten Brief. Er nimmt in Kapitel 2 mit folgenden Worten seinen Anfang: „Wie sollen wir da der Strafe entgehen, wenn wir eine so großartige Rettungsbotschaft missachten?" (Hebräer 2,3; NeÜ). Diese Bibelstelle wird fälschlicherweise immer nur auf Sünder bezogen, die das Evangelium vernachlässigen. Doch mit dem „Wir" sind tatsächlich christliche Gläubige gemeint. Das einzige, was wir tun müssen, um uns in Gefahr zu begeben, ist, unsere Errettung gering zu achten. In den meisten Gemeinden gibt es Mitglieder, die bereits abgedriftet sind.

Zwei Abschnitte in Kapitel 3 nehmen dieses Thema wieder auf, ebenso wie eine lange Passage in Kapitel 6 und eine weitere in Kapitel 10. Dort heißt es: „Denn wenn wir mutwillig sündigen, nachdem wir die Erkenntnis der Wahrheit empfangen haben, so bleibt für die Sünden kein Opfer mehr übrig …" (Hebräer 10,26; ELB). Diese Aussage hat einige Bibelkommentatoren zu der Schlussfolgerung veranlasst, dass die Betroffenen überhaupt keine Gläubigen waren. Der Verfasser müsse über Ungläubige geschrieben haben, die sich zwar für das Christentum interessierten, jedoch keine ganze Sache gemacht hätten, behaupten sie. Schließlich gelte doch: „Einmal gerettet, immer gerettet!" Doch die Beschreibung der „Gefährdeten" in Kapitel 6 bezieht sich ganz offensichtlich auf Menschen, die wiedergeboren worden sind! Der Verfasser schreibt über Personen, die „erleuchtet" wurden und „die himmlische Gabe geschmeckt" sowie „Anteil bekommen haben am Heiligen Geist." Es geht um solche, die „das gute Wort Gottes und die Kräfte des künftigen Zeitalters geschmeckt haben". Diese Beschreibung trifft beim besten Willen auf keinen Ungläubigen zu. In jedem anderen Brief bestünde nicht der geringste Zweifel daran, dass sich dieses Aussagen auf Christen beziehen.

Es gibt einen Abschnitt im 1. Petrusbrief, der beinahe dieselben Ausdrücke verwendet, um Christen zu charakterisieren: „Wie neugeborene Kinder nach Milch schreien, so sollt ihr nach dem unverfälschten Wort Gottes verlangen, um im Glauben zu wachsen und das Ziel, eure Rettung, zu erreichen. Ihr habt doch schon gekostet, wie gütig Christus, der Herr, ist" (1. Petrus 2,2+3; NeÜ). Hier geht er ganz offensichtlich um Gläubige, wobei seine Ausdrucksweise dem 6. Kapitel des Hebräerbriefes ähnlich ist. Der gesamte 1. Petrusbrief richtet sich an gläubige Menschen. Die Tatsache, dass sie als „geistlich Neugeborene" bezeichnet werden, legt den Schluss nahe, dass sie wiedergeboren sind.

Die ausgesprochenen Warnungen beziehen sich auf zwei Phasen. Phase 1 beinhaltet, den Glauben zu verachten und abzudriften. Phase 2 bedeutet, den Glauben zu verleugnen. Es gibt einen Unterschied zwischen Phase 1 (was als „Rückfall" bekannt ist) und Phase 2 (dem sogenannten Abfall vom Glauben).

Aus einem Rückfall in das alte Leben kann man wieder herausfinden, doch laut Hebräer 6 gibt es einen Punkt ohne Wiederkehr. Haben wir ihn einmal überschritten, so ist die Errettung für uns nicht mehr erreichbar. Daher dreht sich Hebräer 6 nicht um die Frage, ob man seine Errettung verlieren kann, sondern darum, ob man sie, wenn man sie einmal verloren hat, wiedererlangen kann. Die Antwort lautet: Nein! Wir müssen daher die Menschen, die rückfällig werden und abdriften, vor der Gefahr warnen, in der sie sich befinden, weil sie einen Punkt erreichen könnten, an dem es kein Zurück mehr gibt! Ich wünschte, der Hebräerbrief würde diese Aussage nicht treffen! Doch ich komme um Kapitel 6 und andere Teile der Epistel nicht herum, die von Anfang bis Ende durch ein eindringliches Bitten und Flehen gekennzeichnet sind. Diese schreckliche Gefahr lauert am Ende des Weges auf jene, die bereit sind, „ihren Anker einzuholen", „ihre Segel zu streichen" und „am Ziel vorbeizugleiten".

Manche behaupten, dass es sich hier um hypothetische Warnungen handeln würde – diese große Gefahr würde nie wirklich eintreten. Doch dieses Argument ist nicht überzeugend. Es wäre Heuchelei, Menschen etwas anzudrohen, das niemals passieren könnte. Die Bibel ist das Wort der Wahrheit. Sie ist kein Buch, das mit den Menschen spielt. Selbst ohne weitere Abschnitte aus anderen neutestamentlichen Büchern zu berücksichtigen, überzeugt mich der Hebräerbrief davon, dass man von Jesus soweit abdriften kann, dass man einen Punkt ohne Wiederkehr erreicht. Dieser Punkt des Glaubensabfalls wäre für die hebräischen Gläubigen überschritten, wenn sie vor der versammelten Synagogengemeinde leugnen würden, dass Jesus der Messias ist. Dadurch würden sie Jesus aufs Neue kreuzigen. Wenn man ihn wieder kreuzige, warnt der Autor, könne Christus einem nichts mehr nützen. Das ist eine ernstzunehmende Warnung.

Allerdings bedeutet dies nicht, dass gläubige Christen

jeden Morgen mit der bangen Fragen aufwachen sollten, ob sie nun gerettet sind oder nicht. Es gibt eine Gewissheit im neuen Bund, die aus der Gemeinschaft eines Christen mit dem Herrn kommt. Diese Gewissheit beruht nicht auf einer einmaligen Entscheidung, sondern auf der aktuellen Beziehung, die man mit Gott pflegt. Paulus erinnert uns im Römerbrief daran, dass der Heilige Geist dem Geist eines Gläubigen ständig bestätigt, dass er oder sie ein Kind Gottes ist (Römer 8,16, vgl. 1. Johannes 4,13).

Mit anderen Worten: Wir können eine gegenwärtige Gewissheit haben, dass wir uns auf dem Weg in den Himmel befinden. Allerdings glaube ich nicht, dass es irgendwelche Garantien gibt, dass wir dort auch ankommen. Wenn wir jedoch auf diesem Weg bleiben und beständig an Jesus glauben, sind wir sicher, das Ziel auch zu erreichen. Die Aussagen des Hebräerbriefes sollen keine neurotischen Christen hervorbringen, die sich ständig fragen, ob sie tatsächlich gerettet seien. Vielmehr zielt diese Epistel darauf ab, uns zu ernsthaften Christen zu machen, die mit Gott keine Spielchen spielen, die nicht in ihr altes Leben zurückfallen und ihren Glauben nicht vernachlässigen und dabei am Ziel vorbeitreiben.

Sehr eindringliche Warnungen vor dem Rückfall durchziehen das gesamte Neue Testament. Sie richten sich an Christen. In Johannes 15, 5+6 (SLT) sagt Jesus: „Ich bin der Weinstock, ihr seid die Reben. Wer in mir bleibt und ich in ihm, der bringt viel Frucht." Aber dann fährt er fort: „Wenn jemand nicht in mir bleibt, so wird er wie die Rebe weggeworfen und verdorrt; und solche sammelt man und wirft sie ins Feuer und sie verbrennen." Ich kann diese Aussage nicht „umdeuten"! Der gesunde Menschenverstand sagt uns genau, was sie bedeutet.

Interessanterweise sehen drei verschiedene Verfasser des Neuen Testaments in dem Versagen von über zwei

Millionen Juden eine Warnung für uns Christen. Sie hatten Ägypten verlassen, waren jedoch nie in Kanaan angekommen. Wir mögen gut ins christliche Leben gestartet sein, müssen jedoch auch dafür sorgen, dass wir unseren Bestimmungsort erreichen. Selbst wenn wir Ägypten verlassen haben, müssen wir es bis nach Kanaan schaffen. Nicht nur Paulus verwendet das Negativbeispiel der Israeliten in 1. Korinther 10 als eine Warnung, die sich an Christen richtet. Auch der Autor des Hebräerbriefes zieht dieses schlechte Vorbild in Kapitel 4 heran, ebenso wie Judas. Nicht diejenigen, die sich auf den Weg machen, kommen zwingend an, sondern nur diejenigen, die bis zum Schluss durchhalten.

Ich erinnere mich an ein Fernsehinterview mit Billy Graham. Der Reporter stellte ihm eine Frage, die ihm noch nie jemand gestellt hatte: „Was wird Ihr erster Gedanke sein, wenn Sie in den Himmel kommen?" Sofort antwortete Billy: „Erleichterung! Erleichterung, dass ich es geschafft habe." Das nenne ich einen demütigen Mann, der sich nicht „todsicher" ist, sondern weiß, dass er noch eine Wegstrecke vor sich hat. Ich bin mir in diesem Moment sicher, dass ich Richtung Himmel unterwegs bin. Der Heilige Geist, bestätigt mir, dass ich mich auf dem richtigen Weg befinde. Doch mehr als das kann ich momentan nicht von mir behaupten. Ich beabsichtige allerdings weiter voranzugehen, bis ich es geschafft habe.

John Bunyans „*Pilgerreise*" stellt das Leben eines Christen als eine Reise dar, die von der sündigen zur himmlischen Stadt führt. Am Ende müssen die Hauptperson „Christian" und sein Begleiter den Jordan überqueren – den dunklen, tiefen und schwarzen Fluss des Todes. Diese Perspektive gefällt ihnen überhaupt nicht. Christians Begleiter erklärt, dass er nicht bereit ist, durch diesen Fluss zu gehen und biegt nach links auf einen Seitenweg ab. Er hofft auf eine andere Möglichkeit, die hinüberführt. Bunyan schreibt: „So sah ich in meinem Traum, dass es selbst vor den Toren des Himmels noch einen Weg in die Hölle gibt." Christians Begleiter hatte sich auf dem richtigen Weg befunden, doch er verließ ihn, kurz bevor er die himmlische Stadt erreichte.

Dieses Thema wird auch im Buch der Offenbarung behandelt. Das gesamte Buch ist eine Botschaft für Menschen, die unter riesigem Druck stehen. Das Versprechen für diejenigen, die überwinden, lautet, dass Gott ihre Namen nicht aus dem „Buch des Lebens des Lammes" löschen wird. Was bedeutet das? Wenn wir wollen, dass unsere Namen im Buch des Lebens verbleiben, dann überwinden wir. Wir gehen den Weg zu Ende, kehren niemals um und halten den Blick auf Jesus gerichtet. Es gibt eine Warnung auf der letzten Seite der Bibel. Wenn wir mit dem Buch der Offenbarung herumspielen und Dinge daraus wegnehmen oder andere hinzufügen, wird Gott uns unseren Anteil am Baum des Lebens nehmen.

Neben den herrlichen Bibelstellen, die uns von Gottes durchtragender Kraft berichten, gibt es also auch diesen roten Faden der Warnungen. Wer jedoch den Vater, den Sohn und den Heiligen Geist auf seiner Seite hat, für den wird alles gut. Wir müssen einfach im Glauben weitergehen, dann werden wir es schaffen.

SCHLUSSFOLGERUNGEN

1. Es ist möglich, unsere „Errettung zu verlieren"
Das Buch ist eine Warnung an uns alle. Wir müssen kontinuierlich vertrauen und dürfen nicht denken, dass eine einmalige Entscheidung für Jesus unbedingt bedeutet, dass wir am jüngsten Tag gerettet werden. (Mehr dazu in meinem Buch, *„Once Saved, Always Saved?"*, zu Deutsch: Einmal gerettet, immer gerettet?, Hodder & Stoughton, 1996.)

2. Wenn wir verloren sind, ist Umkehr unmöglich

Das ist die Botschaft des 6. Kapitels des Hebräerbriefes. Wir finden sie noch an anderer Stelle, insbesondere in 1. Johannes 5,16. Es ist eine harte Botschaft, doch meiner Ansicht nach lassen diese Bibelverse keine andere Interpretation zu.

3. Die Vorherbestimmung verlangt unsere ständige Mitarbeit

Nichts geschieht automatisch. Gott hat eine Bestimmung für jeden von uns. Er hat uns erwählt, bevor wir ihn erwählt haben, allerdings müssen wir auch kooperieren. Stellen wir uns vor, dass jemand einem Ertrinkenden ein Seil zuwirft. Der Mann, der das Seil wirft, ruft dem anderen zu: „Nimm das und halt dich daran fest, bis ich dich ans Ufer gezogen haben!" Würde der Ertrinkende später am Ufer behaupten, dass er sich selbst gerettet hätte, weil er sich am Seil festhielt? Natürlich nicht! Er würde sagen, dass ihn eine andere Person herausgezogen hat. Die Vorstellung, sich allein durch das Festhalten selbst zu retten, entspricht nicht der Wahrheit, doch gleichzeitig muss das Opfer natürlich seinen Teil zur Rettung beitragen. Aus diesem Grund fordert Petrus seine Leser in seinem zweiten Brief dazu auf, ihre Berufung und Erwählung festzumachen (siehe 2. Petrus 1,10+11). Gott hat uns berufen und auserwählt. Wir festigen dies, indem wir am Glauben dranbleiben und nach Reife streben, damit uns der Zugang zum Himmel weit offen steht.

Ich glaube an die Vorherbestimmung. Gott hat mich vorherbestimmt, sein Sohn zu sein. Gott hat mich erwählt und berufen. Er hatte es schon lange auf mich abgesehen, noch bevor ich überhaupt anfing, mich für ihn zu interessieren. Doch ich muss diese Berufung und Auserwählung dadurch festmachen, dass ich mich an dem rettenden Seil festhalte, bis ich das sichere Ufer erreicht habe.

Ich neige folglich dazu, sowohl ein Anhänger Calvins als auch ein Befürworter Arminius' zu sein. Diese beiden Geistesrichtungen werden üblicherweise gegeneinander ausgespielt. Die Calvinisten heben unter anderem die Erwählung durch Gott besonders hervor, während die Anhänger des Arminianismus die Notwendigkeit des Durchhaltens betonen.

Der Hebräerbrief ist das eine Buch, das wir bei diesem Thema nicht manipulieren können, indem wir sagen, es stecke voller Probleme. Es enthält ganz im Gegenteil viele unzweideutige Aussagen, die wir dringend brauchen.

4. Heiligkeit ist genauso notwendig wie Vergebung
Wir haben erkannt, dass es nicht ausreicht, nur Gottes Vergebung anzunehmen, um das Ziel zu erreichen; wir müssen auch dranbleiben und im Glauben vorangehen. Das bedeutet, dass Heiligkeit genauso wichtig ist wie Vergebung. Es genügt nicht, sich auf die Vergebung der eigenen Schuld zu berufen, wenn man nicht gleichzeitig auch bereit ist, die Herrschaft Christi anzuerkennen und ein gottgefälliges Leben zu führen. Der Vers im Hebräerbrief, der dieses Prinzip am besten zusammenfasst, ist Hebräer 12,14 (LUT): „Jagt dem Frieden nach mit jedermann und der Heiligung, ohne die niemand den Herrn sehen wird." Ich stelle fest, dass heutzutage viel zu viele Christen Vergebung wollen, aber keine Heiligkeit. Sie erwarten, dass Jesus sie in diesem Leben glücklich macht, während sie die Heiligkeit auf das Jenseits verschieben. Doch in meinem Neuen Testament ist der Wille Gottes eindeutig: Es geht um Heiligkeit in diesem Leben, auch wenn sie mich unglücklich macht. Unsere heutige hedonistische Generation möchte nur Vergnügen – und keinen Schmerz.

In Hebräer 12,7 heißt es, dass Gott bereit ist, uns zu erziehen und uns dabei Schmerzen zuzufügen, wenn uns das heiliger macht. Ihm geht es primär um unsere Heiligkeit, und er kann seinen Kindern dabei auch Schweres zumuten. Der Hebräerbrief geht sogar so weit, uns als unrechtmäßige Kinder zu bezeichnen und nicht als Söhne, wenn der Herr uns noch nie streng bestraft hat. Zum vollen Evangelium gehört, dass sowohl die Vergebung als auch die Heiligkeit Gnadengaben sind. Sie werden beide auf derselben Grundlage gewährt – auf der Grundlage des Glaubens. Doch wir brauchen beide.

5. Gott ist ein heiliger Gott

Nach der Veröffentlichung meines Buches *„Der Weg zur Hölle"* (Librairie Chrétienne CARREFOUR, 1993), in dem ich das biblische Verständnis der Hölle erläutere, gab ich der BBC mehrere Radiointerviews. Jeder Reporter stellte mir dieselbe Frage: „Wie kann ein liebender Gott irgendjemanden in die Hölle schicken?" Die Frage, die mich interessiert, die jedoch nie jemand stellt, lautet: „Wie kann ein heiliger Gott irgendjemanden in die Hölle schicken?" Doch Gott ist heilig und seine Liebe ist eine heilige Liebe. Das bedeutet, dass er bei denen, die er liebt, sich niemals mit weniger als mit Heiligkeit zufriedengeben wird. Der Hebräerbrief unterstreicht diesen Punkt immer wieder. Betrachten wir folgende Bibelverse:

- Ohne Blutvergießen gibt es keine Vergebung (Hebräer 9,22; ELB).
- Ohne Glauben ist's unmöglich, Gott zu gefallen (Hebräer 11,6; LUT).
- Schrecklich ist's, in die Hände des lebendigen Gottes zu fallen (Hebräer 10,31; LUT).
- Lasst uns dankbar sein und so Gott dienen mit Scheu und Furcht, wie es ihm gefällt; denn unser Gott ist ein verzehrendes Feuer (Hebräer 12,28+29; LUT).

WELCHEN WERT HAT DER HEBRÄERBRIEF FÜR UNS ALS CHRISTEN?

1. Er hilft uns beim Bibelstudium und erhellt die Beziehung zwischen Altem und Neuem Testament. Das Konzept des Vorschattens ist sehr hilfreich, um das Alte Testament zu verstehen; es ermöglicht uns, die Hinweise auf Jesus im alten Bund zu entdecken.
2. Er ist ganz auf Christus ausgerichtet und hilft uns, unsere Augen nicht von Jesus abzuwenden. Der Verfasser nimmt Jesus ununterbrochen in den Fokus. Der Hebräerbrief ist zudem das einzige neutestamentliche Buch, das sich schwerpunktmäßig mit dem Priestertum Jesu beschäftigt. Sein aktuelles Wirken im Himmel besteht darin, für uns Fürbitte zu tun. Manche haben den Hebräerbrief sogar als das „fünfte Evangelium" bezeichnet, weil es dieses gegenwärtige Handeln Jesu betont.
3. Er stärkt unseren Glauben. Es ist inspirierend, an die vielen Menschen zu denken, die uns vorausgegangen sind und die uns gegenwärtig zuschauen (siehe insbesondere Kapitel 11).
4. Er warnt uns vor der Gefahr, in unser altes Leben zurückzufallen. Wir werden ernsthaft vor zwei Phasen gewarnt: dem Abdriften, bei dem wir aufhören, uns mit anderen Gläubigen zu treffen und unseren Glauben vernachlässigen; und dem bewussten und gewollten Abfallen, bei dem wir unseren Glauben an Jesus ganz verleugnen.
5. Er betont, wie wichtig die Zugehörigkeit zu einer Gemeinde ist und hebt die Sicherheit der Gemeinschaft hervor, wenn wir unter Druck stehen. Der Teufel schnappt sich Christen, die isoliert sind. Wenn wir also unter Druck geraten, müssen wir in der Nähe unserer Familie bleiben. Das Buch

fordert seine Leser eindringlich dazu auf, an ihre Gemeindeleitung zu denken (13,7) und mit ihr zusammenzuarbeiten. Es erinnert sie daran, dass es unverzichtbar ist, in der Liebe zu bleiben, die Gefangenen zu besuchen und sich gegenseitig zu guten Taten anzuspornen.

6. Er hilft uns in Zeiten der Verfolgung. Der Brief ruft uns ins Gedächtnis, wie Gläubige in den ersten Tagen der Verfolgung unter Nero behandelt wurden. Angesichts solcher Bedrohungen und Schwierigkeiten ist es wichtig, dass wir auf Christus ausgerichtet bleiben. Diese Abschnitte sind besonders für Christen wertvoll, die heutzutage unter Verfolgung leiden.

54.
DER JAKOBUSBRIEF

Einleitung

Beim Bibelstudium gibt es zwei besondere Herausforderungen: Zum einen die intellektuelle Schwierigkeit, wenn man das, was man liest, nicht versteht. Zum anderen die moralische Hürde, die gerade dann besteht, wenn man versteht, was man liest! Es gibt mehr Leute, die in einem moralischen Dilemma stecken als solche, die intellektuelle Probleme haben. Wenn es ein Buch gibt, das zu diesen moralischen Schwierigkeiten führt, dann ist es der Jakobusbrief. Es ist ein angsteinflößendes Buch, weil man sich nicht mehr auf seine Unwissenheit berufen kann, wenn man es gelesen hat. Vom Verständnis her ist es eines der leichtesten Bücher der Bibel, doch seine Umsetzung gehört zu den schwierigsten überhaupt.

Wie pragmatisch!
Der erste Eindruck, den das Buch bei den meisten Lesern hinterlässt, ist, dass es ungemein pragmatisch ist. Es geht um alltagstaugliches Christentum ohne Schnickschnack, wenn es wirklich darauf ankommt. Der Jakobusbrief ist realistisch und beschäftigt sich kaum mit Glaubenslehre, dafür aber furchtbar viel mit den Pflichten eines Christen.

Zuhause auf meinem Bücherregal stehen mehrere Kommentare zum Jakobusbrief, die alle „Actiontitel" tragen, wie beispielsweise „Wahrheit in Aktion", „Glaube, der handelt ", „Glaube und Verhalten", „Glaube, der sich benimmt", „Lass deinen Glauben handeln". Sie alle betonen, dass das Schlüsselwort des Jakobusbriefes „tun" heißt, ein Wort, das auch im Rest der Bibel wichtig ist. Leider neigen wir dazu, die kleinen Worte zu übersehen, während wir lieber theologische Begriffe wie „Rechtfertigung" und „Heiligung" unterstreichen. Doch das Verb „tun" kommt in der Bibel ebenfalls häufig vor und ist genauso wichtig.

Im Matthäusevangelium gibt es ein kurzes Gleichnis von einem Vater, der seinen beiden Söhnen auftrug, im Weinberg zu arbeiten. Einer sagte anfangs nein, ging dann aber trotzdem noch zur Arbeit. Der andere sagte ja, kam aber niemals im Weinberg an. Jesus fragte, welcher von beiden den Willen des Vaters *getan* hätte. Er fragt nicht, wer von beiden *die richtige Antwort gab*. Das Tun war das Entscheidende.

So ist es auch im Jakobusbrief. Wir werden aufgefordert, „Täter des Wortes" zu sein, nicht allein Hörer.

Wie unlogisch!
Das Buch scheint einerseits leicht verständlich, andererseits aber auch unlogisch zu sein. Es steckt voller praktischer Ratschläge, die keinem Schema folgen. An dem Versuch, ein Schaubild des Jakobusbriefes zu erstellen, bin ich kläglich gescheitert. Selbst eine Gliederung ist mir nicht gelungen, weil Jakobus von einem Thema zum nächsten springt. Er beginnt mit einem Thema, um es dann zu verlassen und später wieder darauf zurückzukommen. Es sind Perlen der Weisheit, die nicht aufgefädelt wurden. Und dennoch dient diese „Unordnung" dem Zweck des Buches, weil es uns zum Handeln auffordert, statt uns zu einer Analyse zu motivieren.

Diese Kombination praktischer und unlogischer Elemente erinnert uns eindrücklich an das Buch der Sprüche im Alten Testament. Es lässt ebenfalls kaum Struktur erkennen und konzentriert sich auf alltägliche Belange. Die Sprüche werden der jüdischen Weisheitsliteratur zugeordnet. Die Rabbiner predigen auf unterschiedliche Art und Weise, doch es gibt eine Form, bei der sie einfach nur „laut sinnieren", was man *Charaz* nennt. Dabei wird keine vorbereitete Rede gehalten, sondern ein älterer Rabbiner teilt den anderen Perlen und Edelsteine der Weisheit mit.

Als junger Mann wurde Jakobus offensichtlich von einem solchen Rabbiner unterrichtet. Denn er ist ein Meister des *Charaz* und lässt seine Leser daran teilhaben.

Wer war Jakobus?
Es gibt im Neuen Testament fünf Männer mit dem Namen Jakobus. Der vielleicht bekannteste ist Jakobus, Sohn des Zebedäus und Bruder des Johannes. Er war der erste Apostel, der für seinen Glauben als Märtyrer starb. Herodes ließ ihn 44 n. Chr. köpfen. Als nächstes haben wir Jakobus, den Sohn des Alphäus, ein weiterer der zwölf Jünger. Dann gibt es noch Jakobus, den Vater des Judas (nicht Judas Iskariot). Auch erwähnt wird Jakobus, der Kleine (in Markus 15,40) und schließlich Jakobus, der Halbbruder Jesu. Dieser letzte Jakobus brachte die gleichnamige Epistel zu Papier.

Jakobus war einer der vier Halbbrüder Jesu, die zusammen mit einer Anzahl von Schwestern (wir wissen nicht, wie viele) zur Familie gehörten. Nur wenigen ist bewusst, dass mindestens fünf und möglicherweise sogar sieben der zwölf Apostel Jesu Vettern waren. Das erklärt auch, warum sich so viele von ihnen auf einer privaten Hochzeitsfeier in Kana in Galiläa aufhielten (siehe Johannes 2). Die Jünger wären dort nicht einfach ohne Einladung erschienen.

Jesus berief also nicht wenige seiner Jünger aus seiner erweiterten Großfamilie. Seine nächsten Angehörigen wussten jedoch nicht, was sie von ihm halten sollten. Wenn man 30 Jahre lang mit jemandem zusammengelebt hat und dieser Mensch zieht dann plötzlich umher und behauptet, er sei der Messias, dann ist das sicher alles andere als einfach! Zu Beginn seines öffentlichen Wirkens scheint er Maria zu verleugnen (die meisten nehmen an, dass Josef zu dieser Zeit bereits gestorben war). Er nannte sie nicht mehr Mutter, sondern „Frau". „Frau, was habe ich mit dir zu tun?" Diese Frage ist seine erste aufgezeichnete Bemerkung, die er an Maria richtete, und zwar bei der Hochzeit zu Kana.

Darüber hinaus gab es ganz offensichtlich Spannungen zwischen Jesus und dem Rest seiner Angehörigen. Einmal kam seine Familie, um ihn abzuholen und einzusperren, weil sie dachten, er hätte den Verstand verloren (Markus 3,21). Als sie ihn fanden, war er von einer großen Menschenmenge umringt. Sie ließen Jesus ausrichten: „Deine Mutter, deine Brüder und Schwestern sind gekommen, um dich nach Hause zu holen." Er antwortete: „Meine Mutter, wer ist meine Mutter? Meine Brüder und Schwestern, wer sind meine Brüder und Schwestern? Jeder, der den Willen meines Vaters im Himmel tut, ist meine Mutter, mein Bruder und meine Schwester." Seine Familie glaubte, dies sei die Aussage eines Verrückten, und zweifellos fühlte sich Maria dadurch verletzt.

Jesus scheint sich nahezu von seiner Mutter losgesagt zu haben – bis er am Kreuz hing. Dort sagte er dann zu Johannes: „Siehe, deine Mutter!" Dadurch bat er Johannes tatsächlich, an seiner Stelle Marias Sohn zu werden. Es ist das letzte Mal, dass wir in den Evangelien etwas über Maria erfahren; abgesehen von einer Erwähnung in der Apostelgeschichte. Dort wird berichtet, dass sie an dem Gebetstreffen vor Pfingsten in Jerusalem teilnahm. Danach wird ihr Name nie wieder erwähnt. Sie hatte ihren Part gespielt, und dieser war nun zu Ende. Maria war eine bemerkenswerte Frau. Ich bezeichne sie gerne als „gesegnet", weil sie selbst prophezeite, dass alle Generationen sie glücklich preisen würden. Ich bin allerdings nicht bereit, sie heute immer noch als Jungfrau zu betiteln. Denn nach Jesu Geburt bekam sie noch weitere Kinder von Josef (Markus 6,3).

Zwischen Jesus und seinen Brüdern gab es immer wieder Spannungen. Einmal (siehe Johannes 7,3–5) wiesen sie ihn auf das Laubhüttenfest hin und meinten spöttisch, dass er doch nach Jerusalem gehen sollte, um sich dort zu zeigen. Schließlich erwarteten die Juden bei diesem Fest die Ankunft des Messias. Es wäre die Gelegenheit, sich ihnen zu offenbaren!

Trotz dieses Misstrauens und der Verachtung wurden zwei seiner Brüder später Autoren des Neuen Testaments, nämlich Judas und Jakobus. Es wird berichtet, dass sein Bruder Jakobus dermaßen bestürzt war, als Jesus am Kreuz starb, dass er schwor, nie wieder etwas zu essen. So sehr bereute er seine Aussagen über Jesus und die Art und Weise, wie er sich über ihn lustig gemacht hatte. Er wäre an dieser Nahrungsverweigerung gestorben, wenn Jesus sich nicht drei Tage später seinen Jüngern und Jakobus persönlich gezeigt hätte. Ab diesem Moment bezeichnete sich Jakobus als Sklave Jesu.

Obwohl diese beiden Brüder zwei Bücher des Neuen Testaments geschrieben haben, schlugen sie niemals Kapital aus ihrer Beziehung zu Jesus. Sie sagten niemals: „Hört mal her, ich bin ein Bruder Jesu." Judas bezeichnet sich vielmehr als „Bruder des Jakobus." Seine eigenen Brüder wurden also durch die Auferstehung davon überzeugt, dass dieser Jesus, der mit ihnen das bescheidene Haus des Zimmermanns in Nazareth geteilt hatte, tatsächlich der Sohn Gottes war. Jakobus wird als Mitglied der kleinen Gebetsgruppe erwähnt, die zu Pfingsten die Ausgießung des Heiligen Geistes erwartete. Seine Cousins folgten Jesus also nach und seine Kernfamilie glaubte an ihn. Diese Tatsache spricht Bände über den Charakter Jesu.

Das nächste Mal wird Jakobus in Apostelgeschichte 15 als leitender Ältester der Gemeinde in Jerusalem erwähnt. Er war keiner der zwölf Jünger und wurde dennoch offensichtlich einstimmig als Leiter der Urgemeinde anerkannt.

Seine Rolle in Apostelgeschichte 15 ist von entscheidender Bedeutung. Er befand sich einer höchst schwierigen und heiklen Lage, in der größten Krise seit dem Bestehen dieser Gemeinschaft. Es ging um die Beschneidung und die Frage, ob das Christentum eine jüdische Sekte bleiben sollte oder zu einer Weltreligion werden würde. Jakobus leitete das Treffen, in dem es ohne Einigung zu einer klaren Spaltung der Gemeinde hätte kommen können. Doch Jakobus rettete die Lage, indem er sich auf den Geist und die Schrift berief. Als Petrus berichtete, was der Geist an Kornelius und dessen Haus getan hatte, sagte Jakobus: „Das passt zu den Aussagen der Heiligen Schrift" – und er zitierte aus dem Alten Testament. Es ist bemerkenswert, dass er seine Gemeindemitglieder dazu ermutigte, eine von Liebe geprägte Antwort auf diese Frage zu wählen, statt ihnen einen Befehl zu erteilen. Denn als Christen standen sie nicht unter dem Gesetz.

Wonach ich mich wirklich sehne, ist, dass Christen, die den Heiligen Geist kennen und Gläubige, die bibelfest sind, zusammenkommen. Wir laufen Gefahr, getrennte Wege zu gehen. Ich gehöre seit Jahren zur charismatischen Erneuerungsbewegung in unserem Land, doch meine größte Sorge ist jetzt, dass sie sich von ihren biblischen Grundlagen entfernt.

Gleichermaßen besorgt bin ich um diejenigen, die ihre Bibel in- und auswendig kennen, aber nichts von der Kraft des Heiligen Geistes wissen. Dieses Thema behandle ich in meinem Buch *„Word and Spirit Together"*, zu Deutsch „Wort und Geist gemeinsam" (Hodder & Stoughton, 1993).

Weil Jakobus sowohl den Geist als auch die Schrift kannte, war er in der Lage eine Entscheidung zu treffen, der jeder zustimmte. Was eine Katastrophe hätte werden können, verwandelte sich unter seiner Leitung in einen wunderbaren Moment der Einheit.

Nach dem Konzil wurde ein Brief an alle nichtjüdischen Gläubigen verschickt, der besagte, dass sie die Last des mosaischen Gesetzes nicht tragen müssten. Vielmehr sollten sie den Gewissensbissen jüdischer Christen bei gemeinsamen Mahlzeiten mit Sensibilität begegnen. Der Brief vertrat eine ähnliche Position wie die, die Paulus im Römerbrief einnahm. Zu Meinungsverschiedenheiten unter Christen über Themen, die nicht direkt in der Bibel behandelt werden, vertrat Paulus folgende Ansicht: Wer sich in umstrittenen Fragen frei fühle, müsse bereit sein, um der schwächeren Brüder willen auf seine Freiheit zu verzichten. Natürlich hat man immer weniger mit Gewissensbissen zu kämpfen, je reifer man in seinem Christsein ist. Doch wenn eine andere Person immer noch von Bedenken geplagt wird, müssen reifere Gläubige zurückstecken.

Skrupel können höchst seltsam sein. Häufig fühlen wir uns bei Handlungen schuldig, von denen man uns als Kind gesagt hat, dass sie falsch seien. Mir wurde als Kind beigebracht, dass ich sonntags nicht Fahrrad fahren oder einen Fotoapparat benutzen sollte. Erst Jahre später fand ich heraus, dass es keine Bibelverse über Fotoapparate und Fahrräder gibt! Als ich auf einem Bauernhof arbeitete, musste ich acht Kilometer radeln, um in den Gottesdienst zu kommen. Ich befand mich in der äußerst merkwürdigen Lage, mich schuldig zu fühlen, weil ich Fahrrad fuhr, um Gott anzubeten! Doch je reifer wir als Christen werden, desto größer wird auch unsere Freiheit, die Dinge zu genießen, die Gott uns geschenkt hat.

Anderen bereiten bestimmte Dinge Kopfzerbrechen, die an sich nicht falsch sind, doch im Leben vor ihrer Bekehrung eine unrühmliche Rolle gespielt haben. Dadurch werden sie zum Stolperstein. Das klassische Beispiel ist das Weintrinken bei einer Mahlzeit in Anwesenheit eines trockenen Alkoholikers. Wenn wir wissen, dass der Alkoholkonsum ein Problem darstellt, dann verzichten wir aus Liebe und mit Rücksicht auf das Gewissen dieser Person auf unsere eigene Freiheit. Habe ich Tischgemeinschaft mit einem Juden, so halte ich mich an koschere Nahrungsmittel, genau wie der Apostel Paulus es tat. Wir müssen anpassungsfähig und sensibel gegenüber dem Gewissen anderer Menschen sein und dürfen mit unserer eigenen Freiheit nicht protzen.

Als Jakobus diesen Brief nach dem Apostelkonzil von Jerusalem aus an die nichtjüdischen Gläubigen schickte, schrieb er gleichzeitig noch einen weiteren Brief an ihre jüdischen Glaubensgeschwister, und zwar den Jakobusbrief. Dieser Brief vermittelte den Juden, wie sie sich in einer nichtjüdischen Welt verhalten sollten. Seine Ratschläge sind nahezu identisch mit den Empfehlungen, die er den Nichtjuden gab (siehe Apostelgeschichte 15). Ihnen schrieb er nämlich, wie sie sich der jüdischen Welt gegenüber benehmen sollten. Der Jakobusbrief ist also quasi ein Spiegelbild dieses Briefes an die Nichtjuden, wenn auch in einer viel längeren Fassung.

Verschiedene historische Dokumente berichten, dass Jakobus in Jerusalem blieb. Er erhielt den Spitznamen „Jakobus, der Gerechte", ein wunderbarer Titel für einen leitenden Ältesten. Sein zweiter Spitzname lautete Oblias, was „Bollwerk" bedeutet – eine wirklich zuverlässige Person.

Jakobus nahm ein tragisches aber glorreiches Ende. Nach dem Tod des römischen Statthalters Festus, noch bevor Albinius dessen Amtsgeschäfte übernahm, gab es im Jahre 62 n. Chr. einen Zeitraum von ungefähr zwei Monaten ohne römischen Statthalter. Die jüdische Obrigkeit nutze diese Gelegenheit, um Christen anzugreifen, weil es keine römische Führung gab, die ihnen eine Hinrichtung verbieten konnte. Während dieser Zeit nahmen sie Jakobus gefangen, führten ihn auf den höchsten Vorsprung des Tempels und sagten zu ihm: „Nun lästere Christus oder wir stürzen dich hinunter!" Das war genau derselbe Vorsprung des Tempeldachs, auf den der Teufel Jesus gestellt hatte (siehe Matthäus 4). Jakobus antwortete nur: „Ich sehe den Menschensohn auf den Wolken der Herrlichkeit kommen!" So stürzten sie ihn hinunter.

Doch der Sturz tötete ihn nicht. Daher fingen sie an, ihn zu steinigen. Als er mit gebrochenen Knochen am Boden lag und Steine auf ihn geworfen wurden, sagte er: „Vater, vergib ihnen, denn sie wissen nicht, was sie tun." Die Menge, die zuschaute, schrie auf: „Jakobus, der Gerechte, betet für uns!" Was für ein Ende! Schließlich nahm jemand aus purer Barmherzigkeit einen Holzknüppel und schlug ihm damit den Schädel ein, sodass er starb. Natürlich war er nur einer von vielen, die in dieser Anfangszeit für Jesus in den Tod gingen.

Als seine Glaubensgeschwister den Leichnam aufhoben, um ihn angemessen zu beerdigen, waren sie erstaunt, weil sie zum ersten Mal seine Knie sahen. Es waren die Knie eines Kamels. Dieser Mann hatte mehr Zeit auf seinen Knien verbracht als auf seinen Füßen!

Jakobus war in der Gemeinde hoch angesehen. Eusebius, einer der frühen Kirchenväter, sagte über ihn:

„Die Weisheit und die Gottesfurcht, die sein Leben in einem so hohen Maße widerspiegelten, waren der Grund dafür, dass man ihn gemeinhin für den ‚gerechtesten aller Menschen' hielt."

So kam er zu seinem Spitznamen „Jakobus, der Gerechte". Einer der Autoren jener Zeit, Hegesippus, schrieb Folgendes:

„Jakobus war ein Nasiräer. Allein pflegte er in den Tempel zu gehen und man fand ihn auf den Knien liegend und für das Volk um Verzeihung flehend. Seine Knie wurden

hart wie die eines Kameles, da er ständig auf den Knien lag, um zu Gott zu beten und ihn um Verzeihung für sein Volk zu bitten. Wegen seiner hervorragenden Gerechtigkeit wurde er der Gerechte genannt."

Die Autorschaft des Jakobus

Jakobus war so bekannt, dass er es nicht nötig hatte, sich am Anfang seines Briefes ausführlicher vorzustellen – „Jakobus" reichte. Interessanterweise zitiert er insgesamt 23 Mal aus der Bergpredigt, obwohl er bekanntermaßen gar nicht dabei war, als Jesus sie hielt. Er muss sie also entweder direkt von Jesus gehört haben oder später von den Aposteln, als die Aussprüche Jesu gesammelt in Umlauf gebracht wurden.

Trotz der historischen Beweise wurde die Autorschaft des Jakobus später angezweifelt, weil der Stil des Briefes überhaupt nicht zu dem passte, was man von einem Galiläer erwartet hätte. Die anderen Juden verachteten die Galiläer, was zum Teil an ihrem ausgeprägten Dialekt lag. Man hielt sie für unzivilisiert. Lukas berichtet in der Apostelgeschichte, dass der Hohepriester folgende Frage stellte: „Wie ist es möglich, dass uns diese ungebildeten Männer derart herausfordern können?" Doch das Griechisch, in dem der Brief verfasst wurde, ist viel gehobener, als man es vor diesem Hintergrund erwarten würde.

Der Stil

Jakobus verwendet einige der besten rhetorischen Stilmittel überhaupt. Wir wollen sie uns kurz anschauen:

1. Er stellt rhetorische Fragen, d.h. Fragen, die keiner Antwort bedürfen, sondern die Zuhörer zum Nachdenken anregen sollen (siehe Jakobus 2,4+5, 14–16; 3,11+12; 4,4+12).

2. Er verwendet paradoxe Aussagen, um Aufmerksamkeit zu erregen. Zum Beispiel: „Meine Brüder, achtet es für lauter Freude, wenn Ihr in mancherlei Anfechtungen geratet" (Jakobus 1,2; SLT). „Freude" und „Anfechtungen" passen nicht zusammen. Dadurch lässt er seine Zuhörer aufhorchen. Bemerkenswert ist auch die Ironie in Jakobus 2,14–19; 5,5.
3. Er führt hypothetische Unterhaltungen mit einem imaginären Gesprächspartner. Auch das erhöht das Interesse seiner Leser. Es ist immer faszinierend, die Gespräche anderer Menschen zu „belauschen" (siehe Jakobus 2,18; 5,13).
4. Er nutzt Fragen, um neue Themen anzuschneiden (siehe Jakobus 2,14; 4,1).
5. Er greift häufig zum Imperativ (der Befehlsform): 60 von insgesamt 108 Versen stehen im Imperativ!
6. Er personifiziert Dinge. Jakobus stellt die Sünde als Tier dar und verwendet Bilder und Gegenstände des täglichen Lebens. Er schreibt über das Steuerruder von Schiffen, über Waldbrände und, aus dem Blickwinkel eines Bauern, über das Zaumzeug von Pferden. All das weckt Interesse.
7. Er verweist auf berühmte Männer und Frauen, beispielsweise auf Elia, Abraham und Rahab.
8. Er spricht seine Leser sehr direkt an, nämlich mit „ihr". Das ist eine sehr effektive Art, Aufmerksamkeit zu erregen.
9. Jakobus hat keine Hemmungen, Klartext zu reden (siehe Jakobus 2,20; 4,4).
10. Er bemüht scharfe Gegensätze (siehe Jakobus 2,13;26).
11. Er verwendet viele Zitate (siehe Jakobus1,11, 17; 4,6; 5,11,20).

Wie haben diese Stilmittel nun Eingang in den Jakobusbrief gefunden? Meiner Meinung nach finden wir die Antwort in 1. Petrus 2. Viele Autoren des Neuen Testaments griffen nicht selbst zur Feder, sondern diktierten ihren Text. Sie hatten einen sogenannten Amanuensis, den man heute als Stenotypist oder Sekretär bezeichnen würde.

Paulus und Petrus haben Silas sehr häufig als ihre Schreibkraft genutzt. Wahrscheinlich diktierte Jakobus seine Ausführungen ebenfalls einer anderen Person, die sie dann aufschrieb, in die richtige Form brachte und als Rundbrief verschickte. Diese Erklärung würde alle „Probleme" der Gelehrten lösen. So kommt es, dass sich im Jakobusbrief griechische Rhetorik und hebräische Weisheit miteinander vereinen.

Die Leser
Der Brief ist nicht ausdrücklich an eine Gemeinde, eine Gruppe von Gemeinden oder an eine Einzelperson adressiert, wie die meisten anderen Briefe des Neuen Testaments. Er ist an die 12 Stämme gerichtet, die in der Zerstreuung unter den Nationen lebten. Adressat war daher eindeutig die gläubige jüdische Diaspora, d.h. die Gemeinden, die man im Mittelmeerraum unter den Juden außerhalb Israels gegründet hatte. Er erwähnt den Herrn Jesus Christus im ersten Vers und insgesamt 12 Mal „meine Brüder".

Die Juden wurden dreimal gewaltsam zerstreut: Durch die Assyrer im 8. Jahrhundert v. Chr., das zweite Mal durch die Babylonier 586 v. Chr. und schließlich nach der Zerstörung des Tempels 70 n. Chr. Doch selbst zur Zeit Jesu entschieden sich viele freiwillig für ein Leben im Ausland, hauptsächlich im Mittelmeerraum. Es gab mehr Juden außerhalb Israels als innerhalb des Heiligen Landes, mit immerhin 40.000 Juden in Rom selbst. Viele kehrten dreimal im Jahr zu den großen jüdischen Festen in ihre

Heimat zurück. Doch sie nahmen die Kultur, die sie umgab, so schnell auf, dass das Wort Jude zu einem Synonym für Heuchelei wurde.

Christus kam also genau zur rechten Zeit, um das Evangelium zu verbreiten. Die Juden waren im Mittelmeerraum zerstreut, die römischen Straßen waren gebaut und überall wurde Griechisch gesprochen. Das Timing war perfekt. Gott hatte alles für die schnelle Verbreitung der guten Nachricht vorbereitet. Auf seinen Missionsreisen ging der Apostel Paulus immer zuerst in die Synagoge, weil er glaubte, dass sich die Menschen in diesem gottesfürchtigen Umfeld als erste bekehren würden.

Offensichtlich sahen sich jüdische Jünger in der Zerstreuung des Mittelmeerraumes einer völlig anderen Situation gegenüber als jüdische Gläubige in ihrer Heimat. Die Gemeinde in Jerusalem bestand fast ausschließlich aus Juden. Sie waren isoliert und hatten keine Kontakte mit anderen Gemeinden, sodass sie in ihrer Glaubenspraxis zu streng wurden. Gesetzlichkeit und der damit verbundene Stolz waren ihre größten Probleme. Im Gegensatz dazu mussten sich die Juden in der Zerstreuung mit der Gefahr der Assimilation (i.S.v. Anpassung) auseinandersetzen. Vielen war es peinlich, als Christen bezeichnet zu werden und ihr Lebensstil war zu tolerant. Ihr Hauptproblem war Geiz, denn die meisten hatten Israel aus geschäftlichen Gründen verlassen, um anderswo reich zu werden. Sie wurden den Nichtjuden viel zu ähnlich.

DER INHALT
Wohlstand
Unsere Einführung hat mehrerer Bereiche behandelt, die Jakobus thematisiert. Das Geschäftsleben ist dabei einer der Schwerpunkte. Offensichtlich hatte es für Jakobus' Leser große Bedeutung. Immer wieder wurden die Juden

von einem Land ins nächste gejagt; daher brauchten sie einen Beruf oder ein Gewerbe, das man problemlos mitnehmen konnte. Aus diesem Grund wurden viele Juden Schneider, weil man nur Nadel und Faden transportieren musste – und schon war man wieder im Geschäft. Andere wurden Juweliere, da man die Waren eines Juweliers leicht in einem kleinen Koffer verstauen konnte. Geldverleiher war natürlich auch ein häufiger Beruf. Im Europa des Mittelalters durften Christen diese Tätigkeit nicht ausüben, daher wurden die Juden Bankiers, wobei die Familie Rothschild zu den bekanntesten Vertretern gehört.

Allerdings bringt der Fokus auf das Geschäftsleben seine eigenen Probleme mit sich. Jesus sagte sinngemäß: „Du kannst nicht Gott und das Geld anbeten." Man kann sich nicht gleichzeitig Gott und dem Geldverdienen weihen. Die Pharisäer lachten Jesus aus, als er diese Aussage traf, weil sie sowohl reich als auch religiös waren. Doch Jesus hielt daran fest: „Es ist unmöglich." Sie antworteten darauf: „Er weiß ja gar nicht, wie man Geld verdient, daher hat er etwas gegen die Reichen." Jesus jedoch hat uns immer wieder gewarnt, dass es für Reiche schwierig sei, ins Reich Gottes zu kommen. Und natürlich sind die meisten Christen der westlichen Welt nach neutestamentlichen Maßstäben reich. Geld ist für sich genommen neutral und kann viel Gutes bewirken. Paulus allerdings schreibt: „Die Geldgier ist eine Wurzel *alles Bösen*" (1. Timotheus 6,10; SLT).

Aus dem Jakobusbrief geht eindeutig hervor, dass der Wohlstand einige seiner Leser verdorben hatte. Sie beuteten ihre Angestellten aus und hielten deren Lohnzahlungen zurück, um die Geldmittel ihres Unternehmens aufzustocken. Sie schwelgten im Überfluss, indem sie ihr Geld für unnötigen Luxus ausgaben. Sie schmeichelten den Reichen, die in ihre Gottesdienste kamen. Die Armen verwiesen sie auf die hinteren Plätze, während sie den

Reichen Sitze in den vordersten Reihen anboten. Andere beleidigten und verachteten arme Menschen.

Diesem Phänomen begegnet man überall auf der Welt: Wer gutes Geld verdient, betrachtet sich selbst als erfolgreich und andere, die es nicht geschafft haben, als Versager. Einbildung und Wohlstand gehen Hand in Hand.

Diese Einstellung hat heutzutage in einigen Gemeinden überhandgenommen. Dort kontrollieren die wenigen Reichen innergemeindlich alles, was geschieht. Mitarbeiter hüten sich davor, sich unbeliebt zu machen, aus Angst, Hauptsponsoren zu vergraulen, die einen negativen Einfluss ausüben.

Wohlstand kann zu einer trügerischen Sicherheit führen. Gottesfurcht bedeutet, sein Leben in Ehrfurcht vor Gott zu gestalten, während Geld sich verheerend auf die Gottesfurcht auswirkt. Denn wenn man genügend Geld hat, schmiedet man seine Pläne in der Regel selbst, ohne an Gott zu denken. Jakobus schreibt seinen Lesern, dass sie allen ihren Plänen immer den Zusatz „so Gott will" (wörtlich: „Wenn es der Wille des Herrn ist...") hinzufügen sollten. Mein Vater hat seinen Briefen stets „D.V." (*Deo volente*, lateinisch für „so Gott will") hinzugefügt. Dadurch wollte er zeigen, dass alle seine Pläne in Gottes Händen lagen. Jakobus predigte gegen die Wohlhabenden, die das „D.V." wegließen.

Es scheint eine Begleiterscheinung des Geldverdienens zu sein, sowohl Gott als auch die Armen zu vernachlässigen. Jakobus zählt noch weitere Sünden auf, die man oft bei reichen Menschen findet, beispielsweise Neid; denn wer viel hat, der will oft noch mehr haben, und er beneidet diejenigen, die noch reicher sind; Selbstsucht, Stolz, Angeberei und Prahlerei, Überheblichkeit, Ungeduld, Zorn, Begierde, Streit, Zank, Kämpfe und Rechtsstreitigkeiten stehen ebenfalls auf der Liste des Jakobus. Rechtsstreitigkeiten sind ein Zeitvertreib der

Reichen. Der Londoner Finanzdistrikt wäre ein sehr geeigneter Ort für eine Predigt aus dem Jakobusbrief.

Ich wurde einmal gebeten, zu den Mitgliedern der Londoner Börse zu sprechen. Sie baten mich vorab um den Titel meiner Predigt, woraufhin ich ihnen erklärte, ich würde folgendes Thema behandeln: „Das letzte Hemd hat keine Taschen. Alles, woran man sich festklammert, wird verbrennen." Sie weigerten sich standhaft, diesen Titel zu veröffentlichen! Also änderte ich ihn in: „Wie man über das Grab hinaus investiert" – und plötzlich stieß ich auf großes Interesse!

Die Zunge
Jakobus beschäftigt sich auch mit der Zunge als einer Hauptursache von Problemen unter Gläubigen. Vielleicht dachte er dabei an seine eigenen unnützen Worte, mit denen er einst Jesus aufzog (siehe Johannes 7).

Die Juden lieben Worte, doch es besteht immer die Gefahr, zu viel zu reden. Eine besondere Schwäche der im Ausland Lebenden waren Klatsch und Tratsch. Wenn Menschen weit von zu Hause weg sind, tratschen sie innerhalb ihrer kleinen Gemeinschaft. Jakobus kannte das nur allzu gut, daher hat er viel über den Gebrauch der Zunge zu sagen.

Er schreibt beispielsweise: „Aus demselben Mund geht Segen und Fluch hervor ... Die Quelle sprudelt doch nicht aus derselben Öffnung das Süße und das Bittere hervor?" (Jakobus 3,10+11). Jakobus bezeichnet die Zunge als den am schwierigsten zu kontrollierenden Körperteil. Wer sie beherrschen könne, sei vollkommen. Daher lässt sich am Gebrauch der Zunge leicht ermessen, wie heilig jemand ist. Wir müssen auf unsere Worte achtgeben, denn „aus der Fülle des Herzens redet der Mund" (siehe Lukas 6,45). Unsere Heiligung ist daher vollkommen, wenn wir immer das Richtige sagen, dann schweigen, wenn es angebracht ist und unsere Meinung kundtun, wenn die Notwendigkeit dazu besteht. Am Tag des Jüngsten Gerichts werden wir für „jedes unnütze Wort" Rechenschaft ablegen müssen, sagte Jesus. Denn diese unnützen Worte, die man spricht, wenn man müde oder gestresst ist, offenbaren die wahre Herzenshaltung eines Menschen – nicht die sorgfältig gewählten Worte, über die man in Ruhe nachgedacht hat.

Weitere Bilder werden herangezogen, um die Zunge zu beschreiben: Sie wurde vom Feuer der Hölle in Brand gesetzt und entspricht einem kleinen Steuerruder, das ein ganzes Schiff zum Wenden bringen kann. Sie wirkt wie ein Waldbrand, der mit nur einem einzigen Streichholz entzündet wurde. Sünden, die man mit der Zunge begeht, wie beispielsweise Murren, Fluchen, Lügen und die Verwendung von Kraftausdrücken werden alle in diesem kurzen Brief erwähnt.

So wichtig die Themen „Wohlstand" und „Worte" auch sein mögen, die beiden Begriffe, die uns den Brief wirklich erschließen, lauten „Welt" und „Weisheit".

Die Welt
Jakobus schreibt, dass Freundschaft mit der Welt, Feindschaft gegen Gott sei. Wir können nicht gleichzeitig der Welt und Gott gefallen. Jesus tat das nicht, und wenn es ihm nicht gelang, so werden auch wir es nicht schaffen. Tatsächlich lehrte der Apostel Paulus Folgendes: Je gottesfürchtiger wir sind, desto unbeliebter werden wir voraussichtlich sein. In einem seiner Briefe an Timotheus schreibt er sinngemäß: „Wer ein gottesfürchtiges Leben in der Nachfolge Jesu führt, wird verfolgt werden." Ungläubige mögen uns respektieren, doch sie werden gleichzeitig versuchen, uns den Glauben auszutreiben.

Jakobus erklärt, dass wahre Frömmigkeit aus zwei Aspekten bestehen würde, nämlich „Witwen und Waisen in ihrer Not zu helfen und sich vom gottlosen Treiben dieser Welt nicht verführen zu lassen" (Jakobus 1,27 HfA).

Man hört häufig, dass Christen „in der Welt, aber nicht von dieser Welt" sind. Das ist wahr, doch es bedeutet nicht, dass wir uns von Nichtchristen fernhalten sollten. Als mein guter Freund Peter als Autohändler in Australien arbeitete, entließ er jeden seiner Mitarbeiter, sobald dieser Christ geworden war. (Keine Sorge – vor der Entlassung hatte er ihm bereits eine andere Arbeitsstelle besorgt!) Er tat das aus Prinzip, weil er an seinem Arbeitsplatz kein Zeugnis sein konnte, wenn er nur von Christen umgeben war!

Jakobus verdeutlicht uns den Unterschied zwischen einer Prüfung und einer Versuchung. Gott wird uns niemals versuchen, aber er wird uns prüfen. Der Unterschied ist folgender: Man prüft Menschen in der Hoffnung, dass sie den Test bestehen werden. Doch man versucht sie und hofft dabei, dass sie versagen. Gott wird uns prüfen. Daher sollten wir es als reine Freude betrachten, wenn es hart für uns wird. Denn wir wissen, dass Gott uns in die nächsthöhere Klasse versetzen will. Es ist der Teufel, der uns versucht und sich dabei wünscht, dass wir durchfallen. In Versuchung führen kann er uns allerdings nur, wenn es in uns etwas gibt, das er benutzen kann, um uns zu ködern. Doch Gott hat uns versprochen, dass wir niemals über unsere Kraft versucht werden. Das bedeutet natürlich, dass der Teufel völlig unter Gottes Kontrolle steht. Er kann uns nur antasten, wenn Gott ihm dazu vorher die Erlaubnis erteilt (siehe die ersten Kapitel des Buches Hiob als hervorragendes Anschauungsbeispiel).

Man wird also als Christ niemals sagen können: „Ich konnte nicht anders." Wir begegnen in der Welt folglich Prüfungen und Versuchungen. Die einen kommen von Gott, der hofft, dass wir diese Prüfungen bestehen. Die anderen schickt uns der Teufel in der Hoffnung, dass wir versagen.

Wir brauchen Weisheit, um das eine vom anderen zu unterscheiden. Als die Frau von Hudson Taylor gegen Ende ihres Lebens von einem schlimmen Leiden heimgesucht wurde und völlig erblindete, fragte sie jemand: „Warum sollte Gott dir das antun, nachdem du ihm so treu gedient hast?" „Oh", sagte sie, „er gibt meinem Charakter nur noch den letzten Schliff".

Das Leben wird also nicht leichter, wenn wir älter werden. Ich persönlich finde, dass es sogar schwieriger wird, Wegweisung zu empfangen. In den ersten Jahren unseres Christseins hat Gott Erbarmen mit uns. Er schenkt uns klare Führung, sodass wir keinen Zweifel daran haben, was wir tun sollten. Doch dann bringt er uns in Situationen, in denen wir wirklich anfangen müssen, die Dinge selbst herauszufinden. Wenn wir reifer werden, kaut er uns nicht mehr alles vor, sondern überträgt uns mehr Verantwortung. Er traut uns zu, die Dinge selbst zu beurteilen, statt uns klare Anweisungen zu erteilen.

Weisheit
Wir haben bereits die Ähnlichkeiten zwischen dem Jakobusbrief und dem Buch der Sprüche festgestellt. Daher ist es nicht überraschend, dass die Weisheit ein weiteres Hauptthema dieses Briefes ist. Jakobus unterscheidet zwischen zwei Weisheitskategorien. Genauso, wie es zwei Arten von Tests gibt, Prüfungen und Versuchungen, gibt es auch zwei Arten der Weisheit: die Weisheit von oben und die Weisheit von unten.

Die Weisheit von unten kommt aus der menschlichen Erfahrung, dadurch, dass man Dinge ausprobiert hat. Wir nennen sie die Schule der Erfahrung. Doch es gibt noch einen anderen Weg, um weise zu werden, der uns nicht so viel Zeit kostet. Wir bitten einfach darum! Wem es an Weisheit fehle, der solle nicht annehmen, dass es so bleiben müsse, schreibt Jakobus sinngemäß. Er erklärt, dass Weisheit dadurch komme, dass man Gott aufrichtig und ohne Zweifel darum bitte.

Die Weisheit ist viel leichter erhältlich, als wir es uns vorstellen. Jakobus beschreibt sie als erstrebenswert, weil sie rein und friedlich ist. Sie löst das Problem. Die Fülle der göttlichen Weisheit steht uns jederzeit zur Verfügung. Wenn wir in Schwierigkeiten sind, müssen wir einfach nur sagen: „Herr, ich brauche jetzt Weisheit." Und die Antwort wird uns zum Staunen bringen.

PROBLEME
Wir müssen uns nun mit den sogenannten „Problemen" beschäftigten, die der Jakobusbrief aufwirft.

Charakter des Briefes
Diese Epistel scheint kein sehr christlicher Brief zu sein. Weder Christus noch das Evangelium werden häufig erwähnt. Die Betonung liegt offensichtlich mehr auf den Aktivitäten der Menschen als auf dem Handeln Gottes; es geht eher um Taten als um Glaubenslehre, der Verfasser schreibt mehr über das Gesetz als über das Evangelium, über Werke mehr als über den Glauben. Schlüsselereignisse wie beispielsweise der Tod Jesu, seine Auferstehung und Himmelfahrt sowie das Wirken des Heiligen Geistes werden nicht erwähnt. Offenbar geht es primär darum, gute Taten zu tun.

Daher haben manche angezweifelt, dass dieses Buch denselben christlichen Glauben beschreiben würde wie der Rest der Bibel. Herausragende Denker haben es verworfen. Der protestantische Reformator Martin Luther empörte sich über den Brief. Er habe keinen Bezug zum Evangelium und zeige Christus nicht, erklärte er. (Tatsächlich wird Christus im gesamten Brief nur zweimal erwähnt.) Luther nannte ihn

„eine stroherne Epistel", weil darin seiner Meinung nach nur Stroh zu finden sei und kein Getreide. Abwertender kann man sich kaum äußern. Er erklärte, er achte den Brief für „keines Apostels Schrift" und wolle den Jakobusbrief „nicht haben in meiner Zahl der rechten Hauptbücher" (des Neuen Testaments). Als Luther die Bibel übersetzte, platzierte er den Jakobusbrief daher zusammen mit dem Hebräer- und dem Judasbrief sowie der Offenbarung ganz am Ende in einen Anhang. Ihn vollständig wegzulassen, traute er sich nicht, doch er entfernte ihn aus dem Hauptteil der biblischen Bücher.

Zugegebenermaßen gibt es im gesamten Brief nur wenige Aussagen, die ein orthodoxer Jude nicht akzeptieren könnte. Er behandelt das Gesetz, die Synagoge sowie Brüder und Älteste. Von Gott spricht er als dem „Herrn Zebaoth" (dem All- oder Weltenherrscher oder Herr der Heerscharen). Würde man die beiden Stellen, in denen Christus erwähnt wird, sowie die Worte „geboren", „Name", „Kommen" und „Gläubige" entfernen, wäre ein orthodoxer Jude mit allem einverstanden.

Spezifischer Inhalt
Zusätzlich zu diesen Problemen gibt es ein spezifisches Thema, das bei Bibellesern große Verwirrung ausgelöst hat. In Jakobus 2,24 (ELB) heißt es: „Ihr seht also, dass ein Mensch aus Werken gerechtfertigt wird und nicht aus Glauben allein." Das scheint der Lehre des Neuen Testaments zu widersprechen und insbesondere der Theologie des Apostel Paulus. Es geht um die Frage, wie wir mit Gott ins Reine kommen können. Luther behauptete, dieser Vers untergrabe die Grundwahrheit des Evangeliums, dass wir „allein aus Glauben gerechtfertigt werden."

Der Charakter des Briefes und die Bedenken zum Thema Rechtfertigung haben dazu geführt, dass er einen harten Kampf bestehen musste, um ins Neue Testament aufgenommen zu werden – und auch dort zu bleiben. Der Jakobusbrief war einer der letzten Briefe, der dem biblischen Kanon hinzugefügt wurde (350 n. Chr.).

Wie gehen wir nun mit diesen scheinbaren Widersprüchen um? Hierzu ein paar hilfreiche Bemerkungen:

1. Jakobus starb 62 n. Chr. Daher konnte er die paulinischen Briefe zu diesem Thema gar nicht gelesen haben. Doch er kannte Paulus und überzeugte ihn, das Gelübde der Nasiräer zu halten, um zu zeigen, dass er immer noch Jude war (siehe Apostelgeschichte 21,18–25). Wenn es also einen Widerspruch gibt, so kann dieser nicht beabsichtigt gewesen sein.
2. Paulus schrieb an nichtjüdische Christen, Jakobus hingegen an jüdische Gläubige. Ihre Zielsetzung war demnach unterschiedlich. Paulus ging es darum, die Nichtjuden vor der jüdischen Gesetzlichkeit zu bewahren, während Jakobus die Juden von der nichtjüdischen Zügellosigkeit abhalten wollte. Daher sind ihre verschiedenen Schwerpunkte nicht überraschend.
3. Bei den „problematischen" Abschnitten muss man bedenken, dass das Wort „Werke" mehrere unterschiedliche Bedeutungen hat. Paulus schreibt über die Werke des Gesetzes, während Jakobus die Werke des Glaubens behandelt – es geht also darum, aktiv zu werden. Eigentlich sagt Jakobus: „Glaube ohne aktives Handeln ist tot." Dabei bezieht er sich nicht auf die Werke des Gesetzes. Er verdeutlicht vielmehr, dass Liebe ohne Taten nutzlos ist und illustriert dies an folgendem Beispiel: Jemand sagt zu seinem Bruder: „Ach du meine Güte! Du hast

nichts anzuziehen und nichts zu essen? Möge Gott dir helfen, Bruder, er segne dich!" „Was nützt das?", fragt Jakobus. Das ist Liebe ohne aktives Handeln, Liebe ohne die dazugehörigen Werke.

Wenn er also über den Glauben schreibt, so meint er den Glauben ohne aktives Handeln. Wenn der Glaube nicht zum Tätigwerden führt, dann glaubt man nicht. Das Bekenntnis allein rettet nicht. Der Glaube muss auch praktiziert werden. Jakobus bezeugt, dass selbst die Dämonen an Gott glauben und dabei zittern!

Doch dann gibt er uns Beispiele aktiven Glaubens, wobei er Abraham und Rahab heranzieht, einen guten Mann und eine verdorbene Frau. Beide wurden im Glauben aktiv, der eine, um Leben zu nehmen, die andere, um Leben zu retten. Abraham handelte im Glauben, als er sich darauf vorbereitete, seinen Sohn und damit seine einzige Hoffnung auf Nachkommen zu opfern. Rahab, die Prostituierte, ließ ihrem Glauben Taten folgen, als sie sich um die Kundschafter kümmerte und sie bat, ihre Familie vor der kommenden Invasion zu retten.

Laut Jakobus ist der Glaube an Jesus nicht nur eine Sache des Bekenntnisses. Vielmehr muss man ihn durch sein Handeln auch demonstrieren. Bei dieser Demonstration würden wir fürchterlich auf die Nase fallen, wenn Jesus uns nicht auffangen würde. Das ist Glaube. Jakobus hat also vollkommen Recht, wenn er sagt, dass der Glaube ohne Werke niemanden retten kann. Denn ein solcher Glaube ist so tot wie eine Leiche. Lebendiger Glaube leiert nicht das Glaubensbekenntnis herunter, sondern handelt im Glauben und beweist dadurch sein Gottvertrauen.

Mit Jakobus und Paulus gibt Gott uns zwei unterschiedliche Blickwinkel auf dieses wichtige Thema, damit wir ausgewogen bleiben und die ganze Wahrheit erfassen können. Gesetzlichkeit bedeutet, sich durch eigene Werke zu retten. Zügellosigkeit behauptet, dass Rettung ohne Werke zu haben sei. Doch die Freiheit (die der christlichen Position entspricht) beinhaltet Folgendes: Wir werden für gute Werke gerettet, wobei es sich um gute Taten handelt, um Werke der Liebe.

Selbst der Apostel Paulus, der Hauptverfechter der Rechtfertigung aus Glauben, schreibt in Epheser 2,10 (SLT): „Denn wir sind seine Schöpfung, erschaffen in Christus Jesus zu guten Werken, die Gott zuvor bereitet hat, damit wir in ihnen wandeln sollen." Wir werden also nicht durch gute Werke gerettet, sondern für gute Werke. Ganz am Ende werden wir sogar nach unseren Taten beurteilt. Jakobus, der Hauptfürsprecher aktiven Handelns, schreibt seinerseits in Jakobus 2,5, dass Gläubige „reich im Glauben" werden sollten.

Die Gesetzlichkeit proklamiert: „Wir werden durch Regeln und Gesetze dafür sorgen, dass ihr nicht die Freiheit habt zu sündigen." Die Zügellosigkeit konstatiert: „Uns steht es frei zu sündigen." Wahre Freiheit bedeutet jedoch: „Wir sind frei, nicht zu sündigen." Diese Aussagen mögen sich nach netten, kleinen Klischees anhören, sind dessen ungeachtet jedoch trotzdem wahr. Es gibt nichts Wichtigeres für jeden Christen, als den Unterschied zwischen ihnen zu begreifen. Denn dieser Unterschied ist das Herzstück des Evangeliums, und wir brauchen sowohl Paulus als auch Jakobus, um es richtig zu erfassen. In der Frage „Glaube oder Werke" kommt daher der Jakobusbrief nicht ohne die übrigen Schriften des Neuen Testaments aus. Und auch der Rest des Neuen Testaments braucht den Jakobusbrief.

Bei seiner Bewertung dieses Briefes hat Martin Luther überhaupt nicht verstanden, worum es eigentlich geht. Er glaubte, dass Jakobus Paulus und allen anderen biblischen

Schriften widersprechen würde. Doch Martin Luther war nicht unfehlbarer als der Papst, dem er Widerstand leistete. Er versteifte sich zu sehr auf die Lehre der Rechtfertigung durch Glauben, um erkennen zu können, wie wichtig Jakobus' Blickwinkel tatsächlich ist. Glaube muss aktiv werden und sich in praktischem Tun zeigen. Was Gott in uns wirkt, muss sich auf die Welt um uns herum auswirken, auf eine Umgebung, die uns wesensfremd ist.

SCHLUSSFOLGERUNG

Da wir keine Juden sind, die sich in der Zerstreuung befinden: Hat dieser Brief für uns irgendeine Bedeutung? Er ist sogar sehr relevant für uns, weil wir auch als Christen in der Fremde leben. Manche Christen sind zwar so sehr mit dem Gemeindeleben beschäftigt, dass sie eher den Juden in Jerusalem ähneln. Problematisch ist dabei ihr Stolz, der teilweise dadurch verursacht wird, dass sie sich aus der Welt zurückgezogen haben.

Doch die meisten Christen sind mit den Juden in der Zerstreuung vergleichbar. Sie gehen ihren Alltagsgeschäften nach und stehen in der Versuchung, sich der Welt anzupassen und deren Moralvorstellungen zu übernehmen. Wir sind Bürger des Himmels und gleichzeitig Fremde auf dieser Erde. Wir gehören zum Volk Gottes, das im Exil lebt und warten auf unser künftiges Zuhause, unsere endgültige Heimat. Wir sind in der Welt, aber nicht von dieser Welt.

Unsere Stellung wird am besten im Brief an Diognet dargestellt, der Ende des ersten Jahrhunderts n. Chr. verfasst wurde. Dieser Brief beantwortet die Frage, inwieweit Christen anders sind. Dort heißt es:

„Denn die Christen sind weder durch Heimat noch durch Sprache und Sitten von den übrigen Menschen verschieden. Sie bewohnen Städte von Griechen und Nichtgriechen, wie es einem jeden das Schicksal beschieden hat, und fügen sich der Landessitte in Kleidung, Nahrung und in der sonstigen Lebensart, legen aber dabei einen wunderbaren und anerkanntermaßen überraschenden Wandel in ihrem bürgerlichen Leben an den Tag … Sie bewohnen jeder sein Vaterland, aber nur wie Beisassen; sie beteiligen sich an allem wie Bürger und lassen sich alles gefallen wie Fremde; jede Fremde ist ihnen Vaterland und jedes Vaterland eine Fremde. … Sie weilen auf Erden, aber ihr Wandel ist im Himmel. Sie gehorchen den bestehenden Gesetzen und überbieten in ihrem Lebenswandel die Gesetze. Sie lieben alle und werden von allen verfolgt."

Auch heute sollten Christen genauso leben. Sie müssen sicherstellen, dass die Welt sie nicht vereinnahmt. Die Motive, die Methoden und die Moral der Welt stellen immer noch eine Herausforderung dar. Der Druck, unter dem Christen heute stehen, ist im Grunde genommen derselbe wie damals im ersten Jahrhundert. Insofern ist der Jakobusbrief hochaktuell und für jeden Gläubigen, der Jesus nachfolgen will, von großem Nutzen. Sein Fokus liegt darauf, wie man sich in der Welt und in der Gemeinde richtig verhält. Jakobus interessiert besonders, was wir tun und nicht so sehr, was wir sagen. Bibelwissen ist nämlich nutzlos, wenn wir nichts damit anfangen.

55.
1. UND 2. PETRUSBRIEF

1. Petrusbrief

Am 2. September 1666 gab es in London einen Großbrand. Er begann in einem Bäckerofen und verursachte einen gewaltigen Schaden. Zweihunderttausend Menschen verloren ihre Häuser. Da die meisten davon Fachwerkhäuser waren, konnten sie den Flammen nicht widerstehen. Schätzungen zufolge belief sich der Schaden auf zirka 12 Millionen Euro. Insgesamt wurden 90 Kirchen zerstört, von denen Christopher Wren viele später jedoch wieder aufbaute, darunter auch die St. Paul's Cathedral. Es gehört zu den bedauerlichen Seiten der menschlichen Natur, dass man nach einem Unglück nach einem Sündenbock sucht. Häufig werden Unbeteiligte beschuldigt. Im Fall des Großbrandes von London wurde den französischen Katholiken die Schuld zugeschoben.

Am 19. Juli 64 n. Chr. brach in Rom ein Feuer aus, das drei Tage lang brannte und große Teile der Stadt verwüstete. Es verschlang das Stadtzentrum Roms und zerstörte dabei Tempel und Häuser. Die Bürger suchten nach einem Sündenbock, den sie schließlich in Kaiser Nero fanden. Da sie wussten, dass er plante, alte Gebäude abzureißen und durch Monumentalbauten zu ersetzen, gingen sie davon aus, dass er dahintersteckte. Nero seinerseits schob die Schuld den Christen zu, was zu einer schrecklichen Verfolgung der Gemeinde führte.

Die Christen erlebten furchtbare Zeiten. Sie wurden gefoltert. Man nähte sie in die Häute wilder Tiere ein und zwang sie, auf allen Vieren in Amphitheatern herumzukriechen, während man Löwen und andere wilde Tiere auf sie losließ. Sie wurden von Hunden gejagt und manche starben den Kreuzestod.

Ich erinnere mich daran, wie ich in Rom stand, das Kolosseum im Rücken, und auf einen niedrigen, grünen Hügel schaute. Dort befand sich einst Neros Palastgarten. Ich dachte an den Tag, an dem er in diesem Garten eine Grillparty veranstaltete. Dabei ließ er Christen mit Teer und Bitumen übergießen, überall im Garten an Pfosten fesseln und schließlich anzünden. Sie wurden bei lebendigem Leibe verbrannt, um seine Party zu beleuchten.

Die Nachricht über diese Grausamkeiten an Gottes Volk verbreitete sich wie ein Lauffeuer im gesamten Römischen Reich – von Gemeinde zu Gemeinde. Doch gleichzeitig brachte man einen Brief des Apostels Petrus in Umlauf. Er schrieb ihn an die Christen im Nordwesten der Türkei, mit denen ihn eine besondere Beziehung verband. Er wollte sie warnen, so dass sie sich auf die Verfolgung vorbereiten konnten.

Petrus sollte schließlich selbst in dieser Zeit ums Leben kommen. Er wurde in Rom von Nero gekreuzigt. Jesus hatte vorhergesagt, dass er auf diese Art sterben würde. Doch als Petrus hingerichtet werden sollte, bat er darum, dass das Kreuz auf den Kopf gestellt würde. Denn er fühlte sich nicht würdig, in derselben Position zu sterben wie Jesus.

Obwohl die Bibel es nicht direkt erwähnt, war Petrus wahrscheinlich früher im Nordwesten der Türkei tätig. Paulus versah seinen Dienst in der Südtürkei, doch Petrus scheint nordwärts gezogen zu sein. Daher schickte er seinen Brief an die Gläubigen in dieser Region.

Der Verfasser
Über Petrus liegen uns viele Informationen vor. Sein erster Brief ist sehr beliebt. Es ist ein herzerwärmendes und liebevolles Dokument voller Mitmenschlichkeit. Im ersten Kapitel schreibt Petrus seinen Lesern, dass sie

Jesus liebten und mit unaussprechlicher Freude über ihn jubelten, obwohl sie ihn noch nie gesehen hätten. Diese Liebe zu seinem Retter zieht sich wie ein roter Faden durch den gesamten Brief.

Sein Vorname lautete ursprünglich Simon oder Simeon, ein verbreiteter, wenn auch nicht besonders schmeichelhafter Name. Er bedeutet „Schilfgras". Doch als Jesus Simon traf, gab er ihm den Namen „Petrus", der weniger gebräuchlich war und für „Fels" steht. Dieser neue Name bezeichnete die Charakterveränderung, die Jesus von seinem Jünger erwartete. Petrus begann als ein Mann, der leicht beeinflusst werden konnte, wie Schilfgras im Wind. Als Jesus allerdings von ihm ging, war er ein Fels in der Brandung.

Petrus war Fischer und stammte aus Bethsaida in Galiläa. Andreas war sein Bruder. Diese beiden berief Jesus als erste in seine Nachfolge. In jeder Aufzählung der zwölf Jünger steht Petrus an erster Stelle. Er war der inoffizielle Gruppensprecher.

Petrus' Charakter kommt in den Evangelien sehr deutlich zum Vorschein. Er hatte bemerkenswerte Stärken: Er war charmant, einsatzfreudig, impulsiv und schwungvoll. Doch diesen Stärken standen Schwächen gegenüber: Er konnte auch unausgeglichen, launisch, schwach, feige, vorschnell und unbeständig sein. Petrus war ein impulsiver Mann, der oft anfing zu reden, bevor er nachgedacht hatte. Kaum öffnete er seinen Mund, schon trat er ins Fettnäpfchen. Diese Spontaneität bedeutete jedoch auch, dass er manchmal wunderbare Aussagen über Jesus traf. Gerade weil er ihnen so sehr ähnelt, können sich daher viele Gläubige mit Petrus identifizieren.

Zu dem wohl emotionalsten Moment seines Lebens kam es, als Jesus ihm nach seiner Auferstehung am Ufer des Sees Genezareth in Galiläa begegnete. Vor seiner Kreuzigung hatte Petrus ihn dreimal verleugnet. Nun bereitete Jesus den Jüngern das Frühstück zu und plötzlich blickte Petrus wieder in ein Kohlenfeuer. Im gesamten Neuen Testament werden nur zwei Kohlenfeuer erwähnt. Das erste brannte im Hof des Hohepriesters, als Petrus dort seine Hände wärmte und dreimal leugnete, Jesus zu kennen. Nun fielen seine Augen erneut auf ein solches Feuer. Zweifellos war die Erinnerung an seine Feigheit immer noch sehr präsent.

Jesus sagte damals gerade nicht zu Petrus: „Ich hatte gehofft, du würdest der Hauptpastor werden. Doch jetzt wirst du wohl leider nur die Gesangbücher austeilen dürfen." Er sagte auch nicht: „Ich gebe dir ein Jahr Probezeit. Dann wollen wir mal sehen, ob du dich zusammenreißen kannst. Nach diesem Jahr schauen wir uns deinen Fall nochmal an und beschließen dann erneut, was wir mit dir machen."

Tatsächlich sagte er (sinngemäß): „Petrus, ich komme schon mit dir klar, allerdings nur, wenn ich mir einer Sache sicher sein kann: Liebst du mich?"

Das ist die wichtigste Frage für jeden Christen. Liebst du ihn? Dieselbe Frage stellte Jesus Petrus dreimal, und irgendwie brachte sie Petrus wieder auf den richtigen Weg zurück. Kurze Zeit später war es Petrus, der zu Pfingsten predigte, was zur Folge hatte, dass sich 3 000 Menschen taufen ließen. Daher ist es kaum überraschend, dass die Liebe zu Jesus diesen Brief prägt.

Petrus wird natürlich noch an anderen Stellen des Neuen Testaments erwähnt. Er selbst arbeitete bei der Entstehung des Markusevangeliums sehr intensiv mit Johannes Markus zusammen. Markus war keiner der Zwölf, sondern erhielt alle seine Informationen von Petrus. Daher berichtet Markus auch als einziger der vier Evangelisten so eindrücklich über die Schwächen des Petrus; und aus diesem Grund schimmert die impulsive Persönlichkeit des Apostels immer wieder durch die Seiten dieses Evangeliums. Genauso wie Petrus selbst, wird Jesus im Markusevangelium als „Mann der Tat" dargestellt.

Die erste Hälfte der Apostelgeschichte dreht sich nur um Petrus. Da Lukas die Apostelgeschichte jedoch als Schriftsatz für die Strafverteidigung des Paulus verfasste, verschwindet Petrus von der Bildfläche, sobald Paulus auftaucht.

Petrus wird einmal kurz aber wenig schmeichelhaft im Galaterbrief erwähnt. Paulus berichtet dort über seine heftige Auseinandersetzung mit seinem Apostelkollegen, die entstand, weil Petrus sich weigerte, in der Gegenwart von jüdischen Gläubigen mit Nichtjuden zu essen. Petrus verhielt sich falsch und Paulus sagte es ihm ins Gesicht.

Wir wissen, dass Petrus verheiratet war, weil Jesus seine Schwiegermutter heilte. Darüber hinaus erwähnt der Apostel Paulus in einem Nebensatz, dass Petrus seine Frau auf seine Missionsreisen mitnahm. Somit haben wir mehr Informationen über Petrus als über jeden anderen Apostel, Paulus ausgenommen.

Petrus schrieb diesen Brief, als er sich in Rom aufhielt. Sowohl Petrus als auch Paulus verbrachten einige Zeit in der Stadt. (Paulus stand unter Hausarrest, während er auf seine Verhandlung wartete. Er wurde später durch Nero hingerichtet.) Doch es gibt keinen Beweis dafür, dass Petrus der erste Bischof von Rom gewesen wäre – das ist reine Spekulation von Seiten derer, die an eine apostolische Nachfolge glauben wollen.

Die Leser
Wir sind nicht sicher, wie die Gemeinde in Kleinasien (im Nordwesten der Türkei) ihren Anfang nahm. Allerdings berichtet die Apostelgeschichte, dass am Pfingsttag Menschen aus den Provinzen Kappadozien, Bithynien und Pontus, die gemeinsam Kleinasien bilden, in Jerusalem waren. Vielleicht bekehrten sich einige aus dieser Gegend durch die erste Predigt des Petrus und wurden getauft.

Dann kehrten sie wieder nach Hause zurück und baten Petrus später, sie zu besuchen.

Petrus spricht seine Leser mit einem jüdischen Titel an, er nennt sie „die Fremdlinge, die in der Zerstreuung leben" (1. Petrus 1,1; LUT), obwohl unter ihnen auch viele Nichtjuden gewesen sein müssen. Genauso, wie die Juden in die ganze Welt zerstreut wurden, lebten auch die Christen in der Diaspora (griechisch für Zerstreuung). Die Bezeichnung verrät schon, dass sie Außenseiter waren. Petrus nennt sie „Fremdlinge und Fremde". Das Fehlen weiterer Details lässt darauf schließen, dass der Brief als Rundbrief für die Gläubigen in der ganzen Region gedacht war.

Dieser „Außenseiter"-Stempel ist selbst heute noch zutreffend. Eines der Probleme, die man bekommt, wenn man sich bekehrt, ist, dass man zum Außenseiter wird. Ich kann Zeugnisse, die Folgendes behaupten, nicht ausstehen: „Als ich zu Jesus kam, war es mit allen meinen Problemen vorbei." Erstens glaube ich das nicht, und zweitens sind solche Aussagen irreführend. Mein Zeugnis ist ein ganz anderes: „Ich bin Jesus mit 17 Jahren begegnet, und meine Schwierigkeiten fingen an! Einige Jahre später wurde ich mit dem Heiligen Geist erfüllt und meine Probleme wurden noch viel schlimmer! "

Von Zeit zu Zeit werde ich gefragt, was der Beweis dafür sei, dass man mit dem Heiligen Geist erfüllt ist. Meine Antwort lautet stets: „Ich sage es dir in einem Wort: Probleme." Man gerät deshalb in Schwierigkeiten, weil man mit dem Heiligen Geist auch den Mut empfängt, sich unerschrocken zu äußern. Diese Unerschrockenheit kommt in der Apostelgeschichte sogar noch häufiger vor als das Sprachengebet. Das griechische Wort *parrhesia* bedeutet, dass man befähigt wird, kühn seine Meinung zu vertreten. Und das ist nicht unbedingt der Weg, um Freunde zu gewinnen und Menschen zu beeinflussen!

Christen sind Außenseiter, die nicht mehr zu dieser Welt gehören. Eigentlich sind sie Teil einer neuen Spezies: nicht länger *homo sapiens*, sondern *homo novus*, d.h. „neue Männer und Frauen", deren Identität nicht mehr in Adam, sondern in Christus begründet ist.

Dieser Unterschied zwischen einem Christen und den Menschen in seinem Umfeld wird natürlich dann besonders problematisch, wenn sich ein Ehepartner vor dem anderen bekehrt. In diesem Fall leben die beiden in verschiedenen Welten. Daher lehrt die Bibel, dass ein Gläubiger keinen Ungläubigen heiraten sollte, weil sonst die Eheleute einen sehr wichtigen Lebensbereich nicht miteinander teilen können.

Christen sollten also mit Schwierigkeiten rechnen. Jesus erklärte seinen Jüngern ehrlicherweise, was sie zu erwarten hätten. In der Apostelgeschichte verkündete Paulus den Gemeinden im südlichen Galatien, dass sie durch viel Trübsal in das Reich Gottes eingehen müssten. Evangelisten sollten daher so ehrlich sein, ihren Zuhörern vorher anzukündigen, dass Schwierigkeiten auf sie warteten, wenn sie zu Jesus kämen. Doch gleichzeitig gibt es Grund zur Freude, denn Jesus ist größer als jede Anfeindung.

Hauptthemen

Wenden wir uns nun den Hauptthemen des 1. Petrusbriefes zu. Die erste Überraschung besteht darin, dass Petrus die Gläubigen nicht auffordert, der Verfolgung zu entfliehen. Vielmehr erklärt er ihnen, wie sie diese Bedrängnis ertragen können. Das Augenmerk liegt darauf, wie man sich in einer feindlich gesinnten Welt gottgefällig verhält, nicht darauf, wie man Schwierigkeiten vermeidet. Das Leiden steht folglich im Zentrum dieses Briefes und gehört zu den am häufigsten verwendeten Begriffen.

Petrus behandelt jedoch noch zwei weitere Themen. Zunächst ruft er seinen Lesern ihre Errettung ins

Gedächtnis, die als Fundament ihrer Haltung gegenüber dem Leiden dient. Dann erklärt er ihnen, wie sie mit dem Leiden umgehen können. Die Erinnerung ist ein wesentlicher Bestandteil des christlichen Lebens. Petrus bittet sie eindringlich, sich die grundlegenden Wahrheiten ihres Glaubens erneut zu vergegenwärtigen. Daher ist die Gnade Gottes ein Schlüsselelement sowohl am Anfang als auch am Ende des Briefes.

1. ERRETTUNG – DURCH CHRISTUS

Petrus schreibt, dass es zwei Aspekte unserer Errettung gebe, derer wir uns ganz sicher sein müssten: der individuellen und der gemeinschaftlichen Komponente. Beide gehören zu unserer Errettung dazu, doch der erste Aspekt wird häufiger diskutiert. Gott rettet uns als Einzelpersonen und macht uns dadurch gleichzeitig zu Mitgliedern seiner Familie. Von ihr profitieren wir, und zwar insbesondere, wenn wir unter Druck geraten. Allein werden wir es nicht schaffen. Daher müssen wir Teil einer Gemeinschaft sein, die zusammenhält.

(a) Individuell – das Wort Gottes

Die erste Priorität ist unsere vertikale Beziehung zu Gott. Diese persönliche Verbindung entsteht durch das Wort Gottes, weil wir durch dieses Wort wiedergeboren werden. Petrus zählt drei Dinge auf, die daraus folgen: Glaube, Liebe, Hoffnung. Diese Dreiergruppe ist uns aus 1. Korinther 13 wohlbekannt, doch sie durchzieht die gesamte Bibel. Der Glaube verbindet uns hauptsächlich mit dem, was Gott in der Vergangenheit für uns getan hat. Die Hoffnung ist auf das ausgerichtet, was er in der Zukunft noch tun wird. Und die Liebe stellt die Verbindung zu Gottes Handeln in der Gegenwart her. Nun wollen wir diese drei etwas genauer betrachten:

(i) Eine lebendige Hoffnung: Die Hoffnung ist so wichtig wie ein Anker (siehe Hebräer 6,19). Wenn der Sturm der Verfolgung kommt, wird die Hoffnung die Gläubigen nicht wanken lassen. Hoffnung ist heutzutage der am meisten vernachlässigte Aspekt der erwähnten Dreiergruppe. Dabei ist die Zukunftshoffnung ein Kernthema des Neuen Testaments und sollte daher auch für uns eine zentrale Rolle spielen.

Für die Leser der Petrusbriefe war sie sicherlich ein Schlüsselelement. Denn es ist leichter, Schwierigkeiten zu ertragen, wenn man weiß, dass Jesus wiederkommt. Der erste Brief des Petrus ist ein Brief der Hoffnung. Der Apostel teilt seinen Lesern mit, dass Gott ihnen durch die Auferstehung Jesu von den Toten eine lebendige Hoffnung gegeben habe (siehe 1. Petrus 1,3). Das bedeutet: Selbst wenn wir getötet werden, kann uns der Tod nichts anhaben! Wir haben eine lebendige Zukunftshoffnung, die auf einen neuen Körper und eine neue Erde gerichtet ist, auf der wir leben werden. Hoffnung ist kein Wunschdenken. Denn wir wissen ganz sicher, dass wir unser Erbe empfangen werden.

Der wahre Unterschied zwischen einem Christen mit Zukunftshoffnung und einem Gläubigen ohne diese Perspektive ist folgender: Ein Christ ohne Hoffnung ist bereit zu sterben und bei Christus zu sein, doch eigentlich möchte er lieber hierbleiben. Demgegenüber hat ein Christ mit wahrer Hoffnung die Bereitschaft zu bleiben, während er eigentlich lieber zum Herrn gehen würde. Paulus formuliert es sinngemäß so: „Ich möchte gerne aus dem Leben scheiden, doch wenn Gott möchte, dass ich noch ein bisschen länger bleibe, dann bin ich dazu bereit." Das ist die Haltung, die auch wir an den Tag legen sollten.

(ii) Ein bewährter Glaube. Petrus wusste, dass seine Leser bald dem härtesten Test ihres Lebens gegenüberstehen würden. Er schreibt, dass unser Glaube genauso geprüft würde, wie Gold im Feuer geläutert wird. Das Feuer prüft es auf seine Echtheit, und das Gold geht daraus reiner hervor. Als man das Gold noch von Hand läuterte, benutzte man dazu einen großen Kessel. Der Goldschmied rührte das Gold so lange über dem Feuer, bis er sein eigenes Gesicht ungetrübt darin erkennen konnte. Erst dann beendete er den Läuterungsprozess. Dieses Bild hatte Petrus im Kopf, als er über das Wirken Gottes an uns schrieb! Unser Glaube wird geprüft, damit wir Christus immer ähnlicher werden.

(iii) Eine freudige Liebe: Errettung bedeutet, sich Gott und den Menschen neu hinzugeben. Petrus erwähnt die Freude in den Herzen der Gläubigen, die daher rührt, dass Christus auferstanden ist und lebt. Es ist dieselbe Freude, die ihn persönlich an jenem ersten Ostersonntag erfüllte.

Petrus macht deutlich, dass unsere Errettung sowohl in der Vergangenheit liegt, weil Christus sie vollbracht hat (1,10; 4,10; 5,5), als auch in der Zukunft (1,13; 3,7; 5,10). Denn wir warten immer noch auf die endgültige Errettung, die Gott uns schenken wird.

(b) Gemeinschaftlich – das Volk Gottes

Zusätzlich zu dem Anliegen, dass die Menschen ihre persönliche Errettung begreifen, möchte Petrus, dass die Leser auch die gemeinschaftliche Dimension verstehen. Durch das Wort Gottes werden wir ganz individuell errettet – doch dieses Geschehen führt uns gleichzeitig in das Volk Gottes ein. Dieses Thema ist Petrus ebenfalls wichtig.

Er verwendet jüdische Begriffe, um Gottes Volk zu beschreiben:

(i) Ein geistliches Haus: Die Gläubigen sind ein lebendiger Tempel mit Christus als dem Eckstein, während sie selbst lebendige Steine darstellen. Sie sind Gottes Wohnsitz auf Erden, sein heiliger Tempel. Wenn Menschen sie berühren, berühren sie Gottes heilige Wohnung. Immer wenn der Satz, „ihr seid Gottes Tempel", in der Bibel vorkommt, stehen die Angesprochenen in der Mehrzahl. Der 1. Petrusbrief macht da keine Ausnahme. Er fordert die Gläubigen dazu auf, sich wegen der Prüfungen, die ihnen bevorstehen, nicht minderwertig zu fühlen. Stattdessen sollen sie sich unablässig daran erinnern, wer sie sind und zu wem sie gehören.

(ii) Ein heiliges Priestertum: Petrus beschreibt die Gläubigen als heilige Priester. Ich erinnere mich noch gut daran, wie ich einmal im Schweizerischen Zürich einen Vortrag über das Priestertum aller Gläubigen hielt. Ein Mann kam hinterher zu mir und sagte: „Das war ganz wunderbar!" Er hätte so etwas noch nie zuvor gehört. Als ich ihn jedoch fragte, ob er Priester sei, verneinte er dies sofort: „Nein, ich bin ein Laie!" Erst nachdem ich diese Frage mehrfach wiederholt hatte, wurde ihm klar, dass die neutestamentliche Antwort eigentlich „Ja" lauten musste.

Petrus ermutigt seine Leser, sich auch unter Verfolgung ihres Priestertums bewusst zu sein. Sie müssten sich selbst als Priester sehen, die stellvertretend für die Leute, die sie verfolgen, vor Gott treten. Möglicherweise sind sie die einzigen Priester, die ihren Feinden jemals begegnen werden.

(iii) Eine heilige Nation: Petrus fordert die Gläubigen auf, heilig zu sein – als hätte er dieses Gebot direkt dem Buch Levitikus (3. Buch Mose) entnommen. Genau wie Israel der Welt zeigen sollte, was es bedeutete, für Gott zu leben, so sollten diese Christen angesichts der Verfolgung, die sie treffen würde, dasselbe tun. Das Bewusstsein ihrer hohen Stellung würde ihnen helfen, in gottgefälliger Art und Weise auf die Herausforderungen des Lebens zu reagieren.

Für Petrus hat die Errettung also grundlegende Bedeutung. Seine Leser müssen sich hundert Prozent sicher sein, dass sie deren individuelle Aspekte verinnerlicht haben, d.h. den Glauben, die Liebe und die Hoffnung. Und auch die gemeinschaftliche Komponente muss ihnen bewusst sein – dass sie zur Familie Gottes gehören.

2. LEIDEN
Für Petrus ist Leiden eine unvermeidliche Folge der Errettung. Es ist wirklich erstaunlich, wie viele Schriften des Neuen Testaments für Christen geschrieben wurden, denen Verfolgung bevorstand oder die bereits darunter litten. Nicht nur die Petrusbriefe, sondern auch der Hebräerbrief und die Offenbarung wurden vor diesem Hintergrund verfasst. Sowohl Jesus als auch Paulus war es wichtig, die Gläubigen zu warnen, dass sie Verfolgung erleben würden. Unser westliches Christentum, das kaum Verfolgung kennt, ist eigentlich unnormal. Petrus trifft drei Aussagen zum Thema Leid:

(a) Sorgt dafür, dass ihr es nicht verdient
Wer für ein Verbrechen ins Gefängnis kommt, kann natürlich nicht behaupten, für Jesus zu leiden. Oft verletzen wir andere Menschen durch unser Verhalten oder unsere

Ungeschicklichkeit. Dann tun wir so, als wäre ihre negative Reaktion ein Angriff auf das Evangelium, obwohl das gar nicht zutrifft. Wir müssen dafür sorgen, dass unsere einzige Angriffsfläche das Evangelium selbst ist. Daher fordert Petrus seine Leser auf, dafür zu sorgen, dass sie keine der Strafen verdient hätten, die sie empfangen würden.

(b) Übt keine Rache
Wenn seine Leser litten, dürften sie keine Rache üben, schreibt Petrus. Der natürliche Instinkt will natürlich zurückschlagen. Jemand hat mir einmal erzählt, dass er kein Problem damit hätte, die andere Wange hinzuhalten, wie die Bergpredigt es lehrt – solange er gleichzeitig noch das rechte Knie blitzartig hochziehen könnte! Wir schmunzeln, weil wir das sehr gut nachvollziehen können.

Wenn uns jemand kränkt, wollen wir instinktiv Vergeltung üben. Petrus erklärt, dass Christen so etwas niemals tun dürfen. Als Jesus litt, schlug er nicht zurück, selbst als sie ihn anspuckten. Wurde ein Lamm im Alten Testament geschlachtet, so ging diesem Prozess keine Qual voraus. Man schnitt ihm blitzschnell die Kehle durch, was nur minimalen Schmerz verursachte. Doch als das Lamm Gottes getötet wurde, verhöhnten und geißelten sie ihn. Sie rammten Dornen in Jesu Stirn, verkleideten ihn und bespuckten ihn. Seine einzige Reaktion bestand darin, seinen Vater zu bitten, seinen Feinden zu vergeben – denn sie wüssten nicht, was sie täten.

Petrus schreibt, dass wir genau wie Jesus nie daran denken sollten, uns zu rächen. Böses haben wir mit Gutem zu vergelten. Wir sollten, wie Jesus es ausdrückte, „diejenigen segnen, die uns verfluchen", statt zu versuchen, es jemandem heimzuzahlen.

(c) Lasst nicht zu, dass es euch herunterzieht
Die Verfolger versuchten, die Gläubigen zu zermürben. „Erlaubt es ihnen nicht", lautet der Rat des Petrus. Er

erinnerte seine Leser daran, dass die Feinde ihren Geist nicht antasten könnten, selbst wenn sie ihnen körperliche Verletzungen zufügten. „Lasst sie mit eurem Körper machen, was sie wollen, aber haltet euren Geist intakt. So werdet ihr, auch wenn ihr zu verlieren scheint, am Ende gewinnen."

Schließlich ist das Leiden auf eine kurze Zeitspanne begrenzt – ein menschliches Leben ist nichts im Vergleich zur Ewigkeit. Darüber hinaus steckt der Teufel hinter jeder Verfolgung. Daher sollten wir das Thema nicht allein aus menschlichem Blickwinkel betrachten.

3. UNTERORDNUNG

Wie bereits angedeutet fordert Petrus seine Leser zu Folgendem auf: Sie sollen lernen, das Leid über sich ergehen zu lassen statt zu versuchen ihm auszuweichen. Diesen ungewöhnlichen Rat bezieht er auf mehrere Bereiche. Dabei geht es, wie wir noch sehen werden, nicht um blinde Unterwerfung, sondern darum, eine demütige Geisteshaltung zu entwickeln.

Um ein historisches Beispiel heranzuziehen: Die Welt war erstaunt darüber, wie ruhig die Juden in die Gaskammern gingen, nachdem man sie während des Zweiten Weltkriegs in die Vernichtungslager deportiert hatte. Das war umso bemerkenswerter, weil sie wussten, was sie erwartete. Letztlich erklärt Petrus, dass Christen im Leid eine vergleichbare Einstellung an den Tag legen sollen.

Ein solches Verhalten widerstrebt jedem menschlichen Instinkt. Es ist das genaue Gegenteil unserer normalen Reaktion auf begangenes Unrecht. Wenn etwas unfair ist, dann sprechen wir es in der Regel auch an. Einer der ersten Sätze, die Kinder lernen, lautet: „Das ist ungerecht!" Dieselbe Aussage hören wir von streikenden Arbeitnehmern vor den Werkstoren ihres Arbeitgebers.

Doch Christen haben keine Rechte, erklärt Petrus. Sie

müssen sich auf Leiden vorbereiten, indem sie lernen, nachzugeben und es zu akzeptieren. Petrus gab uns ein perfektes Beispiel. Er wehrte sich nicht gegen seine eigene Kreuzigung, sondern bestand darauf, mit dem Kopf nach unten zu sterben.

Petrus erwähnt vier Personengruppen, für die Unterordnung besonders angebracht ist:

(a) Bürger

Als erstes fordert Petrus seine Leser dazu auf, sich der Obrigkeit unterzuordnen. (Ein Thema, das auch Paulus in seinen Schriften anspricht.) Ehrlichkeit, Respekt vor dem Kaiser und Fürbitte für die Regierenden gehören dazu. Christen sollen als Menschen bekannt sein, die gerne ihre Steuern zahlen und treue Untertanen sind, statt über die Regierung zu meckern.

Das bedeutet natürlich nicht, dass sie alles tun müssen, was man von ihnen verlangt. Der Gehorsam gegenüber der Staatsgewalt hat Grenzen. Als man den Aposteln befahl, Jesus nicht mehr auf den Straßen zu verkündigen, erwiderte ihnen derselbe Petrus: „Man muss Gott mehr gehorchen als den Menschen" (Apostelgeschichte 5,29; LUT). Die Grenze ist erreicht, wenn die Behörden von uns verlangen, Dinge zu tun, die gegen das Gesetz Gottes verstoßen. Ist dies jedoch nicht der Fall, müssen Christen loyale Bürger sein. Man sollte ihnen nicht vorwerfen können, sich dem Staat gegenüber rebellisch oder aggressiv zu verhalten.

(b) Sklaven

Es überrascht kaum, dass christliche Sklaven unter ihren ungläubigen Herren litten. Der Sklave war das persönliche Eigentum seines Herrn. Er hatte weder Geld noch Freizeit und war völlig rechtlos. Viele Herren behandelten ihre Sklaven furchtbar. Wurden diese dann Christen, verschlimmerte sich diese Behandlung noch mehr, weil die Sklavenhalter glaubten, dass die Sklaven nun arrogant würden und deshalb klein gehalten werden müssten. Auch angesichts dieser Provokation fordert Petrus die Sklaven auf, sich ihren Herren unterzuordnen, nachzugeben und ihnen gegenüber weder aggressiv noch nachtragend zu sein.

(c) Christliche Ehefrauen

Eine weitere Gruppe, die viel Leid erlebte, waren christliche Ehefrauen mit ungläubigen Ehemännern. Diese sehr schwierige Konstellation verursachte viel Kummer. Petrus fordert die Frauen auf, sich ihren Männern unterzuordnen, selbst den ungläubigen. Sein Rat, wie diese Frauen ihre Männer für Christus gewinnen können, ist das genau Gegenteil dessen, was oft in der Realität passiert. Wenn sich eine Frau vor ihrem Mann bekehrt, glaubt sie, zwei Dinge tun zu müssen: ihm zu predigen und für ihn zu beten (vorzugsweise gemeinsam mit allen anderen gläubigen Frauen, deren Männer sich noch nicht bekehrt haben!)

Petrus rät zu nichts dergleichen. Er schreibt, dass Predigen das Schlimmste sei, was man tun könnte. Die Frau müsse ihn ohne Worte gewinnen. Petrus hätte also kein Verständnis für eine christliche Ehefrau, die nach dem Gottesdienst nach Hause kommt und ihrem Mann erzählt, dass die Predigt heute für ihn genau das Richtige gewesen wäre! Traurigerweise hört man folgende Aussage von viel zu vielen ungläubigen Ehemännern, nachdem sich ihre Frau bekehrt hat: „Jesus ist mit meiner Frau durchgebrannt! Sie gehört jetzt nicht mehr zu mir."

Es ist sehr wichtig, dass Frauen lernen, ihre Männer zu begleiten. Doch viel zu viele Frauen gehen zum Frauenfrühstück und zur Bibelstunde und entwickeln sich zu geistlichen Rennpferden, während ihre Männer noch am Startpfosten stehen. So fühlen sie sich immer weniger wie das Haupt der Familie.

Die meisten christlichen Ehefrauen bereuen später, ihren Ehemännern gepredigt zu haben. Im Gegensatz dazu schreibt Petrus sinngemäß: „Werdet im Aussehen und im Zusammenleben attraktiver." So simpel ist das Programm für christliche Ehefrauen. In Kapitel 3 erläutert er, wie die Frau attraktiver werden kann, wobei betont werden muss, dass es nicht um betörenden Glanz und Glitter geht. Die Schönheit muss von innen kommen, dann wird auch das Äußere folgen.

(d) Junge Leute
Es gibt eine vierte Personengruppe, für die das Thema Unterordnung relevant ist. Da sie jedoch nichts mit Leid zu tun hat, behandelt Petrus sie getrennt von den anderen. Junge Menschen sollten sich den älteren unterordnen, ihnen den Vortritt lassen und ihren Rat suchen. Weil sich das Volk einst weigerte, Gottes Wegen zu folgen, musste der Prophet Jesaja Israel folgende Strafe ankündigen: Sie würden von Frauen regiert und von der Jugend ausgebeutet werden – ein Zustand, der Parallelen zur heutigen Situation der Gemeinde erkennen lässt.

Bei alledem verlangt Petrus nicht, dass sie sich blind unterordnen. Es geht ihm darum, dass sie eine friedliche Haltung entwickeln, die weder versucht sich durchzusetzen noch auf ihre eigenen Rechte pocht. Dabei ist es unerheblich, ob es sich um junge Ehefrauen oder Angestellte handelt.

Wenn der Teufel letztlich hinter allem Leid steht, dann ist es unbedingt erforderlich, dass Gott die Quelle unserer Unterordnung ist. Unsere Geisteshaltung muss der Einstellung Jesu entsprechen, damit wir Schweres still ertragen und uns denen unterordnen können, die über uns stehen. Christen folgen dabei dem Vorbild ihres Meisters, der nicht zurückschlug, als er ans Kreuz genagelt wurde. Stattdessen konnte er sagen: „Vater, vergib ihnen, denn sie wissen nicht, was sie tun."

Ein problematischer Abschnitt

Obwohl der 1. Petrusbrief grundsätzlich ziemlich direkt ist, gibt es ein Problem: einen ungewöhnlichen Abschnitt in Kapitel 3, der auf mindestens 314 verschiedene Arten interpretiert wird! Dort heißt es, dass Jesus im Körper getötet und durch den Geist lebendig gemacht wurde. Im Geist ging er dann zu denen, die in den Tagen der Flut Noahs ungehorsam waren und predigte ihnen. Ein paar Verse später schreibt Petrus: „Denn dazu ist auch den Toten das Evangelium verkündigt, dass sie zwar nach Menschenweise gerichtet werden im Fleisch, aber nach Gottes Weise leben im Geist" (1. Petrus 4,6; LUT).

Liberale Prediger stützen ihre theologische Überzeugung, dass es eine zweite Chance zur Errettung nach dem Tod gebe, auf diesen Abschnitt – obwohl alle anderen Bibelstellen eine solche Möglichkeit ausschließen. Der Tod besiegelt unser Schicksal. Es gibt einen tiefen Abgrund, der im Tod unüberwindbar ist. Doch offensichtlich hat Jesus denen gepredigt, die bereits gestorben waren.

Wie sollen wir nun damit umgehen? Das Problem mit den vielen Interpretationen ist Folgendes: Die Menschen versuchen, die direkte und einfache Bedeutung zu umgehen, weil diese merkwürdige Passage nicht zur biblischen Grundwahrheit passen will, dass mit dem Tod jede Chance auf Rettung endet.

Ich gehe grundsätzlich immer von der einfachsten und direktesten Bedeutung einer Bibelstelle aus und verändere sie nur, wenn es wirklich schwierig wird. Die betreffenden Verse machen deutlich, dass Jesus zwischen seinem Tod und seiner Auferstehung aktiv und bei Bewusstsein war. Er kommunizierte mit anderen, die ebenfalls bei Bewusstsein waren und sich mit ihm verständigen konnten.

Darüber hört man leider nie etwas im Gottesdienst. Denn alle Predigten zur Karwoche enden mit der Kreuzigung am

Freitag und nehmen dann am Sonntag den Faden wieder auf. Daher erfährt man nie, was Jesus am Samstag tat! Das wirft ganz nebenbei einige interessante Fragen zum genauen Ablauf der Dinge auf. Die Evangelien berichten, dass Jesus drei Tage und drei Nächte im Grab war. Doch bei den traditionellen „Freitag bis Sonntag" – Interpretationen kommen wir nur auf einen Tag und zwei Nächte! Genau genommen ist Jesus wahrscheinlich am Mittwochnachmittag gestorben. Alle Indizien weisen darauf hin. Wir haben bisher immer angenommen, dass er am Freitag starb, weil der Text vom Tag vor dem Sabbat spricht. Doch in dem fraglichen Jahr fiel dieser Ruhetag nicht auf einen Samstag, sondern es handelte sich um den sog. Schabbat-ha-Gadol, den „großen Sabbat" zu Beginn des Passahfestes, wie uns das Johannesevangelium berichtet. Im Jahre 29 n. Chr., mit an Sicherheit grenzender Wahrscheinlichkeit das Jahr, in dem Jesus starb, fiel der erste Tag des Passahfestes auf einen Donnerstag. Der Mittwoch war folglich der Tag vor dem Passahfest. Diese Theorie passt besser zu den biblischen Angaben als alle anderen Annahmen. Wenn wir also davon ausgehen, dass Jesus am Mittwoch gegen 15.00 Uhr starb und am Samstag zwischen 18.00 Uhr und Mitternacht wieder auferstand, dann würde alles perfekt zusammenpassen.

Kehren wir nun zu dem Abschnitt aus dem 1. Petrusbrief zurück: Üblicherweise gehen wir davon aus, dass Jesus zwischen seinem Tod und seiner Auferstehung nichts tat, sondern nur bewusst- und regungslos im Grab lag. Doch es heißt hier, dass nur sein Körper tot war. Sein Geist hingegen war äußerst lebendig. Er begab sich ins Totenreich und predigte dort. Ich stelle mir das folgendermaßen vor: Als Petrus Jesus am Ostersonntag traf, fragte er ihn: „Jesus, wo um alles in der Welt bist du gewesen?"

Jesus antwortete: „Ich war nicht auf der Erde, sondern im Hades, im Reich der Toten."

„Was um Himmels (oder Hades) willen hast du dort drei Tage und drei Nächte lang gemacht?"

Jesus berichtete Petrus, dass er dort denen gepredigt hätte, die bei der Sintflut zur Zeit Noahs ertranken. Das bedeutet natürlich, dass diese Ertrunkenen ebenfalls bei Bewusstsein waren und dass auch wir, eine Minute nachdem wir gestorben sind, bei Bewusstsein sein werden. Wir werden wissen, wer wir sind und über unser Erinnerungsvermögen verfügen. Nur unser Körper stirbt, jedoch nicht unser Geist. Der Tod trennt Körper und Geist. In der Auferstehung werden später Körper und Geist wiedervereinigt.

Jesus allerdings durchlebte alle drei Phasen in weniger als einer Woche. Bis zu seinem Kreuzestod war er ein Geist, der in einem Körper lebte. Dann befahl er Gott seinen Geist an, und sein Körper wurde ins Grab gelegt. Sein Geist blieb jedoch lebendig und predigte den ungehorsamen Menschen aus der Zeit der Sintflut. Dann wurden sein Körper und sein Geist am Morgen des Ostersonntags wiedervereinigt. Während dieses gesamten Prozesses war er bei vollem Bewusstsein und in der Lage zu kommunizieren.

Wenn wir von diesem Ablauf ausgehen, bedeutet es, dass Jesus sich aufmachte und einer bestimmten Generation das Evangelium verkündete, und zwar *nur dieser Gruppe* von Menschen. Das setzt voraus, dass es sich um ein Evangelium handelte, das imstande war sie zu retten und zu erlösen. Gibt es also doch eine zweite Chance nach dem Tod?

Ich glaube, es war tatsächlich eine zweite Chance, die allerdings ausschließlich für diese Menschen bestimmt war. Es gibt in der Bibel keinen Hinweis darauf, dass irgendjemand sonst eine solche Gelegenheit bekommen würde. Offensichtlich könnte diese eine Generation Gott vorwerfen, ungerecht und unfair zu sein. Sie könnte sagen: „Du hast uns ausgelöscht und danach versprochen, so etwas nie wieder zu tun." Ich glaube, dass Gott klarstellen wollte, dass seine Gerichte und seine

Gerechtigkeit vollkommen sind. Deshalb sagte er: „Sohn, geh hin und verkündige ihnen das Evangelium. Am Tag des Gerichts soll niemand behaupten können, ich hätte ihn unfair behandelt." Gott ist absolut fair und er setzt Himmel und Erde in Bewegung, um niemanden zu bevorzugen oder ungerecht zu behandeln. Vielleicht liegt darin also der Grund für dieses ungewöhnliche und extreme Ereignis.

Es ist daher besser, biblische Aussagen so wörtlich und direkt wie möglich zu nehmen, statt zu versuchen, sie zu verbiegen, damit sie in unser System passen. Diese direkte Auslegung rechtfertigt daher keine zweite Chance für Menschen außerhalb der Generation Noahs – das wäre Allversöhnung, die nicht der biblischen Lehre entspricht.

FAZIT

Auch wenn es im Vereinigten Königreich grundsätzlich keine Verfolgung gibt, gehe ich davon aus, dass der Druck auf die Christen zunehmen wird. Insbesondere aufgrund des Antidiskriminierungsgesetzes wird man versuchen, die Gemeinden zu zwingen, ihre Haltung zur Homosexualität und zu weiblichen Ältesten zu liberalisieren. Ich kann den Tag vorhersehen, an dem es strafbar sein wird, entweder eine andere Religion zu kritisieren oder sogar zu behaupten, dass die eigene Religion besser sei als eine andere. Der 1. Petrusbrief könnte eines Tages für uns besonders relevant werden.

Die ersten Worte, die Petrus von Jesus hörte, waren: „Folge mir nach." Es ist diese Nachfolge Jesu, die durch die Seiten des Briefes schimmert. Wir müssen im Leiden standhalten, so, wie Jesus es tat. Christus ist der Eckstein und Christen werden als lebendige Steine beschrieben. Christus ist der Oberhirte und christliche Leiter sind die Unterhirten. Genauso, wie er gehasst wurde und Leiden erlebte, so wird es auch den Christen ergehen. Sie müssen seinem Vorbild folgen.

2. PETRUSBRIEF

Dieser Brief wurde im Jahr 67 n. Chr. geschrieben. Petrus verfasste ihn drei Jahre nach dem 1. Petrusbrief, kurz bevor er in Rom gekreuzigt wurde. Das Johannesevangelium berichtet, wie Jesus ankündigte, dass Petrus im Alter eines gewaltsamen Todes sterben werde. Er lebte daher 40 Jahre lang mit dem Wissen, dass man ihn töten würde, auch wenn er den genauen Zeitpunkt nicht kannte. Er gehe davon aus, dass es bald soweit sei, schreibt Petrus in dieser zweiten Epistel.

Im Vergleich zum 1. Petrusbrief ist der Stil so anders, dass manche Gelehrte behaupten, dieses Schreiben könne nicht aus der Feder des Petrus stammen. Das Griechisch ist viel schwerfälliger, als hätte jemand mit Hilfe eines Wörterbuches von einer Sprache in die andere übersetzt, ohne wirklich Ahnung von der Grammatik zu haben. Zudem fehlen am Schluss die Grüße und zu Beginn die Anrede.

Tatsächlich wurde der 2. Petrusbrief von der Urgemeinde nicht gerade bereitwillig in den Kanon des Neuen Testaments aufgenommen. Dies lag zum einen daran, dass viele gefälschte Dokumente im Umlauf waren, die angeblich von den Aposteln stammten, tatsächlich aber mit ihnen nichts zu tun hatten. Zum anderen ist der Unterschied im Stil so auffällig.

Gleichzeitig sind viele Ähnlichkeiten erkennbar. Petrus' Lieblingsworte tauchen auch im zweiten Brief immer wieder auf, genauso wie im ersten. Beim Durchlesen beider Briefe fällt auf, dass er wiederholt über unseren „kostbaren" Glauben und unseren „kostbaren" Jesus schreibt. Alles ist Petrus „kostbar". Er benutzt das Wort fünfmal in seinem ersten und zweimal in seinem zweiten Brief.

Darüber hinaus bezieht er sich auf seinen ersten Brief (vgl. 2. Petrus 3,1). Er bezeichnet sich als einen Augenzeugen der Verklärung Jesu. Er kannte den Apostel Paulus persönlich und sprach mit ihm auf Augenhöhe.

Im 2. Petrusbrief benutzt er Worte, die nur im 1. und 2. Petrusbrief sowie in seinen Reden und Predigten in der Apostelgeschichte vorkommen. Es gibt also gute Gründe, Petrus für den Verfasser des 2. Petrusbriefes zu halten.

Wie erklären wir uns nun die stilistischen Unterschiede zwischen den beiden Petrusbriefen? Ich glaube, dass Petrus den 2. Petrusbrief geschrieben hat, ohne Silas' Hilfe als Sekretär in Anspruch zu nehmen, wie er es beim ersten Brief tat. Er wusste, dass er dieses Schreiben dringend aufsetzen musste, doch seine Griechischkenntnisse waren nicht besonders gut. Daher wirkt seine Grammatik unbeholfen, auch wenn die Bedeutung seiner Aussagen klar verständlich ist. Das würde die Unterschiede im Stil gut erklären. In gewisser Weise enthält der 2. Petrusbrief das Vermächtnis des Apostels, ähnlich wie der 2. Brief an Timotheus den letzten Willen des Paulus darstellt.

Inhalt

Der zweite Brief befasst sich mit einer völlig anderen Situation als der erste. Die Leser sind dieselben, doch es sind ein paar Jahre vergangen. Petrus verspürt die Dringlichkeit, die Gefahren anzusprechen, die innerhalb der Gemeinde lauern. Es gibt zwei Arten von Drucksituationen, denen Gemeinden begegnen: Druck von außen und Druck von innen. Die zweite Variante ist gefährlicher. Satan hat die Gemeinde niemals von außen zerstören können. Je mehr er sie von außen attackiert, desto größer und stärker wird sie. Aus diesem Grund wuchs die Gemeinde in den ersten drei Jahrhunderten, als man Christen den Löwen zum Fraß vorwarf, so schnell. Aus demselben Grund gibt es in China heute ganze Dörfer, in denen die Mehrheit der Bevölkerung wiedergeboren ist, obwohl dort Christenverfolgung herrscht Während Petrus also im ersten Brief die Verfolgung thematisiert, befasst er sich im zweiten mit Irrlehren.

GEGENÜBERSTELLUNG DES 1. UND 2. PETRUSBRIEFES

1. Petrusbrief (64 n. Chr.)	2. Petrusbrief (67 n. Chr.)
„Leiden" 15-mal	„Erkenntnis" 9-mal
Gefahr	
einfach von außen Verfolgung	unterschwellig von innen Irrlehre
Schwäche	
Kompromiss Sorge	Korruption Abfall
Zustand	
Geburt Milch	Wachstum Reife
Ton	
Trost werbend	Vorsicht warnend
Hoffnung der Wiederkunft Christi	
um zu retten die Gottesfürchtigen	um zu richten die Gottlosen

EIN ÜBERBLICK ÜBER DEN 2. PETRUSBRIEF

Kapitel 1: Reif werden
Kapitel 2: An der christlichen Ethik festhalten
Kapitel 3: Die Moral hochhalten

Der zweite Brief des Petrus folgt genau demselben Muster wie der erste – ein weiterer Beweis dafür, dass er vom selben Autor stammt. Nach einem Abschnitt über die Errettung folgt eine Passage über die drohenden Gefahren. Dann zieht er aus beiden die entsprechenden Schlussfolgerungen und bereitet seine Leser auf die Verfolgung vor, von der er wusste, dass sie kommen würde.

Kapitel 1: Reif werden
Im ersten Brief geht es um die Wiedergeburt und die Notwendigkeit, sich nach der „Milch des Wortes" auszustrecken. Im zweiten Brief allerdings spricht er seine Leser als Erwachsene an und ermuntert sie, weiter zu wachsen und zu reifen. Unreife Christen verlangen ständig nach Neuem. Reife Gläubige hingegen wünschen sich Erkenntnis. Sein Anliegen ist es, dass sie zur zweiten Kategorie gehören, weil er weiß, dass Erkenntnis zur Reife führt.

Er verwendet das Wort „Erkenntnis" oder „erkennen" 9-mal, doch niemals im akademischen Sinne. Er wünscht sich, dass ihre Erkenntnis auf praktischen Erfahrungen mit Gott beruht und der Bibel entspricht. Er ist auch erpicht darauf, dass sie sich alles ins Gedächtnis rufen, was sie über Gott und ihren Glauben wissen. Er benutzt Wörter wie „vergessen", „denkt daran", „erneuert euer Denken" und „erinnert euch". Das Leben als Christ braucht eine ständige Rückbesinnung auf die Wahrheit. Diese Rückbesinnung zeigt sich besonders im Abendmahl, wenn wir Brot und Wein zu uns nehmen – ein Ritus, der eingesetzt wurde, damit wir uns an Christus erinnern.

Petrus' Beschreibung der Glaubensreife, nach der sich jeder Gläubige ausstrecken soll, kann man in einem Schaubild zusammenfassen. Es zeigt das Haus des Glaubens.

SCHLÜSSEL ZUM NEUEN TESTAMENT

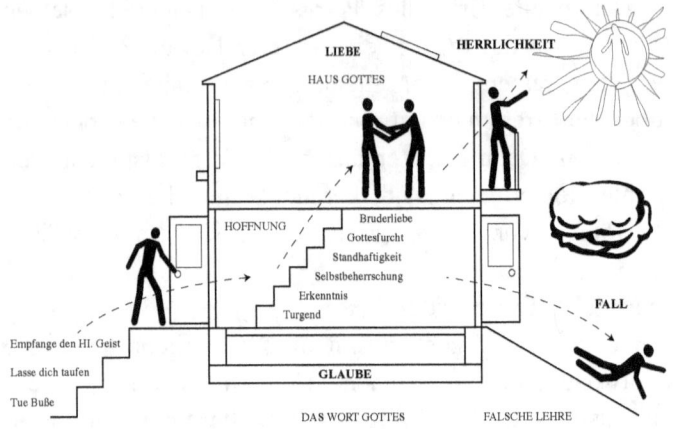

Die Glaubensstufen, die zur Haustür führen, finden wir nicht im 2. Petrusbrief, sondern in der Pfingstpredigt des Petrus (Apostelgeschichte 2,38). Die erste Stufe bzw. der erste Schritt heißt: „Tue Buße", der zweite: „Lasse dich taufen" und der dritte: „Empfange den Heiligen Geist". Diese Glaubensschritte führen in das „Haus" hinein, weitere sind überflüssig. In meinem Buch: *„Wiedergeburt. Start in ein gesundes Leben als Christ"* (Projektion J) erkläre ich, warum diese drei für jeden Christen zum Eintritt in das Reich Gottes dazugehören sollten. Gleichzeitig müssen wir sicherstellen, dass wir den Zugang nicht durch zusätzliche Erfordernisse erschweren. Zu viele Bibellehrer fügen hier noch weitere Bedingungen hinzu, die jedoch nicht nötig sind, um Teil der Familie Gottes zu werden.

Nachdem wir nun die ersten drei Stufen erklommen haben, die ins Haus hineinführen, stoßen wir drinnen auf eine Treppe. Petrus schreibt, dass wir unserem Glauben einige Eigenschaften hinzufügen sollten, und zwar Tugend (i.S.v. Anständigkeit), Erkenntnis, Selbstbeherrschung, Standhaftigkeit, Gottesfurcht, Bruderliebe und Liebe.

Während wir die Treppe dieser Eigenschaften

hinaufsteigen, wird unsere Hoffnung immer stärker, denn diese Attribute helfen uns, unsere Berufung und Erwählung festzumachen. Tatsächlich können wir diese Zuversicht auf keinem anderen Weg gewinnen. Je höher wir kommen, desto sicherer werden wir, was Gottes künftiges Handeln betrifft.

Die Gemeinde ist also auf Glauben gegründet. Sie wächst in Hoffnung und ist mit Liebe erfüllt. Diese Dreiergruppe aus dem 1. Petrusbrief und anderen Büchern der Bibel taucht auch hier wieder auf.

Im Obergeschoss gibt es einen Balkon, von dem aus wir in Richtung Herrlichkeit abheben und durch die weit geöffneten Tore in den Himmel einziehen werden Petrus fordert seine Leser also auf, Fortschritte zu machen. Seine Botschaft lautet sinngemäß: Bleibt nicht auf dem Sofa im Erdgeschoss sitzen, sondern steigt die Stufen hinauf, und zwar so schnell wie möglich. Lebt im Obergeschoss.

Die richtige Antwort auf Irrlehren ist also Reife. Die Menschen im Erdgeschoss, die nur geringe Fortschritte machen, sind anfällig für falsche Glaubenslehren. Wer sich auf diese einlässt, wird sich irgendwann durch die Hintertür wieder hinausbewegen und auf einem rutschigen Pfad, der abwärts führt, zu Fall kommen.

Petrus betont, dass die Grundwahrheiten, die er verkündet hat, nicht seine eigenen Ideen sind. Vielmehr hatte er sie von Gott empfangen, genauso, wie die anderen Apostel und Propheten. Oft waren den Weissagern die weitreichenden Konsequenzen ihrer Aussagen gar nicht bewusst. Sie dienten nämlich nicht nur ihren eigenen Zeitgenossen, sondern auch kommenden Generationen.

Kapitel 2: An der christlichen Ethik festhalten
Dieses Kapitel des 2. Petrusbriefes stimmt fast wortwörtlich mit dem Judasbrief überein. Es ist natürlich nicht der einzige Bibelabschnitt, bei dem dies der Fall ist.

Jesaja 2 und Micha 4 enthalten ebenfalls identische Texte. Gleichzeitig stellt sich die unvermeidliche Frage, wie es dazu kommen konnte. Für dieses Phänomen gibt es fünf verschiedene Erklärungsmöglichkeiten:

1. Petrus hat den Text von Judas übernommen.
2. Judas hat den Text von Petrus übernommen.
3. Petrus und Judas haben diese Verse beide von jemand anderem übernommen.
4. Petrus und Judas trafen sich, besprachen das Problem, einigten sich auf eine Lösung und verschickten sie ihn Form von unterschiedlichen Briefen.
5. Der Heilige Geist hat beiden genau dieselben Worte eingegeben.

Alles ist möglich, doch ich neige dazu, die fünfte Option auszuschließen. Denn der Heilige Geist benutzt Menschen nicht als reine „Textverarbeiter". Unsere theologische Überzeugung, dass die Bibel vom Heiligen Geist inspiriert wurde, bedeutet nicht, dass die Autoren der heiligen Schrift ausschließlich als menschliche Schreibmaschinen fungierten. Eine solche Annahme widerspricht den Aussagen der Bibel. Es ist daher ziemlich unwahrscheinlich, dass der Heilige Geist zwei Menschen genau denselben Wortlaut vermittelt hat.

Ich bevorzuge die Alternative, dass es eine Form der Zusammenarbeit gab. Petrus gehörte zum „harten Kern" der Jünger, und Judas war ein leiblicher Bruder Jesu. Daher ist es sehr wahrscheinlich, dass sie einander kannten.

Auf jeden Fall ist der identische Text nicht sehr umfangreich. Der Judasbrief ist sehr kurz und umfasst nur so viele Verse wie das zweite Kapitel des 2. Petrusbriefes. Die Überschneidungen mit dem Judasbrief betreffen die vier Verfälschungen der ursprünglichen Glaubenslehre, die in der Gemeinde existierten.

1. VERFÄLSCHTES GLAUBENSBEKENNTNIS

Genauso, wie es in Israel falsche Propheten gab, traten auch in der Gemeinde falsche Propheten auf. Ihre Botschaft wird uns nicht im Detail erläutert. Doch aus der Art und Weise, wie Petrus mit diesem Problem umgeht, wird deutlich, dass insbesondere zwei Glaubensinhalte verändert wurden: Sie waren zu einer synkretistischen (d.h. verschiedene Religionsinhalte vermischenden) Sicht der Person Jesu übergegangen und zu einem sentimentalen Verständnis der Gnade Gottes.

(a) Eine synkretistische Sicht der Person Jesu

Einige Gemeindeglieder behaupteten, dass Jesus nicht der einzige Herr sei, sondern nur einer von vielen. Er biete nur eine von zahlreichen Möglichkeiten, zu Gott zu kommen. Es gäbe noch viele andere. Es war also die Aussage, „Christus allein", die auf ihren Widerstand stieß. Dadurch verfälschten sie das Wesen Jesu und schufen sich einen eigenen Christus, der nicht den Aussagen der Evangelien entsprach. Diese Lehre war in der ersten Gemeinde weit verbreitet. So war beispielsweise die Gemeinde der Kolosser von diesen gnostischen Einflüssen betroffen – mit verheerenden Auswirkungen.

(b) Eine sentimentale Sicht der Gnade Gottes

Manche der bekennenden Christen glaubten, es sei völlig egal, wie sie lebten. Wichtig sei nur, dass sie ihre Eintrittskarte in den Himmel hätten. Sie gingen davon aus, dass Gott gerne vergibt. Er würde ihnen daher immer wieder vergeben, unabhängig davon, wie sie sich verhielten. Eine solche Sicht ist reine Gefühlsduselei, die auch heute oft gepredigt wird. Sie hat letztlich zur Folge, dass Christen auch weiterhin sündigen und die Gnade Gottes ausnutzen. Dieser Ansatz pervertiert die Gnade Gottes und führt unweigerlich zu unmoralischem Verhalten. Denn es fehlt jegliche Einsicht, dass es Gott wichtig ist, wie wir als Christen leben.

2. VERDORBENES VERHALTEN

Was man glaubt, wirkt sich unweigerlich auf das eigene Verhalten aus. Wenn also Einzelpersonen den christlichen Glauben verändern oder anpassen, dann werden sie unweigerlich Irrlehren in der Gemeinde verbreiten. Petrus erwähnt die sündhafte Sprache, die das Leben solcher Menschen charakterisiert. Er beschreibt sie als dreist und arrogant, als Verleumder und Gotteslästerer, die leere und aufgeblasene Worte von sich gäben.

Nicht nur ihre Sprache war verdorben, sondern auch ihr Verhalten. Sie begaben sich nicht unter die Herrschaft Christi, sondern missachteten die Gebote.

Petrus und Judas verfassten ihre Briefe, um Gemeinden zu helfen, die Irrtümern verfallen waren. Es gibt also leider Menschen, die auf dem richtigen Weg ins Haus Gottes hineinkommen, jedoch durch die Hintertür wieder hinausgehen. Andere hingegen erklimmen die Stufen der Treppe, wachsen in der Hoffnung, erreichen den Raum der Liebe und machen sich schließlich Richtung Herrlichkeit auf den Weg. Die Erstgenannten verfallen erneut dem Zorn und Gericht Gottes, während die Letztgenannten den Glanz seiner Gunst und Gnade genießen dürfen.

3. VERDORBENER CHARAKTER

Ein verdorbener Charakter entsteht aus verdorbenem Verhalten. Petrus beschreibt die Auswirkungen der genannten Irrlehren auf den menschlichen Charakter. Die Betroffenen hätten mehr Ähnlichkeit mit Tieren als mit Menschen, da sie sich von ihren Urinstinkten statt vom Heiligen Geist leiten ließen. Sie würden sich zu habgierigen, lüsternen und unzuverlässigen Menschen entwickeln oder mehr von ihren Launen bestimmt werden als von Prinzipien. Er vergleicht sie mit „Nebel, der vom Sturmwind getrieben wird" und mit „Brunnen ohne Wasser" – anschauliche Beschreibungen eines schwachen Charakters.

4. VERDORBENE GESPRÄCHE

Verdorbenes Verhalten und verdorbene Charaktere haben zwangsläufig Auswirkungen auf die Gesprächskultur innerhalb einer Gemeinde. Nörgler und Meckerer rebellierten gegen die Gemeindeleitung, und diese Unruhe führte zur Uneinigkeit. Menschen, die bis dato völlig unvoreingenommen waren, wurden vom wachsenden Sturm der Unzufriedenheit derart ergriffen, dass sie die verbindende Kraft des Evangeliums schließlich leugneten.

Petrus und Judas nennen diese Verfälschungen der Glaubenslehre beim Namen, um dagegen anzukämpfen. Denn ihnen war bewusst, dass sie die Gemeinde zerstören würden. Nicht die Verfolgung würde sie auslöschen, sondern sie würde von innen zersetzt. Wenn dann noch Verfolgung hinzukäme, könnte sie nicht standhalten.

Petrus machte sich also Sorgen um den Zustand der Gläubigen in den Gemeinden. Er warnte sie mehrmals eindringlich vor dem Glaubensabfall. Für Gläubige wäre es besser, den Weg der Gerechtigkeit nie kennengelernt zu haben, statt ihn zu betreten und dann wieder der Sünde zu verfallen, schreibt er. Er wählt derbe Worte, um Menschen zu beschreiben, die vom Glauben abfallen: Sie seien mit einem Hund vergleichbar, der zu seinem Erbrochenen zurückkehre, um es aufzulecken. Der Sünde einmal entkommen, liefen sie nun zu ihr zurück. Sie hätten auch Ähnlichkeit mit einem Schwein, das sich erneut im Dreck wälzen würde, nachdem es gebadet worden sei.

Sünden, die Gläubige begehen, stören Gott im selben

Maße, wie sündhaftes Verhalten, das Ungläubige an den Tag legen. Tatsächlich wird eine Person, die vom Glauben abfällt, härter bestraft werden, als jemand, der niemals Buße getan hat. Das ist eine krasse und ernste Warnung. Sie gilt den Menschen, die sich in Sicherheit wähnen, weil sie irgendwann einmal ihr Vertrauen auf Christus gesetzt haben, während ihr Lebensstil überhaupt nicht zu ihrem Glaubensbekenntnis passt.

Kapitel 3: Die Moral hochhalten
Das letzte Kapitel des 2. Petrusbriefes beschäftigt sich mit der zukünftigen Hoffnung. Auch diese Ausführungen sind durch die Probleme der Gemeinden motiviert. Manche behaupteten, dass es sich bei der Wiederkunft Christi nur um leeres Gerede handeln würde. Denn schließlich sei er bisher nicht zurückgekommen. Wo stecke er denn jetzt?

Daher wendet sich Petrus direkt an die Spötter. Er erinnert sie daran, dass Gott Zeit anders wahrnehme als wir. Für ihn sei ein Tag wie 1000 Jahre. Jeder Tag, um den sich sein Kommen verzögere, sei ein Beweis für Gottes Geduld. Die Verzögerung diene ihrer „Rettung". Er prophezeit, dass eines Tages das ganze Universum im Feuer vergehen werde. Es wird also ein zweites Inferno geben, diesmal aber keine Sintflut, sondern eine Feuersbrunst. Ich persönlich glaube nicht, dass es zu einem Atomkrieg kommen wird. Ich gehe eher davon aus, dass Gott die gesamte Energie in allen Atomen freisetzen wird. Er hat die Energie in die Atome hineingelegt. Er müsste nur diese Energie entfesseln und die ganze Welt würde in Rauch aufgehen.

Allerdings macht Petrus seine Leser am Ende dieses Abschnittes darauf aufmerksam, dass aus diesem Feuer ein neuer Himmel und eine neue Erde hervorgehen werden, wie Phönix aus der Asche. Ich liebe es, über die neue Erde zu predigen. Dieses Thema sollten wir nicht den Zeugen

Jehovas überlassen, denn schließlich handelt es sich um eine Grundwahrheit des christlichen Glaubens – sie steht in der Bibel! Ich befürchte jedoch, dass die meisten Christen nur hören wollen, dass sie in den Himmel kommen. Obwohl der eigentlich nur ein Wartesaal ist, den wir betreten, bevor wir schließlich alles in Besitz nehmen dürfen, was Gott für uns vorbereitet hat.

Johannes behandelt das Thema der künftigen neuen Erde im Buch der Offenbarung. Sie wird das Zentrum der Zukunft sein. Christen sind die einzigen, die darüber Bescheid wissen. Alle anderen geraten wegen der Ozonschicht, der verschmutzten Ozeane und der sterbenden Wälder in Panik. Sie machen sich Sorgen, weil sie glauben, dass unser Planet der einzige Lebensraum ist, den es je geben wird. Doch wir wissen es besser; wir erwarten einen neuen Himmel und eine neue Erde. Es wird dort anders sein als auf dem Planeten, den wir bisher kennen, weil der neue Himmel und die neue Erde von Gerechtigkeit geprägt sein werden. Unmoralisches Verhalten, Verbrechen, Sünde, Verdorbenheit und Schmutz kommen dort nicht mehr vor.

Wenn wir unsere Hoffnung beständig auf diese neue Realität richten, dann werden wir schon jetzt unser Leben so gestalten, wie wir es später in dieser neuen Welt tun werden. Dann hören wir nicht auf die Irrlehren, verfallen ihnen nicht und werden nicht durch sie beschwert. Auch werden wir uns von der abtrünnigen Kirche genauso fernhalten wie von der Welt.

Daher ist die göttliche Hoffnung ein echter Schutz vor Unmoral, die durch falsche Lehre in die Gemeinde eindringen kann. Halten wir unsere Augen auf diese neue Welt gerichtet, eine Welt der Gerechtigkeit, die uns schon heute zu einem gottgefälligen Leben verhilft. Denn wir wissen, dass wir keinen Anteil an dieser neuen Welt haben werden, wenn wir nicht so leben, wie Gott es sich wünscht.

Dadurch, dass Glaube, Liebe und Hoffnung unser Dasein bestimmen, bereiten wir uns auf die Herrlichkeit vor. Dann werden wir beim Schall der letzten Posaune unseren ersten Freiflug ins Heilige Land genießen!

Auf dem Grabstein meines Großvaters in Newcastle stehen die Worte eines alten methodistischen Kirchenliedes. Unter seinem Namen, „David Ledger Pawson", ist die Liedzeile: „What a Meeting", zu Deutsch „Was für eine Begegnung" verewigt. *(Sie bezieht sich auf das Zusammentreffen der Christen mit Jesus bei seiner Wiederkunft, siehe 1. Thessalonicher 4,17; Anmerkung der Übersetzerin).* Wer keinen lauten Lobpreis mag, sollte sich von dieser Begegnung fernhalten, denn Posaunen und die Stimme des Erzengels werden ertönen. Dieser „Lärm" wird laut genug sein, um Tote aufzuwecken, und genau das wird geschehen. Die bereits Verstorbenen werden in der ersten Reihe sitzen. Daher muss niemand Angst haben, etwas zu verpassen, der vor diesem Ereignis heimgeht.

Petrus stellt uns am Schluss vor eine folgenschwere Entscheidung. Wir können seine Ausführungen entweder ignorieren und zu denen gehören, die vom Glauben abfallen. Oder wir können weiterhin in der Gnade Christi wachsen. Im zweiten Kapitel schreibt Petrus, dass Gott in der Lage war, Lot sogar in Sodom und Gomorra vor dem Verderben zu retten. Daher kann er auch uns bewahren.

56.
DER JUDASBRIEF

Einleitung

Ein vernachlässigtes Buch
Der Judasbrief wird das „am meisten vernachlässigte Buch des Neuen Testaments" genannt. Dafür gibt es mehrere Gründe:

1. ES IST KURZ

Gemeinsam mit Philemon und dem 2. und 3. Johannesbrief ist es eines der kürzesten Bücher des Neuen Testaments.

2. ES IST SELTSAM

Viele Leser verwirrt der Hinweis auf den Erzengel Michael, der mit Satan über Moses Körper stritt. Worauf genau bezieht sich der Autor damit? Ähnlich ominös erscheint die Anspielung auf den „Aufruhr Korachs" und auf Engel, die im Gefängnis eingesperrt wurden. Worum ging es bei diesem Aufruhr und warum wurden die Engel eingesperrt?

3. ES IST FRAGWÜRDIG

Manche nehmen Anstoß daran, dass der Judasbrief die Apokryphen zitiert. Der Fachbegriff „Apokryphen" bezeichnet die jüdischen Bücher, die in den 400 Jahren zwischen dem Ende des Propheten Maleachi und dem Anfang des Matthäusevangeliums geschrieben wurden. Es sind Bücher, die in katholischen Bibelausgaben zu finden sind, jedoch nicht in protestantischen. Diese Schriften haben niemals für sich beansprucht, Wort Gottes zu sein, denn der Satz, „So spricht der Herr", fehlt völlig. Im Alten Testament hingegen kommt er 3 808 Mal vor. Deshalb wurden die Apokryphen nicht in den protestantischen Kanon aufgenommen. Gott hat während der 400 Jahre zwischen dem Alten und dem Neuen Testament nicht gesprochen, und es gab auch keine Propheten, die in seinem Namen redeten. Diese Schriften sind daher nicht prophetischer Natur, was jedoch nicht bedeutet, dass sie keinen Wert hätten oder keine wahren Aussagen enthalten würden. Judas' Zitate aus den Apokryphen sollten daher nicht dazu führen, dass wir ihn als fragwürdig einstufen, nur weil diese Schriften nicht kirchenrechtlich anerkannt sind. Sie waren zur damaligen Zeit weithin bekannt und erwiesen sich als nützlich, um die Aussagen des Judas zu untermauern.

4. ES IST STRENG
Auf den ersten Blick wirkt Judas negativ und intolerant. Er versucht die Gläubigen zu warnen und fordert sie heraus zu handeln.

5. ES IST SCHARF
Judas ist mit einem Chirurgen vergleichbar, der ein Skalpell in der Hand hält, um den Krebs aus dem Leib Christi herauszuschneiden. Daher sind einige Passagen, in denen er falsche Lehren verurteilt, sehr scharf formuliert.

DRUCK
Judas' scharfer Ton ist stellenweise notwendig, weil der Zwang, der von Irrlehrern ausgeht, unter den Gemeindegliedern so viel Zerstörung anrichten kann. Gemeinden werden aus zwei unterschiedlichen Richtungen bedroht:

Von außen
Äußerer Druck durch Verfolgung ist immer möglich, wenn auch in unterschiedlicher Intensität. Heute erlebt die Gemeinde in über 200 Ländern das, was man als

„Verfolgung" bezeichnen würde. Allerdings kann äußerer Druck die Gemeinde in der Regel nicht am Blühen und Gedeihen hindern.

Von innen

Der Druck von innen ist viel besorgniserregender. Paulus' Brief an die Galater erläutert, wie Gesetzlichkeit und Zügellosigkeit innerhalb der Gemeinde in den Anfangsjahren ihres Bestehens Anlass zu ernster Sorge gaben. Jesus verurteilte sowohl die Gesetzlichkeit der Pharisäer als auch die Zügellosigkeit der Sadduzäer. Nichtsdestotrotz treten diese beiden gefährlichen Phänomene in Gemeinden allzu häufig auf, insbesondere in solchen der zweiten Generation. Man kann zu engstirnig werden und strenge Verhaltensmaßregeln aufstellen, die über die Anforderungen der Bibel hinausgehen. Oder man wird zu nachlässig, indem man Verhalten überhaupt nicht ahndet, das der Praxis der Apostel widerspricht.

Diese unterschiedlichen Sichtweisen lassen sich folgendermaßen zusammenfassen: Die Gesetzlichkeit proklamiert: „Du hast *nicht die Freiheit zu sündigen*, und wir werden schon dafür sorgen, dass du es nicht tust." Die Zügellosigkeit konstatiert: „*Du hast die Freiheit zu sündigen* und es ist auch in Ordnung, da du ja nun Christ bist. Schließlich hast du deine Eintrittskarte in den Himmel, also mach' dir keine Sorgen." Doch die wahre Freiheit des Christentums erklärt: „*Du bist frei, nicht zu sündigen*. Die Sünde hat in deinem Leben als Christ sehr wohl Bedeutung, doch Jesus hat dich von ihrer Macht befreit." Judas verfolgt also dasselbe Anliegen wie Jesus und der Apostel Paulus. Der Judasbrief ist eine Epistel, die in die Tiefe geht. Ihre Botschaft ist für die heutige Gemeinde lebensnotwendig.

Auch nachdem wir einige Probleme geklärt haben, ist das Buch zweifellos nach wie vor eine Herausforderung.

Um es leichter verständlich zu machen und seinen Sinn ein wenige deutlicher hervorzuheben, gebe ich es nun mit meinen eigenen Worten wieder:

Eine Umschreibung des Judasbriefes
Dieser Brief stammt von Judas, einem der Sklaven, die König Jesus erkauft hat. Er ist gleichzeitig ein Bruder des Jakobus', den ihr gut kennt.

Er richtet sich an die Menschen, die aus der Welt herausgerufen worden sind. Sie gehören nun als Geliebte zur Familie Gottes, ihres Vaters, und werden bewahrt, um König Jesus präsentiert zu werden. Möget ihr mehr und mehr von der Gnade, dem Frieden und der Liebe empfangen, die ihr bereits kennengelernt habt.

Geliebte, ich hatte fest vor, euch über die wunderbare Errettung zu schreiben, die uns miteinander verbindet. Doch mir ist bewusst geworden, dass ich nun einen ganz anderen Brief schreiben muss. Ich muss euch eindringlich dazu auffordern, den schmerzhaften Kampf um den Schutz des wahren Glaubens weiterzuführen, der den ersten Heiligen ein für alle Mal übermittelt worden ist. Ich habe gehört, dass sich bestimmte Personen, die hier namentlich nicht genannt werden sollen, bei euch eingeschlichen haben – gottlose Männer, deren Strafe der ewigen Verdammnis schon vor langer Zeit festgesetzt worden ist. Sie missbrauchen das Geschenk der Gnade Gottes, um ein eklatant unmoralisches Leben zu führen und sie leugnen, dass König Jesus unser einziger Meister und Herr ist.

Nun möchte ich euch an einige dieser absoluten Glaubenswahrheiten erinnern, die ihr bereits sehr gut kennt, ganz besonders daran, dass man mit Gott keine Spielchen spielt. Ihr wisst, dass der Herr ein ganzes Volk sicher aus Ägypten herausgeführt hat. Doch als Gott ein zweites Mal eingriff, löschte er alle aus, die ihm nicht vertraut hatten.

Auch bei seinen Engeln hat er keine Ausnahme gemacht. Als einige von ihnen ihre Befugnisse überschritten und ihren Posten verließen, nahm er sie in Gewahrsam. Seitdem liegen sie im tiefsten und dunkelsten Verlies in Ketten und warten auf ihren Prozess am großen Tag des Gerichts.

Ebenso schwelgten die Bewohner von Sodom und Gomorra gemeinsam mit den Einwohnern zweier Nachbarstädte in ekelhafter Ausschweifung und verlangten nach unnatürlichem Geschlechtsverkehr, genau, wie es die Engel getan hatten. Das Schicksal, das sie im Feuer ereilte, das ewig lange brannte, ist eine ernstzunehmende Warnung an uns alle.

Trotz dieser historischen Beispiele beschmutzen die Menschen, die sich den Zugang zur eurer Gemeinschaft erschlichen haben, ihre eigenen Körper in genau derselben Weise. Sie verachten göttliche Autorität und verleumden die herrlichen Engel. Dennoch wagte es der höchste aller Engel, Michael, dessen eigener Name „gottgleich" bedeutet, nicht, Satan direkt der Gotteslästerung zu beschuldigen, als sie darüber stritten, wem der Leichnam des Mose gehörte. Er gab sich damit zufrieden, die Anklage Gott selbst zu überlassen und sagte einfach: „Der Herr bestrafe dich."

Doch diese Männer unter euch zögern nicht, über alles, was sie nicht kennen, zu lästern. Die einzigen Dinge, die sie verstehen, werden letzten Endes ihren Ruin bewirken. Denn ihre „Lebensweisheit" beruht nur auf ihren animalischen Instinkten. Sie sind wie brutale Bestien ohne Verstand. Wehe ihnen! Sie haben den Weg Kains gewählt und sich kopfüber in denselben Fehler wie Bileam gestürzt, und zwar aus demselben Motiv: Geld. Sie werden genau das Ende nehmen, das Korach in seiner Rebellion ereilte.

Diese Menschen besitzen die Frechheit, an euren Liebesmahlen in der Gemeinde teilzunehmen, obwohl sie nur darauf aus sind, sich selbst etwas Gutes zu tun.

Wie Felsen unter der Wasseroberfläche könnten sie euch allen zum Verhängnis werden. Sie sind wie Wolken, die so schnell vom Wind vorbeigetrieben werden, dass es aus ihnen nicht regnet. Sie gleichen entwurzelten Bäumen im Herbst, die in doppelter Hinsicht tot sind, denn sie tragen weder Blätter noch Früchte. Wie wilde Wellen im Meer wirbeln sie den schmutzigen Schaum ihrer eigenen abscheulichen Schande auf. Sie sind wie Sternschnuppen, die aus der Umlaufbahn fallen und dazu bestimmt sind, auf ewig in einem schwarzen Loch zu verschwinden.

Henoch, der sieben Generationen nach Adam, dem ersten Menschen, lebte, hat all das kommen sehen. Er bezog sich genau auf diese Menschen, als er seine prophetische Ankündigung machte: „Lasst euch warnen! Der Herr ist mit Zehntausenden seiner Engel erschienen, um alle menschlichen Wesen vor Gericht zu stellen. Er wird alle gottlosen Menschen aller ihrer abscheulichen Taten, die sie begangen haben, überführen und sie für ihre anmaßenden Reden, die sie gegen ihn geführt haben, verurteilen." Diese Menschen sind unzufriedene Nörgler, die sich ständig beschweren und immer etwas auszusetzen haben. Sie führen große Reden, in denen sie sich selbst preisen – und sind sich gleichzeitig nicht zu schade, anderen zu schmeicheln, wenn es ihrem Vorteil dient.

Geliebte, Ihr solltet euch ins Gedächtnis rufen, was die Apostel unseres Herrn Jesus Christus, voraussagten. Sie erklärten Folgendes: In den letzten Tagen werden unweigerlich solche auftreten, die einen gottgefälligen Lebensstil mit Hohn und Spott überziehen und deren Leben ausschließlich von ihren eigenen gottlosen Begierden regiert wird. Solche Menschen können nur Spaltungen unter euch hervorrufen, weil sie allein in der Lage sind, sich an ihren natürlichen Instinkten zu orientieren. Ihnen fehlt nämlich die Leitung des Heiligen Geistes.

Ihr aber, Geliebte, sorgt dafür, dass ihr euer Leben auf die solide Grundlage eures heiligsten Glaubens aufbaut, indem ihr so betet, wie es der Geist euch eingibt. Bleibt Gott in Liebe verbunden und wartet dabei geduldig auf die Zeit, in der euch unser Herr Jesus Christus aus lauter Gnade in das ewige Leben führen wird. Was die anderen angeht, hier mein Rat: Zu denen, die immer noch wanken, seid besonders freundlich und sanft. Diejenigen, die schon im Irrtum feststecken, müssen aus dem Feuer gerissen werden, bevor sie sich schwer verbrennen. Und wer bereits durch und durch verseucht ist, sollte besser behandelt werden, als er es verdient. Allerdings müsst ihr euch immer eine gesunde Furcht davor bewahren, selbst angesteckt zu werden, und sei es von ihrer befleckten Unterwäsche. Lasst uns nur die eine Person loben, die fähig ist, euch vor dem Stolpern zu bewahren, so dass ihr aufrecht vor seinen herrlichen Thron treten könnt, mit großer Freude und ohne Fehl und Tadel. Er ist der einzige Gott, den es gibt, und unser Retter durch Jesus Christus, unseren Herrn. Ihm allein gebühren alle Ehre, alle Majestät, alle Kraft und alle Macht, und zwar bevor die Zeit begann und bis in alle Ewigkeit. So sei es (hebräisch „Amen").

WER WAR JUDAS?
Judas war der zweitjüngste Bruder Jesu.

Beim Studium des Jakobusbriefes, der von einem weiteren Bruder des Messias verfasst wurde, haben wir festgestellt, dass Jesu Brüder zu seinen Lebzeiten nicht an ihn glaubten. So berichtet das Johannesevangelium, dass sie seiner Behauptung, der Messias zu sein, mit Skepsis begegneten (siehe Johannes 7,5). Zur Zeit des Laubhüttenfestes machten sie sich über die Aussage Jesu lustig, dass er von Gott gesandt sei. Damals wusste jeder, dass der Messias zu diesem Fest in Jerusalem erscheinen würde. Daher sollte er besser in die Hauptstadt hinaufziehen und sich dem Volk zeigen, erklärten sie. Jesus antwortete ihnen, dass die Zeit noch nicht gekommen sei, seine wahre Identität zu offenbaren, doch heimlich ging auch er zum Fest nach Jerusalem.

Doch nach seiner Auferstehung änderte sich die Lage vollkommen. Jesu Brüder wurden Missionare. Jakobus und Judas schrieben zwei Briefe und waren sehr darauf bedacht, ihre verwandtschaftliche Beziehung zu Jesus herunterzuspielen. Sie zogen es vor, sich auf ihre geistliche Verbindung zu konzentrieren. Jeder der beiden bezeichnete sich als „Knecht" bzw. „Sklave Jesu".

INHALT
Der moralische Verfall
Es wird deutlich, dass Judas eigentlich vorhatte, einen völlig anderen Brief zu Papier zu bringen. Im ersten Teil erklärt er sinngemäß: „Ich wollte euch eigentlich über die Errettung schreiben, die wir in Jesus genießen." Doch als er hörte, was in den Gemeinden, an die er schrieb, vor sich ging, änderte er seine Meinung. Also fügt er hinzu: „Ich muss euch eindringlich dazu auffordern, den schmerzhaften Kampf für den Schutz des wahren Glaubens weiterzuführen, der den ersten Heiligen ein für alle Mal übermittelt worden ist" (eigene Übersetzung des Autors).

Das Wort „schmerzhaft" deutet auf die Intensität des Kampfes hin. Tatsächlich war es der schmerzhafteste Kampf, den die Leser jemals führen würden. Er war deshalb so schmerzhaft, weil er mit geistlichen Brüdern und Schwestern ausgetragen werden musste. Es ging um falsche Lehrer, die die Gemeinde in die Irre führten. Judas wusste, dass sie die Mitglieder immer weiter verunreinigen würden, wenn ihnen nicht Einhalt geboten würde.

Die erste Hälfte des Briefes befasst sich mit einer

sehr gefährlichen Zersetzung, die sich unbemerkt in die betreffenden Gemeinden eingeschlichen hatte. Die zweite Hälfte vermittelt den Lesern, wie sie mit dieser Situation angemessen uns sensibel umgehen können. Wir werden zunächst die vier Phasen der Verdorbenheit betrachten, die auf die Gemeinde einwirkten.

1. GLAUBENSBEKENNTNIS

Judas schreibt, dass sich gewisse Menschen heimlich in die Gemeinschaft der Gläubigen eingeschlichen haben. Das lässt darauf schließen, dass sie hinterlistig handelten und böse Absichten hegten. Sie vergifteten die Gemeinde durch ihre Lehren und durch ihr Verhalten, daher mussten sie gestoppt werden. Die falschen Lehren wirkten wie ein Krebsgeschwür, das sich im ganzen Körper ausbreitete und zum Tode führen würde, wenn man es nicht behandelte. Offensichtlich ähnelten diese Irrlehren den Häresien, gegen die Petrus in seinem zweiten Brief vorging. Aus diesem Grund beinhalten beide Episteln einen identischen Abschnitt. Ich persönlich glaube, dass Judas den 2. Petrusbrief zu Recherchezwecken nutzte und sich freute, dass er Teile daraus wortwörtlich übernehmen konnte.

Es gab insbesondere zwei Bereiche, in denen sich die falschen Lehrer irrten: Sie hatten ein sentimentales Verständnis von Gott und eine synkretistische (d.h. verschiedene Religionsinhalte vermischende) Sicht der Person Jesu.

(a) Eine sentimentale Sicht Gottes

Ihre sentimentale Sicht auf Gott ließ die Gnade Gottes zu einem Vorwand für unmoralisches Verhalten werden. Sie sahen Gott als einen „guten, alten Opa", der dem Gläubigen den Kopf tätschelt und sagt: „Wir wollen vergeben und vergessen. Hauptsache, du bist glücklich." Diese Karikatur

Gottes wird nur allzu häufig im Fernsehen gepredigt: ein netter, gemütlicher Gott, der keiner Fliege etwas zu Leide tun würde. Doch dieses sentimentale Bild Gottes entspricht nicht der Bibel. Gott ignoriert die Sünde nicht, sondern er bestraft sie. Wir müssen diese unsentimentale aber biblische Sicht Gottes wiedererlangen.

(b) Eine synkretistische Sicht Jesu

Sie hatten zudem eine synkretistische Vorstellung von Jesus. Sie glaubten nicht mehr, dass Jesus der einzige Herr und Meister sei, sondern stellten ihn mit anderen auf dieselbe Ebene. Diese Situation ist uns in der heutigen Zeit nur allzu bekannt. Hat man Jesus erst einmal neben Mohammed, Buddha und allen anderen in einem Göttertempel platziert, ist er nicht mehr der einzige Weg zu Gott. Dann trifft die Aussage „Ich bin der Weg, die Wahrheit und das Leben" nicht mehr auf ihn zu. Vielmehr wird er dann nur noch zu „einem Weg, einer Wahrheit und einem Leben".

2. VERHALTEN

Wird das Glaubensbekenntnis einer Gemeinde erst einmal verzerrt, dann dauert es nicht lange, bis das Verhalten der Gemeindeglieder ebenfalls verrücktspielt. Letzten Endes bestimmt der Glaube das Verhalten. Damit kommt Judas zum heftigsten Teil seiner Warnung. Er erinnert die Gläubigen daran, was in der Vergangenheit drei Menschengruppen zugestoßen ist:

(a) Israel in der Wüste

Judas erinnert sie an die Situation der Kinder Israel in der Wüste (Exodus 32). Damals schufen sie ein goldenes Kalb und verfielen schnell der Unmoral und dem Götzendienst. Ihre Sicht Gottes entfernte sich von dem Gottesbild, das ihnen Mose durch die Zehn Gebote und weiterführende

Erläuterungen vor Augen gemalt hatte. In der Folge entwickelten sie eine falsche Sicht auf ihre Mitmenschen und begannen, einander schlecht zu behandeln, statt einander zu lieben, wie es ihnen beigebracht worden war. Das Ergebnis war, dass keiner von ihnen nach Kanaan einzog. Sie waren aus Ägypten befreit worden, doch sie betraten das Verheißene Land nicht. Sie zogen zwar aus, doch keiner von ihnen erreichte das Ziel.

Dieser Vorfall wird im Neuen Testament dreimal von drei verschiedenen Autoren herangezogen, um Christen zu warnen: Nicht wer sich auf den Weg macht, wird alles erben, was Gott für ihn vorbereitet hat, sondern nur derjenige, der am Ziel auch ankommt. Sowohl Paulus als auch der Verfasser des Hebräerbriefes verwenden dieses Beispiel – und nun macht es sich auch Judas zunutze.

Die Warnung ist also unmissverständlich: Wenn die Kinder Israel aus Ägypten befreit wurden, es aber nicht bis ins Verheißene Land schafften, dann kann Christen in der heutigen Zeit genau dasselbe passieren. Es geht nicht nur darum, was wir zurückgelassen haben, sondern auch um das, was noch vor uns liegt. Dieses Ziel haben wir noch nicht erreicht. Wenn wir nicht in der Wüste umkommen wollen, müssen wir durchhalten.

(b) Die Engel am Berg Hermon

Judas betrachtet zudem, was mit den Engeln am Berg Hermon geschah. Wir kennen die Details aus dem Buch Henoch in den Apokryphen (auch wenn die Apokryphen, wie bereits erwähnt, kein Teil der Bibel sind).

Zirka 200 Engel verführten und schwängerten Menschenfrauen in der Region des Berges Hermon. Der widerwärtige Verkehr zwischen Engeln und Menschen brachte scheußliche Hybride (Mischformen) hervor, die „Nephilim". Gott sei Dank sind alle ausgestorben. Wir wissen nicht genau, wie sie ausgesehen haben, manche Bibelübersetzungen bezeichnen sie als „Riesen". Gott hat dem Leben seine Ordnung gegeben. Engel, die Sex mit Menschen haben, sind genauso anstößig für ihn, wie Menschen, die Geschlechtsverkehr mit Tieren pflegen.

Die Folge dieses Verhaltens war, dass die Erde mit Gewalt überzogen wurde. Abartiger Sex sowie Okkultismus griffen um sich. Im 1. Buch Mose lesen wir sogar, dass Gott es bedauerte, den Menschen geschaffen zu haben. Für mich ist das eine der traurigsten Aussagen der Bibel.

„Wenn Gottes Volk Israel dem Gericht nicht entkommen ist, genauso wenig wie die Engel, wie sollten dann wir als Christen dem göttlichen Gericht entfliehen?", fragt Judas.

(c) Sodom und Gomorra

Das dritte Beispiel betrifft Sodom und Gomorra. Beide Städte sind allgemein bekannt. Aber es gab auch noch Adana und Zeboim. Diese vier Städte befanden sich am südlichen Ende des Toten Meeres. Zu Gott gegebener Zeit wurden alle durch ein Erdbeben vernichtet. Das Tote Meer hat die Form einer Acht. Die Städte liegen unter seinem Südende, das gerade dabei ist auszutrocknen. Daher könnten Sodom und Gomorra zu unseren Lebzeiten wieder zum Vorschein kommen – ein wahrhaft symbolträchtiges Ereignis!

Durch den jüdischen Historiker Josephus Flavius wissen wir, dass das Feuer, das Sodom und Gomorra 2000 Jahre vor der Zeit Jesu zerstört hatte, in den Tagen Jesu immer noch brannte. Als Jesus darüber zu seinen Zuhörern sprach, konnten diese den Rauch sehen, wenn sie zu Fuß zirka ein halbe Stunde aus Jerusalem herausliefen.

Beide Städte wurden bestraft, weil sie Gottes Gesetze missachteten. Man wurde gegenüber ausgelebter Homosexualität immer toleranter – genau wie in unserer heutigen Zeit, in der Kritik an homosexuellen Beziehungen als politisch nicht korrekt gilt und als sexuelle Diskriminierung betrachtet wird.

Judas warnt die Christen, dass Gott sie richten werde, wenn sie diesem Beispiel folgen. Mit Gott kann man keine Spielchen treiben. Er verabscheut Götzendienst (der ihn verletzt) und Unmoral (die seinen Geschöpfen weh tut). Möglicherweise befasst er sich nicht sofort damit, doch letzten Endes wird er jede moralische Verschmutzung seiner Schöpfung bestrafen.

3. CHARAKTER

Wird unser Glaubensbekenntnis verfälscht, so folgt ihm bald unser Verhalten – und die Folge eines verdorbenen Verhaltens ist ein ebensolcher Charakter. Unser Charakter ist das Ergebnis unseres Verhaltens: Eine Tat wird zur Gewohnheit und diese Gewohnheit wird zum Charakter, der letztlich unser Schicksal bestimmt. Die dritte Phase der moralischen Verunreinigung der Gemeinde besteht also darin, dass der Charakter ihrer Mitglieder zunehmend verweltlicht. Judas konzentriert sich als nächstes auf die Irrlehrer und die Ähnlichkeit ihres Charakters mit dem Wesen dreier Personen des Alten Testaments.

(a) Kain

Er beginnt mit Kain, der seinen Bruder aus Neid umbrachte (1. Mose 4). Er erklärt seinen Lesern, dass ein Motiv der Irrlehrer Neidgefühle sind, genau wie es bei Kain der Fall war. Dieser Neid wird ihre Zuhörer unweigerlich beeinflussen.

(b) Bileam

Dann nimmt er sich den Propheten Bileam vor, dem Geld dafür geboten wurde, gegen Israel zu prophezeien (4. Mose 22). Die Geldgier hatte so sehr von Bileam Besitz ergriffen, dass Gott durch seinen Esel zu ihm sprechen musste! Bileam war ein Mann der Habgier, Kain hingegen ein Mann des Zorns.

(c) Korach

Korach war ehrgeizig. Er beneidete Mose und wollte selbst im Mittelpunkt stehen (4. Mose 16). Er vervollständigt diese ziemlich unrühmliche Dreiergruppe. Es gibt moderne Parallelen zu Korach. Neue Gemeinden können großartig sein, doch offensichtlich werden manche aus den falschen Motiven gegründet. Sie werden eröffnet, weil ein Mensch seine eigene Show braucht – ein moderner „Sohn Korachs", der die gottgegebene Gemeindeleitung nicht akzeptiert und seinen eigenen Kopf durchsetzen will. Am Ende verfiel Korach zusammen mit 250 anderen dem göttlichen Gericht. Sie starben wegen ihrer Auflehnung gegen die Autorität, die Gott Mose übertragen hatte.

Alle drei Personen wurden von ihrem „Ich" regiert und brachten anderen den Tod. Sie zeigen uns die Art von Menschen, die in den Gemeinden Karriere machen werden, wenn man falsche Lehren nicht unterbindet. Dann werden Zorn, Habgier und persönlicher Ehrgeiz regieren.

4. SPRACHE

Doch sie sahen sich noch weiteren Problemen gegenüber. Ist der Charakter erst einmal verdorben, zeigt sich das auch am Sprachgebrauch, da die Sprache dem Charakter entspringt. Judas beschreibt die Gesprächskultur jener Menschen, die sich den Zugang in die Gemeinschaft erschlichen hatten. Sichere Anzeichen des inneren Verfalls sind ständiges Meckern und Lamentieren, Murren und Jammern. Die Verachtung von Untergebenen, Schmeicheleien gegenüber Vorgesetzten sowie Hohn und Spott für alles, was man nicht versteht, gehören ebenfalls dazu, vor allem aber Ablehnung jeglicher Autorität. Wir sollten uns vor Menschen hüten, die in unsere Gemeinde kommen, weil sie mit einer anderen unzufrieden sind – in einem halben Jahr wird es ihnen mit unserer Gemeinde genauso gehen! Umherziehende Querulanten und Nörgler sind immer auf der Suche nach der perfekten Gemeinde. An ihnen bewahrheitet sich das Sprichwort: „Die perfekte Gemeinde gibt es nicht – sobald ich mich ihr anschließe, ist es mit der Perfektion vorbei!"

Ein geheimnisvoller Abschnitt
Der wahrscheinlich geheimnisvollste Vers im Judasbrief bezieht sich auf einen Engel, der sich mit dem Teufel über den Leichnam des Mose stritt. Er steht im direkten Zusammenhang mit einer außergewöhnlichen Aussage aus dem 5. Buch Mose. Dort erfahren wir, dass Moses auf dem Berg Nebo starb, „und niemand kennt sein Grab bis auf diesen Tag" (5. Mose 34,6; ELB). Wenn aber niemand bei ihm war und keiner weiß, wo sein Grab ist, wer begrub ihn dann? Die Antwort lautet, dass Gott den Engel Michael losschickte, um Mose zu begraben. Engel sind sehr praktische Wesen. Sie sind gute Köche (Elia fand heraus, dass Engel ziemlich gut kochen) und können Wagen lenken (wie Elia ebenfalls entdeckte). In unseren Tagen habe ich von Engeln gehört, die in Afghanistan radelten und dabei einen Missionar beschützten, der ebenfalls auf seinem Rad fuhr. Engel erscheinen nicht in weiß glänzenden Nachthemden mit Flügeln, Harfen und langem blondem Haar. In Hebräer 13 ist die Rede davon, „ohne es zu wissen, Engel zu beherbergen". Würden sie dermaßen seltsam aussehen, wäre das natürlich nicht möglich. Vielmehr sehen sie wie ganz normale Menschen aus.

Dieser Engel wurde also mit einem Spaten in der Hand abkommandiert, um den Leichnam des Mose zu begraben. Als er ankam, stand jedoch der Teufel über dem Körper und beanspruchte ihn für sich. Es ist sehr aufschlussreich, dass der Erzengel Michael Satan in der darauffolgenden Auseinandersetzung nicht einmal ermahnte. Wir können mitunter sehr frech zu Satan sein, was ziemlich dumm ist. Schließlich ist er wesentlich schlauer als wir. Ich mache mir Sorgen, wenn ich junge Leute sagen höre: „Wir schelten dich, Satan." Michael sagte nur: „Der Herr schelte dich." Und der Teufel verzog sich, woraufhin der Erzengel Mose angemessen beerdigte.

Unser Umgang mit Irrlehren
Wir haben uns die vier Bereiche angeschaut, die Judas beschäftigen: Glaubensbekenntnis, Verhalten, Charakter und Sprache. Als nächstes stellt sich die Frage, wie wir heutzutage mit ähnlichen Herausforderungen umgehen sollten.

1. PROBLEME ERWARTEN
Zunächst sollten wir nicht überrascht sein, wenn Dinge innerhalb der Gemeinde schieflaufen. Manche Christen sind übermäßig besorgt. Doch sowohl die Propheten des Alten Testaments als auch die neutestamentarischen Apostel haben uns darauf vorbereitet, dass es Probleme geben wird. Jesus selbst warnte uns vor Wölfen im Schafspelz. Warum sind wir dann so überrascht, wenn sich diese Vorhersagen erfüllen? Schließlich sind wir noch nicht vollständig gerettet und daher ist zwangsläufig mit Schwierigkeiten in der Gemeinde zu rechnen. Entscheidend ist, wie wir damit umgehen. Wir sollten uns nicht schocken lassen, uns unsere Gelassenheit bewahren und uns der Probleme annehmen.

2. WIDERSTAND LEISTEN
Es ist faszinierend, dass Judas offenkundig nicht Satan für dieses Chaos verantwortlich macht. Er schreibt die Schuld eindeutig „diesen Männern" zu, welche die erwähnten Schwierigkeiten verursachten. Und er stellt klar, dass einige

in der Gemeinde die Aufgabe haben, ihre Stimme gegen Irrlehren zu erheben. Die Menschen müssen sich darum kümmern – es ist nicht Gottes Aufgabe. Judas erwähnt den Dienst Henochs, des allerersten biblischen Propheten, der als erster eine Botschaft vom Herrn für andere Menschen erhielt. Es war die Warnung, dass Gott die gesamte Menschheit richten würde. Henoch war 65 Jahre alt, als er einen Sohn bekam, und er fragte Gott, wie er ihn nennen sollte. Gott teilte ihm einen ungewöhnlichen Namen für diesen Sohn mit. Er sagte: „Nenn' ihn: ‚Wenn er stirbt, wird es geschehen'". Wir kennen ihn als Metuschelach, zu Deutsch Methusalem. Es überrascht nicht, dass er länger lebte als jeder andere Mensch. Denn Gott ist so geduldig, dass er beinahe ein Jahrtausend wartete, bevor er Gericht abhielt. An dem Tag, an dem Metuschelach starb, fing es an zu regnen. Allerdings hatte Metuschelachs Enkelsohn Noah zu dem Zeitpunkt bereits ein Schiff gebaut. Gott wartete 969 Jahre, bevor er die damalige Generation richtete. Es war Martin Luther, der sagte: „Wenn ich Gott wäre, hätte ich die ganze Welt schon lange in Stücke gehauen."

Judas' Anliegen war es zu zeigen, dass sich die falschen Lehrer „gottlos" verhielten. Er verwendet dieses Wort insgesamt fünfmal. Die Gottesfurcht war zur Zielscheibe ihrer Verachtung geworden. Die Apostel des Neuen Testaments haben uns gewarnt, dass in den letzten Tagen Spötter auftreten werden. Sie werden die Gottesfurcht lächerlich machen. Bisweilen werden Christen verspottet, weil sie sich gottesfürchtig benehmen. Das liegt nie im Trend. Gottlosigkeit hingegen ist „in". Jeder, der das nicht so sieht, gilt als seltsam.

3. SCHADEN BEGRENZEN
Als nächstes gibt Judas praktische Tipps, wie Gläubige sich selbst und andere schützen können.

(a) Sich selbst

Jeder Gläubige hat zunächst dafür zu sorgen, dass er mit Gott im Reinen ist und dass er sich selbst im Glauben, in der Hoffnung und in der Liebe stärkt.

Je stärker wir sind, desto wahrscheinlicher ist es, dass wir fest stehen. Die beste Art, Krankheiten zu vermeiden, ist es, gesund zu leben. Judas empfiehlt uns, die bekannte Dreiergruppe zu fördern, und zwar Glaube, Liebe, Hoffnung. Zur geistlichen Gesundheit gehören das Beten im Geist, das Halten der Gebote Gottes und ein Leben, das auf die zukünftige Welt ausgerichtet ist. Dabei sollte uns bewusst sein, dass es Gott in erster Linie um unsere Heiligkeit geht, nicht um unser Glück. Denn angesichts des „Glücks", das wir in der Ewigkeit genießen werden, sollte es uns nicht kümmern, wenn das Leben jetzt hart ist. Entscheidend ist, dass wir für uns selbst verantwortlich sind und uns selbst stärken müssen. Gott wird das nicht für uns tun.

(b) Andere

Es gibt drei Kategorien von Menschen, die Hilfe brauchen:

(i) Diejenigen, die zweifeln: Judas fordert die Gläubigen auf, die zu unterstützen, die wanken. Sie fragen sich, ob sie diesen Lehrern folgen sollen und stecken in gedanklichen Zweifeln. Wir müssen mit ihnen reden, uns sogar mit ihnen auseinandersetzen, doch immer in einer feinfühligen Art und Weise, nicht hart. Härte könnte sie noch weiter in den Irrtum treiben.

(ii) Diejenigen in Todesgefahr: Als nächstes wird es Leute geben, die sich schon in Todesgefahr befinden. Sie haben bereits angefangen, den neuen Ideen zu glauben. Judas fordert die Gläubigen auf, „sie aus dem Feuer zu reißen." Wir sollen erkennen, dass sie in einem brennenden Haus gefangen sind und sie unbedingt, soweit es in unserer Macht steht, dort herausholen! Der Ausdruck „jemanden aus dem Feuer reißen", wird in der Evangelisation von Ungläubigen verwendet – in dem Sinne, dass man sie dem Feuer der Hölle entreißt. Doch diese Verse beziehen sich auf einen anderen Fall. Es geht zwar darum, Menschen dem Höllenfeuer zu entreißen, allerdings nicht, weil sie noch nicht gerettet sind, sondern weil es sich um Christen handelt, die in die Irre geführt werden. Sogar diejenigen, die diesen Irrtum verbreiten, dürfen nicht abgeschrieben werden. Sie müssen vielmehr eine Gelegenheit erhalten, Buße zu tun.

(iii) Diejenigen, die moralisch beschmutzt sind: Die dritte Kategorie Mensch betrifft diejenigen, die in dieser Art beschmutzt sind. Auf Griechisch ist damit gemeint, dass wir sehr, sehr vorsichtig sein sollten, damit wir uns nicht bei ihnen „anstecken", und sei es nur durch ihre „verschmutzte Unterwäsche"! Diese Wortwahl erscheint uns merkwürdig, doch offensichtlich gibt es Krankheiten, die durch sexuelle Perversion und häufige Partnerwechsel übertragen werden. Davor sollten wir uns hüten.

4. PRÄVENTION

Judas vermittelt uns, dass uns Angriffe auf den Glauben nicht überraschen sollten. Vielmehr müssen wir uns ihnen stellen und uns dabei bewusst sein, dass Gott fähig ist, uns vor „dem Fallen" zu bewahren. Wichtig ist, dass wir ausgewogen bleiben, wenn wir Verse über Gottes bewahrende Kraft lesen. Es gibt eine ganze Reihe von Texten in der Bibel, die diese Kraft Gottes bestätigen. Doch sie stehen immer in unmittelbarem Zusammenhang mit solchen Versen, die betonen, dass wir nahe bei ihm bleiben müssen. Der vorletzte Vers im Judasbrief lautet also sinngemäß nicht: „Gott wird euch mit Sicherheit vor dem Fallen bewahren." Es heißt dort stattdessen: „Er ist *in der Lage*, euch zu helfen, in ihm zu bleiben." Es liegt weder nur an uns, noch allein an ihm. Mit anderen Worten: „Bleibt in ihm, denn er ist fähig, euch zu bewahren. Vertraut ihm auch weiterhin, dann werdet ihr nicht fallen."

Wir können also sagen, dass er die Fähigkeit hat, uns zu bewahren und uns vor Gottes Angesicht zu stellen – vorausgesetzt, wir bleiben treu. Es liegt in seiner Macht, weil er der einzig wahre Gott und Retter ist.

Judas beendet seinen Brief mit dem Lob Gottes. Trotz der falschen Lehren und der damit verbundenen Gefahren kann Gott uns bewahren, sodass wir am letzten Tag ohne Fehler vor ihm stehen. Daran gibt es keinen Zweifel. Wenn Gott auf unserer Seite steht (die wirkliche Bedeutung des Namens Immanuel: „Gott mit uns"), können wir kämpfen und gewinnen. So sei es!

FAZIT

Die Briefe des Neuen Testaments vermitteln uns eine klare Botschaft: Die größte Gefahr für die Gemeinde kommt von innen. Wir müssen immer wachsam bleiben und in Liebe und in Wahrheit für das Evangelium streiten. Ein solches großes Ringen findet gerade in der westlichen Welt statt. Unsere Glaubenswahrheiten müssen eindeutig und klar sein. Wenn bei meinen Lesern Zweifel daran bestehen, ob meine Ausführungen mit der Bibel übereinstimmen, dann sollten sie diese lieber vergessen. Doch wenn sie zu dem Schluss kommen, dass sie schriftgemäß sind, dann sollten sie daran festhalten, für sie kämpfen und um diesen Glauben ringen, der einst den Heiligen anvertraut worden ist! Das klingt vielleicht nicht nach einem glanzvollen Auftrag, doch seine Erfüllung ist von größter Wichtigkeit, wenn unsere Gemeinden stark bleiben sollen.

Der Judasbrief ist eines der am meisten vernachlässigten Bücher des Neuen Testaments, doch seine Botschaft ist von zeitloser Wichtigkeit. Wenn die heutigen Gemeinden nicht von den gleichen Problemen wie damals zersetzt werden wollen, müssen sie seine Warnungen hören.

57.
1., 2. UND 3. JOHANNESBRIEF

Einleitung

Es gibt zwei Arten von Briefen im Neuen Testament. Manche sind allgemein gehalten bzw. Rundbriefe ohne spezifischen Empfänger; sie ähneln Traktaten. Andere sind persönlicher Natur und orientieren sich an den Bedürfnissen ihrer Empfänger.

Die Briefe des Johannes sind eine Mischung aus beidem. Sein erster Brief ist allgemein gehalten. Mit seinen fünf Kapiteln ist er zudem viel länger als die anderen. Johannes spricht darin spezifische Sorgen an, die er sich um die Gläubigen macht. Die anderen beiden Briefe sind persönlicher und gleichzeitig die kürzesten Bücher des Neuen Testaments. In ihnen wendet sich Johannes an zwei bestimmte Einzelpersonen. Er verwendet dafür jeweils nur einen einzigen Bogen Papyrus.

Die Briefe sind herzlich und persönlich. Sie spiegeln den Charakter dieses Heiligen wieder, der damals wahrscheinlich schon über 80 Jahre alt war. Einige nennen sie „väterliche Briefe", doch unter Berücksichtigung seines Alters würde die Bezeichnung „großväterliche Briefe" besser passen.

Johannes schrieb diese Briefe zu einer Zeit, in der die Gemeinde von reisenden Bibellehrern geprägt wurde – sowohl positiv als auch negativ. Der Evangelist war über den Schaden, den manche von ihnen verursachten, sehr besorgt. Er selbst konnte aufgrund seines Alters nicht mehr reisen – im Gegensatz zu den falschen Lehrern, die offensichtlich in der Lage waren, ihre Irrlehren mit bemerkenswerter Energie zu verbreiten. Daher waren Briefe die Methode seiner Wahl, um das Problem anzugehen.

Johannes gehörte zu den zwölf Aposteln, die Jesus während seines Dienstes auf der Erde berufen hatte. Er war der einzige, der ein hohes Alter erreichte. Außerbiblische Überlieferungen berichten, dass er sich in Ephesus um Maria, die Mutter Jesu, bis zu deren Tod kümmerte. Auch er selbst starb dort. Seine Briefe zeigen nicht nur die Autorität eines Ältesten, sondern die Autorität *des* Ältesten schlechthin. Denn Johannes war jemanden, der Jesus persönlich begegnet war (vgl. Johannes 1,2; 2,1; 4,6+14).

Manche Bibellehrer behaupten, dass die Briefe nicht von Johannes stammen könnten. Es ist sicherlich überraschend, dass es nur einen einzigen Verweis auf das Alte Testament gibt, auf Kain, der Abel umbrachte. Dieser Umstand überrascht umso mehr, da das Buch der Offenbarung, das ebenfalls von Johannes verfasst wurde, über 300 Verweise auf das Alte Testament enthält. Vergleicht man die Briefe allerdings mit dem Johannesevangelium, so erkennt man denselben Stil und dasselbe Vokabular. Ausdrücke, die im Evangelium auftauchen, wie z. B. „ewiges Leben"; „neues Gebot" und „bleibt in Christus" sind typisch für Johannes. Sie kommen auch in den Briefen vor. Manchmal finden sich sogar identische Wendungen, wie beispielsweise „in der Finsternis wandeln" und „dass eure Freude vollkommen werde".

Zudem beschreiben sowohl die Evangelien als auch die Briefe das Leben als Christ mit absoluten Gegensätzen. Johannes' Weltbild steht in scharfem Gegensatz zum modernen Relativismus unserer Zeit, der davon ausgeht, dass Unterscheidungen unangebracht sind: Nichts ist richtig oder falsch. Alles ist lediglich eine Meinung. Johannes und der Rest der Bibel widersprechen dieser Sichtweise. Johannes zeigt uns eine Reihe von Kontrasten: Leben und Tod, Licht und Finsternis, Wahrheit und Lüge, Liebe und Hass, Gerechtigkeit und Gesetzlosigkeit, Kinder

Gottes und Kinder Satans, Liebe des Vaters und Liebe der Welt, Himmel und Hölle. Solche Gegensätze lassen keinen Spielraum für einen „dritten Weg". Man ist entweder das eine oder das andere. Es gibt keine weiteren Optionen.

Obwohl auf den Manuskripten kein Name verzeichnet ist, deutet ihr Inhalt ganz klar auf die Autorschaft des Johannes hin. Darüber hinaus bestätigen Irenäus und Papias, zwei frühe Kirchenväter, dass diese Briefe aus der Feder des Johannes stammen.

Ein Datum ist nicht angegeben, doch vieles spricht dafür, dass die Briefe nach dem Johannesevangelium und vor Johannes' Exil auf Patmos verfasst wurden, wo er das Buch der Offenbarung schrieb. Es gibt keinerlei Hinweise auf Domitians furchtbare Angriffe auf die christliche Gemeinde, die im Jahre 95 n. Chr. stattfanden. Insofern ist es wahrscheinlich, dass er sie um 90 n. Chr. zu Papier brachte.

DER 1. JOHANNESBRIEF
An wen schreibt Johannes?

Wir haben bereits festgestellt, dass der erste Brief ein allgemeiner Brief ohne spezifischen Adressaten ist. Doch Johannes hatte seine Zielgruppe klar vor Augen. In 1. Johannes 2,12–14 spricht er drei Arten von Christen an: „kleine Kinder", „junge Männer" und „Väter".

Das sind keine physischen, sondern geistliche Altersangaben. Die „kleinen Kinder" sind Neubekehrte, denen man statt Fleisch Milch geben muss, um ihr Wachstum zu fördern. Johannes schreibt, die kleinen Kinder hätten zwei Dinge erfahren: Vergebung und die Vaterschaft Gottes; doch darüber hinaus wüssten sie kaum etwas.

Die „jungen Männer" sind diejenigen, die herangewachsen und gereift sind. Johannes sagt dreierlei über sie aus: Sie sind etwas stärker geworden als die kleinen Babys.

Sie haben die Schrift verinnerlicht und sie haben in Herausforderungen bereits den Sieg gegen Satan errungen.

Johannes schreibt außerdem an weitaus ältere Christen, die er „Väter" nennt. Ihre Erkenntnis ist langjährig und geht in die Tiefe. Es handelt sich um Menschen, die schon viele Erfahrungen mit Gott gemacht haben.

Dem modernen Leser fällt auf, dass Johannes die Gruppen in männlicher Form anspricht. Das ist nichts Ungewöhnliches. Denn das gesamte Neue Testament ist an „Brüder" gerichtet und nicht an „Brüder und Schwestern". Diese Betonung des Männlichen müssen wir erklären. Denn in einer Zeit, in der es Bibeln in „gerechter Sprache" gibt, die einen „inklusivistischen" Ansatz verfolgen, herrscht Verwirrung darüber, welches Geschlecht man Gott zuschreiben sollte.

Der Hauptgrund für die männliche Ausrichtung der Bibel liegt darin, dass sich die Stärke und der Charakter von Gemeinden in ihren Männern zeigen. Männer tragen in der Gemeinde die Verantwortung für die Leitung, genauso wie in der Familie. Es ist ihr Charakter, der über die Kraft der gesamten Gemeinde entscheidet. Das ist einer der Gründe, warum ich so viel Energie darauf verwendet habe, Männerkonferenzen zu organisieren und auf ihnen zu sprechen. Die meisten Briefe, die ich danach bekam, stammten von Frauen, die über die Veränderung ihrer Männer hocherfreut waren! Mit Bedauern muss ich erwähnen, dass ich ein reicher Mann wäre, wenn ich einen Zehn-Pfund-Schein für jede Familie in der Gemeinde bekommen würde, in der die Frau geistlich weiter ist als ihr Mann. Gesund ist es, wenn der Mann gegenüber der Frau einen geistlichen Vorsprung hat. Denn der Mann kann nicht das Haupt sein, wenn er nicht vorneweg geht. Das soll natürlich auf keinen Fall heißen, dass Frauen in irgendeiner

Form weniger wert wären, sondern dass sich Männer und Frauen in ihren Rollen ergänzen.

Warum schreibt Johannes?
Es wird deutlich, dass Johannes hauptsächlich aus pastoralen Gründen schreibt. Er bezeichnet die Leser als seine „Kinder". Er hegt große Zuneigung für sie, doch ist es ihm unmöglich, sie alle zu besuchen. Es gibt Hinweise im Text, dass er bestimmte Belange vor Augen hatte. Wir können Johannes' Beweggründe anhand von zwei Listen untersuchen:

LISTE 1
Er wünscht sich, dass seine Leser folgendes sind:

Zufrieden (1,4): Er schreibt, „damit unsere Freude vollkommen sei", und deutet damit an, dass sie mit ihrem Leben unzufrieden sind.

Sündlos (2,1): Es geht ihm darum, dass sie ein untadeliges Leben führen.

Sicher (2,26): Er möchte, dass sie vor allen Intrigen des Teufels sicher sind, besonders vor Irrlehren. Sie sind die effektivste Angriffstaktik des Teufels gegen die Gemeinde. Diese Irrlehren beeinflussten die Gemeindemitglieder, denen Johannes schrieb.

Gewiss (5,13): Vor allem wünscht sich Johannes, dass sich seine Leser ihres Glaubens sicher sind. Christen müssen in ihrer Gewissheit bestärkt werden. Diese kleinen Briefe enthalten ein sehr wichtiges Gewissheitskonzept. Es sollte nicht so sein, dass wir jeden Morgen erneut von Ungewissheit geplagt werden. Vielmehr sollen wir jeden Tag in dem Bewusstsein unserer Identität in Christus beginnen. Wir müssen „wissen" (ein Schlüsselwort an dieser Stelle), dass unser Leben in Gottes Händen liegt.

LISTE 2
Ein alternativer Blickwinkel, um die Motive zu betrachten, ist folgender: Er schreibt, ...

um die Harmonie unter ihnen zu fördern (1,3);

um Zufriedenheit herzustellen (1,4);

um die Heiligkeit zu bewahren (2,1);

um Irrlehren zu verhindern (2,26);

um Hoffnung zu geben (5,13).

Johannes schreibt zirka 60 Jahre nach dem Moment, in dem er Jesus zum ersten Mal sagen hörte: „Folge mir nach." Er ist jetzt ein alter Mann, wahrscheinlich mit einem langen Bart, und ich stelle mir vor, wie er seinen Lesern Folgendes mitteilt: „Ich bin euer Großvater im Glauben. Ich möchte, dass ihr zufrieden seid und wisst, wer ihr seid. Ich wünsche mir, dass ihr ein heiliges Leben voller Harmonie und Hoffnung führt." Aus diesen Briefen spricht ein sehr weiches, pastorales Herz.

Der 1. Johannesbrief im Überblick
Auch wenn wir die Motive des Johannes erkennen können, ist es nicht so einfach, ein Muster zu entdecken, nach dem er seine Inhalte angeordnet hat. Es ist nahezu unmöglich, diesen Brief zu analysieren, weil er sich im Kreis zu bewegen scheint. Sein Denken ist nicht linear, sondern eher zyklisch. Ich bin ein linearer Mensch. Mir gefällt es, den Fortgang einer Argumentation zu verfolgen und ihn zu analysieren. Der Apostel Paulus, der im jüdischen Recht geschult war, schreibt auf diese Art und Weise. Aus diesem Grunde fühle ich mich ein wenig verloren, wenn ich an einen Mann gerate, der in Zyklen denkt und dabei stets dieselben Themen umkreist. Johannes' zyklischen

Stil kann man durch seinen Beruf, sein Alter und seine Nationalität erklären.

1. SEIN BERUF

Im Gegensatz zu Paulus, der als ehemaliger Pharisäer das jüdische Gesetz gut kannte, war Johannes Fischer von Beruf. Aus diesem Grund fiel es ihm leicht, von einem Thema zum nächsten zu wechseln, so, als würde er eine Unterhaltung führen. Da er kein gebildeter Mann war, hatte er nicht gelernt, linear zu denken.

2. SEIN ALTER

Ältere Männer neigen zur Redseligkeit. Sie kreisen in ihren Gesprächen wortreich um immer wieder dieselben Themen. Das ist ein Kennzeichen ihres Alters. Die Zuhörer müssen sich konzentrieren, um die Perlen der Weisheit herauszufiltern.

3. SEINE NATIONALITÄT

Allerdings glaube ich, dass der Hauptgrund darin liegt, dass der Stil des Johannes ein jüdischer ist. Die Juden tendieren dazu, so zu sprechen, wie die Johannesbriefe geschrieben sind. Sowohl das Buch der Sprüche im Alten Testament als auch der Jakobusbrief im Neuen Testament behandeln eine Reihe von Themen, die die Autoren später erneut aufgreifen. Jeder, der in diesen Büchern nach einer systematischen Abhandlung sucht, muss sich bis zum Ende durcharbeiten, da es keine wirkliche Struktur gibt.

WELT ODER WORT?

Eine Möglichkeit, den 1. Johannesbrief zu analysieren, besteht darin, sich auf ein Thema zu konzentrieren, das Johannes im Verlauf der Epistel entwickelt. Dabei ist das untenstehende Diagramm hilfreich.

DAS WORT

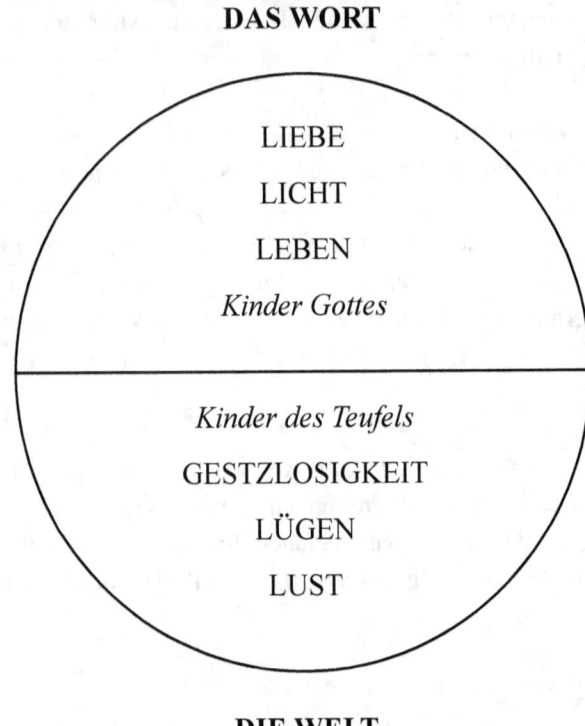

DIE WELT

Das Diagramm zeigt uns eine Welt, die in zwei Erdhälften aufgeteilt ist. Die eine wird vom Wort Gottes regiert: Es ist der Einflussbereich des Lebens, der Liebe und des Lichts. Die andere Hälfte wird von der Welt regiert: von Gesetzlosigkeit, Lügen und Lust. Johannes ermahnt seine Leser, ihr Leben am Wort Gottes auszurichten. Er schreibt ihnen, dass sie sich auf das Wort Gottes fokussieren sollten, statt der Versuchung nachzugeben, auf die Welt zu hören. Jeder Christ steht vor dieser Wahl. Wenn wir die Welt lieben, werden wir bald ein entsprechendes Leben führen. Lieben wir das Wort, so sieht unser Lebensstil vollkommen anders aus.

Dieser einfache Rahmen hilft uns zu erkennen, dass der Brief eine gewisse Form hat. Er beginnt positiv, wendet sich dem Negativen zu, um dann wieder positiv zu werden; wie ein leckeres Sandwich mit doppelt so viel Erfreulichem wie Unerfreulichem. Wir brauchen beides. Wir müssen wissen, was wir glauben sollen – und was nicht; wie wir uns verhalten sollen – und wie gerade nicht. Diese Sandwichstruktur des 1. Johannesbriefes können wir folgendermaßen darstellen:

Leben: 1,1–4 } positiv
Licht: 1,5–2,11} positiv
Lust, Lügen und Gesetzlosigkeit: 2,15–3,10 } negativ
Liebe: 3,11–4,21 } positiv
Leben: 5,1–21 } positiv

Wir werden nun die Themen des 1. Johannesbriefes näher betrachten:

Liebe
Johannes ist der einzige biblische Autor, der folgende Aussage trifft: „Gott ist Liebe". Das mag für den gut informierten Durchschnittschristen wie eine Selbstverständlichkeit klingen, doch eigentlich handelt es sich um eine revolutionäre Feststellung. Keine andere Religion dieser Welt hat dies jemals gesagt noch könnte sie es je behaupten. Das Judentum kann zwar erklären: „Gott liebt uns", doch das ist nicht vergleichbar. Wenn wir sagen: „Gott ist Liebe", bedeutet es, dass er in mehr als nur einer Person existieren muss. Denn man kann nicht für sich allein Liebe *sein*. Nur weil wir wissen, dass Gott aus drei Personen besteht, aus dem Vater, dem Sohn und dem Heiligen Geist, können wir feststellen, dass Gott Liebe ist. Bevor die Welt erschaffen wurde, gab es den

Vater, den Sohn und den Heiligen Geist, die sich alle gegenseitig liebten.

Manchmal wird die Frage gestellt: „Warum hat Gott uns erschaffen?" Um es mit einfachen Worten auszudrücken: Gott hatte einen Sohn. Er liebte ihn so sehr, dass er sich eine größere Familie wünschte. Er wollte die Liebe, die er bereits lebte, mit einem noch größeren Umfeld teilen. Das ist der Grund, weshalb er sich nach vielen Söhne sehnte.

Irrlehren

Neben der allgemeinen Sorge um das geistliche Wohl seiner Leser sieht sich Johannes auch besonderen Problemen gegenüber. Er schreibt, um den Irrlehren entgegenzutreten, die, wie er weiß, Einfluss auf seine geistlichen Kinder ausüben. An verschiedenen Stellen der Epistel bezieht er sich auf „sie" (im Gegensatz zu „wir" und „ihr"), womit er eine Gruppe von Lehrern meint, die in der Gemeinde bekannt waren.

Diese Irrlehrer verbreiteten die griechische Philosophie, welche eine Reihe von Elementen enthält, die im Widerspruch zur biblischen Weltanschauung stehen. Ganz besonders wichtig war, dass sie eine zwingende Trennung zwischen der physischen und der geistlichen Welt lehrten.

Wir übernehmen diese zersetzende Weltanschauung auch heute noch. Beispielsweise werden wir in der Bibel niemals die Unterscheidung zwischen „heilig" und „säkular" (weltlich) finden. Dennoch sagen mir selbst Christen: „Ich habe einen säkularen Job". Ich entgegne dann stets, dass es so etwas nicht gebe. Abgesehen von einer unmoralischen oder illegalen Tätigkeit ist keine Arbeit säkular. Es gibt nichts „Weltliches" außer der Sünde. Nachdem ich diesen Punkt einmal auf einer Veranstaltung im Norden Englands sehr deutlich gemacht hatte, bekehrte sich ein landesweit bekannter Popsänger. Er dachte, er hätte einen säkularen Job, der u.a. darin bestand, Songs für die Fernsehwerbung zu produzieren. Meine Aussage half ihm zu erkennen, dass er seine Arbeit zur Ehre Gottes tun konnte.

Jene, die diese griechische Philosophie propagierten, hielten das Physische für verwerflich und nur das Geistliche für gut. Folglich war der Körper böse und die Seele untadelig. Sie vermittelten den Menschen den Eindruck, dass alles, was mit dem Körper zu tun hatte, irgendwie sündig oder schmutzig sei. Diese philosophische Weltsicht hatte Auswirkungen auf den Glauben der Gemeinde und das Verhalten ihrer Mitglieder. Zunächst wollen wir einen Blick auf den Glauben werfen.

1. DER GLAUBE

Johannes' größte Sorge war es, dass die Irrlehrer diese Philosophie auch auf Jesus bezogen. Sie konnten es nicht akzeptieren, dass Gott Mensch wurde. Sie argumentierten, dass Gott ewig und der Mensch zeitlich sei. Gott sei geistlich, der Mensch hingegen physisch. Wie also könnte Gott ein Mensch sein, der auf dieser Erde lebte?

Diese Glaubensauffassung nahm viele verschiedene Formen an. Eine Ausprägung behauptete, dass Jesus nicht wirklich im Fleisch gekommen sei, sondern nur den entsprechenden Anschein erweckte, d.h. einen Scheinleib hatte. Diese Irrlehre nennt man „Doketismus". Der Begriff bedeutet so viel wie, „eine Maske aufsetzen" oder „erscheinen". Johannes macht in seiner Epistel Folgendes sehr deutlich: Wenn jemand behauptet, dass Jesus nicht im Fleisch gekommen sei, weiß man, dass diese Ansicht vom Teufel inspiriert ist. Johannes war sehr bemüht darauf hinzuweisen, dass er Jesus selbst gesehen und berührt hatte. Er bestand aus Fleisch und Blut, damals genauso wie heute. Die New-Age-Philosophie trifft eine ähnliche Unterscheidung, indem sie den menschlichen Jesus vom göttlichen Christus trennt.

Eine andere Irrlehre besagte, dass Jesus 30 Jahre lang ein menschliches Wesen gewesen sei, bis zu seiner Taufe, als „der Christus" auf ihn kam. Dann, bei seinem Tod, verließ ihn „der Christus" wieder. Es war Jesus, der starb und begraben wurde. Nach dieser Theorie sind „Jesus" und „der Christus" also zwei unterschiedliche Wesen.

In ähnlicher Weise sprechen Lehrer des New Age über Christus, während sie den Namen Jesus ablehnen. Sie behaupten, dass der Christus auf jeden kommen könnte. Das ist sehr raffiniert und führt viele Menschen in die Irre. Sie glauben nämlich, dass die New-Age-Bewegung biblisch sei, weil sie biblische Ausdrücke verwendet. Eine der Lieblingsaussagen des New Age ist folgende: Gott steht außerhalb der Zeit, er ist zeitlos. Dieser Glaube ist auch unter Christen weit verbreitet. Tatsächlich sagt die Bibel nirgends, dass Gott zeitlos sei. Sie stellt fest, dass Gott ewig ist, was jedoch etwas ganz anderes bedeutet. Zeit ist für Gott etwas sehr Reales. Gott ist der Gott, der war, der ist und der kommen wird. Gott existiert nicht innerhalb der Zeit, sondern die Zeit existiert in ihm.

Auch die Griechen sahen Gott getrennt von der Zeit. Diesen Glauben gibt es heute immer noch. Sie wären erstaunt, wie viele Christen glauben, dass wir den Bereich der Zeit verlassen, wenn wir in den Himmel kommen. Das tun wir jedoch nicht, sondern wir treten in das ewige Leben ein. Die Zeit läuft immer weiter, unendlich. Sie ist real in Gott, er umfasst sie, ebenso wie sie in der Bibel real existiert. Daher ist Geschichte immer seine Geschichte (siehe das englische Wortspiel: history = his story).

Doch natürlich glaubten diese Lehrer, dass sie besser Bescheid wüssten. Ihre Erkenntnis war der Weisheit der Gemeinde angeblich weit überlegen. Diese Form des Gnostizismus sollte die Gemeinde noch Jahrhunderte lang verfolgen. In ihren verschiedenen Schattierungen zeigt sie sich heute immer noch.

Johannes musste die Irrlehre also in vielerlei Hinsicht bekämpfen. Aus diesem Grund betont er zu Beginn der Epistel, dass Christus bei seinem Kommen ein menschliches Wesen war. Die drei stärksten physischen Sinne, das Sehen, Hören und Fühlen, werden alle bemüht. Er schreibt sinngemäß: „Wir haben ihn gesehen, wir haben ihn berührt, wir haben ihn gehört."

Für Johannes ist die Menschwerdung von grundlegender Bedeutung. Letztendlich kommt es entscheidend darauf an, für wen wir Jesus halten. Wir müssen erkennen, dass er gleichzeitig wahrer Gott und wahrer Mensch ist und dass in ihm das Physische und das Geistliche vollkommen integriert sind. Die diesseitige und die jenseitige Welt haben sich in ihm vereinigt. Als das Wort Fleisch wurde und unter uns lebte, wurde die griechische Weltsicht mit ihrer Trennung von Zeit und Ewigkeit, von Geistlichem und Physischem sichtbar widerlegt. Erzbischof Temple formulierte es folgendermaßen: „Das Christentum ist die materialistischste aller Weltreligionen."

2. DAS VERHALTEN
Die griechische Trennung des Physischen vom Geistlichen beeinflusste nicht nur den Glauben der Gemeindeglieder, sondern färbte auch auf ihr Verhalten ab. Die Griechen glaubten, dass die Errettung (wie immer sie auch verstanden wurde), völlig unabhängig davon sei, wie man mit seinem eigenen Körper umgeht. Diese Sicht wurde in der Gemeinde zur Normalität. Daher führten einige ein ziemlich unmoralisches Leben, behaupteten gleichzeitig aber, geistlich zu sein. Sie waren nämlich davon überzeugt, dass ihr Körper nichts mit ihrer Seele zu tun hätte.

Von dieser Denkweise zu der Aussage, dass Sünde für Christen keine Rolle mehr spielen würde, ist es nur noch ein kleiner Schritt. Vertreter dieses zweifelhaften Ansatzes behaupten: „Ich habe ja jetzt meine Eintrittskarte in den Himmel, Sünde ist nicht mehr wichtig." Tatsächlich gehen manche sogar noch weiter und verkünden: „Bei Christen gibt es keine Sünde mehr." Sie propagieren damit eine Art Perfektionismus: Aus Gottes Sicht seien sie sündlos.

Einer der größten Irrtümer, dem Menschen verfallen, wenn sie zu Christus kommen, liegt in der Annahme, dass auch ihre künftigen Sünden vergeben seien. Tatsächlich werden nur die Sünden der Vergangenheit bei der Bekehrung vergeben. Für spätere Sünden müssen wir weiterhin Vergebung in Anspruch nehmen. Johannes betont: „Wenn wir weiterhin unsere Sünden bekennen, ist er treu und gerecht, dass er uns weiterhin die Sünden vergibt und uns weiterhin reinigt von jeder Ungerechtigkeit" (siehe 1. Johannes 1,9 in wörtlicher Übersetzung durch den Autor). Wenn ich mich zu Christus bekehre, erhalte ich keinen Blankoscheck, um zu sündigen. Meine vergangenen Sünden sind ab diesem Zeitpunkt vergeben, doch ich bin Gott gegenüber weiterhin rechenschaftspflichtig. Bekenne ich meine Sünden, wird er mir auch weiterhin vergeben, allerdings nur, wenn ich sie vor ihm offenlege.

Diese Aussagen des Johannes, die er besonders betont, muss die christliche Gemeinde heute dringend hören. Griechisches Denken führt zur Gesetzlosigkeit in der Gemeinde sowie zu Unmoral und geistlichem Elitedenken. Dabei glaubt man, dass Christen über den normalen Regeln von richtig und falsch stehen würden. Doch Gott ist absolut gerecht. Er übersieht die Sünde nicht, weder bei Gläubigen noch bei Ungläubigen. Allerdings wartet er nur darauf zu vergeben, wenn jemand aufrichtig Buße tut.

In den Tagen des Johannes richteten Irrlehren verheerende Schäden in der Gemeinde an. Die Menschen waren verwirrt und verunsichert; sie wussten nicht mehr, was sie glauben sollten und wie es um ihre Beziehung zu Gott stand. Was ihre Errettung betraf, waren sie unsicher, der Sünde jedoch begegneten sie unbekümmert. Die falschen Lehrer schienen wenig Rücksicht auf die „ganz normalen Christen" zu nehmen, die sie für „nicht erleuchtet" hielten.

Gewissheit
Doch dem großen Hirtenherz des Johannes war es ein Anliegen, dass die Gläubigen ihre Identität in Christus genau kannten. Daher forderte er sie auf, sich in vier Bereichen selbst zu prüfen. Diese Tests waren recht streng, und Johannes erläuterte sie sehr sorgfältig und detailliert.

1. GLAUBENSPRÜFUNG
Als Erstes kommt die Prüfung der Glaubenslehre. Jeder echte Christ muss diesen Test bestehen. Es geht um unser Verständnis der Identität Jesu. Wenn wir hier nicht gefestigt sind und zweifeln, ob der menschliche Jesus auch der göttliche Christus ist, dann bestehen wir diesen Test nicht. Johannes verwendet in den drei Briefen mindestens 23-mal das Verb „wissen" oder „erkennen". Das Wissen war seiner Meinung nach für die Gläubigen enorm wichtig, besonders weil die gnostischen Lehrer behaupteten, eine „höhere Erkenntnis" zu besitzen. In unseren Gemeinden gibt es nicht wenige, die zwar davon ausgehen, dass Jesus ein großartiger Mensch war, der auf Gott besser reagierte als jeder andere; doch sie können nicht glauben, dass er vollkommen göttlich und gleichzeitig vollkommen menschlich ist, wie die Bibel es lehrt.

2. GEISTESPRÜFUNG
Johannes schreibt: „Wir wissen, dass wir Söhne Gottes sind, weil er uns seinen Geist gegeben hat." Es gibt also einen Zeugen zwischen dem Geist Gottes und unserem Geist, der uns das bestätigt. Ohne den Heiligen Geist bestehen wir diesen zweiten Test nicht, weil nur er uns versichert, dass wir als Kinder Gottes zu seiner Familie gehören. Es gibt Menschen, die versuchen, diese Gewissheit aus der Bibel zu erlangen. Sie bemühen sich, es aus der Bibel abzuleiten, indem sie argumentieren, dass die Heilige Schrift diese Aussage treffen würde. Da sie der Bibeln glauben, wäre die Sache

somit entschieden. Doch die Bibel fordert uns niemals zu einem solchen Vorgehen auf. Im Geltungsbereich des Neuen Testaments kommt die Gewissheit aus dem Geist, nicht aus der Schrift. Wir können nicht versuchen zu beweisen, dass wir Christen sind, indem wir Bibelstellen zitieren. Der Geist versichert uns, dass wir Christen sind, nicht die Schrift. Daher handelt es sich um eine geistliche Prüfung, und zwar eine ganz entscheidende. Denn wenn wir den Geist nicht haben, sind wir immer noch Kinder des Teufels.

3. ETHIKPRÜFUNG

Die dritte Prüfung ist eine ethisch-moralische. Wenn wir vor Gott untadelig leben, dann sagt uns unser Gewissen, dass wir zum Vater gehören. Das Gewissen wurde uns unter anderem gegeben, um uns Gewissheit zu vermitteln. Biblisch gesprochen: Leben wir gerecht vor Gott und halten wir seine Gebote, dann haben wir (durch unser Gewissen) eine Bestätigung, dass wir seine Kinder sind. Rebellieren wir jedoch gegen seine Gebote und wehren uns gegen einen gottgefälligen Lebensstil, dann bestehen wir diesen dritten Test nicht.

4. LIEBESPRÜFUNG

Der letzte Test ist die soziale Prüfung. Johannes erklärt, dass wir nicht behaupten können, Christus zu lieben, wenn wir nicht auch die Christen lieben, weil Jesus in den anderen Christen lebt. Wenn wir Christus lieben, dann lieben wir ihn auch in unseren Geschwistern. Hassen wir diese, dann lieben wir unseren Vater definitiv nicht, weil er ihnen in Liebe verbunden ist.

Ein weiterer Beweis unseres Christseins ist die Liebe zum jüdischen Volk. Es ist nicht liebenswürdig. Auf menschlicher Ebene würde ich wahrscheinlich besser mit den Arabern auskommen als mit den Juden. Doch der Geist kann uns eine große Liebe zum jüdischen Volk schenken, die nicht natürlich, sondern übernatürlich ist. Jesus nannte sie „Brüder", und Gott liebt sie immer noch, trotz allem, was sie ihm angetan haben.

Johannes schreibt, dass insbesondere unsere Liebe und unsere Gebete zeigen, dass die Liebe des Vaters in uns ist. Auf einmal lieben wir Menschen, die uns normalerweise nicht liegen würden; wir tun dies, weil sie die Kinder unseres Vaters sind und weil die Vaterliebe Gottes in uns lebt.

Hat ein Christ erst einmal die Gewissheit der Gemeinschaft mit Gott erlangt, so kann er sich täglich in dem Bewusstsein auf den Weg machen, dass er ein Kind Gottes ist. Diese Gewissheit zeigt sich in seiner Haltung zum himmlischen Vater. Er kann freimütig beten: „Papa, ich bitte dich im Namen Jesu um dieses oder jenes", in dem Wissen, dass Gott fähig und willens ist, ihm zu antworten.

Dieses Bewusstsein macht uns auch kühn anderen gegenüber. Wenn wir uns sicher sind, dass wir zur himmlischen Königsfamilie gehören, dann sind wir im wahrsten Sinne des Wortes Teil der königlichen Familie auf Erden. Das schenkt uns das Selbstvertrauen, mutiger mit anderen Menschen zu sprechen.

Sünde

Aus demselben Grund ist es wichtig, diejenigen auszumachen, die keine echten Christen sind. Die Gemeinde war in den Tagen des Johannes alt genug, um Namenschristen aufzunehmen – Menschen, die vortäuschten, Teil der Familie Gottes zu sein, in Wirklichkeit aber Christus nicht vertrauten.

Eine Feuerprobe war das Vorhandensein bzw. das Nichtvorhandensein von Sünde. Johannes befasst sich in seinem Brief sehr viel mit diesem Thema. Tatsächlich trifft er sogar einige sehr merkwürdige Aussagen, die sich mitunter zu widersprechen scheinen. An manchen Stellen geht er davon aus, dass die Gläubigen sündigen werden, und anderswo behauptet er wieder, dass sie gar nicht sündigen könnten. Das hat viele verwirrt.

Wir müssen uns klarmachen, was Johannes unter „Sünde" versteht. Er definiert Sünde als „Gesetzlosigkeit". Das bedeutet, dass der Einzelne davon ausgeht, niemandem gegenüber verantwortlich oder rechenschaftspflichtig zu sein – außer sich selbst. Johannes erinnert seine Leser daran, dass Christus gekommen sei, um uns von der Sünde zu befreien und die Werke des Teufels zu zerstören. Für Kinder des Teufels ist die Sünde der Normalfall, für Kinder Gottes jedoch nicht.

1. DIE MÖGLICHKEITEN

Das Vorhandensein der Sünde im Leben der Gläubigen ist Johannes' größte Sorge. An diesem Punkt wird es kontrovers, denn es gibt mehrere unterschiedliche Aussagen zu diesem Thema: Für Gläubige ist die Sünde …

> unbestreitbar: Wir sündigen.
> unvermeidbar: Wir werden sündigen.
> unvereinbar: Wir sollten nicht sündigen.
> nicht tolerierbar: Wir dürfen nicht sündigen.
> unentschuldbar: Wir müssen nicht sündigen.
> unpassend: Wir sündigen nicht.
> undenkbar: Wir können nicht sündigen.

Die Auseinandersetzung dreht sich um die Aussagen in den Briefen des Johannes, die einander zu widersprechen scheinen. Vergleichen wir beispielsweise seine Aussage in 1. Johannes 1,8 mit denen, die später im Brief folgen:

Wenn wir sagen, dass wir keine Sünde haben, betrügen wir uns selbst, und die Wahrheit ist nicht in uns (1,8; ELB).
Jeder, der aus Gott geboren ist, tut nicht Sünde, denn

sein Same bleibt in ihm; und er kann nicht sündigen, weil er aus Gott geboren ist (3,9; ELB).

Wir wissen: Wer aus Gott geboren ist, der sündigt nicht, sondern wer aus Gott geboren ist, den bewahrt er und der Böse tastet ihn nicht an (5,18; LUT).

Der erste Vers weist darauf hin, dass Sünde unvermeidlich ist, die zwei nächsten, dass Gottes Kinder nicht sündigen können. Dennoch würden nur wenige behaupten, dass diese Aussage auf sie zutrifft. Wie also sollen wir diese Verse verstehen?

2. EIN SCHLÜSSELVERS AUF DEM PRÜFSTAND
Zunächst wollen wir die Probleme mit 1. Johannes 3,9 näher untersuchen.

(a) Größere Probleme
Der Vers legt den Schluss nahe, dass jeder, der Gottes Kind ist bzw. aus Gott geboren ist (d. h. aus Wasser und Geist, Joh. 3,5), erstens nicht sündigt und zweitens nicht sündigen kann. Dazu gibt es viele Auslegungen:
- (i) Das sei wörtlich zu verstehen: Der Vers bedeute genau das, was er aussagt. Doch das würde 1,8 und 5,16 widersprechen. Beide machen deutlich, dass Sünde möglich ist.
- (ii) Es sind nur plumpe und eklatante Sünden, auf die hier Bezug genommen wird: Laster, Verbrechen und Sünden gegen das Liebesgebot. Einige der größten Theologen wie Augustinus, Luther und Wesley vertraten diesen Standpunkt.
- (iii) Wenn Gläubige Unrecht tun, so nennt Gott das nicht Sünde. Dann gäbe es also tatsächlich zwei unterschiedliche moralische Standards.
- (iv) Das Wort bezieht sich nur auf unser neues Wesen.

Der „alte Mensch" benimmt sich immer noch daneben, während der „neue Mensch" es niemals tut. Allerdings ist ein Christ keine gespaltene Persönlichkeit, sondern ein ganzheitliches Wesen!

(v) Der Vers beschreibt ein Ideal, dessen Erreichung jedoch nicht für möglich gehalten wird. Er weist also auf ein Ziel hin, das wir anstreben sollten, während wir jedoch nicht glauben, dass wir es je erreichen könnten.

(vi) Der Vers bezieht sich nur auf gewohnheitsmäßige, hartnäckige Sünde. Die Zeitform deutet auf jemanden hin, der immer weiter sündigt.

(b) Kleinere Probleme

(i) Der Grund, warum der Gläubige nicht sündigt, ist, dass er „aus Gott geboren", d.h. Gottes Kind ist. Man sagt, dass Wiederherstellung zur Gerechtigkeit führt. Doch wer auf dieser Seite des Himmels würde behaupten, gerecht zu sein?

(ii) Zweitens erfahren wir, dass Gottes Same bzw. „sein Same" in den Gläubigen bleibt. Das Wort bedeutet wörtlich „Sperma". Das ist eine sehr ausdrucksstarke Metapher! Doch wie sollen wir dieses Wort verstehen? Es kann, wenn es sich auf menschliches oder sogar auf tierisches oder pflanzliches Sperma bezieht, wörtlich verwendet werden. Aber es wird nicht deutlich, worauf sich „sein Same" bezieht, auf Gott oder auf den Gläubigen?

(iii) Dann gibt es noch ein drittes Problem. Ist dies eine unbedingte Aussage oder eine bedingte? Der Ausdruck „Wer in mir (Christus) bleibt" bietet ebenfalls Interpretationsmöglichkeiten. Ist das eine unbedingte Aussage, wie in Vers 9, d.h. wahr für jeden, der einmal „aus Gott geboren" wurde? Oder ist es bedingt, wie in Vers 6 und nur wahr für alle diejenigen, die „in ihm bleiben"? Eine unbedingte Aussage hat immer Gültigkeit, während eine bedingte nur dann gilt, wenn bestimmte Anforderungen erfüllt werden.

Wie also sollen wir diesen Vers verstehen?
Als Erstes müssen wir uns fragen, warum Johannes diese Aussage trifft. Er erörtert hier nicht die Streitfrage „einmal gerettet, für immer gerettet". Vielmehr befasst er sich mit Menschen, die sich selbst Jünger nennen, aber weiterhin unbekümmert sündigen und so tun, als ob dies völlig unerheblich wäre!

Johannes erklärt also, dass wir nicht sündigen können, weil wir aus Gott geboren sind. Daraus können wir unmissverständlich folgern, dass Wiederherstellung zur Gerechtigkeit führt. Sünde hat im Leben eines Gläubigen keinen Platz mehr.

Zweitens sollten wir die Zeitformen in 1. Johannes 3,6+9 beachten. Eigentlich müssten diese Aussagen übersetzt werden mit: „Wer in ihm bleibt bzw. wer aus ihm geboren ist sündigt nicht weiterhin". Die Verben stehen in einer besonderen Zeitform des Griechischen, der sogenannten Verlaufsform der Gegenwart. Das Verb bezieht sich also nicht nur auf etwas, das zu einer bestimmten Zeit getan wurde, sondern auf etwas, das man fortwährend tut.

Daher hat Jesus eigentlich nicht gesagt: „Bittet, so wird euch gegeben; suchet, so werdet ihr finden; klopfet an, so wird euch aufgetan" (Lukas 11,9; LUT). Er sagte vielmehr: „Bittet beständig, so wird euch gegeben, suchet beständig und ihr werdet finden, klopft beständig an und euch wird geöffnet werden." Ein weiteres Beispiel ist der berühmte Vers Johannes 3,16, der im Allgemeinen völlig missverstanden wird. Er steht ebenfalls in der Verlaufsform der Gegenwart: „Denn also hat Gott die Welt geliebt, dass er seinen eingeborenen Sohn gab, auf dass alle, die beständig an ihn glauben, nicht verloren werden, sondern beständig das ewige Leben haben." Nicht wer einmal glaubt, hat ewiges Leben, sondern wer dranbleibt im Glauben, wird dauerhaft ewiges Leben erlangen.

Kehren wir also zu diesen Versen (1. Johannes 3,6+9) zurück. Sie sagen Folgendes aus: „Wer beständig in ihm bleibt bzw. wer aus ihm geboren ist, sündigt nicht weiterhin". In Johannes 15 heißt es: „Ich bin der wahre Weinstock – bleibt in mir." Das bedeutet, „bleibt hier bei mir", „lebt beständig in mir". Der Vers erklärt sich durch den Zusammenhang. Wer beständig in Christus lebt, für den wird diese Aussage wahr. Jeder, der kontinuierlich an Christus dranbleibt, wird nicht weiterhin sündigen. Das kann er gar nicht.

Menschen, die nicht an Christus dranbleiben, werden keine geistlichen Fortschritte machen. An ihnen wird sich dieses Versprechen nicht bewahrheiten.

Der dritte Vers, der weiter oben zitiert wurde (1. Johannes 5,18), unterstützt das: „Wir wissen, dass jeder, der aus Gott geboren ist, nicht beständig sündigt; derjenige, der aus Gott geboren wurde, bewahrt sich selbst und der Böse rührt ihn nicht an."

Jeder also, der aus Gott geboren ist, „sündigt nicht beständig". Wir können nicht auf Dauer sündigen, weil wir Fortschritte machen und erfolgreich sein werden, wenn wir in enger Gemeinschaft mit Christus leben. Es ist die Beziehung zu Jesus, die über das Wahrwerden dieser Verheißung entscheidet. Der gesamte Brief geht davon aus, dass Christen sündigen werden. Auf dieser Seite der Ewigkeit wird es niemanden geben, der vollkommen ist. Doch es ist ebenso wahr, dass wir nicht dauerhaft weiter sündigen können.

Zum besseren Verständnis müssen wir die Perspektive des Hebräerbriefes hinzuziehen. Sie besagt, dass es kein Opfer für Sünden mehr gibt, wenn man Vergebung empfangen hat, aber willentlich weiter sündigt. Die Bibel erklärt nicht, dass Christen niemals sündigen werden. Vielmehr stellt sie klar, dass Christen eine Möglichkeit haben, mit der Sünde fertigzuwerden. Und wenn sie mit Jesus leben, werden sie mit diesem Problem fertigwerden wollen. Wir hassen es, wenn wir sündigen – das ist ein Beweis dafür, dass wir wirklich mit Christus leben. Wir lieben die Sünde nicht und wir wollen sie loswerden. Wer beständig enge Gemeinschaft mit Christus pflegt, kann nicht weiter sündigen. Ein solches Verhalten ist unvereinbar mit dem neuen Leben, das in uns ist.

Nachdem wir uns mit diesem Problem befasst haben, weist Kapitel 5 auf ein weiteres, sehr ernstes Thema hin: Wenn wir einen Bruder sündigen sehen, sollten wir alles in unserer Macht stehende tun, um ihm dabei zu helfen, sich von seinen bösen Wegen abzuwenden. Wenn wir das tun, dann haben wir einen Bruder „gerettet". Allerdings fügt Johannes hinzu, dass es „Sünde zum Tod" gibt. Es mache keinen Sinn, für einen Bruder zu beten, der solch eine Sünde begangen habe!

In der Gesamtschau der Bibel erkennen wir, dass Menschen, die sich vom Glauben entfernen, einen Punkt erreichen können, an dem keine Umkehr mehr möglich ist. Es gibt Sünde, die zum Tode führt, und wir müssen diese Warnungen sehr ernst nehmen. Im Hebräerbrief kommen sie am häufigsten vor. Es gibt einen Punkt, an dem wir nicht mehr umkehren können. Johannes schreibt, dass ein Bruder dermaßen sündigen könne, dass es nichts mehr bringen würde, für ihn zu beten. Das bedeutet natürlich, dass er nicht mehr in Christus ist, dass er seine Verbindung mit dem wahren Weinstock verloren hat und nicht mehr mit ihm lebt.

Wenn wir all das, was Johannes über die Sünde und die Gläubigen schreibt, gemeinsam betrachten, dann erreichen wir eine wunderbare Ausgewogenheit. Einerseits werden wir nicht zwanghaft und andererseits nicht selbstzufrieden. Eine gesunde Ehrfurcht vor Gott wird uns nah bei Jesus halten. Doch reißen wir auch nur einen einzigen Vers aus seinem Zusammenhang, können wir Furchtbares anrichten.

Gott
Da Johannes das Thema Sünde umtreibt, möchte er seinen Lesern begreiflich machen, wie Gott wirklich ist. Er erinnert sie daran, dass Gott „Licht" ist. Gott ist rein und heilig und steht moralisch weit über dieser Welt. Gott ist auch das „Leben". Während die Sünde zum Tod führt, kommt das Leben von Gott – es ist sein Geschenk an uns. Der Gott, den Johannes beschreibt, wünscht sich Gemeinschaft mit uns. Das Wort „Gemeinschaft" bedeutet wörtlich „Teilhabe" oder „Partnerschaft". Johannes erklärt seinen Lesern die Voraussetzungen für die Gemeinschaft mit einem solchen Gott.

1. IM LICHT LEBEN
Wir müssen das Licht suchen und die Finsternis meiden. Wir können keine Gemeinschaft mit Gott und seinem Volk haben, wenn unser Leben von Heimlichkeit geprägt ist. Unser Leben muss transparent sein.

2. IN DER LIEBE LEBEN
Das Gebot der Stunde lautet, Gott und unsere neuen Geschwister zu lieben. Wenn wir sie nicht lieben, können wir ihn auch nicht lieben. So einfach ist das. Diese Aufforderung, einander zu lieben, wird das „alte Gebot" genannt, auch wenn Jesus selbst es als das „neue Gebot" bezeichnete. Der Grund dafür ist leicht nachvollziehbar: Es war bereits 60 Jahre her, dass Christus ihnen dieses Gebot gegeben hatte.

3. IM NEUEN LEBEN
Christus hat alles bereitgestellt, was für dieses neue Leben nötig ist. Daher werden die Gläubigen ermutigt, dieses Gute auch auszuleben. Johannes wünscht sich leidenschaftlich, dass seine Leser die Freude der Gemeinschaft mit Christus erfahren – nichts soll sie daran hindern.

DER 2. UND DER 3. JOHANNESBRIEF
Einleitung
Für unsere Betrachtung dieser beiden Briefe werden wir zunächst den wesensmäßigen Unterschied zwischen Männern und Frauen untersuchen. Ein solcher Anfang mag ungewöhnlich erscheinen, doch wir legen damit eine hilfreiche Grundlage, um den Aufbau und den Zweck jedes dieser Bücher zu erfassen. Als Gott uns nach seinem Ebenbild formte, erschuf er uns als Männer und Frauen. Daher ergänzen wir uns. Es ist erstaunlich, wie die Stärken der Männer die Schwächen der Frauen ausgleichen und umgekehrt – wir brauchen einander.

Das untenstehende Diagramm beschäftigt sich mit der Unterschiedlichkeit von Mann und Frau, wobei wir den Durchschnittsmann heranziehen und die Durchschnittsfrau. Beide werden durch einen Kreis dargestellt. Natürlich gibt es Männer und Frauen, die diese Eigenschaften in einem höheren oder geringeren Maße zeigen. Es gibt Männer, die weiblich wirken und Frauen, die maskulin erscheinen.

Der Humanist geht davon aus, dass es nur ein einziges Spektrum gibt, mit jeweils einem männlichen und einem weiblichen Ende, wobei sich in der Mitte alles mischt – als ob wir eigentlich alle gleich wären. Doch wir sind als Männer und Frauen unterschiedlich, auch wenn es Überschneidungen gibt.

Diese Differenzierung hilft uns, die Unterschiede zwischen dem 2. und dem 3. Johannesbrief zu verstehen. Der 2. Johannesbrief ist als einziger Brief im Neuen Testament an eine Frau adressiert, während sich der fast identische 3. Johannesbrief an einen Mann wendet. Beide Episteln treffen gegensätzliche Aussagen und behandeln doch dasselbe Thema.

Der offensichtliche äußere Unterschied besteht darin, dass Männer eher eckig erscheinen und Frauen eher kurvig. Männer haben ein analytisches Gehirn, während Frauen intuitiver sind. Es irritiert mich immer wieder, wenn meine Frau zur selben Schlussfolgerung kommt wie ich, allerdings sechs Wochen früher! Die Intuition ist bei den meisten Frauen viel stärker ausgeprägt, während Männer sich eher Zeit nehmen, um etwas gründlich zu durchdenken.

Männer können abstrakter denken, Frauen dagegen konkreter. Während sich Männer mit allgemeinen Fragen beschäftigen, konzentrieren sich Frauen auf die Details. Im Gegensatz zur Zielorientierung der Männer, die dazu führt, dass sie für die Zukunft leben, sind Frauen eher bedürfnisorientiert. Ein Mann ist zufrieden, wenn er ein Ziel hat, auf das er zusteuern kann. Eine Frau findet Erfüllung, wenn sie in der Lage ist, ein Bedürfnis zu stillen. Daher interessieren Männer sich mehr für Sachthemen, während Frauen mehr auf Personen ausgerichtet sind.

Diese Neigungen zeigen sich auch in der Konversation. In einer Männergruppe geht es wahrscheinlich um Motorräder und Autos, während Frauen sich untereinander über Menschen und Beziehungen unterhalten.

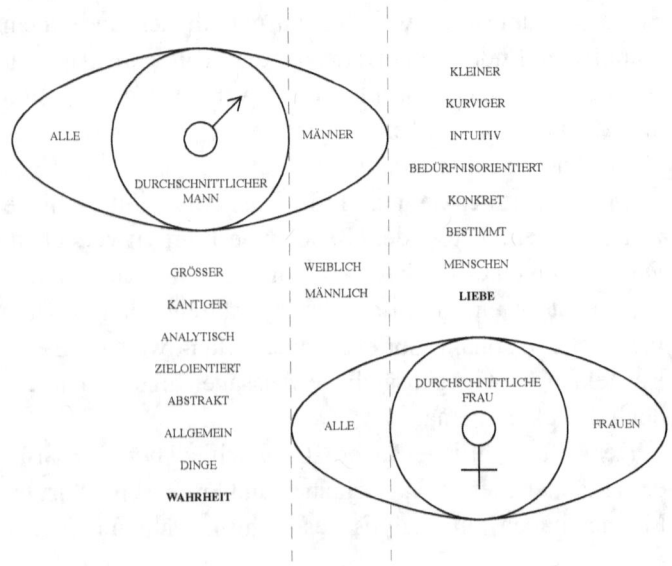

Ein Mann kann seine Gedanken von seinen Gefühlen trennen, während eine Frau ganzheitlich denkt. Das ist auch der Grund, warum ein Mann in mehrere Frauen gleichzeitig verliebt sein kann, während eine Frau allgemein gesprochen nur einem Mann gleichzeitig zugetan ist. Frauen müssen verstehen, dass sich Männer aufgrund dieses Unterschieds anderen Versuchungen gegenübersehen. Findet eine verheiratete Frau heraus, dass ihr Mann mit einer Mitarbeiterin aus dem Büro fremdgeht, dann nimmt sie an, dass er sie nicht mehr liebt. Seine Beteuerungen, dass er sie immer noch liebe, finden aufgrund dieser unterschiedlichen Veranlagung bei ihr kein Gehör. Nichtsdestotrotz ist eine Affäre selbstverständlich falsch.

Diese Fähigkeit, kühl und analytisch zu sein, ist ein Grund, warum Männer eine besondere Verantwortung für Disziplinarmaßnahmen tragen. Sie können ihre Gefühle von ihren Gedanken trennen und in einer Situation, die Konfrontation und Strafe erfordert, objektiver vorgehen. Ich bin ein Befürworte der Todesstrafe und wurde schon oft gefragt, ob ich „den Knopf drücken" könnte. Ich glaube schon, dass ich dazu in der Lage wäre – doch ich würde niemals meine Frau auffordern, so etwas zu tun.

Aufgrund dieser speziellen Unterschiede sind Männer geistlich stärker an der Wahrheit interessiert, während Frauen viel mehr auf die Liebe bedacht sind. Für die Männer besteht die Gefahr darin, dass sie die Wahrheit überbetonen und der Liebe zu wenig Raum geben. Frauen laufen Gefahr, dass sie sich zu wenig um die Wahrheit kümmern und die Liebe überstrapazieren. Der zweite und der dritte Brief des Johannes passen perfekt in dieses Schema. Sie sind sich sehr ähnlich, wobei ihre Unterschiede diesen besonderen geschlechtsspezifischen Eigenschaften entsprechen.

Der 2. und 3. Johannesbrief im Überblick

2. JOHANNESBRIEF ♀	3. JOHANNESBRIEF ♂
GASTFREUNDSCHAFT	**WAHRHEIT UND LIEBE**
An eine Frau	An einen Mann
Gefahr:	Gefahr:
Zu viel Liebe	Zu viel Wahrheit
Haltung:	Haltung:
zu weichherzig	zu hartherzig
Türe zu weit offen	Türe zu fest verschlossen
heißt die falschen Leute willkommen	Lehnt die richtigen Leute ab.
Vernachlässigt die Wahrheit	Vernachlässigt die Liebe
Falscher Glaube	Falsches Verhalten
Wir brauchen beide	
Weibliche	Männliche
Liebe	Wahrheit
Liebe *und* Wahrheit	Wahrheit *und* Liebe
in Frauen	in Männern

Die Briefe sind sehr kurz. Jeder einzeln hätte wahrscheinlich auf einen Papyrusbogen der Größe DIN A4 gepasst. Sie beschäftigen sich beide mit dem Thema Gastfreundschaft und wurden wahrscheinlich zur selben Zeit geschrieben.

Gastfreundschaft war in der Urgemeinde besonders wichtig, da Christen in der Regel sonst nirgends willkommen waren. Da es keine Kirchen oder Gemeindegebäude gab, traf man sich in den Häusern. Zudem dienten viele Herbergen gleichzeitig als Bordelle, weshalb sie sich für reisende Prediger nicht eigneten.

Die meisten von ihnen waren von der finanziellen Unterstützung ihrer Glaubensgeschwister abhängig.

Generell braucht die Gemeinde sowohl Wanderprediger als auch ortsgebundene Dienste. Manche Gemeinden sind in ihren eigenen Aktivitäten wie gefangen und beachten andere Prediger überhaupt nicht. Andere nutzen ständig reisende Referenten, haben aber vor Ort nicht genügend eigene Verkündiger. Zur Zeit des Neuen Testaments gab es jedoch beides: ortsgebundene Diener Gottes, d.h. Pastoren und Lehrer, und Männer im Reisedienst, nämlich Apostel, Propheten und Evangelisten. Eine der ersten christlichen Schriften, die Didache, warnt vor Propheten, die länger als drei Tage bleiben. Bei solchen Männern handle es sich um falsche Propheten. Wenn sie längere Zeit an einem Ort bleiben, werden Propheten zu intensiv. Ein ortsgebundener Prophet verursacht in der Regel Probleme, weil er auf Dauer für dieselbe Gemeinde zu anstrengend ist!

Propheten und Evangelisten müssen reisen, während Pastoren und Lehrer vor Ort bleiben sollen. Vollzeitliche Mitarbeiter müssen sich entscheiden, ob sie lieber Gemeindepastor oder Reiseprediger sein wollen. Der Gemeinde gegenüber ist es unfair zu versuchen, beide Funktionen gleichzeitig auszufüllen. Ich habe schon viele Gemeinden gesehen, die an dieser Doppelfunktion kaputtgegangen sind, weil man nie wusste, ob man mit dem Pastor rechnen konnte oder nicht.

Johannes schreibt die beiden Briefe, weil seiner Meinung nach etwas mit der Gastfreundschaft nicht stimmt. Jede Epistel dreht sich um die geschlechterspezifischen Schwächen: Die Frau hatte die Türe zu weit aufgerissen, während der Mann sie fest verschlossen hielt. Beide repräsentieren typisches Verhalten, aus dem wir lernen sollten.

Bei der Frau bestand die Gefahr, dass sie zu viel Liebe zeigte und gleichzeitig über zu wenig Erkenntnis der

Wahrheit verfügte. Sie nahm Menschen bei sich auf, die sie besser nicht beherbergt hätte. In ihrer Gastfreundschaft war sie zu weichherzig und bereit jeden aufzunehmen, der bleiben wollte. Ohne es zu merken wurde sie dazu benutzt, Irrlehren in der Gemeinde zu verbreiten. Johannes musste sie sanft ermahnen, dass sie dadurch die Wahrheit missachtete.

Viele Irrlehren innerhalb der Gemeinde wurden durch Frauen verbreitet. Das Herz einer Frau öffnet sich für den Lehrer, doch sie muss sich auch Zeit nehmen, seine Lehrinhalte zu prüfen. Paulus' zweiter Brief an Timotheus zeigt uns, dass Irrlehrer besonders erfolgreich darin waren, Witwen und willensschwache Frauen zu verführen. Paulus musste Timotheus eindringlich bitten, sie davor zu beschützen, irregeleitet zu werden. Unter anderem deshalb schreibt Paulus an Timotheus, dass Frauen nicht lehren sollten. Er weist darauf hin, dass Eva getäuscht wurde. Wir müssen allerdings hinzufügen, dass sie im Beisein Adams an der Nase herumgeführt wurde, während er einfach seinen Mund hielt.

Der 3. Johannesbrief dreht sich um das andere Extrem. Johannes schreibt über einen Mann, der zu sehr auf seinen eigenen Dienst bedacht ist und keinen anderen Lehrer willkommen heißt. So verwehrt er guten Lehrern, die eine wirkliche Hilfe für die Gemeinschaft sein könnten, den Zugang. Er läuft Gefahr, dermaßen auf die Wahrheit fixiert zu sein, dass er dabei die Liebe vergisst. Seiner Ansicht nach hat nur er allein in Glaubensfragen die Wahrheit für sich gepachtet. Daher hält er seine Gemeindetüren verschlossen. Er ist zu hartherzig.

Die beiden Briefe unterstreichen die Bedeutung der Zusammenarbeit von Mann und Frau. Gott hat uns füreinander geschaffen, was jedoch nicht heißt, dass wir diese Partnerschaft nur in der Ehe finden könnten. Jesus ist das Paradebeispiel eines unverheirateten Mannes, der vorbildliche Beziehungen zu Frauen pflegte. Er schätzte sie, er diente ihnen und er erlaubte ihnen, ihm zu dienen. Gleichzeitig unterschied er ganz deutlich zwischen den Rollen und Verantwortungsbereichen von Männern und Frauen. Beide sind gleichermaßen als Ebenbild Gottes geschaffen. Sie sind einander in ihrer Würde, ihrer Verdorbenheit und ihrem Schicksal ebenbürtig. So, wie sich Liebe und Wahrheit in der Frau vereinen müssen, benötigt auch der Mann Wahrheit und Liebe.

Eine Analyse des 2. und 3. Johannesbriefes

2. Johannesbrief

1–3	Liebe in Wahrheit
4	Der Wahrheit folgen
5–6	Der Liebe folgen
7–19	Manche lehnen die Wahrheit ab
10–11	Bitte sie nicht herein
12–13	Unsere Freude

3. Johannesbrief

1	Liebe in Wahrheit
2–4	Der Wahrheit folgen
5–8	Der Liebe folgen
9–10	Manche lehnen die Liebe ab
11–12	Ahme sie nicht nach
13–15	Dein Friede

Diese Briefe wurden ganz offensichtlich zur selben Zeit geschrieben und folgen genau dem gleichen Muster. Der „zweite" Brief ist an Kyria adressiert, was „Herrin" bedeutet. Allerdings wissen wir nicht, ob es sich um den Titel einer damals bekannten Dame handelt. Die „Kinder", auf die Bezug genommen wird, könnten die geistlichen Kinder sein, die sich bei ihr trafen. Die Analyse zeigt, dass beide Briefe derselben Struktur folgen, während der inhaltliche Schwerpunkt für den Mann und die Frau vollkommen unterschiedlich ausfällt.

Der „dritte" Brief ist an Gajus adressiert, enthält jedoch eine Warnung vor einem Mann namens Diotrephes. Seine Schilderung fällt negativ aus. In seiner Haltung war er zu streng. Er redete zu viel, war herrschsüchtig, eigensinnig und machthungrig. Er wachte eifersüchtig über seine kleine Gemeinde, die er vor anderen geistlichen Lehrern abschirmte, damit sie ihm seine Gemeindeglieder nicht abspenstig machten. Er weigerte sich, dem Apostel Johannes einen Besuch zu gestatten und zerriss sogar einen Brief, den dieser geschrieben hatte.

Dieser Mann schloss jeden aus, der nicht auf seiner Seite stand. Er reagierte bösartig auf Menschen, die nicht mit ihm übereinstimmten – selbst auf die Apostel.

Es gibt keinen Hinweis darauf, dass er falsche Glaubensinhalte verbreitet hätte, doch zweifellos unterdrückte er die Lehrbegabung, die andere in seine Gemeinde einbringen wollten.

Daher musste Johannes Gaius dazu auffordern, Demetrius aufzunehmen – einen angesehenen Lehrer, den man nicht hätte abweisen dürfen. Wir wissen nicht, ob Demetrius ein ortsansässiger oder ein reisender Prediger war. Er könnte sogar als Postbote fungiert haben, der die Briefe mit in die Gemeinde nahm. Sicher ist nur, dass er ihnen bekannt war.

Der betagte Apostel
Es gibt zwei Erzählungen über den betagten Johannes, die uns aus der Kirchengeschichte überliefert sind. Sie

verdeutlichen seine Ausgewogenheit beim Thema Liebe und Wahrheit. Er trat stets für die Wahrheit ein und weigerte sich, Kompromisse einzugehen, besonders, wenn es um die Person Christi ging. Gleichzeitig war er der liebenswerteste alte Mann, den man sich vorstellen kann.

Ein früher Kirchenhistoriker, Jerome, erzählt eine Geschichte über Johannes aus dem Jahr 90 n. Chr. Damals war Johannes schon sehr alt und wurde jede Woche auf einem sänftenartigen Stuhl in die Gemeinde getragen. Häufig baten ihn die Gemeindeglieder zu ihnen zu sprechen. So saß er vorne auf seinem Stuhl und sagte nur: „Kinder, liebt einander!"

Am nächsten Sonntag brachten sie ihn wieder in die Gemeinde und fragten, ob er ein Wort für sie hätte. „Ja", sagte er, „ich habe heute ein Wort für euch." Sie trugen den Stuhl nach vorne und er sagte: „Kinder, liebt einander!"

Am folgenden Sonntag geschah genau das gleiche. Man fing an ihn für senil zu halten. Merkte er denn nicht, dass er sich ständig wiederholte? Schließlich fragten sie den alten Mann: „Meister, warum sagst du immer ‚Kinder, liebt einander!?'" Er erwiderte: „Weil es das Gebot des Herrn ist. Wenn nur das getan wird, dann ist es genug."

Eine weitere Geschichte zeigt, dass Johannes' Eintreten für die Wahrheit nicht weniger ausgeprägt war. Er besuchte regelmäßig die römischen Bäder. Einmal wurde er ins Wasser hinuntergelassen, als er auf der anderen Seite des Beckens einen Mann namens Kerinthus erblickte. Er war der führende Irrlehrer, der durch die Gemeinden zog. Johannes sagte: „Lasst uns eilen! Lasst uns eilen! Damit nicht das Badehaus einstürzt, weil Kerinthus darinnen ist, der Feind der Wahrheit!" So mussten sie ihn wieder aus dem Wasser herausheben und ungewaschen nach Hause bringen. Johannes war einer der liebenswertesten Menschen, doch nichts ging ihm über die Wahrheit.

Als Jesus ihm begegnete, war er einer der reizbarsten Männer, die es in der Gegend gab. Jesus nannte Johannes und seinen Bruder Jakobus „Boanerges", was „Donnersöhne" bedeutet – kein besonders schmeichelhafter Spitzname! Johannes' Reaktion auf die Samariter war nicht untypisch. Als die Samariter sie anspuckten, während sie durch ihre Gegend reisten, erklärte er: „Ich werde Feuer von Himmel rufen, wenn du es mir erlaubst, Jesus, und wir werden sie alle verbrennen!"

Später wurden Johannes und Jakobus von ihrer Mutter überredet, eine höhere Stellung als die anderen Apostel zu erbitten, wenn Jesus seine Königsherrschaft antreten würde.

Manche glauben, dass er mit fortschreitendem Alter milder wurde, doch nicht jeder wird im Alter weicher! Johannes war vielmehr der Mann, den Jesus liebte – und allmählich wurde sein Charakter dem seines Herrn immer ähnlicher.

Diese Briefe zeigen keine der unerfreulichen Eigenschaften aus seiner früheren Lebensphase. Wir erkennen einen Mann, der voller Liebe und Wahrheit ist und sich danach sehnt, dass andere sich ebenso entwickeln. Jesus hat ihn verändert. Nun ist es sein sehnlichster Wunsch, dass seine Leser durch seine Briefe den Retter gleichermaßen kennen und schätzen lernen wie er selbst.

58.
DIE OFFENBARUNG

Meinungsverschiedenheiten

Die Meinungen über das Buch der Offenbarung gehen weit auseinander. In der Gesamtbetrachtung erscheint es fast unmöglich, dass sie sich alle auf dasselbe Buch beziehen.

Menschliche Meinung
Die menschlichen Ansichten zu diesem Buch sind sehr unterschiedlich. Die negative Reaktion von Nichtchristen ist nachvollziehbar, weil das Buch nicht für sie geschrieben wurde. Als Einführung in die christlichen Schriften ist es denkbar ungeeignet. Die Welt nimmt an, dass es „im besten Fall das Resultat von Verdauungsstörungen und im schlimmsten Fall das Werk eines Wahnsinnigen" sei, um einen typischen Kommentar zu zitieren.

Doch selbst unter Christen gibt es unterschiedliche Haltungen: Sie reichen von der Angst, sich überhaupt mit dem Buch zu beschäftigen bis hin zum Fanatismus desjenigen, der das Buch nicht mehr weglegen kann! Bibelwissenschaftler haben viele negative Kommentare abgegeben, wie beispielsweise: „So viele Rätsel wie das Buch Wörter enthält"; „eine willkürliche Anhäufung seltsamer Symbole" oder „entweder ist man schon wahnsinnig, wenn man zu diesem Buch greift oder man wird es nach seiner Lektüre".

Überraschenderweise hatten die meisten der protestantischen Reformatoren (besonders die maßgebenden, die sich der weltlichen Behörden bedienten, um ihre Ziele zu erreichen) eine sehr geringe Meinung von der Offenbarung.

Luther: „Weder ... apostolisch, noch ... prophetisch ... auch wohl viele edle Bücher vorhanden sind, die zu halten sind ... mein Geist kann sich in das Buch nicht schicken ... endlich meine davon jedermann, was ihm sein Geist gibt ..."

Calvin: Hat es bei seinem Kommentar zum Neuen Testament ausgelassen.

Zwingli: Erklärte, die darin enthaltenen Aussagen könnten abgelehnt werden, weil „es kein Buch der Bibel ist."

Viele Denominationen, die aus der Reformation hervorgegangen sind, hat diese Abwertung beeinflusst.

Wir wissen, dass es in der Urgemeinde Diskussionen darüber gab, ob es zum biblischen „Kanon" (Liste der kirchlich für verbindlich erklärten Schriften) dazugehören sollte. Doch bis zum fünften Jahrhundert hatte sich das Thema erledigt und die Offenbarung war aus Überzeugung überall in die heiligen Schriften eingefügt worden.

Einige Kommentatoren sind in ihrer Beurteilung äußerst positiv: „Das einzige Meisterwerk purer Kunst im Neuen Testament", „unbeschreiblich schön". Selbst William Barclay, der diese verschiedenen Kommentare zusammenstellte und selbst eher einem „liberalen" Bibelverständnis anhing, erklärte seinen Lesern: „Es war unendlich lohnenswert, mit ihm zu ringen, bis das Buch seine Segnungen preisgab und seine Reichtümer offenbarte."

Satanische Meinung
Die satanische Beurteilung ist durchweg negativ. Der Teufel hasst die ersten Seiten der Bibel (die zeigen, wie er die Kontrolle über unseren Planeten erlangt hat) und die letzten (die berichten, wie er diese Herrschaft wieder verlieren wird). Wenn er Menschen davon überzeugen kann, dass

das Buch Genesis aus unglaubwürdigen Mythen und das Buch der Offenbarung aus unergründlichen Geheimnissen besteht, dann ist er hoch zufrieden.

Der Autor hat bemerkenswerte Beweise für Satans besonderen Hass auf Offenbarung 20. Viele Kassettenaufnahmen einer Auslegung dieses Kapitels wurden auf dem Versandweg beschädigt, und zwar nach der Aufgabe und vor dem Empfang des jeweiligen Päckchens. In manchen Fällen wurde der Teil, der sich mit dem Schicksal des Teufels befasst, gelöscht, bevor die Kassette ihr Ziel erreichte. In anderen Fällen überlagerte eine schreiende Stimme in fremder Sprache die Aufnahme, so dass die ursprünglichen Worte unverständlich wurden.

Das Buch stellt ihn bloß. Er kann nur als Fürst und Regent über diese Welt herrschen, weil Gott es ihm erlaubt hat. Doch diese Erlaubnis ist zeitlich beschränkt.

Göttliche Meinung

Die göttliche Beurteilung ist ausnahmslos positiv. Als einziges Buch der Bibel hat der Allmächtige es unmittelbar mit göttlichen Sanktionen, d.h. Belohnungen und Strafen, verknüpft. Einerseits wird besonders gesegnet, wer es laut liest, sowohl für sich selbst, als auch für andere (1,3) – dasselbe gilt auch für den Menschen, der seine Worte bewahrt, indem er über sie nachdenkt und sie anwendet (22,7). Andererseits trifft diejenigen ein besonderer Fluch, die seinen Text verfälschen. Wer etwas hinzufügt oder einfügt, wird die im Buch beschriebenen Plagen persönlich erleiden. Jeder, der etwas weglässt oder löscht, verliert seinen Anteil am ewigen Leben im Neuen Jerusalem.

Diese Segnungen und Flüche vermitteln uns, wie ernst es Gott mit den Fakten und Glaubenswahrheiten ist, die durch dieses Buch offenbart werden. Er hätte ihren Stellenwert kaum deutlicher betonen können.

Nachdem wir die verschiedenen Meinungen zur Offenbarung betrachtet haben, wenden wir uns nun dem Buch selbst zu.

Zunächst wollen wir seine Position in der Bibel betrachten. Genau wie das Buch Genesis nirgendwo anders stehen könnte als am Anfang, so ist der einzig angemessene Platz für die Offenbarung der Schluss. Sie vervollständigt die biblische „Geschichte" auf vielerlei Weise.

Wenn man die Bibel schlicht und einfach als die Geschichte unserer Welt ansieht, so ist die Offenbarung notwendig, um sie zum Abschluss zu bringen. Natürlich unterscheidet sich die biblische Geschichtsschreibung von allen anderen historischen Publikationen. Sie beginnt viel früher, noch bevor es irgendwelche Beobachter gab, um die Ereignisse aufzuzeichnen. Und sie endet später, indem sie Ereignisse vorhersagt, die man jetzt noch nicht beobachten und aufzeichnen kann.

Das wirft natürlich die Frage auf, ob wir es hier mit einem Werk menschlicher Vorstellungskraft oder göttlicher Inspiration zu tun haben. Die Antwort hängt vom Glauben ab. Man muss eine simple Entscheidung treffen: glauben oder nicht glauben. Auch wenn der Glaube über unseren Verstand hinausgeht, steht er nicht im Widerspruch dazu. Die biblischen Berichte über die Entstehung und die Bestimmung unseres Universums erweisen sich als die bestmögliche Erklärung für seinen gegenwärtigen Zustand. Das Wissen darum, wie alles enden wird, hat großen Einfluss darauf, wie wir unser Leben heute gestalten.

Doch statt an der Umwelt ist die Bibel viel mehr an der Menschheit interessiert, und zwar besonders an Gottes auserwähltem Volk. Mit ihm verbindet Gott eine „Bundesbeziehung", die der Ehe ähnelt. Unter diesem Blickwinkel betrachtet ist die Bibel eine Liebesgeschichte: Ein himmlischer Vater sucht eine irdische Braut für seinen

Sohn. Wie es sich für jede gute Liebesgeschichte gehört, „heiraten sie und leben glücklich und zufrieden bis an ihr Lebensende". Dieser Höhepunkt wird allerdings erst im Buch der Offenbarung erreicht. Ohne dieses Buch würden wir nie erfahren, ob aus der Verlobung jemals etwas geworden ist oder ob sie wieder gelöst wurde!

Tatsächlich ist es ziemlich schwer, sich eine Bibel ohne das Buch der Offenbarung vorzustellen – selbst wenn wir es nur selten lesen. Nehmen wir einmal an, das Neue Testament würde mit dem kurzen Judasbrief enden. Der richtete sich an eine Gemeinde der zweiten Generation, die in ihrem Glaubensbekenntnis, ihrem Verhalten, ihrem Charakter und ihrer Sprache verdorben wurde. Wird alles tatsächlich einmal so enden? Deprimierender und enttäuschender kann man es sich kaum ausmalen!

Die meisten Christen sind also froh, dass das Buch der Offenbarung existiert, selbst wenn sie mit seinem Inhalt nicht sehr vertraut sind. Normalerweise kommen sie mit den ersten und letzten Kapiteln einigermaßen zurecht, fühlen sich mit dem Mittelteil jedoch überfordert (Kapitel 6–18).

Das liegt hauptsächlich daran, dass dieser Teil so vollkommen anders ist als die anderen Passagen. Er ist schwierig, weil er uns so wenig vertraut ist. Was jedoch macht ihn so andersartig?

DAS WESEN DER APOKALYPTISCHEN SCHRIFTEN

Die Offenbarung unterscheidet sich nicht nur inhaltlich von den anderen Büchern des Neuen Testaments. Auch ihre Entstehung ist einzigartig.

Alle anderen Bücher wurden von ihren Autoren geplant. Sie trafen die Entscheidung, zu Papyrus und Feder zu greifen, entweder persönlich oder durch einen „Amanuensis" (einen Schreibgehilfen bzw. Sekretär, siehe Römer 16,22). Jeder Verfasser überlegte, was er sagen wollte, bevor er es niederschrieb. Das Endergebnis ließ immer sein Temperament, seinen Charakter, seine Denkweise und seine Erfahrungen erkennen, obwohl es vom Heiligen Geist „inspiriert" wurde, der dem Autor bestimmte Gedanken eingab und bestimmte Gefühle vermittelte.

Die Gelehrten haben viele Unterschiede zwischen der Offenbarung und den anderen Schriften des Apostels Johannes (sein gleichnamiges Evangelium und seine drei Briefe) entdeckt. Da der Stil, die Grammatik und das Vokabular so ungewöhnlich für ihn sind, kamen sie zu dem Schluss, dass ein anderer „Johannes" dieses Buch geschrieben haben müsste. Sie fanden sogar einen recht vagen Hinweis auf einen geheimnisvollen Ältesten dieses Namens in Ephesus, der ihnen geeignet erschien. Doch der Mann, der die Offenbarung verfasst hat, stellt sich selbst einfach als „Ich, Johannes" (1,9) vor. Das deutet darauf hin, dass viele ihn sehr gut kannten.

Sehen wir einmal von den offensichtlichen thematischen Unterschieden ab, gibt es eine einfache Erklärung für diesen Gegensatz. Johannes hatte niemals vor, die Offenbarung zu schreiben. Er dachte nicht einmal im Traum daran. Er empfing sie völlig unerwartet, als „Offenbarung" in verbaler und visueller Form. Als er diese erstaunliche Abfolge von Stimmen und Visionen „hörte" und „sah", wurde er immer wieder aufgefordert, alles „aufzuschreiben" (1,11+19; 2,1+8+12+18; 3,1; 7,14; 14,13; 19,9; 21,5). Die Wiederholung dieser Anweisung lässt darauf schließen, dass er von dem, was mit ihm geschah, so ergriffen war, dass er von Zeit zu Zeit vergaß, sich Notizen zu machen.

Dieser Umstand erklärt das „qualitativ minderwertige Griechisch", verglichen mit der sonst für ihn typischen sprachlichen Leichtigkeit. Johannes schrieb in aller Eile und war dabei sehr abgelenkt. Stellen wir uns einmal vor, wir würden uns einen Film anschauen und dabei aufgefordert, alles mitzuschreiben, während der Film läuft. Studenten würden Gemeinsamkeiten mit ihren lückenhaften Vorlesungsnotizen erkennen. Warum aber hat Johannes seine gekritzelte Kurzfassung hinterher nicht nochmals überarbeitet, damit seine endgültige Version formvollendeter wäre? Diesen Plan hat er sicherlich sehr schnell wieder aufgegeben, da die letzten Worte, die ihm diktiert wurden, einen Fluch enthielten – er würde jeden treffen, der seine Niederschrift verfälschte.

Das alles bedeutet, dass Johannes nicht der Autor der Offenbarung war. Er war nur der „Amanuensis" (Schreibgehilfe), der alles festhielt. Wer aber war nun der „Autor"? Die Botschaft wurde ihm oft von Engeln überbracht. Doch ihm wurde auch übermittelt, was der Geist den Gemeinden sagte; und es war die Offenbarung Jesu Christi, die Jesus von Gott selbst empfing. Es gab daher eine komplexe Kommunikationskette: Gott, Jesus, der Geist, Engel, Johannes. Mehr als einmal war der arme Johannes verwirrt darüber, wem er nun die Ehre für das geben sollte, was er erlebte (19,10; 22,8+9). In diesem Buch werden nur die ersten beiden Glieder der Kette (Gott und Jesus) angebetet.

Kein anderes Buch im Neuen Testament verdient den Namen „Offenbarung". Das griechische Wort, das im ersten Satz so übersetzt wird, heißt *apokalypsis*. Von ihm werden das Substantiv „Apokalypse" und das Adjektiv „apokalyptisch" abgeleitet. Diese Begriffe werden heutzutage häufig für andere Bücher mit ähnlichem Stil und Inhalt verwendet. Die Wortwurzel bedeutet „Enthüllung" oder „Entschleierung".

Ein Vorhang wird zurückgezogen, um zu zeigen, was vorher verborgen war (wie bei der Enthüllung eines Bildes oder einer Gedenktafel).

Im biblischen Kontext geht es um die Enthüllung dessen, was für den Menschen nicht sichtbar ist, was Gott jedoch sehr wohl weiß. Es gibt Dinge, die der Mensch nicht wissen kann, es sei denn, Gott beschließt, sie ihm zu offenbaren. Das gilt insbesondere für Geschehnisse im Himmel und in der Zukunft. Die menschliche Aufzeichnung und Deutung von Ereignissen sind ausnahmslos durch Raum und Zeit begrenzt. Im besten Fall können sie nur einen unvollständigen Bericht des geschichtlichen Ablaufs liefern.

Wenn Gott Geschichte schreibt, dann gibt er uns das Gesamtbild, nicht zuletzt, weil er die Ereignisse sowohl geschehen lässt als auch beobachtet. Er „verkündigt von Anfang an das Ende, und von der Vorzeit her, was noch nicht geschehen ist" (Jesaja 46,10; SLT). Vergangenheit, Gegenwart und Zukunft sind in ihm miteinander verbunden.

Verbunden sind auch Himmel und Erde. Es gibt einen Zusammenhang zwischen dem, was dort oben passiert und dem, was hier unten stattfindet. Eine der verwirrenden Eigenschaften der Offenbarung ist der ständige Szenenwechsel von der Erde in den Himmel und wieder zurück. Das liegt an der Verbindung zwischen den Ereignissen dort oben und hier unten (so führt beispielsweise Krieg im Himmel zum Krieg auf der Erde; Offenbarung 12,7; 13,7).

„Apokalyptisch" ist Geschichte, die aus Gottes Perspektive geschrieben wird. Sie gibt uns ein vollständiges Bild und erweitert unser Verständnis der Weltereignisse dadurch, dass wir sie im Lichte dessen sehen, was über unsere begrenzte Wahrnehmung hinausgeht. Dadurch erhalten wir sowohl Einblick als auch Ausblick und ein erweitertes Verständnis dessen, was um uns herum geschieht – weit über das hinaus, was uns ein normaler Historiker vermitteln kann.

Muster und Absichten nehmen Gestalt an, für die ein

menschlicher Geschichtsforscher blind ist. Geschichte ist nicht nur eine willkürliche Anhäufung von Ereignissen. Der Zufall weicht der göttlichen Vorsehung. Geschichte ist zielgerichtet.

Die Zeit hat ewige Bedeutung. Zeit und Ewigkeit sind miteinander verbunden. Gott steht nicht außerhalb der Zeit, wie die griechische Philosophie glaubt. Er ist innerhalb der Zeit, oder besser: Die Zeit ist in ihm, er umfasst sie. Er ist der Gott, der war, der ist und der kommen wird. Sogar Gott selbst kann die Vergangenheit nicht ändern, nachdem sie geschehen ist! Der Tod und die Auferstehung Jesu können niemals verändert oder rückgängig gemacht werden.

Gott führt seine Pläne und Absichten innerhalb der Zeit aus (der Klassiker zu diesem Thema ist *„Christus und die Zeit"* von Oscar Cullmann, Evangelischer Verlag 1946). Er ist der Herr der Geschichte. Sie folgt seinem Muster, das wir nur erkennen können, wenn er selbst die fehlenden Puzzleteile offenbart. Dinge, die der menschlichen Beobachtung zunächst verborgen sind und dann von Gott offenbart werden, nennt das Neue Testament „Geheimnisse".

Die Lenkung von Ereignissen der Vergangenheit und der Gegenwart wird im Licht der Zukunft deutlich. Der Verlauf der Geschichte kann nicht kurzfristig erkannt werden, sondern nur langfristig. Denn Zeit ist für Gott sowohl relativ als auch real. „Tausend Jahre sind für dich wie ein einziger Tag" (Psalm 90,4; HFA; zitiert in 2. Petrus 3,8). Seine erstaunliche Geduld mit uns lässt ihn in unseren Augen manchmal „langsam" bzw. „zögerlich" erscheinen (siehe 2. Petrus 3,9).

Die Bibel vertritt eine „Geschichtsphilosophie", die sich sehr von den historischen Modellen unterscheidet, die sich der menschliche Verstand ohne göttliche Hilfe zurechtgelegt hat. Wenn wir diese biblische Sicht mit den vier gängigen Vorstellungen vergleichen, wird der Gegensatz deutlich.

SCHLÜSSEL ZUM NEUEN TESTAMENT

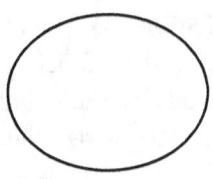

1. *Zyklisch:* „Die Geschichte wiederholt sich." Sie bewegt sich schlicht und einfach in endlosen Kreisen oder Zyklen. Manchmal wird die Welt besser, dann schlechter, dann besser, dann wieder schlechter … und so weiter. Das entspricht der griechischen Vorstellung.

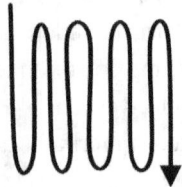

2. *Rhythmisch:* eine Variante der zyklischen Vorstellung. Die Welt schwankt zwischen besser und schlechter hin und her, wiederholt sich aber nie in genau gleicher Weise. Sie entwickelt sich immer weiter. Ob sie allerdings in einem „Auf" oder „Ab" endet, weiß niemand!

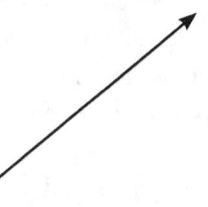

3. *Optimistisch:* Die Welt wird immer besser. Wie ein britischer Premierminister zu Beginn des 20. Jahrhunderts einmal sagte: „Höher und höher und höher und weiter und weiter und weiter." Das Schlagwort der damaligen Zeit war „Fortschritt". Die Geschichte war eine aufwärts fahrende Rolltreppe.

4. *Pessimistisch:* Das Wort in aller Munde am Ende des 20. Jahrhunderts war „Überleben". Die Experten unter den Schwarzsehern glauben, dass wir uns auf einer abwärts fahren Rolltreppe befinden. Sie kann vielleicht verlangsamt, aber nicht angehalten werden. Die Welt wird immer schlimmer, bis das Leben schließlich unmöglich wird (aktuelle Vorhersagen gehen zurzeit vom Jahr 2040 aus!).

Das biblische Muster unterscheidet sich sehr stark von diesen Modellen. Es verbindet sowohl den Pessimismus als auch den Optimismus zu einem Realismus, der auf all diesen Fakten basiert.

5. *Apokalyptisch:* Die Welt wird zunehmend schlechter, und dann plötzlich besser als je zuvor – und so wird sie bleiben.

Diese letztgenannte Weltsicht wird von Juden, Christen und Kommunisten geteilt. Sie alle beziehen sie aus der derselben Quelle, nämlich von den hebräischen Propheten (Karl Marx hatte eine jüdische Mutter und einen protestantischen Vater). Der grundlegende Unterschied liegt in der Überzeugung, wer oder was diesen extremen Richtungswechsel herbeiführen wird. Die Kommunisten glauben, dass er durch menschliche Revolution geschehen wird. Die Juden gehen von göttlichem Eingreifen aus, während die Christen überzeugt sind, dass die Wiederkunft des Gott-Menschen Jesus auf diese Erde den Wandel bringen wird.

Wer das Buch der Offenbarung gelesen hat, wird nun erkennen, dass sein Aufbau genau diesem Geschichtsverständnis entspricht. Nachdem es sich in seinen ersten Kapiteln mit der Gegenwart beschäftigt hat, konzentriert es sich (in den Kapiteln 6–18) auf den künftigen Verlauf der Geschichte, der immer schlimmer wird. Dann wendet er sich plötzlich zum Besseren (Kapitel 20–22). Diese Veränderung findet zeitgleich mit der Wiederkunft Christi (Kapitel 19) statt.

Es gibt zwei weitere Eigenschaften der „apokalyptischen" Geschichte, die wir erörtern müssen, bevor wir fortfahren können.

Erstens hat diese Geschichte grundsätzlich eine *moralisch-ethische* Prägung. Da sie von Gott beherrscht wird und er vollkommen gut und allmächtig ist, würden wir erwarten, seine Gerechtigkeit in ihrem Verlauf zu erkennen, und zwar dadurch, dass er Gutes fördert und Böses bestraft.

Das scheint jedoch nicht der Fall zu sein, weder auf der internationalen Ebene noch auf der persönlichen. Das Leben kommt uns furchtbar ungerecht vor. Die Geschichte erweckt den Anschein, moralisch indifferent zu sein. Die Gerechten leiden und die Gottlosen gedeihen. Folgender Aufschrei ist ständig zu hören: „Warum lässt ein guter Gott so etwas zu?" Die Bibel ist ehrlich genug, um die Fassungslosigkeit von Menschen wie Hiob, David (Psalm 73,1–4) und sogar von Jesus selbst (Psalm 22,1, zitiert in Markus 15,34) zu dokumentieren, genauso wie die Bestürzung der Christen, die für ihn zu Märtyrern wurden (Offenbarung 6,10).

Diese Zweifel resultieren aus einer kurzfristigen Perspektive, die sich hauptsächlich auf die Gegenwart und teilweise auf die Vergangenheit konzentriert. Eine Langzeitperspektive nimmt jedoch auch die Zukunft und den endgültigen Ausgang in den Blick. Das kann zu einem völlig veränderten Verständnis führen (siehe Hiob 42; Psalm 73,15–28; Hebräer 12,2; Offenbarung 20,4; Paulus fasst es in Römer 8,18 zusammen).

Alle „apokalyptischen" Teile der Bibel unterstützen diese langfristige Sicht. Das beweist, dass die Geschichte die Moral hochhält (Daniel 7–12 hat mit der Offenbarung vieles gemeinsam und ist ein hervorragendes Beispiel). Wir leben eben doch in einem moralischen Universum und der gute Gott sitzt immer noch auf dem Thron. Er wird alles zu einem guten Ende führen, indem er die Gottlosen bestraft und die Gerechten belohnt. Er wird die Welt wieder in Ordnung bringen und sie denen übergeben, die bereit waren, sich selbst zurechtbringen zu lassen. Ganz zum Schluss wird es ein „Happy End" geben.

Die „apokalyptische" Literatur, einschließlich der Offenbarung, beschäftigt sich daher mit Themen wie Belohnung, Vergeltung und Wiederherstellung. Vor allem aber malt sie uns Gott vor Augen, der auf seinem Thron sitzt und regiert, wobei er die vollkommene Kontrolle über das Weltgeschehen ausübt. Diese bildhaften Beschreibungen führen uns zu einem weiteren Aspekt der apokalyptischen Geschichte.

Die zweite Eigenschaft ist nämlich die oftmals *symbolhafte* Darstellung. An ihr führt kein Weg vorbei, da Unbekanntes vermittelt wird. Jeder Lehrer weiß, dass er Unbekanntes mit Bekanntem verknüpfen muss, gewöhnlich durch einen Vergleich („Es ist so ähnlich wie ..."). In den meisten Gleichnissen zieht Jesus irdische Elemente oder Situationen heran, um das Reich Gottes verständlich darzustellen („Das Reich Gottes gleicht ...").

Sowohl Vorstellungskraft als auch Informationen sind notwendig, um Menschen etwas beizubringen. Wenn sie es sich im Kopf bildhaft vorstellen können, fällt es ihnen leichter, es auch zu begreifen. Bezeichnenderweise hört man dann oft folgende Aussage: „Jetzt sehe ich klarer."

Die Offenbarung ist von bildhafter Sprache durchsetzt. Durch die ständige Verwendung von „Symbolen" können wir uns etwas vorstellen, was sonst unverständlich wäre. Es kann nicht oft genug betont werden, dass diese bildhafte Sprache unser Verständnis fördern soll, statt es zu behindern. Zu viele haben den „hochgradig symbolischen" Charakter des Buches dazu benutzt, seine Lektionen zu ignorieren oder gar abzutun. Als wären die Symbole zu undurchsichtig, um uns eine klare Botschaft zu vermitteln. Diese Annahme entspricht jedoch nicht der Wahrheit, was deutlich wird, wenn wir die Symbole in vier Kategorien einteilen.

Manche sind in ihrer Bedeutung *offensichtlich*. Der „Drache" oder die „Schlange" ist der Teufel. Der „Feuersee" ist die Hölle. Der „große weiße Thron" ist der Richterstuhl des Herrn.

Andere werden in ihrem Kontext *erklärt*. Die „Sterne" sind Engel. Die „Leuchter" sind Gemeinden. Die „Siegel", „Posaunen" und „Schalen" sind Katastrophen. Der „Weihrauch" repräsentiert aufsteigende Gebete. Die „zehn Hörner" sind Könige.

Zu manchen gibt es *Parallelen* in anderen biblischen Büchern. Im Alten Testament lassen sich der „Baum des Lebens", der „Regenbogen", der „Morgenstern", der „eiserne Stab" und die „Reiter" finden, genauso wie die tyrannischen Reiche, die als wilde „Bestien" dargestellt werden. Man kann sich sicher sein, dass diese Symbole ihre ursprüngliche Bedeutung beibehalten haben.

Manche sind *schleierhaft*, allerdings nur sehr wenige. Ein Beispiel ist der „weiße Stein", für den die Gelehrten eine erstaunliche Anzahl von Interpretationen auf Lager haben. Handelt es sich um eine Feststellung der Unschuld? Ein Zeichen der Zustimmung? Einen Verdienstorden? Wahrscheinlich werden wir es erst wissen, wenn wir selbst einen erhalten!

Zahlen werden ebenfalls als Symbole verwendet. Es gibt viele „Siebener" in der Offenbarung – Sterne, Leuchter, Lampen, Siegel, Posaunen, Schalen. Die Sieben ist die „runde" Zahl der Bibel, die vollständige, die perfekte Zahl. „Zwölf" steht in Verbindung mit dem alten Volk Gottes (seinen Stämmen) und dem neuen (seinen Aposteln); „vierundzwanzig" bringt beide zusammen. „Eintausend" ist die größte Zahl. „Zwölftausend" aus jedem Stamm Israels macht zusammen „hundertvierundvierzigtausend".

Die Zahl „666" erregt Aufmerksamkeit. Sie besteht aus drei Sechsen, also der Zahl, die stets auf die menschliche Unfähigkeit hindeutet, die Sieben der „absoluten Vollkommenheit" zu erreichen. Sie dient als Hinweis auf die

Identität des letzten Weltdiktators, bevor Jesus für tausend Jahre regieren wird (auf Lateinisch, ein *Millennium*). Ist es in diesem Zusammenhang von besonderer Bedeutung, dass „666" die Summe aller Römischen Zahlen (ohne M=1000) ist? (I=1 + V=5 + X=10 + L=50 + C=100 + D=500). Alle Versuche, aus dieser Zahl einen Namen abzuleiten, sind zum Scheitern verurteilt, bis diese Person tatsächlich erscheinen wird.

Es gibt also sehr vieles in der Offenbarung, was eindeutig ist. Daher können wir mit ein paar Unklarheiten leben – in dem Vertrauen, dass sie sich durch künftige Ereignisse klären werden, wenn wir die Informationen wirklich brauchen. In der Zwischenzeit können wir Gott dafür danken, dass er uns bereits so viel gezeigt hat.

Natürlich spricht Gott durch menschliche Stimmen, durch den Mund seiner „Propheten". Johannes erkannte, dass die Botschaft, die er überbrachte, nicht seine eigene war. Er nennt seine Schrift daher „die Weissagung" (1,3; 22,7+10+18+19). Insofern ist er sowohl ein Prophet, als auch ein Apostel. Die Offenbarung ist das einzige „prophetische" Buch im Neuen Testament.

Prophetie trifft sowohl Aussagen über die Gegenwart als auch über die Zukunft. Die Offenbarung tut beides, wobei der größere Teil aus Vorhersagen zukünftiger, noch nicht geschehener Ereignisse besteht.

Wann werden sie sich erfüllen? Sind sie bereits geschehen? Ereignen sie sich gerade jetzt? Oder müssen sie erst noch eintreffen? Wir werden nun die unterschiedlichen Antworten auf diese Fragen erörtern.

AUSLEGUNGSMODELLE

Fast ein Drittel der Verse im Buch der Offenbarung enthalten eine Vorhersage. Insgesamt werden rund 56 unterschiedliche Ereignisse vorausgesagt. Genau die Hälfte dieser Vorhersagen ist in unmissverständlicher Sprache abgefasst, während die andere Hälfte symbolisch in Form von Bildern dargestellt wird.

Die meisten Bilder kommen nach dem 4. Kapitel, das mit einem markanten Perspektivwechsel beginnt: von der Erde in den Himmel und von der Gegenwart in die Zukunft. („Komm hier herauf, und ich werde dir zeigen, was nach diesem geschehen muss!" Offenbarung 4,1; ELB)

Ganz offensichtlich bezieht sich diese Ankündigung auf Ereignisse, die für den ursprünglichen Verfasser und für die Leser im ersten Jahrhundert nach Christus Zukunftsmusik waren. Aber wie weit in die Zukunft erstreckte sich die Vorhersage? Sind die vorausgesagten Ereignisse für uns, die wir 1900 Jahre später leben, Vergangenheit, Gegenwart oder Zukunft? Richten wir unseren Blick rückwärts, vorwärts oder in unsere unmittelbare Umgebung, wenn wir nach ihrer Erfüllung Ausschau halten?

An diesem Punkt beginnen die Meinungsverschiedenheiten. Im Laufe der Jahre zwischen damals und heute sind vier Hauptmeinungen entstanden, die zu vier Auslegungsmodellen geführt haben. Die meisten Kommentare wurden jeweils nur auf Grundlage einer dieser Perspektiven verfasst. Es ist jedoch wichtig, sie alle zu untersuchen, bevor man davon ausgeht, dass eine von ihnen zutrifft. Einfach der ersten zu folgen, von der man hört oder die man liest, ist schlichtweg zu simpel und zu riskant.

Die vier Auslegungsmodelle sind mittlerweile so etabliert, dass man ihnen allgemein geläufige Namen gegeben hat: Präterismus, Historizismus (von dem es zwei Formen gibt), Futurismus und Idealismus. Lassen wir uns durch diese Fachbegriffen nicht abschrecken. Es ist nämlich wichtig, dass wir diese sehr unterschiedlichen Ansätze identifizieren und auseinanderhalten können, wenn sie uns begegnen.

1. Präterismus

Dieses Auslegungsmodell betrachtet die Voraussagen mit dem Niedergang und Zerfall des Römischen Reiches als erfüllt. Damals stand die Gemeinde unter dem Druck staatlicher Verfolgung. Die Offenbarung wurde für die Christen des ersten Jahrhunderts geschrieben, um sie auf die Geschehnisse des zweiten und dritten Jahrhunderts vorzubereiten. Die „große Stadt" Babylon, die auf „sieben Bergen" sitzt, wird als Rom identifiziert (Petrus scheint denselben Vergleich heranzuziehen; 1. Petrus 5,13).

Auch wenn damit der überwiegende Teil der Offenbarung für uns „Vergangenheit" ist, bedeutet das nicht, dass sie für uns keinen Wert mehr hätte. Wir können aus allen historischen Erzählungen der Bibel wichtige Lektionen lernen. Schließlich besteht die Bibel größtenteils aus Geschichtsschreibung. Die Betrachtung der Vergangenheit dient uns als Quelle von Inspiration und Wegweisung.

Die Stärke dieses Ansatzes besteht darin, dass sich jegliches Bibelstudium zunächst mit der ursprünglichen Ausgangssituation des Verfassers und seiner Leser befassen sollte. Was bedeutete es für sie damals? Das Herausarbeiten der Absicht des Verfassers und des Verständnisses seiner Leser in ihrer konkreten Situation sind wichtige Schritte, um den Text richtig auszulegen und anzuwenden.

Dieses Modell hat jedoch seine Schwächen. Zum einen erfüllten sich, wenn überhaupt, nur sehr wenige der spezifischen Vorhersagen während des Römischen Reiches. Wir können nur ein paar allgemeine Trends erkennen, jedoch keine wirkliche Übereinstimmung (einige haben sogar versucht, die Zahl „666" aus den Buchstaben der Worte „Kaiser Nero" abzuleiten, obwohl die Offenbarung wahrscheinlich zirka 30 Jahre nach seinem Tod geschrieben wurde!). Folgt man diesem Ansatz, so hätte ein großer Teil des Buches nach dem Fall Roms seine direkte Bedeutung verloren und enthielte kaum noch Relevantes für die spätere Gemeinde. Da fast alle Bibelwissenschaftler davon ausgehen, dass die letzten Kapitel das Ende der Welt betreffen, was für uns ja immer noch in der Zukunft liegt, tut sich eine riesige Kluft zwischen dem Anfang und dem Ende der Kirchengeschichte auf. Für die dazwischenliegenden Jahrhunderte gäbe es folglich keine direkte Wegweisung. Dieses Defizit gleicht das zweite Auslegungsmodell aus.

2. Historizismus

Dieser Ansatz geht davon aus, dass die Vorhersagen die gesamte „Kirchengeschichte" zwischen dem ersten und zweiten Kommen Christi betreffen würden. Es handle sich um eine verschlüsselte Geschichte des christlichen Zeitalters in symbolischer Form. Sie behandle die wichtigsten Phasen und Krisen des gesamten Zeitabschnittes. Daher liege die Erfüllung für uns sowohl in der Vergangenheit als auch in der Gegenwart und in der Zukunft. Wir befänden uns mittendrin. Aus dem, was bereits geschehen ist, könnten wir erkennen, was als nächstes kommen würde.

Es gibt einen Bibelwissenschaftler, der ein Verzeichnis von Querverweisen zwischen jedem Abschnitt der Offenbarung und den vielen Bänden des historischen Nachschlagewerks *„Cambridge Ancient and Modern History"* erstellt hat, das die Geschichte der Antike und der Moderne umfasst. Man geht davon aus, dass wir uns momentan irgendwo zwischen Kapitel 16 und 17 der Offenbarung befinden!

Diese Theorie hat die Offenbarung zumindest für jede Generation von Christen relevant werden lassen und das Interesse an diesem Buch geweckt. Ihre Nachteile überwiegen ihre Vorteile jedoch bei weitem.

Einer dieser Nachteile ist, dass viele Details zurechtgebogen werden müssen, um zu bekannten historischen Ereignissen zu passen, was unnatürlich erscheint. Das Hauptproblem besteht jedoch darin, dass es keine zwei Vertreter des Historizismus gibt, die sich bei der Zuordnung von Geschichte und Bibel einig wären! Wendeten sie tatsächlich die richtige Methode an, so müsste es mit Sicherheit ein höheres Maß an Übereinstimmung in ihren Schlussfolgerungen geben – und am Ende bleiben immer noch viele nicht erfüllte Vorhersagen übrig.

Bisher haben wir lediglich eine Art des Historizismus betrachtet. Wir werden sie *linear* nennen, weil sie davon ausgeht, dass sich die Ereignisse im Mittelteil der Offenbarung in einer geraden Linie vom ersten bis zum zweiten Kommen Christi fortbewegen.

Doch es gibt noch eine zweite Art des Historizismus, die wir als *zyklisch* bezeichnen werden. Sie geht davon aus, dass die Offenbarung die gesamte Kirchengeschichte mehr als einmal umfasst. Dabei kehrt sie immer wieder zum Anfang zurück und wiederholt die Ereignisse aus einem anderen Blickwinkel erneut. Ein beliebtes Buch (*„More than Conquerors"*, zu Deutsch „Mehr als Überwinder" von William Hendricksen, Baker, 1960) behauptet, sieben solcher Zyklen entdeckt zu haben. Jeder von ihnen deckt die gesamte Kirchengeschichte ab (in den Kapiteln 1–3; 4–7; 8–11; 12–14; 15–16; 17–19; 20–22)! Dieser Ansatz ermöglicht es dem Autor, das „Millennium" (das Tausendjährige Reich in Kapitel 20) vor der Wiederkunft Christi (Kapitel 19) einzuordnen und somit die postmillenaristische Sicht (die Wiederkunft Jesu nach dem Millennium) zu vertreten. Doch dieser sogenannte progressive Parallelismus scheint dem Text aufgezwungen zu werden, statt in ihm angelegt zu sein. Insbesondere für die radikale Trennung zwischen den Kapiteln 19 und 20 gibt es keinerlei Rechtfertigung.

Der Ansatz des Historizismus ist sowohl in seiner linearen als auch in seiner zyklischen Form der wohl unbefriedigendste und am wenigsten überzeugende.

3. Futurismus

Dieses Auslegungsmodell nimmt an, dass sich der Hauptteil der Voraussagen auf die letzten paar Jahre vor dem zweiten Kommen bezieht. Daher liegen sie für uns heute immer noch in der Zukunft, was auch den Namen dieses Modells erklärt. Es betrifft den Höhepunkt der Herrschaft des Bösen in der Welt, die „große Trübsal" für das Volk Gottes (Offenbarung 7,14, auf die auch Jesus in Matthäus 24,12–22 Bezug nimmt).

Alle diese Ereignisse werden in einem ziemlich kurzen Zeitraum komprimiert, genau genommen dreieinhalb Jahre (ausdrücklich als „eine Zeit, zwei Zeiten und eine halbe Zeit" oder „42 Monate" oder „1260 Tage" bezeichnet; Offenbarung 11,2–3; 12,6+14; wobei Daniel 12,7 zitiert wird).

Da die Ereignisse immer noch zukünftig sind, neigt man dazu, die Begebenheiten wörtlicher zu nehmen, nämlich als eine genaue Beschreibung dessen, was geschehen wird. Es gibt keinen Grund mehr, sie auf vergangene geschichtliche Ereignisse zurechtzustutzen. Diese Serie von Katastrophen scheint uns unzweifelhaft direkt in das Ende der Welt hineinzuführen.

Welche Botschaft enthält sie dann aber für die Gemeinde vergangener Generationen? Der größte Teil des Buches wäre in diesem Fall nur für die allerletzte Generation der Gläubigen relevant. Überraschenderweise glauben viele Futuristen auch, dass die Gemeinde in den Himmel „entrückt" wird, bevor die Probleme beginnen. Folglich müssten selbst die letzten Christen diese Dinge gar nicht wissen.

Eine weitere Schwäche ist, dass Futuristen die Offenbarung mitunter als eine Art endzeitliches Nachschlagewerk behandeln. Das führt zu einem übertriebenen Interesse an Schaubildern und Zeitplänen für die Zukunft. Die Tatsache, dass sie nicht immer übereinstimmen, legt den

Schluss nahe, dass die Offenbarung nicht primär für derart spekulative Zwecke geschrieben wurde.

4. Idealismus

Dieser Ansatz entfernt alle genauen Zeitangaben und rät von jeglicher Zuordnung zu konkreten Ereignissen ab. Die Offenbarung zeige den „ewigen" Kampf zwischen Gut und Böse, wobei die „Grundwahrheiten" in ihren Erzählungen auf jedes Zeitalter bezogen werden könnten. Der Kampf zwischen Gott und Satan sei anhaltend, doch die „überwindende Gemeinde" sei jederzeit imstande den göttlichen Sieg zu erringen. Die „Kernbotschaft" habe an allen Orten und zu allen Zeiten universelle Geltung.

Der Hauptvorteil, der vielleicht sogar der einzige Vorteil dieser Sichtweise ist, besteht darin, dass die Botschaft des Buches für seine Leser unmittelbar relevant wird. Sie selbst stehen in diesem Kampf, den Johannes beschreibt. Ihnen wird versichert, dass der in ihnen Lebende größer sei, als der in der Welt (siehe 1. Johannes 4,4). Es sei möglich „in allem weit zu überwinden" (siehe Römer 8,37).

Mit diesem Ansatz behandelt man die Offenbarung allerdings als „Mythos", d.h. sie enthält geistliche Wahrheiten, jedoch keine historischen Fakten. Es sind erfundene Ereignisse, doch die Erzählungen enthalten Grundwahrheiten – wie Aesops Fabeln oder *„Die Pilgerreise"*. Diese Wahrheiten müssen aus dem Text „herausdestilliert" werden, bevor sie angewendet werden können. Dieser Prozess der „Entmythologisierung" hat seinen Preis. Viele Textpassagen werden über Bord geworden und als „dichterische Freiheit" abgetan, da sie eher zur „Verpackung" als zum Inhalt gehören würden.

Hinter alledem steht die griechische Philosophie. Sie trennt das Physische vom Geistlichen, das Heilige vom Weltlichen und die Zeit von der Ewigkeit. Gott sei zeitlos, behauptet sie. Daher sei auch die Wahrheit zeitlos und somit jederzeit zeitgemäß. Sie sei nicht an „bestimme Zeitabschnitte" gebunden. Diese Vorstellung von der Geschichte als etwas Zyklischem klammert die Vorstellung einer „Endzeit" aus, d.h., dass die Zeit einen Höhepunkt oder einen Abschluss erreichen würde.

Das hat ernstzunehmende Konsequenzen für die „Eschatologie" (die Lehre der „letzten Dinge", abgeleitet vom griechischen Wort *eschatos* = „Ende" oder „Letztes"). Ereignisse wie die Wiederkunft Jesu oder der Tag des Jüngsten Gerichts werden von der Zukunft in die Gegenwart verlegt, aus dem Später ins Jetzt. Die Eschatologie wird „existenziell" (das bedeutet, sie betrifft den gegenwärtigen Moment des Daseins oder sie wird sozusagen „realisiert" – vergleichbar mit Investitionen, die man realisiert, d.h. zu Geld macht, um es jetzt auszugeben).

Natürlich müssen bei den „Voraussagen" radikale Veränderungen vorgenommen werden, damit sie zur Gegenwart passen; gewöhnlich geschieht dies dadurch, dass man sie „vergeistlicht" (eine Art „platonischen" Denkens). So wird beispielsweise das „Neue Jerusalem" (in Kapitel 21) zur Beschreibung eines Volkes statt eines Ortes. Es wird zu einem „idealisierten" (siehe Idealismus!) Bild der Gemeinde. Alle architektonischen Angaben werden zu diesem Zweck einfach ausgeblendet!

Es ist an der Zeit, diesen Überblick zusammenzufassen. Auf die Frage, auf welchen Zeitabschnitt sich die Offenbarung bezieht, gibt es vier verschiedene Antworten:

- Präterismus: auf die ersten paar Jahrhunderte nach Christus
- Historizismus: auf alle Jahrhunderte zwischen dem ersten und zweiten Kommen Christi
- Futurismus: auf die allerletzten Jahre des noch kommenden letzten Jahrhunderts

- Idealismus: auf jedes Jahrhundert nach Christus, aber kein bestimmtes

Wer hat nun Recht? Jeder dieser Ansätze hat Vor- und Nachteile. Müssen wir uns für ein Modell entscheiden? Könnten alle stimmen oder alle falsch sein?

Die folgenden Erörterungen mögen dem Leser helfen, zu einer eigenen Schlussfolgerung zu kommen:

Erstens scheint es offensichtlich, dass es nicht nur einen Schlüssel gibt, der das ganze Buch aufschließt. Jeder Ansatz enthält ein paar grundlegende Wahrheiten, doch keiner umfasst sie alle. Wenn man nur ein Denkmodell nutzt, so gibt es immer ein gewisses Maß an Textmanipulation.

Zweitens ist kein Grund ersichtlich, warum nicht mehr als ein Ansatz zur Anwendung kommen sollte. Texte haben unterschiedliche Bedeutungen und Anwendungsgebiete. Doch man benötigt eine gewisse Kontrollinstanz, um den willkürlichen Einsatz der unterschiedlichen Ansätze zu verhindern. Sonst kann es leicht geschehen, dass man mit einem Ansatz eine Meinung untermauert, auf die man sich schon vor dem Studium des Textes festgelegt hat. Diese Kontrolle liefern der Kontext und folgende Frage, die man sich immer wieder stellen sollte: Hat der göttliche Autor diese Bedeutung für den menschlichen Leser beabsichtigt?

Drittens können einzelne Aspekte der vier Modelle unser Verständnis fördern. Manche Elemente passen gut zusammen und können gemeinsam genutzt werden, während andere wiederum überhaupt nicht kompatibel sind und nicht miteinander kombiniert werden können.

Viertens kann sich der Schwerpunkt in verschiedenen Abschnitten des Buches verändern. In jeder Phase gilt es, die am besten geeignete Methode bzw. die am besten geeigneten Methoden der Interpretation auszuwählen und anzuwenden. Im Rest dieses Kapitels werden wir das praktisch veranschaulichen, indem wir die drei Hauptteile des Buches untersuchen.

DER ANFANG (KAPITEL 1–3)

Dieser Abschnitt ist nicht besonders umstritten. Er wird deshalb öfter und mit größerer Sicherheit ausgelegt als der Rest des Buches (vgl. beispielsweise *„What Christ thinks of the Church", zu Deutsch* „Was Christus über die Gemeinde denkt" von John Stott, Lutterworth Press, 1958). Die meisten fühlen sich bei der traditionellen Auslegung wohl (bei der Umsetzung jedoch unwohl!). Das Problem mit diesem Abschnitt ist nämlich, dass wir ihn nur *allzu gut verstehen*. Es gibt ein paar Probleme mit Einzelheiten (Engeln) und Symbolen (weiße Steine und verborgenes Manna). Doch die Briefe an die sieben Gemeinden in Kleinasien unterscheiden sich nicht von den anderen neutestamentlichen Briefen. Welches Auslegungsmodell ist nun angemessen?

Der Präterismus liegt sicherlich richtig, wenn er unsere Aufmerksamkeit auf das erste Jahrhundert lenkt. Jede wahre Exegese muss mit der Bedeutung für die Menschen damals *beginnen*. Doch muss es damit auch getan sein?

Der Historizismus glaubt, dass die sieben Gemeinden die gesamte Gemeinde *im Lauf der Zeit* repräsentieren: sieben aufeinanderfolgende Epochen der Kirchengeschichte. Ephesus steht für die Urgemeinde, Smyrna für die Verfolgungen durch die Römer, Pergamon für die Zeit Konstantins, Thyatira für das Mittelalter, Sardis für die Reformation, Philadelphia für die weltweite Missionsbewegung und Laodizea für das zwanzigste Jahrhundert. Diese Parallelen sind allerdings erzwungen (Westliche Gemeinden mögen Ähnlichkeiten mit Laodizea haben, doch die Gemeinden der Dritten Welt sind alles andere als das!). Dieses Schema passt einfach nicht.

Der „Futurismus" ist sogar noch bizarrer. Er glaubt, dass die sieben Gemeinden in genau denselben kleinasiatischen Städten wiederhergestellt werden, kurz bevor Jesus wiederkommt. Dabei stützt er sich auf die falsche Annahme, dass sich die Aussage „Ich werde kommen" (2,5, 16; 3,4) auf die Wiederkunft Christi beziehen würde. Tatsächlich sind diese Gemeinden schon lange verschwunden. Ihre „Leuchter wurden bereits von ihrem Platz weggenommen" (siehe 2,5).

Der Idealismus teilt normalerweise die Sicht des Präterismus über diesen Abschnitt. Er fügt aber noch hinzu, dass die sieben historischen Gemeinden das gesamte existierende Christentum darstellen würden. Ephesus repräsentiert demnach die orthodoxen, aber lieblosen Gemeinden, Smyrna die leidenden, Pergamon die geduldigen, Thyatira die korrupten, Sardis die toten, Philadelphia die schwachen und gleichzeitig evangelistischen und Laodizea die lauen.

Ob sie nun tatsächlich die gesamte Bandbreite der Gemeindearten abbilden, ist fraglich. Allerdings sind der Trost und die Herausforderungen, die ihr jeweiliges Beispiel vermitteln, immer und überall hilfreich und anwendbar.

Präterismus mit einer Prise Idealismus scheint daher die richtige Mischung für den ersten Abschnitt zu sein.

DER MITTELTEIL (KAPITEL 4 –18)

Im Mittelteil sind die Unterschiede am gravierendsten. Die Anfangsvision vom Thron Gottes ist kaum problematisch und hat zu allen Zeiten Menschen zur Anbetung Gottes inspiriert. Erst als Jesus als Löwe bzw. Lamm Katastrophen auf der Erde freisetzt und Leiden für die Gemeinde entfacht, beginnt die Diskussion. Wann genau geschieht das? Es muss sich irgendwann zwischen dem zweiten Jahrhundert (was für die sieben Gemeinden „danach" war; 4,1) und dem zweiten Kommen (in Kapitel 19) ereignen.

Der Präterismus beschränkt diesen Abschnitt auf den „Niedergang und Fall des Römischen Reiches". Doch es ist unbestreitbar, dass die meisten vorausgesagten Ereignisse, insbesondere die „Naturkatastrophen", schlicht und einfach nicht während dieser Zeit passiert sind. Große Teile des Textes müssten als „dichterische Freiheit" abgetan werden, die nur vage andeutet, was geschehen könnte.

Der Historizismus hat ein ähnliches Problem. Er versucht, die gesamte Kirchengeschichte entweder als eine durchgehende Erzählung oder als sich wiederholende Abläufe in diese Kapitel hineinzupacken. Doch die Details passen nicht.

Dem Futurismus steht es natürlich frei, an die wörtliche Erfüllung der detaillierten Vorhersagen zu glauben, da bisher noch nichts davon geschehen ist. Zwei Merkmale scheinen zu bestätigen, dass er der richtigen Anwendung am nächsten kommt. Erstens sind die „Nöte" deutlich gravierender als alles, was die Welt bisher gesehen hat (so hat es Jesus in Matthäus 24,21 vorhergesagt). Zweitens scheinen sie direkt in die Ereignisse am Ende der Zeit hineinzuführen. Doch ist das alles? Hat dieser Abschnitt vorher überhaupt keine Bedeutung?

Der Idealist liegt falsch, wenn er versucht, diesen Abschnitt zu „entmythologisieren" und ihn völlig vom Zeitverlauf abzulösen. Gleichzeitig ist es richtig, nach einer Botschaft zu suchen, die sich auf jede Phase der Kirchengeschichte beziehen lässt. Der entscheidende Hinweis liegt in der Schrift selbst. Sie lehrt, dass zukünftige Ereignisse in der Geschichte ihre Schatten vorauswerfen. Im Alten Testament deuten Vorschatten in vielerlei Weise auf Jesus hin (wie der Hebräerbrief erklärt). So gehen dem kommenden Antichristen viele „Antichristen" (1. Johannes 2,18) voraus; dem kommenden falschen Propheten viele falsche Propheten (Matthäus 24,11). Die zukünftige weltweite Verfolgung erleben viele Regionen schon jetzt. Die „große Trübsal" unterscheidet sich nur in ihrer Intensität von den „vielen Bedrängnisse", die zu jeder Zeit normal sind (Johannes 16,33; Apostelgeschichte 14,22). Diese Kapitel können uns also helfen, sowohl die aktuellen Trends als auch ihren abschließenden Höhepunkt zu verstehen.

So macht uns der Futurismus, vermischt mit einer Prise Idealismus, diesen Abschnitt am verständlichsten.

DAS ENDE (KAPITEL 19–22)

Die Offenbarung scheint gegen Ende klarer zu werden, auch wenn es immer noch umstrittene Passagen gibt. Die meisten verstehen diese Kapitel so, dass sie auf die ultimative Zukunft hinweisen, die „allerletzten Dinge", die geschehen werden. Sie beginnen mit der Wiederkunft Christi (in Kapitel 19).

Hier verabschiedet sich der Präterismus. Nur sehr wenige versuchen, diese Kapitel in die Zeit der Urgemeinde hineinzuzwängen.

Der Historizismus teilt sich deutlich in zwei Lager. Die „lineare" Variante sieht diesen Abschnitt ausnahmslos als die „Endzeit", die dem „Gemeindezeitalter" folgt. Doch der zyklische Historizismus findet sogar hier noch Wiederholungen. Manche sehen das Tausendjährige Reich aus Kapitel 20 als eine Beschreibung der Gemeinde vor der Wiederkunft in Kapitel 19! Andere betrachten das „Neue Jerusalem" in Kapitel 21 als eine Beschreibung des Millenniums vor dem Endgericht in Kapitel 20! Solche radikalen Verschiebungen der Ereignisse sind durch den Text nicht zu begründen. Sie deuten vielmehr auf Manipulationen im Interesse eines theologischen Systems oder Dogmas hin.

Der Futurismus hat in diesem Abschnitt kaum Gegner. Die Wiederkunft Christi, der Tag des Jüngsten

Gerichts sowie der neue Himmel und die neue Erde sind offensichtlich noch nicht angebrochen.

Idealisten haben in diesem Abschnitt nur wenige Fürsprecher. Sie neigen nämlich dazu, die neue Erde völlig zu übersehen und reden über den „Himmel" als zeitlose Sphäre, in die Gläubige nach ihrem Tod versetzt werden. Das „Neue Jerusalem" stelle diesen ewigen Ort (das „himmlische Zion" aus Hebräer 12,22) dar, der (trotz Offenbarung 21,2+10!) niemals „aus dem Himmel herabkommend" auf der Erde erwartet wird.

Daher erhält der Futurismus das Monopol, diese Passage auszulegen.

In einem späteren Kapitel werden wir eine „Einführung" in den Text der Offenbarung selbst betrachten, wobei wir die Auslegungsmodelle anwenden werden, die wir als passend definiert haben (alle außer dem Historizismus). Bevor wir dies jedoch tun, gibt es einen weiteren wichtigen Punkt, den wir ansprechen müssen.

Die vier Auslegungsmodelle haben eine gemeinsame Grundlage, nämlich die Frage nach dem WANN. Wann werden sich diese Vorhersagen zeitlich erfüllen?

Wir setzen dabei voraus, dass sich die Offenbarung hauptsächlich mit der Vorhersage der Zukunft befasst, und zwar, um unsere Neugier zu stillen oder unsere Angst zu lindern. Zu diesem Zweck offenbart sie uns, was geschehen wird, sowohl in der unmittelbaren als auch in der ultimativen Zukunft.

Dieser Ansatz ist jedoch höchst fragwürdig. Das Neue Testament gibt sich niemals leeren Spekulationen hin. Es warnt sogar davor. Jede „Offenbarung" dessen, was vor uns liegt, verfolgt einen praktischen und ethisch-moralischen Zweck. Die Zukunft wird uns nur offenbart, damit sie unsere Gegenwart beeinflussen kann.

Daher lautet die entscheidende Frage nicht „Wann?", sondern WARUM? Warum wurde die Offenbarung geschrieben? Warum wurde sie Johannes offenbart? Warum wurde ihm aufgetragen, sie weiterzugeben? Warum müssen wir sie lesen und ihre Worte „bewahren"?

Es geht nicht nur darum, uns wissen zu lassen, was geschehen wird, sondern darum, uns auf die Zukunft *vorzubereiten.* Wie kommen wir zu dieser Antwort?

DER SINN UND ZWECK DER OFFENBARUNG
Warum wurde das Buch der Offenbarung geschrieben? Die Antwort erschließt sich problemlos, wenn man eine weitere Frage stellt: Für wen wurde es geschrieben?

Die Offenbarung war niemals als akademisches Lehrbuch für Theologiestudenten oder Hochschullehrer gedacht. Häufig haben sie das Buch so kompliziert erscheinen lassen, dass einfach Durchschnittschristen dadurch eingeschüchtert wurden. Einer von ihnen bekennt Folgendes:

Wir geben offen zu, dass das Studium dieses Buches absolut keinen Raum für Irrtümer zulassen würde, wenn die unvorstellbaren, oftmals lächerlichen Vorurteile der Theologen Zeit der Geschichte es nicht so eingeschränkt und vor Schwierigkeiten strotzend dargestellt hätten, sodass die meisten Leser ängstlich *davor zurückschrecken. Ohne diese vorgefassten Meinungen wäre die Offenbarung das allereinfachste, transparenteste Buch, das ein Prophet jemals geschrieben hat. (Reuss, im Jahre 1884, zitiert in „The Prophecy Handbook", zu Deutsch „Das Handbuch der Prophetie", World Bible Publishers, 1991)*

Die Situation hat sich seither kaum verbessert, wie ein Kommentar aus der jüngeren Vergangenheit zeigt:

Es ist das Unglück unserer vom Expertenwissen geprägten Zeit, dass alles, was schwer verständlich zu sein scheint, an die Universitäten verwiesen wird, um es zu klären. (Eugene Peterson über die Offenbarung, in „Reversed Thunder", HarperCollins, 1988, S. 200)

Dieser Umstand hat zu der weit verbreiteten Vorstellung geführt, dass „Laien" (im theologischen oder intellektuellen Sinne) dieses Buch nicht verstehen könnten.

Gewöhnliche Leser

Es kann gar nicht oft genug betont werden, dass die Offenbarung für ganz normale Menschen geschrieben wurde. Sie war an die Mitglieder der sieben Gemeinden adressiert, und zwar zu einer Zeit, in der es „nicht viele Weise nach dem Fleisch, nicht viele Mächtige, nicht viele Vornehme" gab (1. Korinther 1,26; LUT).

Von Jesus wird gesagt, dass „die große Volksmenge" oder „das einfache Volk" (je nach Übersetzung) ihm mit Freuden zuhörte (siehe Markus 12,37). Das spricht sowohl für ihn als auch für seine Zuhörer. Sie erkannten, dass er „mit Autorität" redete und dass er wusste, wovon er sprach. Es ist viel einfacher, hochgebildete Menschen zum Narren zu halten!

Die Offenbarung schenkt denen ihre Schätze, die sie in schlichtem Glauben, ohne Vorurteile und mit einem weichen Herzen lesen. Eine Geschichte, die diesen Punkt unterstreicht, machte in Amerika die Runde. Sie klingt zwar wie die zweifelhafte Anekdote eines Predigers (Der kleine Sohn eines Pastors fragte einmal seinen Vater: „Papa, ist das eine wahre Geschichte oder hast du mal wieder nur gepredigt?"), doch ich erzähle sie trotzdem: Einige Theologiestudenten waren nach der Vorlesung über die „Apokalypse" offensichtlich müde und verwirrt. Daher beschlossen sie, in der Campussporthalle eine Runde Basketball zu spielen. Während des Spiels bemerkten sie, dass der Hausmeister, der darauf wartete, abschließen zu können, seine Bibel las. Sie fragten ihn, welchen Text er denn lesen würde. Zu ihrer Überraschung war es die Offenbarung.

„Sie verstehen das doch nicht, oder?"

„Na klar!"

„Worum geht es denn?"

Mit leuchtenden Augen und einem breiten Grinsen antwortete er:

„Ganz einfach: Jesus gewinnt!"

Natürlich gibt es dazu noch mehr zu sagen, doch es ist keine schlechte Zusammenfassung. Viele haben den Inhalt der Offenbarung studiert und dabei ihre Botschaft übersehen. Gesunder Menschenverstand ist eine grundlegende Voraussetzung. Niemand nimmt das ganze Buch wörtlich und niemand versteht alles symbolisch. Doch wo zieht man die Grenze zwischen dem wörtlichen und dem symbolischen Verständnis? Die Antwort auf diese Frage hat großen Einfluss auf die Auslegung. Der gesunde Menschenverstand ist dabei äußerst hilfreich. Die vier Reiter sind Symbole, während die Kriege, das Blutvergießen, die Hungersnöte und die Seuchen, die sie darstellen, offensichtlich wörtlich zu verstehen sind. Der „Feuersee" ist ein Symbol für die Hölle, doch die unendliche „Qualen" sind wörtlich gemeint (siehe Offenbarung 20,10).

Die Regeln der Alltagssprache erweisen sich hier als hilfreich. Bei den Worten sollten wir von ihrer direktesten und einfachsten Bedeutung ausgehen, es sei denn, es gibt anderweitige Hinweise. Man sollte annehmen, dass die Sprechenden (einschließlich Jesus) und die Schreibenden (einschließlich Johannes) das meinen, was sie sagen. Ihre Aussagen sollten für bare Münze genommen werden.

Eine weitere Regel besagt, dass dasselbe Wort im selben Zusammenhang auch dieselbe Bedeutung hat – es sei denn, es gibt wiederum anderslautende Hinweise. Die Bedeutung eines Wortes plötzlich und ohne Vorwarnung zu verändern, wäre genauso verwirrend, wie seine Aussprache oder Rechtschreibung abzuändern. Diese Regel hat unmittelbare Auswirkungen auf die beiden „Auferstehungen" in Offenbarung 20.

Darüber hinaus müssen wir nochmals darauf hinweisen, dass die Offenbarung für ganz normale Menschen geschrieben wurde, die allerdings zu einer völlig anderen Zeit und an einem ganz anderen Ort lebten als wir. Daher überrascht es nicht, dass manche Dinge, die für sie damals offensichtlich waren, uns heute – 2000 Jahre später und rund 3000 Kilometer entfernt – seltsam und fremd erscheinen.

Es handelte sich um Nichtjuden aus unterschiedlichen Völkern, die in einer römischen Provinz lebten, Griechisch sprachen und die jüdischen Schriften studierten. Was sie miteinander verband, war der gemeinsame christliche Glaube. Daher müssen wir so viele Informationen wie möglich über ihren Hintergrund, ihre Kultur und ihre Sprache zusammentragen. Der Sinn der Übung ist zu entdecken, was *sie* verstanden hätten, wenn man ihnen die Offenbarung, möglicherweise als Ganzes, vorgelesen hätte. Das könnte ganz anders ausfallen als das, was wir begreifen würden, wenn wir das Buch leise lesen und uns dabei nur einen kurzen Abschnitt pro Tag vornehmen.

Doch die Offenbarung wurde zweifellos auch für uns heute geschrieben, sonst wäre sie nicht Teil des Neuen Testaments. Der Herr muss diesen weiten Anwendungsbereich beabsichtigt haben, als er Johannes ihre Botschaft übermittelte. Daher dürfen wir annehmen, dass unsere räumliche und zeitliche Entfernung kein unüberwindbares Hindernis darstellt.

Viel wichtiger als der kulturelle Unterschied sind jedoch die besonderen Umstände, in der sich die Leser damals befanden. Die Frage ist unverzichtbar, welche Situation es erforderte, dieses Buch zu schreiben. Die Antwort darauf ist quasi der Generalschlüssel, der uns das gesamte Buch aufschließen wird. Jedes Buch des Neuen Testaments wurde aus einem bestimmten Grund verfasst; es sollte einem bestimmten Bedürfnis abhelfen. Das gilt auch für die Offenbarung.

Praktische Gründe
Wie schon erwähnt, bestand die Hauptaufgabe der Offenbarung nicht darin, einen Zeitplan künftiger Ereignisse zu enthüllen. Die Leser sollten vielmehr auf das vorbereitet werden, was ihnen bevorstand. Doch worauf wären sie ohne dieses Buch nicht vorbereitet gewesen? Die Antwort finden wir auf der ersten Seite (Offenbarung 1,9+10).

Johannes, der Autor, leidet bereits für seinen Glauben. Er sitzt im Gefängnis, jedoch nicht, weil er sich eines Verbrechens schuldig gemacht hätte. Er ist ein „politischer Gefangener" auf der Insel Patmos im Ägäischen Meer (das moderne Gegenstück wäre die Gefängnisinsel Alcatraz auf Robben Island). Er wurde aus religiösen Gründen verhaftet und verbannt. Seine vollständige Hingabe an „das Wort Gottes und das Zeugnis Jesu" wird von den Autoritäten als Hochverrat angesehen und als eine Bedrohung für den *Pax Romana*, „den Römischen Frieden". Dieser beruht auf polytheistischer Toleranz und dem Kaiserkult. Man erwartet von den Bürgern, dass sie an viele Götter glauben, wobei der Kaiser einer von ihnen ist.

Gegen Ende des ersten Jahrhunderts spitzt sich die Situation zu und bringt die Christen in einen Gewissenskonflikt. Julius Cäsar hatte sich als erster als Gott bezeichnet. Sein Nachfolger, Augustus, förderte den Tempelbau zur Verehrung des Kaisers. Einige dieser Bauten wurden in Kleinasien (der heutigen Westtürkei) errichtet. Nero begann mit der Christenverfolgung (indem er Christen mit Pech bestrich und bei lebendigem Leib anzündete, damit sie ihm bei seinen nächtlichen Gartenpartys als Fackeln dienten; er ließ sie auch in Tierhäute einnähen und von Hunden jagen). Doch diese Grausamkeiten waren zeitlich und örtlich begrenzt.

Es ist die Machtübernahme von Domitian im letzten Jahrzehnt des ersten Jahrhunderts, die die schlimmsten Angriffe auf Christen einleitet. Sie setzen sich mit Unterbrechungen über die nächsten 200 Jahre fort. Unter Androhung der Todesstrafe verlangt Domitian die weltumspannende Anbetung seiner eigenen Person. Einmal pro Jahr muss jeder Untertan vor einer seiner Büsten Weihrauch in ein Altarfeuer werfen und bekennen: „Cäsar ist Herr". Der festgesetzte Tag, an dem das zu geschehen hatte, wurde „der Tag des Herrn" genannt.

Es war derselbe Tag, an dem Johannes anfing, die Offenbarung zu schreiben. Modernen Lesern kann man die Annahme nicht verdenken, dass es sich hierbei um den Sonntag gehandelt hätte. Das ist zwar durchaus möglich, doch der Sonntag wurde in der Urgemeinde als „der erste Tag der Woche" bezeichnet. Zwei Elemente im griechischen Text weisen auf das alljährliche Kaiserfest hin. Eines ist der bestimmte Artikel (an „*des* Herrn Tag", nicht „eines Herrn Tag"). Das andere ist die Tatsache, dass „Herr" ursprünglich in der Form eines Adjektivs und nicht eines Nomens steht („der herrliche oder der herrschende Tag"). Das entspricht genau der Bezeichnung, die ihm von Domitian gegeben wurde, der auch den Titel „Herr und unser Gott" für sich beanspruchte.

Den Christen standen schwere Zeiten bevor. Für den, der sich weigerte, etwas anderes als „Jesus ist Herr" zu bekennen, ging es dabei um Leben und Tod. Das Wort

„Zeuge" (griechisch *martur*) bekam eine neue, tödliche Bedeutung. Die Gemeinde sah sich ihrer bisher härtesten Bewährungsprobe ausgesetzt. Wie viele würden unter einem derartigen Druck treu bleiben?

Schließlich war Johannes der einzige der zwölf Apostel, der noch lebte. Alle anderen hatten bereits den Märtyrertod erlitten. Gemäß christlicher Überlieferung starb Andreas an einem x-förmigen Kreuz in Patras in Achaja. Bartholomäus (Nathanael) wurde in Armenien bei lebendigem Leib die Haut abgezogen. Jakobus (der Bruder des Johannes) wurde von Herodes Agrippa in Jerusalem geköpft. Jakobus (der Sohn von Klopas und der Maria) wurde vom Tempeldach gestürzt und gesteinigt. Judas (Thaddäus) erschoss man in Armenien mit Pfeilen. Matthäus wurde in Parthien mit dem Schwert erschlagen. Petrus erlitt in Rom kopfüber den Kreuzestod. Philippus wurde in Hieropolis in Phrygien an einer Säule aufgehängt. Simon (der Zelot) starb in Persien am Kreuz. Thomas wurde in Indien mit einem Speer getötet. Matthias wurde gesteinigt und geköpft. Paulus hatte man ebenfalls in Rom den Kopf abgeschlagen. Der Verfasser war sich daher nur allzu bewusst, was ihn seine Treue zu Jesus kosten könnte. Er wusste damals noch nicht, dass er als einziger Apostel eines natürlichen Todes sterben würde.

Die Offenbarung ist ein „Handbuch des Märtyrertums". Sie ruft die Gläubigen dazu auf, „treu bis zum Tod" zu bleiben (2,10). In diesem Buch kommen viele Märtyrer vor.

Die Gläubigen werden ermutigt, „bis zum Ende durchzuhalten". Eine regelmäßige Ermahnung lautet „auszuharren". Das ist eine passive Haltung. Mitten in den größten Schwierigkeiten kommt folgende Aufforderung: „Hier muss sich die Standhaftigkeit der Menschen bewähren, die zu Gott gehören, die seine Gebote befolgen und auf Jesus vertrauen" (14,12; NeÜ). Diesen Satz könnte man als Schlüssel-Vers des gesamten Buches bezeichnen.

Doch es gibt auch einen Aufruf, im Leiden für Jesus eine aktive Haltung einzunehmen, nämlich zu „überwinden". Dieses Verb wird sogar noch häufiger als „ausharren" verwendet. Offensichtlich handelt es sich um das Schlüsselwort des gesamten Buches.

Jeder Brief an die sieben Gemeinden endet mit einer Aufforderung an jedes Gemeindeglied, ein „Überwinder" zu sein. Das heißt, alle Versuchungen und jeden Druck sowohl innerhalb als auch außerhalb der Gemeinde zu überwinden. Vom wahren christlichen Glauben und dem daraus resultierende Verhalten abzufallen bedeutet, Jesus untreu zu werden.

Die Botschaft lautet nicht nur, dass Christus gewinnt, sondern dass Christen ebenfalls gewinnen müssen. Sie sollen dem Herrn folgen, der gesagt hat: „Fürchtet euch nicht! Ich habe die Welt überwunden" (siehe Johannes 16,33). In der Offenbarung erklärt er nun: „Ihr müsst die Welt ebenfalls überwinden!"

Aus diesem Grund wird die Offenbarung für Christen, die unter Verfolgung leiden, natürlich umso bedeutungsvoller. Möglicherweise halten die Christen im Westen, in ihren komfortablen Gemeinden, sie deshalb nicht für relevant. Es ist ein Buch, das unter Tränen gelesen werden muss.

Das Buch bietet Verfolgten zwei Anreize, die sie zum Überwinden ermutigen. Der eine ist positiver Natur und heißt *Belohnung*. Denen, die durchhalten, werden viele Belohnungen versprochen: das Recht, vom Baum des Lebens im Paradies Gottes zu essen; durch den zweiten Tod keinen Schaden zu erleiden; das verborgene Manna zu essen; einen weißen Stein zu erhalten mit einem neuen, geheimen Namen darauf; die Autorität, über die Nationen zu herrschen; mit Jesus auf seinem Thron zu sitzen; in weiß gekleidet zu werden; zu einer Säule im Tempel Gottes gemacht zu werden, die seinen Namen trägt, und den

Tempel niemals wieder zu verlassen. Vor allem wird dem überwindenden Gläubigen ein Platz im neuen Himmel und auf der neuen Erde zugesagt – jenseits aller Leiden. Dort wird er für immer und ewig Gottes Gegenwart genießen – was für eine herrliche Aussicht!

Doch es gibt auch einen negativen Motivationsfaktor, und zwar *Strafe*. Was ist das Schicksal der Gläubigen, die unter Druck untreu werden? Kurz gesagt, sie werden keine der oben erwähnten Segnungen erhalten. Und was noch schlimmer ist: Sie werden das Schicksal der Ungläubigen im „Feuersee" teilen. Schon allein zwei Verse aus den ersten und letzten Abschnitten des Buches bestätigen diese furchtbare Option.

„Wer überwindet ... und ich werde seinen Namen aus dem Buch des Lebens *nicht* auslöschen" (3,5; ELB). Wenn Sprache überhaupt eine Bedeutung hat, dann heißt es Folgendes: Wer nicht überwindet schwebt in der Gefahr, dass sein Name ausgelöscht (wörtlich: mit einem Messer vom Pergament „abgekratzt") wird. Das „Buch des Lebens" taucht in vier Büchern der Bibel auf (2. Mose 32,32; Psalm 69,28; Philipper 4,3; Offenbarung 3,5). Im Kontext von drei dieser Bibelstellen werden Namen von Menschen erwähnt, die zum Volk Gottes gehörten; sie wurden ausgelöscht, nachdem sie gegen den Herrn gesündigt hatten. Wer Offenbarung 3,5 so interpretiert als könnte er „den, der nicht überwindet", in die Verheißung miteinschließen, erklärt die Belohnung für bedeutungslos.

„Wer überwindet, der wird alles erben (den neuen Himmel und die neue Erde mit dem neuen Jerusalem), und ich werde sein Gott sein, und er wird mein Sohn sein. Die Feiglinge aber und die Ungläubigen und mit Gräueln Befleckten und Mörder und Unzüchtigen und Zauberer und Götzendiener und alle Lügner – ihr Teil wird in dem See sein, der von Feuer und Schwefel brennt; das ist der zweite

Tod" (21,7–8, SLT; ergänzt durch den Autor). Wir müssen uns bewusst machen, dass die gesamte Offenbarung an Gläubige und nicht an Ungläubige gerichtet ist. Sie ist ausnahmslos an „die Heiligen" und „seine Diener" adressiert. Es geht hier also um feige und treulose Christen. Das Wort „aber" untermauert diese Tatsache. Es stellt jene, die dieses Schicksal verdienen, den überwindenden Gläubigen direkt gegenüber.

Mit anderen Worten: Die Offenbarung malt *Christen* zwei Schicksale vor Augen: Sie werden entweder mit Christus auferweckt, mit ihm herrschen und das neue Universum erleben. Oder sie werden ihr Erbteil im Königreich verlieren und in der Hölle enden.

Diese beiden Alternativen werden an anderer Stelle im Neuen Testament bestätigt. Das Matthäusevangelium ist ein „Handbuch der Jüngerschaft". Es enthält fünf wichtige Lehrreden, die an die „Söhne des Königreiches" gerichtet sind. Den größten Teil der Theologie Jesu zur Hölle finden wir hier. Abgesehen von zweien sind alle anderen Warnungen ausschließlich an seine Jünger gerichtet. Die Bergpredigt (in den Kapiteln 5–7), die Menschen segnet, die um Jesu willen verfolgt werden, spricht im weiteren Verlauf von der Hölle und endet mit einer Erinnerung daran, dass es zwei mögliche Schicksale gibt. Die missionarische Sendung der Jünger (in Kapitel 10) enthält folgende Aufforderung: „Und fürchtet euch nicht vor denen, die den Leib töten, die Seele aber nicht zu töten vermögen; fürchtet vielmehr den, der Seele und Leib verderben kann in der Hölle!" (Matthäus 10,28; ELB) und: „Wer mich aber verleugnet vor den Menschen, den werde auch ich verleugnen vor meinem Vater im Himmel" (Vers 33). Jesu Endzeitrede (in Matthäus 24–25) verdammt die faulen und leichtsinnigen Diener des Herrn und erklärt, dass er ihnen ihren Teil „mit den Heuchlern geben wird"

(Matthäus 24,51; SLT) und dass sie „hinausgeworfen werden „in die äußerste Finsternis! Dort wird das Heulen und Zähneknirschen sein" (Matthäus 25,30; SLT).

Paulus stößt ins gleiche Horn, als er Timotheus an eine „wahres Wort" erinnert:

Wenn wir mitgestorben sind,
   so werden wir auch mitleben;
Wenn wir standhaft ausharren,
   so werden wir mitherrschen;
Wenn wir ihn verleugnen,
   so wird er uns auch verleugnen ...
(2. Timotheus 2,11+12, SLT)

Viele Christen lehnen diese Schlussfolgerung jedoch ab. Zu diesem Thema gäbe es noch viel zu sagen (der Autor hat sich in seinem Buch „*Once Saved, Always Saved?*", zu Deutsch: „Einmal gerettet, immer gerettet?", Hodder & Stoughton, 1996, ausführlicher mit dieser wichtigen Frage beschäftigt). Die Offenbarung bezieht dazu unmissverständlich Stellung. Selbst Gläubige können ihren „Anteil am Baum des Lebens und an der heiligen Stadt" allein dadurch verlieren, dass sie den Text des Buches verfälschen (22,19) und dadurch seine Botschaft verändern.

Wir können den Sinn und Zweck der Offenbarung folgendermaßen zusammenfassen: Sie wurde geschrieben, um Christen, die unter großem Druck stehen, zu ermahnen. Sie werden dazu angehalten „auszuharren" und „zu überwinden" und so dem „zweiten Tod" zu entgehen, indem sie dafür sorgen, dass ihre Namen im „Buch des Lebens" bleiben. Wir werden feststellen, dass sich jedes Kapitel und jeder Vers sehr leicht in diese allgemeine Zielsetzung einordnen lassen, wenn wir den Aufbau oder die Struktur der Offenbarung näher betrachten.

DIE STRUKTUR DER OFFENBARUNG

Wenn es stimmt, dass der Sinn und Zweck der Offenbarung darin besteht, die Gläubigen auf die Verfolgung und sogar den Märtyrertod vorzubereiten, sollte es möglich sein, genau diese Absicht in jedem Teil des Buches wiederzufinden. Darüber hinaus sollte die Gesamtstruktur eine Entwicklung dieses Themas deutlich machen.

Wir werden nun mehrere Übersichten erstellen, indem wir den Inhalt aus verschiedenen Perspektiven und zu unterschiedlichen Zwecken analysieren. Dabei fangen wir mit der einfachsten Darstellung an. Die offensichtlichste Veränderung geschieht zu Beginn des vierten Kapitels mit einem radikalen Wechsel des Blickwinkels von der Erde in den Himmel und von der Gegenwart in die Zukunft.

1–3 Gegenwart
4–22 Zukunft

Der größere zweite Teil lässt sich zudem sehr einfach in gute und schlechte Nachrichten einteilen. Der Wechsel von einem zum anderen findet in Kapitel 19 statt.

Daraus ergibt sich Folgendes:

1–3 Gegenwart
4–22 Zukunft
4–18 *Schlechte Nachrichten*
20–22 *Gute Nachrichten*

Nun untersuchen wir, in welcher Beziehung jeder einzelne Abschnitt zur Hauptabsicht des Buches steht. Die entscheidende Frage lautet: Wie bereitet jeder Abschnitt die Gläubigen auf die kommende „große Not" vor? Wir können unsere Übersicht folgendermaßen erweitern:

DURCH LEIDEN ZUR HERRLICHKEIT

1–3 Gegenwart
  Dinge müssen jetzt in Ordnung gebracht werden.
4–22 Zukunft
4–18 *Schlechte Nachrichten:* Die Zustände
  werden viel schlechter, bevor sie besser werden.

20–22 *Gute Nachrichten*: Die Zustände werden viel besser, nachdem sie immer schlimmer geworden sind.

Jetzt müssen wir noch einen Abschnitt hinzufügen, nämlich Kapitel 19. Was geschieht in diesem Kapitel, dass sich die gesamte Situation verändert? Die Wiederkunft Jesu auf den Planeten Erde! Nun haben wir das Grundgerüst des gesamten Buches vor Augen, was im Vorwort und Nachwort (Offenbarung 1,7 und 22,10) bestätigt wird. Wir können nun „19 Jesu Rückkehr" zwischen die guten und schlechten Nachrichten einfügen (statt den Überblick unnötigerweise zu wiederholen, sind die Leser eingeladen, diese Worte selbst in die obenstehende Lücke hineinzuschreiben).

Wenn man diesen einfachen Überblick im Hinterkopf behält, während man das Buch liest, werden viele Dinge klarer. Vor allem wird die Einheit des Buches sichtbar. Sein Ziel erreicht es in drei Phasen.

Erstens fordert Jesus die Gemeinden auf, sich um ihre internen Probleme zu kümmern, wenn sie dem äußeren Druck standhalten wollen. Kompromisse im Glauben oder im Verhalten, Toleranz gegenüber Götzendienst oder Unmoral schwächen die Gemeinde von innen.

Zweitens zeigt ihnen Jesus, der stets für seine Ehrlichkeit bekannt war, das Schlimmste, das ihnen zustoßen könnte. Etwas Schlimmeres werden sie niemals durchmachen müssen! Und die allerschlimmste Zeit, die vor ihnen liegt, wird höchstens ein paar Jahre dauern.

Drittens offenbart Jesus die Wunder, die folgen werden.

Es wäre die größte vorstellbare Tragödie, diese Perspektive mit Ewigkeitswert zu verwerfen, nur um zeitlich begrenzte Schwierigkeiten zu vermeiden.

In allen drei Phasen ermutigt Jesus seine Nachfolger, „auszuharren" und „zu überwinden", bis er wiederkommt. Ein Vers fasst es alles zusammen: „Doch was ihr habt, haltet fest, bis ich komme!" (2,25; ELB). Dann wird er sagen können: „Geh ein zur Freude deines Herrn" (Matthäus 25,21; ELB).

Natürlich gibt es noch andere Möglichkeiten, das Buch zu analysieren. Eine „thematische Übersicht", vergleichbar einem Inhaltsverzeichnis, kann uns ebenso helfen, „unseren Weg durch das Buch zu finden".

Ein derartiger Überblick ignoriert den Übergang von der Erde in den Himmel und wieder zurück. Wir können mit drei Zeitabschnitten arbeiten:

A. Was gegenwärtig geschieht (1–5)
B. Was in der nahen Zukunft geschehen wird (6–19)
C. Was in der entfernten Zukunft geschehen wird (20–22)

Nun betrachten wir die Besonderheiten jedes Abschnitts und versuchen, sie so aufzulisten, dass man sie sich leicht merken kann. Hier ist ein Beispiel eines solchen „Ereigniskatalogs":

A. Die Gegenwart
    1–3   Ein aufgefahrener Herr
          Sieben verschiedene Leuchter
    4–5   Schöpfer und Geschöpfe
          Löwe und Lamm

B. Die nahe Zukunft
    6–16 Siegel, Posaunen, Schalen
    Teufel, Antichrist, falscher Prophet 17–

> 19... Babylon – die letzte Hauptstadt
> Armageddon – die letzte Schlacht
>
> C. Die entfernte Zukunft
> 1 Tausendjähriges Reich
> Tag des Jüngsten Gerichts
> 21–22 Neuer Himmel und neue Erde
> Neues Jerusalem

Beachtenswert ist, dass die Kapitel 4 und 5 jetzt dem ersten Abschnitt zufallen, weil die „Action"", die zur „großen Bedrängnis" führt, eigentlich erst in Kapitel 6 beginnt. Kapitel 19 steht nun im zweiten Abschnitt, da die „große Trübsal" damit endet, dass Christus die „unheilige Dreieinigkeit" besiegt.

Diese Art von Überblick kann man sich leicht merken. Sie ist ein nützlicher Referenzrahmen, wenn man bestimmte Themen nachschlagen will. Es ist wichtig, sich eine solche Übersicht zu verschaffen, bevor man die einzelnen Abschnitte näher betrachtet. Sonst läuft man Gefahr, „den Wald vor lauter Bäumen nicht zu sehen", um ein überstrapaziertes Sprichwort zu bemühen. Denn beim Lesen der Offenbarung kann es sehr leicht geschehen, dass man sich so sehr für die Details interessiert, dass man das übergeordnete Ziel aus den Augen verliert.

Nun ist es jedoch an der Zeit, das Teleskop gegen ein Mikroskop auszutauschen – oder zumindest gegen eine Lupe.

DER INHALT DER OFFENBARUNG

Es ist unmöglich, einen vollständigen Kommentar der Offenbarung in ein Buch dieser Größe aufzunehmen. Wir werden vielmehr jeden Abschnitt mit einer Einführung versehen, so dass wir die Heilige Schrift „lesen, betrachten, lernen und uns zu eigen machen" können, wie das *„Book* *of Common Prayer"* („Das Allgemeine Gebetbuch der Anglikanischen Kirche") es ausdrückt.

Wir werden die Hauptmerkmale hervorheben, manche Probleme in Angriff nehmen und dem Leser ganz allgemein helfen, auf Kurs zu bleiben, während er sich durch einige schwierige Passagen hindurcharbeitet. Viele Fragen werden unbeantwortet bleiben, doch diese können mit Hilfe von Bibelkommentaren geklärt werden (George Eldon Ladds Kommentar, veröffentlicht von Eerdmans, 1972, gehört zu den besten).

Es ist ratsam, den jeweiligen Teil der Offenbarung vor und nach der betreffenden Erörterung in diesem Kapitel zu lesen.

Kapitel 1–3: Die Gemeinde auf der Erde
Dieser Teil ist der bei weitem direkteste; er ist einfach zu lesen und leicht zu verstehen. Fast so, als würde man in Ufernähe im Meer herumpaddeln – nur um sich etwas später völlig überfordert im Griff einer Unterströmung wiederzufinden, die einen panisch herumwirbeln lässt!

Obwohl sie sich regelmäßig als „Weissagung" bezeichnet, hat die Offenbarung eigentlich die Form eines Briefes (vergleiche Offenbarung 1,4–6 mit der „Anrede" am Anfang der anderen Briefe). Allerdings wird sie an sieben, statt nur an eine Gemeinde geschickt. Während sie eine spezifische Botschaft für jede einzelne Gemeinde enthält, soll jede Gemeinde offensichtlich auch die Botschaften an die anderen mitlesen können.

Nach der üblichen christlichen Grußformel („Gnade und Friede") wird das Hauptthema angekündigt: „Er steht im Begriff zu kommen." Dieses Ereignis wird in der Welt Traurigkeit und in der Gemeinde Freude auslösen – und es wird mit absoluter Sicherheit eintreten („Amen").

Der „Absender" dieses Briefes ist Gott selbst, der Herr der Zeit, der war, der ist und der kommen wird, das Alpha und das Omega (der erste und der letzte Buchstabe des griechischen Alphabets, die gemeinsam den Anfang und das Ende aller Dinge symbolisieren). Diese Titel werden Jesus verliehen, und zwar von ihm selbst (1,17; 22,13); was beweist, dass er an seine eigene Göttlichkeit glaubte.

Der „Sekretär", der den Brief niederschreibt, ist der Apostel Johannes. Er wurde aus religiösen Gründen als politischer Gefangener auf das zwölf-mal-sechs-Kilometer große Eiland Patmos in der Inselgruppe der Dodekanes im Ägäischen Meer verbannt.

Die Inhalte wurden in verbaler und visueller Form übermittelt. Es ist bemerkenswert, dass er etwas „hörte", bevor er etwas „sah". Auf die Stimme, die ihm befahl zu schreiben, folgte eine überwältigende Vision von Jesus. So hatte Johannes ihn noch nie gesehen: mit schneeweißem Haar, feuerflammenden Augen, einer donnernden Stimme, einer scharfen Zunge und glühenden Füßen. Selbst auf dem Berg der Verklärung hatte er nicht so ausgesehen. Kein Wunder also, dass Johannes in Ohnmacht fiel, bis er die ihm wohlbekannten Worte hörte: „Fürchte dich nicht."

Jede andere historische Persönlichkeit war lebendig und ist heute tot. Jesus allein war tot und ist nun lebendig, und zwar „von Ewigkeit zu Ewigkeit" (1,18, wörtlich: „in die Zeitalter der Zeitalter").

Johannes wird aufgetragen zu schreiben, „was jetzt ist" (Kapitel 1–3) und „was bald geschehen wird" (Kapitel 4–22). Die Mitteilung für die Gegenwart betrifft den Zustand der sieben Gemeinden in Kleinasien. Jede von ihnen verfügt über einen „Schutzengel". Jesus hat die Aufsicht über sie alle (ebenso wie die Einsicht und die Voraussicht!). Sie wurden in der ursprünglichen Vision durch sieben Sterne (die Engel) und sieben Leuchter (die Gemeinden) dargestellt. Es ist auffällig, dass Jesus typischerweise zwischen ihnen „umhergeht", so wie

Johannes es getan haben muss, als er noch frei war. Die Evangelien berichten, dass Jesus die meisten Predigten hielt und die meisten Wunder wirkte, während er sich „auf dem Weg" befand, sowohl vor seinem Tod, als auch nach seiner Auferstehung.

Die sieben Briefe an die sieben Gemeinden betrachtet man am besten in ihrem Gesamtkontext und vergleicht sie miteinander. Es ist ungemein aufschlussreich, sie ausgeschrieben einander gegenüberzustellen, was ihre Ähnlichkeiten und Unterschiede noch deutlicher hervorhebt.

Man erkennt sofort, dass sie denselben Aufbau haben, der aus sieben Elementen besteht (eine weitere „Sieben").

1. Anrede
   „An den Engel der Gemeinde in …"
2. Eigenschaft
   „Das sind die Worte dessen, der …"
3. Anerkennung
   „Ich kenne deine Werke …"
4. Anklage
   „Doch ich habe folgendes gegen dich …"
5. Ratschlag
   „… ansonsten werde ich kommen und …"
6. Bestätigung
   „Dem, der überwindet, werde ich …"
7. Appell
   „… höre, was der Geist sagt …"

Die einzige Abweichung von dieser Anordnung finden wir in den letzten vier Briefen, bei denen die beiden Schlusselemente vertauscht sind (der Grund dafür ist nicht erkennbar). Wir werden diese Briefe nun miteinander vergleichen und ihre Unterschiede herausarbeiten.

DURCH LEIDEN ZUR HERRLICHKEIT

DIE ANREDE

Die Anrede ist, abgesehen vom genannten Zielort, in allen sieben Schreiben genau gleich. Alle Städte liegen an einem „Rundkurs", der bei der großen Hafenstadt Ephesus beginnt (über die dortige Gemeinde zur damaligen Zeit wissen wir mehr als über alle anderen). Der Weg führt an der Küste entlang nach Norden, dann ins Landesinnere Richtung Osten und schließlich nach Süden in das fruchtbare Tal des Flusses Mäander.

Der einzige Diskussionspunkt ist, ob sich das Wort *angelos* (griechisch für Engel, wörtlich „Bote") auf eine himmlische oder eine irdische Person bezieht. Da es überall in der Offenbarung korrekterweise als „Engel" übersetzt wird, kann man mit hoher Wahrscheinlichkeit davon ausgehen, dass es hier genauso ist. Engel haben einen großen Anteil am Gemeindeleben (sie beachten sogar die Frisuren der Gemeindeglieder, 1. Korinther 11,10). Da Johannes völlig isoliert ist, mussten zwangsläufig himmlische „Boten" die Briefe überbringen. Es ist lediglich die moderne Skepsis gegenüber der Existenz von Engeln, die zu der Übersetzung „Vorsteher" (wahrscheinlich mit dem Titel „Pfarrer" oder „Hochwürden"!) geführt hat.

DIE EIGENSCHAFT

Bemerkenswert ist, dass Jesus niemals seinen Namen nennt, sondern sich nur verschiedene Titel gibt; viele von ihnen sind neu. Tatsächlich trägt er über 250 Titel, die größte Anzahl, die eine historische Persönlichkeit jemals vorweisen konnte (sie einmal aufzulisten ist eine nützliche Übung für die persönliche Andacht). In jedem Schreiben wird die Bezeichnung Jesu sorgfältig ausgewählt, um einen Aspekt seines Charakters zu beleuchten, den die Gemeinde vergessen hat oder den sie beachten sollte. Manche sind bereits in der ersten Vision, die Johannes von Jesus hat, zu finden. Alle diese Titel sind sehr bedeutsam. Der „Schlüssel Davids" deutet darauf hin, dass er die Erfüllung der messianischen Hoffnungen Israels ist. „Der Ursprung der Schöpfung Gottes" symbolisiert seine weltumspannende Autorität (Matthäus 28,18).

DIE ANERKENNUNG

Dieses Element eröffnet den persönlichsten Teil jedes Briefes und wechselt von der dritten Person („der bzw. „er") zur ersten Person („ich"). Handelt es sich um dieselbe Person? Das Wort „der" bezieht sich sehr wahrscheinlich auf Christus, während das „Ich" der Geist sein könnte, natürlich der „Geist Christi". Spätere Aussagen (beispielsweise „… wie mein Vater mir Macht und Herrschaft gab …", Offenbarung 2,28; HfA) sprechen für die erste Variante.

Die Aussage „Ich kenne … " verdeutlicht, dass Jesus sowohl ihren inneren Zustand als auch ihre äußere Lage sehr gut kennt. Sein Wissen und damit auch sein Verständnis sind allumfassend. Seine Beurteilung ist zutreffend, seine Meinung ausschlaggebend und seine Ehrlichkeit authentisch.

Vor allem aber kennt er „ihre Werke", d. h., ihre Taten, ihr Handeln. Diese Betonung der Werke durchzieht die gesamte Offenbarung, weil das göttliche Gericht Thema dieses Buches ist. Jesus kommt wieder, um die Lebenden und die Toten zu richten. Wir sind durch Glauben gerechtfertigt, werden jedoch nach unseren Werken beurteilt (2. Korinther 5,10). Jesus befürwortet gute Werke und ermutigt uns, darin nicht nachzulassen.

Wenn man die Briefe nebeneinander betrachtet, wird schnell deutlich, dass Jesus über zwei Gemeinden nichts Gutes zu sagen hat, nämlich Sardes und Laodizea. Dennoch sind sie nach menschlichen Maßstäben beide „erfolgreich". Jesu Meinung kann erheblich von unserer menschlichen

Meinung abweichen. Große Gemeinden, große Kollekten und volle Programme sind nicht zwangsläufig ein Zeichen für geistliche Gesundheit.

Fünf der Gemeinden werden gelobt: Ephesus für ihre Mühe, ihre Geduld, ihr Durchhalten und ihr Unterscheidungsvermögen (sie hat sich von falschen Aposteln distanziert); Smyrna für ihren Mut angesichts von Verfolgung und Entbehrung (gerade weil sie an eine „Synagoge Satans" angrenzen, möglicherweise eine okkulte Form des Judentums); Pergamon dafür, dass sie den Glauben auch unter Druck nicht verleugnet hat, selbst als eines ihrer Mitglieder zum Märtyrer wurde (obwohl sie unter dem Schatten des „Thrones Satans" lebte, einem gigantischen Tempel, der nun in einem Museum in Ostberlin wiederaufgebaut worden ist); Thyatira für ihre Liebe, ihren Glauben, ihre Geduld und ihren Fortschritt; Philadelphia für ihre kostbare Treue (mit einer weiteren Synagoge Satans in der Nähe).

Nebenbei bemerkt spricht Jesus regelmäßig von Satan, der hinter aller Feindseligkeit gegenüber den Gemeinden steckt. Er ist es auch, der für die drohende Krise verantwortlich ist, der sie sich gegenübersehen werden, für die „Stunde der Versuchung, die über den ganzen Erdkreis kommen wird, damit die versucht werden, die auf der Erde wohnen" (3,10, ELB).

Schließlich ist es charakteristisch für Jesus zu loben, bevor er kritisiert. Diesem Beispiel sind auch die Apostel gefolgt. Paulus dankte Gott, dass die Korinther alle „Geistesgaben" hätten (1. Korinther 1,4–7), bevor er ihren falschen Umgang mit ihnen kritisierte. Natürlich erlebte er auch Gemeindesituationen, in denen das nicht möglich war, beispielsweise in Galatien. Dennoch sollte jeder Christ dieses Prinzip ebenfalls beherzigen.

SCHLÜSSEL ZUM NEUEN TESTAMENT

DIE ANKLAGE

Erneut werden zwei Gemeinden von der Kritik ausgenommen, Smyrna und Philadelphia. Was für eine Erleichterung müssen sie empfunden haben, als ihre Briefe vorgelesen wurden! Sie waren schwächer als die anderen und litten bereits, doch sie waren treu geblieben. Diese Haltung bereitet Jesus die größte Freude (Matthäus 25,21+23).

Was machten die anderen falsch? Die Gemeinde in Ephesus hatte ihre „erste Liebe" verlassen (zum Herrn, zueinander oder zu verlorenen Sündern? Vermutlich zu allen dreien, denn sie hängen zusammen). In Pergamon gab es Götzendienst und Unmoral (Synkretismus und sexuelle Freizügigkeit sind die modernen Gegenstücke). Thyatira machte sich derselben Dinge schuldig (weil sie auf „Isebel" gehört hatte, eine falsche Prophetin). Sardes ließ sich ständig auf neue Unternehmungen ein und hatte dadurch den Ruf, eine „lebendige" Gemeinde zu sein. Doch nichts davon wurde konsequent zu Ende geführt (Kommt uns das irgendwie bekannt vor?). Laodizea war krank, war sich dessen aber nicht bewusst.

Dieses letzte Schreiben ist vielleicht das bekannteste und bemerkenswerteste. Die Christen in Laodizea waren stolz darauf, eine warmherzige Gemeinde zu sein mit herzlicher Gastfreundschaft gegenüber ihren vielen Besuchern. Doch Jesus wird es von „lauwarmen" Gemeinden übel. Er kann mit eiskalten und kochend heißen Gemeinden besser umgehen! Diese Aussage steht im Zusammenhang mit den salzigen Heißwasserquellen, die eine Hügellandschaft außerhalb der Stadt durchziehen (die Kalksinterterrassen von Pamukkale sind noch heute ein beliebtes Heilbad für Kurgäste). Bis das Wasser Laodizea erreicht hatte, war es „lauwarm" und diente als Brechmittel, das die Trinkenden dazu brachte, sich zu übergeben.

DURCH LEIDEN ZUR HERRLICHKEIT

Jesus hatte aufgehört, die dortigen Gottesdienste zu besuchen! Man konnte ihn in der Gemeinde nicht mehr antreffen, stattdessen stand er draußen vor der Tür. Offenbarung 3,20 ist wahrscheinlich der Bibelvers, der am meisten missbraucht wird. Er wird immer wieder als evangelistische Einladung genutzt und als Ratschlag an Menschen, die auf der Suche sind. Dabei hat er mit einer Bekehrung zu Christus überhaupt nichts zu tun. Verwendet man ihn jedoch in diesem Kontext, vermittelt er einen ziemlich falschen Eindruck (tatsächlich ist es der Sünder, der draußen steht und anklopfen muss, um das Königreich zu betreten, dessen Tür Jesus selbst ist; Lukas 11,5–10; Johannes 3,5; 10,7). Die „Tür" in Offenbarung 3,20 ist die Tür zur Gemeinde in Laodizea. Der Vers ist eine prophetische Botschaft, die sich an eine Gemeinde richtet, die Christus verloren hat. Gleichzeitig macht er Hoffnung, denn es wird nur ein einziges Gemeindeglied benötigt, das mit ihm an seinem Tisch sitzen möchte, um Christus wieder hereinzuholen! Für eine tiefergehende Erörterung dieses Verses und des neutestamentlichen Weges, Christ zu werden, verweise ich auf mein Buch *„Wiedergeburt. Start in ein gesundes Leben als Christ"* (Projektion J, 1991).

Bevor wir diesen Abschnitt verlassen, müssen wir darauf hinweisen, dass diese Anklagen durch die Liebe Jesu zu seinen Gemeinden motiviert sind. Er sagt dies ausdrücklich selbst: „Ich überführe und züchtige alle, die ich liebe (3,19; ELB). Tatsächlich könnte das Nichtvorhandensein göttlicher Disziplin bedeuten, dass man überhaupt nicht zur Familie gehört (Hebräer 12,7–8)! Jesus will die Christen in Laodizea nicht heruntermachen, sondern sie aufrichten. Es geht ihm vor allem darum, sie auf die bevorstehende Bedrängnis vorzubereiten, die sie auf die Probe stellen wird (3,10). Wenn sie jetzt Kompromisse eingehen, werden sie später aufgeben. Das könnte sie ihr Erbe kosten.

DER RATSCHLAG

Er gibt jeder der sieben Gemeinden einen Rat. Selbst die beiden, die seine völlige Zustimmung finden, werden ermahnt, nicht nachzulassen und das festzuhalten, was sie haben, weil er bald kommen wird (3,11).

Die anderen fünf werden mit zwei Aufforderungen gewarnt: „Denke daran" bzw. „Erinnert euch daran" und „Tue Buße". Sie sollen sich ins Gedächtnis rufen, wer sie einmal waren und eigentlich auch heute noch sein sollten. Dabei beinhaltet wahre Buße viel mehr als Bedauern oder Reue. Sie verlangt Sündenbekenntnis und Korrektur.

Er warnt diejenigen, die seinen Appell verachten, dass er kommen und sie bestrafen werde. Es wird ein „zu spät" geben, um die Dinge in Ordnung zu bringen. Einige Male bezieht sich das auf seine Wiederkunft; wer sogar „treu bis zum Tod" geblieben ist, wird dann die „Krone des Lebens" empfangen. Wer allerdings nicht darauf vorbereitet ist, wird die furchtbaren Worte hören: „Ich kenne dich nicht" (siehe Matthäus 25,12).

Normalerweise aber bezieht sich „so komme ich" auf einen „Besuch" bei einer einzelnen Gemeinde, der vor der Wiederkunft Christi stattfinden wird – um deren „Leuchter" von der Stelle zu stoßen (2,5). Jesus hat auch den Auftrag, Gemeinden zu schließen! Eine Gemeinde, die Kompromisse macht und nicht bereit ist, sich korrigieren zu lassen, ist vollkommen nutzlos für das Reich Gottes. Es ist besser, eine solche Antiwerbung für das Evangelium gänzlich zu entfernen.

Wir könnten diesen Teil der Sendschreiben folgendermaßen zusammenfassen: „Bring es in Ordnung und bleib dran – oder ich werde es beenden."

DIE VERSICHERUNG

Es ist bemerkenswert, dass sich der Aufruf zu überwinden nicht an eine ganze Gemeinde, sondern an jedes einzelne

Mitglied richtet. Gericht ist immer individuell und niemals gemeinschaftlich, egal ob es um Belohnung oder um Bestrafung geht (siehe „ein jeder" in 2. Korinther 5,10). Es gibt keine Aufforderung, eine verdorbene Gemeinde zu verlassen und sich einer besseren ein paar Häuser weiter anzuschließen! Auch rechtfertigt eine ins Wanken geratene Gemeinde nicht, dass der Einzelne Kompromisse macht. Falschen Gemeindetrends soll man nicht folgen. Mit anderen Worten: Es kann sein, dass ein Christ zuerst lernen muss, dem Druck innerhalb der Gemeinde zu widerstehen, bevor er sich dem Druck der Welt stellen kann. Wenn wir Ersteres nicht „überwinden" können, dann ist es unwahrscheinlich, dass wir Letzteres „überwinden" werden.

Jesus ist nicht zögerlich, Belohnungen als Anreize in Aussicht zu stellen (5,12). Er selbst hat das Kreuz erduldet und seine Schande „um der vor ihm liegenden Freude willen verachtet" (Hebräer 12,2; ELB). In jedem der Briefe ermutigt er „Überwinder", an die Belohnungen zu denken, die auf diejenigen warten, die mit aller Kraft aus das Ziel zulaufen (siehe Philipper 3,14).

Genau wie der Titel Jesu in jedem Sendschreiben aus dem ersten Kapitel entnommen ist, so stammen die Belohnungen, die er in Aussicht stellt, aus den letzten Kapiteln. Sie werden erst in der fernen Zukunft verliehen und nicht in der unmittelbaren Gegenwart. Nur wer glaubt, dass Jesus seine Versprechen hält, wird sich durch den künftigen Lohn motivieren lassen.

Noch einmal: Wir müssen begreifen, dass die Freuden des neuen Himmels und der neuen Erde nicht für alle Gläubigen bestimmt sind, sondern nur für diejenigen, die den Druck der Versuchung und der Verfolgung überwinden (21,7+8 macht dies überaus deutlich). Wer „bis ans Ende" gehorsam und treu bleibt (2,26), wird gerettet (vgl. Matthäus 10,22; 24,13; Markus 13,13; Lukas 21,19).

DER APPELL
Der letzte Appell, „wer ein Ohr hat, der höre", ist ein bekannter Abschluss der Worte Jesu (z.B. Matthäus 13,9). Im Neuen Testament wird seine Bedeutung im Licht eines der am häufigsten zitierten Texte aus dem Alten Testament deutlich: „Hört immerfort und versteht nicht … mit den Ohren hören sie schwer … dass sie nicht etwa mit den Ohren hören und mit dem Herzen verstehen und sich bekehren und ich sie heile" (Jesaja 6,9–10, zitiert in Matthäus 13,13–15; SLT; Markus 4,12; Lukas 8,10; Apostelgeschichte 28,26–27).

Jesus wusste, dass die allgemeine Reaktion der Juden so aussehen würde. Nun fordert er die Christen auf, nicht ebenso zu reagieren. Er unterstreicht den Unterschied, den es zwischen dem Hören und dem Befolgen einer Botschaft gibt. Die Frage ist, wie viel Beachtung man dem schenkt, was er sagt. Seine Worte in der Offenbarung werden nur ein Segen sein, wenn sie gelesen und „bewahrt" werden, d. h., dass sie nicht nur das Ohr erreichen, sondern „zu Herzen genommen werden" (1,3). Ein Elternteil, dessen Kind die Anweisung „Stell das hin!" ignoriert, wird sagen: „Hast du gehört, was ich gesagt habe?" Er weiß ganz genau, dass seine Aufforderung zwar gehört, aber nicht beachtet wurde.

Mit einfachen Worten: Die Schlussbemerkung in jedem der sieben Sendschreiben bedeutet, dass Jesus eine Antwort erwartet, und zwar eine positive – durch Gehorsam. Er hat das Recht, auf einer solchen Reaktion zu beharren, denn er ist der Herr.

Kapitel 4–5: Gott im Himmel
Dieser Abschnitt ist ziemlich direkt und erfordert kaum eine Einleitung. Besonders das 4. Kapitel ist wahrscheinlich vielen im Zusammenhang mit dem Lob Gottes bekannt. Es wird häufig vorgelesen, um die Anbetung zu fördern

und ist der inhaltliche Schwerpunkt vieler Kirchen- und Lobpreislieder. Diese Passage erlaubt uns einen kurzen Blick in die himmlische Anbetung – alle irdischen Lobgesänge stellen nur ein Echo dar.

Johannes wird eingeladen, „hier herauf zu kommen" (4,1) und zu entdecken, wie der Himmel aussieht, ein Vorrecht, das er zu Lebzeiten nur mit wenigen teilt (Paulus hatte eine ähnliche Erfahrung; 2. Korinther 12,1–6). Der Himmel ist der Ort, an dem Gott regiert und von dem aus er herrscht. „Thron" ist das Schlüsselwort, das 16-mal auftaucht. Das Wort „sitzen" wird immer wieder betont (4,2+9+10; 5,1). Es handelt sich um die Kommandozentrale des „Königreichs der Himmel".

Das Szenario ist atemberaubend schön und fast unbeschreiblich: grüne Regenbögen(!), goldene Kronen, Blitz und Donner, lodernde Lampen. Man kann sich gut vorstellen, wie Johannes' Augen von einer erstaunlichen Besonderheit zur nächsten springen, während er sich voller Bewunderung und Staunen umschaut. Als er versucht zu beschreiben, was er von Gott selbst wahrnimmt, kann er ihn nur mit zwei der brillantesten Edelsteine vergleichen, die er je gesehen hat (Jaspis und Sarder).

Vor allem aber hat diese Szene einen friedlichen Aspekt, nämlich ein „gläsernes Meer", das sich bis zum Horizont erstreckt. Der scharfe Kontrast zu den heftigen Turbulenzen auf der Erde (ab Kapitel 6) ist zweifellos beabsichtigt. Gott regiert als oberster Herrscher über alle Kämpfe zwischen Gut und Böse. Er muss nicht kämpfen; sogar Satan muss ihn um Erlaubnis bitten, bevor er ein menschliches Wesen antasten kann (Hiob 1). Nichts kann Gott überraschen. Er weiß genau, wie er mit allem, was passiert, umgehen muss, denn auch diese Geschehnisse hat er schließlich zugelassen.

Er ist Gott und kein Mensch. Deshalb ist er es wert, angebetet zu werden. Der Schöpfer empfängt den niemals endenden Lobpreis seiner Geschöpfe, die er gemacht hat. Die vier „lebendigen" Wesen sind nur „wie" ein Löwe, ein Stier, ein Mensch und ein Adler. Gemeinsam repräsentieren sie möglicherweise alle Geschöpfe, die auf dieser Erde vorkommen (auch wenn es 20 andere Interpretationen gibt!). Ihr Lobpreis ist in gewisser Weise „dreifaltig": dreimal wird das Wort „heilig" wiederholt – und er beschreibt Gott in drei Dimensionen der Zeit: Vergangenheit, Gegenwart und Zukunft.

Der „Rat" des Himmels besteht aus vierundzwanzig Ältesten (Jeremia 23,18). Mit an Sicherheit grenzender Wahrscheinlichkeit repräsentieren sie die zwei Bundesvölker Gottes: Israel und die Gemeinde (siehe die 24 Namen, die auf den Toren und Fundamenten des Neuen Jerusalems stehen; 21,12–14). Sie haben zwar „Kronen" und „Throne", doch ihre Autorität wurde ihnen nur übertragen

Außer der immerwährenden Anbetung gibt es in Kapitel 4 keine Handlung. Es ist ein Dauerzustand ohne Zeitbezug. In Kapitel 5 beginnt die Handlung – mit der Suche nach jemandem „im Himmel und auf Erden", „der würdig ist, die Siegel zu brechen und die Schriftrolle zu öffnen".

Die Bedeutung der Schriftrolle wird im Lichte der Ereignisse deutlich. Auf ihr muss das Programm geschrieben sein, welches das Zeitalter der Erdgeschichte, in dem wir leben, zum Abschluss bringt. Das Aufbrechen der Siegel setzt den Countdown in Gang.

Bis dies geschieht, muss die Welt in ihrem gegenwärtigen Zustand weiterexistieren. Das „gegenwärtige, böse Zeitalter" muss abgeschlossen werden, bevor das „zukünftige Zeitalter" anbrechen kann. Die „Königreiche dieser Welt" müssen unwiederbringlich zum Abschluss gebracht werden, damit das „Königreich Gottes" überall auf der Welt etabliert werden kann. Daher „weinte" Johannes aus Frustration und

Trauer „sehr", weil niemand für „würdig" befunden wurde, diesen Prozess in Gang zu setzen.

Doch worin bestand das Problem? Gott selbst hatte im Verlauf der Geschichte sehr oft seinen Richterspruch vollzogen. Warum sollte er seine abschließenden Urteile nicht auch vollstrecken? Entweder will er es schlicht und einfach nicht tun, oder er fühlt sich nicht qualifiziert dazu! Dieser letzte Gedanke ist gar nicht so bizarr oder gotteslästerlich, wie man vielleicht denken könnte – wenn man genau betrachtet, was über die eine Person ausgesagt wird, die tatsächlich würdig ist.

Wer ist es? Jemand, der „Löwe" und „Lamm" in sich vereint! Eigentlich ist der Kontrast zwischen beiden gar nicht so groß, wie man gemeinhin annimmt. Das Lamm ist männlich und voll ausgewachsen, wie jedes Lamm, das als Opfertier benutzt wurde („einjährig"; Exodus 12,5). In diesem Fall hat der „Widder", wie wir ihn eigentlich nennen sollten, sieben Hörner (eines mehr als Jakobschafe, eine alte Nutztierrasse, die bis zu sechs Hörnern haben kann). Diese Hörnerzahl symbolisiert absolute Macht. Er hat zudem sieben Augen, die für den vollkommenen Überblick stehen. Dennoch wurde es als Opfer „geschlachtet".

Der Löwe ist der König des Dschungels, in diesem Fall kommt er aus dem Stamme Juda und ist im Herrschergeschlecht Davids verwurzelt. Wir sehen also eine einzigartige Kombination aus souveränem Löwen und opferbereitem Lamm. Sie entspricht der Doppelfunktion des kommenden König und des leidenden Knechts, wie sie die hebräischen Propheten voraussagten (z.B. Jesaja 9–11 und 42–53).

Doch nicht nur seine Identität, sondern auch sein vollendetes Werk berechtigt ihn dazu, die Bedrängnis in Gang zu setzen, welche die Welt zu ihrem Ende bringen wird. Dabei kann „Ende" zweierlei bedeuten: Beendigung oder Vollendung. Hier ist Letzteres gemeint.

Er hat ein Volk vorbereitet, das die Herrschaft über die Welt antreten wird. Mit seinem eigenen Blut hat er sie aus jeder ethnischen Gruppe der Menschheit erkauft. Unter seiner Anleitung haben sie ein königliches und priesterliches Trainingsprogramm durchlaufen, so dass sie darauf vorbereitet sind, *auf der Erde zu herrschen* (was in Offenbarung 20,4–6 genau ausgeführt wird).

Nur wer all dies getan hat, ist in der Lage, die Serie von Katastrophen auszulösen, die alle anderen Reiche stürzen wird. Es würde nur zur Anarchie führen, ein schlechtes System zu zerstören, ohne ein gutes bereitzuhalten, das es ersetzen könnte.

Zudem ist er selbst ein würdiges Oberhaupt dieser Regierung, die er vorbereitet hat – gerade weil er bereit war, sich selbst zu opfern, um diesen Herrschaftswechsel möglich zu machen. Weil „er gehorsam wurde bis zum Tod, ja bis zum Tod am Kreuz", hat ihn „Gott auch über alle Maßen erhöht" (Philipper 2,8+9; SLT).

Kein Wunder also, dass Tausende von Engeln in eine leidenschaftliche, musikalische Huldigung einstimmen und dadurch ihre Zustimmung zum Ausdruck bringen, ihm Macht, Reichtum, Weisheit, Stärke, Ehre, Herrlichkeit und Lobpreis zu geben. Dann stimmen alle Geschöpfe im Universum in die Hymne des Chores ein, wenn auch mit einem bedeutenden Zusatz. Die Macht, die Ehre, die Herrlichkeit und den Lobpreis sollten beide gemeinsam erhalten: der, der auf dem Thron sitzt und der, der vor ihm im Zentrum steht – Vater und Sohn zusammen. Denn es war eine gemeinsame Anstrengung. Sie beide hatten ihren Anteil daran. Wenn auch auf sehr unterschiedliche Art und Weise haben doch beide gelitten, um dies alles möglich zu machen.

Nichts offenbart die göttliche Natur unseres Herrn Jesus Christus deutlicher, als dass Vater und Sohn gemeinsam uneingeschränkt gepriesen und angebetet werden.

Kapitel 6–16: Satan auf der Erde

Dieser Abschnitt ist das Herz des Buches und gleichzeitig am schwierigsten zu verstehen und anzuwenden.

Jetzt kommen die schlechten Nachrichten. Die Dinge werden erst weitaus schlimmer, bevor sie wieder besser werden. Zumindest ist es tröstlich zu wissen, dass die Situation niemals katastrophaler werden kann, als sie in diesen Kapiteln vorhergesagt wird. Doch das ist schlimm genug!

Den Auslegern stellen sich drei Hauptprobleme.

Erstens: Was ist die *Reihenfolge* dieser Ereignisse? Es ist ziemlich schwierig, sie alle in einen Zeitplan einzuordnen. Wer es versucht, wird es schnell merken.

Zweitens: Was bedeuten die *Symbole*? Manche sind eindeutig, andere werden erklärt. Doch wieder andere stellen ein Problem dar (die „schwangere Frau" in Kapitel 12 ist ein solcher Fall).

Drittes: Wann findet die *Erfüllung* dieser Vorhersagen statt? In unserer Vergangenheit, Gegenwart oder Zukunft? Sind sie bereits geschehen? Ereignen sie sich gerade jetzt oder steht ihre Erfüllung noch bevor?

Zunächst konzentrieren wir uns auf die Reihenfolge der Ereignisse, die beim ersten Lesen alles andere als offensichtlich ist. Die Symbole behandeln wir immer dann, wenn sie uns begegnen. Unsere Aufgabe wird durch den Einschub dreier Merkmale erschwert, die unregelmäßig auftauchen und scheinbar willkürlich über diese Kapitel verstreut sind.

Als Erstes gibt es *Exkurse* in Form von „Zwischenspielen" oder Einschüben. Sie beschäftigen sich mit Themen, die offenbar außerhalb der Haupthandlung liegen.

Zweitens gibt es *Wiederholungen*. Von Zeit zu Zeit scheint die Erzählung „zurückzuspringen" und uns an Dinge zu erinnern, die bereits erwähnt wurden.

Drittens gibt es *Vorwegnahmen*: Es kommen Ereignisse vor, die erst zu einem späteren Zeitpunkt in der Geschichte erklärt werden (so taucht Armageddon das erste Mal in Offenbarung 16,16 auf, die Schlacht findet aber erst in Kapitel 19 statt).

Diese Besonderheiten haben zu Missverständnissen und Spekulationen geführt, insbesondere bei der Auslegungsmethode des „zyklischen Historizismus", wie wir bereits festgestellt haben. Wir werden einen einfacheren Weg gehen und uns vom Offensichtlichen zum Obskuren durcharbeiten.

Wenn man diese Kapitel auf einmal durchliest, sind die drei Abfolgen von Siegeln, Posaunen und Schalen am auffälligsten. Ihre symbolische Bedeutung ist relativ einfach zu entschlüsseln.

Siegel:
1. Weißes Pferd: militärische Aggression
2. Rotes Pferd: Blutvergießen
3. Schwarzes Pferd: Hungersnot
4. Grünes (fahles) Pferd: Krankheiten, Seuchen, Epidemien

* * *

5. Verfolgung und Gebet
6. Erschütterung und Terror
7. Stille im Himmel, Hören auf Gebete, die dann in einer abschließenden Katastrophe beantwortet werden: heftiges Erdbeben

Posaunen:
1. Verbrannte Erde
2. Verschmutztes Meer
3. Verseuchtes Wasser
4. Vermindertes Sonnenlicht

* * *

5. Insekten und Plage (fünf Monate)
6. Invasion aus dem Orient (200 Millionen)
7. Das Königreich kommt, die Welt wird nach einem heftigen Erdbeben von Gott und Christus übernommen

Schalen:
1. Geschwüre auf der Haut
2. Blut im Meer
3. Blut aus den Quellen
4. Verbrennungen durch die Sonne

* * *

5. Finsternis
6. Armageddon

* * *

7. Hagelsturm und heftiges Erdbeben, was zu einem internationalen Zusammenbruch führt

Durch diese Darstellung klärt sich schon einiges:
Diese Ereignisse sind uns nicht völlig fremd. Sie erinnern uns entfernt an die Plagen Ägyptens, als Mose den Pharao herausforderte, sogar bis hin zu den Fröschen und Heuschrecken (2. Mose 7–11). Sie geschehen auch heute auf örtlicher und regionaler Ebene.

So kann die Sequenz mit den vier Pferden in vielen Teilen der Welt beobachtet werden. Dabei resultiert jede Plage aus der vorhergehenden. Neu ist hauptsächlich das weltweite Ausmaß der Ereignisse, die hier geschehen – als ob sich die Nöte auf der gesamten Erde verbreiten würden.

Jede Serie ist in drei Abschnitte unterteilt. Die ersten vier Einzelereignisse gehören jeweils zusammen. Das bemerkenswerteste Beispiel sind die „vier apokalyptischen Reiter", die durch das Gemälde Albrecht Dürers als solche bekanntgeworden sind. Die nächsten beiden sind nicht ganz so eng miteinander verbunden und das letzte Ereignis steht für sich allein. Die jeweils letzten drei werden als „Wehen" bezeichnet, ein Wort, das auf Flüche hindeutet.

Wenn man sich die drei Serien zusammen betrachtet, so scheint sich die Schwere der Ereignisse zu *intensivieren*. Während ein Viertel der Menschheit im Verlauf der „Siegel" stirbt, schafft es ein Drittel der Überlebenden nicht, die „Posaunen" zu überleben. Des Weiteren gibt es eine Steigerung bei den Ursachen für die Katastrophen. Die „Siegel" sind menschlichen Ursprungs. Die „Posaunen" scheinen ein natürlicher Zerfall der Umwelt zu sein und die „Schalen" werden direkt von Engeln ausgegossen.

Es gibt auch eine *Beschleunigung* der Ereignisse. Die „Siegel" scheinen zeitlich ziemlich weit auseinander zu liegen, doch die späteren Sequenzen scheinen sich innerhalb von Monaten oder sogar Tagen abzuspielen.

All das lässt eine Steigerung in den drei Serien erkennen, die uns zu der Frage bringt, wie sie zusammenhängen. Die offensichtlichste Antwort ist, dass sie *nacheinander* stattfinden. Das könnte man folgendermaßen darstellen: Siegel: 1234567, dann Posaunen: 1234567, dann Schalen: 1234567. Mit anderen Worten: Die Serien geschehen einfach nacheinander, wobei es insgesamt 21 Ereignisse gibt.

Doch leider ist es nicht ganz so einfach! Eine genauere Betrachtung zeigt offensichtlich, dass sich das siebte Element in jedem Fall auf dasselbe Ereignis bezieht (ein starkes Erdbeben auf weltweiter Ebene ist die gängigste Meinung; 8,5; 11,19; 16,18). Dies hat zu einer alternativen Theorie geführt, die von Vertretern des „zyklischen Historizismus" bevorzugt wird. Man glaubt, dass der Ablauf *gleichzeitig* und wie folgt geschieht:

Siegel: 1 2 3 4 5 6 7
Posaunen: 1 2 3 4 5 6 7
Schalen: 1 2 3 4 5 6 7

DURCH LEIDEN ZUR HERRLICHKEIT

Mit anderen Worten: Sie decken den gesamten Zeitabschnitt ab (man geht von der ganzen Spanne zwischen dem ersten und zweiten Kommen aus), und zwar aus verschiedenen Blickwinkeln.

Eine überzeugendere, aber kompliziertere Anordnung verbindet diese beiden Erkenntnisse. Sie behandelt die ersten sechs als nacheinander stattfindend und das siebte als gemeinsames Ereignis.

Siegel:	1 2 3 4 5 6		7
Posaunen:		1 2 3 4 5 6	7
Schalen:			1 2 3 4 5 6 7

Anders ausgedrückt: Eine Serie folgt der nächsten, doch alle finden ihren Höhepunkt im selben katastrophalen Ende. Das scheint am besten zu den bekannten Tatsachen zu passen und wird hauptsächlich vom „Futurismus" vertreten. Er geht davon aus, dass alle drei Serien geschichtlich gesehen noch vor uns liegen.

Alle drei konzentrieren sich auf das, was mit der Welt geschehen wird. Nebenbei sollten wir aber auch die Reaktion der Menschen beachten. Während sie erkennen, dass diese schrecklichen Tragödien ein Ausdruck des Zornes Gottes (und des Lammes) sind, reagieren sie mit großem Erschrecken (6,15–17) und dadurch, dass sie Gott lästern, statt Buße zu tun (9,20–21). Dabei ist die gute Nachricht von der Vergebung immer noch verfügbar (14,6). Es ist ein trauriger Bericht über die Härte des menschlichen Herzens, der leider der Lebenswirklichkeit entspricht. In Katastrophen wenden wir uns entweder Gott zu oder wir wenden uns von ihm ab (mit ihren letzten Worten verfluchen Piloten abstürzender Flugzeuge häufig Gott; diese Lästerungen werden gewöhnlich aus der Aufnahme der sogenannten „Blackbox" herausgelöscht, bevor sie im Untersuchungsverfahren verwendet wird).

Jetzt wollen wir jene Kapitel untersuchen, die zwischen bzw. in die drei Reihen der Siegel, der Posaunen und der Schalen einfügt wurden, wie wir noch sehen werden. Es gibt drei solche Einschübe: Kapitel 7, Kapitel 10–11 und Kapitel 12–14. Die ersten beiden Einschübe werden zwischen dem sechsten und siebten Siegel bzw. der sechsten und siebten Posaune platziert. Der Dritte steht jedoch vor der ersten Schale. Als ob es zwischen der sechsten und siebten Schale kein Zeitfenster dafür gäbe. Wir können diese Abfolge in Diagrammform darstellen und dazu die vorangegangene Darstellung verwenden:

Siegel: 1 2 3 4 5 6 (Kap. 7)   7
Posaunen: 1 2 3 4 5 6 (Kap. 10–11)   7
Schalen: (Kap. 12–14) 1 2 3 4 5 6 7

Nun steht uns ein vollständiger Überblick über die Kapitel 6–16 zur Verfügung.

Während die drei Serien der Siegel, der Posaunen und der Schalen sich hauptsächlich mit dem beschäftigen, was mit der *Welt* passiert, haben die drei Einschübe zum Inhalt, was mit der *Gemeinde* geschieht. Hier erhalten wir Informationen über das Volk Gottes während dieses furchtbaren Umbruchs. Wie wird sich das alles auf die Gläubigen auswirken? Da die Offenbarung das Ziel hat, die „Heiligen" auf die Zukunft vorzubereiten, sind diese Einschübe für sie besonders wichtig und relevant.

Kapitel 7: Die zwei Gruppen
Zwischen dem 6. und 7. Siegel erhaschen wir einen Blick auf zwei verschiedene Völker an zwei sehr unterschiedlichen Orten.

Auf der einen Seite sehen wir *eine begrenzte Anzahl von Juden, die auf der Erde bewahrt werden* (Verse 1–8).

Gott hat Israel nicht verworfen (Römer 11,1+11). Er hat ein bedingungsloses Versprechen gegeben, dass sie überleben werden, so lange das Universum existiert (Jeremia 31,35–37). Gott wird sein Wort halten. Sie haben eine Zukunft.

Die Zahlen scheinen ein wenig willkürlich, sogar künstlich. Vielleicht sind es „runde" Zahlen oder möglicherweise sind sie auf irgendeine Weise symbolisch. Deutlich wird aber auf jeden Fall, dass es ein kleiner Teil eines Volkes sein wird, das heute Millionen zählt; und die Gesamtsumme wird zu gleichen Teilen zwischen den 12 Stämmen aufgeteilt, ohne einen von ihnen zu bevorzugen. Das bedeutet aber auch, dass die zehn Stämme, die nach Assyrien verschleppt wurden, für Gott nicht „verloren" sind und dass er einen ihm bekannten Überrest aus jedem Stamm bewahren wird. Es gibt einen verlorenen Stamm, nämlich Dan. Er rebellierte gegen Gottes Willen und wurde ersetzt – auf sehr ähnliche Art, wie Judas Iskariot unter den 12 Aposteln. Beide Ereignisse warnen uns davor, unseren Platz in Gottes Plan als selbstverständlich anzusehen.

Auf der anderen Seite gibt es *eine zahllose Menge von Christen, die im Himmel bewahrt werden* (Verse 8–17). Diese internationale Schar hat einen Ehrenplatz vor dem Thron des Königs. Sie nimmt zusammen mit den Ältesten und mit den vier lebendigen Wesen am Lobgesang teil. Doch sie geben der Anbetung eine zusätzliche Note: Sie danken für ihr „Heil", ihre Errettung.

Johannes versteht ihre Bedeutung nicht und gibt sein Unverständnis zu, dass sie derart geehrt werden. Einer der Ältesten klärt ihn auf: „Diese sind es, die aus der großen Bedrängnis kommen" (Vers 14; ELB; die Zeitform des Verbs deutet ganz klar auf eine andauernde Prozession von Einzelpersonen und Gruppen hin – während der gesamten Zeit der Drangsal). Wie entkommen sie der Trübsal? Nicht durch eine plötzliche und geheime „Entrückung"! Sie entkommen durch den Tod, meistens durch den Märtyrertod, der gerade in diesen Kapiteln eine so bedeutende Rolle spielt (wir haben den Schrei ihrer „Seelen" nach Rache bereits gehört; 6,9–11).

Doch das vergossene Blut des Lammes hat sie gerettet, nicht ihr eigenes. Es war sein Leiden und nicht ihres; es war sein Opfer, das ihre Sünden weggenommen und sie rein genug gemacht hat, um in Gottes Gegenwart zu stehen und ihm ihren Dienst zu weihen.

Gleichzeitig berücksichtigt Gott ihre Leiden für seinen Sohn. Er stellt sicher, dass sie einen derartigen Schmerz „niemals wieder" erleben. Die sengende Sonne wird sie nicht verbrennen (16,8–9) und der „gute Hirte" wird sich um sie kümmern (Psalm 23; Johannes 10). Sie werden mit Wasser erfrischt und zwar mit „lebendigem" (sprudelndem!) statt mit „stillem" Wasser (Johannes 4,14; 7,38; Offenbarung 21,6; 21,1+17).

Und Gott wird, wie jeder Vater und jede Mutter bei einem weinenden Kind, „jede Träne von ihren Augen abwischen" (21,4). Dabei ist das Leben im Himmel, das nun folgt, nur ein Vorgeschmack des Lebens auf der neuen Erde.

Kapitel 10–11: Die zwei Zeugen

Zwischen der sechsten und der siebten Posaune konzentriert sich die Aufmerksamkeit auf die menschlichen Kanäle, durch welche die göttlichen Offenbarungen kommuniziert werden. Das Schlüsselwort in beiden Kapiteln heißt „weissage" (10,11; 11,3+6). Zu Beginn des Gemeindezeitalters diente Johannes auf Patmos als Prophet. Am Ende wird es zwei „Zeugen" geben, die in der Stadt Jerusalem prophezeien werden.

Das spektakuläre Auftreten von zwei „starken" Engeln lässt das drohende Desaster voraussahnen. Die furchtbaren Wahrheiten, die der erste mit donnernder Stimme hervorbringt, sind nur für Johannes bestimmt. Er darf sie niemand anderem mitteilen (vgl. 2. Korinther 12,4). Der zweite kündigt an, dass es keine weitere Verzögerung beim Ablauf der Ereignisse geben wird – die siebte Posaune wird der Höhepunkt sein (das bestätigt unsere Schlussfolgerung, dass sich das siebte Siegel, die siebte Posaune und die siebte Schale alle auf das gleiche „Ende" beziehen).

Das Überbringen des letzten und schlimmsten Teils der „schlechten Nachrichten" steht kurz bevor. Er steht auf einer „kleinen Schriftrolle (möglicherweise eine erweiterte und detailliertere Version von Teilen der größeren, die bereits geöffnet wurde?). Johannes wird angewiesen, diese Rolle „zu essen" (wir würden sagen „zu verdauen"). Sie wird „bittersüß" schmecken; zunächst süß, dann jedoch bitter, wenn Johannes beginnt, ihren Inhalt zu begreifen (eine Reaktion, die viele auf das Buch der Offenbarung haben, wenn sie anfangen, seine Botschaft zu verstehen).

Johannes wird beauftragt, „wieder zu prophezeien", d.h. seinen Auftrag fortzusetzen, die Zukunft der Welt vorherzusagen. Dann wird er in der Stadt Jerusalem und in ihrem Tempel „herumgeführt". Er vermisst ihre Vorhöfe, allerdings nicht den äußersten, der für die nichtjüdischen Anbeter bestimmt ist. Denn sie werden kommen, um die Stadt „zu zertreten", statt in ihr anzubeten. Doch sie werden auf zwei außergewöhnliche Personen treffen, die ihnen den Gott verkünden werden, den sie verachten.

Als Endergebnis werden sowohl die Prediger als auch die Zuhörer sterben! Die zwei Zeugen besitzen Wunderkräfte, um den Regen zurückzuhalten (wie Elia, 1.Könige 17,1; Jakobus 5,17) und Feuer auf ihre Feinde regnen zu lassen (wie Mose, 3. Mose 10,1–3). Doch sie werden getötet, sobald sie ihre Botschaft überbracht haben. Ihre Körper werden für etwas mehr als drei Tage auf der Straße liegen, während die internationale Volksmenge, die durch ihre Worte in ihrem Gewissen „gequält" wurde, mit ihrer Beseitigung protzt und diese feiert. Wenn die beiden Zeugen vor aller Augen auferweckt werden, wird sich diese Erleichterung in Schrecken verwandeln. Eine laute Stimme aus dem Himmel, „Steigt hier herauf!", wird zu ihrer Himmelfahrt führen. Im Moment ihrer Abberufung wird ein heftiges Erdbeben ein Zehntel der Gebäude der Stadt und 7.000 ihrer Bewohner vernichten.

Die Ähnlichkeit zwischen dem Schicksal der beiden Zeugen und dem des „Propheten" Jesus ist auffallend. Es wird unmöglich sein, sich nicht seine Kreuzigung, Auferstehung und Himmelfahrt in genau dieser Stadt ins Gedächtnis zu rufen. Natürlich gibt es Unterschiede: In seinem Fall fiel das Erdbeben mit dem Zeitpunkt seines Todes zusammen (Matthäus 27,51); und weder seine Auferstehung nach drei Tagen noch seine Himmelfahrt wurden von der Allgemeinheit wahrgenommen. Doch diese Ereignisse werden die Menschen, und zwar besonders die jüdischen Bewohner, lebhaft an die längst vergangenen Tage Jesu erinnern. In der Folge werden sie Gott fürchten und ehren.

Wir erfahren nicht, wer diese beiden Zeugen sind. Alle Versuche, sie zu identifizieren, sind reine Spekulation. Es gibt keinen Hinweis darauf, dass es „wiedergeborene" Personen aus vergangenen Zeiten sind. Es handelt sich daher weder um Mose und Elia, auch wenn sie ihnen in gewisser Weise ähneln, noch um Jesus in doppelter Ausführung, auch wenn es hier ebenfalls Ähnlichkeiten gibt. Wir müssen uns in Geduld üben, um zu erfahren, wer sie sind. Doch offensichtlich spielt ihre Identität keine besondere Rolle. Entscheidend ist, was sie tun und was ihnen angetan wird.

Bevor wir diesen Abschnitt verlassen, müssen wir uns noch mit zwei „Vorwegnahmen" beschäftigen. Zum einen gibt es hier die erste Erwähnung eines Zeitabschnitts von 1 260 Tagen, was 42 Monaten oder dreieinhalb Jahren entspricht. Wir werden dieser Zahl in den folgenden Kapiteln immer wieder begegnen, wo sie offenkundig auf die Dauer der „großen Trübsal" hinweist. Viele bringen sie mit der „halben Woche", die von Daniel vorhergesagt wurde in Verbindung (Daniel 9,27; die New International Version übersetzt die „Woche" richtigerweise mit „sieben"). Es ist eine ziemlich kurze Zeit und erinnert uns an Jesu eigene Vorhersage, dass die Zeit verkürzt wird (Matthäus 24,22).

Außerdem wird hier das erste Mal das „Tier" erwähnt, das im nächsten Einschub des Erzählverlaufs eine so große Rolle spielt.

Kapitel 12–14: Die beiden Tiere

Um dem bisherigen literarischen Muster zu folgen, hätte dieser Abschnitt zwischen der sechsten und siebten Schale stehen sollen. Doch diese folgen so dicht aufeinander, dass zwischen ihnen weder Zeit noch Raum für diese Ereignisse bleibt. Deshalb werden diese drei Kapitel eingefügt, bevor die siebte Schale als abschließender Ausdruck des göttlichen Zornes über eine rebellische Welt ausgegossen wird (siehe das Diagramm auf S. 569).

Sechs Siegel und sechs Posaunen sind vorüber. Die allerletzte Serie von Katastrophen steht kurz bevor. Sie wird für die Welt die schlimmste Zeit darstellen – und für die Gemeinde die härteste. Böse Mächte werden die Gesellschaft fester als je zuvor im Griff haben, kurz bevor ihre Macht gebrochen wird.

Dieser Abschnitt stellt uns drei Personen vor, die eine Allianz formen, um selbst die Welt zu beherrschen. Eine ist ihrem Wesen und ihrer Abstammung nach ein Engel: ein „großer Drache", eine „alte Schlange", auch bekannt als „Satan" oder „der Teufel" (12,9). Die anderen zwei sind menschlicher Abstammung und Natur: „Tiere", auch bekannt als „der Antichrist" (1. Johannes 2,18; in 2. Thessalonicher 2,3 zudem als „der Mensch der Gesetzlosigkeit" bezeichnet) oder „der falsche Prophet" (16,13; 19,20; 20,10). Gemeinsam bilden sie eine Art „unheilige Dreieinigkeit" in einer scheußlichen Nachahmung Gottes, Christi und des Heiligen Geistes.

Satan tritt in den „Unruhen" zum ersten Mal auf den Plan. Er wurde in der Offenbarung seit den sieben Sendschreiben an die Gemeinden nicht mehr erwähnt (2,9, 13, 24; 3,9). Siegel und Posaunen haben ihre Last über die Erde gebracht, während Satan im Himmel war. Als Engel hat er Zugang zu den „himmlischen Sphären" (Epheser 6,12; vgl. Hiob 1,6–7). Dort wird der wahre Kampf zwischen Gut und Böse ausgetragen, wie jeder, der diese Orte im Gebet betritt, herausfindet.

Dieser Kampf zwischen guten und bösen Engeln im Himmel wird nicht ewig dauern, zumal die Mächte zahlenmäßig ungleich verteilt sind. Die Seite des Teufels besteht aus einem Drittel der himmlischen Heerscharen (12,4). Die anderen zwei Drittel werden vom Erzengel Michael befehligt, der seine Streitkräfte zum Sieg führen wird (eine Skulptur, die diese Eroberung porträtiert, schmückt die östliche Mauer der Kathedrale von Coventry).

Der Teufel wird auf die Erde „geworfen". Später erleidet er eine weitere Niederlage und wird in den „Abgrund" geschleudert (20,3). In der Zwischenzeit konzentrieren sich seine Wut und seine Frustration in den wenigen Jahren, die ihm noch bleiben, auf unseren Planeten. Da er nicht mehr in der Lage ist, Gott direkt im Himmel herauszufordern, erklärt er nun dem Volk Gottes dort unten den Krieg. Es ist ein Rückzugsgefecht, in der Hoffnung, sein Reich auf der Erde aufrechtzuerhalten; dabei bedient er sich zweier Marionettenherrscher. Der eine hat ein politisches Amt inne, der andere ein religiöses.

Bis dahin ist die Botschaft des 12. Kapitels ziemlich eindeutig, auch wenn sie unser Vorstellungsvermögen stark beansprucht. Doch wir haben die andere Hauptperson in dem Drama bisher (bewusst) vernachlässigt: eine schwangere Frau, in Sonnenstrahlen gekleidet, die auf dem Mond steht und eine Krone mit 12 Sternen auf ihrem Kopf trägt.

Wer ist sie? Ist sie überhaupt eine Einzelperson oder vielleicht eine „Personifizierung" eines Ortes oder Volkes (wie die anderen „Frauen" in der Offenbarung, z. B. die „Hure", die in Kapitel 17,1–8 Babylon repräsentiert)?

Zweifellos ist diese Figur der Auslöser vieler Diskussionen und Differenzen unter Bibellesern. Für manche ist die Angelegenheit durch die Tatsache entschieden, dass der Teufel das Kind, sobald es geboren wurde, verschlingen wollte (siehe Vers 4) sowie durch folgende Aussage: „Und sie gebar einen Sohne, ein männliches Kind, der alle Nationen hüten soll mit eisernem Stab" (Vers 5; ELB). Ganz eindeutig, so sagen sie, sei dies ein unmissverständlicher Hinweis auf die Geburt Jesu und den sofortigen, allerdings misslungenen Versuch des Herodes, ihn umzubringen. Daher betrachten sie die Frau als seine Mutter, Maria (die übliche katholische Interpretation), oder als eine Personifikation Israels, des Volkes, aus dem der Messias kam (eine übliche protestantische Interpretation, um Maria auszuschließen).

Doch ganz so einfach ist es nicht. Warum sollte es mitten in einem Abschnitt, der die Endzeit beschreibt, eine plötzliche und unerwartete Rückkehr ganz an den Anfang des christlichen Zeitalters geben? Warum sollte Maria plötzlich auftauchen (nach dem ersten Kapitel der Apostelgeschichte verschwindet sie aus dem Neuen Testament, weil ihr Auftrag erledigt ist)? Natürlich sieht der „zyklische Historizismus" darin einen Beweis für eine weitere „Wiederholung" des gesamten Zyklus' der

Kirchengeschichte. Er beginnt diesmal mit der Geburt Jesu, wobei Satan zur selben Zeit besiegt und aus dem Himmel verbannt wird.

Doch auch jetzt gibt es immer noch Probleme. Offensichtlich wird das Kind fast unmittelbar nach seiner Geburt „zu Gott und seinem Thron entrückt". Dies könnte ein Blick durch das Teleskop hin zur Menschwerdung und Himmelfahrt sein. Dennoch ist es zumindest auffällig, dass jeglicher Hinweise auf den Dienst, den Tod und die Auferstehung Jesu dazwischen fehlen. Und wenn die Frau seine Mutter ist, wer sind dann „die Übrigen ihrer Nachkommenschaft", auf die der frustrierte Drache seine Aufmerksamkeit richtet (Vers 17)? Wir wissen, dass Maria weitere Kinder hatte, darunter vier Jungen und einige Mädchen (Markus 6,3). Allerdings sind sie eher unwahrscheinliche Kandidaten. Zudem ist nicht sicher, dass sich „das Hüten mit eisernem Stab" unbedingt auf Jesus bezieht. Es wird zwar auf ihn bezogen (19,15, als Erfüllung von Psalm 2,9). Doch diese Verheißung gilt auch denen, die ihm treu nachfolgen (2,27). Dann wird noch die Bewahrung der Frau „in der Wüste", die 1 260 Tage dauert (12,6), erwähnt, ein Zeitabschnitt, der sich bereits als die Dauer des größten Leidens am Ende des Gemeindezeitalters herausgestellt hat.

Die Interpretation, die am besten mit all diesen Angaben zusammenpasst, sieht die Frau als eine Personifizierung der Gemeinde in der Endzeit, die während der schlimmsten Nöte außerhalb der städtischen Gebiete bewahrt wird. Ihr männliches Kind ist ebenfalls eine Personifizierung. Es repräsentiert die Gläubigen, die in dieser Zeit als Märtyrer gestorben sind und sich jetzt sicher im Himmel befinden, außerhalb der Reichweite Satans. Sie werden eines Tages auf die Erde zurückkehren und dort mit Christus regieren (20,4 beschreibt dies nachdrücklich). „Die Übrigen ihrer Nachkommenschaft" sind diejenigen, die die Massenvernichtung überleben und gleichzeitig „Gottes Gebote halten und das Zeugnis Jesu haben" (Vers 17; ELB, vgl. 1,9; 14,12). Bei dieser Interpretation gibt es immer noch ein paar Ungereimtheiten, doch weitaus weniger als bei jeder anderen Erklärung.

Erneut scheint ein indirekter Vergleich angestellt zu werden: zwischen den Erfahrungen Christi zu Beginn des christlichen Zeitalters und den Erlebnissen seiner Nachfolger am Ende (wie wir bereits feststellen konnten). Seine Jünger werden nämlich „überwinden", wie er „überwunden hat" (Johannes 16,33). Und sie werden „ihr Leben nicht lieben bis zum Tod" (siehe 12,11). Ihr Sieg demonstriert „das Reich unsres Gottes und die Macht seines Christus" (12,10; ELB; vgl. 11,15 und Apostelgeschichte 28,31).

Die zwei „Tiere" tauchen in Kapitel 13 auf. Die erste und führende Figur ist eine politische Persönlichkeit, ein Weltherrscher, der ein totalitäres Regime über alle bekannten Volksgruppen ausübt. Er ist der „Antichrist" (1. Johannes 2,18; *anti-* im Griechischen bedeutet eher „anstatt" als „gegen"; das weist auf eine täuschend echte Kopie statt auf einen Gegenspieler hin), „der Mensch der Gesetzlosigkeit" (2. Thessalonicher 2,3–4). Er kennt kein höheres Gesetz als seinen eigenen Willen. Deshalb behauptet er, göttlicher Herkunft zu sein und verlangt Anbetung. Das Tier ist ein menschliches Wesen, welches das satanische Angebot, das Jesus ablehnte, annimmt (Matthäus 4,8+9; hätte Jesus es akzeptiert, dann wäre er Jesus Antichristus geworden!).

Doch der Antichrist ist auch in der anderen Bedeutung dieser Vorsilbe „anti-christlich". Er hat die Macht, „mit den Heiligen Krieg zu führen und sie zu überwinden" (13,7; ELB; er überwindet sie kurzzeitig, während sie ihn auf ewig überwinden; 12,11).

Seine Charaktereigenschaften gleichen denen anderer wilder Tiere: Leoparden, Bären und Löwen. Er scheint aus einem Bund politischer Machthaber hervorzugehen und erregt die Aufmerksamkeit der Welt, weil er auf erstaunliche Weise eine tödliche Verwundung überlebt, die ihm wahrscheinlich bei einem Attentatsversuch zugefügt wird. Sein gotteslästerlicher Egoismus verbreitet sich 42 Monate lang.

Seine Stellung wird durch das zweite Tier gestärkt. Es ist sein religiöser Kollege mit übernatürlichen Kräften, der die Anbetung der Welt auf seinen Vorgesetzten richtet. Seine Wunder werden die Nationen verführen. Denn er befiehlt, dass Feuer vom Himmel fällt und dass Bildnisse des Diktators sprechen.

Sein Erscheinungsbild wird einem Lamm ähnlich sein, ein junges Schaf mit nur „zwei Hörnern". Dies scheint eher auf Milde als auf Christusähnlichkeit hinzudeuten, da seine drachenartige Sprache einen deutlichen Kontrast zu seinem Erscheinungsbild darstellt.

Nicht seine Wundertaten, sondern seine Marktbeherrschung wird sein Meisterstück sein. Nur wer eine besondere Zahl auf einem sichtbaren Körperteil trägt (an der Hand oder auf der Stirn), wird noch Handel treiben dürfen. Diese Zahl wird allein denen verliehen, die sich am Götzendienst dieses Reiches beteiligen. Juden und Christen werden deshalb vom Handel ausgeschlossen sein, selbst wenn es nur darum geht, das Nötigste zu kaufen, was man zum Leben benötigt.

Die Zahl „666" ist der verschlüsselte Name des Diktators. Wir haben ihre Bedeutung bereits erörtert (siehe Seite 605). Alle Versuche, diese Zahl zu entschlüsseln, sind sinnlose Spekulation, bis er erscheint. Dann wird seine Identifikation mit dieser Zahl mehr als offensichtlich sein. Was wir jedoch wissen, ist, dass er die Vollkommenheit (7) in keinerlei Hinsicht erreichen wird.

DURCH LEIDEN ZUR HERRLICHKEIT

Das Kapitel 14 scheint uns für diese furchtbaren Szenen zu entschädigen. Es lenkt unsere Aufmerksamkeit auf eine Gruppe von Menschen, die (wortwörtlich) in scharfem Gegensatz zu denen stehen, die sich von diesem System haben überlisten lassen. Statt des verschlüsselten Tiernamnes tragen sie jeweils den Namen vom Vater des Lammes auf ihren Stirnen (ein weiteres Merkmal, das in 22,4 aufgegriffen wird). Anstelle von arroganten Lügen sind sie sowohl für die Unbescholtenheit ihrer Sprache, als auch für ihre reinen sexuellen Beziehungen bekannt.

Es gibt eine kleine Unsicherheit über ihren Aufenthaltsort, nämlich ob sie sich im Himmel oder auf der Erde befinden. Doch der Kontext deutet wegen der Loblieder der lebendigen Wesen und der Ältesten auf den Himmel hin (14,3 scheint 4,4–11 zu wiederholen). Es sind Lieder, die niemand außer den Erlösten „lernen", geschweige denn singen kann. Die Zahl (144 000) ist verwirrend. Sie darf nicht mit derselben Zahl in Kapitel 7 verwechselt werden. Dort bezieht sie sich auf die Juden auf der Erde, hier jedoch auf die Christen im Himmel. Dort setzt sie sich aus 12 Stämmen zusammen, was in dieser Szene nicht der Fall ist. Auch kann sie nicht mit der „großen Schar, die niemand zählen konnte", in Kapitel 7 gleichgesetzt werden. Wieder könnte es eine „runde" Zahl sein. Doch der Schlüssel liegt wahrscheinlich darin, dass sie „aus den Menschen als *Erstlingsfrucht* für Gott und das Lamm erkauft worden" sind (Vers 4; ELB). Sie sind nur ein kleiner Vorgeschmack einer sehr großen Ernte. Es könnte also bedeuten, dass die Gesamtzahl der Juden, die auf der Erde bewahrt werden, nur einem Teil der Christen entspricht, die im Himmel anbeten.

Der Rest des Kapitels besteht aus einer Prozession von Engeln, die den Menschen verschiedene Botschaften Gottes überbringen:

Der erste ruft zu Gottesfurcht und zur Anbetung auf. Er weist darauf hin, dass das Evangelium immer noch angenommen werden kann, um jeden vor dem „kommenden Zorn" zu retten (Lukas 3,7).

Der zweite kündigt den Fall Babylons an. Hier haben wir eine weitere „Vorwegnahme". Denn es ist das erste Mal, dass ein solcher Ort erwähnt wird. Alles wird im folgenden Abschnitt erklärt werden (Kapitel 16–17).

Der dritte Engel warnt die Gläubigen vor furchtbaren Konsequenzen, sollten sie dem Druck dieses letzten totalitären Systems nachgeben. Es ist die Sprache der Hölle: unaufhörliche „Qual" (dasselbe Wort beschreibt die Erfahrung des Teufels, des Antichristen und des falschen Propheten im „Feuersee"; 20,10). Mit anderen Worten: Sie werden das Schicksal derer teilen, denen sie sich unterworfen haben. Die Tatsache, dass „Heilige" dieses schreckliche Schicksal teilen könnten, wird durch den Aufruf zum „Ausharren" unmittelbar nach der Warnung nochmals betont (Vers 12, der 13,10 wiederholt). Beides gibt uns zu verstehen, dass manche für ihre Treue mit dem Leben bezahlen werden. Für sie gibt es eine besondere Seligpreisung: „Glückselig die Toten, die von jetzt an im Herrn sterben (fast im Sinne von „für den Herrn sterben"). Es ist ein zweifacher Segen: Sie können sich nun von ihren Werken ausruhen und sich auf eine Belohnung freuen, da der Bericht über ihre Treue aufbewahrt wird. Sogar wer zu dieser Zeit eines natürlichen Todes stirbt, wird diese Segnung empfangen. Doch dieser Vers sollte noch nicht bei Beerdigungen verwendet werden, denn das Versprechen ist an die Zeitangabe „von nun an" gebunden, die auf die Herrschaft des Tieres verweist.

Der vierte Engel ruft einer Person, die „einem Menschensohn" gleicht und auf einer Wolke sitzt (ein deutlicher Verweis auf Daniel 7,13) zu, dass es höchste

Zeit für die Ernte sei. Ob es darum geht, Unkraut zum Verbrennen zu jäten oder Weizen zum Lagern zu ernten (Matthäus 13,40–43), ist nicht sofort ersichtlich.

Der fünfte Engel erscheint einfach mit einer Sichel in seiner Hand.

Der sechste richtet die Sichel auf „Trauben", die in der „großen Weinpresse des Zornes Gottes" zertreten werden. Diese befindet sich „außerhalb der Stadt". Dass sich diese Schilderung auf die Massentötung von Menschen bezieht, wird durch die riesige Blutlache angedeutet (mit einer Tiefe von einem Meter und einer Fläche von 450 Quadratkilometern – sicherlich ein wenig übertrieben?). Es ist wahrscheinlich eine Vorwegnahme der Schlacht von Armageddon. Dort werden die Geier die Leichen beseitigen (19,17–21). Nebenbei bemerken wir diese Verknüpfung von Blut, Wein und dem Zorn Gottes, die ziemlich oft vorkommt. Sie richtet quasi ein „Flutlicht" auf das Kreuz, insbesondere auf das qualvolle Gebet in „Gethsemane", was „zerdrücken" bedeutet, abgeleitet vom hebräischen Wort für „Ölpresse". Die metaphorische Verwendung des „Kelches" in der Bibel bezieht sich ausnahmslos auf den Zorn Gottes (Jesaja 51,21–22; Markus 14,36; Offenbarung 16,19).

Diesen sechs Engeln folgen weitere sieben. Sie setzen den ausgegossen Zorn Gottes eher um, als über ihn zu sprechen. Sie tragen sieben Schalen, nicht nur Kelche, des Zornes, um sie auf die Erde auszugießen. Dieser Vorgang wird von einem Triumphlied der Märtyrer im Himmel begleitet. Sie lassen bewusst den Jubel des Mose wieder erschallen, der zum Himmel aufstieg, nachdem die ägyptische Streitmacht im Roten Meer ertrunken war (15,2–4). Inhaltlich geht es um das Gericht und die Gerechtigkeit Gottes, die sich in großartigen und wunderbaren Werken zeigen. Sie untermauern seine Heiligkeit dadurch, dass die

Unterdrücker bestraft werden. Der „König der Ewigkeit" mag sich mit der Aburteilung der Schuldigen Zeit lassen, doch sein Urteilsspruch kommt ganz sicher – und ist nun endlich gekommen.

Bevor wir diesen großen und wichtigen Mittelteil der Offenbarung verlassen, müssen wir noch zwei weitere Anmerkungen machen.

Die erste betrifft die *Reihenfolge* der Ereignisse. Es wurde der Versuch unternommen, für die Siegel, Posaunen und Schalen sowie für die Einschübe eine Art aufeinanderfolgendes Zeitraster zu erstellen. Ob dies erfolgreich war, muss der Leser selbst beurteilen. Vielleicht hat er sich auch schon einen anderen Zeitplan erarbeitet.

Tatsache ist, dass es sich als extrem schwierig, wenn nicht sogar unmöglich erweist, alle diese vorhergesagten Ereignisse in einem stimmigen Muster unterzubringen. Doch Jesus ist ein zu guter Lehrer, um seine so wichtige Botschaft durch eine besonders komplizierte Erzählweise zu verschleiern. Was will uns dieser Umstand sagen?

Ganz einfach: *Die Reihenfolge ist nicht das Hauptanliegen* dieses Abschnitts. Was geschehen wird, ist viel wichtiger, als wann dies alles passieren wird. Sinn und Zweck des Ganzen ist es nicht, uns zu exakten Wahrsagern zu machen, die in der Lage sind, die Zukunft vorherzusagen. Wir sollen vielmehr treue Diener des Herrn sein, die bereit sind, dem Schlimmsten, das uns geschehen kann, ins Auge zu sehen. Doch werden wir das alles persönlich erleben?

Die zweite Beobachtung betrifft die *Erfüllung* der Voraussagen. Wenn die „große Trübsal" nur die letzten paar Jahre betrifft, dann ist es möglich, dass sie nicht zu unseren Lebzeiten geschieht. Könnte es also reine Zeitverschwendung für alle außer der letzten Generation der Heiligen sein, sich auf diese Geschehnisse vorzubereiten?

Eine Antwort lautet, dass der gegenwärtige Trend und

die Geschwindigkeit der Weltereignisse es zu einem immer wahrscheinlicher werdenden Szenario für die nahe Zukunft machen.

Doch die wichtigste Antwort auf diese Überlegungen ist, dass künftige Ereignisse ihre Schatten vorauswerfen. „Kinder, es ist die letzte Stunde! Und wie ihr gehört habt, dass der Antichrist kommt, so sind jetzt viele Antichristen aufgetreten" (1. Johannes 2,18; SLT). Der falsche Prophet kommt, allerdings sind schon jetzt viele falsche Propheten aufgetreten (Matthäus 24,11; Apostelgeschichte 13,6; Offenbarung 2,20).

Mit anderen Worten: Was die gesamte Gemeinde eines Tages weltweit erleben wird („von allen Nationen gehasst werden"; Matthäus 24,9; ELB), geschieht heute bereits auf lokaler und regionaler Ebene. Jeder Christ kann schon jetzt viel Trübsal erleiden, bevor alle kollektiv die „große Trübsal" erleben werden. Wir müssen alle vorbereitet sein auf diese Art von Schwierigkeiten, die dann ihren Höhepunkt erreichen werden, jedoch schon heute auftreten können.

Dieser Abschnitt (Kapitel 6–16) ist daher für alle Gläubigen von unmittelbarer Bedeutung, unabhängig von ihrer aktuellen Situation. Die Gemeinde befindet sich bereits in der Mehrzahl aller Länder unter Druck; während die Zahl der Nationen, wo dies noch nicht der Fall ist, jedes Jahr abnimmt.

Hinter alledem steht die Wiederkunft unseres Herrn Jesus Christus. Für sie muss jeder Gläubige bereit sein. Die Hauptmotivation, sich darauf vorzubereiten, unter Druck treu zu bleiben, besteht darin, ihm dann ohne Scham ins Gesicht sehen zu können. Vielleicht ist das die Erklärung dafür, dass die folgende Mahnung zwischen der sechsten und siebten Zornschale eingefügt wurde (sie bestätigt übrigens, dass manche Christen zu dieser Zeit immer noch auf der Erde sein werden): „Siehe, ich komme wie ein

Dieb! Glückselig ist, wer wacht und seine Kleider bewahrt, damit er nicht entblößt einhergeht und man seine Schande sieht!" (16,15; ELB; dieselbe Betonung der Bekleidung wie in Matthäus 22,11; Lukas 12,35; Offenbarung 19,7+8)

Kapitel 17–18: Die Menschen auf der Erde

Dieser Abschnitt gehört noch immer zur „großen Trübsal", die jedoch schon fast vorbei ist. Er betrifft das ultimative Ende, das zur Zeit des schweren Erdbebens beim siebten Siegel, bei der siebten Posaune und bei der siebten Schale (siehe 16,17–19) kommen wird.

Die Geschichte der Welt eilt ihrem Ende entgegen. Der Schlussakt steht kurz bevor. Trotz aller Warnungen durch göttliche Worte oder göttliches Handeln weigern sich die Menschen immer noch, Buße zu tun. Sie verfluchen Gott wegen all ihrer Probleme (16,9, 11+21).

Der Rest der Offenbarung wird von zwei weiblichen Figuren dominiert. Eine ist eine schmutzige Prostituierte, die andere eine reine Braut. Keine von beiden ist eine Person; beide sind Personifizierungen, die Städte repräsentieren.

Wir könnten diesem Abschnitt die Überschrift „Die Geschichte zweier Städte" geben. Es geht um Babylon und um Jerusalem, die Stadt der Menschen und die Stadt Gottes. In diesem Abschnitt betrachten wir die erste der beiden. Sie ist bereits erwähnt worden (14,8; 16,19).

Städte sind in der Bibel grundsätzlich negativ belegt. Die erste Erwähnung (die meistens von Bedeutung ist) bringt sie mit der Abstammungslinie Lamechs und der Herstellung von Massenvernichtungswaffen in Verbindung. In Städten sammeln sich Menschen, daher Sünder und folglich auch die Sünde. Weil es dort weniger gemeinschaftliches Leben und mehr Anonymität gibt, gedeihen Laster und Kriminalität. In städtischen Gebieten gibt es mehr Lust (Prostitution) und Wut (Gewalt) als auf dem Land.

DURCH LEIDEN ZUR HERRLICHKEIT

Die beiden Sünden, die hier hervorgehoben werden, sind Gier und Stolz. Beide haben mit der Verehrung des Geldes zu tun. Da es unmöglich ist, sowohl Gott als auch den Mammon anzubeten (Lukas 16,13), ist es in einer wohlhabenden Stadt leichter, den Schöpfer des Himmels und der Erde zu vergessen. Menschen, die es aus eigener Kraft zu etwas gebracht haben, verehren sich selbst als Schöpfer! Ihre Arroganz zeigt sich in der Architektur. Gebäude sind häufig Monumente des menschlichen Ehrgeizes und der menschlichen Leistung.

So verhielt es sich auch mit dem Turm von Babel am Fluss Euphrat, der sich an der Straße zwischen Asien, Afrika und Europa befand. Die Stadt wurde von Nimrod errichtet, dem mächtigen Jäger (von Tieren) und Kämpfer (unter den Menschen). Sie wurde auf dem Glauben gegründet, dass die Macht Recht hat und nur der Stärkere überlebt.

Bezeichnenderweise sollte der Turm das höchste je von Menschenhand geschaffene Bauwerk der Welt werden. Er diente der Machtdemonstration – Gott und der Menschheit gegenüber. Die deutlich formulierte Absicht, „sich selbst einen Namen zu machen" (Genesis 11,4), markierte den Beginn des Humanismus, der menschlichen Selbstvergötterung. Gott richtete diese Anmaßung dadurch, dass er den Einwohnern die Gabe der Zungenrede gab! Doch weil gleichzeitig die gemeinsame Sprache weggenommen wurde, entstand ein unverständliches Chaos. Von dem englischen Wort „bedlam" für Chaos leitet sich das Verb „babbeln" ab (wichtig ist, dass dies an Pfingsten gerade nicht geschah, weil dieselbe Gabe zur Einheit führte; Apostelgeschichte 2,44).

Diese Stadt wurde später zur Hauptstadt eines großen und mächtigen Reiches, insbesondere unter Nebukadnezar, einem unbarmherzigen Tyrannen. Er brachte Babys und Tiere um und vernichtete auch Bäume, wenn er neue Gebiete eroberte (Habakuk 2,17; 3,17).

In der Zwischenzeit hatte der israelische König David Jerusalem zu seiner Hauptstadt gemacht. Im Gegensatz zu Babylon lag sie nicht an einem strategischen Handelsknotenpunkt, weil sie sich weder am Meer, noch an einem großen Fluss oder an einer Haupthandelsstraße befand. Dennoch war sie die „Stadt Gottes", mit der er seinen göttlichen Namen verband und in der er unter seinem Volk wohnte – zunächst in einem Zelt, das Mose errichtete, und später in dem Tempel, den Salomo erbaute.

Babylon wurde für Jerusalem zur größten Bedrohung. Nebukadnezar zerstörte schließlich die Heilige Stadt mit ihrem Tempel, transportierte ihre Schätze ab und deportierte ihre Einwohner in ein siebzigjähriges Exil. Gott ließ dies zu, weil ihre Bewohner sie zu einer „unheiligen" Stadt gemacht hatten, die dadurch genauso wurde, wie alle anderen.

Doch es handelte sich um eine zeitlich begrenzte Disziplinarmaßnahme und nicht um eine dauerhafte Strafe. Durch die Propheten versprach Gott sowohl die Wiederherstellung Jerusalems als auch den Ruin Babylons (siehe beispielsweise Jesaja 13,19–20; Jeremia 51,6–9, 45–48). Tatsächlich wurde diese bösartige Stadt zu einem verlassenen Trümmerhaufen und völlig unbewohnbar – außer für wilde Wüstentiere, genau wie es prophezeit worden war.

Es ist kein Zufall, dass es tiefgreifende Ähnlichkeiten zwischen dem Buch Daniel und dem Buch der Offenbarung gibt. Beide enthalten Visionen über die Endzeit, die in bemerkenswerter Weise übereinstimmen. Allerdings empfing Daniel diese Visionen während der Herrschaft Nebukadnezars (er erlebte die erste der drei Deportationen als junger Mann mit). Er „sah" damals den künftigen Verlauf der Weltreiche – bis zur Zeit Jesu und darüber hinaus, bis zum Ende der Geschichte, zur Herrschaft des Antichristen, zum Tausendjährigen Reich, zur Auferstehung der Toten und zum Tag des Jüngsten Gerichts.

Beide Bücher behandeln eine Stadt, die „Babylon" heißt. Geht es dabei jedoch um denselben Ort?

Im positiven Fall wird er wieder aufgebaut werden müssen. Wer im „Babylon" der Offenbarung denselben Ort sieht wie damals, ist ziemlich begeistert darüber, dass der irakische Präsident Saddam Hussein Teile der Stadt bereits wiedererrichtet hat. Er scheint allerdings nicht beabsichtigt zu haben, daraus erneut eine bewohnte Stadt zu machen; der Ort diente ihm vielmehr als Prestigeobjekt (Laserstrahlen projizierten sein Profil, Seite an Seite mit dem Nebukadnezars, auf die Wolken!). Es ist sehr unwahrscheinlich, dass das altertümliche Babylon, selbst wenn es wieder entstehen würde, erneut zu einem strategischen Zentrum werden könnte.

Das Auslegungsmodell des Präterismus setzt „Babylon" mit der antiken Weltstadt Rom gleich. Es gibt gute Gründe dafür, nicht zuletzt, weil die ursprünglichen Leser der Offenbarung es wahrscheinlich so verstanden hätten. Einer der Petrusbriefe, der aus einem sehr ähnlichen Grund verfasst wurde (um die Heiligen auf Leid vorzubereiten), könnte diese verschlüsselte Verbindung bereits hergestellt haben (1. Petrus 5,13). Der Hinweis auf die „sieben Hügel" würde diese Annahme wahrscheinlich bestätigen (17,9; allerdings repräsentieren die „Hügel" Könige).

Der dekadente Charakter Roms würde ebenfalls zur Beschreibung in der Offenbarung passen. Ihre verführerische Anziehungskraft bestand darin, dass Gefälligkeiten jeglicher Art für Waren und Geld zu haben waren; und auch ihre Beherrschung durch unbedeutende Könige passt gut ins Bild.

Es ist jedoch zweifelhaft, ob sich diese Weissagung durch Rom vollumfänglich erfüllt hat. Rom war sicherlich *ein* Babylon. Doch es stellte nur einen Vorschatten *des* Babylons dar, welches das Ende der

Menschheitsgeschichte dominieren wird. Rein zeitlich gesehen weist die Offenbarung dieser Stadt genau diesen Platz zu – ganz am Ende.

Manche haben das Problem dadurch gelöst, dass sie die These eines wiederbelebten Römischen Reiches vertreten. Ihr Pulsschlag erhöhte sich, als zehn Nationen (17,12) die „Römischen Verträge" als Grundlage einer neuen Weltmacht, der Europäischen Union, unterzeichneten. Das Interesse hat allerdings mit dem Beitritt anderer Länder nachgelassen. Nun gibt es zu viele „Hörner"! Die Flagge trägt allerdings die 12 Sterne aus Offenbarung 12.

Der Widerwille, den Gedanken an Rom als Hauptanwärter aufzugeben, ist auch im Historizismus erkennbar. Weil Protestanten die Offenbarung als einen Überblick über die gesamte Kirchengeschichte sehen, haben sie die „scharlachrote Frau" Babylons ausnahmslos mit dem Papsttum und dem Vatikan in Verbindung gebracht, die beide sowohl politische als auch religiöse Macht beanspruchen (diese Sichtweise hat bei den „Unruhen" in Nordirland verheerende Schäden angerichtet). Dieses fragwürdige Kompliment haben die Katholiken dadurch erwidert, dass sie die protestantischen Reformatoren in ein ähnliches Licht rückten!

Tatsächlich gibt es in der Offenbarung keinerlei Hinweise darauf, dass „Babylon" in irgendeiner Form ein religiöses Zentrum sein könnte. Als Hauptbeschäftigung ihrer Einwohner liegt der Schwerpunkt auf Business und Vergnügen.

Die „futuristische" Interpretation scheint der Wahrheit näher zu kommen. Sie sieht die Stadt als eine neue Weltmetropole, die emporkommt, um andere während der Endzeit zu dominieren. Da sie als „Geheimnis" bezeichnet wird (d. h. ein nun enthülltes Geheimnis), scheint es sich um eine menschengemachte Neugründung zu handeln und nicht um den Wiederaufbau einer früheren Stadt (altertümliches Babylon oder antikes Rom).

Es wird sich zweifellos um ein, wenn nicht sogar um das Wirtschaftszentrum schlechthin handeln – einen Ort, an dem man Geld verdient und ausgibt (bemerkenswert ist, dass und wie die Kaufleute von seinem Niedergang betroffen sind; 18,11–16). Auch Kultur wird dort eine wichtige Rolle spielen (Musik wird ausdrücklich erwähnt; 18,22).

Doch die Stadt wird korrupt und korrumpierend sein, charakterisiert durch Materialismus ohne Moral, Vergnügen ohne Reinheit, Wohlstand ohne Weisheit und Lust ohne Liebe. Der Vergleich mit einer Hure ist besonders zutreffend. Denn für Geld gibt sie jedem das, was er will.

Bisher haben wir nur die „Frau" betrachtet. Sie reitet jedoch auf einem Tier mit sieben Köpfen und zehn Hörnern, das ganz offensichtlich einen Bund politischer Machthaber repräsentiert. Wir erfahren weder, wer sie sind, noch weitere Einzelheiten über sie. Es sind einflussreiche Männer, allerdings ohne ein Staatsgebiet, über das sie herrschen würden. Ihre Macht erhalten sie von dem „Tier", wahrscheinlich vom Antichristen, dem sie bedingungslose Loyalität geschworen haben. Was sie vor allem auszeichnen wird, ist eine eklatant antichristliche Haltung; sie werden „Krieg" gegen das Lamm führen und gegen diejenigen, „die mit ihm sind" (17,14), vermutlich, weil sie Gewissensbisse haben.

Doch Babylon ist dem Untergang geweiht. Die Stadt und ihre Mächtigen werden fallen. Ihre Tage sind gezählt. Die erstaunliche Art und Weise, wie dies geschehen wird, ist in unserer modernen Welt gut nachvollziehbar.

Die Frau reitet auf dem Tier. Eine Königin, die auf dem Rücken von Königen reitet (eine Umkehrung der Geschlechterrollen, die im Gegensatz zur Schöpfung steht). Es ist eine andere Art, um auszudrücken, dass die Wirtschaft die Politik regieren wird. Die Macht des Geldes wird andere Autoritäten außer Kraft setzen. Da im Jahr 2000 n. Chr. der

Großteil des Welthandels in den Händen von 300 riesigen Konzernen lag, ist dieses Szenario leicht vorstellbar.

Ehrgeizige und machthungrige Politiker hassen diesen Einfluss der Finanzkraft. Sie sind sogar bereit, finanzielle Katastrophen herbeizuführen, wenn ihnen das die Möglichkeit gibt, an die Macht zu kommen. Man erinnere sich daran, wie Hitler die Juden behandelte, die in Deutschland viele Banken kontrollierten.

Die „Könige" werden neidisch auf die „Frau" sein, die auf ihnen reitet und werden beschließen, sie zu vernichten. Die Stadt wird vom Feuer völlig zerstört werden. Es wird die größte wirtschaftliche Katastrophe sein, die die Welt jemals gesehen hat. Viele Menschen werden über ihren Trümmern „weinen und wehklagen".

Gott wird der Verursacher dieser Katastrophe sein, jedoch nicht durch sein physisches Eingreifen. Er wird es „in ihre Herzen" geben, „seine Absicht auszuführen" (17,17; SLT) und sie ermutigen, eine Allianz mit dem Tier gegen die Stadt zu schmieden. Der Antichrist wird die politische Macht besitzen und der falsche Prophet die religiöse. Die „Könige" werden ihnen wirtschaftliche Kontrolle anbieten, im Austausch für die Abtretung von Machtbefugnissen zu ihren eigenen Gunsten. Allerdings wird der Genuss dieser Privilegien extrem kurz sein („eine Stunde"; 17,12).

Der Untergang Babylons ist so gewiss, dass er in der Offenbarung als bereits geschehen dargestellt wird. Christen können sich dessen absolut sicher sein. Es gibt jedoch praktische Gründe, warum ihnen davon erzählt wird. Wie sieht die Beziehung zwischen dem Volk Gottes und diesem letzten „Babylon" aus? Wir erhalten drei Hinweise:

Erstens wird es viele Märtyrer in der Stadt geben. Die Hure ist „trunken vom Blut der Heiligen und vom Blut der Zeugen Jesu" (17,6; ELB). Dieser letzte Satz weist erneut auf die Gegenwart von Christen hin. Er taucht an vielen

Stellen der Offenbarung auf (1,9; 12,17; 14,12; 17,6; 19,10; 20,4). In einer Stadt, die sich der Unmoral verschrieben hat, gibt es keinen Platz für heilige Menschen. Die Gesellschaft wehrt sich gegen eine Gewissensinstanz.

Zweitens wird den Christen gesagt: „Geht hinaus aus ihr, mein Volk, damit ihr nicht ihrer Sünden teilhaftig werdet und damit ihr nicht von ihren Plagen empfangt! Denn ihre Sünden reichen bis zum Himmel, und Gott hat ihrer Ungerechtigkeiten gedacht" (18,4+5; SLT). Dieser Aufruf ist fast identisch mit Jeremias Appell an die Juden im altertümlichen Babylon (Jeremia 51,6). Beachtenswert ist, dass sie selbst „hinausgehen" müssen. Der Herr wird sie nicht herausholen. Es ist offensichtlich, dass nicht alle Gläubigen den Märtyrertod sterben werden. Manche werden mit ihrem Leben davonkommen, auch wenn sie ihr Geld und ihren Besitz zurücklassen müssen.

Drittens wird uns befohlen zu feiern, wenn Babylon untergeht: „Sei fröhlich über sie, du Himmel, und ihr Heiligen und Apostel und Propheten! Denn Gott hat für euch das Urteil an ihr vollzogen" (18,20; ELB). Dieses Feiern geschieht in Kapitel 19,1–5. Sehr wenigen Menschen ist bewusst, dass mit dem berühmten „Hallelujah" in Händels „Messias" der Zusammenbruch der Weltwirtschaft festlich begangen wird: die Schließung der Börsen, der Bankrott der Banken und das Ende von Handel und Kommerz. Nur Gottes Volk wird an diesem Tag „Hallelujah" singen (was „Preis dem Herrn" bedeutet)!

Die Prostituierte verschwindet und die Braut erscheint. Das „Hochzeitsmahl des Lammes" steht kurz bevor. Jesus wird heiraten, vielmehr: Er kommt, um zu heiraten (Matthäus 25,1–13). Die Braut hat „sich bereit gemacht" und zwar dadurch, dass sie sich ein Kleid aus weißem Leinen erworben hat (wieder ein Hinweis auf die „Kleidung"); es handelt sich um ein Symbol für die „gerechten Taten der Heiligen" (19,8). Die Gästeliste ist vollständig und „gesegnet" sind, die sich dort verzeichnet finden.

Wir haben uns bereits in das Kapitel 19 hineinbegeben, das diesen Abschnitt zu Ende führt und in den nächsten überleitet. Schließlich waren die Kapiteleinteilungen kein Teil des Originaltextes und stehen oft am falschen Platz. Sie trennen das, was Gott eigentlich zusammengefügt hat. Das gilt insbesondere für den vorletzten Abschnitt der Offenbarung.

Kapitel 19–20: Christus auf der Erde
Diese Serie von Ereignissen bringt die Geschichte, wie wir sie kennen, zum Abschluss. Zu guter Letzt wird unsere Welt zu einem Ende gebracht. Wir beschäftigen uns nun mit der endgültigen Zukunft.

Leider hat dieser Abschnitt zu mehr Kontroversen geführt als jeder andere im gesamten Buch. Dabei geht es hauptsächlich um das Tausendjährige Reich, einen Zeitabschnitt von „1000 Jahren", der wiederholt genannt wird. Dieses Thema ist so wichtig, dass wir es gesondert behandeln werden. Da dieses Extra-Kapitel eine gründliche Auslegung des Textes (siehe Seite xy) beinhaltet, werden wir uns an dieser Stelle mit einer Zusammenfassung begnügen.

Es ist enorm wichtig, den Wechsel von der wörtlichen zur bildlichen Offenbarung zu beachten. Im vorherigen Abschnitt schreibt Johannes: „Ich hörte" (18,4; 19,1, 6). Dann wird aus diesem Satz ein wiederholtes „Ich sah", bis es sich wieder zu einem „Ich hörte" wandelt (in 21,3).

Analysiert man den visuellen Teil, kann man deutlich eine Serie von sieben Visionen erkennen. Ohne die völlig ungerechtfertigte Unterbrechung durch die Kapiteleinteilungen („20" und „21") wäre diese siebenfache Offenbarung von den meisten Lesern bemerkt worden. So aber haben sie nur wenige entdeckt. Es ist jedoch die letzte

"Sieben" in der Offenbarung. Wie bei den vorangegangenen Siebenerreihen gehören die ersten vier zusammen. Die nächsten beiden sind weniger eng verbunden und die letzte steht für sich (wir werden ihre Analyse verschieben, bis wir uns den Kapiteln 21–22 zuwenden). Wir können diese Visionen folgendermaßen auflisten:

1. Parusie (19,11–16)
    König der Könige, Herr der Herren (und *logos* = *„das Wort"*)
    Weiße Pferde, blutgetränkte Gewänder

2. Mahl (19,17–18)
    Einladung von Engeln an Vögel, ...
    ... sich an Leichen satt zu fressen

3. Armageddon (19,19–21)
    Könige und Armeen zerstört (durch „das Wort" = *logos*)
    Zwei Tiere werden in den Feuersee geworfen

4. Satan (20,1–3)
    Gebunden und in den „Abgrund" verbannt
    Aber nur für eine begrenzte Zeit

5. Tausendjähriges Reich (20,4–10)
    Heilige und Märtyrer regieren (erste Auferstehung)
    Satan wird losgelassen und in den Feuersee geworfen

6. Gericht (20,11–15)
    Allgemeine Auferstehung des „Rests"
    Bücher sowie das „Buch des Lebens" werden geöffnet

7. Neu-Schöpfung (21,1+2)
    Neuer Himmel und neue Erde
    Neues Jerusalem

Diese Darstellung zeigt sehr deutlich eine aufeinanderfolgende Serie von Ereignissen. Sie beginnt mit der Wiederkunft Jesu und endet mit der neuen Schöpfung. Dies wird durch interne Querverweise bestätigt (so bezieht sich 20,10 beispielsweise auf die Vergangenheit in 19,20). Leider haben Kommentatoren versucht, diese Abfolge im Interesse eines theologischen Systems auseinanderzureißen (sie behaupten beispielsweise, dass Kapitel 20 dem Kapitel 19 voranginge).

Doch die Reihenfolge in diesen letzten Kapiteln ist viel klarer als im Mittelteil – und sie hat große Bedeutung.

So werden beispielsweise die Feinde von Gottes Volk in umgekehrter Reihenfolge ihres Auftretens von der Bühne der Weltgeschichte entfernt. Satan taucht in Kapitel 12 auf, die zwei „Tiere" in Kapitel 13 und Babylon in Kapitel 17. Babylon verschwindet in Kapitel 18, die zwei „Tiere" in Kapitel 19 und Satan in Kapitel 20. Die Stadt fällt vor der Wiederkunft Christi, doch er selbst wird auf der Erde gebraucht, um die „gottlose Trinität" aus Teufel, Antichrist und falschem Propheten zu besiegen.

Die Anfangsvision wird nahezu von allen Gelehrten als ein Bild der Wiederkunft Christi akzeptiert (nur ein paar behaupten aus eigennützigen theologischen Interessen, dass sie sich auf das erste Kommen beziehen würde). Allerdings wird die Rückkehr Jesu auf die Erde bei den Machthabern Bestürzung hervorrufen. Schockiert von seinem Wiedererscheinen werden sie einen zweiten Mordanschlag planen. Doch diesmal erweist sich ein kleiner Trupp Soldaten als völlig unzureichend, weil sich Jesus Millionen seiner treuen Anhänger bereits in Jerusalem angeschlossen haben (1. Thessalonicher 4,14–17). Eine riesige Militärmacht wird sich etwas weiter nördlich in der Ebene von Jesreel am Fuße des „Berges Megiddo" (auf Hebräisch: Har-Magedon) versammeln. Es ist die antike

Hauptkreuzung der Welt, unterhalb von Nazareth. Viele Schlachten wurden dort geschlagen und viele Könige sind dort gefallen (unter ihnen Saul und Josia).

Jesus benötigt nur ein einziges „Wort", um die Toten aufzuerwecken oder die Lebenden zu töten. Es ist also mehr ein „Satz" als ein Kampf. Geier beseitigen die Leichen, denn es sind zu viele, um sie zu beerdigen.

An dieser Stelle gibt es eine Reihe überraschender Entwicklungen. Die beiden „Tiere" werden nicht getötet, sondern „lebendig in die Hölle geworfen". Es sind die beiden ersten menschlichen Wesen, die dorthin verbannt werden. Der Teufel wird nicht in die Hölle geschickt, sondern in Gewahrsam genommen – nur um später wieder losgelassen zu werden!

Vor allem bringt Jesus die Welt zu diesem Zeitpunkt noch nicht zu ihrem Ende – er übernimmt selbst die Herrschaft. Mit seinen treuen Nachfolgern, insbesondere mit den Märtyrern, füllt er das politische Vakuum aus, das von der „gottlosen Trinität" hinterlassen worden ist. Die Märtyrer müssen natürlich erst von den Toten auferweckt werden, um diese Verantwortung übernehmen zu können. Dieses „Königreich" wird tausend Jahre andauern und schließlich zu Ende gehen, wenn der auf Bewährung freigelassene Teufel die Nationen zu einer letzten erfolglosen Rebellion verführt. Sie wird durch Feuer vom Himmel niedergeschlagen. Diese Übergangsphase zwischen der Wiederkunft Jesu und dem Tag des Jüngsten Gerichts wird von der heutigen Gemeinde größtenteils verworfen, während die Urgemeinde genau diese Sicht ausnahmslos akzeptierte.

Über das, was danach kommt, ist man sich wieder einig. Das gesamte Neue Testament sagt klar und deutlich einen letzten Tag der Abrechnung voraus. Er wird durch zwei bemerkenswerte Vorzeichen angekündigt. Der Himmel und die Erde verschwinden. Wir wissen (aus 2. Petrus 3,10), dass beide durch Feuer „vergehen" werden. Die Toten, einschließlich derer, die im Meer gestorben sind, erscheinen wieder. Dies ist die zweite oder „allgemeine" Auferstehung (20,5). Sie bestätigt, dass sowohl die Gottlosen, als auch die Gerechten wieder einen Körper bekommen, bevor sie ihrem ewigen Schicksal entgegengehen (Daniel 12,2; Johannes 5,29; Apostelgeschichte 24,15). Beide, „Seele und Leib", werden dann in den Feuersee geworfen (Matthäus 10,28; Offenbarung 19,20). Die Qual wird sowohl körperlich als auch geistig sein (Lukas 16,23+24). Daher werden beide, der „Tod", der den Körper vom Geist trennt, und der „Hades", der Aufenthaltsort der körperlosen Geister, zu dieser Zeit beseitigt (20,14). Der „zweite Tod", der weder Körper und Seele voneinander trennt noch eines von beiden auflöst, hat von nun an das Sagen.

Jetzt sieht man nur noch den Richter, der auf einem Thron sitzt, die Gerichteten, die davorstehen, und einen gewaltigen Stapel Bücher. Der Thron ist groß und weiß, er repräsentiert absolute Macht und Reinheit. Wahrscheinlich handelt es sich nicht um denselben Thron, den Johannes im Himmel gesehen hat (4,2–4). Er wurde nicht als „groß" oder „weiß" beschrieben. Darüber hinaus ist es höchst unwahrscheinlich, dass die auferstandenen Gottlosen auch nur in die Nähe des Himmels kommen dürfen. Tatsächlich gibt es keinen Hinweis darauf, dass sich die Szene in Kapitel 20 wieder im Himmel abspielt. Es ist wahrscheinlicher, dass sie sich dort ereignet, wo die Erde einmal gewesen ist. Denn die Erde ist verschwunden und hat ihre früheren und gegenwärtigen Bewohner zurückgelassen. Vor allem wird die Person, die auf dem Thron sitzt, nicht als Gott bezeichnet (wie in 4,8–11). Und es ist auch nicht Gott (der Vater). Aus anderen Schriftstellen wissen wir, dass er die Aufgabe, die Menschheit zu richten, seinem Sohn Jesus übergeben hat: „Weil er einen Tag festgesetzt hat, an dem er den Erdkreis in Gerechtigkeit richten wird durch einen Mann, den er dazu bestimmt hat und den er für alle beglaubigte, indem er ihn aus den Toten auferweckt hat" (Apostelgeschichte 17,31; SLT; vgl. Matthäus 25,31+32; 2. Korinther 5,10).

Die Menschheit wird von einem Menschen gerichtet werden.

Es wird kein Verfahren sein, das sich lange hinzieht. Alle Beweise sind bereits gesammelt und vom Richter untersucht worden. Sie sind in „Büchern" enthalten, die den Titel, „Dies ist dein Leben!" *(Name einer bekannten britischen Fernsehserie, Anmerkung der Übersetzerin)*, wirklich verdienen. Es wird sich nicht um eine Zusammenstellung löblicher Taten für eine TV-Produktion handeln, sondern um eine vollständige Auflistung der Taten (und Worte; Matthäus 5,22; 12,36) eines ganzen Lebens, von der Geburt bis zum Tod. Wir mögen zwar durch Glauben gerechtfertigt werden, doch wir werden nach unseren Taten beurteilt.

Wäre dies alles, was berücksichtigt wird, so würden wir alle zum „zweiten Tod" verurteilt. Welche Hoffnung bestünde dann überhaupt noch für irgendjemanden? Gott sei Dank wird an diesem schrecklichen Tag noch ein weiteres Buch geöffnet, der Bericht über das Leben des Richters selbst – auf dieser Erde. Dieser Bericht erklärt ihn für sündlos und gleichzeitig für qualifiziert, um über andere zu urteilen. Es ist das „Lebensbuch des Lammes" (21,27), das neben seinem eigenen Namen noch andere enthält. Dort aufgelistet sind die Menschen, die „in Christus" sind; wer mit ihm gelebt und im Vertrauen auf ihn gestorben ist, wer in den „wahren Weinstock" eingepfropft wurde und an ihm geblieben ist (Johannes 15,1–8). Diese Menschen haben also die Frucht gebracht, die ihre ständige Verbundenheit mit ihm bezeugt (Philipper 4,3; im Kontrast zu Matthäus 7,16–20). Ihre Fruchtbarkeit ist ein Beweis ihrer Treue.

Ihre Namen wurden in das Buch aufgenommen, als sie sich an Christus hängten, und zwar als sie Buße taten und glaubten (der Satz, „von Grundlegung der Welt an", in Offenbarung 17,8 bezieht sich auf diejenigen, deren Namen *nicht* in diesem Buch stehen und bedeutet einfach, „während der gesamten Menschheitsgeschichte", genau wie in 13,8, auch wenn sich dieser Ausdruck dort auf die Schlachtung des Lammes beziehen kann). Ihre Namen wurden nicht aus dem Buch des Lebens „gelöscht", weil sie „überwunden" haben (3,5).

Nur diejenigen, deren Namen immer noch in diesem Buch stehen, entkommen dem „zweiten Tod" im „Feuersee". Mit anderen Worten: Außerhalb von Christus gibt es keinerlei Hoffnung, „denn alle haben gesündigt und erlangen nicht die Herrlichkeit Gottes" (Römer 3,23; ELB). Das Evangelium ist deshalb *exklusiv*: „Und es ist in keinem anderen das Heil; denn auch kein anderer Name (außer „Jesus") unter dem Himmel ist den Menschen gegeben, in dem wir gerettet werden müssen" (Apostelgeschichte 4,12; ELB; Einfügung durch den Autor). Doch das Evangelium muss deshalb auch *inklusiv* sein: „Geht hin in alle Welt und verkündigt das Evangelium der ganzen Schöpfung" (Markus 16,15; SLT; vgl. Matthäus 28,19; Lukas 24,47).

Die Menschheit wird dann dauerhaft in zwei Gruppen aufgeteilt (Matthäus 13,41–43, 47–50; 25,32–33). Für die einen ist ihr Schicksal schon „bereitet" (Matthäus 25,41). Der Feuersee (oder das „Feuermeer") existiert bereits seit mindestens tausend Jahren (Offenbarung 19,20). Für die andere wurde eine neue Weltstadt „vorbereitet" (Johannes 14,2). Allerdings gibt es keine Erde, auf der sie Platz hätte, geschweige denn einen Himmel, der über ihr liegen könnte. Ein neues Universum muss her.

Kapitel 21–22: Der Himmel auf Erden
Sehr erleichtert wenden wir uns nun diesem letzten Abschnitt zu. Die Atmosphäre hat sich dramatisch verändert. Die dunklen Wolken haben sich verzogen und die Sonne scheint

wieder bzw. ist verschwunden, um der viel brillanteren Herrlichkeit Gottes Platz zu machen (21,23).

Dies ist der letzte Akt, der dem gesamten Universum Erlösung bringt. Es ist das „kosmische" Werk Christi (Matthäus 19,28; Apostelgeschichte 3,21; Römer 8,18–25; Kolosser 1,20; Hebräer 2,8), die Erneuerung von Himmel und Erde („Himmel" bedeutet hier „Firmament", was wir sonst als Weltraum bezeichnen; es ist dasselbe Wort in 20,11 und 21,1). Die Christen haben bereits ihre neuen Körper empfangen, als Jesus auf die alte Erde zurückkam. Nun wird ihnen eine neue Umwelt geschenkt, die zu ihren neuen Körpern passt.

Die ersten beiden Verse umfassen die letzte Vision der insgesamt sieben, die Johannes „sah" (19,11 bis 21,2) – den Höhepunkt der abschließenden Ereignisse der Geschichte. Wir nehmen wahr, dass es mehr gibt als „nur" ein neues Universum.

Innerhalb der „allgemeinen" Schöpfung gibt es noch eine „besondere" Schöpfung. Genau wie Gott im ersten Universum einen „Garten pflanzte" (1. Mose 2,8), hat er nun eine „Gartenstadt" entworfen und gebaut, von der bereits Abraham wusste und auf die er sich freute (Hebräer 11,10).

Genau wie der „neue Himmel und die neue Erde" der alten Schöpfung ähnlich genug sind, um dieselben Namen zu tragen, so bekommt diese Stadt denselben Namen wie Davids Hauptstadt. Jerusalem hat sowohl im Alten als auch im Neuen Testament seinen Platz. Jesus nannte es „die Stadt des Großen Königs" (Matthäus 5,35; vgl. Psalm 48,2). Nur ein wenig „außerhalb der Stadtmauer" starb er; und dort stand er von den Toten auf und fuhr in den Himmel hinauf. In diese Stadt wird er zurückkehren, um auf dem Thron Davids zu sitzen. Im Tausendjährigen Reich wird sie „das Heerlager der Heiligen und die geliebte Stadt" (20,9) sein.

Natürlich war die irdische Stadt in gewissem Sinne

eine zeitlich begrenzte Nachbildung des „himmlischen Jerusalems, der Stadt des lebendigen Gottes". All jene, die an Jesus glauben, sind bereits Bürger dieser Stadt, gemeinsam mit den hebräischen Heiligen und den Engeln (Hebräer 12,22+23). Das bedeutet allerdings nicht, dass das Original irgendwie weniger real wäre als die Nachbildung, dass das eine tatsächlich existiert und es das andere nur „im geistlichen Sinne" gäbe. Der Hauptunterschied zwischen beiden ist der Standort, der sich verändern wird.

Die himmlische Stadt wird „aus dem Himmel herabkommen" und auf der neuen Erde platziert. Es wird sich um eine reale Stadt handeln, eine handfeste Konstruktion, wenn auch aus völlig anderen Materialien! Leider hat die Christenheit ernsthafte Probleme damit, das Konzept einer neuen Erde zu akzeptieren, geschweige denn mit einer neuen Stadt darauf. Das liegt daran, dass Kirchenvater Augustinus die physischen und geistlichen Welten im Sinne der Philosophie Platons voneinander trennte.

Die Gleichsetzung von „geistlich" mit „nicht greifbar" hat der christlichen Zukunftshoffnung immensen Schaden zugefügt. Dieses neue Universum mit seiner Weltstadt wird nicht weniger „materiell" sein als das alte.

Die Verse 3–8 sind ein erläuternder Kommentar zu dieser letzten Vision. Die Aufmerksamkeit wird sofort von der neuen Schöpfung auf ihren Schöpfer gelenkt. Bemerkenswert ist der Übergang von dem, was Johannes „sah", zu dem, was er „hörte". Doch wessen „laute Stimme" hörte er? Sie spricht von Gott in der dritten Person, dann in der ersten. Zweifelsohne ist es Christus, der hier spricht (vgl. 1,15). Die Formulierung „der, welcher auf dem Thron saß", ist dieselbe wie im vorangegangenen Kapitel (vgl. 20,11 mit 21,5). In beiden Zusammenhängen wird Gericht ausgeübt und der „Feuersee" erwähnt (vgl. 20,15 mit

21,8). Vor allem aber trifft diese „Stimme" genau dieselbe Aussage wie Jesus im Nachwort (vgl. 21,6 mit 22,13). Allerdings werden der „Thron Gottes und des Lammes" später als ein und derselbe angesehen (22,1).

Es folgen drei verblüffende Aussagen:

Die erste dieser Aussagen stellt die bemerkenswerteste Offenbarung über die Zukunft im gesamten Buch dar. Gott selbst verlegt seinen Wohnsitz vom Himmel auf die Erde! Er wird kommen, um zusammen mit den Menschen an ihrem Wohnort zu leben. Dann ist er nicht mehr „Vater unser im Himmel" (Matthäus 6,9), sondern „Vater unser auf der Erde". Dieser Wechsel wird zu der vertrautesten Beziehung führen, die je zwischen Gott und den Menschen bestanden hat. Weil jeglicher Tod, alles Leid und jeder Schmerz seinem Wesen widersprechen, werden diese Dinge nicht mehr existieren. Es wird keine Trennung und keine Tränen mehr geben. Nebenbei erinnern wir uns an die einzige andere biblische Erwähnung Gottes auf der Erde: seinen Abendspaziergang im Garten Eden (1. Mose 3,8). Wieder einmal kehrt die Bibel zu ihrem Ausgangspunkt zurück.

Die zweite Aussage ist die Ankündigung: „Ich mache alles neu" (Offenbarung 21,5). Hier macht der Zimmermann aus Nazareth geltend, der Schöpfer des neuen Universums zu sein, so wie er auch der Schöpfer des alten Universums war (Johannes 1,3; Hebräer 1,2). Sein Werk beschränkt sich nicht darauf, Menschen wiederherzustellen, auch wenn das ebenfalls zur „neuen Schöpfung" gehört (2. Korinther 5,17). Er stellt auch alle anderen Dinge wieder her.

Es gibt erhebliche Diskussionen über das Wort „neu". Wie neu ist „neu"? Ist dieses „neue" Universum einfach das „renovierte" alte oder ein brandneues Gebilde? Es gibt zwei griechische Worte für „neu" (*kainos* und *neos*), die allerdings als Synonyme verwendet werden können. Daher hilft uns die Verwendung von *kainos* nicht weiter. Die Hinweise auf das alte Universum, das „vom Feuer zerstört" (2. Petrus 3,10) und „vergangen" war (Offenbarung 21,1), deuten eher auf ein Auslöschen als auf eine Umgestaltung hin. Der Prozess hat allerdings bereits begonnen – mit der Auferstehung Jesu. Sein alter Körper löste sich in den Grabtüchern auf und er kehrte aus dem Tod mit einem neuen, „herrlichen" Körper zurück (Philipper 3,21). Ich verweise auf mein Buch *„Explaining the Resurrection"* (Sovereign World, 1993; zu Deutsch „Die Auferstehung erklärt"). Die genaue „Verbindung" zwischen diesen beiden Körpern wird von der Dunkelheit des Grabes verdeckt. Doch das, was dort geschah, wird eines Tages auf weltweiter Ebene stattfinden.

Die dritte Aussage macht den Lesern der Offenbarung die praktischen Auswirkungen dieser neuen Schöpfung klar (Johannes musste daran erinnert werden, das Gehörte aufzuschreiben, weil „diese Worte wahrhaftig und gewiss sind"; 21,5). Positiv ist das Versprechen zu verbuchen, den Durst derer zu löschen, die nach dem „Wasser des Lebens" suchen (21,6; 22,1+17). Doch dieses Verlangen muss zu einem „Leben als Überwinder" führen, um einen Platz auf der neuen Erde zu erben und die enge familiäre Beziehung zu Gott zu genießen.

Negativ zu sehen ist die Warnung, dass diejenigen, die nicht überwinden, sondern feige, treulos, unmoralisch und hinterlistig sind, niemals einen Anteil an alledem haben werden. „Ihr Teil wird in dem See sein, der von Feuer und Schwefel brennt; das ist der zweite Tod" (21,8; SLT). Es muss darauf hingewiesen werden, dass sich diese Warnung im gesamten Buch an widerspenstige Gläubige und nicht an Ungläubige richtet. Die meisten der früheren Warnungen Jesu in Bezug auf die Hölle waren nicht an Sünder, sondern an seine eigenen Jünger adressiert. (Näheres dazu in meinem Buch *„Der Weg zur Hölle"*, Librairie Chrétienne CARREFOUR, 1993.)

An diesem Punkt nimmt ein Engel Johannes auf eine Führung durch das neue Jerusalem mit und zeigt ihm das dortige Leben (die Vorstellung, dass das Folgende eigentlich eine „Wiederholung" des „alten" Jerusalem im Tausendjährigen Reich sei, ist so abwegig, dass wir sie gar nicht in Betracht ziehen; Vers 10 erweitert unzweifelhaft Vers 2). Die Beschreibung ist atemberaubend. Sie geht an die Grenze dessen, was man sprachlich ausdrücken kann. Das bringt uns zu der grundlegenden Frage: Wie viel ist wörtlich und wie viel ist symbolisch zu verstehen?

Auf der einen Seite scheint es nicht richtig zu sein, alles wörtlich zu nehmen. Offensichtlich beschreibt Johannes das Unbeschreibliche (Paulus hatte dieselben Schwierigkeiten, als ihm himmlische Realitäten gezeigt wurden; 2. Korinther 12,4). Bemerkenswert ist, dass er nur Vergleiche anstellen kann („wie" oder „gleich" in 21,11+18+21; 22,1). Doch alle Ähnlichkeiten sind nur vage und schlussendlich ungenau. Die Wirklichkeit, die so unvollkommen dargestellt wird, muss noch wunderbarer sein – und gerade nicht weniger schön als diese Beschreibungen.

Auf der anderen Seite scheint es auch falsch zu sein, alles symbolisch zu verstehen. Wählt man dieses Extrem, so verschwimmt das ganze Bild zu einer „geistlichen" Fantasterei. Das würde der „neuen Erde" als dem eindeutigen Ort des Geschehens nicht gerecht.

Um dieses Problem noch zu unterstreichen, können wir folgende Frage stellen: Repräsentiert das neue Jerusalem einen Ort oder ein Volk? Diese Frage taucht auf, weil es als „Braut" bezeichnet wird, ein Begriff, der bisher einem Volk vorbehalten war, nämlich der Gemeinde (19,7+8). Zunächst ist es lediglich ein Vergleich (in 21,2, „wie eine Braut"). Jeder, der schon einmal eine semitische Hochzeit gesehen hat, wird die Übereinstimmung mit der sehr bunten Kleidung und dem vielen Schmuck erkennen. Später jedoch wird die Stadt mit einer besonderen Bezeichnung versehen: „die Braut, die Frau des Lammes" (21,9; ELB). Der Engel, der verspricht, Johannes „die Braut" zu *zeigen*, *zeigt* ihm die Stadt (21,10), wobei sich die Vision noch erweitert und das Leben ihrer Bewohner miteinbezieht (21,24 – 22,5).

Die Lösung dieses Dilemmas ist für einen Juden viel einfacher als für einen Christen. „Israel", die Braut Jahwes, war schon immer ein Volk *und* ein Ort. Beide sind untrennbar miteinander verbunden. Daher beziehen sich auch alle prophetischen Verheißungen auf die endgültige Wiederherstellung des Volkes in seinem eigenen Land. Im Vergleich dazu sind Christen Menschen ohne Heimat: Fremde, Wanderer auf der Durchreise, Gäste; sie sind die neue „Diaspora" oder das zerstreute Volk Gottes im Exil (Jakobus 1,1; 1. Petrus 1,1). Der Himmel ist „unsere Heimat". Doch der Himmel kommt schließlich auf die Erde. Juden und Nichtjuden werden gemeinsam das Volk Gottes sein, das eine Heimat hat. Aus diesem Grund stehen die Namen der 12 Stämme und der 12 Apostel auf der Stadtmauer (21,12–14).

Diese zweifache Vereinigung von Juden und Nichtjuden im Himmel und auf der Erde ist für Gottes ewigen Plan, „alles unter einem Haupt zusammenzufassen in dem Christus" von grundlegender Bedeutung (Epheser 1,10; ELB; siehe auch Kolosser 1,20). Die „Braut", die sowohl mit sich selbst, als auch mit ihrem Ehemann eins wird, ist also ein Volk und ein Ort. Und was für ein Ort!

Die Maße sind offensichtlich wichtig, alle ein Vielfaches der Zahl 12. Die *Größe* der Stadt ist enorm: über 2.000 Kilometer in jede der drei Richtungen, Länge, Breite und Höhe; die Stadt würde den größten Teil Europas bedecken oder gerade noch in den Mond passen, wäre er hohl. Mit anderen Worten: Sie ist groß genug, um das gesamte Volk Gottes aufzunehmen. Ihre *Form* ist ebenfalls bezeichnend: Sie ist nicht pyramiden-, sondern eher würfelförmig, was auf eine „heilige" Stadt hindeutet, wie das würfelförmige „Allerheiligste" in der Stiftshütte und im Tempel. Die Mauern legen die äußere Form fest, statt das Innere zu schützen, da ihre Tore immer offenstehen. Es gibt keine drohenden Gefahren, weshalb ihre Bewohner jederzeit die Freiheit haben, hinauszugehen und wieder zurückzukehren.

Die Materialien, die bei ihrer Konstruktion verwendet wurden, sind uns als seltene und kostbare Edelsteine bereits bekannt, wir haben sie bei unserem kleinen Einblick in den Himmel schon bemerkt. Ihre Liste ist einer der bemerkenswertesten Beweise für die göttliche Inspiration dieses Buches. Nun, da wir „reineres" Licht (polarisiertes Licht und Laser) produzieren können, wurde eine bis dahin unbekannte Eigenschaft von Edelsteinen entdeckt. Wenn man dünne Scheiben dieser Steine kreuzpolarisiertem Licht aussetzt (vergleichbar einem Versuch, bei dem man zwei Sonnenbrillengläser im rechten Winkel übereinander anordnet), kann man sie in zwei unterschiedliche Kategorien einteilen: „Isotrope" Steine verlieren ihre gesamte Farbe, weil sie willkürliche Strahlen benötigen, um zu glänzen (z. B. Diamanten, Rubine und Granatsteine). „Anisotrope" Steine bringen alle Farben des Regenbogens in funkelnden, überwältigenden Mustern hervor, unabhängig davon, welche Farbe sie ursprünglich hatten. *Alle* Steine im Neuen Jerusalem gehören zu dieser letzteren Kategorie! Niemand außer Gott selbst hätte das zu der Zeit wissen können, als die Offenbarung geschrieben wurde.

Eine weitere bemerkenswerte Besonderheit dieser Beschreibung ist, dass es in nur 32 Versen über 50 Verweise auf das Alte Testament gibt (hauptsächlich aus 1. Mose, den Psalmen, Jesaja, Hesekiel und Sacharja).

Jedes Hauptmerkmal ist tatsächlich die Erfüllung jüdischer Hoffnungen, die in der Vergangenheit prophetisch geäußert worden sind. Diese Tatsache verdeutlicht auch, dass das Alte und das Neue Testament beide aus derselben Quelle stammen (1. Petrus 1,11; 2. Petrus 1,21). Die Offenbarung ist der Höhepunkt und der Abschluss der gesamten Bibel.

Als die Stadtführung durch den Engel das Leben der Bewohner in den Fokus nimmt, gibt es mehrere Überraschungen. Der vielleicht größte Gegensatz zum „alten" Jerusalem besteht darin, dass ein Tempel fehlt, der das Stadtbild dominiert und in dem die Anbetung an einem bestimmten Ort (oder zu einer bestimmten Zeit?) gebündelt würde. Die gesamte Stadt *ist* jetzt sein Tempel, in dem die Erlösten „ihm Tag und Nacht" dienen (siehe Offenbarung 7,15). Das deutet darauf hin, dass Arbeit und Anbetung wieder miteinander verbunden werden, so, wie es bereits bei Adam der Fall war (1. Mose 2,15; Adam wurde nicht aufgefordert, einen von sieben Tagen für die Anbetung zu nutzen).

Eine vielfältige internationale Kultur bereichert die Stadt (Offenbarung 21,24+26), die niemals durch unmoralisches Verhalten verschmutzt (21,27) wird. Aus diesem Grund laufen Gläubige, die Kompromisse machen, Gefahr, dass ihre Namen aus „dem Lebensbuch des Lammes ausradiert" werden (3,5; 21,7+8).

Der Fluss und der Baum des Lebens sorgen für anhaltende Gesundheit. Wie am Anfang wird die Ernährung eher aus Früchten als aus Fleisch bestehen (1.Mose 1,29). Allerdings ist niemand verpflichtet, vor dieser Zeit zum Vegetarier zu werden (1.Mose 9,3; Römer 14,2; 1.Timotheus 4,3).

Vor allem aber werden die Heiligen in der Gegenwart Gottes leben. Sie werden sogar sein Angesicht sehen, ein Vorrecht, das vor diesem Zeitpunkt nur wenigen zuteilwurde (1. Mose 32,30; 2. Mose 33,11), das dann aber alle genießen dürfen (1. Korinther 13,12). Gott wird sich in den

Gesichtern der Menschen widerspiegeln, wobei sein Name dann auf ihrer Stirn zu lesen ist; genauso, wie andere früher dort die Zahl des „Tieres" trugen (Offenbarung 13,16). Sie werden „für immer und ewig" herrschen, wahrscheinlich über die neue Schöpfung, nicht über einander – so wie es ursprünglich beabsichtigt war (1. Mose 1,28). Auf diese Art und Weise werden sie dem Schöpfer „dienen".

Erneut muss darauf hingewiesen werden, dass die Menschen nicht in den Himmel gekommen sind, um dort auf ewig mit dem Herrn zusammen zu sein. Er ist auf die Erde gekommen, um für immer bei ihnen zu wohnen. Das Neue Jerusalem ist gleichzeitig der ewige „Wohnort" und das ständige Zuhause von Gott und Mensch.

Wie zuvor muss Johannes daran erinnert werden, alles aufzuschreiben. Es ist leicht nachvollziehbar, dass er immer wieder von dieser Aufgabe abgelenkt wird!

Das „Nachwort" (Offenbarung 22,7–21) hat vieles mit dem „Vorwort" (1,1–8) gemeinsam. Derselbe Titel wird in den Anfangsversen für Gott und in den Schlussversen für Christus verwendet (1,8; 22,13). Die abschließende Ermahnung ist durch und durch dreifaltig: Gott, das Lamm und der Geist kommen alle darin vor.

Es wird stark betont, dass nur noch wenig Zeit zur Verfügung steht. Jesus kommt „bald" (22,7+12+20). Die Tatsache, dass seit dieser Aussage schon viele Jahrhunderte vergangen sind, sollte uns nicht gleichgültig und überheblich werden lassen. Zweifelsohne sind wir „den Dingen, die bald geschehen müssen" (22,6), zeitlich schon viel näher.

Den Tag des Heils gibt es immer noch. Die Durstigen können nach wie vor vom Wasser des Lebens trinken, es ist ein kostenloses Geschenk (22,17). Doch die Entscheidung muss jetzt getroffen werden. Die Zeit wird kommen, in der die moralische Prägung unseres Lebens für immer feststeht (22,11). Der Pharao verhärtete sein Herz siebenmal gegen den Herrn, woraufhin Gott selbst es dreimal für ihn tat (Exodus 7–11; Römer 9,17+18). Der Punkt wird kommen, an dem dies mit jedem geschieht, der Gottes Willen verachtet und ihm ungehorsam ist.

Es wird am Ende nur zwei Gruppen von Menschen geben: diejenigen, die „weiterhin ihre Gewänder waschen" (Offenbarung 22,17; vgl. 7,14) und daher die Stadt betreten dürfen – und jene, die aus der Stadt ausgeschlossen werden, wie es heute mit wilden Kötern im Nahen Osten geschieht. Zum dritten Mal in diesem ergreifenden Finale wird eine Liste von disqualifizierenden Verstößen aufgeführt (21,8+27; 22,15), als ob die Leser niemals vergessen dürften, dass ihnen die zukünftige Herrlichkeit nicht automatisch zufällt, nur weil sie an Jesus geglaubt haben und zu einer Gemeinde gehören. Diese glorreiche Zukunft gehört denen, die mit aller Kraft darauf zulaufen, „um den Siegespreis zu gewinnen, das Leben in Gottes Herrlichkeit" (Philipper 3,14; HfA), und denen, die der Heiligung nachjagen, „ohne die niemand den Herrn sehen wird" (Hebräer 12,14; LUT).

Christen können ihre Zukunft auch dadurch verspielen, dass sie am Buch der Offenbarung herumpfuschen – indem sie Dinge hinzufügen oder weglassen. Da es sich um eine „Weissagung" handelt, bei der Gott durch seinen Diener spricht, stellt eine Abänderung in irgendeiner Form ein Sakrileg dar, das heißt eine Gotteslästerung; der Schuldige wird mit der Höchststrafe belegt. Es ist unwahrscheinlich, dass Ungläubige sich überhaupt damit abgeben würden. Viel wahrscheinlicher ist es, dass Menschen diesen Verstoß begehen, die es auf sich genommen haben, anderen die Offenbarung zu erklären und auszulegen. Möge Gott sich dieses armen Autors erbarmen, sollte er sich derart versündigt haben!

Doch der Ausklang des Buches ist positiv, nicht negativ,

und kann mit einem Wort zusammengefasst werden: „Komm!"

Einerseits ist diese Einladung aus dem Mund der Gemeinde an die Welt adressiert, an „jeden", der das Evangelium annimmt (Offenbarung 22,17; vgl. Johannes 3,16). Andererseits ist sie an den Herrn gerichtet: „Amen; komm, Herr Jesus" (22,10; ELB).

Dieser doppelte Appell ist charakteristisch für die wahre Braut, die vom Geist geleitet wird (22,17) und die Gnade des Herrn Jesus erfährt (22,21). Alle Heiligen rufen: „Komm!" Diese Aufforderung richten sie sowohl an die abtrünnige Welt, als auch an ihren wiederkehrenden Herrn.

DIE SCHLÜSSELROLLE CHRISTI

Dieses letzte Buch der Bibel ist „die Offenbarung Jesu Christi" (1,1). Der Genitiv kann auf zwei Arten verstanden werden: Sie stammt *von* ihm oder berichtet über ihn. Vielleicht ist die Doppelbedeutung beabsichtigt. Auf jeden Fall steht er im Zentrum ihrer Botschaft.

Wenn das Ende der Welt das Thema dieses Buches ist, dann ist er genauso „das Ende", wie er „der Anfang" (22,13) war. Gottes Plan besteht darin, „alles im Himmel und auf der Erde unter der Herrschaft von Christus" zu vereinen (Epheser 1,10; HfA).

Das Vorwort und das Nachwort beschäftigen sich beide mit seiner Wiederkunft auf den Planeten Erde (1,7; 22,20). Diese Wiederkunft ist der Dreh- und Angelpunkt der zukünftigen Geschichte. Hier findet der dramatische Wechsel statt: von der Verschlechterung zur Verbesserung (19,11–16).

„Dieser Jesus" (i.S.v. „derselbe"; Apostelgeschichte 1,11) wird wiederkommen. Er ist das Lamm Gottes, das zum ersten Mal erschienen ist, um „die Sünde der Welt" wegzunehmen (Johannes 1,29). In der gesamten

Offenbarung sieht das Lamm „wie geschlachtet" (5,6) aus. Es ist anzunehmen, dass die Narben an seinem Kopf, an seiner Seite, auf dem Rücken sowie an Händen und Füßen immer noch sichtbar sein werden (Johannes 20,25–27). Sie sind die bleibende Erinnerung daran, dass er sein Blut vergossen hat, um Menschen jeglicher Herkunft zu retten (5,9; 7,14; 12,11).

Und gleichzeitig ist der Jesus der Offenbarung völlig anders als der Mann aus Galiläa. Als er Johannes das erste Mal erschien, war sein Aussehen so ehrfurchtgebietend, dass dieser Jünger, der ihm am nächsten gestanden hatte (Johannes 21,20), wie tot zu Boden fiel. Wir haben sein schneeweißes Haar, die flammenden Augen, die scharfe Zunge, das strahlende Gesicht und die glühenden Füße bereits erwähnt.

Obwohl wir in den Evangelien immer wieder einmal einen kurzen Blick auf den zornigen Jesus erhaschen können (Markus 3,5; 10,14; 11,15), so löst sein anhaltender Zorn in der Offenbarung Angst in den Herzen der unterschiedlichsten Menschen aus. Sie würden es vorziehen, von herabfallenden Felsen zerquetscht zu werden, als in seine Augen blicken zu müssen (6,16–17). Hier sehen wir keinen „sanften, milden, lieben Jesus". Auch wenn diese Beschreibung schon allgemein kaum auf ihn zutrifft, so ist sie im Kontext der Offenbarung besonderes unpassend.

Viele glauben, dass Jesus Pazifismus praktiziert und gepredigt hätte, trotz seiner gegenteiligen Aussage: „Ihr sollt nicht meinen, dass ich gekommen sei, Frieden auf die Erde zu bringen. Ich bin nicht gekommen, Frieden zu bringen, sondern das Schwert" (Matthäus 10,34; SLT; Lukas 12,51). Natürlich kann man diese Worte „vergeistlichen" – doch in der Offenbarung ist es ungleich schwieriger, sie „wegzuerklären", weil die unvoreingenommenste Textauslegung diesen letzten Konflikt ganz handfest und greifbar erscheinen lässt.

Jesus reitet auf einem Schlachtross statt auf einem friedlichen Esel aus dem Himmel herab (Sacharja 9,9, Offenbarung 19,11; vgl. 6,2). Sein Gewand ist „in Blut getaucht" (19,13, ELB), doch es ist nicht sein eigenes Blut. Das einzige „Schwert", das er schwingt, ist seine Zunge. Als er sie einsetzt, werden Tausende von Königen, Generälen und mächtigen Männern (sowohl Freiwillige als auch Wehrpflichtige) abgeschlachtet. Einst ließ dieselbe Zunge einen Feigenbaum absterben (Markus 11,20+21).

Jesus wird hier eindeutig als jemand dargestellt, der Menschenmassen tötet. Die Geier beseitigen hinterher die Überreste! Diese grausame Darstellung ist ein Schock für anständige Kirchgänger, die daran gewöhnt sind, ihn wohlwollend von Kirchenglasfenstern herabblicken zu sehen. Eine noch größere Überraschung wird es für jene sein, die in der Adventszeit ein Krippenspiel aufführen, das ihn als hilfloses Baby dargestellt. In dieser Form und Rolle wird er nie wieder erscheinen.

Hat sich Jesus verändert? Wir wissen, dass das Alter manche umgänglicher macht. Andere können allerdings streitsüchtig oder sogar bösartig werden. Ist es das, was mit ihm in den dazwischenliegenden Jahrhunderten geschehen ist? Gott bewahre!

Weder sein Charakter noch seine Persönlichkeit haben sich verändert, sondern sein Auftrag. Sein erstes Erscheinen diente dazu, „zu suchen und zu retten, was verloren ist" (Lukas 19,10; ELB). Er wurde nicht „in die Welt gesandt, dass er die Welt richte, sondern dass die Welt durch ihn gerettet werde" (Johannes 3,17; ELB). Er kam, um den Menschen die Chance zu geben, von ihren Sünden befreit zu werden, bevor alle Sünde zerstört werden muss. Der Grund seines zweiten Kommens ist das genaue Gegenteil:

um zu zerstören, statt zu retten; um Sünde zu bestrafen, statt sie zu vergeben; um „zu richten die Lebenden und die Toten", wie es das apostolische Glaubensbekenntnis und das Bekenntnis von Nicäa ausdrücken.

Die Aussage, dass Jesus „die Sünder liebt und die Sünde hasst", ist zu einer reinen Floskel verkommen. Die Liebe zu den Sündern zeigte sich bei seinem ersten Kommen. Der zweite Teil wird bei seiner Wiederkunft genauso offensichtlich sein. Wer an seinen Sünden festhält, wird die Konsequenzen tragen müssen. Zu dieser Zeit wird der Sohn des Menschen „seine Engel aussenden, und sie werden alle Ärgernisse und die Gesetzlosigkeit verüben aus seinem Reich sammeln" (Matthäus 13,41: SLT). Dieses „Sammeln" (Unkrautjäten) wird genauso gründlich wie gerecht sein. Wenn es allerdings vollkommen fair sein soll, dann muss es Gläubige genauso betreffen wie Ungläubige (wie Paulus es unmissverständlich in Römer 2,1–11 ausdrückt; er schließt daraus, dass es bei Gott „kein Ansehen der Person gibt").

Wieder einmal müssen wir uns daran erinnern, dass sich das Buch der Offenbarung ausschließlich an „wiedergeborene" Gläubige richtet. Die Beschreibung dieser heftigen Feindschaft gegen sündiges Verhalten ist beabsichtigt. Sie soll bei den „Heiligen" eine heilsame Furcht hervorrufen, als Anreiz, „die Gebote Gottes und den Glauben Jesu (zu) bewahren" (14,12; ELB).

Wer die Gnade unseres Herrn Jesus Christus erlebt hat, vergisst nur allzu leicht, dass er immer noch als sein Richter fungieren wird (2. Korinther 5,10). Wer ihn als Freund und Bruder kennengelernt hat, (Johannes 15,15; Hebräer 2,11), läuft Gefahr, seine herausfordernderen Eigenschaften zu übersehen. Als absolutes Minimum gebühren ihm immerhin der „Lobpreis und die Ehre und die Herrlichkeit und die Macht von Ewigkeit zu Ewigkeit!" (5,13; ELB).

Von den 250 Namen und Titeln, die Jesus in der Bibel erhält, wird eine beträchtliche Anzahl in diesem Buch verwendet. Einige sind sogar nur dort zu finden und nirgendwo sonst. Er ist der Erste und der Letzte, der Anfang und das Ende, das Alpha und Omega. Er ist der Ursprung von allem, was Gott geschaffen hat. Das ist *seine Beziehung zu unserem Universum*. Er war an seiner Schöpfung beteiligt, ist verantwortlich für seinen Fortbestand und wird es zu seinem Ende bringen (Johannes 1,3; Kolosser 1,15–17; Hebräer 1,1–2).

Er ist der Löwe aus dem Stamme Juda, die Wurzel (und der Nachkomme) Davids. Das ist *seine Beziehung zu Gottes auserwähltem Volk, Israel*. Er war, ist und wird immer der jüdische Messias sein.

Er ist heilig und wahrhaftig, treu und wahrhaftig, der treue und wahrhaftige Zeuge. Er ist der Lebendige, der tot war und für alle Ewigkeit lebt, der die Schlüssel des Todes und des Hades (in seiner Hand) hält. Das ist *seine Beziehung zur Gemeinde*. Sie muss sich seine Leidenschaft für die Wahrheit ins Gedächtnis rufen, d.h. für Glaubwürdigkeit und Aufrichtigkeit – diese Haltung steht im scharfen Gegensatz zur Heuchelei.

Er ist der König der Könige und der Herr der Herren. Er ist der strahlende Morgenstern, derjenige, der immer noch strahlen wird, wenn alle anderen (einschließlich der Pop- und Filmsternchen!) erloschen sind. *Das ist seine Beziehung zur Welt.* Eines Tages wird seine Autorität weltweit anerkannt werden.

So viele dieser Titel werden mit einer Formel eingeleitet, die uns aus dem Johannesevangelium bekannt ist: „Ich bin." Dabei handelt es sich nicht nur um eine persönliche Behauptung. Diese Aussage klingt so sehr wie der Name, mit dem Gott sich selbst vorgestellt hat, dass ihre direkte Verwendung zu Mordversuchen und schließlich zur Hinrichtung Jesu führte (Johannes 8,58+59; Markus 14,62+63). Dass diese Bezeichnung bewusst gewählt wurde, um die Göttlichkeit von Vater und Sohn und die Gottesgleichheit des Sohnes zu zeigen, wird in der Offenbarung von beiden bestätigt. Sie beanspruchen genau dieselben Titel, beispielsweise: „Alpha und Omega" (1,8 und 22,13).

Die Welt geht ihrem Ende entgegen, doch dieses Ende ist persönlich statt unpersönlich. Eigentlich ist das Ende eine Person. Jesus selbst ist das Ende.

Studiert man die Offenbarung nur, um herauszufinden, *was* auf diese Welt zukommt, dann verpasst man das Wichtigste. Die Kernbotschaft besteht darin, *wer* auf diese Welt zukommt, oder vielmehr, wer auf diese Erde herabkommt.

Christen sind tatsächlich die Einzigen, die sich nach „dem Ende" sehnen. Jede Generation hofft, dass es zu ihren Lebzeiten geschehen wird. Für sie ist „das Ende" kein Ereignis, sondern eine Person. Sie warten sehnsüchtig auf „ihn" nicht auf „es".

Der vorletzte Vers (22,20, ELB) beinhaltet eine sehr persönliche Zusammenfassung des gesamten Buches: „Der diese Dinge bezeugt, spricht: Ja, ich komme bald!" Wer dies verstanden hat, kann eigentlich nur eine Antwort geben: „Amen. Ja, komm, Herr Jesus!"

DER LOHN DES STUDIERENS

Wie wir bereits festgestellt haben, hält die Offenbarung als einziges biblisches Buch einen Segen für die Menschen bereit, die es lesen. Gleichzeitig kündigt es Lesern, die seine Botschaft verändern, einen Fluch an (1,3; 22,18+19). Zusammenfassend werden wir nun zehn Vorteile auflisten, die das Studium dieses Buches mit sich bringt; sie alle fördern ein authentisches Leben als Christ.

1. Die Vervollständigung der Bibel

Der Bibelleser kann am Wissen Gottes teilhaben, der „von Anfang an das Ende" kennt (siehe Jesaja 46,10). Die Geschichte ist nun vollständig und das Happy End offenbar. Am Ende dieser Romanze steht die Hochzeit und die wahre Beziehung beginnt. Ohne die Offenbarung wäre die Bibel unvollständig. Sie wäre nur eine „amputierte Version"! Die bemerkenswerten Ähnlichkeiten zwischen den ersten und letzten Seiten der Bibel (siehe beispielsweise der Baum des Lebens) geben allem, was sich in der Zwischenzeit ereignet, seinen Sinn.

2. Ein Schutz vor Irrlehren

Oft stützen sich Sekten und Kulte, deren Vertreter an unseren Türen klingeln, schwerpunktmäßig auf die Offenbarung. Ihr scheinbares Wissen kann Kirchgänger tief beeindrucken, die das Buch noch nie verstanden haben – meistens, weil es an theologischer Lehre (und entsprechend kompetenten Lehrern) mangelt. Diese Christen sind nicht in der Lage, derartige Auslegungen, die ziemlich bizarr sein können, zu hinterfragen. Wirklich schützen kann man sich nur dadurch, dass man besser Bescheid weiß.

3. Eine Interpretation der Geschichte

Eine oberflächliche Wahrnehmung des aktuellen Zeitgeschehens kann jeden von uns ratlos zurücklassen. In welche Richtung bewegt sich unsere Welt? Da künftige Ereignisse ihre Schatten vorauswerfen, wird der aufmerksame Leser der Offenbarung eine erstaunliche Übereinstimmung mit den Geschehnissen auf unserem Planeten feststellen. Ganz offensichtlich steuern sie auf eine Weltregierung und eine gemeinsame Weltwirtschaft zu. Jeden Prediger, der das Buch systematisch auslegt, werden seine Zuhörer wahrscheinlich auf viele relevante Zeitungsartikel aufmerksam machen.

4. Ein Grund zur Hoffnung

Alles geschieht nach Plan, und zwar nach Gottes Plan. Er sitzt immer noch auf dem Thron und lenkt die Ereignisse auf das Ende zu – dieses Ende ist Jesus. Die Offenbarung versichert uns, dass das Gute über das Böse triumphieren wird. Christus wird Satan überwinden und die Heiligen werden eines Tages die Welt regieren. Unser Planet wird von aller Verschmutzung physischer und moralischer Art gesäubert. Sogar das Universum wird recycelt. Diese Hoffnung ist ein „Anker für die Seele" in den Stürmen des Lebens (Hebräer 6,19). Heidentum, Säkularismus und Humanismus kommen nur scheinbar gut voran. Ihre Tage sind gezählt.

5. Eine Motivation zur Evangelisation

Es gibt keine deutlichere Darstellung der Wahlmöglichkeit, vor der die Menschheit steht: der neue Himmel mit der neuen Erde oder der Feuersee – niemals endende Freude oder ewige Qual. Diese Wahlmöglichkeit besteht nicht ewig. Der Tag des Jüngsten Gerichts muss kommen, an dem jeder Mensch von Gott zur Rechenschaft gezogen wird. Gleichzeitig ist der Tag der Rettung immer noch verfügbar: „Und wen dürstet, der komme! Wer da will, nehme das Wasser des Lebens umsonst" (22,17; ELB). Die Einladung, „Komm!", wird gemeinsam vom „Geist" und der Braut (d.h. von der Gemeinde) ausgesprochen.

6. Ein Ansporn zur Anbetung

Die Offenbarung ist von Anbetung geprägt, bei der viele Stimmen singen und rufen. Elf Hauptlieder haben Zeit der Geschichte viele andere Kirchenlieder inspiriert, von Händels „Messias" bis zur „Battle Hymn of the Republic" („Die Schlachthymne der Republik", deren Text im Amerikanischen Bürgerkrieg verfasst wurde). Die Anbetung richtet sich an Gott und das Lamm, nicht an den Geist und niemals an Engel: „Darum mit allen Engeln und Erzengeln...singen wir deiner Herrlichkeit einen Lobgesang..." (aus der lutherische Weihnachtsliturgie).

7. Ein Gegenmittel gegen die Weltlichkeit
Es ist so leicht, „irdisch gesinnt" zu sein. Wie William Wordsworth uns erinnert:

Die Menschenwelt im Übermaß sich in den Alltag drängt:
Ruhm, Geld, Geschäftigkeit und Gut
Entziehn uns Kraft und Lebensmut.
Sehn nicht, was die Natur uns schenkt.

Die Offenbarung lehrt uns, mehr an unsere ewige Heimat als an unser zeitlich begrenztes „perfektes Zuhause" zu denken, mehr an unseren neuen Auferstehungskörper als an unsere alternde, sterbliche Hülle.

8. Ein Anreiz zu gottgefälligem Leben
Gottes Wille für unser Leben ist Heiligkeit im Diesseits und Glück im Jenseits, nicht umgekehrt, wie viele es sich wünschen. Heiligkeit ist unverzichtbar, um gegenwärtige Schwierigkeiten zu überleben sowie innere Versuchungen und äußere Verfolgungen zu überwinden. Die Offenbarung reißt uns aus Trägheit, Selbstzufriedenheit und Gleichgültigkeit heraus. Denn sie erinnert uns daran, dass Gott „heilig, heilig, heilig" (4,8) ist und dass nur „heilige" Menschen Anteil an der ersten Auferstehung haben werden, wenn Jesus wiederkommt (20,6). Das gesamte Buch

und insbesondere die sieben Sendschreiben am Anfang bestätigen das Prinzip, dass ohne Heiligung niemand den Herrn sehen wird (siehe Hebräer 12,14).

9. Eine Vorbereitung auf Verfolgung

Dieser Aspekt ist natürlich der Hauptgrund dafür, dass die Offenbarung geschrieben wurde. Ihre Botschaft spricht Christen, die für ihren Glauben leiden, besonders deutlich und direkt an. Das Buch ermutigt diese Gläubigen, „auszuharren" und zu „überwinden". Dadurch stellen sie sicher, dass ihre Namen im Buch des Lebens verzeichnet bleiben und sie ihren Erbteil in der neuen Schöpfung auch erhalten werden. Jesus hat einen weltweiten Hass auf seine Jünger vor dem Ende der Zeit vorhergesagt (Matthäus 24,9). Darauf müssen wir alle vorbereitet sein.

Auch wenn eine derartige Verfolgung im Heimatland des Lesers noch nicht ausgebrochen sein mag, so wird sie doch ganz sicher kommen. Und auch Jesus wird kommen, vor dem Feiglinge „nackt dastehen (werden) und sich schämen müssen" (16,15; NeÜ). Ihnen wird ein Platz in der Hölle zuteilwerden (21,8).

10. Ein vollständiges Bild Christi

Mit der Offenbarung ist das Bild unseres Herrn und Retters vollständig. Ohne sie ist das Bild unausgeglichen, sogar verzerrt. Während die Evangelien ihn in seiner Rolle als Prophet darstellen und die Briefe ihn als Priester zeigen, unterstreicht die Offenbarung seine Identität als König, und zwar als „König der Könige" und „Herr der Herren". Diesen Christus hat die Welt noch nicht gesehen, doch eines Tages wird sie ihm begegnen; diesen Christus sehen wir als Christen momentan nur mit den Augen des Glaubens, eines Tages jedoch von Angesicht zu Angesicht.

Nach dem Studium der Offenbarung kann eigentlich

niemand wieder zur Tagesordnung übergehen. Dennoch kann ihre Botschaft in Vergessenheit geraten. Aus diesem Grund ist ihr Segen nicht nur denen vorbehalten, die sie selbst lesen oder anderen laut vortragen, sondern auch für diejenigen bestimmt, die „bewahren", was geschrieben steht. Das bedeutet, dass wir uns ihre Botschaft sowohl „zu Herzen nehmen" (1,3 wörtlich aus der New International Version) als auch in unser Denken integrieren sollen – und dass wir daraus Taten folgen lassen: „Seid aber Täter des Wortes und nicht bloß Hörer, die sich selbst betrügen" (Jakobus 1,22; ELB).

59.
DAS TAUSENDJÄHRIGE REICH

Leider hat das Kapitel 20 der Offenbarung zu tiefen Spaltungen unter Christen geführt. Es behandelt hauptsächlich das Tausendjährige Reich, das Millennium. Die Auslegungen sind so unterschiedlich, dass es ein ungeschriebenes Gesetz ist, um der Einheit willen nicht darüber zu diskutieren.

Die Leser haben wahrscheinlich schon von den drei Hauptansichten gehört: *A*millenarisums, *Prä*millenarismus und *Post*millenarisums. Es gibt allerdings noch andere Varianten *(im deutschen Sprachgebrauch ist der Begriff Chiliasmus für den Glauben an das Tausendjährige Reich, abgeleitet vom griechischen Wort chilia für „tausend", eher üblich; da sich über den seltener verwendeten Begriff Millenarisums allerdings die unterschiedlichen Meinungen besser darstellen lassen, wird dieser hier verwendet; er ist dem englischen Sprachgebrauch näher; Anmerkung der Übersetzerin)*.

Manche tendieren dazu, die ganze Angelegenheit als akademisch, spekulativ und unwichtig abzutun und haben einen weiteren Begriff geprägt: *Pan*millenarisums (das ist der vage Glaube, dass am Ende alles gut werden wird, wie auch immer wir heute darüber denken).

Doch die Hoffnung ist genauso wesentlich für das Leben als Christ wie der Glaube und die Liebe. Unsere Überzeugung, was in der Zukunft geschehen wird, beeinflusst nachhaltig unser Verhalten in der Gegenwart. Unsere Einstellung zum Millennium hat Auswirkungen auf die Weitergabe unseres Glaubens und auf unser Sozialverhalten.

Unsere Hoffnungen für *diese* Welt sind besonders wichtig. Wird es immer nur schlechter oder irgendwann auch wieder besser werden? Wird die Wiederkunft Jesu auf diesen Planten irgendwelche positiven Auswirkungen haben? Oder wird er diese Erde einfach abschreiben? Kommt er, um die Nationen zu richten oder um sie zu regieren? Und warum bringt er alle verstorbenen Christen wieder mit auf die Erde (1. Thessalonicher 4,14)?

Der Herr offenbart uns die Zukunft nicht, um unsere Neugier zu befriedigen oder uns elitäres Wissen zu vermitteln. Vielmehr sollen wir uns auf unsere Rolle in alledem vorbereiten. Wir werden uns heute verantwortungsbewusster verhalten, wenn wir davon überzeugt sind, dass wir mit ihm gemeinsam die Herrschaft über diese Welt ausüben werden.

Wir müssen diesen Abschnitt in seinem eigenen Kontext untersuchen; dann sollten wir uns fragen, wann und warum so überaus unterschiedliche Interpretationen entstanden sind; schließlich werden wir eine Bewertung vornehmen und hoffentlich zu einer Schlussfolgerung gelangen.

DIE BIBLISCHE ERÖRTERUNG

Die ganze Debatte konzentriert sich auf Offenbarung 20,1–10. Es ist wichtig zu prüfen, was diese Passage klar und deutlich aussagt, bevor man versucht Schlussfolgerungen daraus zu ziehen.

Am auffallendsten ist, dass sich der Begriff „tausend Jahre" sechsmal wiederholt, und zwar zweimal mit dem bestimmten Artikel „die tausend Jahre". Die Betonung ist unübersehbar. Unabhängig davon, ob die Zahl wörtlich oder symbolisch zu verstehen ist, bezieht sie sich eindeutig auf einen längeren Zeitabschnitt. Darüber sind sich die meisten Kommentatoren einig. Es ist eine Ära, eine Epoche.

Überraschenderweise gibt es nur wenige Informationen über die gesamte Zeitspanne. Eigentlich erfahren wir nur drei Dinge: Ein einzelnes Ereignis am Anfang, ein weiteres am Ende und eine länger andauernde Phase dazwischen. Das Anfangs- und Endgeschehen betrifft den Satan, während es in der Zwischenphase um die Heiligen geht.

Das Millennium beginnt mit der endgültigen Verbannung des Teufels vom Angesicht der Erde. Ein herabkommender Engel mit einer riesigen Kette packt und bindet ihn, wirft ihn in den Abgrund, schließt hinter ihm zu und versiegelt den Ausgang. Diese fünf Verben unterstreichen die völlige Hilflosigkeit des Teufels, was durch die nüchterne Aussage, dass seine Karriere der brillanten Verführung beendet ist, noch bestätigt wird – allerdings nur für die Dauer eines Jahrtausends. Er wird (noch!) nicht in den Feuersee geworfen, sondern sicher in der „Grube" oder im „Abgrund" verwahrt. Dieser Ort befindet sich nach allgemeinem Verständnis unter der Erde, außerhalb der Reichweite der Erdbewohner und ohne jeglichen Kontakt zu ihnen.

Diese Verbannung Satans zusammen mit der vorausgegangenen Verfrachtung seiner beiden Handlanger, des Antichristen und des falschen Propheten (die zwei „Tiere" aus Offenbarung 13), in den „Feuersee" (19,20), hat folgende Konsequenz: Die Welt befindet sich ohne Regierung in einem politischen Vakuum.

Im zweiten Teil dieser Vision über das Tausendjährige Reich sieht Johannes „Throne" (die Mehrzahl steht nur hier und in 4,4). Auf ihnen sitzen Personen, denen die Autorität des Gerichts übergeben wurde (das bedeutet, Streitigkeiten zu schlichten, Recht und Ordnung aufrechtzuerhalten und Recht zu sprechen). Innerhalb dieser größeren Gruppe fallen ihm besonders die Menschen auf, die als Märtyrer gestorben sind, weil sie sich weigerten, den Antichristen anzubeten und sich mit der Zahl (666) kennzeichnen zu lassen. Was für eine erstaunliche Umkehrung ihrer früheren Situation!

Offensichtlich sind sowohl diese kleinere als auch die sie umfassende größere Gruppe von den Toten zurückgekehrt. Sie „wurden lebendig", um während des Millenniums mit Christus zu regieren. Dieser Vorgang wird explizit als eine „Auferstehung" beschrieben, ein Substantiv, das in der gesamten Bibel nur für den physischen Körper benutzt wird. Wir wissen, dass diejenigen, die zu Christus gehören, bei seinem Kommen auf diese Art auferstehen werden (1. Korinther 15,23). Sie sind „heilig und glücklich zu preisen", dass sie zu diesem Zeitpunkt auferweckt werden. Im Tausendjährigen Reich werden sie zu königlichen Priestern, die nie wieder in der Gefahr stehen, dem „zweiten Tod" (dem Feuersee, d.h. der Hölle) überantwortet zu werden.

Es gibt in diesem Abschnitt eine sehr klare Unterscheidung zwischen dieser „ersten Auferstehung" der Heiligen und der Auferstehung „der übrigen Menschen". Zwischen diesen beiden Ereignissen liegt das gesamte Tausendjährige Reich. Beide Auferstehungen haben zudem völlig unterschiedliche Ziele. Die eine dient dem Zweck, mit Christus zu regieren, während die andere das Gericht Gottes nach sich zieht (20,12).

Der dritte Abschnitt dieser Vision führt uns zum Ende des Millenniums. Nachdem Satan verbannt worden ist (21,1–3) und die Heiligen regieren (4–6), wird Satan losgelassen (7–10). Diese Entwicklung ist so erstaunlich, dass es leichter fällt, sie göttlicher Offenbarung als menschlicher Vorstellungskraft zuzuschreiben! Wer hätte sich vorstellen können, dass der Teufel wieder zurück auf die Erde gelassen wird, um ein zweites (und letztes Mal) zu versuchen, sie als sein eigenes Königreich zu beanspruchen! Tatsächlich gelingt es ihm erneut, Menschenmassen zu verführen und ihnen weiszumachen, er könnte ihnen wahre Freiheit schenken. So gelingt es ihm, eine riesige Armee aufzustellen, die auf das „Heerlager der

Heiligen und die geliebte Stadt" (vermutlich ein Hinweis auf Jerusalem) zumarschiert. Die Mächte werden „Gog und Magog" genannt (aus dem Buch Hesekiel wissen wir, dass es um einen Angriff auf den wiedererrichteten Thron Davids geht). Daher müssen wir diesen Angriff von der Schlacht von Armageddon unterscheiden (19,19–21). Es gibt keinen Kampf. Die Streitkräfte werden durch Feuer vom Himmel zerstört. Der Teufel gesellt sich endlich zu dem Antichristen und dem falschen Propheten in die Hölle, um dort für immer gequält zu werden (der griechische Ausdruck „in die Zeitalter der Zeitalter" in Offenbarung 19,10 kann nichts weniger bedeuten).

Es wird nicht begründet, warum der Teufel diesen letzten Versuch unternehmen darf – nach einer so langen Zeit der göttlichen Regierung mit all ihren Vorteilen. Doch die Reaktionen auf seinen Umsturzversuch werden zeigen, dass die Rebellion der Sünde aus dem Inneren des Herzens kommt und nicht den äußeren Umständen geschuldet ist – und dass die sofortige Aufteilung der Menschheit in zwei Gruppen gerechtfertigt ist: Die einen wollen unter göttlicher Herrschaft leben, die anderen jedoch nicht. Das Tausendjährige Reich mündet unmittelbar in den Tag des Jüngsten Gerichts, an dem diese letztgültige Trennung stattfindet.

Zwei Fragen bleiben noch offen. Sie sind ausschlaggebend für unser Verständnis, warum es solche Kontroversen über das Millennium gibt. Sie lauten:

WO geschieht das alles?
WANN geschieht das alles?

„Die Offenbarung Jesu Christi", die Johannes aufgezeichnet hat, besteht aus verbalen („Ich hörte") und visuellen („Ich sah") Elementen. Sie wechselt zwischen

Himmel und Erde hin und her und berichtet über Ereignisse an beiden Orten. Auf diese Szenenwechsel wird deutlich hingewiesen (4,1; 12,13).

Der gesamte Abschnitt von 19,11 bis 20,11 spielt sich ganz offensichtlich auf der Erde ab. Der König der Könige reitet aus einem geöffneten Himmel heraus, um die Völker zu besiegen, die auf der Erde sind (siehe 19,15). Die Schlacht gegen die Truppen des Antichristen und des falschen Propheten findet auf der Erde statt. Der Engel kommt „aus dem Himmel herab", um Satan von der Erde zu verbannen. Die Märtyrer regieren mit Christus, der nun auf der Erde ist. Satan sammelt seine „Gog und Magog" – Truppen „von den vier Enden der Erde". Die Erde flieht schließlich vor der Gegenwart dessen, der auf dem großen weißen Thron sitzt (siehe 20,11).

Leugnet man, dass das Millennium auf der Erde existieren wird, so verdreht man die Aussagen des Textes. Der „Himmel" wird nur erwähnt, wenn jemand von dort oben auf die Erde „herabkommt". Das beantwortet die Frage „wo?"

Die Frage „wann?" könnte man ähnlich klar beantworten, wäre das Wort Gottes im Mittelalter nicht in Kapitel eingeteilt worden. Diese Gliederung mag praktisch sein (genauso, wie die Verszählung – eine gesonderte und ebenfalls nicht inspirierte Entwicklung). Doch die Zäsuren stehen manchmal am falschen Platz und trennen das, was Gott zusammengefügt hat. Das ist genau an dieser Stelle der Fall. Der Bischof, der die „20" in den Text einfügte, hatte offensichtlich keine Angst vor dem Fluch, der diejenigen treffen wird, die etwas zu den Worten der Weissagung in diesem Buch hinzufügen (siehe 22,18). Ihm war nicht bewusst, welchen Schaden er damit anrichten würde. Es ist allerdings davon auszugehen, dass diese Kapiteleinteilung seiner eigenen theologischen Interpretation entsprach, wie wir später noch feststellen werden.

Wenn die drei Kapitel 19,20 und 21 als eine zusammenhängende Offenbarung gelesen werden, wie es vom Herrn beabsichtigt war, dann tritt die Sequenz von sieben Visionen (von „Ich sah" in 19,11 bis 21,1) deutlich hervor. Sie offenbart die abschließenden Ereignisse der Weltgeschichte in der Reihenfolge, in der sie nacheinander geschehen (so bezieht sich 20,10 auf das, was in 19,20 bereits passiert ist). Da man die Visionen jedoch auf drei Kapitel verteilt hat, werden sie selten an einem Stück gelesen, geschweige denn gemeinsam untersucht. Ihre Abfolge geht verloren. Die Ereignisse können nun in eine völlig andere Reihenfolge gebracht werden – und genau das ist auch geschehen.

Wer die Offenbarung unvoreingenommen liest, ohne dass ihn die Kapiteleinteilungen beeinflussen, wird ganz selbstverständlich davon ausgehen, dass das Millennium *nach* der Wiederkunft Christi und der Schlacht von Armageddon anbricht. Gleichzeitig ereignet es sich *vor* dem Jüngsten Gericht und dem neuen Himmel und der neuen Erde. Das ist schlicht und einfach die Bedeutung des Textes.

Dieser Abschnitt scheint also den ausgedehnten Zeitabschnitt einer christlichen Regierung auf der Erde zu beschreiben, nachdem Christus zurückgekehrt ist und seine Nachfolger von den Toten auferweckt hat. Das geschieht, bevor er schließlich die Welt richtet. Warum glauben eigentlich nicht alle Christen an diesen Ablauf und freuen sich darauf, an dieser Transformation mitwirken zu dürfen?

DIE GESCHICHTLICHE INTERPRETATION
Während der ersten fünf Jahrhunderte der Kirchengeschichte gab es in der Christenheit keine Unstimmigkeiten – alle folgten der oben dargestellten Interpretation. Mehr als ein Dutzend der „Kirchenväter", wie die ersten Theologen genannt werden, erwähnen das, was Bischof Papias von

Hierapolis explizit als die „physische (d.h. körperliche) Herrschaft Christi auf Erden" beschreibt. Es gibt keinerlei Hinweis auf eine andere Sichtweise, geschweige denn irgendwelche Debatten darüber. Sie gingen einfach davon aus, dass die Schrift wörtlich zu nehmen war, sowohl in dieser als auch in anderen Fragen.

Dieser Standpunkt, der offensichtlich ausnahmslos in der Urgemeinde vertreten wurde, ist auch als *Prä*millenarismus bekannt. Denn er geht davon aus, dass Jesus *vor* (lateinisch *prä*) dem Millennium zurückkehren wird, wie in Offenbarung 20 beschrieben.

All dies sollte sich durch einen nordafrikanischen Bischof namens Augustinus ändern. Er hatte mehr Einfluss auf die „westliche" Theologie als jeder andere, sowohl auf die katholische als auch auf die evangelische. Zunächst hing er dem Prämillenarismus an, erlaubte jedoch später seiner griechischen (neo-platonischen) Erziehung, seine Ansichten zu verändern. Das betraf nicht nur diesen, sondern auch viele weitere Aspekte der christlichen Glaubens- und Verhaltenslehre.

Die Problematik lag im griechischen Denkansatz, der die geistliche von der physischen Welt trennte – ganz im Gegensatz zum hebräischen Verständnis, das die Bibel prägt. Die Griechen neigten dazu, das Geistliche als heilig und das Physische als sündig zu betrachten. Selbst der ehelichen Sexualität stand man misstrauisch gegenüber; das Zölibat des Klerus war die Folge.

Die physische Rückkehr Jesu, um über eine materielle Welt zu regieren, wurde so unweigerlich zu einem Problem, mit dem man nur schwer umgehen konnte. Möglicherweise wurden auch die körperlichen Freuden während des Tausendjährigen Reiches auf der Erde in vielen Predigten zu stark betont. Der Hinweis möge genügen, dass sogar die „neue" Erde nach und nach aus der Theologie verschwand und die Christen sich am Ende nur noch darauf freuen, „in den Himmel" zu kommen. Das zweite Kommen Jesu wurde darauf reduziert, „die Lebenden und die Toten zu richten" sowie die Erde zu zerstören (was Offenbarung 20 eigentlich in umgekehrter Reihenfolge darstellt). Das Konzil von Ephesus im Jahre 431 n. Chr. war so stark von diesem neuen Ansatz beeinflusst, dass es den Prämillenarismus als Irrlehre verurteilte – was dazu führte, dass man ihn bis heute beargwöhnt!

Wie sollte man nun mit Offenbarung 20 umgehen? Dieses Kapitel gehörte schließlich immer noch zum Wort Gottes und man konnte es sich nicht leisten, es zu ignorieren. Die einfachste Lösung bestand darin, das Tausendjährige Reich von der Zeit nach der Rückkehr Christi auf die Zeit davor zu verlegen und zu behaupten, dass Kapitel 20 geschichtlich vor Kapitel 19 anzusiedeln sei; selbst wenn diese Behauptung der biblischen Reihenfolge widerspricht! Kapitel 20 stellt angeblich eine „Wiederholung" von Ereignissen dar, die zur Wiederkunft Jesu führen. Damit gehört es zur Kirchengeschichte der Gegenwart und nicht in die Zukunft.

Genau genommen ist die Gemeinde dadurch vom Prämillenarismus zum Postmillenarismus übergegangen, weil sie nun vertritt, dass Jesus *nach* (lateinisch *post*) dem Millennium wiederkommen wird, das wir in Offenbarung 20 beschrieben finden.

In diesem neuen Ansatz gab es allerdings eine Unklarheit, die zu weiteren großen Meinungsverschiedenheiten führen sollte. Augustinus hatte nicht ausdrücklich gesagt, ob dieses neue Tausendjährige Reich durch eine rein *geistliche* Herrschaft der Heiligen mit Christus charakterisiert würde (die in gewisser Weise auf die gesamte Kirchengeschichte vom ersten bis zum zweiten Kommen Christi bezogen werden kann), oder ob es auch *politisch* sein würde (d.h., wenn die Gemeinde stark genug geworden ist, übernimmt sie im Namen Jesu die Herrschaft über die Nationen). In seinem Buch „*Die*

Stadt Gottes", das Augustinus schrieb, als das Römische Reich in sich zusammenbrach, ließ er diese Frage offen. Er klärte nicht, ob das „Königreich Gottes" das Römische Reich übernehmen würde (was es gewissermaßen tat) oder ob es diese Katastrophe einfach überleben und weiterwachsen würde. Diese Unklarheit ebnete zwei Denkansätzen den Weg, die sich beide auf Augustinus berufen.

Auf der einen Seite stehen diejenigen, die glauben, die Gemeinde werde die Welt „christianisieren"; nicht dadurch, dass sich alle Menschen bekehren, sondern durch die Erlangung politischer Macht, die es ermöglicht, Gottes Gesetze anzuwenden. Dadurch werde ein längerer Zeitabschnitt (sogar wortwörtlich tausend Jahre) des weltweiten Friedens und Wohlstands eingeläutet. Dieser Ansatz verbannt nebenbei bemerkt die Rückkehr Christi in die ferne Zukunft, weil dieses Millennium noch nicht einmal angefangen hat und tatsächlich weiter entfernt zu sein scheint als je zuvor. Allerdings taucht diese Idee immer wieder auf – beispielsweise in Missionsliedern aus der viktorianischen Zeit, in der sich ein „christliches" Britisches Empire immer weiter ausdehnte; in jüngerer Zeit unter den Bezeichnungen „Restoration" (Wiederherstellung), „Reconstruction" (Wiederaufbau) und sogar „Revival" (Erweckung). Diese optimistische Denkweise beansprucht den Begriff Postmillenarismus ausschließlich für sich.

Auf der anderen Seite stehen diejenigen, die glauben, dass die „Herrschaft" Jesu und seiner Heiligen rein geistlich zu verstehen sei. Sie habe mit seinem ersten Kommen begonnen und werde bis zu seiner Wiederkunft andauern. Vertreter dieser Ansicht mussten eine neue Bezeichnung für ihren Ansatz finden und entschieden sich für Amillenarismus. Dies ist sowohl ungenau als auch irreführend. Denn die Vorsilbe „a-" bedeutet „nicht" (wie in „A-theist; jemand, der nicht an Gott glaubt). Seine Befürworter hängen insofern immer noch dem Postmillenarismus an, als sie das Tausendjährige Reich als einen Zeitabschnitt *vor* der Wiederkunft Jesu betrachten. Von den anderen Anhängern des Postmillenarismus unterscheiden sie sich aber durch die Annahme, dass wir *bereits* im Tausendjährigen Reiche leben würden – und das schon seit 2000 Jahren!

Dieser Ansatz, der über die protestantischen Reformatoren bis auf Augustinus zurückgeht, ist wahrscheinlich die in Europa am weitesten verbreitete Sicht – für Amerika gilt das allerdings nicht, wie wir noch feststellen werden. Es lohnt sich, innezuhalten um zu betrachten, wie die Befürworter dieses Standpunkts mit Offenbarung 20 umgehen.

Fast unmerklich müssen viele Veränderungen vorgenommen werden. Der „Engel", der sich um Satan kümmert, wird zu Jesus selbst. Das „Binden" geschieht entweder bei seiner Versuchung oder bei seiner Kreuzigung. Satan wird gebunden, jedoch nicht verbannt. Er wird stattdessen an eine lange Kette gelegt und dadurch in seiner Bewegungsfreiheit nur eingeschränkt (die Worte, „geworfen", „zugeschlossen" und „versiegelt" werden als bedeutungslos vernachlässigt). Die Einschränkung seiner Aktivitäten besteht üblicherweise nur in der Unfähigkeit, die Verbreitung des Evangeliums und das Wachstum der Gemeinde zu verhindern. Er wird auf der Erde gelassen, statt in eine Grube oder in einem Abgrund eingesperrt zu werden. Die Menschen, die unter dem Antichristen als Märtyrer sterben, repräsentieren alle Heiligen der gesamten Weltgeschichte, die im Himmel mit Jesus regieren. Ihr „Lebendigwerden" in der „ersten Auferstehung" war entweder ihre Bekehrung (auferweckt vom „Tod" der Sünde) oder ihr Eingang in den Himmel nach ihrem Tod – es hat jedoch nichts mit ihrem Körper zu tun. Mit dem „Überrest" allerdings, „der lebendig wird" (dasselbe Wort im selben Zusammenhang), sind hier auferweckte Körper *gemeint*! Und alle sechs Erwähnungen der „tausend Jahre" beziehen sich auf die letzten zweitausend Jahre der Kirchengeschichte, die bereits vergangen sind.

Und so geht es weiter. Es bleibt dem gesunden Menschenverstand des Lesers überlassen, ob es sich um eine gute „Exegese" (aus der Schrift das herauslesen, was wirklich drinsteht) handelt oder eine schlechte „Eisegese" (in die Schrift hineininterpretieren, was man dort finden möchte). Der Autor hält eine solche Interpretation für völlig unglaubwürdig.

Es hat eine weitere große Entwicklung in der Diskussion um das Millennium gegeben, die wir nicht übersehen dürfen, vor allem weil sie auf der anderen Seite des Atlantiks weit verbreitet ist. Entstanden ist sie jedoch in England, durch John Nelson Darby, den Gründer der Brüderbewegung. Seine Interpretation wurde durch einen seiner Schüler bekannt gemacht, den amerikanischen Anwalt Dr. C. I. Scofield, der die „Scofield Bible" herausgegeben hat. Verbreitung fand sie auch durch ein theologisches Seminar in Dallas, Texas, insbesondere durch einen ehemaligen Studenten, Hal Lindsay.

Positiv können wir verbuchen, dass seit dem frühen 19. Jahrhundert viele Gläubige zum Prämillenarismus der Urgemeinde zurückgeführt worden sind. Dieser Ansatz war nie ganz verschwunden (Isaac Newton war einer seiner Befürworter). Andere haben ihn mittlerweile wiederentdeckt, darunter anglikanische Bischöfe wie Ryle, Westcott und Hort. Doch der Haupteinfluss kam durch die Brüderbewegung.

Negativ zu sehen ist allerdings, dass Darby diesen alten Glauben mit einigen ziemlich neuen Vorstellungen zu einem vollständigen theologischen System ausbaute, das heute als „Dispensationalismus" bekannt ist, benannt nach den sieben Zeitaltern oder sieben „Dispensationen", in die er die Weltgeschichte einteilte. In jedem dieser Zeitalter gewährte Gott seine Gnade auf einer unterschiedlichen Grundlage. Darby lehrte, dass sich die Gemeinde in einem unumkehrbaren Zustand des Ruins befände; dass die Juden Gottes „irdisches" und die Christen sein „himmlisches" Volk seien, die in alle Ewigkeit getrennt wären; und, am allerwichtigsten, dass Christus *zweimal* wiederkommen würde, einmal unbemerkt, um die Gemeinde vor der großen Trübsal zu entrücken und danach öffentlich, um die Welt zu regieren. Sein detaillierter Zeitplan für die Zukunft beinhaltete zudem vier voneinander getrennte Gerichte.

Tragischerweise wurden diese Elemente so fest miteinander verbunden, dass man heute grundsätzlich davon ausgeht, dass ein Anhänger des Prämillenarismus gleichzeitig den Dispensationalismus befürworten müsste. Verwerfe man diesen späteren Ansatz, so müsste man auch den früheren ablehnen! Doch damit schüttet man das Kind mit dem Bade aus. (Diese Redensart stammt aus der Zeit, in der eine Großfamilie denselben Badezuber benutzte; wenn das jüngste Familienmitglied an die Reihe kam, war das Wasser bereits so schmutzig, dass der letzte Badende darin übersehen werden konnte!)

Daher ist es notwendig, klar zwischen dem „klassischen" Prämillenarismus der Urgemeinde und dem Prämillenarismus vieler moderner Evangelikaler und Pfingstler zu unterscheiden, der auf dem „Dispensationalismus" beruht. Eine kleine, aber wachsende Zahl von Bibellehrern erkennt dies mittlerweile an (z.B. George Eldon Ladd und Merrill Tenney).

EINE PERSÖNLICHE SCHLUSSFOLGERUNG
Ich werde in diesem Nachtrag begründen, warum ich bei der Auslegung von Offenbarung 20 dem „klassischen" Prämillenarismus" anhänge.

Diese Sichtweise ...

(1) ist die natürlichste Auslegung, ohne dass dem Text etwas aufgezwungen wird.

(2) gibt uns die beste Antwort darauf, warum Jesus wiederkommen und uns dabei mitbringen muss.

(3) legt den Schwerpunkt auf die hoffnungsvolle Erwartung seiner Wiederkunft.

(4) erklärt, warum Gott seinen Sohn von falscher Anklage freisprechen und vor den Augen der gesamten Menschheit rechtfertigen will.

(5) „erdet" unsere Zukunft, wie das gesamte Neue Testament: Der Himmel ist nur ein Wartezimmer, bis wir zurückkehren.

(6) ist realistisch und vermeidet den Post-Optimismus und den A-Pessimismus im Hinblick auf unsere Welt.

(7) beinhaltet weniger Probleme als die anderen Sichtweisen, auch wenn sie einige Fragen unbeantwortet lässt.

(8) ist das, was die Urgemeinde einmütig glaubte. Sie stand den Aposteln viel näher als wir heute.

Aus diesen Gründen ist es mir möglich, ernsthaft und mit Verlangen zu beten: „Dein Reich komme, ... wie im Himmel, so auf Erden."

Diese Thematik wird umfassender in meinem Buch *„When Jesus returns"* (Wenn Jesus wiederkommt; Hodder and Stoughton, 1995; bisher nur auf Englisch erschienen) behandelt, und zwar im vierten Abschnitt „The Millennium Muddle" (zu Deutsch: „Die Verwirrung um das Tausendjährige Reich").

www.ingramcontent.com/pod-product-compliance
Lightning Source LLC
LaVergne TN
LVHW021649060526
838200LV00050B/2281